셀프트래블
홍콩·마카오

상상출판

셀프트래블
홍콩·마카오

초판 1쇄 | 2015년 9월 10일
초판 2쇄 | 2016년 5월 16일

글과 사진 | 한혜원

발행인 겸 편집인 | 유철상
책임편집 | 황유라
디자인 | 주인지
지도 | 정은선, 서은주, 주인지
교정·교열 | 황유라
마케팅 | 조종삼, 조윤선

펴낸 곳 | 상상출판
주소 | 서울시 동대문구 정릉천동로 58, 103동 206호(용두동, 롯데캐슬 피렌체)
구입·내용 문의 | **전화** 02-963-9891 **팩스** 02-963-9892
이메일 | cs@esangsang.co.kr
등록 | 2009년 9월 22일(제305-2010-02호)
찍은 곳 | 다라니

※ 가격은 뒤표지에 있습니다.

ISBN 979-11-86517-26-0(14980)
ISBN 979-11-86517-10-9(set)

ⓒ 2015 한혜원

※ 이 책은 상상출판이 저작권자와의 계약에 따라 발행한 것이므로
   본사의 서면 허락 없이는 어떠한 형태나 수단으로도 이용하지 못합니다.
※ 잘못된 책은 구입하신 곳에서 바꿔 드립니다.

www.esangsang.co.kr

셀프트래블
홍콩 · 마카오

Hong Kong · Macau

한혜원 지음

상상출판

Prologue

홍콩·마카오에서 보석을 발견하는 가이드북

길고 길었던 책자 작업이 드디어 마무리되었습니다. 작은 나라 홍콩, 센트럴과 침사추이 등 굵직굵직한 지역만 돌아다녔던 홍콩 여행만을 기억하고 작업이 쉬울 것으로 생각했던 것은 크나큰 착각이었지요. 도대체 무슨 레스토랑이 그리 많고 무슨 볼거리가 그리 많은지 지나칠 수 없는 스폿들이 한 걸음 달리할 때마다 쏟아져 나오니 많이 지치기도 하고 겁이 나기도 했던 기억이 납니다.

게다가 태생이 길치인 탓에 일주일이 넘어가는데도 여전히 낯선 침사추이와 센트럴 소호 골목들은 절 절망시키곤 했지요. 하지만 시간이 지나면서 점점 길이 눈에 들어오고 익숙해지다 보니 홍콩의 매력이 진심으로 다가오더군요. 다른 지역을 취재할 땐 비중 있게 다루어야 할 숙소나 식당이 빤히 보였는데 홍콩은 도대체 무엇을 메인으로 해야 할지 심하게 갈등했을 정도로 보석 같은 곳으로 넘쳐났습니다.

화려한 야경으로 유명한 스타 애비뉴와 이국적인 정서가 넘쳐나는 센트럴의 소호, 밤이면 활기 넘치는 란콰이퐁이 홍콩의 전부가 아니었음을 뼈저리게 체험했습니다. 까우룽 시티를 비롯해 여행자로 방문했을 때 발견하지 못했던 보석들을 발견하는 기쁨은 이루 말할 수 없었습니다. 하지만 취재의 어려움도 많았습니다. 식당 한 군데를 취재하는 것만으로도 살인적인 물가와 식비에 허리가 휘청거릴 때도 많았고 취재할 때마다 가벼워지는 호주머니를 걱정해야 했습니다. 여행 트렁크를 끌고 다녀도 좀처럼 길을 열어 주지 않는 무심하고 시크한 홍콩 사람들의 모습에 종종 작은 슬픔을 느끼기도 했습니다. 하지만 앞으로도 전 홍콩의 숨겨진 보석들을 더 많이 찾아내기 위해 문턱이 닳게 드나들 예정입니다. 이 책을 읽는 모든 분들도 저처럼 홍콩에서 자신만의 보석을 발견하시길 진심으로 바랍니다.

Try Hong Kong에서는 홍콩 초보 여행자들을 위해 다양한 스케줄을 제시했습니다. 동선을 고려해 스케줄을 짜는 것이 시간과 노력을 많이 요하는 작업이므로 여행 기간별, 콘셉트별로 몇 가지 예시를 만들어 보았습니다.

Mission in Hong Kong은 지역에 대한 이해 없이도 홍콩 여행을 만끽할 수 있도록 화보 형식으로 꾸몄습니다. 예를 들어 애프터눈 티를 즐기고 싶다면 지역별로 내용을 정독하지 않아도 바로 애프터눈 티를 즐기기 좋은 장소를 확인할 수 있습니다.

Enjoy Hong Kong에서는 본격적으로 지역에 대한 상세 정보를 다루었습니다. 센트럴, 코즈웨이 베이, 침사추이, 빅토리아 피크 등 홍콩 핵심지역부터 야우마테이, 란타우 섬, 섹오 등 비밀 코스를 소개했습니다.

Discover Hong Kong에서는 일반적으로 여행자들이 많이 찾는 주요 지역 이외의 매력적인 스폿과 다양한 로컬 정보를 담으려 노력했습니다.

또한, 이번 『홍콩·마카오 셀프트래블』에서는 지난 『홍콩 셀프트래블』의 정보와 사진을 최신판으로 개정하고 홍콩과 더불어 가장 많이 가는 곳, 마카오의 정보를 추가했습니다. 홍콩 못지않게 다양한 매력이 넘쳐나지만, 또 홍콩과는 달리 포르투갈의 이국적인 문화가 짙게 남아 있어 또 다른 매력으로 사랑받는 곳입니다. 마카오 하면 카지노를 대표적으로 떠올릴 수도 있지만 코타이의 다양한 엔터테인먼트 리조트를 충분히 즐길 수 있도록 소개했고 국내에서 혹은 홍콩에서 마카오까지의 이동 방법도 자세히 담으려 했습니다.

한 달이 멀다 하고 새롭게 진화하고 변신하는 홍콩과 마카오이기 때문에 취재 당시의 정보와 맞지 않는 부분이 있을 수도 있고 부족함이 눈에 많이 보일 수도 있지만 열심히 노력했습니다. 틀린 정보는 귀띔해 주시고 많은 응원과 격려 바랍니다.

★ **Special thanks to**

정승원 Molly Jung 홍콩·마카오 취재 일정을 함께하며 해박한 지식과 타고난 센스로 취재와 원고에도 도움을 주시며 제가 약한 교통과 관광에 대해 풍성한 결과를 낼 수 있게 도움 주신 정승원 님께 감사드립니다.

김정숙 야경 사진에 약한 나를 위해 먼 길 수고를 마다치 않고 와서 땀 흘리며 셔터를 눌러 주고 경제난에 허덕이는 나를 무한히 도와주는 고마운 나의 멘토.
• 현재는 여행 컨설턴트로 트래블레시피에서 맹활약 중(www.travelrecipe.co.kr)

김은하 지금은 멀리 스페인에서 자유로운 영혼으로 살고 계시지만 첫 취재 일정을 함께 땀 흘리며 해냈던 고마운 우리 은하 씨. 훈자. 아우라 님 감사하고 그립습니다.

Thanks to

홍콩, 마카오 취재에 많은 도움을 주신 현지의 호텔과 레스토랑 관계자들. 예쁜 책을 만들기 위해 저보다 더 많이 애를 태우신 유철상 대표님. 주인지 님. 손지영 님. 황유라 님. 홍콩에서 내 일처럼 물심양면 힘써 준 나의 홍콩 친구들, Jesslyn, Edith, Lucinda, Carmen, Wings, Stephanie, Erica 모두 감사합니다. 끝으로 출장 중 힘이 돼 주며 책이 나올 때마다 자기 책인 양 함께 기뻐해 주는 고마운 고아시아 친구들, 정인혜, 양해숙, 이화연, 이미재, 배영미, 윤민정, 이귀영, 정현정 님과 식구같은 트래블썸의 김경란, 이성혜, 김미정님 감사합니다.

c★ntents

Photo Album • 4

Prologue • 16

Map of Hong Kong • 22

Try Hong Kong • 24
Plan 1 알짜배기 슈퍼시티 홍콩 2박 3일 코스 • 24
Plan 2 쇼핑과 식도락에 올인! 3박 4일 코스 • 25
Plan 3 관광과 쇼핑, 식도락을 한 번에! 6박 7일 홍콩 대탐방 • 26
Plan 4 신출귀몰 초저가 2박 3일 홍콩 여행 • 28
Plan 5 화려한 도시여행의 매력을 만끽하는 럭셔리 2박 3일 홍콩 여행 • 30

Mission in Hong Kong • 32

Mission 1. Taste Hong Kong
Mission 01 All about Afternoon Tea • 32
Mission 02 요건 몰랐지? 알짜배기 호텔 런치 베스트 • 33
Mission 03 눈으로 즐기는 요리, 홍콩 최고의 나이스 뷰 레스토랑 • 33
Mission 04 딤섬 파라다이스, 최고의 딤섬을 맛보자! • 34
　　　　　　 딤섬 어디까지 먹어봤니? • 34
Mission 05 영화 속 홍콩을 맛보다 • 36
Mission 06 미슐랭 스타 레스토랑 • 37
　　　　　　 홍콩 미식대상 레스토랑 • 37
Mission 07 조금은 특별한 아침 식사 • 38
Mission 08 반드시 맛보자! 홍콩 요리 6선 • 39
Mission 09 오감만족, 디저트의 무한 매력에 빠지다 • 40
Mission 10 거리에서 찾은 최고의 주전부리 • 41

Mission 2. Buy Hong Kong

Mission 11 거대 쇼핑 도시에서 행복한 미아 되기 · 42
Mission 12 Face off~ Cosmetic Shop 탐방 · 46
Mission 13 홍콩에서 뭘 사지? · 47
Mission 14 명품쇼핑 부럽지 않은 실속만점 슈퍼마켓 쇼핑 · 48
　★Best Item in Three Sixty 16 · 48
　★Best Item in City Super 42 · 49

Enjoy Hong Kong · 50

Central　홍콩 최고의 힙 플레이스~ 센트럴 · 50
　　　　　　Map of Central · 52
　　　　　　Focus on Street 소호 · 78
　　　　　　★Map of Soho · 78
　　　　　　Focus on Street 란콰이퐁 · 80
　　　　　　★Map of Lan Kwai Fong · 80
Sheung Wan　거리 곳곳 숨어 있는 역사를 찾아서~ 성완 · 82
　　　　　　Map of Sheung Wan · 83
Victoria Peak　정상에 올라 홍콩을 품에 안다~ 빅토리아 피크 · 95
　　　　　　Special Sightseeing 빅토리아 피크 · 96
Admiralty　하이 퀄리티 쇼핑과 식도락에 도전~ 애드미럴티 · 102
　　　　　　Map of Admiralty · 104
　　　　　　Focus on Street 스타 스트리트 · 115
Wan Chai　모던과 로컬, 극과 극의 매력을 아우르다~ 완차이 · 116
　　　　　　Map of Wan Chai · 117
Causeway Bay　새롭게 떠오르는 쇼핑과 식도락의 천국~ 코즈웨이 베이 · 130
　　　　　　Map of Causeway Bay · 131
Aberdeen　삼판선 가득 낭만을 담다~ 애버딘 · 155
　　　　　　Special Sightseeing 오션 파크 · 156
　　　　　　★오션 파크 내부 지도 · 160
Repulse Bay　홍콩 부유층의 아지트~ 리펄스 베이 · 165
Stanley　일요일 오후의 여유와 낭만~ 스탠리 · 169
Hung Hom　홍콩 현지인의 삶을 엿보다~ 홍함 · 175

Tsim Sha Tsui 여행자가 찾는 모든 것~ 침사추이 · 182
Map of Tsim Sha Tsui · 184
Special Sightseeing 너츠포드 테라스 · 210
Special Shopping 하버 시티 · 218
Focus on Street 그랜빌 로드 · 237
Focus on Street 캔톤 로드 · 238
★Map of Canton Road · 239

Yau Ma Tei 로컬의 정취를 만끽하다~ 야우마테이 · 240
Map of Yau Ma Tei · 241

Mong Kok 밤이면 활기를 더하는 재래시장의 천국~ 몽콕 · 248
Map of Mong Kok · 249

Lantau Island 하늘을 날다~ 란타우 섬 · 260
Special Sightseeing 디즈니랜드 · 266

Lamma Island 보헤미안의 낭만~ 람마 섬 · 273

The Other Part of Hong Kong 지도 밖, 또 다른 홍콩의 발견~ 기타 지역 · 279
삼수이포 Sham Shui Po · 280
샤틴 Sha Tin · 281
사이쿵 Sai Kung · 284
섹오 Shek O · 285
쿤통 Kwun Tong · 286
포트리스 힐 Fortress Hill · 287
타이쿠 Tai Koo · 289
외곽 지역 · 292

Discover Hong Kong · 294

Hong Kong University 홍콩 대학 구내식당 체험하기 · 294
Hong Kong Taste 홍콩의 블로거들 '맛'을 논하다 · 295
Hong Kong Tram 트램으로 즐기는 하루 · 296
Kowloon Walled City 까우룽 시티 대탐험 · 300

Step to Hong Kong · 302

홍콩 일반 정보 · 302
★홍콩 지하철(MTR) 노선도 · 309

Step to Macau • 314

Map of Macau • 316
마카오 일반 정보 • 317
★ 마카오 버스 정류장 • 326
마카오 셔틀버스 완전 정복 • 328
단 하루면 충분하다! 취향대로 즐기는 마카오 베스트 코스 4 • 334
Special 심천 여행하기 • 337

Enjoy Macau • 338

Macau
아시아에서 작은 유럽을 만나다~ 마카오 • 338
Map of Macau • 338
★ Map of Largo do Senado • 345
Special Food 피셔맨즈 와프에서 놓치기 아까운 맛집 • 355
Special Food 세나도 광장의 먹을거리 • 362

Cotai & Taipa
생각을 멈추고 오직 즐겨라~ 코타이 & 타이파 • 377
Map of Cotai & Taipa • 378
Special Entertainment Resort 시티 오브 드림즈 • 379
Special Entertainment Resort 더 베네시안 • 386
★ 그랜드 캐널 쇼핑몰 내부도 • 386
Special Entertainment Resort 샌즈 코타이 센트럴 • 391
Special Food 타이파 빌리지의 군것질거리 • 396
★ Map of Taipa Village • 397

Coloane
노란 커스티드빛의 소박한 어촌~ 콜로안 • 407
Map of Coloane • 408

Travel Note • 414

여행 준비 • 414
홍콩 · 마카오 여행의 필수, 서바이벌 영어 • 422

Index • 424

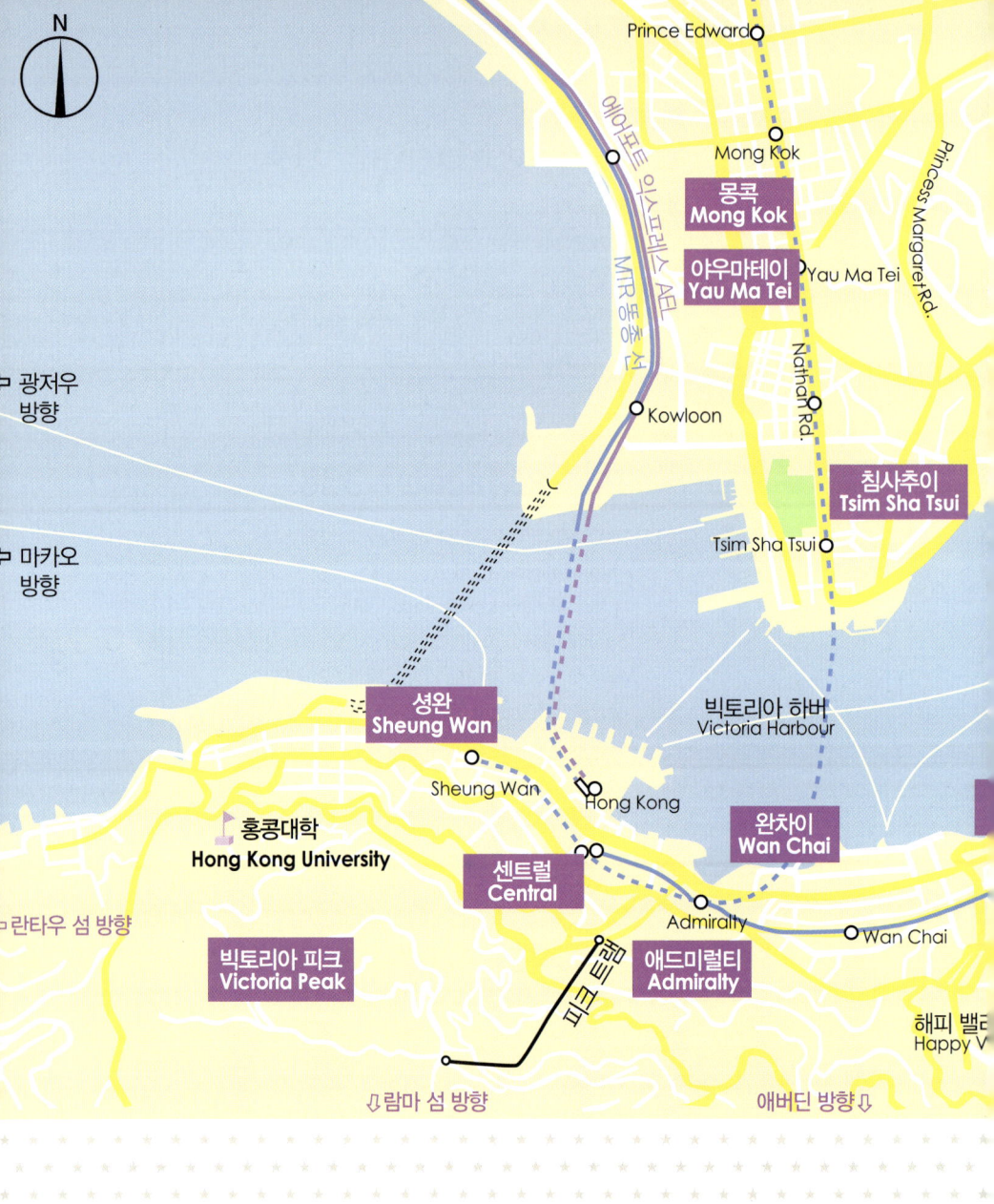

Try Hong Kong 01
콘셉트별, 일정별 홍콩 모범답안 엿보기

Plan 1 알짜배기 슈퍼시티 홍콩 2박 3일 코스
침사추이, 센트럴, 빅토리아 피크, 리펄스 베이, 스탠리

여행 Tip 한국의 여행자들이 가장 일반적으로 선택하는 코스가 바로 슈퍼시티 2박 3일 코스이다. 눈 깜짝할 사이 지나가버리는 2박 3일의 금쪽같은 시간을 가장 효율적으로 지내고 싶은 당신에게 추천해 마지않는 코스.

1 day 1일 침사추이
- 13:30 숙소 도착
- 14:30 페닌술라 더 로비에서 애프터눈 티 즐기기
- 16:30 청킹 맨션, 네이던 로드, 까우룽 공원, 1881 헤리티지 센터 등 둘러보기
- 18:30 세레나데에서 저녁 식사
- 20:00 심포니 오브 라이트 관람 후 스타 애비뉴 산책
- 21:30 너츠포드 테라스에서 와인 한잔

2 day 2일 센트럴과 빅토리아 피크
- 10:00 미드 레벨 에스컬레이터로 이동, 타이청 베이커리에서 에그 타르트 사 먹기
- 11:00 소호 뒷골목 누비며 구경
- 13:00 융케이 레스토랑, 웡치케이, 쵸이와 레스토랑 등 센트럴 레스토랑 3형제 중 한 군데 선택해 점심 식사
- 14:30 H&M, Marks & Spencer 등 센트럴 퀸즈 로드의 로드숍 구경
- 17:30 피크 트램 타고 빅토리아 피크 올라가기
- 19:00 부바 검프 슈림프나 카페 데코 등 레스토랑에서 야경 감상하며 저녁 식사
- 21:00 란콰이퐁에서 맥주 한잔하며 홍콩의 밤에 취해 보기

3 day 3일 리펄스 베이, 스탠리
- 10:00 호텔 체크아웃, 홍콩역에서 체크인해 두기
- 11:00 스탠리 마켓 구경
- 12:00 보트하우스에서 점심 식사
- 13:30 머레이 하우스, 틴하우 사원, 스탠리 만 둘러보기
- 14:30 버스로 리펄스 베이로 이동
- 15:00 리펄스 베이 아케이드, 리펄스 비치 둘러보기
- 16:00 더 베란다에서 애프터눈 티 즐기기
- 18:00 버스 타고 센트럴로 이동
- 19:00 IFC몰 랜드마크 등 주변에서 마무리 쇼핑

Try Hong Kong 02
콘셉트별, 일정별 홍콩 모범답안 엿보기

Plan 2 쇼핑과 식도락에 올인! 3박 4일 코스
침사추이, 코즈웨이 베이, 센트럴, 애버딘, 완차이

여행 Tip 고리타분한 사원도 싫고 지루한 박물관도 싫다!
황금 같은 휴가기간 오로지 화려한 도시 홍콩에서 쇼핑과 식도락에 한 몸 불사르고 싶다면 이렇게 움직여보자.
상대적으로 큰 지출을 감수해야 하지만 도시 여행의 진수를 맛볼 수 있는 코스라 하겠다.

1 day 1일 침사추이
- 13:30 숙소 도착
- 14:30 로비 라운지에서 애프터눈 티 즐기기
- 16:30 하버 시티에서 쇼핑
- 18:30 캔톤 로드 둘러보기
- 20:00 아쿠아 후통에서 멋진 야경을 감상하며 저녁 식사
- 22:00 너츠포드 테라스에서 와인 한잔

2 day 2일 코즈웨이 베이
- 10:00 타임스 스퀘어 쇼핑
- 12:00 호흥키에서 점심 식사
- 13:30 에스프리, 무지, 유니클로, GOD 등 쇼핑
- 15:30 럭키 디저트에서 시원한 코코넛 주스 마시며 휴식
- 16:30 아일랜드 비버리, 똥콕 라포레 쇼핑
- 18:00 타이우 레스토랑에서 저녁 식사
- 19:30 패션 워크 돌아보기
- 21:00 토츠 바에서 칵테일 한잔

3 day 3일 센트럴, 식도락과 쇼핑
- 10:00 미드 레벨 에스컬레이터로 이동, 타이청 베이커리에서 에그 타르트 사 먹기
- 11:00 소호 뒷골목 누비며 구경
- 13:00 융케이 레스토랑, 웡치케이, 쵸이와 레스토랑 등 센트럴 레스토랑 3형제 중 한 군데 선택해 점심 식사
- 14:30 Marks & Spencer 등 센트럴 퀸즈 로드의 로드숍 구경
- 16:30 애드미럴티역 퍼시픽 플레이스에서 쇼핑
- 18:30 골든 리프에서 저녁 식사
- 20:30 카페 그레이에서 칵테일 한잔

4 day 4일 애버딘, 완차이
- 10:00 호텔 체크아웃 후 홍콩역에서 체크인해 두기
- 11:00 스페이스 아웃렛에서 쇼핑
- 13:00 점보나 탑 덱에서 점심 식사
- 15:30 버스 타고 완차이로 이동
- 16:00 타이윤 스트리트 둘러보기
- 17:00 디자인 갤러리 둘러본 후 엑스포 프로메네이드 산책
- 18:30 골든 보히니아에서 저녁 식사
- 20:00 더 포운에서 맥주 한잔

Try Hong Kong 03
콘셉트별, 일정별 홍콩 모범답안 엿보기

Plan 3 관광과 쇼핑, 식도락을 한 번에! 6박 7일 홍콩 대탐방
침사추이, 몽콕, 야우마테이, 코즈웨이 베이, 완차이, 해피 밸리, 애버딘, 오션 파크, 리펄스 베이와 스탠리, 람마 섬, 센트럴

1 day 1일   침사추이
- 13:30 숙소 도착
- 14:00 세레나데에서 맛있는 딤섬으로 점심 식사
- 15:30 K11에서 쇼핑
- 17:00 그랜빌 로드, 로드숍 구경
- 18:30 노마즈에서 맛있는 저녁 식사
- 20:00 심포니 오브 라이트 관람 후 스타 애비뉴 산책

2 day 2일   몽콕, 야우마테이
- 09:00 프린스 에드워드역에 내려 꽃 시장, 새 공원 등 둘러보기
- 11:00 원딤섬에서 맛있는 딤섬 배불리 먹기
- 13:00 시노 센터, 랭함 플레이스 돌며 쇼핑
- 16:30 파윤 스트리트, 레이디스 마켓 둘러보기
- 18:00 탄요토에서 핫폿으로 저녁 식사
- 19:30 던다스 스트리트에서 군것질하기
- 20:00 템플 스트리트 야시장 구경

3 day 3일   코즈웨이 베이, 완차이, 해피 밸리
- 10:00 디자인 갤러리, 엑스포 프로미네이드, 보히니아 광장 등 둘러보기
- 12:00 골든 보히니아 혹은 오보로그에서 점심 식사
- 13:30 트램 타고 코즈웨이 베이로 이동
- 14:00 아일랜드 비버리, 똥콕 라포레 등 둘러보기
- 16:00 빅토리아 공원, 코즈웨이 베이 타이푼 셸터 등 둘러보기
- 17:30 해피 밸리행 트램 타고 이동
- 18:00 위문펑에서 저녁 식사
- 20:00 토츠 바에서 칵테일 한잔

4 day 4일   애버딘, 오션 파크
- 10:00 오션 파크
- 16:00 호라이즌 아웃렛 쇼핑
- 17:30 점보에서 저녁 식사
- 19:00 탑 덱에서 칵테일 한잔

여행 Tip 모처럼 넉넉한 일정에 풍요로운 예산을 가지고 찾아온 홍콩. 대부분의 여행자들이 가장 먼저 찾는다는 센트럴과 침사추이는 물론이고 애버딘, 람마 섬 등 홍콩 구석구석을 샅샅이 탐험해 보자. 가는 곳마다 팔색조 같은 모습으로 다가오는 홍콩의 매력에 푹 빠져들 것이다.

5 day 5일 리펄스 베이와 스탠리

10:00	스탠리 마켓 구경
11:00	스탠리 베이, 틴하우 사원, 머레이 하우스 둘러보기
12:00	보트하우스에서 점심 식사
14:00	리펄스 베이 아케이드 둘러보기, 리펄스 비치 산책
15:00	베란다에서 애프터눈 티 즐기기
17:30	센트럴 익스체인지 도착 후 소호로 이동
18:00	타운 하우스에서 저녁 식사
20:00	스톤튼스 와인 바에서 한잔

6 day 6일 람마 섬

10:00	센트럴 선착장에서 람마로 가는 페리 탑승
10:30	낀힝 두부 디저트 먹으며 잠시 휴식
11:00	흥싱예 해변 산책
12:00	북 웜 카페에서 간단히 브런치 즐기기
14:00	람마 패밀리 트레일, 소쿠완으로 이동
15:30	가미가제 그로토, 틴하우 사원 등 소쿠완 일대 둘러보기
17:00	소쿠완 레인보우 시푸드에서 점심 식사
19:00	페리 타고 침사추이로 이동

7 day 7일 센트럴

10:00	호텔 체크아웃 후 홍콩역 체크인해 두기
11:00	페리 타고 센트럴 선착장에 내려 자딘 하우스, 황후상 광장 등 주변 둘러보기
12:00	맥심즈 팰리스에서 딤섬으로 점심 식사
14:00	퀸즈 로드 선상 로드숍들 구경
15:30	고풍스러운 스타벅스에서 커피 한잔 마시며 휴식
17:30	미드 레벨 에스컬레이터를 따라 올라가며 마음에 드는 레스토랑 찾아 저녁 식사
19:30	IFC몰에서 마무리 쇼핑

Try Hong Kong 04
따라 할 테면 따라 해봐! 저자의 실속 여행스케줄 엿보기

Plan 4 신출귀몰 초저가 2박 3일 홍콩 여행
침사추이, 몽콕, 애버딘, 람마 섬, 소호, 셩완

1일   **인천 … 홍콩, 침사추이, 몽콕**

10:55	인천국제공항 비행기 탑승
12:55	홍콩국제공항 도착
15:00	침사추이 한인 민박 체크인
15:30	침사추이 네이던 로드, 캔톤 로드
17:00	이층버스 타고 네이던 로드 밤 풍경 구경
17:30	프린스 에드워드역 원딤섬에서 저녁 식사, 여인가 구경
20:00	침사추이 심포니 오브 라이트(20:00~20:18), 시계탑, 해변 산책로, 스타의 거리

Tip 시간이 충분하지 않은 일정이지만 첫날 숙소까지는 공항버스를 이용한다. 버스를 이용하면 창밖으로 홍콩의 풍경도 볼 수 있고 돈도 절약할 수 있다. 숙소에 도착해 짐을 푼 다음에 침사추이의 분주한 네이던 로드와 캔톤 로드를 걸으며 아직은 낯선 홍콩에 적응해 보는 건 어떨까. 그리고 해가 저물어가면 이층버스를 타보자. 이층버스는 낮보단 밤. 침사추이에서 몽콕 방향으로 가는 버스가 좀 더 화려하다. 저녁 식사는 홍콩 여행의 꽃 딤섬을 먹기로 한다. 특히 몽콕의 팀호완은 미슐랭 가이드 별까지 받은 딤섬 레스토랑. 맛도 맛이지만 가격까지 착해 부담이 없다. 대신 기다림의 인내 정도는 감수. 기다리는 동안 근처 여인가 야시장을 구경하면 더욱 좋다. 식사를 마치고 다시 침사추이로 돌아와 심포니 오브 라이트를 감상하며 홍콩에서 첫 하루를 기념한다.

2일   **애버딘, 람마 섬, 소호**

08:00	애드미럴티 카페 드 코랄에서 아침 식사
10:00	애버딘 호라이즌 플라자 쇼핑
12:30	애버딘 점보 레스토랑 무료 삼판선 타기
13:30	애버딘 선착장에서 람마 섬 용수완행 페리, 점심 식사 맥도날드(테이크아웃)
14:10	람마 섬 용수완 도착, 용수완 시내
15:00	람마 섬 훙싱예 비치 패밀리 트레일 트레킹
17:30	람마 섬 소쿠완 레인보우 시푸드 레스토랑에서 저녁 식사
19:40	센트럴 페리 선착장 도착
20:00	소호의 토요일 밤 즐기기

Tip 홍콩은 쇼퍼홀릭의 낙원. 하지만 주머니 사정을 생각한다면 눈요기에 그치기 쉽다. 감각 있는 안목을 가졌다면 애버딘의 호라이즌 플라자를 이용해 보는 건 어떨까. 유명 브랜드가 한곳에 모여 있는 아파트형 아웃렛으로 시즌이 지난 상품을 저렴하게 구매할 수 있다. 쇼핑을 마쳤다면 애버딘 선착장으로 이동해 점보 레스토랑 무료 삼판선을 타고 수상 레스토랑도 구경해 보자. 오후엔 람마 섬으로 가서 한가로운 시간을 보내기로 한다. 애버딘에서 람마 섬 용수완까지 페리로 30분 정도 소요. 람마 섬의 아름다운 경치와 홍콩의 디저트 에그 타르트와 도우푸파를 즐겨본다. 특히 람마의 패밀리 트레일 트레킹 후엔 레인보우 시푸드 레스토랑에서 해산물로 배를 채워보자. 그리고 레스토랑 무료 셔틀 페리를 이용해 센트럴까지 오면 퍼펙트. 끝으로 홍콩의 마지막 밤은 소호에서 신 나게 놀아보자.

여행 Tip 돈과 시간이 충분하지 않은 직장인을 위한 신출귀몰 2박 3일 홍콩 여행.
주말을 이용해 홍콩을 대표하는 쇼핑, 딤섬, 디저트, 야경은 물론 이층버스, 트램, 람마 섬 트레킹까지 최소의 경비로 다양한 경험을 해볼 수 있는 일정이다. 몸이 피곤하다는 점만 감안한다면 단시간에 홍콩을 생생하게 느낄 수 있다.

3day 성완, 홍콩 ⋯➔ 인천

07:30	침사추이 한인 민박 체크아웃,
	홍콩 도심공항터미널 인 타운 체크인(In-town Check In)
09:00	성완 라푸께이 누들숍에서 아침 식사
10:00	성완 할리우드 로드, 만모우 사원, 캣 스트리트, 웨스턴 마켓
12:00	성완에서 트램 타고 홍콩역으로 돌아오기
12:30	홍콩역 공항고속전철 Airport Express 탑승
13:00	홍콩국제공항 도착
13:55	홍콩국제공항 비행기 탑승

Tip 아침 일찍 숙소 체크아웃을 마치고 홍콩역 도심공항터미널로 간다. 도심공항터미널에서 인 타운 체크인 서비스를 이용해 짐을 미리 부치고 가벼운 몸으로 성완 일대를 둘러보자. 성완에는 100년 전통의 골동품 시장 할리우드 로드와 벼룩시장인 캣 스트리트가 있어 골동품이나 미술품을 구경하는 일이 즐겁다. 그리고 홍콩에서 가장 오래된 만모우 사원도 빼놓지 말고 들러보자. 마지막으로 성완역 앞에서 트램을 타고 홍콩역으로 돌아오면 일정이 마무리되는데, 트램 타는 시간이 짧긴 하지만 그래도 2층으로 올라가 홍콩의 모습을 담아보자. 홍콩역에 도착해 공항고속전철을 타고 비행기 출발 1시간 전까지 공항에 간다.

Try Hong Kong 05
따라 할 테면 따라 해봐! 저자의 실속 여행스케줄 엿보기

Plan 5 화려한 도시여행의 매력을 만끽하는 럭셔리 2박 3일 홍콩 여행
침사추이, 센트럴, 빅토리아 피크, 코즈웨이 베이

1일   **홍콩, 침사추이**
- 13:30   호텔 도착해서 짐 정리 후, 호텔 셔틀로 침사추이 중심가로 이동
- 14:30   페닌슐라 더 로비에서 애프터눈 티 즐기기
- 16:00   하버 시티, 캔톤 로드에서 쇼핑
- 18:00   후통에서 야경 감상하며 저녁 식사
- 20:00   아쿠아에서 칵테일 한잔

Tip 호텔 W 홍콩은 침사추이 시내와 떨어져 있어 다소 불편한 점이 있긴 하지만 무료 셔틀을 운행하고 있다. 호텔에서 시내로 나갈 때에는 주로 셔틀을 이용하고 호텔로 돌아올 때에는 택시를 대부분 이용하였다. 불편함을 감수하고 W 홍콩을 선택한 이유는 더할 나위 없이 산뜻하고 고급스러운 W 홍콩의 스타일과 아침마다 여유로운 시간을 보장해 줄 멋진 수영장 때문이다.

2일   **센트럴, 빅토리아 피크**
- 09:00   아침 식사
- 10:00   수영장에서 여유로운 시간 보내기
- 12:00   융케이 레스토랑에서 거위 요리 먹기
- 13:30   Marks & Spencer, 사사 등 센트럴 거리 쇼핑
- 15:30   스타벅스에서 커피 한잔 마시며 휴식
- 17:00   빅토리아 피크로 이동
- 17:30   피크 갤러리아, 피크 타워 둘러보기
- 18:30   카페 데코에서 저녁 식사
- 20:00   호텔로 귀가
- 20:30   블리스에서 스파 받기

Tip 오전에는 서두르지 않고 W 홍콩의 자랑인 수영장에서 여유로운 시간을 보낸다. 채비를 한 후 센트럴까지 택시로 이동한다. 나가기 전 저녁에 받을 스파를 예약한다. 융케이 레스토랑에서 온갖 수상작들을 한꺼번에 맛볼 수 있는 2인 세트를 주문해 점심을 먹는다. 퀸즈 로드를 따라 크고 작은 점포들이 모여 있는 로드숍을 구경한 후, 최고로 고풍스러운 센트럴의 스타벅스에서 휴식을 취한다. 해가 질 무렵 택시를 타고 피크 트램 정류장으로 향한다. 피크 트램은 편도로만 끊어 올라간다. 저녁 식사는 펄 온 더 피크에서 멋진 야경과 더불어 시간을 보내고 택시로 호텔로 귀가하여 스파로 피로를 푼다.

여행 Tip 홍콩에 왔으니 미슐랭에서 별을 받았다는 최고급 레스토랑에서 근사하게 차려입고 식사도 즐기고 유명하다는 스파에서 모처럼 휴식도 취하고 예산에 구애받지 않고 화려한 홍콩의 매력을 담뿍 느끼고 싶다면 추천하는 럭셔리 2박 3일 홍콩 여행.

 3일   **코즈웨이 베이, 침사추이**

09:00	아침 식사
10:00	짐 정리 및 체크아웃
11:00	까우룽역에서 체크인한 후, 코즈웨이 베이로 이동
12:00	타임스 스퀘어에서 쇼핑
14:00	타이우 레스토랑에서 맛있는 시푸드 먹기
15:30	침사추이로 이동
16:00	더 원, 그랜빌 로드 구경하며 쇼핑
18:00	스푼 바이 알랭 뒤카스에서 저녁 식사
20:00	엘리먼츠에서 마지막 쇼핑

Tip 체크아웃을 한 후 까우룽역에서 체크인을 하고 짐을 부쳐버린다. 코즈웨이 베이로 이동하여 타임스 스퀘어를 둘러보고 타이우 레스토랑에서 신선한 로브스터를 비롯한 최고 인기 메뉴들을 주문해 점심 식사를 한다. 침사추이로 이동해 그랜빌 로드를 중심으로 모여 있는 로컬숍들을 구경한다. 홍콩의 마지막 디너를 인터컨티넨탈 홍콩의 스푼 바이 알랭 뒤카스에서 즐긴다. 택시로 엘리먼츠까지 이동 후 시간 계산을 해 가며 마지막 마무리 쇼핑을 즐긴다.

Mission in Hong Kong 01
Mission 1. Taste Hong Kong Afternoon Tea

All about Afternoon Tea

새하얀 리넨과 반짝이는 은색 식기, 달콤한 디저트와 함께 즐기는 애프터눈 티는 홍콩을 찾는 여행자들이 꼽는 필수 코스 중 하나이다. 18세기 중반 영국 귀족사회에서 탄생한 애프터눈 티 문화, 이 작은 사치를 통해 하루쯤 귀부인이 돼 보는 것도 좋겠다.

애프터눈 티는 보통 삼단 트레이와 함께 제공되는 것이 일반적이지만 요새는 뷔페, 홍콩 스타일 딤섬 트레이 등 다양한 형태로 제공되기도 한다. 삼단 트레이에 서브되는 애프터눈 티 세트는 보통 1단에 스콘이, 2단에 한입 샌드위치와 카나페 혹은 미니 케이크 등이, 제일 꼭대기에는 초콜릿과 미니 케이크류가 서브된다. 애프터눈 티 세트를 먹을 때에는 가장 아래층의 스콘과 클로티드 크림을 먹기 시작하여 맨 마지막에 가장 위의 초콜릿이나 단 케이크로 마무리하는 것이 일반적이다. 애프터눈 티 세트에는 커피나 티 종류가 포함되는 경우가 대부분인데 달달한 디저트와 함께 먹기에는 조금 진한 듯한 아메리카노나 차 종류가 무난하다.

✚ **폼생폼사, 애프터눈 티는 무엇보다 분위기가 최고!**
오랜 전통에서 우러나오는 클래식한 분위기와 격조 있는 서비스에 압도되는 페닌슐라의 더 로비나 커다란 유리창을 통해 들어오는 그림 같은 전망이 압권인 인터컨티넨탈 호텔의 로비 라운지, 탁 트인 교외에서 즐기는 특별한 애프터눈 티, 더 베란다를 추천한다.

✚ **금강산도 식후경! 식사를 겸한 애프터눈 티, 일석이조를 노린다.**
뷔페 형식으로 제공되는 애프터눈 티로 유명한 그랜드 하얏트의 티핀과 JW 메리어트의 더 라운지.

Mission in Hong Kong 02

Mission 1. Taste Hong Kong Hotel Lunch

요건 몰랐지? 알짜배기 호텔 런치 베스트

우리나라에서는 유난히 문턱이 높은 호텔 레스토랑. 무작정 비쌀 것 같다는 생각에 제쳐두지 말자. 홍콩에서는 잘만 찾으면 가격 대비 훌륭한 호텔 브런치와 런치를 즐길 수 있다.

가격 대비 최고의 만족도를 얻을 수 있는 곳으로 많은 사랑을 받고 있는 **아이콘 호텔의 더 마켓**
가격은 조금 비싼 편이지만 충실한 아이템과 수준 높은 음식 솜씨로 손꼽히는 **JW 메리어트의 JW 카페**
각종 수상에 빛나는 최고의 솜씨를 저렴하게 맛볼 수 있는 **이튼 홍콩, 얏퉁힌**의 저렴한 런치 세트

Mission in Hong Kong 03

Mission 1. Taste Hong Kong Nice View Restaurant

눈으로 즐기는 요리,
홍콩 최고의 나이스 뷰 레스토랑

빅토리아 항을 따라 죽 늘어선 세련된 빌딩과 화려한 조명. 눈을 돌리는 곳마다 그림이 되는 백만불짜리 야경. 최고의 전망을 가진 레스토랑에서 눈과 입이 동시에 즐거워지는 디너를 즐겨보자.

품 안으로 들어오는 백만불짜리 야경 인터컨티넨탈 홍콩의 **스푼 바이 알랭 뒤카스**
눈 아래 펼쳐지는 환상적인 야경, **아쿠아**
가장 높은 곳에서 즐기는 최고의 야경, **카페 데코**

Mission in Hong Kong 04

Mission 1. Taste Hong Kong Dimsum

딤섬 파라다이스, 최고의 딤섬을 맛보자!

딤섬은 마음에 점을 찍는다는 뜻으로 아침과 저녁 사이에 간단히 끼니를 해결한다는 의미로 사용되어 왔다. 홍콩 사람들은 딤섬보다는 딤섬과 함께 마시는 차에 더 중점을 두어 얌차라고 부르기도 한다.

딤섬 레스토랑을 방문하면 가장 먼저 차를 주문하게 되는데 보통 자스민차나 우롱차를 주문하면 무난하다. 차는 주전자에 서브되며 차와 함께 땅콩과 같은 밑반찬과 XO소스 혹은 칠리소스가 제공된다. 차와 밑반찬은 레스토랑에 따라 무료로 제공되거나 HK$2~40까지 차지를 내야 한다. 차는 계속해서 리필을 할 수 있는데 찻물 리필을 원할 때에는 주전자 뚜껑을 살짝 열어 놓으면 된다.

워낙 많은 사람들이 들고 나는 서민풍의 딤섬 레스토랑의 경우 차를 주문하면 2개의 주전자를 내 오는 경우가 있는데 이때, 하나의 주전자의 물로는 식기와 찻잔을 헹구면 된다. 하지만 요새는 대부분의 레스토랑에서도 이와 같은 모습은 보기 힘들어지고 있다.

딤섬을 주문할 때에는 주문표에 먹고 싶은 딤섬을 찾아 체크하기만 하면 된다. 보통 영어로 같이 설명되어 있는 경우가 있긴 하지만 영어가 통하지 않는 레스토랑일 경우에는 딤섬 사진이나 중국어 이름을 보여주면서 주문하면 편리하다.

맛도 가격도 최고! 올림픽역의 **팀호완**
홍콩의 스타도 단골로 만드는 럭셔리 딤섬. 해피 밸리 **위문펑**
빅토리아 항의 멋진 전망과 함께 즐기는 딤섬의 향연, 침사추이 **세레나데**

딤섬 어디까지 먹어봤니?

더 예쁘게 더 고급스럽게 진화하는 딤섬. 클래식한 전통 딤섬 하카우, 씨우마이부터 난이도 있는 딤섬까지 다양한 딤섬을 맛보는 것은 홍콩에서 빼놓지 못할 즐거움이다.

차슈소
겉이 달콤하고 바삭바삭한 돼지고기 파이로, 디저트로 먹기에도 식사 중 먹기에도 부담 없는 맛이다.

탄탓
이미 많은 사랑을 받고 있는 에그 타르트로 달콤한 커스터드 크림과 바삭바삭한 파이피의 조화가 훌륭하다.

짱펀
쌀로 만든 얇은 피 안에 고기나 새우 등을 넣어 먹는 것으로 중국 간장을 붓다시피 해서 먹는데 짜지 않고 맛있다.

러보까오
중국식 무 케이크의 일종으로 중국식 무와 쌀가루 등을 섞어 쪄서 살짝 기름에 지져낸 후 소스에 버무려 먹는다.

하카우 蝦餃
딤섬의 대표주자로 반투명한 얇은 피 속에 통통한 새우가 한가득 들어 있어 누구나 즐겨 찾는 딤섬이다.

씨우마이 燒賣
편의점이나 길거리에서 보는 것처럼 원래는 꼬치 요리였다고 한다. 다진 돼지고기를 계란과 밀가루 피로 감싼 것으로 요새는 위에 새우나 전복 등 다양한 재료를 얹어 나온다.

딴웡린용바우 蛋王蓮蓉包
우리나라의 찐빵과 비슷한 맛이다. 연밥으로 만든 소, 단팥 등 다양한 재료가 들어간다.

차슈바오 叉燒包
홍콩인들이 가장 사랑하는 딤섬 중 하나. 우리나라의 찐빵과 같은 차진 반죽 안에 달콤한 양념을 더한 돼지고기가 들어 있다. 요새는 겉을 바삭하게 구운 변형된 차슈바오를 많이 취급한다.

마라이고 馬拉糕
홍콩식 전통 찜 케이크로 부드럽고 달콤해서 자꾸만 손이 가는 맛이다.

짠쮸까이 珍珠雞
찹쌀과 닭고기 등을 연잎에 싸서 찐 것으로 연의 향이 배어 향긋한 맛이 일품이다. 가게에 따라 조개나 새우 등 해산물을 넣기도 한다.

까이초이카우 韮菜餃
반투명한 피 안에 부추, 시금치 등 채소를 듬뿍 넣어 담백한 맛의 딤섬이다.

샤오룽바오 小籠包
상하이 요리 하면 가장 먼저 떠오르는 샤오룽바오. 뜨거운 육즙이 피 안에 가득 차 있다. 간장과 생강채를 곁들여 먹으면 그 맛이 일품이다.

파이갓 排骨
우리나라의 양념돼지갈비와 비슷하다. 보기엔 먹음직스럽지 않지만 우리 입맛에 잘 맞는 편.

씬쭉균 鮮竹卷
얇은 두부껍질 안에 돼지고기와 새우 등 소를 넣어 굴소스에 짭조름하게 쪄낸 것이다.

펑짜우 鳳爪
간장 소스에 닭발을 쪄낸 것으로, 보기엔 징그럽지만 오랜 시간 쪄내 부드러우면서도 쫀득한 맛이 일품이다.

산쪽응아우육 山竹牛肉
소고기 동그랑땡 같은 딤섬으로 사람에 따라 고수의 향이 강해 입에 맞지 않을 수도 있다.

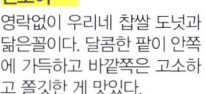
찐또이 煎堆
영락없이 우리네 찹쌀 도넛과 닮은꼴이다. 달콤한 팥이 안쪽에 가득하고 바깥쪽은 고소하고 쫄깃한 게 맛있다.

촌쥰 春卷
우리에게도 익숙한 스프링롤로 각종 야채를 피에 돌돌 말아 튀겨낸 것이다.

우꼭 芋角
토란을 넣어 튀긴 딤섬으로 기름지기도 하고 약간 씁쓸한 맛이 느껴진다.

함수이꼭 咸水角
우리나라의 찹쌀 도넛 같은 느낌으로 안에는 다진 돼지고기가 들어 있다. 기름기가 있지만 상당히 고소하고 맛있다.

따이렁자씬나이 大良炸鮮奶
우유 커스터드를 튀김옷에 입혀 튀겨낸 것으로 상당히 달콤하고 기름지다. 한 사람이 1개 이상 먹기에 조금 버거울 수 있다.

Mission in Hong Kong 05

Mission 1. Taste Hong Kong Movie in Hong Kong

영화 속 홍콩을 맛보다

금방이라도 장만옥과 여명이 골목 어귀를 돌아 자전거를 타고 나타날 것만 같고 청킹 맨션 한 귀퉁이에선 임청하가 선글라스를 끼고 튀어나올 것만 같다. 영화 속 홍콩에서 익숙한 바로 그 장소, 직접 찾아가 하루쯤은 영화의 주인공이 되어 보는 것은 어떨까?

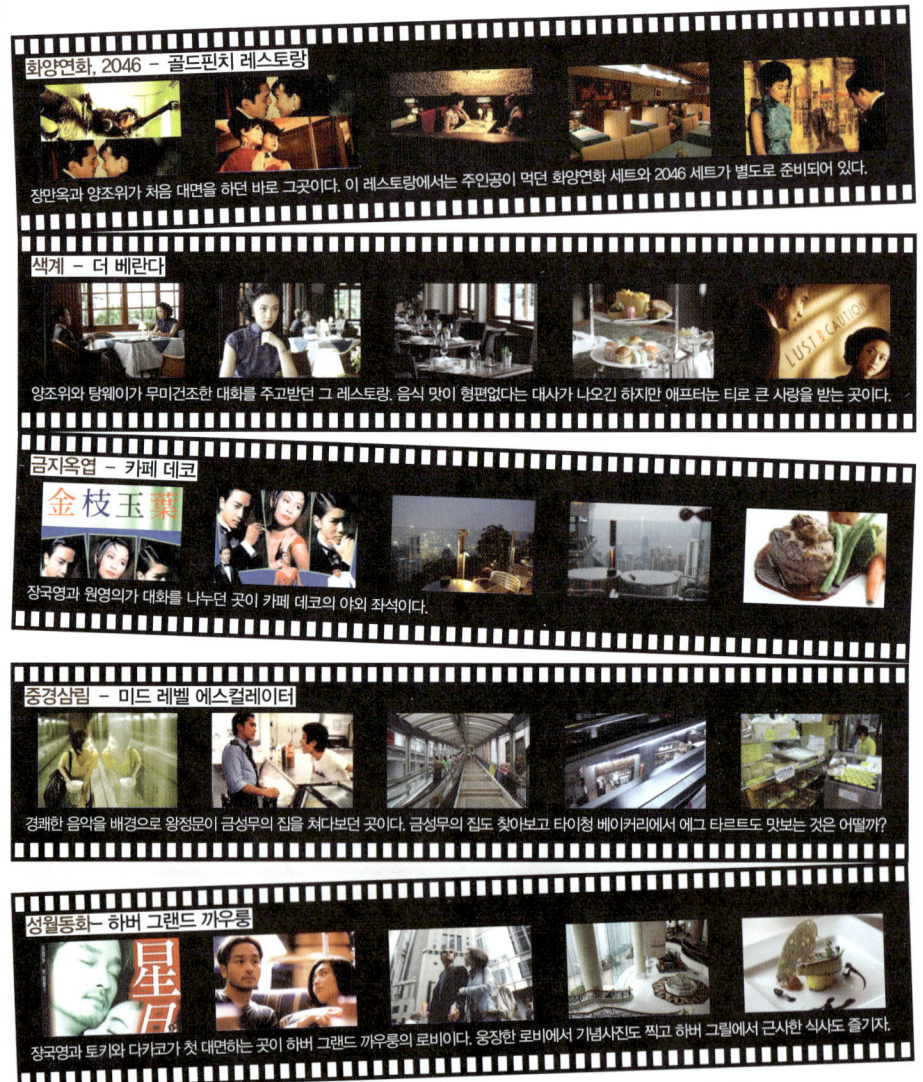

화양연화, 2046 - 골드핀치 레스토랑
장만옥과 양조위가 처음 대면을 하던 바로 그곳이다. 이 레스토랑에서는 주인공이 먹던 화양연화 세트와 2046 세트가 별도로 준비되어 있다.

색계 - 더 베란다
양조위와 탕웨이가 무미건조한 대화를 주고받던 그 레스토랑. 음식 맛이 형편없다는 대사가 나오긴 하지만 애프터눈 티로 큰 사랑을 받는 곳이다.

금지옥엽 - 카페 데코
장국영과 원영의가 대화를 나누던 곳이 카페 데코의 야외 좌석이다.

중경삼림 - 미드 레벨 에스컬레이터
경쾌한 음악을 배경으로 왕정문이 금성무의 집을 쳐다보던 곳이다. 금성무의 집도 찾아보고 타이청 베이커리에서 에그 타르트도 맛보는 것은 어떨까?

성월동화 - 하버 그랜드 까우룽
장국영과 토키와 다카코가 첫 대면하는 곳이 하버 그랜드 까우룽의 로비이다. 웅장한 로비에서 기념사진도 찍고 하버 그릴에서 근사한 식사도 즐기자.

Mission in Hong Kong 06
Mission 1. Taste Hong Kong Best of Best Restaurant

미슐랭 스타 레스토랑

최고의 권위를 자랑하는 미슐랭 가이드. 아시아 최초로 미슐랭 가이드 도쿄가 발간된 이후 2008년 12월 홍콩, 마카오판이 발간되었다. 발간 당시 총 51개의 레스토랑이 등재되었는데 별 3개를 받은 레스토랑이 홍콩과 마카오 각각 단 한 군데씩이었을 만큼 까다로웠다고 한다. 우리나라에선 접할 수 없는 미슐랭 스타 레스토랑에서의 식사, 홍콩 여행에서 빠뜨릴 수 없는 미션이라 하겠다.

2009~2010 미슐랭 스타 레스토랑

★★★
- 룽킹힌 Lung King Heen
- 상 팰리스 Shang Palace
- 골든 리프 Golden Leaf
- 밍 코트 Ming Court
- 라틀리에 드 조엘 로뷔숑 L'Atelier de Joel Robuchon
- 페트뤼스 Petrus

★★
- 앰버 Amber
- 탕 코트 Tang Court

★
- 딘타이펑 Din Tai Fung
- 후통 Hutong
- 피에르 Pierre
- 리갈 팰리스 Regal Palace
- 섬머 팰리스 Summer Palace
- 융케이 레스토랑 Yung Kee Restaurant
- 팀호완 Tim Ho Wan
- 홍스 델리카시스 Hung's Delicacies
- 팀스 키친 Tim's Kitchen

홍콩 미식대상 레스토랑

홍콩 미식대상은 홍콩 관광청에서 선정된 최고의 평가단으로 구성된 심사위원이 분야별로 진정한 최고를 가리는 대회이다. 매년 엄정한 심사를 거쳐 선발되는 레스토랑 수상자들은 면, 돼지고기, 닭고기, 해산물 등 각 분야별로 최고의 솜씨를 자랑한다. 홍콩 분야별 최고의 솜씨를 맛보며 미각을 한층 업그레이드하자.

1. 홍콩 미식대상에서 셀 수 없이 많은 수상 이력을 자랑하는 **타이우 레스토랑**
2. 홍콩 관광청이 주최하는 Gold with Distinction Award, 생선, 새우, 게 부문에서 금상을 수상한 **시티 가든 호텔의 유에**
3. 홍콩 미식대상에서 튀김과 탕수 부문 최우수상을 수상한 **골든 보히니아**
4. 최고의 완탕으로 뽑힌 **호흥키**

Mission in Hong Kong 07

Mission 1. Taste Hong Kong Breakfast in Hong Kong

조금은 특별한 아침 식사

에이전시를 통해 저렴한 가격에 호텔을 예약했다면 대부분 숙박비에 조식이 포함되어 있지 않은 경우가 많다. 이런 경우 비싼 요금을 지불하기보다 근처로 나가 홍콩 특유의 아침 식사를 경험해보는 것도 큰 즐거움이 될 것이다.

1 카페 드 코랄 Café de Coral 大家樂

길을 걷다 보면 어디서나 쉽게 눈에 들어오는 가장 대중적인 브랜드이다. 홍콩 사람들은 '따이꺼럭'이라고 발음한다. 카운터에 걸려 있는 메뉴를 보고 주문과 계산을 한 후, 전표를 조리 카운터에 제출하고 음식을 받아오는 시스템이다. 가격도 저렴하고 맛도 있어 언제나 인기 만점이다. 특히 이곳의 푹신하고 두툼한 토스트와 부드럽고 고소한 홋카이도 스크램블드 에그는 최고다.
Web www.cafedecoralfastfood.com

2 맥심MX 美心MX

홍콩 다이닝 그룹의 선두주자 맥심 그룹에서 운영하는 레스토랑이다. 카페 드 코랄만큼이나 많은 지점을 가지고 있어 찾기 어렵지 않다. 주문 방식은 동일하며 메뉴 또한 아침에는 토스트와 마카로니 등 간단한 세트 메뉴로 대동소이하다.
Web www.maxims.com.hk

3 페어우드 Fairwood 大快活

상큼하고 발랄해 보이는 오렌지색 간판이 한눈에 들어온다. 카페 드 코랄, 맥심 MX와 함께 홍콩 아침 식사 레스토랑의 삼총사로 꼽히는 곳이다. 마찬가지로 토스트, 오믈렛, 고기 요리 등과 커피 혹은 티를 세트로 판매하며 가격도 HK$30 안팎으로 저렴한 편이다.
Web www.fairwood.com.hk

4 델리 프랑스 Delifrance

홍콩식 아침 식사가 부담스럽다면 델리 프랑스에서 기분 좋은 아침을 맞아보자. 매장문을 열고 들어서면 진동하는 커피 향과 진열장 가득히 전시되어 있는 샌드위치가 저절로 침샘을 고이게 한다. 스크램블드 에그와 토스트, 커피 등이 세트로 되어 있는 아침 식사도 좋지만 이곳에선 즉석에서 재료를 선택하면 만들어주는 샌드위치를 놓치지 말자.
Web www.delifrance.com.hk

Mission in Hong Kong 08

Mission 1. Taste Hong Kong Hong Kong Food 6

반드시 맛보자! 홍콩 요리 6선

아시아의 음식 천국으로 알려진 홍콩은 세계 각국의 다양한 요리를 즐길 수 있는 곳이다. 중국 음식 문화의 영향을 크게 받은 데다 세계 각국의 요리가 모여 있어 선택의 범위가 넓다. 홍콩 요리의 가장 큰 매력이라면 대중적인 맛과 가격이다. 홍콩을 방문했다면 아래 음식들은 놓치지 말자!

1 딤섬
말이 필요 없는 홍콩의 대표적인 요리. 세월이 흐를수록 더 화려해지고 고급스러워지는 퓨전 딤섬이 인기를 얻고 있지만 가끔은 로컬 분위기 물씬 나는 투박한 딤섬 식당에서 오리지널을 즐겨 보자.

2 콘지
콘지는 한국의 죽과 비슷하다. 물을 붓고 끓이는 한국의 죽과는 달리 육수를 우려내 끓이는 홍콩식 콘지는 더욱 진한 맛을 낸다. 꽈배기처럼 생긴 야우티유는 콘지에 푹 담가 먹으면 찰떡궁합이다.

3 면
홍콩에는 면의 굵기와 재료, 국물을 우리는 재료에 따라 수많은 종류의 면이 있다. 꼬들꼬들한 맛이 일품인 완탕면과 고소한 땅콩소스가 특이한 탄탄면은 여행자들이 쉽게 접하는 면 요리 중 하나다.

4 베이징 카오야
눈앞에서 슥슥 오리고기를 잘라주는 모습을 덤으로 즐기게 되는 베이징 카오야. 얇게 잘린 껍질과 살을 밀가루 전병에 올리고 오이, 파와 함께 소스에 찍어 말아 먹으면 고소한 맛이 끝내준다.

5 훠궈
담백하고 밋밋한 홍콩 음식에 질려 화끈하게 매운맛이 그리울 때면 훠궈를 먹어 보자. 쓰촨 스타일의 훠궈는 야채와 고기 등의 각종 재료를 육수에 살짝 담가 익혀 먹는 샤브샤브와 비슷한 음식이다. 육수는 보통 두 가지를 선택할 수 있는데 맑고 담백한 육수와 함께 붉은 고추와 향신료 등으로 맛을 낸 쓰촨 스타일 육수가 인기다.

6 크리스피 포크
겉은 바삭바삭하게 익히고 속은 풍부한 육즙이 가득한 홍콩 최고의 돼지고기 요리. 보통 딤섬을 서브하는 광둥요리 레스토랑이라면 어디서든 맛볼 수 있다. 칠리소스나 머스터드소스에 찍어 먹는 것이 일반적이다.

Mission in Hong Kong 09

Mission 1. Taste Hong Kong Dessert

오감만족, 디저트의 무한 매력에 빠지다

유난히 디저트 문화가 발달한 홍콩. 어렵지 않게 애프터눈 티를 즐길 수 있으며 디저트 전문점을 찾아볼 수 있다. 세계 유명 체인 디저트숍부터 두부, 열대과일을 이용한 홍콩식 디저트까지 달달한 홍콩의 매력에 빠져 보자.

1 허이라우싼 Hui Lau Shan 許留山

한국인이 가장 사랑하는 홍콩의 디저트숍이다. 홍콩에 도착하면 가장 먼저 허이라우싼의 망고주스를 마신다는 여행자들도 많을 정도이다. 가장 인기 있는 아이템은 물론 망고를 비롯한 열대과일이 듬뿍 들어가 있는 디저트들. 과육이 가득 들어 있는 찹쌀떡도 큰 인기다.

2 허니문 디저트 Honeymoon Dessert 滿記甛品

허이라우싼과 함께 한국인에게 특히 사랑받는 디저트 전문숍 중 하나이다. 허이라우싼이 테이크아웃해서 간편히 즐길 수 있는 분위기라면 허니문 디저트는 좀 더 정중한 분위기이다. 향수를 불러일으키는 복고풍 프린트가 새겨져 있는 노란 접시가 마스코트다. 바나나, 두리안 등의 과육과 생크림을 잔뜩 넣고 크레페에 말아 나오는 바나나 팬케이크와 두리안 팬케이크가 유명하다.

3 이슌 밀크 컴퍼니
Yee Shun Milk Company 港澳義順牛奶公司

시간을 거꾸로 거슬러 올라간 듯한 분위기의 소박한 내부, 철제 찬장 가득 쌓여 있는 우유 푸딩의 모습이 호기심을 자극한다. 고소하고 달콤한 홍콩식 우유 푸딩을 맛볼 수 있는 곳으로 세대를 막론하고 큰 사랑을 받고 있다.

4 고디바 Godiva

세계적으로 유명한 초콜릿 전문 매장이다. 이젠 우리나라에서도 만날 수 있지만 초콜릿 마니아들에게는 홍콩에서 반드시 들려야 할 매장 중 하나로 꼽힌다.

Mission in Hong Kong 10

Mission 1. Taste Hong Kong Street Snack

거리에서 찾은 최고의 주전부리

화려하고 고급스러운 레스토랑에서 즐기는 값비싼 디너도 좋지만 진정한 홍콩의 음식 문화를 체험하고 싶다면 용기 있게 거리로 나서자. 어두운 골목 한편의 포장마차나 가까운 편의점에서 홍콩 최고의 음식을 만날 수도 있다.

게살 어묵 꼬치 HK$8
게맛살 맛으로 속에 날치알이 톡톡 터져 더욱 맛있게 느껴진다

카레맛 어묵 꼬치 HK$6
같은 어묵 꼬치이지만 카레 양념이 배어 있어 매콤한 맛이 살짝 난다

돼지곱창 튀김 꼬치 HK$10
질 좋은 곱창이 아니므로 약간 돼지고기 누린내가 난다

닭똥집 꼬치 HK$7
여행자들이 선뜻 선택하기에는 난이도가 있는 꼬치. 살짝 질긴 감이 있다

간장맛 두부 튀김 꼬치 HK$5
두부를 아주 좋아하는 사람이라면 먹을 만하다. 약간 짭조름해서 밥반찬으로 어울릴 것 같은 맛이다

계란빵 HK$10
바삭바삭하고 고소한 계란 맛이 느껴지는 최고의 간식. 누구나 거부감 없이 즐길 수 있는 익숙한 맛이다

소시지 베이컨말이 꼬치 HK$8
베이컨으로 소시지를 돌돌 말아 튀긴 것으로 예상을 벗어나지 않는 맛이다. 그냥 먹기에는 약간 짠 편이다

씨우마이 꼬치(10개) HK$10
정통 씨우마이를 기대한다면 실망할 수도 있다. 맛과 질감이 핫바와 비슷하다

간장맛 어묵 꼬치 HK$6
가장 대중적으로 인기를 얻고 있는 피시 볼이다

집게발 튀김 HK$12
싸구려이지만 쫄깃한 게살 맛이 느껴진다. 뜨거울 때 먹으면 더욱 맛있다

문어발 꼬치 HK$8
카레 향기가 배어 있어 매콤한 향이 난다. 생각보다 질기지 않고 먹을 만하다

Mission in Hong Kong 11
Mission 2. Buy Hong Kong Shopping City

거대 쇼핑 도시에서 행복한 미아 되기

과장을 조금 보태 홍콩에선 발에 채이는 것이 쇼핑몰이라는 말이 있을 정도로 수많은 쇼핑몰이 있다. 이들 쇼핑몰은 각자의 콘셉트에 따라 인테리어나 입점해 있는 브랜드 등 모든 것을 차별화하고 있다. 홍콩의 수많은 쇼핑몰 중 자신에게 가장 잘 맞는 쇼핑몰을 찾는 것은 성공적인 쇼핑의 첫걸음이라 하겠다.

홍콩 사대천왕 쇼핑몰 특징

	Good	Bad
하버 시티	· 엄청난 규모에 걸맞은 다양한 아이템 · 캔톤 로드, 실버 코드, DFS 갤러리아 등 주변과 연계 가능 · 유명 레스토랑 다수 입점	· 지나치게 방대해 체력소모가 크다. · 계획을 잘 짜서 움직이지 않으면 원하는 매장을 찾기가 어렵다.
엘리먼츠	· 비교적 조용하고 여유롭게 쇼핑을 즐길 수 있다. · 까우룽역과 연결되어 공항으로의 이동이 용이하다.	· 침사추이 시내에서의 접근성이 조금 떨어진다. · 주변에 마땅히 둘러볼 곳이 없다.
K11	· 예술을 접목시킨 몰과 각종 문화행사 다양 · 트렌드 반영이 빠르다.	· 럭셔리 명품 브랜드가 절대적으로 부족하다.
퍼시픽 플레이스	· 최고급 브랜드들 총망라 · 고급스러운 분위기 · 주변 호텔에 묵는다면 금상첨화. 호텔에 연결되어 있는 편리한 위치	· 브랜드별로 매장 규모가 그리 크지 않아 아이템이 다양하지 않다.

사이즈 조견표

	여성복								남성복			
	XS	S		M		L		XL	S	M	L	XL
한국	44(85)	55(90)		66(95)		77(100)		88(105)	95	100	105	110
미국	2	4	6	8	10	12	14	16	18	36	38	40	42
영국	8	10		12	14	16	18	20	26	36	38	40	42
이탈리아	36	38	40	42	44	46	48	50	52	46	48	50	52
프랑스	32	34	36	38	40	42	44	46	48	46	48	50	52

여성 신발

한국	220	225	230	235	240	245	250	255	260
미국	5	5.5	6	6.5	7	7.5	8	8.5	9
영국	2	2.5	3	3.5	4	4.5	5	5.5	6
이탈리아	35	35.5	36	36.5	37	37.5	38	38.5	39
프랑스	36	36.5	37	37.5	38	38.5	39	39.5	40

남성 신발

한국	245	250	255	260	265	270	275	280	285
미국	7	7.5	8	8.5	9	9.5	10	10.5	11
영국	6	6.5	7	7.5	8	8.5	9	9.5	10
프랑스	40	40.5	41	41.5	42	42.5	43	43.5	44
구찌	40	40.5	41	41.5	42	42.5	43	43.5	44
D&G/프라다	5.5	6	6.5	7	7.5	8	8.5	9	9.5
페라가모	6.5	7	7.5	8	8.5	9	9.5	10	10.5

대형 쇼핑몰 브랜드 입점표

		침사추이					센트럴		애드미럴티	코즈웨이 베이	
		DFS Galleria Sun Plaza	Elements	Harbour City	Peninsula Arcade	K11	IFC Mall	The Landmark	Pacific Place	The Lee Gardens	Times Square
캐주얼 브랜드	Calvin Klein		●	●		●		●			
	Diesel		●	●							
	Evisu			●			●				●
	French Connection(FCUK)			●			●		●		●
	Guess		●	●							
	H & M		●								
	Jill Stuart		●	●							
	Kookai			●					●		●
	LeSportsac	●		●					●		●
	Longchamp			●		●					
	Mango						●		●		
	Nine West						●		●		
	Staccato			●		●					●
	Timberland			●							
	United Colors of Benetton			●							
	Zara		●				●		●		●

		침사추이					센트럴		애드미럴티	코즈웨이 베이	
		DFS Galleria Sun Plaza	Elements	Harbour City	Peninsula Arcade	K11	IFC Mall	The Landmark	Pacific Place	The Lee Gardens	Times Square
의류 가방 신발	A. Testoni			●	●		●		●		
	A/X Armani Exchange		●				●		●		●
	Agnès b		●	●			●		●	●	●
	Bally	●		●			●		●		●
	Blumarine			●				●			
	Bottega Veneta	●	●	●				●	●		
	Burberrys	●	●	●			●		●		
	Celine	●		●				●	●		
	Chanel			●	●				●	●	
	Chloé	●							●		
	Coach	●	●	●					●		●
	D & G (Dolce & Gabbana)			●					●		
	Daks		●						●		
	Diane von Furstenberg		●					●			
	Dior	●						●	●	●	
	DKNY		●								●
	Donna Karan			●							
	Dries van Noten							●			
	Emprio Armani	●	●	●					●		
	Ermenegildo Zegna						●		●		
	Escada		●		●		●				
	Etro			●			●			●	
	Fendi	●	●	●	●			●	●		
	Givenchy			●							
	Gucci		●	●				●	●	●	●
	Hermès		●	●				●	●		
	Jean Paul Gaultier			●							
	Jil Sander			●							
	Jimmy Choo		●	●					●		
	Just Cavalli			●					●	●	●
	Kate Spade		●	●			●		●		
	Lanvin			●			●				
	Loewe	●	●	●				●	●		
	Louis Vuitton	●	●	●	●			●	●		
	Manolo Blahnik			●				●			
	Marc by Marc Jacobs	●		●				●	●		
	Max & Co.			●				●	●		●
	Miu Miu		●					●	●	●	
	Moschino			●				●		●	
	Mulberry		●	●							●
	Prada		●	●	●		●		●		
	Ralph Lauren	●		●	●	●		●			
	Roberto Cavalli						●	●			
	Salvatore Ferragamo	●	●	●			●		●		●
	Shanghai Tang		●						●		
	Sonia Rykiel							●			
	Theory								●		
	Tod's	●	●					●	●	●	
	Valentino		●	●			●		●	●	
	Versace			●	●				●		
	Vivienne Tam		●	●				●	●		●
	Vivienne Westwood		●	●							●
	Y's			●						●	
	Yves Saint Laurent			●							●

✚ 홍콩 로컬 브랜드 다 모여라!

Giordano
우리나라에도 잘 알려져 있는 지오다노가 홍콩 브랜드라는 것을 아는 사람은 많지 않다. 편안하고 무난한 캐주얼한 의상이 대부분일 것 같지만 지오다노 레이디스, 지오다노 콘셉트 등 다양한 시도를 통해 많은 변화를 이루고 있다.

Bossini
상큼한 연두색 간판이 눈에 확 들어오는 보시니. 홍콩의 중저가 의류 브랜드로 머리부터 발끝까지 사용하는 다양한 패션 아이템을 취급한다.

Venilla Suite
정장 슈즈부터 캐주얼 슈즈까지 다양한 콘셉트의 슈즈 아이템을 취급하고 있다. 유행을 크게 타지 않는 세련되고 여성적인 디자인이 많아 직장 여성들에게 더욱 큰 사랑을 받고 있는 브랜드다.

Staccato
입소문을 타고 한국인 여행자들에게도 큰 사랑을 받고 있는 홍콩의 슈즈 브랜드. 스타일리시한 디자인과 고급스러운 브랜드 이미지로 가격 대비 만족도도 높다. 슈즈만큼이나 감각 있는 액세서리도 인기.

b+ab
1995년 론칭한 브랜드로 일본의 여자아이들을 모티브로 삼은 발랄하고 톡톡 튀는 감성의 패션을 선보인다. 의류, 슈즈, 액세서리까지 다양한 아이템을 취급한다.

izzue
카리스마 있고 시크한 캐주얼을 콘셉트로 한 브랜드로 여성의류, 남성의류, 아동복까지 다양한 상품을 다루고 있다. 프랑스와 독일에 이어 태국, 중국, 대만 등 해외에도 성공적으로 진출한 홍콩 대표 로컬 브랜드이다.

5cm
i.t 그룹의 또 하나의 라벨로 데님을 소재로 한 다양한 남성, 여성 의류를 취급한다. 미니멀리즘을 추구한 심플하고 시크한 디자인으로 홍콩 젊은이들에게 많은 사랑을 받고 있는 브랜드로 디자인과 품질이 뛰어나다.

Chocoolate
실제 초콜릿과 같은 독특한 모양의 외관으로 눈길을 사로잡는 초콜릿도 i.t 그룹의 라벨 중 하나다. 2006년 가을 겨울 시즌을 시작으로 론칭되었다. 독특한 매장 인테리어와 화이트 초콜릿, 블랙 초콜릿 등 톡톡 튀는 론칭력으로 젊은이들에게 인기를 끌고 있다.

Mission in Hong Kong 12

Mission 2. Buy Hong Kong Cosmetic

Face off~ Cosmetic Shop 탐방

홍콩은 명품 쇼핑만큼이나 화장품 쇼핑의 천국이다. 사사나 봉주르, 컬러 믹스 같이 다양한 화장품을 저렴한 가격에 구입할 수도 있고 레인 크로포드를 비롯한 대형 쇼핑몰에서는 우리나라에서는 보기 힘든 레어한 아이템들도 쉽게 접할 수 있다.

1 사사 Sasa 莎莎

홍콩 전역에 걸쳐 수십 개의 매장을 가지고 있는 화장품 할인점이다. 핑크색 간판을 단 사사는 우리나라 여행자들에게 꼭 들러야 할 필수 코스가 된 지 오래다. 수백여 점의 화장품, 헤어제품, 향수, 미용도구 등을 판매하는데 특히 값비싼 브랜드의 화장품이나 향수를 조그마한 샘플 용기에 담아 판매하기도 해 이것저것 시도해보고 싶은 사람들이 부담 없이 구매하기에 좋다. 단 유통기한이 임박한 상품을 팔기도 하니 꼼꼼하게 잘 살펴서 구입하자.

2 봉주르 Bonjour 卓悅

1인 독자체제였던 화장품 할인업계에 사사와 어깨를 나란히 하며 새로운 강자로 떠오른 봉주르. 블링블링 화려한 간판이 한눈에 들어온다. 사사에 비해 가격대가 비교적 저렴한 중저가의 브랜드들이 충실하다. 특히 일본계 브랜드들과 레블론, 뉴트로지나 등 생활 화장품과 헤어 제품이 강세로 할인 폭도 큰 편이다.

3 컬러 믹스 Colour Mix

사사, 봉주르와 같은 화장품 할인업체 체인으로 그 둘에 비해서는 인지도가 낮은 편이다. 사사, 봉주르보다 취급하는 아이템이 적은 편이고 주로 10대 후반에서 20대 초반에 콘셉트를 맞춘 소녀 취향의 색조 화장품들이 주를 이룬다.

4 왓슨스 Watsons 屈臣氏

우리나라에서도 쉽게 찾아볼 수 있는 왓슨스는 대표적인 드럭스토어로 간단한 약품, 생활용품, 화장품, 미용제품들을 판매하는 매장이다. 한국과 마찬가지로 저렴한 가격에 팩과 건강보조제를 비롯해 부담 없이 구매할 만한 아이템이 많으나 한국에서 수입된 제품도 많으니 유의하자.

5 매닝스 Mannings 萬寧

왓슨스와 마찬가지로 약품, 생활용품, 화장품 등을 판매하는 드럭스토어다. 특히 비타민, 콜라겐, 글루코사민, 코엔자임Q10 등 미용과 건강에 관련된 GNC 브랜드의 약품들이 입점되어 있는데 우리나라에서보다 좀 더 저렴하게 구입할 수 있다.

Mission in Hong Kong 13
Mission 2. Buy Hong Kong Best Item

홍콩에서 뭘 사지?

홍콩이 쇼핑 천국이라고 하는데 명품 브랜드 쇼핑을 즐기기엔 금전적 부담이 크고 막상 어디에서 무엇을 사야 할지 모르는 초보 쇼퍼를 위해, 부담 없이 즐길 만한 홍콩 쇼핑 아이템을 나열해 보았다.

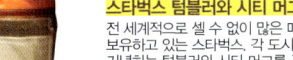

스타벅스 텀블러와 시티 머그
전 세계적으로 셀 수 없이 많은 매장을 보유하고 있는 스타벅스. 각 도시마다 그 도시를 기념하는 텀블러와 시티 머그를 구입할 수 있다. 텀블러를 구입하면 음료를 할인된 가격에 구입할 수 있으니 일석이조

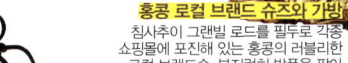

홍콩 로컬 브랜드 슈즈와 가방
침사추이 그랜빌 로드를 필두로 각종 쇼핑몰에 포진해 있는 홍콩의 러블리한 로컬 브랜드숍. 부지런히 발품을 팔아 나만의 보석을 득템하자

투 걸즈 화장품
홍콩 토종의 화장품 브랜드로 기초화장품은 품질도 좋아 인기다. 특히 실버 코드에는 옥토퍼스 카드로 구입이 가능한 투 걸즈 자동판매기가 있으니 남은 금액을 처리하는 데 유용하다

삼단 트레이
홍콩에서의 애프터눈 티 추억을 한국에서도 떠올리고 싶다면 삼단 트레이를 구입해 보는 것은 어떨까? 값비싼 제품부터 쉽게 구할 수 있는 저렴한 제품까지 가격대가 다양하다

재래시장 기념품
레이디스 마켓이나 템플 스트리트 야시장을 구경하다 보면 놓치기 아까운 귀여운 아이템들이 눈에 띈다. 깜찍한 디자인의 우산 또한 몽콕 재래시장의 놓칠 수 없는 아이템 중 하나

고디바 코코아 파우더
이젠 우리나라에서도 만날 수 있는 고디바 매장. 진한 다크 코코아 한잔이면 하루 피로가 말끔하게 사라진다.

제니 베이커리 쿠키
한국인뿐 아니라 중국 본토의 여행자에게도 선풍적인 인기를 끌고 있는 버터 듬뿍, 제니 베이커리 쿠키. 4믹스(小-HK$60, 大-HK$110)와 8믹스(小-HK$95, 大-HK$150) 2종류 중 선택할 수 있다
침사추이점(09:00~20:00, 36 Nathan Road, Shop203, Cke Shopping Mall, Chungking Mansion 2/F, 2311-8070)

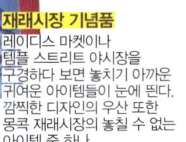

키와 베이커리
다양한 종류의 쇼트케이크와 쿠키, 스낵 등을 판매한다. 소포장 낱개로 구매도 가능해 한두 개 맛본 후에 구매할 수도 있어 편리하다. 파인애플 쇼트케이크가 가장 인기가 많은 편

차
예쁘게 포장된 차 세트는 선물용으로도 그만이다. 차와 다기, 차와 케이크 등 다양한 패키지 상품을 찾아볼 수 있다

초콜릿
카카오 함량이나 재료에 따라 다양한 포장과 이름의 초콜릿을 만날 수 있다. 주로 수입용품이 많은 시티 슈퍼나 스리 식스티에 가면 쉽게 만나볼 수 있다

비첸향 육포
말이 필요 없는 홍콩 여행의 필수 코스이다. 달콤하고 매콤한 육포는 먹어도 먹어도 질리지 않는 중독성 강한 맛이다. 종류별로 시식한 뒤에 원하는 만큼 저울에 달아 판매하는 방식이다. 이미 진공포장이 되어 있는 상품도 많지만 즉석에서 잘라주는 육포가 훨씬 맛이 있다. 단, 우리나라로의 반입은 원칙상 금지되어 있으니 주의하자

Mission in Hong Kong 14

Mission 2. Buy Hong Kong Supermarket

명품쇼핑 부럽지 않은 실속만점 슈퍼마켓 쇼핑

홍콩이 쇼핑의 천국이라는 사실에는 그 누구도 이견을 제시하지 못할 것이다. 화려한 쇼핑몰과 골목 골목 숨어 있는 로드숍과 재래시장까지. 그럼에도 최고의 쇼핑 포인트를 꼽자면 빠트릴 수 없는 곳이 바로 슈퍼마켓이다.

1 웰컴 Wellcome 惠康
고급스러움을 지향하는 시티 슈퍼에 비하면 대중적인 분위기가 물씬 나는 슈퍼마켓이다. 가격도 저렴하고 실제 생활에 많이 쓰이는 향신료와 식품, 과자 등의 아이템을 충실해 현지인들이 자주 찾는다. Web www.wellcome.com.hk

2 팍앤숍 Park'n Shop 百佳
웰컴과 콘셉트가 같은 서민형 슈퍼마켓이다. 웰컴보다는 가격이 살짝 비싼 느낌이지만 취급하는 상품의 종류는 훨씬 다양하다.
Web www.parknshop.com

3 스리 식스티 Three Sixty
시티 슈퍼의 강력한 라이벌로 고급스러운 분위기다. 엘리먼츠 같은 고급 쇼핑몰에 입점해 있다. 수입용품과 유기농 제품의 비율이 상당히 높은 편이고 와인숍에는 다양한 종류의 와인도 갖추어져 있다.

Best Item in Three Sixty 16

4 시티 슈퍼 City Super

홍콩의 대표적인 슈퍼마켓 체인으로 식품부터 생활용품까지 다양한 아이템을 취급한다. 슈퍼 안에 Cooked Deli by City Super가 있어 간단히 요기를 하기에도 좋다. Web www.citysuper.com.hk

Best Item in City Super 42

Central 센트럴

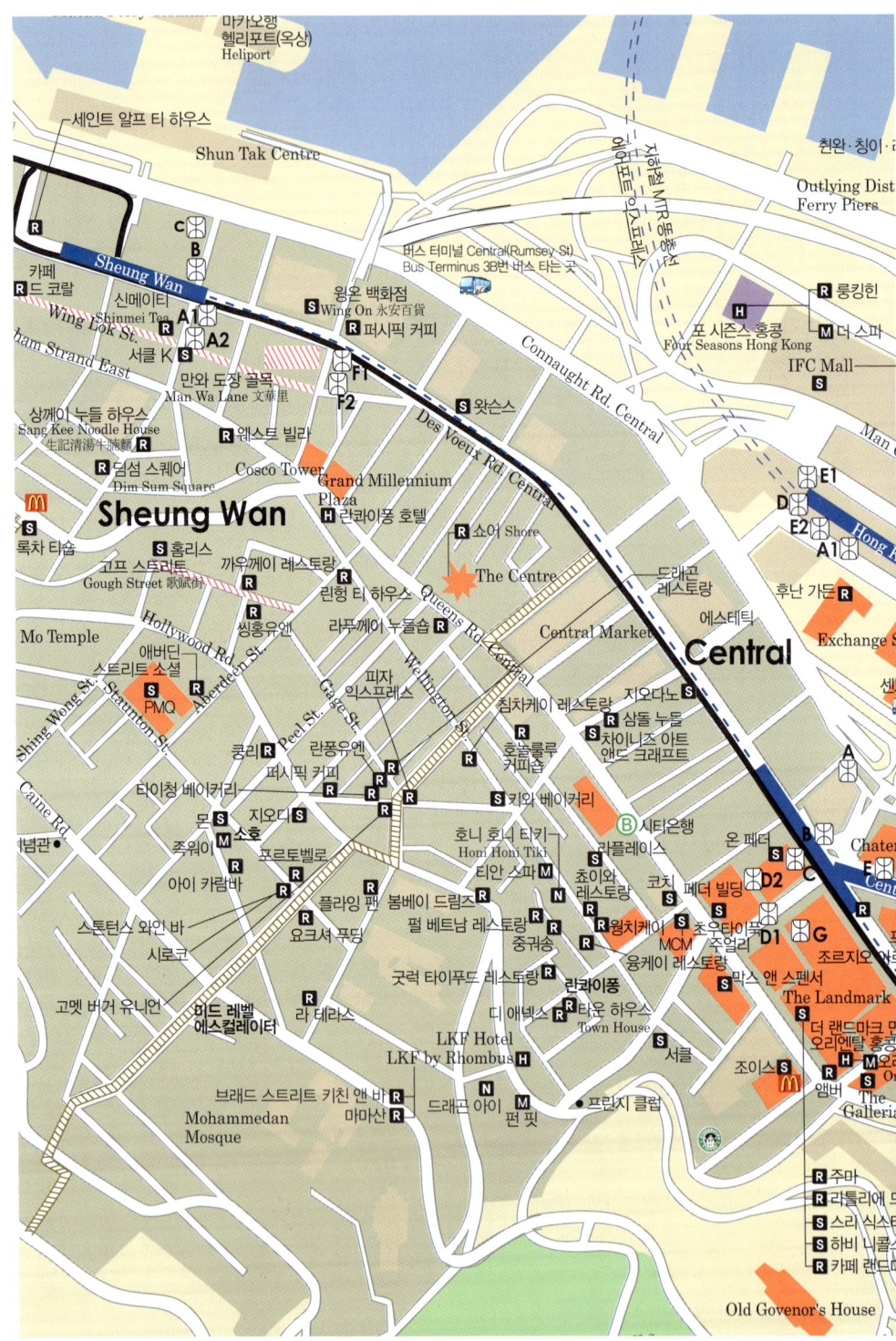

Sightseeing

관람차 The Hong Kong Observation Wheel

홍콩의 야경을 가장 로맨틱하게 즐기고 싶다면 관람차에 몸을 실어 보자. 42개의 캐빈이 지상으로부터 60m까지 올라가며 회전한다. 하나의 캐빈에 최대 8명까지 탑승이 가능하며 42개 중 1개는 바닥이 투명하게 만들어져 있어 더욱 아찔한 전망을 관람할 수 있는 VIP 캐빈으로 이용되고 있다. VIP 캐빈을 이용할 시에는 따로 일반 이용객 뒤에 줄을 설 필요가 없이 익스프레스 보딩이 가능하다.
한번 탑승하면 약 20분간 천천히 세 바퀴 정도를 돌아가는데 최근 연인들의 데이트 장소로 각광받고 있다.

Access	MTR 센트럴역 A 출구로 나와 센트럴 피어 방면으로 도보 약 5분. 센트럴 스타 페리 선착장에서 나오면 왼편에 보인다(9, 10번 피어 앞).
Open	10:00~23:00
Cost	**일반** 성인 HK$100, 학생 HK$70, 12세 이하 어린이 HK$70 (3세 이하 무료), 장애인과 65세 이상 노인 HK$50
VIP 캐빈 HK$1,500(2~3인) HK$2,500(4~5인)
프라이빗 캐빈 HK$500(2~3인) HK$800(4~8인)
Address	33 Man Kwong Street, Central
Web	www.hkow.hk

Sightseeing

미드 레벨 에스컬레이터 Mid Level Escalator 行人電動樓梯

원래는 미드 레벨 주민들의 출퇴근을 돕기 위해 통행수단으로 고안해 낸 것이었지만 왕가위 감독의 영화〈중경삼림〉에 등장하면서 낭만의 상징으로 관광의 필수 코스가 되었다. 지금도 여행자들의 발길이 끊이지 않는 인기 명소다. 에스컬레이터의 총 길이는 무려 800m에 달해 세계에서 가장 긴 에스컬레이터로 기네스북에 등재되기도 했다. 미드 레벨 에스컬레이터의 가장 큰 매력은 뭐니 뭐니 해도 이곳을 둘러싼 소호 주변의 수많은 레스토랑과 바들. 마치 진열장을 보는 심정으로 에스컬레이터를 타고 올라가며 둘러보다 마음에 드는 레스토랑을 찾아 내리면 그만이다. 오전 10시 전까지는 통근자들을 위해 하행으로 운행되며 10시 30분이 되면 상행으로 바뀐다. 할리우드 로드와 만나는 지점에 MTR 요금을 할인받을 수 있는 MTR Fare Saver가 있는데 이곳에 옥토퍼스 카드를 찍은 후 센트럴, 성완, 홍콩역에서 MTR을 타면 HK$2를 할인받을 수 있다.

Access	센트럴역 D1 출구로 나와 우회전하여 100m 정도 가면 퀸즈 로드 Queen's Road가 나온다. 퀸즈 로드를 따라 오른쪽으로 3~4분 걷다 보면 육교가 보이는데 육교를 오르면 에스컬레이터와 연결된다.
Open	**하행** 06:00~10:15 **상행** 10:15~00:00

Sightseeing

시티 홀 City Hall 大會堂

1962년 완공된 시티 홀은 연극, 콘서트, 전시회 등 각종 문화행사와 이벤트가 열리는 복합문화공간으로 이용되고 있다. 세종문화회관과 비슷하게 생긴 로우 블록Low Block, 11층짜리 하이 블록High Block, 그리고 두 건물 사이의 메모리얼 가든Memorial Garden으로 이루어져 있다. 문화 공간뿐 아니라 맥심즈 팰리스를 비롯한 레스토랑과 카페 등도 자리하고 있으며 결혼 등기소가 있어 혼인신고를 한 후 잔디밭에서 야외 촬영을 하는 신혼부부들도 심심치 않게 목격할 수 있다.

Access	센트럴역 K 출구로 나와 오른쪽 뒤쪽으로 돌아가면 길 건너편에 지하도가 있다. 지하도로 들어가면 시티 홀 쪽으로 나가는 입구와 연결되어 있다.
Open	09:00~23:00
Close	연중무휴
Address	5-7 Edinburgh Place, Central
Tel	2921-2840
Web	www.lcsd.gov.hk/CE/CulturalService/CityHall

Sightseeing

쑨얏센 박물관 Dr. Sun Yat-Sen Museum 孫中山記念館

중국 신해혁명의 영웅인 쑨얏센을 기념하는 박물관이다. 쑨얏센은 중국뿐 아니라 국제 사회에서도 존경받는 혁명가이다. 쑨얏센은 광둥성 출신으로 가난한 농부의 아들로 태어나 홍콩에서 중등교육, 의과대학 교육을 받았으며, 홍콩은 이후 혁명을 구상하는 요람이 되었다.
박물관에는 그의 생애와 혁명 활동에 관한 자료들이 전시되어 있고, 더불어 격동기 홍콩의 모습을 볼 수 있다. UG층(Upper Ground Floor)에는 리딩룸과 당시 생활상을 엿볼 수 있는 물건들이 전시되어 있다. 1층과 2층에는 쑨얏센의 의복, 책, 사진, 당시 지도 등이 전시되어 있고 영상룸이 있다.
전시관 벽에 써진 "국가를 구하는 일은 성공과 실패의 문제가 아니라 옳고 그름의 문제일 뿐이다(Saving the nation is not about success or failure, but about right and wrong)"라는 어록은 그의 곧은 성품과 혁명 의지를 말해준다.
1914년 Kom Tong Hall에 지어진 박물관은 원래 홍콩의 거물 로버트 후통의 남동생 Ho Kom Tong의 저택이었다. 에드워드풍의 4층 건물로 외벽에는 그리스풍의 화강암 기둥이 있고 내부에는 스테인드글라스, 발코니 벽 타일, 계단 난간 등이 옛 모습 그대로 남아 있다. 박물관 건물도 하나의 박물관인 셈이다.
중국어, 영어로 된 오디오 가이드(HK$10)가 있다.

Access	미드 레벨 에스컬레이터를 타고 끝까지 올라가면 Caine Road가 나온다. Caine Road 오른쪽 방향으로 이정표를 따라 박물관까지 쉽게 갈 수 있다.
Open	10:00~18:00(월~수·금) 10:00~19:00(주말·공휴일) 10:00~17:00(크리스마스 이브·구정 전날)
Close	목·구정연휴 2일간
Cost	HK$10(수·11/12·3/12 무료)
Address	7 Castle Road, Mid-Levels, Central
Tel	2367-6373
Web	www.lcsd.gov.hk/CE/Museum/sysm

Sightseeing

자딘 하우스 Jardine House 怡和大廈

1973년 완공된 52층 높이의 건물로 완공 당시에는 아시아 최고의 빌딩으로 꼽히기도 했다. 현재는 높이에서 순위가 한참이나 밀리지만 건물 벽면을 가득 채운 1748개의 동그란 창 때문에 유명세를 떨치고 있다. 이 동그란 창들은 중국 강남 지방의 건축양식을 본뜬 것이라고 한다.

Access	센트럴역 A 출구를 나와 우측으로 직진하면 보인다.
Address	1 Connaught Place, Central

Sightseeing

황후상 광장 Statue Square 皇后像廣場

센트럴의 몇 안 되는 녹지 공원으로 초고층 빌딩들의 야경을 찍으려는 포토그래퍼들의 모습도 심심치 않게 목격되는 곳이다. 19세기 말, 처음 황후상 광장이 조성되었을 때에는 영국의 빅토리아 여왕을 비롯해 여러 개의 동상이 있었으나 지금은 홍콩 상하이 은행장 출신 토머스 잭슨의 동상만 서 있다. 일요일과 공휴일엔 차량 통행이 금지되는데 휴일을 즐기려는 동남아 출신 가사도우미들로 광장이 가득 차는 이색적인 풍경도 목격할 수 있다.

| Access | 센트럴역 K 출구로 나오면 왼편에 있다. |
| Address | Chater Road, Central |

Sightseeing

익스체인지 스퀘어 Exchange Square 交易廣場

스위스 건축가 레모 리바Remo Riva가 설계한 건물로 더 포럼The Forum, 원 익스체인지 스퀘어One Exchange Square, 투 익스체인지 스퀘어Two Exchange Square, 스리 익스체인지 스퀘어Three Exchange Square, 총 4개의 공간으로 나누어져 있다. 분수대와 조각상으로 꾸며져 있는 중앙광장은 휴식을 즐기려는 근처의 회사원들이 많이 찾는 곳으로 점심때는 종종 야외 공연이 열리기도 한다.

| Access | 센트럴역 A 출구로 나와 오른쪽의 에스컬레이터를 타고 공중회랑으로 올라간다. 공중회랑에서 왼쪽으로 조금 가면 보인다. |
| Address | Connaught Road Central, Central |

Sightseeing

IFC International Finance Centre 國際金融中心商場

1IFC, 2IFC와 쇼핑공간인 IFC몰로 구성되어 있다. 침사추이의 ICC에 이어 홍콩에서는 두 번째로 높은 건물로 꼽힌다. 특히 2IFC는 세계 최고의 디자이너인 세사르 펠리와 로코 디자인 사의 작품으로 영화 〈툼 레이더 2〉에 등장한 것으로 더 유명하다. 홍콩 최대의 쇼핑몰 중 하나인 IFC몰에는 유명 레스토랑과 바가 밀집되어 있다.

Access	센트럴역 A 출구를 나와 오른쪽의 에스컬레이터를 타고 공중회랑으로 올라가면 IFC몰과 연결되는 통로가 나온다.
Open	10:00~20:00
Close	연중무휴
Address	8 Finance Street, Central
Web	www.ifc.com.hk

Food
❶

쵸이와 레스토랑 Tsui Wah Restaurant 翠華餐廳

홍콩에서 가장 실패 확률이 적은 무난한 레스토랑을 추천하라면 주저 없이 쵸이와 레스토랑을 꼽을 수 있다. 홍콩 현지식부터 아시아 각국의 음식까지 다양한 메뉴를 접할 수 있는데 24시간 영업하며 선택의 폭이 넓은 것 또한 이곳의 최대 장점이다. 일본식 우동과 조개, 오징어 등 해산물과 야채를 센 불에 볶아 풍미를 더한 Sizzling Seafood with Japanese Udon도 맛있고 말레이시아 스타일 치킨 커리도 인기다. 하이난식 치킨라이스도 추천할 만하다. 적절히 간이 밴 밥과 알싸한 마늘 소스에 찍은 닭고기의 맛이 잘 어우러진다. 바삭바삭하게 구워진 번에 연유와 버터로 맛을 낸 크리스피 번(HK$12)과 밀크 티(HK$14)는 쵸이와 레스토랑의 베스트 아이템이니 배가 불러도 꼭 맛보자.

Access	센트럴역 D2 출구를 나와 오른쪽으로 가면 삼거리가 나온다. 삼거리에서 좌측으로 꺾어 조금 가면 큰길(퀸즈 로드)이 나온다. 퀸즈 로드 건너편에 코치 매장이 보이는데 코치 매장 옆 언덕길로 올라가다가 두 번째 블록에서 우회전해 조금 들어가면 우측에 있다.
Open	24시간
Close	연중무휴
Cost	Sizzling Seafood with Japanese Udon HK$58 Malaysian Chicken Curry HK$44 (SC 10%)
Address	G–2/F, 15–19 Wellington Street, Central
Tel	2525–6338
Web	www.tsuiwahrestaurant.com

Food

웡치케이 Wong Chi Kee 黃枝記

최고의 완탕을 맛볼 수 있는 곳으로 마카오에 본점을 두고 있다. 마카오에 있는 본점은 1946년 오픈해 60여 년의 역사에 빛나는 최고의 완탕 전문점이며, 센트럴의 웡치케이 역시 홍콩 최고의 식당으로 입지를 굳건히 하고 있다. 입맛에 거슬리지 않는 시원하고 담백한 육수는 우리 입맛에도 잘 맞는 편이다. 고기 완자와 생선살을 넣은 홍콩식 죽, 콘지도 쌀이 곱게 갈려 입에 걸리지 않고 부드럽게 넘어간다. 영어 메뉴가 준비되어 있고 일부 대표 메뉴는 그림과 함께 있어 주문하는 데 큰 어려움은 없다.

Access	센트럴역 D2 출구를 나와 오른쪽으로 가면 삼거리가 나온다. 삼거리에서 좌측으로 꺾어 조금 가면 큰길(퀸즈 로드)이 나온다. 퀸즈 로드 건너편에 코치 매장이 보이는데 코치 매장 옆 언덕길로 올라가다가 두 번째 블록에서 우회전해 조금 들어가면 우측에 있다.
Open	09:00~23:30
Close	연중무휴
Cost	Wonton in Soup HK$38
Address	G/F, 15B Wellington Street, Central
Tel	2869–1331

Food ❸
융케이 레스토랑 Yung Kee Restaurant 鏞記酒家

마치 고급 호텔 앞의 벨보이처럼 화려한 제복을 갖춰 입고 쉴 새 없이 택시에서 내리는 손님들을 맞이하는 직원의 모습이 이곳의 인기를 짐작게 한다. 현지인은 물론이고 관광객들로 언제나 발 디딜 틈도 없이 붐비는 융케이 레스토랑의 대표 주자는 거위다. 거위 요리 하나로 각종 요리대회를 휩쓸며 홍콩에서 가장 인기 있는 레스토랑 중 하나로 우뚝 섰다. 두말할 것 없이 이곳에서 가장 우선순위로 주문해야 할 것은 거위 요리. 간단히 맛만 보려면 덮밥을 주문할 수도 있지만 양이 적은 편이다. 홍콩 미식대상에서 최우수금상을 받은 홍콩 스타일의 족발 요리 Preserved Trotter with Soy Sauce는 꼭 맛보자. 와인에 재워 고소하면서도 쫄깃한 식감이 훌륭하다. 좀 더 다양한 메뉴를 맛보고 싶다면 각종 음식 축제에서 수상한 디럭스 요리들의 모둠 코스 2인 세트를 추천한다. 구운 거위, 전통방식으로 조리한 족발 요리, 작은 게의 알을 넣은 새우튀김 등 입과 눈이 호사스러워지는 융케이의 야심작들을 한 번에 맛볼 수 있다. 오락가락하는 서비스 수준은 옥의 티로 꼽을 수 있겠다.

Access	센트럴역 D2 출구를 나와 오른쪽으로 가면 삼거리가 나온다. 삼거리에서 좌측으로 꺾어 조금 가면 큰길 (퀸즈 로드)이 나온다. 퀸즈 로드 건너편에 코치 매장이 보이는데 코치 매장 옆 언덕길로 올라가다가 두 번째 블록에서 우회전해 조금 들어가면 좌측에 있다.
Open	11:00~23:30
Close	구정연휴
Cost	Roasted Goose HK$160~ 티 차지 HK$10(1인)(SC 10%)
Address	32-40 Wellington Street, Central
Tel	2522-1624
Web	www.yungkee.com.hk

Food ❹
타운 하우스 Town House

오픈한 지 얼마 되지 않았지만 홍콩 젊은이들에게 입소문을 타고 핫 플레이스로 자리 잡은 곳이다. 캐주얼하면서도 흥겨운 분위기의 실내석은 물론 센트럴의 전경이 한눈에 내려다보이는 야외에 테이블도 마련해 놓았다. 메뉴의 대부분은 아시아 음식을 기본으로 한 퓨전 음식이 주를 이루는데 한국의 김치를 활용한 메뉴도 있다. 다양한 과일과 야채를 이용한 이곳의 음료 역시 보기에도 예쁘고 맛도 좋아 눈과 입이 즐거워진다.

Access	센트럴역 D2 출구로 나와 조금만 직진하면 퀸즈 로드가 보인다. 길 건너편에 MCM 매장이 보이는데 바로 옆 언덕길로 조금 올라가면 나오는 캘리포니아 타워 23층에 있다.
Open	12:00~00:00(일~목) 12:00~02:00(금~토)
Cost	1인 HK$250~(SC 10%)
Address	23/F, California Tower, 30-36 D'Aguilar Street, Lan Kwai Fong, Central
Tel	2344-2366
Web	www.gaiagroup.com.hk /townhouse

Food

아이 카람바 | Caramba

멕시칸 푸드 전문 레스토랑으로 식사는 물론 무려 25종의 데킬라(HK$64~120)를 즐길 수 있다. 1999년 홍콩 레스토랑 상을 수상하기도 했을 정도로 음식 맛이 훌륭하다. 직접 만든 토르티야에 숯불 향 가득한 치킨, 통 아보카도 등이 푸짐하게 들어간 Ensalada de Tortilla는 최고의 인기 메뉴. 토핑은 연어, 새우, 크랩, 치킨 중 선택이 가능하다. 다양한 아이템이 함께 서브되는 브리또도 인기 메뉴.

Access	센트럴역, 미드 레벨 에스컬레이터를 타고 올라오다 정면에 스톤턴스 바가 있는 스톤턴 로드 바로 다음 엘긴 스트리트에서 내린다. 우회전하여 조금 가다 보면 우측에 보인다.
Open	12:00~00:00
Close	연중무휴
Cost	Caramba Nachoes HK$98, Smoked Pulled Pork Brito HK$138, Ensalada de Tortilla HK$118~125 (SC 10%)
Address	G/F, 26-30 Elgin Street, Soho Central
Tel	2530-9963
Web	www.caramba.com.hk

Food
호니 호니 티키 | Honi Honi Tiki

이곳은 티키 칵테일을 즐길 수 있는 작은 라운지로 티키 칵테일은 폴리네시안풍의 트로피컬 칵테일이다. 실내 인테리어나 분위기까지 트로피컬풍으로 경쾌하게 꾸며져 있다. 티키 마이스터는 바닐라와 애플 주스, 럼 등이 섞여 여성들이 먹기에 좋으며, 쓰리 몽키즈는 이곳의 인기 넘버원 칵테일로 라임 맛이 나는 상쾌한 칵테일이다.

Access	MTR 센트럴역 D2 출구로 나와 퀸즈 로드를 마주 보고 오른쪽으로 꺾어 MCM과 코치 건물 사이로 직진한다. 오른쪽에 웰링턴 스트리트가 보이면 우회전하여 100m 정도 가면 좌측 3층에 있다.
Open	17:00~02:00(월~금), 18:00~02:00(토), 18:00~01:00(일)
Close	연중무휴
Cost	Tiki Meister HK$110, The three wise Monkey's HK$130(SC 10%)
Address	3F Somptueux Central, 52 Wellington Street, Central
Tel	2353-0885
Web	www.honihonibar.com

Food
쇼어 | Shore

정성 가득한 홈메이드 스테이크를 전문으로 하는 레스토랑이다. 오스트리아산 드라이 에이지드 비프를 사용한 Rangers Valley Farms는 적당한 지방 함량으로 부드러우면서도 깊은 맛을 내는 스테이크이다. 특히 이곳에서는 프랑스에서도 귀한 화이트 맥주, 크로넨버그 1664 블랑을 마셔 볼 수 있다.

Access	MTR 센트럴역 D2 출구를 나가면 퀸즈 로드가 나온다. 우측으로 직진하다 보면 더 센터가 보이는데 더 센터 옆쪽 L 플레이스 건물 3층 위치.
Open	다이닝룸 12:00~15:00, 18:00~22:30
Close	연중무휴
Cost	Rangers Valley Farms HK$428, CapeGrim Farms HK$408(SC 10%)
Address	3~4F, The L Place, 139 Queen's Road Central
Tel	2915-1638
Web	www.shore.com.hk

Food
⑧

봄베이 드림즈 Bombay Dreams

합리적인 가격에 정통 파인 인디아 퀴진을 즐길 수 있는 레스토랑이다. 봄베이 드림즈의 마스터 셰프 I. R. Qureshi의 특기인 북인도 요리는 물론이고 남인도와 남서쪽에 위치한 고아 요리도 맛볼 수 있다. 마늘과 겨자씨, 카레잎으로 맛을 낸 레드소스에 마리네이드된 매운 새우 요리 Porcha Year Jheenga와 요거트와 넛맥, 계피와 생강으로 마리네이드된 램찹 Adrakh Ke Panje가 추천 메뉴다. 별도 주문 없이 런치 뷔페만 이용할 수도 있는데 매일 로테이션되는 20여 종의 인도 요리와 디저트, 과일 등을 저렴한 가격에 맛볼 수 있어 인기가 많다.

Access	센트럴역, 미드 레벨 에스컬레이터를 타고 올라가다 피자 익스프레스 골목 지나 바로 내리면 좌측에 윈덤 스트리트가 나온다. 윈덤 스트리트를 따라 한 블록 정도 걷다 보면 좌측에 탱고 아르헨티나 스테이크 하우스 Tango Argentina Steak House가 있는 건물 4층에 있다.
Open	12:00~15:00, 18:00~23:00
Close	연중무휴
Cost	런치 뷔페 HK$118
	Porcha Year Jheenga HK$118
	Adrakh Ke Panje HK$168(SC 10%)
Address	4/F, 77 Wyndham Street, Central
Tel	2971-0001
Web	www.diningconcepts.com.hk

Food
⑨

맥심즈 팰리스 City Hall Maxim's Palace 大會堂美心皇宮

600여 석을 가진 맥심 그룹의 딤섬 레스토랑으로 가장 홍콩스러운 딤섬 레스토랑을 찾는다면 망설이지 말자. 딤섬은 점심에만 제공되는데 규모가 큰 덕에 맛볼 수 있는 딤섬의 종류가 많다. 주문은 아주머니들이 끌고 다니는 딤섬 수레에서 직접 선택해도 되고 원하는 것이 없는 경우 점원에게 말하면 음식을 가져다주고 주문표에 도장을 찍어 준다. 우유 커스터드 크림을 기름에 튀긴 Deep-Fried Milk Custard는 오직 이곳에서만 맛볼 수 있는데 부드럽고 달콤하니 맛이 있지만 1개 이상은 조금 느끼할 수 있다.

Access	센트럴역 K 출구를 나와 우측 뒤로 돌아가 횡단보도를 건너 정면의 지하도로 들어가면 시티 홀과 연결되는 통로가 있다.
Open	11:00~15:00, 17:30~23:30(월~토)
	09:00~15:00, 17:30~23:30(일·공휴일)
Close	구정 당일
Cost	딤섬 HK$28~46
	라이스 HK$82~98
	티 차지 HK$14(1인)(SC 10%)
Address	2/F, Low Block, City Hall, Central
Tel	2521-1303
Web	www.maxims.com.hk

Food
⑩

중궈송 Zhong Guo Song 中國䏑

작고 아담한 차이니즈 레스토랑으로 모든 요리에 인공 감미료를 전혀 쓰지 않아 깔끔하고 담백한 중국 요리를 맛볼 수 있다. 음식값이 비싼 편은 아니지만 좀 더 저렴하게 즐기려면 오늘의 세트每日精選套日套餐에서 골라 보자. 식당 한쪽 벽에 네 가지 요리를 걸어 놓는데 이것이 오늘의 세트다. 요리, 밥, 국 그리고 차까지 나오는데, 가격은 HK$51이다. 4가지 요리 중에서 한 가지를 선택해 주문하면 된다. 매일 메뉴가 달라지며 2달에 한 번씩 메뉴가 바뀐다고 한다. 점심시간은 상당히 분주하며 2시 이후에 가면 한가롭게 식사를 할 수 있다. 중국어, 영어 메뉴가 있다.

Access	센트럴역 D2 출구로 나와 오른쪽으로 직진하다가 시어터 레인 왼쪽으로 꺾는다. 횡단보도를 건너 다과라 스트리트 언덕을 오른다. 세 블록을 지나면 우 온 레인Wo On Lane 왼편에 있다.
Open	11:00~23:30(월~목)
	11:00~00:00(금)
	11:00~22:30(주말)
Close	구정연휴
Cost	라이스, 누들 HK$42~59(SC 10%)
Address	G/F, 6 Wo On Lane, Lan Kwai Fong, Central
Tel	2810-4040
Web	www.zhongguosong.com

Food
⑪
주마 Zuma

런던, 두바이, 마이애미 등 세계 각지에도 분점을 두고 있는 모던 컨템퍼러리 재패니즈 다이닝이다. 세계적인 인테리어 디자이너 슈퍼 포테이토(Super Potato)에 의해 디자인된 내부는 더없이 모던하고 스타일리시하다.
엘리베이터를 타고 6층 입구에 도착하면 가장 먼저 눈에 들어오는 건 빽빽하게 꽂혀 있는 와인들과 한쪽에 따로 자리한 사케 바다. 슈퍼 포테이토답게 스시 바의 뒷부분은 고급스러운 석재로 되어 있어 동굴에 들어온 듯한 묘한 분위기를 풍긴다. 나선형 계단을 따라 내려오면 본격 다이닝 공간이 펼쳐지는데 테라스 쪽에 마련된 야외석은 센트럴 거리를 훤히 내다보며 칵테일을 한잔 즐기기에 더할 나위 없이 좋아 보인다.
전반적으로 가격이 저렴한 편은 아니지만 부담 없이 주문할 만한 일식 메뉴들도 눈에 띈다. 특히 일요일에 제공되는 브런치(HK$428, 음료 포함 시 HK$520)의 경우 애피타이저는 뷔페 형식으로 즐기고 메인 메뉴와 디저트 플래터가 제공되는데 어른 한 명당 10세 이하 어린이가 무료이므로 가족을 동반한다면 좋은 선택이 될 수 있겠다. 목요일부터 토요일까지 오후 7시 이후엔 디제잉도 즐길 수 있어 한층 들뜬 분위기가 연출된다.

Access	센트럴역 G 출구로 나오면 랜드마크와 연결되는데 랜드마크 만다린 옆 요크 하우스(York House) 5층과 6층에 위치.
Open	레스토랑 12:00~14:30, 18:00~23:00(평일) 11:00~13:00, 14:00~16:00, 18:30~23:00(주말) 라운지 & 바 12:00~01:30(월~수), 12:00~02:00(목·금), 17:00~02:00(토)
Close	연중무휴
Cost	1인 HK$250~
Address	5/F, The Landmark, 15 Queen's Road Central
Tel	3657-6388
Web	www.zumarestaurant.com

Food
⑫
세바 Sevva

유러피언 퀴진을 표방하는 세바는 멋진 뷰를 가진 곳으로 다섯 손가락 안에 꼽힐 정도로 확 트인 전망을 자랑한다. 특히 야외 테라스석은 심포니 오브 라이트를 감상할 수 있을 정도로 조망이 탁월하다. 음식은 가격대에 비해 크게 뛰어난 편이 아니니 본격적인 식사가 부담스럽다면 하이 티를 즐기며 여유로운 시간을 보내거나 늦은 저녁 칵테일을 가볍게 즐겨도 좋겠다. 한쪽에는 실크처럼 부드러운 아이싱과 화려한 색감으로 인기 만점인 스위츠 코너 MS B'S SWEETS가 자리하고 있다.

Access	MTR 센트럴역 K 출구로 나가면 우측에 프린스 빌딩이 보인다.
Open	12:00~14:30, 18:00~00:00 하이 티 14:30~18:00
Close	일요일
Cost	1인 HK$200~(SC 10%)
Address	25F, Prince's Building, 10 Charter Road, Central
Tel	2537-1338
Web	www.sevvahk.com

Food
⓭
피자 익스프레스 Pizza Express

센트럴과 홍콩국제공항 등 홍콩에만 10개의 지점을 갖고 있는 대표적인 피자 체인 레스토랑이다. 각 지점마다 차별화된 분위기와 체인 레스토랑답지 않은 수준 높은 음식 맛으로 큰 호응을 얻고 있다. 피자 익스프레스에서 빼놓지 말아야 할 메뉴는 의외로 갈릭 브레드. 무려 12시간 30분이나 숙성시켜서 만들어지는데 고소하고 풍미가 끝내준다. 이곳에서 사용되는 토마토는 모두 특별히 그때그때 가장 달콤한 토마토를 엄선해 공수해 온다고 한다. 공수해 온 토마토를 이용해 3시간 동안 뭉근히 조려낸 볼로네즈 소스는 일품이다. 볼로네즈 소스가 듬뿍 들어간 Lasagne Pasticciate(HK$105)도 적극 추천한다.

Access	센트럴역, 미드 레벨 에스컬레이터를 타고 올라가다 좌측에 하얀 바탕의 동그란 간판에 파란색으로 써진 피자 익스프레스 간판이 보이면 바로 에스컬레이터를 빠져나온다.
Open	11:30~00:00
Close	연중무휴
Cost	갈릭 브레드 HK$42 마르게리타 HK$99 파르마햄 피자 HK$131(SC 10%)
Address	G/F–2/F, Soho Square, 21 Lyndhurst Terrace, Central
Tel	2850–7898
Web	www.pizzaexpress.com.hk

Food

클리퍼 라운지 Clipper Lounge 快船廊

장국영을 비롯한 유명 홍콩 영화배우들도 자주 찾았다는 만다린 오리엔탈의 라운지다. 화려할 것 없는 티 라운지이지만 만다린 오리엔탈의 역사가 짐작되는 클래식한 분위기가 느껴진다. 아침부터 런치, 디너 등 다양한 뷔페 메뉴를 선보이고 있지만 이곳에서 가장 인기 있는 것은 뭐니 뭐니 해도 애프터눈 티. 주중에는 삼단 트레이에 담겨 나오는 애프터눈 티 세트가 주말에는 셀 수 없을 정도로 많은 아이템의 초콜릿 뷔페로 제공된다.

Access	센트럴역 F번 출구 만다린 오리엔탈 내 M층에 위치.
Open	06:00~21:30
Close	연중무휴
Cost	애프터눈 티 세트, 초콜릿 뷔페 HK$278/488(1인/2인)(SC 10%)
Address	M/F, 5 Connaught Road, Central
Tel	2825–4007
Web	www.mandarinoriental.com/hongkong

Food
⑮
피에르 Pierre

미슐랭 1스타를 받은 프렌치 레스토랑이다. 프랑스인 셰프, 파티시에와 1,500여 종의 와인 레이블을 담당하는 소믈리에가 레스토랑을 이끌고 있다.
자신의 요리는 예술 작품이라고 여긴 셰프 피에르 가니에르에 의해 레스토랑 인테리어는 요리가 돋보일 수 있게 블랙 앤 화이트의 심플한 콘셉트로 디자인되었다. 피에르는 1년에 3번 정도 방문하여 새로운 메뉴를 선보인다고 한다. 2코스와 3코스로 나누어진 익스프레스 런치 코스도 있는데 서울의 피에르 가니에르 아 쎄울보다 훨씬 저렴하게 스타 셰프의 요리를 맛볼 기회라 하겠다.

Access	센트럴역 F번 출구 만다린 오리엔탈 내 25층에 위치
Open	런치 12:00~14:30(월~금) 디너 18:30~22:30(월~토)
Close	일·공휴일
Cost	Express Lunch 2코스 HK$383 3코스 HK$446(SC 10%)
Address	25/F, 5 Connaught Road, Central
Tel	2825-4001
Web	www.mandarinoriental.com/hongkong

Food
⑯
만다린 케이크 숍 The Mandarin Cake Shop 文華餅店

25년 넘게 현지인들에게 사랑받는 케이크 숍이다. 매장 내에는 핸드메이드 초콜릿, 케이크, 빵들이 진열되어 있는데 특히 아메리칸 치즈 케이크, 장미꽃잎잼은 이곳의 최고 인기 아이템. 주말에는 빵과 잼을 사려는 사람들로 북새통을 이루기도 한다. 바로 옆에 Café Causette가 있어 커피를 마시며 빵을 먹기도 하고 애프터눈 티를 즐길 수도 있다. 매장 안의 케이크 아트가 인상적인데 2주마다 바뀐다고 한다.

Access	센트럴역 F번 출구 만다린 오리엔탈 내 M층에 위치
Open	08:00~20:00(월~토) 08:00~19:00(일·공휴일)
Close	연중무휴
Cost	장미꽃잎잼 HK$198(Small) 조각 케이크 HK$32~35
Address	M/F, 5 Connaught Road, Central
Tel	2825-4008
Web	www.mandarinoriental.com/hongkong

Food
⑰
앰버 Amber

앰버는 인테리어와 요리, 두 분야의 천재가 만들어낸 합작품이다. 세계적인 디자이너인 애덤 티하니Adam Tihany의 인테리어와 세계 10대 셰프로 선정된 리처드 이키부스Richard Ekkebus의 요리는 앰버를 홍콩에서도 손꼽히는 레스토랑으로 이끌었다. 앰버의 천장에 설치된 1~2m의 금빛 기둥은 무려 4,321개에 달한다고 하는데 조명과 어우러져 고급스러운 분위기를 극대화시킨다. 가격은 상당히 비싼 편이므로 상대적으로 저렴한(?) 런치 세트를 노려보자. 애피타이저, 메인, 디저트가 포함된 3코스가 HK$578선이다.

Access	랜드마크 만다린 오리엔탈 7층에 위치
Open	07:00~10:30, 12:00~14:30(평일) 12:00~14:00(주말), 16:30~22:30
Close	연중무휴
Cost	주말 와인 HK$888(SC 10%)
Address	7/F, The Landmark Mandarin Oriental, 15 Queen's Road, Central
Tel	2132-0066
Web	www.mandarinoriental.com/landmark

Food
⑱ 룽킹힌 Lung King Heen 龍景軒

미슐랭 가이드에서 유일하게 별 3개를 받은 차이니즈 레스토랑이다. 다양한 퓨전이 가미된 훌륭한 요리들을 맛볼 수 있다. 가격대는 높은 편이지만 최고의 호텔에서 맛보는 최고의 광둥요리를 놓치지 말자. 점심때만 맛볼 수 있는 딤섬 중 특히 전복과 다진 닭고기가 곁들여진 Baked Whole Abalone Puff with Diced Chicken의 맛이 일품이다. 비교적 저렴한 런치 세트도 추천한다. 런치 세트에는 딤섬 셀렉션, 수프, 꿀을 바른 바비큐 포크 등이 포함된다.

Access	포 시즌스 홍콩 4층에 위치.
Open	**런치** 12:00~14:30(월~금) 11:30~15:00(주말)
	디너 18:00~22:30(월~일)
Close	연중무휴
Cost	딤섬 HK$36~66
Address	Podium 4, Four Seasons Hotel, 8 Finance Street, Central
Tel	3196-8880
Web	www.fourseasons.com/hongkong

Food
⑲ 라틀리에 드 조엘 로뷔숑 L'Atelier de Joel Robuchon

세계적인 스타 셰프 조엘 로뷔숑의 정통 프렌치 레스토랑으로 조엘 로뷔숑은 모국인 프랑스에서도 최고의 훈장을 수여하기도 했다. 미슐랭 가이드에서 별 2개를 받아 홍콩 최고의 프렌치 레스토랑으로 입지를 굳히고 있다. 랜드마크 쇼핑몰 3, 4층에 걸쳐 조금은 캐주얼한 느낌의 L'Atelier와 정통 파인 프렌치 다이닝 에어리어 La Jardin, 그리고 프렌치 티 살롱 Le Salon de The의 3개의 공간으로 구분되어 있다. Le Salon de The에서는 간단한 샌드위치, 베이커리, 커피를 판매하고 오후 3시부터 6시까지는 애프터눈 티도 즐길 수 있다. 18:30~19:30 사이에는 테라스에서 모둠카나페와 함께하는 해피 아워를 즐길 수 있다(HK$280).

Access	센트럴역 G번 출구와 연결된 랜드마크 쇼핑몰 4층에 있다.
Open	12:00~14:30, 18:30~22:30
Close	연중무휴
Cost	1인 HK$500~
Address	Shop 401, 4/F, The Landmark, 16 Des Voeux Road Central
Tel	2166-9000
Web	www.robuchon.hk

Food
⑳
피크 바 Peak Bar 山吧酒

이름에서 짐작하듯 1947년 빅토리아 피크에 오픈한 바를 소호로 이전했다. 옮겨오면서 예전의 인테리어를 그대로 유지해 입구와는 달리 안쪽은 중국 전통 분위기가 물씬 풍긴다. 피크 바의 가장 큰 장점을 꼽으라면 하루 종일 즐길 수 있는 브렉퍼스트 메뉴(HK$88~98)와 오후 3시부터 밤 9시까지 계속되는 해피 아워다. 그래서인지 피크 바에서는 시간도 여유롭게 가는 느낌이다. 이곳의 추천 메뉴는 화덕에서 직접 구워내는 피자. 백립, 치킨윙, 어니언 링 등 다양한 아이템을 한꺼번에 즐길 수 있는 Peak Café Bar Snack Combo는 맥주 안주로 그만이다.

Access 센트럴역, 미드 레벨 에스컬레이터를 타고 올라가다 스톤턴스 와인 바가 보이면 내린다. 스톤턴스 와인 바 왼쪽 골목으로 조금 올라다보면 보인다.
Open 11:00~02:00(월~금)
09:00~02:00(토)
09:00~00:00(일·공휴일)
Close 연중무휴
Cost 칵테일 HK$92~
피자 HK$108~138(SC 10%)
Address G/F, 9-13 Shelly Street, Soho, Central
Tel 2140-6877
Web www.cafedecogroup.com

Food
㉑
스타벅스 Starbucks 星巴克咖啡

'외국 여행 와서 맥도날드, 스타벅스가 웬 말?'이라는 확고한 신념을 가진 여행자라도 이곳 스타벅스에는 한 번쯤 꼭 들러보길 추천한다. 1875~1889년 사이에 지어진 Duddell Street는 매우 고풍스러운 돌계단으로 Ice House Street와 연결되는데 돌계단 양옆으로 옛 모습을 고스란히 간직한 가스등이 세워져 있어 많은 사람들이 기념사진을 찍기도 한다. 돌계단 중간 즈음 스타벅스의 입구와 연결되는데 입구부터 심상치 않다. GOD의 더글러스 영이 1940~70년대 존재했던 홍콩식 카페 빙샷 스타일로 디자인했다. 내부는 마치 홍콩의 옛 다방에 온 듯한 인테리어와 아기자기한 소품으로 관광객의 발길이 끊이지 않는다. 사진 찍는 사람들이 많아 다소 소란스럽다는 점이 단점이라면 단점. 이곳에서만 맛볼 수 있는 빙샷 트리오는 파인애플 번, 커피 타르트, 롤 케이크가 포함된 최고의 베스트 아이템이다.

Access 센트럴역 D1 출구로 나와 우측으로 조금 가면 퀸즈 로드가 나온다. 길을 건넌 후 좌회전하여 퀸즈 로드를 따라 직진한다. 막스 앤 스펜서를 지나 조금 더 가면 맥도날드가 보이고 맥도날드를 조금 지나치면 오른쪽에 Duddell Street라는 좁은 골목이 나오는데 골목 끝에 있다.
Open 07:00~21:00(월~목)
08:00~22:00(금·토)
09:00~20:00(일)
Close 연중무휴
Cost 음료 HK$22~
빙샷 트리오 HK$34(SC 10%)
Address Floor M2, Baskerville House, 13 Duddell Street, Central
Tel 2523-5685
Web www.starbucks.com.hk

Food ㉒

라이프 올가닉 헬스 카페
Life Organic Health Cafe

유기농 재료만을 사용한 헬시 푸드를 선보이는 독특한 레스토랑이다. 아기자기한 인테리어에 건강에 좋은 예쁜 메뉴들로 특히 여성들에게 큰 인기를 얻고 있다. 아래층은 델리숍으로 건강빵과 파이뿐 아니라 예쁘게 포장된 과자도 판매하고 있어 선물용으로 구입하기에 좋다. 유기농 채소들을 푸짐하게 넣은 라이프 샐러드와 고소한 파 튀김을 곁들여 풍미를 더한 올가닉 리소토는 인기가 많다.

Access 센트럴역, 미드 레벨 에스컬레이터를 타고 올라가다 보면 좌측에 보인다.
Open 런치 12:00~15:00(월~금), 12:00~16:00(주말·공휴일)
Close 연중무휴   Cost 1인 HK$100~(SC 10%)
Address 10 Shelley Street, Soho, Central
Tel 2810-9777   Web www.lifecafe.com.hk

Food ㉓

요크셔 푸딩 Yorkshire Pudding

요크셔 푸딩은 영국에서 고기 요리를 먹기 전에 먹는 전채 요리로 짭짤한 맛의 푸딩이다. 전형적인 브리티시 펍으로 인기 메뉴 또한 정통 영국식 요리들이다. 대표 요리는 요크셔 푸딩 클래식 로스트 비프 YP's Classic Roast Beef 이며 피시 앤 칩스 Beer Battered Fish and Chips 는 한 번 맛보면 자꾸 생각이 날 정도다. 오후 4시부터 8시까지는 해피 아워로 음료 값을 할인해주거나 1+1 같은 프로모션을 진행한다.

Access 미드 레벨 에스컬레이터를 타고 가다가 스톤턴 스트리트 Staunton Street 에 닿으면 정면으로 보인다.
Open 10:00~01:00   Close 연중무휴
Cost Beer Battered Fish and Chips HK$148
      YP's Classic Roast Beef HK$170(SC 10%)
Address G/F, 6-8 Staunton Street, Soho, Central
Tel 2536-9968   Web www.stauntonsgroup.com

Food ㉔

록유 티 하우스 Luk Yu Tea House 陸羽茶室

1933년 문을 열어 반세기를 훌쩍 넘긴 고풍스러운 딤섬 레스토랑. 클래식한 분위기와 함께 하얀 유니폼을 입은 나이 지긋한 직원들이 인상적이다. 사실 록유 티 하우스는 1인당 찻값만 HK$22 정도니 저렴한 편은 아니다. 하지만 여행자들은 레스토랑의 클래식한 분위기에 이끌리고 현지 중장년층은 오래된 딤섬을 맛보러 온다. 이 집의 딤섬 맛은 가게 분위기를 똑 닮아 소박하다. 대표 메뉴로는 새우 딤섬, 차슈바오, 새우 죽순 딤섬, 에그 타르트가 있다. 레스토랑은 2층(G층과 1층)으로 되어 있는데, 손님이 많은 경우 보통 1층으로 안내된다. 딤섬 사진이 있는 영어 메뉴와 영어 주문표가 있어 주문하는 데 어렵지 않다.

Access 센트럴역에서 도보로 2분. D2번 출구로 나와 오른쪽으로 직진하면 삼거리가 나오는데, 시어터 레인 Theater Lane 왼쪽 방향으로 꺾는다. 그럼 바로 큰길인 퀸즈 로드가 나오고 횡단보도를 건너 다걸라 스트리트 D'Aguilar Street 언덕을 오른다. 언덕 첫 번째 블록을 지나면 오른쪽으로 스탠리 스트리트 Stanley Street 가 나온다. 스탠리 스트리트 왼편에 있다.
Open 07:00~22:00
      딤섬 07:00~17:30
Close 구정연휴
Cost 차 HK$22(1인)
      Fresh Shrimp Dumplings HK$32
      Steamed Barbecued Pork Bun HK$32
      Steamed Shrimps & Bamboo Shoot Dumplings HK$32
      Egg Tart HK$32(SC 10%)
Address G/F, 24-26 Stanley Street, Central
Tel 2523-5463~5

Food
㉕
포르토벨로 Portobello

100년 넘게 가업을 이어온 영국의 차 브랜드 Taylors of Herrogate의 홍차를 맛볼 수 있는 곳이다. 상큼하고 달콤한 향이 아침에 어울리는 잉글리시 브렉퍼스트를 비롯해 얼그레이, 애프터눈 다즐링 등이 마련되어 있다. 디저트로는 벨기에 와플, 케이크, 샌드위치 메뉴가 준비되어 있다. 잉글리시 하이 티English High Tea는 작은 2단 트레이에 스콘, 샌드위치, 케이크가 준비되고, 차 혹은 커피가 함께 제공된다.

Access 미드 레벨 에스컬레이터를 타고 가다가 정면에 요크셔 푸딩이 보이면 내린다. 스톤턴 스트리트Staunton's Street 오른쪽으로 직진, 스톤턴스 와인 바 맞은편에 있다.
Open 09:00~01:00(월~금), 08:00~01:00(주말 · 공휴일)
Close 연중무휴
Cost 잉글리시 하이 티 HK$90/160(1인/2인)
　　　영국식 아침 식사 HK$48~108(SC 10%)
Address G/F, 9 Staunton Street, Soho, Central
Tel 2523-8999　　Web www.stauntonsgroup.com

Food
㉖
타이청 베이커리 Tai Cheong Bakery 泰昌餅家

가장 맛있는 홍콩식 타르트를 맛볼 수 있는 곳이다. 표면이 바삭한 마카오식 타르트와는 달리 타이청 베이커리의 타르트는 조금만 흔들어도 부서져 버릴 것처럼 바깥쪽의 틀이 부드럽게 살살 녹는다. 소박해 보이는 외관과는 달리 타르트 하나로 최고의 인기를 누리고 있는 곳인데 특히 홍콩의 마지막 총독을 역임했던 크리스 패튼Chris Patten 경이 이곳의 단골이었다고 한다.

Access 미드 레벨 에스컬레이터를 타고 올라가다 좌측에 동그란 피자 익스프레스 간판이 보이면 옆으로 내려온다. 정면에 빨간색 Dozo 레스토랑이 보이는데 Dozo 앞길에서 우측으로 조금만 꺾어 들어가면 오른쪽 길가에 보인다.
Open 07:30~21:00(월~토), 08:30~21:00(일 · 공휴일)
Close 구정연휴
Cost 에그 타르트 HK$5, 카스텔라 HK$5
Address G/F, 35 Lyndhurst Terrace, Central
Tel 2544-3475

Food
㉗
스톤턴스 와인 바 Staunton's Wine Bar + Cafe

소호의 활력이 시작되는 스톤턴 스트리트의 상징과 같은 곳이다. 늦은 아침을 먹거나 가볍게 피자나 파스타, 맥주를 마시기 좋다. 안쪽으로 바와 테이블 좌석이 있고, 입구 쪽에 스톤턴 스트리트를 내다볼 수 있는 자리가 있어 스톤턴 스트리트를 마주 보고 앉아 소호를 오가는 사람들을 구경하며 시간을 보내도 좋다. 사워 크림이 듬뿍 들어간 스톤턴스 나쵸스 맛도 좋고 양도 풍성해 추천할 만하다.

Access 미드 레벨 에스컬레이터를 타고 가다가 정면에 요크셔 푸딩이 보이면 내린다. 내려서 오른쪽 파란색 건물 G/F이다.
Open 10:00~02:00(월~금), 09:00~02:00(주말 · 공휴일)
　　　해피 아워 16:00~20:00
Close 연중무휴
Cost Staunton's Nachos HK$78, Spicy Chicken Pizza HK$120
　　　Antiguan Rum Punch HK$68(SC 10%)
Address G/F, 10-12 Staunton Street, Soho, Central
Tel 2973-6611　　Web www.stauntonsgroup.com

Food
㉘
시로코 Scirocco

타파스, 메제스, 안티파스토 등 스페인, 중동, 이탈리아의 다양한 애피타이저를 맛볼 수 있는 곳이다. 영화 〈상성色|戒〉에서 금성무와 양조위가 새해를 맞는 소호의 2층 야외 테라스가 바로 이곳이다. 분주한 소호 거리를 느긋하게 내려다보며 와인을 즐기기 제격이다. 한 접시에 치즈, 올리브, 샐러드 등 여러 가지 안주가 조금씩 나오는 Mezze Platter는 다양한 메뉴를 한 번에 맛볼 수 있어 좋다.

Access 미드 레벨 에스컬레이터를 타고 가다가 정면에 요크셔 푸딩이 보이면 내린다. 내려서 오른쪽 파란색 건물 1층에 있다(계단 이용).
Open 11:00~00:00(월~금), 10:00~00:00(주말 · 공휴일)
　　　해피 아워 16:00~19:00(월~금)
Close 연중무휴
Cost Mezze Platter HK$150, Risotto with Peas Favabeans HK$85, House Wine HK$78(Glass)(SC 10%)
Address 1/F, 10-12 Staunton Street, Soho, Central
Tel 2973-6605　　Web www.stauntonsgroup.com

Food
㉙ 아유타야 Ayuthaiya

태국의 스트리트 푸드를 고급화한 메뉴들이 눈에 띄는데 특히 연어, 오이, 캐슈너트, 타이 진저 시럽을 넣어 맛을 낸 Por Pia Pla는 상큼한 맛이 일품이다. 9종류나 갖추어진 마티니와 아유타야에서만 즐길 수 있는 똠얌티니, 팟타이 패션 등은 한 번쯤 도전해 보자. 오후 5시부터 8시까지는 해피 아워로 음료가 할인된다.

Access	센트럴역, 미드 레벨 에스컬레이터를 타고 올라간다. 할리우드 로드와 만나면 에스컬레이터에서 내려 오른쪽으로 꺾어져 조금 걸어가면 오른편에 보인다.
Open	12:00~00:00(일~목), 12:00~02:00(금·토)
Close	구정연휴
Cost	Por Pia Pla HK$68, 팟타이 HK$95 똠얌티니 Hk$65, 팟타이 패션 HK$65
Address	G/F, C Wisdom Centre, 35 Hollywood Road, Central
Tel	3105-5055
Web	www.aqua.com.hk (웹에서만 접속 가능)

Food
㉚ 엘 타코 로코 El Taco Loco

멕시칸 요리 전문점인 엘 타코 로코의 아담한 내부는 마치 친구 집에 놀러 온 것 같은 편안한 분위기다. 화히타, 타코, 퀘사디아 등 다양한 멕시칸 요리들도 맛있고 마가리타나 데킬라 한 잔에 소호를 안주 삼아 시간을 보내기에도 좋다.

Access	센트럴역, 미드 레벨 에스컬레이터를 타고 올라가다 보면 오른쪽에 보인다.
Open	11:00~23:00
Close	연중무휴
Cost	7 Layer Nachos HK$72 Enchilada Deluxe HK$72
Address	9 Lower Staunton Street, Central
Tel	2522-0214
Web	www.diningconcepts.com.hk

Food
㉛ 비스테카 Bistecca

수준 높은 스테이크를 합리적인 가격에 맛볼 수 있다. 사물함같이 생긴 냉장고에 가득 찰 질 좋은 육우들과 붉은 벽돌 앞에 놓인 정갈한 테이블이 묘한 앙상블을 이룬다. 점심에는 단돈 HK$98로 안티파스토와 디저트 뷔페 테이블을 이용할 수 있는데 살라미와 파르마 햄은 즉석에서 잘라주기도 한다.

Access	센트럴역 D2 출구를 나와 오른쪽으로 가다가 삼거리에서 좌회전해 조금 더 가면 큰길(퀸즈 로드)이 나온다. 퀸즈 로드 건너편에 코치 매장이 보이는데 코치 매장 옆 언덕길로 직진, 막다른 골목이 나오면 좌측으로 블록을 끼고 돌면 바로 옆 골목 우측에 위치한다. LKF 호텔 뒤편에서 가깝다.
Open	12:00~15:00, 18:00~23:00
Close	연중무휴
Cost	뷔페 테이블 HK$98, 세트 런치 HK$128~388(SC 10%)
Address	2/F, Grand Progress Building, 15 Lan Kwai Fong, Central
Tel	2525-1308
Web	www.diningconcepts.com.hk

Food
㉜ 크래프트스테이크 Craftsteak

숯불 그릴에서 구워낸 제대로 맛있는 스테이크를 맛볼 수 있는 레스토랑이다. 식당 내부를 두르고 있는 울타리 모양의 판자벽이 독특한 분위기를 낸다. 벽을 장식하고 있는 흑백 사진들과 오픈 키친이 이곳을 더욱 캐주얼하고 따뜻하게 느껴지게 한다. 애피타이저와 샐러드, 디저트만 포함되어 있는 HK$78의 저렴한 세트부터 스테이크가 포함된 프리미엄 세트까지 가격대별로 다양한 세트 런치가 준비되어 있다.

Access	미드 레벨 에스컬레이터를 타고 올라가다 팻 엔젤로스가 보이는 엘긴 스트리트에 내린다. 엘긴 스트리트에서 우회전하여 조금 가다 보면 좌측에 보인다.
Open	12:00~15:00, 18:00~23:00 Close 연중무휴
Cost	필레미뇽 HK$248, 립 아이 스테이크 HK$238 세트 런치 HK$78~238(SC 10%)
Address	29 Elgin Street, Soho, Central
Tel	2523-9500 Web www.diningconcepts.com

Food
㉝ 캔-틴 Can-teen

캔틴이라고 하기엔 너무나 깔끔하고 모던한 분위기이다. 점심시간이 지난 시간에도 식당 안은 사람들로 가득한데, 인근 회사원들이나 쇼핑객들이 주로 이용한다. 가격도 저렴하고 맛도 만족스러워 항상 분주하기 때문에 점심시간을 피해 가는 것이 좋다. 메뉴로는 토스트, 덮밥, 로스트, 누들 등이 있으며 세트 메뉴도 양이 적지 않아 여성 둘이 먹어도 충분하다. 바 형 테이블이 있어 혼자서도 부담이 없다.

Access	센트럴역 K번 출구로 나오면 바로 오른쪽에 보이는 프린스 빌딩 M층에 위치.
Open	07:30~21:00(월~금), 07:30~19:00(토), 09:00~19:00(일)
Close	구정연휴
Cost	Honey Glazed BBQ or Roasted Duck with Rice or Noodles in Soup HK$32
Address	M20~M28, M/F, Prince's Building, 10 Chater Road, Central
Tel	2524-6792

Food
㉞ 심플리 라이프 브레드 & 와인
Simply Life Bread & Wine

캐주얼한 분위기의 베이커리 겸 레스토랑이다. 홈메이드 아이스 티, 샐러드와 수프, 메인 메뉴가 포함된 런치 세트가 HK$158로 디저트 혹은 커피 추가 시 각각 HK$18이 추가된다. 실속 만점 아침 식사 English All Day Big Breakfast(HK$118)도 인기 만점이다. 와인은 한 잔에 HK$48 정도로 저렴한 편으로 저녁에는 식사와 함께 와인을 즐기기에도 좋다.

Access	홍콩역 A1, A2, B1, B2, E1 출구로 나가면 IFC몰과 연결된다. IFC몰 1층에 위치.
Open	07:30~23:00(월~토) 09:00~23:00(일·공휴일)
Close	연중무휴
Cost	런치 세트 HK$158 베이커리 HK$9~22(SC 10%)
Address	Shop 1081, 1/F, International Finance Centre Mall, 1 Harbour View Street, Central
Tel	2234-7356
Web	www.maxims.com.hk

Food
㉟ 젱타오
Tasty Congee & Noodle Wantun Shop 正斗粥麵專家

홍콩식 죽 콘지, 완탕, 딤섬을 전문으로 하는 레스토랑이다. IFC몰 안에 위치해 있어 화려한 인테리어로 분위기는 좋지만 가격은 조금 높은 편이다. 옛 중국 스타일의 인테리어로 특히 외국인들이 자주 찾는다. 14종의 콘지가 먹을 만한데 양은 적은 편이다.

Access	홍콩역, IFC몰 3층에 위치.
Open	11:30~23:00 Close 연중무휴
Cost	Congee with 2 Selection HK$42 Shrimp Wonton HK$30/HK$42(S/L) Beef & Rice Noodles Stir Fry HK$82(SC 10%)
Address	Shop3016~3018, Podium L3, IFC Mall, 1 Harbour View Street, Central
Tel	2295-0101

Food
36
침차케이 레스토랑
Tsim Chai Kee Noodle 沾仔記

3대째 전수해 오는 시원한 국물 맛으로 60년 동안 꾸준하게 사랑을 받고 있는 국수 전문점이다. 고명에 따라 다양한 누들을 선택할 수 있는데 큼지막한 새우가 올라간 King Prawn Wonton Noodle, 슬라이스된 쇠고기가 올라간 Fresh Sliced Beef Noodle이 일반적이다. 다양한 맛을 원한다면 완탕, 피시 볼, 슬라이스 비프 중 두 가지 토핑을 선택할 수 있는 Two Toppings Noodle을 선택하자.

Access	센트럴역 D1 출구로 나와 우회전하여 약 10분 정도 직진한다. 미드 레벨 에스컬레이터 근처에 있다.
Open	09:00~22:00 Close 연중무휴
Cost	King Prawn Wonton Noodle HK$17, Two Toppings Noodle HK$22, Three Toppings Noodle HK$25
Address	153 Queen's Road, Central Tel 2850-6471

Food
37
호놀룰루 커피숍
Honolulu Coffee Shop 檀島咖啡餅店

커피숍이라기보다는 분식집에 가깝다. 내부는 상당히 넓은 편으로 현지인이 부담 없이 찾아 간단히 식사나 간식을 즐기는 경우가 대부분이다. 샌드위치부터 면과 밥 등 셀 수 없이 많은 메뉴를 취급하는데 파인애플 번과 밀크 티, 레몬티를 마시며 잠시 휴식을 취하는 정도가 적당하다.

Access	센트럴역 D1 출구를 나와 퀸즈 로드에서 우회전해서 약 10분 정도 직진. 미드 레벨 에스컬레이터가 시작되는 부근 안쪽에 서클 K가 보이는데 서클 K 골목 안쪽으로 조금만 들어가면 좌측에 있다.
Open	07:00~02:00 Close 연중무휴
Cost	1인 HK$40~
Address	G/F, 33 Stanley Street, Central Tel 2526-8063

Food
38
펄 베트남 레스토랑
Pearl Vietnamese Restaurant 明珠越南餐廳

1980년 오픈한 베트남 음식 전문 레스토랑이다. 누들부터 다양한 사이드 디시까지 다루는 메뉴도 많은 편이다. 소박한 외관과는 달리 홍콩의 유명 연예인들도 종종 다녀가는 맛집 중 하나로 개운한 비프 누들과 함께 롤 종류를 주문하는 것이 일반적이다. 평일 오후 2시 30분부터 6시까지는 일부 메뉴에 한해 HK$17로 일괄적으로 할인해 준다.

Access	센트럴역 D2 출구로 나와 오른쪽으로 가면 삼거리가 나오는데 삼거리에서 좌회전해서 조금 가다 횡단보도가 나오면 건너서 언덕길을 따라 올라가면 나온다.
Open	11:00~21:30(월~토), 11:00~15:00(일)
Close	구정연휴
Cost	Cooked Beef Noodle Soup HK$29, 롤 HK$27~30(SC 10%)
Address	G/F, 7 Wo On Lane, Lan Kwai Fong, Central
Tel	2522-4223

Food
39
란퐁유엔 Lan Fong Yuen 蘭芳園

50년이 넘는 전통을 가진 차찬텡으로 점심시간이 되면 길게 줄이 늘어선다. 란퐁유엔의 대표 메뉴는 밀크 티 Silk Tea with Milk. 홍차를 실크망사로 여러 번 걸러 부드러운 맛을 내는 게 노하우다. 인기 메뉴는 돼지 갈빗살이 들어간 심플한 햄버거 Pork Chop Bun과 인스턴트 라면에 닭고기와 양파 소스를 얹어 비벼 먹는 Chicken Steak with Prestige Onion Sauce "Lo-Ting".

Access	미드 레벨 에스컬레이터를 타고 가다가 왼편으로 피자 익스프레스가 보이면 계단을 내려온다. 계단을 내려와 왔던 길로 조금만 내려가면 왼쪽에 Gage Street가 있다. Gage Street 입구 왼편에 바로 있다.
Open	07:30~18:00 Close 일·구정연휴
Cost	세트 메뉴 HK$38(Tea HK$2 별도) Silk Tea with Milk HK$14/16(Hot/Cold)
Address	G/F, 2 Gage Street, Central
Tel	2544-3895, 2854-0731

Spa
①
티안 스파 Ti'an Spa

영국 웨일즈 출신의 젊은 남성이 운영하는 감각적인 티안 스파는 외관에서부터 산뜻함이 물씬 풍긴다. 연두색으로 꾸며진 내부는 더없이 깔끔하고 모던하다. 관리를 소홀히 하지 않는 덕에 서비스도 훌륭한 편이라 주변의 외국인 단골도 많다. 13명의 전문 테라피스트들과는 별도로 매니큐어와 페디큐어를 위한 9명의 전문 관리사를 두고 있다. 센트럴 한복판에서 비교적 합리적인 가격에 깔끔하고 훌륭한 서비스를 원한다면 강력 추천한다. 자주 할인 프로모션을 하는데 정식 요금보다 HK$20~30 정도 할인된 가격으로 서비스를 이용할 수 있다.

Access	센트럴역 D1 출구에서 나와 오른쪽으로 조금 가면 퀸즈 로드가 보인다. 퀸즈 로드를 따라 우회전하여 조금 가면 건너편에 코치 매장이 보이는데 코치 매장 골목으로 조금 올라간다. 맞은편에 사거리가 나오는데 우측에 융케이 레스토랑이 보인다. 융케이 레스토랑을 지나 조금 더 올라가면 길가에 티안 간판이 보인다.
Open	11:00~23:00
Close	구정연휴
Cost	Foot Reflexology HK$178(50분) Traditional Chinese HK$225(50분)
Address	11, 66 Wellington Street, Central
Tel	2638-9732

Spa

더 스파 The Spa

말이 필요 없는 초절정 럭셔리 포 시즌스 부속 스파다. 엄청난 가격대이지만 높은 가격만큼이나 화려한 시설과 세심한 서비스를 기대할 수 있다. 17개의 트리트먼트룸은 살라와 자쿠지 등 완벽한 시설이 갖추어져 있으며 올가닉 스파 제품인 ila를 사용한다. 특히 더 스파에는 아쿠아와 크리스털Crystal이라는 이름의 스파 스위트룸이 있는데 각각의 스파 스위트룸에는 개인 풀과 데이 베드, LCD TV, 프라이빗 바 등이 설치되어 있다. 1시간 이용 시 HK$1,000의 요금이 부과된다. 주말에는 가격이 조금 비싸지니 가능하면 평일에 방문하는 것이 좋다.

Access	포 시즌스 내에 위치.
Open	08:00~23:00
Close	연중무휴
Cost	Aromatic Caress HK$2,200(60분) Oriental Foot Ritual HK$750(60분) (SC 10%)
Address	8 Finance Street, Central
Tel	3196-8888
Web	www.fourseasons.com/hongkong/spa
Email	spa.hkg@fourseasons.com

Spa

오리엔탈 스파 The Oriental Spa

랜드마크 만다린 오리엔탈의 5층과 6층, 두 개 층에 걸쳐 15개의 트리트먼트룸과 다양한 최첨단 시스템의 결정체인 스파 스위트를 운영하고 있다. 스파 내에는 수영장, 피트니스 센터, 요가와 필라테스 스튜디오까지 갖춰져 있다. 스파 메뉴는 오리엔탈이라는 콘셉트에 맞추어 동양의 음양오행을 고려한 다양한 프로그램을 마련해 놓고 있다.

Access	랜드마크 만다린 오리엔탈 내에 위치.
Open	08:00~23:00
Close	연중무휴
Cost	만다린 오리엔탈 시그니처 스파 테라피 HK$1,910(110분) 스웨디시 마사지 HK$900(60분) (SC 10%)
Address	15 Queen's Road, Central
Tel	2132-0011
Web	www.mandarinoriental.com/landmark/spa
Email	lmhkg-spa@mohg.com

Shopping

IFC몰 IFC Mall 國際金融中心商場

침사추이 ICC의 뒤를 이어 홍콩에서 2번째로 높은 IFC(International Finance Centre)와 연결되어 있는 쇼핑몰이다. 쇼핑 공간뿐 아니라 레스토랑, 스파 등의 편의시설도 많고 홍콩역과 바로 연결되어 있어 공항으로 가기 전, 쇼핑과 식사 등 마지막 일정을 하기에도 좋다.
가격은 다른 쇼핑몰과 비교해서 싼 편은 아니지만 규모가 큰 만큼 다양한 브랜드를 보유하고 있고 브랜드별로 보유하고 있는 물건도 많아 쇼핑의 재미가 있다. 또, 레인 크로포트 백화점을 비롯해 유명 멀티숍들도 입점되어 있어 원스톱 쇼핑 공간으로는 부족함이 없다. 특히 IFC몰의 스페인 브랜드 자라는 다른 매장보다 상품의 회전율이 좋아 일부러 이곳을 찾는 사람들도 많은 편이며, Y-3는 일본 출신의 세계적인 디자이너 요지 야마모토가 아디다스와 컬래버레이션한 브랜드로 독특한 분위기의 가방, 신발 등 패션소품들을 구입할 수 있다.

Access	홍콩역 A1, A2, B1, B2 출구와 연결된다.
Open	10:30~21:00(매장마다 다름)
Close	구정연휴
Address	8 Finance Street, Central
Tel	2295-3308
Web	www.ifc.com.hk

Shopping

랜드마크 The Landmark 置地廣場

어지간한 명품 브랜드는 다 모여 있는 센트럴 최고의 럭셔리 쇼핑몰이다. 자라나 망고, 보시니 같은 중저가의 패스트 패션 브랜드는 아예 찾아볼 수도 없다는 점만 봐도 랜드마크의 콘셉트를 짐작할 수 있다. 70여 개의 명품 브랜드들이 자리하고 있으며 백화점 허비 니콜스와 고급 식료품점 스리 식스티도 입점되어 있다. 굳이 명품 쇼핑에 관심이 없다 하더라도 랜드마크는 둘러보는 것만으로도 재미가 쏠쏠하다. 우리나라에서는 좀처럼 찾아보기 힘든 최고급 브랜드숍이 즐비하다. 특히 〈Sex and the City〉의 여주인공 캐리 덕에 하이힐의 대명사가 되어 버린 마놀로 블라닉 Manolo Blahnik 부터 말레이시아 출신의 세계적인 디자이너 지미 추 Jimmy Choo의 구두 매장도 이곳에서 찾아볼 수 있다. 또, 전 세계에서 단 4곳밖에 없다는, 더구나 아시아에서는 유일하게 홍콩에서만 접할 수 있다는 로저 비비에 Roger Vivier 매장도 바로 이곳에서 만나볼 수 있다. 아시아 최대 규모를 자랑하는 구찌 매장과 홍콩에서 두 번째로 큰 루이비통 매장도 모여 있어 명품 쇼핑에 관심이 있다면 랜드마크는 최고의 선택이 될 것이다.

Access	센트럴역 G 출구와 연결된다.
Open	10:00~22:00(매장마다 다름)
Close	구정연휴
Address	15 Queen's Road, Central
Tel	2500-0555
Web	www.landmark.hk

Shopping ❸

채터 하우스 Chater House 遮打大廈

어찌 보면 홍콩에서 가장 뚜렷한 콘셉트를 가진 쇼핑 공간으로 볼 수도 있다. 채터 하우스는 아르마니 전문 쇼핑몰이라고 봐도 무방할 만큼 다양한 아르마니숍으로 가득하다. 의류 매장뿐 아니라 향수, 화장품, 책, 초콜릿 등 기대 이상의 다양한 아이템들을 접할 수 있다. 특히 1층에는 아르마니의 디자인 세계가 투영된 초콜릿숍 Armani Dolci와 플라워숍 Armani Fiori, 서점 Armani Libri 등이 자리하고 있다. 2층에는 Armani Bar HK가 있어 쇼핑 후 잠시 쉬어가기에도 좋다.

Access	센트럴역 E 출구로 나오면 좌측에 있다.
Open	10:30~19:30(매장마다 다름)
Close	연중무휴
Address	11 Chater Road, Central
Tel	2532-7777
Web	www.centralhk.com

Shopping ❹

막스 앤 스펜서 Marks & Spencer 馬莎

영국에서 건너온 막스 앤 스펜서는 의류, 속옷, 식품까지 라이프스타일 전반을 아우르는 다양한 아이템을 취급하는 복합몰이다. 실용성을 강조하는 브랜드이다 보니 20~30대의 젊은 여성들에게는 다소 고루해 보이는 게 사실이다. 하지만 속옷, 티셔츠 등 기본 제품들은 품질도 좋고 우리나라보다 가격도 저렴하다. 외국 브랜드인 덕에 사이즈가 다양하다는 점도 장점 중의 하나.

Access	센트럴역 D1 출구로 나와 오른쪽으로 조금 걷다 보면 보인다.
Open	10:00~21:30(월~토), 10:30~21:00(일·공휴일)
Close	연중무휴
Address	B1/F~1/F, Central Tower, 22-28 Queen's Road, Central
Tel	2921-8059
Web	www.marksandspencer.com

Shopping ❺

프린스 빌딩 Prince's Building 太子大廈

빌딩의 규모는 크지만 여행자가 둘러볼 만한 쇼핑 공간은 5개 층(G/F, M/F, 1/F, 2/F, 3/F) 정도이다. 천편일률적인 홍콩의 쇼핑몰들에 지쳤다면 프린스 빌딩으로 발걸음을 옮겨보자. 특히 1~2층에는 다양한 인테리어 소품점이 모여 있어 둘러볼 만하다. 또 2층에는 수입 식품 전문점 Oliver's The Delicatessen이 있는데 와인 아이템이 풍부해서 저렴한 가격에 와인을 구입할 수 있고 다양한 수입 식품들도 취급하고 있으니 요리에 관심이 있다면 반드시 둘러보자.

Access	센트럴역 K 출구로 나가면 우측에 위치.
Open	10:00~19:00 (매장마다 다름)
Close	구정연휴 (매장마다 다름)
Address	10 Chater Road, Central
Tel	2504-0704
Web	www.centralhk.com

Shopping ❻

키와 베이커리 Kee Wah Bakery 奇華餅家

키와 베이커리는 원래 1938년 작은 식료품점으로 시작해 이후 '맛있는 월병'으로 입소문이 나면서 본격적인 베이커리로 전향하였다. 지금은 홍콩 곳곳에서 쉽게 찾아볼 수 있을 정도로 많은 점포를 가지고 있다. 우리가 익히 알고 있는 단팥월병 이외에 코코넛, 커스터드, 과일 등을 이용한 다양한 케이크와 과자를 판매한다. 선물용으로도 좋은 패키지 상품도 다양하며 월병은 낱개로도 구입이 가능하여 군것질 삼아 사 먹기에도 좋다.

Access	센트럴역 D2 출구로 나와 융케이 레스토랑을 등지고 왼편으로 조금 직진하면 보인다.
Open	07:30~20:00(월~토), 08:30~19:30(일)
Address	Shop 2, G/F, 8 Lyndhurst Terrace
Tel	2520-2029
Web	www.keewah.com

Hotel

포 시즌스 Four Seasons Hong Kong

포 시즌스는 누구도 이의를 제기하지 못하는 홍콩 최고의 호텔이다. 센트럴 한복판에 자리하고 있으며 IFC몰과 직접 연결되어 있다. 총 399개의 일반 객실과 52개의 스위트룸을 보유하고 있으며 모든 객실의 어메니티는 록시땅으로 갖춰져 있다. 네 가지 테마의 수영장으로 유명한데 바다가 훤히 내려다보이는 인피니티 에지 풀, 물속에 스피커가 장착되어 있는 랩 풀과 월풀, 플런지 풀이 그것이다. 또한 카프리스, 이나기쿠, 룽킹힌 등 걸출한 레스토랑이 포진되어 있어 하루 종일 숙소에서만 시간을 보내도 아깝지 않은 느낌이다.

Access 홍콩역 E1 출구로 나가 포 시즌스 방향으로 표지판을 따라가면 된다.
Cost 디럭스 피크 뷰 HK$4,300~
Address 8 Finance Street, Central
Tel 3196-8888
Web www.fourseasons.com/hongkong

Hotel

LKF 호텔 LKF by Rhombus

나이트 라이프의 메카, 란콰이펑의 한복판에 자리 잡은 LKF 호텔은 밤늦게까지 술을 마시거나 클러빙을 즐기려는 여행자에게는 정답처럼 보인다. 호텔 디자인 어워드에서 인정을 받을 정도로 모던하고 스타일리시한 디자인이 돋보인다. 대부분의 객실이 LKF 타워의 위층에 배치되어 있어 센트럴과 란콰이펑이 한눈에 내려다보이는 유니크한 뷰를 즐길 수 있다. 군더더기 없는 차분하고 모던한 객실에는 영국 브랜드인 몰튼 브라운의 어메니티가 준비되어 있으며 일리 에스프레소 머신이 갖추어져 있어 언제나 수준 높은 커피를 즐길 수 있다.

Access 센트럴역 D2 출구를 나와 오른쪽으로 가면 삼거리가 나온다. 삼거리에서 좌측으로 꺾어져 조금 가면 큰길(퀸즈 로드)이 나온다. 퀸즈 로드 건너편에 코치 매장이 보이는데 코치 매장 옆 언덕길로 직진, 막다른 골목이 나오면 좌측에 LKF 호텔 뒤편이 나온다.
Cost 슈피리어 USD250~
Address 33 Wyndham Street, Central
Tel 3518-9688
Web www.hotel-lkf.com.hk

Hotel

만다린 오리엔탈 Mandarin Oriental Hong Kong

홍콩의 유명 영화배우 장국영이 생을 마감한 호텔로 더욱 유명해진 만다린 오리엔탈은 페닌슐라와 함께 홍콩에서 가장 오랜 역사를 지닌 유서 깊은 호텔이다. 총 501개의 객실은 2006년 호텔을 휴업한 상태에서 파격적인 리노베이션을 단행해 모던하고 깔끔하게 재탄생되었다. 특히 무려 10개의 식음료 관련 레스토랑 및 숍이 있는데 세계적인 스타 셰프 피에르 가니에르의 피에르, 애프터눈 티로 유명한 클리퍼 라운지, 일부러 찾아오는 손님들도 많을 정도로 인기 만점인 만다린 케이크 숍 등 하나하나 빠지지 않게 훌륭하다.

Access 센트럴역 F 출구로 나와 도보로 1분.
Cost 슈피리어 HK$3,300~
Address 5 Connaught Road, Central
Tel 2522-0111
Web www.mandarinoriental.com/hongkong

Hotel
④
랜드마크 만다린 오리엔탈
The Landmark Mandarin Oriental Hong Kong

센트럴의 랜드마크 쇼핑몰 안에 위치한 랜드마크 만다린 오리엔탈은 2006년 단행된 만다린 오리엔탈의 파격적인 리뉴얼에 대비해 지어진 호텔이다. 똑같이 만다린 계열이지만 만다린 오리엔탈에 비해 부티크적인 느낌이 강하다. 코지한 인테리어와 한층 더 세심한 서비스로 최고의 인기를 얻고 있다. 특히 럭셔리한 호텔답게 이곳에서는 전담 스타일리스트와 쇼핑 계획을 세우고 스타일리스트가 선택해 온 옷과 구두를 객실에서 입어보고 신어보고 결정할 수 있는 인룸 쇼핑을 사전 예약한 투숙객에 한해 무료로 제공하고 있다.

Access	센트럴역 F 출구로 나와 도보 1분. 만다린 오리엔탈에서 가깝다.
Cost	L450 슈피리어 HK$4,700~
Address	15 Queen's Road, Central
Tel	2132-0188
Web	www.mandarinoriental.com/landmark

Hotel
⑤
란콰이퐁 호텔 Lan Kwai Fong Hotel

2006년 문을 연 오리엔탈 웨스턴 콘셉트의 호텔이다. 오리엔탈 느낌은 살리고 모던함이 가미되어 세련된 느낌이다. 란콰이퐁 호텔의 가장 큰 장점은 쇼핑, 관광, 비즈니스의 중심에 있다는 점이다. 센트럴역, 성완역, 홍콩역, 센트럴 페리 선착장, 란콰이퐁, 소호, IFC, 할리우드 로드가 호텔에서 도보로 가능한 거리에 모여 있다. 총 162개의 객실로 스탠더드, 디럭스, 스위트 3개 타입이 있고 모든 객실에서 유무선 인터넷 서비스를 무료로 사용할 수 있으며 24시간 피트니스가 운영된다. IFC와 AEL 홍콩역을 오가는 무료 셔틀버스가 있어 센트럴 페리 선착장도 편하게 이동할 수 있다.

Access	AEL 홍콩역 도심공항터미널 정문에서 무료 셔틀버스 이용(IFC~AEL 홍콩역 07:30~19:00 운행) 또는 성완역 E2 출구에서 도보 5분.
Cost	스탠더드 USD164~
Address	3 Kan U Fong, Central
Tel	3650-0000
Web	www.lankwaifonghotel.com.hk

Hotel
⑥
센트럴 파크 호텔 Central Park Hotel

2005년 오픈한 모던 웨스턴 스타일 호텔. 스탠더드, 이그제큐티브, 이그제큐티브 스위트를 포함해 총 142개의 객실이 있다. 스위트룸을 포함한 모든 객실의 욕실은 워킹 샤워로 되어 있으며, 이그제큐티브룸부터는 미니 키친이 설치되어 있다. 브리즈 라운지에서는 이그제큐티브 게스트에 한해 음료와 무료 인터넷 서비스를 제공한다. 란콰이퐁 호텔과 함께 무료 셔틀버스를 운행하며, 란콰이퐁 호텔 피트니스를 무료로 이용할 수 있다. 미슐랭 1스타를 받은 럭셔리 일식 레스토랑 와규도 이 호텔의 자랑거리다.

Access	AEL 홍콩역 도심공항터미널 정문에서 무료 셔틀버스 이용(IFC~AEL 홍콩역 07:30~19:00 운행) 성완역 A2번 출구에서 도보 7분.
Cost	스탠더드 USD113~
Address	263 Hollywood Road, Central
Tel	2850-8899
Web	www.centralparkhotel.com.hk

Focus on Street

★

소호

Soho

홍콩에서 가장 스타일리시한 골목을 꼽으라면 주저 없이 소호를 추천한다. 센트럴의 마스코트로 떠오른 미드 레벨 에스컬레이터를 중심으로 거미줄처럼 뻗어 있는 작은 골목골목. 그 골목들 사이를 빽빽하게 채우고 있는 개성만점 레스토랑과 바, 그리고 부티크숍까지. 전 세계로부터 들어온 다채로운 음식과 다양한 사람들을 만날 수 있는 소호는 홍콩에서 가장 매력적인 공간이라 하겠다.

Access 센트럴역 C 출구로 나와 미드 레벨 에스컬레이터를 타고 이동한다.

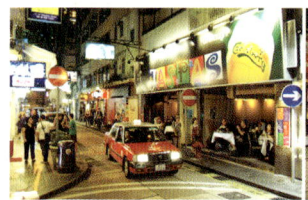

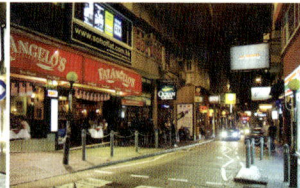

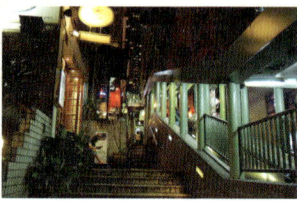

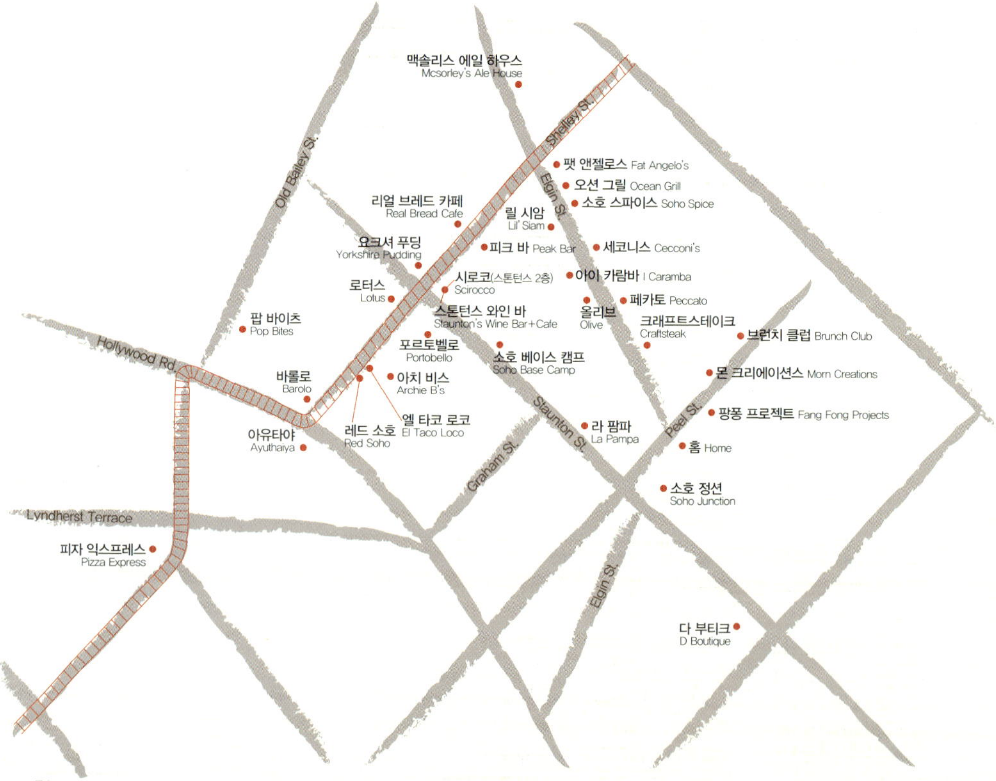
맥솔리스 에일 하우스 Mcsorley's Ale House
Shelley St.
Old Bailey St.
Elgin St.
팻 앤젤로스 Fat Angelo's
오션 그릴 Ocean Grill
소호 스파이스 Soho Spice
리얼 브레드 카페 Real Bread Cafe
릴 시암 Lil' Siam
요크셔 푸딩 Yorkshire Pudding
피크 바 Peak Bar
세코니스 Cecconi's
시로코(스톤턴스 2층) Scirocco
아이 카람바 I Caramba
로터스 Lotus
페카토 Peccato
스톤턴스 와인 바 Staunton's Wine Bar+Cafe
올리브 Olive
크래프트스테이크 Craftsteak
팝 바이츠 Pop Bites
브런치 클럽 Brunch Club
Hollywood Rd.
포르토벨로 Portobello
소호 베이스 캠프 Soho Base Camp
바롤로 Barolo
아치 비스 Archie B's
몬 크리에이션스 Morn Creations
Peel St.
팡퐁 프로젝트 Fang Fong Projects
Staunton St.
엘 타코 로코 El Taco Loco
레드 소호 Red Soho
아유타야 Ayuthaiya
라 팜파 La Pampa
홈 Home
Graham St.
소호 정션 Soho Junction
Lyndhurst Terrace
피자 익스프레스 Pizza Express
Elgin St.
다 부티크 D Boutique

1 브런치 클럽
Brunch Club

올데이 브런치를 즐길 수 있는 곳. 소호 주민들의 아지트로도 유명한데 매일매일 바뀌는 푸짐한 브런치 메뉴는 이곳의 인기 비결이다. 특히 바게트 위에 연어와 수란을 얹은 에그 베네딕트&새먼은 이집의 인기 메뉴다.

Open 08:00~23:00
Address 70 Peel Street, Central
Tel 2526-8861

2 리얼 브레드 카페
Real Bread Cafe

35년 경력의 영국 제빵사가 오픈한 베이커리 겸 카페로 '진짜로' 맛있는 빵으로 유명하다. 화학첨가제를 전혀 사용하지 않고 유기농 재료만을 이용하는데 30여 종의 페이스트리가 특히 유명하다.

Open 08:00~00:00
Address 1A Shelley Street, Central
Tel 2810-9324

3 몬 크리에이션스
Morn Creations

동물모양의 캐릭터를 이용한 다양한 상품을 판매한다. 팬더와 고양이, 강아지, 상어 등의 캐릭터를 이용한 가방, 모자는 물론 액세서리, 문구 등 아이템도 다양하다. 비교적 만만한 가격대의 상품도 많아 둘러보는 재미가 있다.

Open 12:30~21:00
Address 62A, Peel Street, Central
Tel 2869-7021

4 소호 스파이스
Soho Spice

타이 베트남 전문 레스토랑으로 블랙 앤 베이지 톤의 차분한 실내는 파인 다이닝에 손색없는 우아한 분위기를 풍긴다. 전통 방식의 타이 베트남 요리에 퓨전이 가미된 음식들로 웨스턴에게 특히 인기가 많다.

Open 12:00~15:00, 18:00~23:00
Address G/F, 47B Elgin Street
Tel 2521-1600

Focus on Street

란콰이퐁
Lan Kwai Fong 蘭桂芳

'밤이 깊어질수록 활기가 넘치는 홍콩 최고의 나이트 라이프 중심지는 어디일까?'라는 질문을 던진다면 십중팔구 란콰이퐁을 떠올릴 것이다. 예전에는 이름처럼 꽃을 파는 노점들이 들어선 평화로운 거리였지만 현재는 시끌벅적한 음악과 빼곡하게 들어찬 바와 클럽, 여흥을 즐기는 다양한 나라의 여행자들로 언제나 활기가 넘치는 열정 가득한 거리가 되었다.

Access 센트럴역 C 출구로 나와 미드 레벨 에스컬레이터를 타고 이동한다.

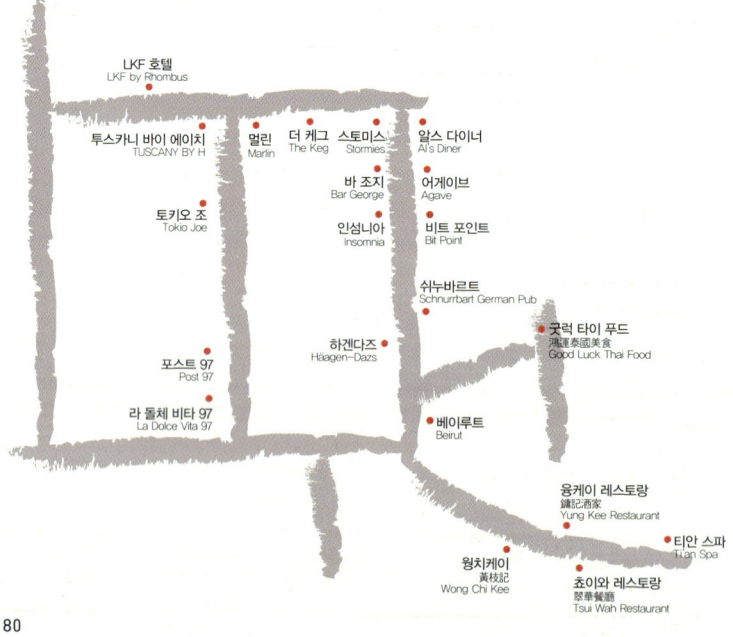

1 토키오 조 Tokio Joe

스시와 라멘, 난이도 있는 일본 전통 요리까지 안 되는 게 없는 일식 레스토랑. 커다란 스시 바를 갖추고 있고 모던한 분위기다. 번잡한 란콰이퐁의 중심에 있지만 마치 바깥세상과는 단절된 느낌처럼 차분한 분위기에서 식사를 즐길 수 있다. 스시와 사시미는 비싼 편이지만 라멘이나 롤처럼 일반적인 가격대의 메뉴도 있다.

Open 12:00-14:30, 18:30-23:00
Address 16 Lan Kwai Fong, Central
Tel 2525-1889

2 쉬누바르트 Schnurrbart

진짜 본토 맛의 독일 맥주와 독일 소시지를 맛볼 수 있는 곳이다. 1984년 오픈한 이 곳은 란콰이퐁에서는 가장 오래된 역사를 자랑한다고. 내부는 나무 테이블과 나무 바, 독특한 장식품들로 독일의 바를 그대로 옮겨 놓은 듯한 느낌이 든다. 독일식 족발인 Schweinshaxe와 소시지 모둠 Wurst Teller가 추천 메뉴다.

Open 12:00-02:00(mon-sat), 16:00-00:00(sun)
Address 29 D'Aguilar Street, Central
Tel 2523-4700

3 베이루트 Beirut

우리에게는 낯선 레바논 음식 전문 레스토랑이다. 1993년 오픈한 이래 꾸준한 인기를 모으고 있는 베이루트는 모든 재료를 레바논에서 직접 공수해 온다고 한다. 케밥 종류가 우리 입맛에도 잘 맞고 무난하다. 야외석에선 물담배를 피우는 사람들도 종종 눈에 띈다.

Open 11:00-14:00, 18:00-00:00
Address 27-39 D'Aguilar Street, Central
Tel 2804-6611

4 스토미스 Stormies

란콰이퐁 최고의 인기 술집으로 꼽히는 스토미스는 2007년 오픈한 바다. 간단히 피시 앤 칩스에 맥주 한 잔 시켜 놓고 가게 내부는 물론이고 앞 골목까지 점령한 손님들로 언제나 북적인다. 선박에서 사용하는 다양한 장식품들로 이색적인 분위기가 느껴진다.

Open 12:00-02:00
Address 48 D'Aguilar Street, Central
Tel 2845-5533

5 포스트 97 Post 97

캐주얼한 분위기의 이탈리안 바 겸 레스토랑이다. 구수한 고르곤졸라 치즈와 호두의 환상적인 맛의 하모니 고멧 피자 Gourmet Pizza가 이곳의 인기 메뉴다.

Open 09:30-01:00(sun-thu), 09:30-02:30(fri-sat)
Address 2F, 9 Lan Kwai Fong, Central
Tel 2186-1816

6 멀린 Marlin

15종의 다양한 마티니를 즐길 수 있는 곳이다. 길모퉁이에 자리하고 있어 오가는 사람들을 구경하며 술 한잔하기에 더욱 분위기 있어 보인다. 리치와 오이가 들어간 Lychee Cucumber Martini, 여성들이 좋아하는 Choconut Martini 등이 인기다.

Open 12:00-03:00(sun-thu), 17:00-03:00(fri-sat)
Address 5a D'Aguilar Street, Central
Tel 2121-8070

7 인섬니아 Insomnia

묘한 불빛이 새어나오는 지중해풍의 하얀 외관이 호기심을 자극하는 곳이다. 음식이나 음료보다 신명 나는 라이브 공연으로 더욱 유명한 곳이다. 밴드의 공연이 있는 날이면 가게 내부는 물론이고 란콰이퐁 전체가 후끈 달아오르는 느낌이다.

Open 24hr
Address Ho Lee Commercial Building, 38 D'Aguilar Street, Central
Tel 2525-0957

Sheung Wan 성완

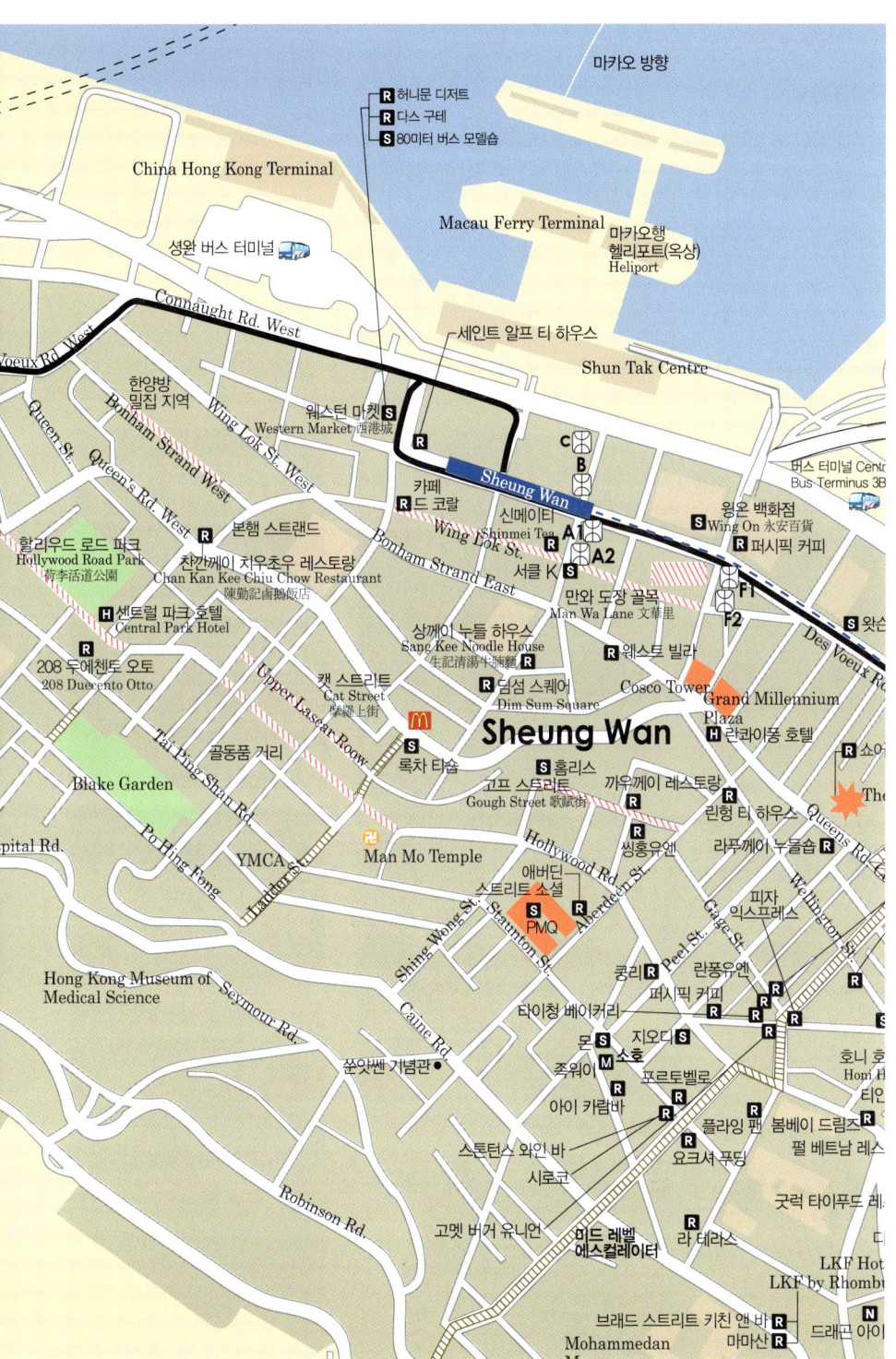

Sightseeing

PMQ 元創方

2014년 야심 차게 탄생한 홍콩의 핫 플레이스로 디자인, 라이프, 예술 전반에 걸친 복합문화예술 공간의 아이콘으로 자리매김했다. PMQ는 원래 1862년 지어진 최초의 공립학교 센트럴 스쿨이었다. 그런 탓에 건물 구석구석에서 그 옛날 사용하던 흔적들을 고스란히 느낄 수 있다.

전체적으로 2개의 메인 빌딩과 중앙의 광장으로 이뤄져 있는 형태인데 인접하고 있는 거리 이름을 따라 할리우드 관과 스톤턴 관이라고 부른다. 두 개의 관은 4층의 공중정원을 통해 연결돼 있다. 건물은 각각 G층부터 6층까지 독특한 디자인의 문구잡화, 패션, 가구, 주방용품 등 다양한 상품을 판매하는 상점과 실제로 작가들이 작업하는 공방들로 이뤄져 있다. 특히 품질과 디자인에서 높은 평가를 받는 일본발 굿디자인 스토어(할리우드관 4층)와 홍콩 디자인 갤러리(할리우드관 G층)는 둘러볼 만하다.

Access 성완역 E2 출구에서 도보 약 7분. 할리우드 로드와 애버딘 스트리트가 만나는 지점 언덕배기에 있다.
Open 07:00~23:00(상점마다 다름)
Address No.35 Aberdeen Street, Central
Tel 2870-2335
Web www.pmq.org.hk

Sightseeing

홍콩 대학 Hong Kong University 香港大學

2009년, 2010년 아시아 대학 순위에서 연속 1위에 올랐으며, 2009년 영국의 더 타임즈와 영국의 대학평가기관인 QS가 발표한 세계 대학 순위 24위에 오른 세계적인 명문대학이다. 신해혁명의 영웅인 쑨얏센도 이 대학 출신이다.
홍콩 대학은 건물과 건물 사이 녹음이 적절히 어우러진 캠퍼스인데, 둘러볼 만한 곳으로는 대학 강당University Hall과 메인 빌딩Main Building이 있다. 폭푸람 언덕에 있는 대학 강당은 원래 더글러스 성이라고도 불렸던 스코틀랜드의 사업가 더글러스의 저택이었다. 메인 빌딩은 여명, 서기가 주연한 〈유리의 성〉과 탕웨이가 주연한 〈색계〉의 촬영지로 유명해졌다.

Access	성완역에서 버스 이용. 성완역 E4 출구 바로 왼쪽에 빅우드 플라자Westwood Plaza가 있다. 빅우드 플라자에 연결된 공중 회랑을 통해 건너편 버스 정류장으로 이동. B3번 버스를 타고 HKU East Gate 또는 HKU West Gate에서 하차(센트럴 자딘 하우스, 시티 홀 경유).
Address	The University of Hong Kong, Pokfulam
Tel	2859-2111
Web	www.hku.hk

Sightseeing

웨스턴 마켓 Western Market 西港城

붉은 벽돌로 지어진 고풍스러운 외관이 유럽의 작은 마을 같은 느낌을 준다. 웨스턴 마켓은 오랜 역사를 자랑하는 실내 시장으로 예전에는 식료품을 팔던 장소였다. 지금도 내부에는 크고 작은 숍들이 몇몇 자리하고 있다. G/F에는 분위기 만점 베이커리 다스 구테, 허니문 디저트 등 레스토랑과 골동품숍, 기념품숍 같은 상점들이 자리하고 있고 2층에는 분위기, 맛 모두 좋은 평가를 받고 있는 그랜드 스테이지The Grand Stage가 있다.

Access	성완역 C 출구로 나와 좌측으로 조금만 가면 있다.
Open	10:00~19:00
Close	매장마다 다름
Address	323 Des Voeux Road, Sheung Wan
Tel	2435-3389

Sightseeing
④
할리우드 로드 Hollywood Road 荷李活道

대규모 간척 사업이 진행되기 전인 약 100여 년 전, 항구와 가까웠던 이곳은 자연스레 외국상인과 선원들의 거래 시장으로 자리를 잡게 되었다. 당시에는 타이핑샨 太平山이라고 불렸는데 1844년 홍콩을 점령한 영국군에 의해 할리우드 로드라는 이름이 붙여졌다고 한다.

대표적인 골동품 거리로 유명한데 좁은 2차선 도로를 따라 크고 작은 골동품 상점이 모여 있다. 값비싼 도자기부터 귀여운 장식품, 불상, 전통 가구까지 무척 다양한 상품들이 진열되어 있다. 가격이 비싸더라도 가짜일 확률이 높으니 섣부른 쇼핑은 금물! 눈요기만으로 충분하다.

Access 성완역 A2 출구를 나와 오른쪽으로 5m 정도 가면 Hiller Street가 나온다. 이 길을 따라 직진하면 나온다.
Address Hollywood Road, Sheung Wan

Sightseeing
⑤
캣 스트리트 Cat Street 摩羅上街

200m가 채 되지 않는 길을 따라 늘어선 벼룩시장이지만 저렴하고 아기자기한 아이템이 많아 여행자들에게 인기가 많은 거리이다. 정식 명칭은 어퍼 래스카 로우 Upper Lascar Row이다. 작은 불상에서부터 알록달록한 찻잔과 주전자, 옛날 동전, 화려한 액세서리 등 보는 것만으로도 시간 가는 줄 모를 정도이다. 특히 마오쩌둥이 그려진 액세서리나 공산당 모자 같은 레어 아이템들도 많아 재미있는 쇼핑을 원한다면 추천할 만하다.

Access 성완역 A2 출구를 나와 오른쪽으로 5m 정도 가면 Hiller Street가 나온다. 이 길을 따라 직진하면 나온다.
Address 38 Lok Ku Road, Sheung Wan

Sightseeing

만모우 사원 Man Mo Temple 文武廟

학문의 신 문창제와 재물의 신 관우를 모시는 사원으로 1847년 세워졌다. 홍콩에서 가장 오래된 사원으로도 유명하지만 사원의 천장을 가득 메우고 있는 선향들로 이색적인 분위기를 풍긴다. 회오리 모양의 커다란 선향들은 길이가 7~8m로 향이 전부 타는 데 며칠이 걸린다고 한다. 사원 안쪽에는 4개의 신상이 놓여 있다. 4개의 신상 중 관우상 앞의 청룡언월도를 쓰다듬으며 소원을 빌면 이루어진다는 설이 있다.

Access	성완역 A2 출구에서 도보 10분.
Open	08:00~18:00
Close	연중무휴
Cost	무료
Address	Hollywood Road, Sheung Wan

Sightseeing

만와 도장 골목 Man Wa Lane 文華里

두 블록 정도 되는 짧은 골목에 도장, 명함 가게가 줄지어 모여 있다. 30년 이상 도장을 새기고 있는 장인들이 많다고 한다. 대부분 노점으로 저렴한 가격에 도장을 팔 수 있다. 나무나 옥으로 된 도장이 주를 이루고 보통 2시간 정도가 소요된다. 가게마다 샘플을 붙여 놓았으며, 가격은 HK$120 정도로 흥정이 가능하다. 골목 길이도 길지 않을뿐더러 우리나라에서도 볼 수 있는 도장이므로 큰 기대는 말자. 일일이 손으로 도장을 파기 때문에 처음 보는 이라면 흥미로울 수 있다.

Access	성완역 A1번 출구로 나와 오른쪽으로 직진, 첫 번째 블록 골목이 만와 레인 Man Wa Lane 이다.
Address	Wing Lok Street & Mui Fong Street, Sheung Wan

Sightseeing

본햄 스트랜드 Bonham Strand 文咸街

150년의 역사를 가진 전문 상가로 각종 건어물을 비롯해 고가의 제비집, 인삼 등 전문 약재와 식재료 상들로 언제나 활기를 띠는 거리이다. 일명 제비집 거리라고 불리기도 한다. 원래 동남아 해상무역의 중심지 중 한 곳으로 활기를 띠던 곳인데 영국이 홍콩에 들어온 지 10년째 되던 1851년경, 지금과 같이 특화된 상가가 형성되었다.

Access	성완역 A2 출구로 나와 우측 맞은편 도로 Hiller Street로 들어가 첫 번째 블록에서 오른쪽으로 꺾어진다.

Food

린헝 티 하우스 Lin Heung Tea House 蓮香樓

여행자들보다는 현지인에게 많은 사랑을 받는 로컬 레스토랑이다. 1926년 창업 이래로 아침이면 이곳에 들러 여유롭게 아침 식사를 즐기는 현지인들의 발길이 끊기지 않는다. 딤섬은 점심에만 맛볼 수 있는데 가격도 저렴하고 종류도 많은 편이지만 재료가 동나는 경우가 많으니 가능하면 일찍 방문하는 것이 좋다. 점차 퓨전화되는 여타의 딤섬 레스토랑과는 달리 홍콩의 오리지널 딤섬 맛을 볼 수 있는 몇 안 되는 레스토랑이다. 딤섬 이외에도 바삭하게 튀긴 닭에 새콤달콤한 레몬소스를 끼얹은 Fried Chicken in Lemon Sauce도 맛이 좋다.

Access	셩완역 A2 출구에서 도보로 5분.
Open	06:00~16:00, 17:30~23:00
Close	구정연휴
Cost	딤섬 HK$14~20(SC 10%)
Address	G/F, 160-164 Wellington Street, Central
Tel	2544-4556

Food

애버딘 스트리트 소셜 Aberdeen Street Social

완차이의 인기 레스토랑 22 Ships에 이어 스타 셰프 제이슨 애서턴의 이름으로 야심차게 오픈한 곳이다. 제이슨 애서턴은 미슐랭 1스타를 받은 런던의 폴렌 스트리트 소셜의 셰프로 애버딘 스트리트 소셜은 이에 영감을 받았다. 런치에는 2코스와 3코스 메뉴로 된 코스 메뉴를 즐길 수 있으며 단품으로도 주문이 가능하다. 주말 11:30~16:00 사이에는 브런치 메뉴를 즐길 수 있다.

Access	PMQ 초입, 할리우드 로드 쪽에 있다.
Open	11:30~23:00(1층)
	12:00~15:00, 18:00~23:00(2층)
Cost	2코스 런치 HK$238,
	3코스 런치 HK$288,
	브런치 메뉴 HK$100~(SC 10%)
Address	PMQ, G/Floor JPC Building 35 Aberdeen Street, Central
Tel	2866-0300
Web	www.aberdeenstreetsocial.hk
Email	reservations @aberdeenstreetsocial.hk

Food
③
까우께이 레스토랑 Kau Kee Restaurant 九記牛腩

영화배우 양조위의 단골집으로 유명한 면 전문점이다. 전형적인 로컬 식당 분위기며 손님의 연령대는 젊은 층부터 중년층까지 다양하다. 대표 메뉴는 쇠고기 안심 국수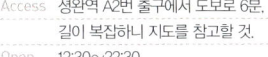. 부드럽고 야들야들한 쇠고기 살과 진한 국물이 잘 어울린다. 하지만 우리 입맛에는 짜게 느껴질 수 있다. 카레 쇠고기 안심 국수는 젊은 층이 많이 찾는 메뉴이며 카레를 좋아하면 도전해 봐도 좋다. 한국인을 알아보고 한국어 메뉴를 가져다주기도 한다. 1인당 최소 HK$27 이상 주문해야 하며 포장 시 추가비용 HK$1을 지불해야 한다.

Access	성완역 A2번 출구에서 도보로 6분. 길이 복잡하니 지도를 참고할 것.
Open	12:30~22:30
Close	일·공휴일
Cost	쇠고기 안심 국수 HK$29 카레 쇠고기 안심 국수 HK$29 (1인당 미니멈 차지 HK$27) Iatters(小 2인)
Address	G/F, 21 Gough Street, Central
Tel	2815-0123

Food
④
씽홍유엔 Sing Heung Yuen 勝香園

전형적인 홍콩의 노점 다이파이동으로 식사 시간이면 긴 줄을 감수해야 한다. 관광객이라면 어수선한 분위기에 정신없이 자리를 잡고 바빠 보이는 아주머니를 불러 주문하는 것이 꽤 당황스러울 수 있지만 메뉴판에 영어로 재료 설명이 잘 되어 있어 주문하기 어렵지는 않다. 진한 토마토 육수에 꼬들꼬들한 면발이 중독성 있는 토마토 누들과 허니, 버터, 레몬이 맛있게 조화를 이룬 토스트는 꼭 한 번 맛보자. 토스트는 반쪽 주문도 가능하다.

Access	성완역에서 도보 약 5분. 고프 스트리트 선상에 있다.
Open	08:00~17:00
Close	일·공휴일
Cost	1인 HK$30~
Address	2 Mei Lun Street, Central

Food
❺

208 두에첸토 오토 208 Duecento Otto

두에첸토 오토는 이탈리아어로 숫자 208을 의미하며 레스토랑이 위치한 주소에서 기인한 것이다. 이탈리아 나폴리에서 온 셰프가 화덕에서 구운 정통 나폴리 피자의 맛을 전한다. 이곳에서는 '죽기 전에 꼭 먹어봐야 할 음식 재료' 중 하나로 꼽히는 '모차렐라 디 부팔라 캄파나'만을 사용하는데 특히 살시차에 프리아리엘리 Salsiccia e Friarielli는 이탈리안 채소가 함유된 소시지, 치즈, 그리고 칠리를 얹은 피자로 어디서도 맛보지 못한 독특하고 훌륭한 맛으로 인기가 많다.

홍콩 매거진이 선정한 2010년 베스트 뉴 레스토랑, 〈엘 데코레이션 차이나〉가 선정한 디자인 부문 2010년 베스트 레스토랑, 〈타임아웃 리더스 초이스〉가 선정한 베스트 뉴 레스토랑 & 베스트 피자 등 짧은 역사에도 화려한 이력을 갖추고 있으며 홍콩에서 맛있는 피자집으로 소문이 나 있어 언제나 문전성시를 이룬다.

Access	성완역 A2 출구를 나와 오른쪽으로 5m 정도 가면 왼쪽으로 Wing Lok Street를 건너는 횡단보도가 나온다. 이 길을 건너 그 앞으로 보이는 힐러 스트리트Hiller Street를 따라 계속 직진하면 캣 스트리트가 보이고 다시 이 길을 지나 걷다 보면 할리우드 로드에 닿게 되는데, 여기서 다시 우회전하여 200m쯤 가면 208번지에 레스토랑이 보인다.
Open	**런치** 12:00~15:00(월~금)
	디너 19:00~00:00(월~토) 18:30~22:00(일)
	브런치 12:00~15:00(토) 10:00~16:00(일)
Close	연중무휴
Cost	Salsiccia e Friarielli HK$188 Linguine Posillipo HK$188(SC 10%)
Address	208 Hollywood Road, Sheung Wan
Tel	2549-0208
Web	www.208.com.hk

Food
❻

찬깐께이 치우초우 레스토랑 陳勤記鹵鵝飯店
Chan Kan Kee Chiu Chow Restaurant

중국의 남부지방 치우초우식 거위 요리와 굴죽으로 유명한 곳이다. 1948년 문을 열어 몇 년 전만 해도 허름한 식당이었지만 지금은 새단장까지 마쳐 깔끔하다. 식사 시간이면 손님들로 발 디딜 틈이 없다. 인기 메뉴 굴죽Chiu Chow Baby Oyster Congee과 거위 고기Sliced Goose Goose는 주방장이 추천하는 메뉴. 굴죽은 1인, 2인, 소, 대 사이즈가 있어 골라 주문할 수 가 있다. 영어로 된 메뉴가 준비되어 있어 주문하는 데 큰 어려움은 없다.

Access	성완역 A2 출구에서 도보로 7분. 길이 복잡하니 지도를 참고할 것
Open	11:00~22:30(월~토) 17:30~22:30(일)
Close	구정연휴
Cost	Chiu Chow Baby Oyster Congee HK$28 거위 고기 HK$118 거위 고기 덮밥 HK$50
Address	G/F, 11 Queen's Road West, Sheung Wan
Tel	2858-0333

Food
❼

쿵리 Kung Lee 公利

홍콩식 건강 주스와 건강 디저트를 맛볼 수 있는 곳이다. 황금빛 큰 주전자와 약재들, 뒤편의 대형 항아리 등 익숙지 않은 광경은 약방처럼 보이기도 한다. 이곳의 간판스타는 즉석에서 뽑아낸 슈거케인(사탕수수) 주스와 슈거케인 푸딩. 가게 한편에 이제 막 잘라내기 시작한 사탕수수 흔적들이 재미있다. 빡빡한 일정과 더위에 지쳐 있다면 달콤하고 시원한 슈거케인 주스 한 잔으로 활력을 찾아보자.

Access	할리우드 로드 초입에 있다.
Open	08:00~22:00
Close	구정연휴
Cost	슈거케인 주스 HK$8, 슈거케인 푸딩 HK$10
Address	G/F, 60 Hollywood Road, Central
Tel	2544-3571

Food

라푸께이 누들숍
Law Fu Kee Noodle Shop 羅富記粥麵專家

죽, 면 전문 로컬 레스토랑으로 센트럴에 2개의 분점이 더 있다. 라푸께이의 셰프는 50년 동안 같은 방법으로 콘지를 만들고 있는데, 새벽 3시부터 생선 뼈와 쌀을 끓여 준비에 들어간다고 한다. 죽은 상당히 곱고 부드러운 느낌이며 흰 죽에 올라간 파는 죽과 함께 씹히는 맛이 좋다. 죽 외에 완탕면 Noodle with Wanton, 피시 볼 Deep Fried Fish Ball with Clam Sauce도 인기메뉴이며 포장 시 HK$1의 비용이 추가된다.

Access	성완역 E2 출구로 나와 코스코 타워 Cosco Tower 왼쪽에 있는 공원을 가로지르면 퀸즈 로드 센트럴 Queen's Road Central 길이 나오고 횡단보도가 보인다. 퀸즈 로드 센트럴 길 왼쪽 방향으로 횡단보도 두 개를 연달아 건넌 후 왼쪽 방향으로 직진. 퀸즈 로드 오른편에 있다.
Open	07:00~23:15
Close	구정연휴
Cost	Congee with Meat Ball HK$24, Noodle with Wanton HK$22
Address	G/F, 144 Queen's Road, Central
Tel	2543-3288

Food

웨스트 빌라 West Villa 西苑

타이쿠싱, 코즈웨이 베이에도 지점을 두고 있는 차이니즈 레스토랑이다. 웨스트 빌라는 달콤하고 부드러운 돼지고기 요리 Sliced BBQ Pork로 유명한데 성완 지점보다는 타이쿠싱 지점의 맛이 더 낫다는 평이다. 런치 타임에만 맛볼 수 있는 딤섬도 인기인데 그중 겉을 바삭하게 구워 더욱 맛있는 Baked BBQ Pork Buns와 담백한 맛이 일품인 Steamed Floury Roll with Crispy Dough가 맛있다. 티 차지는 1인당 HK$11을 부담하면 된다.

Access	성완역 A2 출구로 나와 우측 맞은편 도로 힐러 스트리트로 들어가 첫 번째 블록에서 오른쪽으로 꺾어진다.
Open	11:00~15:00, 17:30~23:00
Close	구정연휴
Cost	딤섬 HK$19~32, Sliced BBQ Pork HK$68(SC 10%)
Address	G/F, Gee Tuck Building 16-20 Bonham Strand, Sheung Wan
Tel	2543-3990

Food

상께이 누들 하우스
Sang Kee Noodle House 生記清湯牛腩麵

상께이 콘지 숍 Sang Kee Congee Shop 生記粥品專家과 같은 골목에 자리 잡고 있는데, 가족이 함께 운영하며 두 가게의 메뉴도 서로 비슷하다. 소고기 안심 죽 Fresh Sliced Beef Congee은 한 끼 식사로 충분한데 간이 센 편이다. 튀긴 빵 Deep Fried Chinese Fritter을 죽에 푹 담갔다 먹으면 부드럽고 맛도 좋다. 어묵 전 Fried Fish Meat Pancake도 맛있다. 모르는 사람과 합석은 기본이며 친절한 서비스는 기대하기 어렵다.

Access	성완역 A2 출구, 오른쪽 사거리에서 오른쪽 힐러 스트리트를 따라 직진. 왼편에 있다.
Open	07:00~21:00(월~토), 07:00~18:00(공휴일)
Close	일요일 · 음력 4월 5일 · 5월 5일 · 9월 9일 · 추석 다음 날
Cost	Fresh Sliced Beef Congee HK$22, Deep Fried Chinese Fritter HK$5, Fried Fish Meat Pancake HK$11 (07:00~17:45 주문 가능)
Address	G/F, 20-22 Cleverly Street, Sheung Wan
Tel	2541-8199

Food

딤섬 스퀘어
Dim Sum Square 聚點坊點心專門店

딤섬 마니아라면 꼭 기억해 두어야 할 곳이다. 적당한 가격에 맛난 딤섬을 먹을 수 있는 것도 그렇지만 보통 점심에만 주문이 가능한 레스토랑이 많은데 딤섬 스퀘어에서는 영업시간 중 언제라도 딤섬을 맛볼 수 있기 때문이다. 쫀득한 쌀피에 다진 돼지고기를 감싸 간장을 뿌려 먹는 Deep Fried Glutinous Rice Balls with Diced Pork Stuffing과 바삭하고 달짝지근한 돼지고기 번 Crispy BBQ Bun도 괜찮고, 다양한 재료를 넣은 홍콩 스타일 죽도 꽤 맛나다.

Access	MTR 성완역 A2 출구를 나와 정면으로 뻗어 있는 힐러 스트리트로 직진한다. 3블록쯤 가다 보면 저보이스 스트리트 Jervois Street가 좌우로 펼쳐지는데 오른쪽 골목으로 꺾어 들어가면 좌측에 바로 보인다.
Open	10:00~22:00(일~금), 08:00~20:00(토)
Close	연중무휴
Cost	Deep Fried Glutinous Rice Balls with Diced Pork Stuffing HK$15, Crispy BBQ Bun HK$14
Address	88 Jervois Street, Sheung Wan
Tel	2851-8088

Food
⑫

허니문 디저트 Honeymoon Dessert 滿記甜品

홍콩에서 흔하게 마주치는 대표적인 디저트 체인점이지만 성완의 허니문 디저트는 조금 남다르다. 웨스턴 마켓이라는 독특한 분위기의 건물 안에 있어 그런지 그와 어우러져 조금은 특별한 분위기를 풍긴다. 메뉴와 가격은 다른 곳의 허니문 디저트와 다르지 않지만 이곳에선 웨스턴 마켓이 프린트된 접시에 디저트가 서브되며 따로 구매도 가능하다.

Access	성완역에서 도보로 2분. B 출구로 나와 오른쪽으로 직진하면 나오는 웨스턴 마켓 G/F에 위치.
Open	12:00~23:00(월~목) 12:00~23:30(금), 13:00~23:30(토) 13:00~23:00(일)
Close	구정 당일
Cost	Durian Pancake HK$25 Toddy Palm Iced HK$20(SC 10%)
Address	Shop 4-6, G/F, Western Market, Sheung Wan
Tel	2851-2606
Web	www.honeymoon-dessert.com

Food
⑬

다스 구테 Das Gute

카페와 베이커리를 겸하고 있는 분위기 만점 레스토랑이다. 카페에서 판매되는 빵들도 상당히 맛있지만 이곳을 방문했다면 저렴하고 맛도 훌륭한 런치 세트를 놓치지 말자. 빵, 수프, 음료가 함께 서브되는데 파스타부터 스테이크까지 꽤 괜찮은 평가를 받고 있다. 샐러드와 디저트를 추가하고 싶으면 런치 세트 가격에 각각 HK$10의 추가 비용을 내면 된다.

Access	성완역에서 도보로 2분. B 출구로 나와 오른쪽으로 직진하면 나오는 웨스턴 마켓 G/F에 위치.
Open	**베이커리** 08:00~21:00 **카페** 11:00~22:00
Close	구정연휴
Cost	커피 HK$30 런치 세트 HK$58~79(SC 10%)
Address	G/F, Western Market, No. 323 Des Voeux Road Central, Sheung Wan
Tel	베이커리 2851-8891 카페 2851-2872

Food
⑭

신메이티 Sinmei Tea 川善茶居

홍콩 현지에 불고 있는 일본식 말차열풍에 힘입어 현지 젊은이들에게 큰 인기를 누리고 있는 카페다. 아담한 공간에 제각각의 의자와 테이블, 각종 소품들이 그 나름대로 조화롭게 꾸며져 있는 분위기. 사실 1시간 정도의 대기 시간을 각오해야 하므로 기다림 끝에 맛보게 되는 말차 관련 디저트와 음료에 대한 만족도가 상대적으로 다를 수 있다. 메뉴만 놓고 보자면 말차의 향이 진한 음료는 꽤 훌륭하며 철판에 나오는 시즐링 말차 브라우니는 기발하다. 올데이 브런치 메뉴와 애프터눈 티 세트도 판매하고 있다.

Access	성완역 A2 출구에서 도보 약 2분.
Open	11:30~19:30
Cost	디저트 HK$40~ 올데이 브런치 HK$65~(SC 10%)
Address	5/F, CS Tower, 50 Wing Lok Street, Sheung Wan
Tel	3690-8238

Shopping
❶

윙온 백화점 Wing On 永安百貨

현지인들이 자주 찾는 홍콩 로컬 백화점으로 백화점이라기보다는 마트 같이 소박한 느낌이다. 총 4개 층으로 되어 있는데 그중 지하의 식품 매장은 시간이 난다면 둘러볼 만하다. 특히 윙온 백화점의 와인숍은 HK$150 이하의 와인부터 고가의 와인까지 종류가 많은 편이다. 크리스마스와 연말 등 대박 세일 기간에는 의외의 아이템을 저렴하게 구할 수도 있다.

Access	성완역 E3 출구로 나와 오른쪽으로 조금 걷다 보면 나온다.
Open	10:00~19:30
Close	구정연휴
Address	211 Des Voeux Road, Sheung Wan
Tel	2852-1888
Web	www.wingonet.com

Shopping
❷

80미터 버스 모델숍 80m Bus Model Shop 80m 巴士專門店

아주 작은 규모의 상점이지만 작고 아기자기한 미니어처를 보고 있노라면 시간 가는 줄 모른다. 이층버스, 기차, 비행기, 배 등 홍콩의 모든 교통수단을 미니어처로 만들어 판매한다. 실제로 현재 운행하고 있는 버스 노선을 그대로 재현해 내고 있는데 버스 안의 승객과 손잡이 및 좌석 등 디테일이 살아 있다. 몽콕에는 랭함 플레이스를 포함 2곳, 침사추이에도 지점을 가지고 있다.

Access	성완역 C 출구를 나와 왼쪽으로 가면 웨스턴 마켓이 있다. 웨스턴 마켓 G/F에 위치.
Open	10:30~19:30
Close	연중무휴
Address	G/F, Western Market, 323 Des Voeux Road, Sheung Wan
Tel	2851-3643
Web	www.80mbusmodel.com

Shopping
❸

고프 스트리트 Gough Street 歌賦街

일명 예술 거리로 불리는 핫 플레이스다. 벽에 아무렇게나 그려진 낙서도 근사한 벽화로 보일 정도로 독특한 분위기를 내뿜는다. 고프 스트리트에는 특히 인테리어 잡화숍이 많이 눈에 띄는데 그중 홈리스는 여행자들에게도 잘 알려진 인테리어숍. 가격대는 높지만 구경 삼아 들러보자. 그 밖에 고프 스트리트의 또 하나의 자랑은 미슐랭 가이드에서 추천한 레스토랑이 3곳이나 있다는 것. 가장 많이 알려진 Kau Kee Restaurant과 프렌치 레스토랑 On Lot 10, 그리고 Paul's Kitchen이다.

Access	성완역 A2 출구를 나와 왼쪽으로 도보 7~8분.
Address	Gough Street, Sheung Wan

Hotel ❶
호텔 젠 Hotel Jen Hong Kong

총 280개의 객실은 뷰와 혜택에 따라 슈피리어, 디럭스, 클럽, 클럽 스위트 이렇게 4가지의 카테고리로 나뉘어 있다. 객실 상태는 더할 나위 없이 깔끔하며 전 객실에서 무선 인터넷을 무료로 사용할 수 있다. 1개의 레스토랑과 1개의 바를 운영하고 있는데 로비 바에서는 무선 인터넷 사용이 가능하며 다양한 해피 아워 프로모션을 제공한다. 24시간 사용 가능한 피트니스 센터와 수영장도 갖추고 있다. 홍콩 마카오 페리 터미널, 센트럴 페리 선착장, 홍콩역, 퍼시픽 플레이스 등지까지 무료로 셔틀 서비스를 제공하고 있다.

Access AEL 홍콩역에서 택시 또는 호텔 셔틀버스 이용, 혹은 성완역에서 택시 이용.
Cost 슈피리어 USD98~
Address 508 Queen's Road West, Western District
Tel 2974-1234
Web www.hoteljen.com

Hotel ❷
아일랜드 퍼시픽 Island Pacific Hotel

싱가포르의 플루튼 호텔을 비롯해 홍콩에도 여러 개의 호텔을 경영하고 있는 시노 그룹의 호텔 중 하나이다. 시내와의 접근성이 뛰어난 편이 아님에도 위치적인 불리함을 극복하려는 다양한 서비스와 친절한 직원, 깔끔한 시설, 합리적인 가격대로 한국인 여행자들도 많이 찾는 편이다. 1999년 오픈한 아일랜드 퍼시픽은 꾸준한 관리로 트립 어드바이저에서 선정하는 가장 만족도가 높은 호텔에 뽑히기도 했다. 객실은 뷰와 사이즈에 따라 스탠더드, 슈피리어, 디럭스, 이그제큐티브로 구분된다. 작지만 아기자기한 수영장도 갖추고 있으며 피트니스 센터와 레스토랑, 바 등 부대시설도 충실히 갖추고 있다. 로비에서 무료로 무선 인터넷을 사용할 수 있으며 성완역, IFC, 센트럴역, 홍콩역 등으로 무료 셔틀 서비스를 제공하고 있다. 마카오 페리 터미널과 가까워 마카오 방문 예정이라면 좋은 선택이 될 수 있다.

Access 성완역 C 출구로 나와 코너트 로드 Connaught Road를 따라 계속 직진하면 된다. 단, 걷기에는 무리가 있는 거리이므로 택시를 타는 것이 더 낫다.
Cost 스탠더드 USD90~
Address 152 Connaught Road West
Tel 2131-1188
Web www.islandpacifichotel.com.hk

빅토리아 피크 Victoria Peak

Special Sightseeing

빅토리아 피크
Victoria Peak 太平山頂

홍콩을 대표하는 야경 스폿이자 관광 명소로 손꼽히는 빅토리아 피크. 빅토리아 피크는 해발 552m로 홍콩 섬에서 가장 높은 산이다. 19세기 초 빅토리아 피크는 홍콩 항구를 드나드는 화물선의 랜드마크가 되었고 홍콩의 부유층과 명사들이 홍콩의 습하고 무더운 날씨를 피해 시원한 피크로 몰려들면서 자연스럽게 부호들의 피서지로 사랑받았다. 비교적 조용하던 피크는 알렉산더 핀들레이 스미스가 피크 트램 건설을 추진하면서 피크를 찾는 사람들의 발길이 늘어나 점차 주거지로 변모하였다. 이후 유동인구가 많아져 호텔도 들어서는데 1873년에 완공된 피크호텔은 애석하게도 1938년 화재로 소실되었지만 그 이후 독특한 트램과 멋진 야경으로 빅토리아 피크는 관광객이 가장 많이 찾는 명소 중 하나가 되었다. 홍콩에 관련된 사진 속에서 어김없이 등장하는 백만불짜리 야경을 만끽하러 떠나보자.

빅토리아 피크에 가는 방법

1 피크 트램 Peak Tram 山頂纜車

홍콩의 부유한 계층의 여름 별장으로 이용되던 빅토리아 피크. 자동차마저 올라가기 힘든 좁고 경사가 심한 이 길을 쉽게 오르내릴 수 있도록 1888년 5월 스코틀랜드인 핀들레이 스미스에 의해 처음 개통된 것이 바로 오늘날의 피크 트램이다. 아시아 최초 양방향 푸니쿨라 열차인 피크 트램은 애초에는 증기기관차의 모습이었으나 점차 발전되어 지금의 모습을 갖추었다. 매년 홍콩의 대표 관광 명소로 자리매김하며 350만 명 이상의 여행자들이 피크 트램을 이용한다. 몸이 뒤로 쏠릴 정도로 급한 경사로(4~27도)를 따라 단 7분 만에 빅토리아 피크까지 연결해 주는데 올라갈 때 좀 더 멋진 전망을 즐기고 싶다면 반드시 진행 방향의 오른쪽 창가에 앉을 것.

◎ 피크 트램 가격(HK$) *운행 시간은 07:00~00:00

	편도	왕복
피크 트램	28	40
트램 + 전망대	71	83
트램 + 마담 투소	253	280
트램 + 전망대 + 마담 투소	305	320

◎ 피크 트램 이용하기

가든 로드에서 피크 타워 P1층까지 운행하며 내려갈 때에는 G/F에서 승차하여야 한다. 단, 내려올 때는 사람들로 붐벼 오래 기다려야 하고 올라갈 때와 달리 감흥이 떨어지므로 편도 티켓을 끊어 내려올 때는 미니 버스를 이용하는 것을 추천한다. 요금은 편도 HK$28, 왕복 HK$40이며 오전 7시부터 자정까지 10분 간격으로 운행한다.

◎ 피크 트램 정류장까지 오는 방법
1 센트럴역 J2 출구로 나와 우측으로 약 100m 직진 후, 가든 로드의 언덕길을 따라 올라가다 보면 정류장이 보인다(소요시간 약 15분).
2 센트럴 스타 페리 선착장 7번 부두 앞에서 15C번 버스(10:00~23:40, HK$4.2)를 탄 후 종점에서 하차하면 된다. 가끔 지붕이 없는 이층버스가 운행되기도 한다(소요시간 약 10분).

2 이층버스 Mini Bus

이층버스(15번)를 이용해 빅토리아 피크까지 가는 경우 요금이 절반에 가까워 경비 절감에 도움이 된다. 하지만 주택가를 돌기 때문에 한참을 걸려야 빅토리아 피크에 도착할 수 있는 데다 2층 맨 앞자리에 앉지 않는 이상 별다른 재미를 느낄 수가 없다. 빅토리아 피크까지 운행하는 15번 버스는 센트럴의 스타 페리 선착장 7번 부두(10:00~00:15)에서 탑승할 수 있으며 센트럴 익스체인지 스퀘어, 시청 앞, 애드미럴티역 C1 출구(06:15~00:14) 등에서도 탈 수 있다. 요금은 HK$9.8.

3 미니 버스 Mini Bus

1번 미니 버스는 빅토리아 피크까지 가는 가장 저렴한 교통수단이다. 소요시간은 25~30분 정도이며 여행자보다는 현지인들이 주로 이용한다. 빅토리아 피크까지 가는 동안 전망을 감상할 여건도 되지 않고 승차 장소도 찾기가 번거로운 편이라 가능하면 갈 때는 피크 트램이나 버스를 이용하고 내려올 때만 이용하는 것을 추천한다. 시티 홀 미니 버스 정류장 혹은 센트럴역 자딘 하우스 근처 미니 버스 정류장에서 타면 된다. 오전 7시부터 오후 10시 정도까지 10분 간격으로 운행하며 요금은 편도 HK$8.4.

Sightseeing

피크 타워 The Peak Tower 山頂凌霄閣

영국의 건축가 테리 파렐에 의해 디자인된 피크 타워는 가운데가 옴폭 파이고 양 끝이 올라간 특이한 모습을 하고 있다. 중심이 옴폭 파인 건물 모양은 하늘에서 내리는 복을 담뿍 받아 부자가 되라는 의미를 지니고 있다고.
피크 트램의 정류장으로도 이용되는 피크 타워는 총 6개의 층으로 이루어져 있으며 기념품숍과 레스토랑 등 다양한 편의시설이 자리하고 있다. 특히 옥상에 위치한 스카이 테라스 Sky Terrace 는 해발 428m로 날씨만 좋으면 멀리 중국 내륙지방까지 내다보인다고 한다. 요금은 HK$300이며 피크 트램역에서 피크 트램 티켓과 스카이 테라스 입장료를 포함한 티켓을 구매하면 약간의 할인혜택을 받을 수 있다(편도 HK$71, 왕복 HK$83).
P1층에 위치한 피크 우체국(월~금 10:30~18:00, 토 10:30~14:00)에서는 피크 우체국만의 특별한 스탬프를 찍어 지인에게 직접 엽서를 보낼 수 있다.
피크 타워의 레스토랑으로는 퍼시픽 커피 컴퍼니, 부바 검프 슈림프, 펄 온 더 피크 등 멋진 전망을 즐기며 식사를 즐길 수 있는 곳은 물론 홍콩식 차찬텡을 경험할 수 있는 홍콩 데이 Hong Kong Day 도 자리하고 있다.

Access	피크 트램 종점에서 하차.
Open	10:00~23:00(월~금)
	08:00~23:00(주말·공휴일)
Close	연중무휴
Address	No 128 Peak Road, The Peak
Tel	2849-0668
Web	www.thepeak.com.hk

Sightseeing
②
마담 투소 홍콩
Madame Tussauds Hong Kong 香港杜沙夫人蠟像館

홍콩의 마담 투소에는 100여 명의 세계적인 스타들을 쏙 빼닮은 밀랍인형이 전시되어 있다. 마돈나, 베컴 등 해외 유명 연예인과 스포츠 스타는 물론 유명 홍콩 스타와 한국 연예인인 배용준의 밀랍인형도 전시되어 있어 큰 인기를 얻고 있다. 단순히 밀랍인형을 전시해 놓은 것이 아니라 전시장 곳곳에 야오밍과 함께 슛, 공포 체험관 등의 특별 코너를 마련해 놓아 재미를 더한다. 특히 유덕화의 밀랍인형은 사람을 만지는 것과 똑같은 느낌이 드는 특수한 실리코늄으로 만들어져 있으며 심장박동도 느껴져 인기가 높다. 전시회 출구 쪽에는 직접 자신의 손 모양을 밀랍으로 본뜰 수 있는 코너도 마련되어 있다.

Access	피크 타워 1층.
Open	10:00~22:30(마지막 입장 21:45)
Close	연중무휴
Cost	HK$245
Address	Shop P101, The Peak Tower No 128 Peak Road, The Peak
Tel	2849-6966
Web	www.madametussauds.com/hongkong

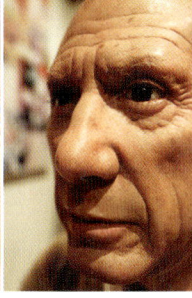

Sightseeing
③
피크 갤러리아 The Peak Galleria 山頂廣場

아기자기한 기념품부터 서점, 인테리어 소품, 의류 등 규모는 작지만 다양한 상품을 다루고 있다. 주로 G/L층부터 L2층에 숍들이 집중되어 있는데 빅토리아 피크 기념엽서, 마그네틱 제품 등 깜찍한 기념품들은 구경하는 것만으로도 재미가 쏠쏠하다. 이 밖에도 벤츠, 페라리 등의 이미지 상품들을 판매하는 Fomula Sports Hong Kong은 자동차 마니아라면 놓치지 말아야 할 숍이며 L3층에는 무료 전망대가 있어 여유롭게 경치를 감상할 수 있다.

Access	피크 타워 맞은편.
Open	10:00~21:00(매장마다 다름)
Close	연중무휴
Address	118 Peak Road, The Peak
Tel	2879-0111
Web	www.thepeak.com.hk

Food
❶
카페 데코 Café Deco

빅토리아 피크의 터줏대감인 카페 데코는 오랜 시간 동안 환상적인 뷰와 모던한 인테리어, 수준 높은 음식 솜씨로 사랑을 받아 온 레스토랑이다. 특히 영화 〈금지옥엽〉의 배경이 되기도 했던 카페 데코는 테라스 쪽에서 바라보는 야경이 근사해서 언제나 예약 손님으로 붐빈다고. 1층에는 커다란 탄두리 화덕이 설치된 인디안 푸드 섹션, 이탈리안과 그릴 코너가 위치하고 있으며 2층으로 올라가면 오픈 키친 형식의 스시 바와 14종 이상의 종류를 갖춘 오이스터 바가 자리하고 있다. 이곳은 특히 인디안 메뉴가 훌륭하다. 인디안 셰프에 의해 요리된 탄두리 시배스 필레는 독특한 인디안 향신료와 담백하고 부드러운 농어의 맛이 어우러져 환상적인 하모니를 이룬다. 그릴에서 구워낸 푸짐한 비프 립 아이도 역시 인기가 좋다. 음식이 부담스럽다면 테라스석에 앉아 칵테일이나 와인을 즐겨 보자. 칵테일은 HK$87~147선이며 오후 7시부터 11시까지 재즈 라이브도 즐길 수 있어 더욱 분위기가 좋다.

Access	피크 갤러리아 L1층.
Open	11:00~23:00(일~목)
	11:00~23:30(금·토)
Close	연중무휴
Cost	Tandoori Seabass Fillet HK$208
	Grilled Beef Rib-Eye Roll & Crispy
	Ossobuco Praline HK$186(SC 10%)
Address	L1-2, Peak Galleria,
	118 Peak Road, The Peak
Tel	2849-5111
Web	www.cafedecogroup.com

Food
②
부바 검프 슈림프 Bubba Gump Shrimp

톰 행크스 주연의 〈포레스트 검프〉를 콘셉트로 한 미국계 패밀리 레스토랑이다. 펄 온 더 피크나 카페 데코의 정중한 분위기가 부담스럽다면 경쾌한 부바 검프를 찾아보자. 이곳 역시 다른 곳에 뒤지지 않을 만큼 판타스틱한 야경을 자랑한다. 'Run Forest Run' 'Stop Forest Stop'이라고 쓰여 있는 표지판을 이용해 직원을 부르는 형식도 재미나다. 이곳의 추천 메뉴로는 고소한 맛이 일품인 파스타 메뉴 슈림프 리가토니 와 4가지 방식으로 요리한 새우를 4가지 소스에 곁들여 먹는 슈림프스 헤븐 이 있다. 어린이를 동반했다면 반짝반짝 빛이 나는 텀블러에 담겨 나오는 프로즌 럭키 레몬 업 이나 서던 블루 레모네이드 를 주문해 보자. 음료를 마신 후, 텀블러는 집으로 가지고 갈 수 있다. 야경이 잘 보이는 좋은 자리 선정을 위해선 예약 필수.

Access	피크 타워 L3층.
Open	11:00~23:00(일~목)
	11:00~00:00(금·토)
Close	연중무휴
Cost	Shrimp's Heaven HK$188
	Run Across America Sampler
	HK$158(SC 10%)
Address	Shop 304 & 305, L3,
	The Peak Tower, 128 Peak Road,
	The Peak
Tel	2849-2867
Web	www.bubbagump.com/locations/hong-kong

Food

막스 누들 Mak's Noodle 麥奀雲吞麵世家

완탕면의 최고봉으로 일컬어지는 막스 누들은 코즈웨이 베이, 침사추이를 비롯한 여러 지점을 가지고 있는 레스토랑이다. 중국 광주에서 시작해 홍콩에 지점을 낸 후에도 3대에 걸쳐 역사를 이어 왔다고 하니 완탕면의 명가임이 분명하다. 완탕면을 좋아하는 사람이라면 새우살이 통통한 이 집의 완탕면 맛에 반할 것이다.

Access	피크 갤러리아 G층에 위치.
Open	10:00~22:00
Cost	HK$50(1인)
Address	Shop 1, G/F, The Peak Galleria, 118 Peak Road, The Peak
Tel	2854-3871

Food

피크 룩아웃 The Peak Lookout 太平山餐廳

100여 년 전, 빅토리아 피크의 방문객들을 위해 휴게소로 만들어진 것이 시초라고 하는데 지금은 내부에 여유로운 정원을 보유한 분위기 만점 레스토랑으로 운영되고 있다. 도로 안쪽에 자리하고 있어 아름다운 야경을 즐길 수는 없지만 유럽의 아담한 가옥 같은 외관과 따뜻하고 여유로운 분위기로 꾸준한 인기를 누리고 있다. 2~3명이 먹어도 충분할 만큼 푸짐한 더 피크 룩아웃 콤보 플래터는 튀김과 훈제연어, 퀘사디야 등 다양한 스타일의 음식이 2단 접시에 한가득 담겨 나온다. 주말과 공휴일에는 아침 8시 30분부터 11시까지 브런치 메뉴를 제공한다.

Access	피크 타워를 나와 오른쪽으로 조금 가면 맞은편에 보인다.
Open	10:30~23:30(일~목)
	10:30~01:00(금·토)
Close	연중무휴
Cost	The Peak Lookout Combo Platter HK$428(SC 10%)
Address	G/F, 121 Peak Road, The Peak
Tel	2849-1000
Web	www.peaklookout.com.hk

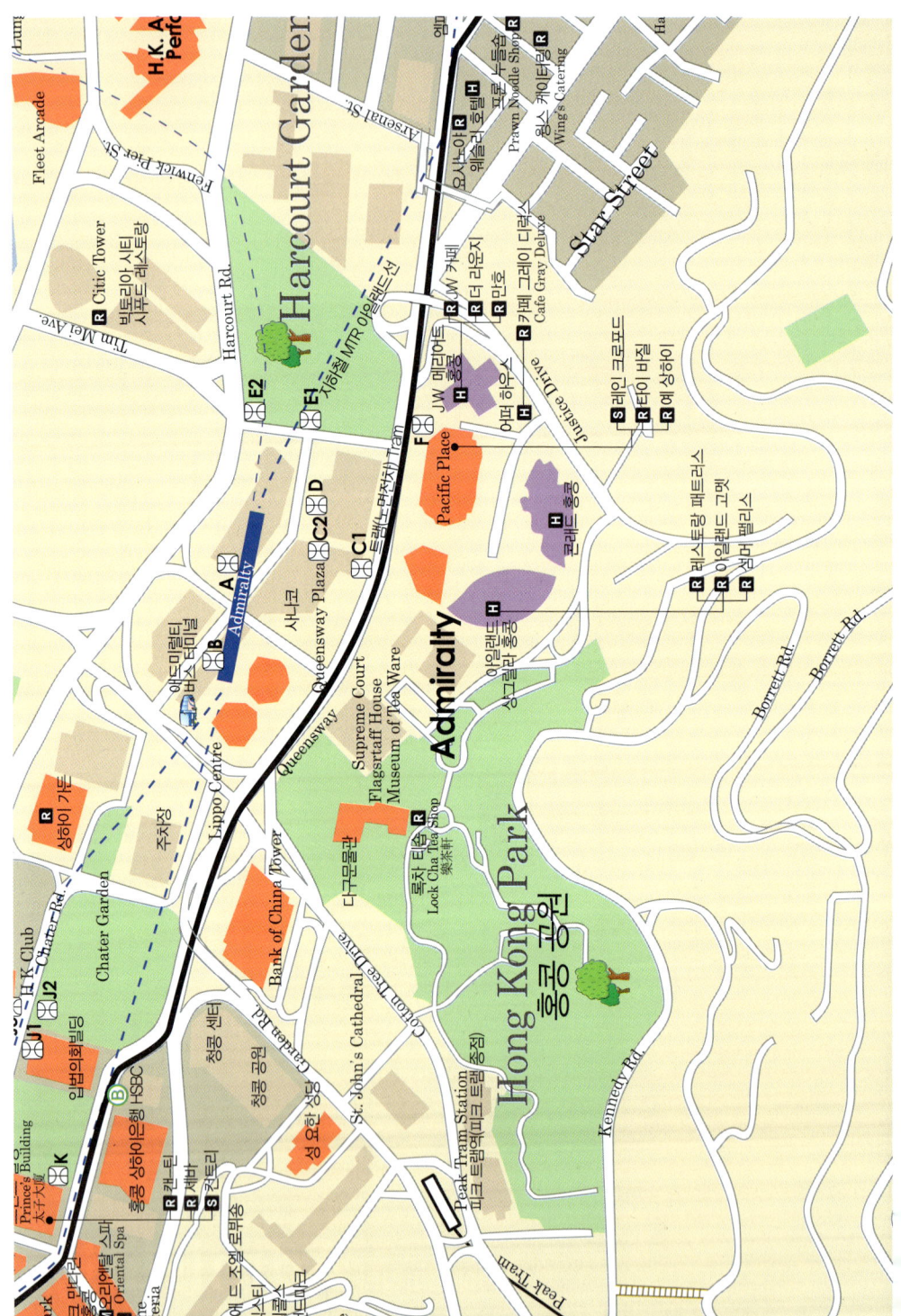

Sightseeing

홍콩 공원 Hong Kong Park 香港公園

10ha 정도의 작은 공원이지만 아기자기한 분위기에 볼거리, 즐길 거리가 많아 방문객들의 발길이 끊이질 않는다. 1991년 개원한 홍콩 공원은 애드미럴티 한복판에 높고 화려한 빌딩이 병풍처럼 둘러싸고 있어 중앙의 녹음이 더욱 빛을 발하는 느낌이다. 시원스러운 폭포와 연못이 있고 그 주위로 벤치가 설치되어 있어 방문객들이 앉아서 휴식을 취하기도 하고 연못을 배경으로 사진촬영을 하는 모습도 심심치 않게 목격된다. 연못 안에는 각종 물고기와 거북이들이 살고 있어 구경하는 재미도 쏠쏠하다.

또, 공원 안에는 결혼 등기소가 있어 갓 결혼한 신혼부부들이 들러 촬영을 하는 모습도 자주 눈에 띈다. 공원 위쪽에는 타이치 가든이 자리하고 있으며 더 안쪽으로는 600여 종의 조류를 둘러볼 수 있는 조류관도 갖추고 있다. 조류관은 오전 9시부터 5시까지 개방한다.

Access	애드미럴티역. 퍼시픽 플레이스에서 아일랜드 샹그릴라 방향으로 가다 보면 홍콩 공원으로 연결되는 에스컬레이터가 있다. 에스컬레이터로 올라가 작은 신호등을 건너면 맞은편에 있다.
Open	06:00~23:00
Close	연중무휴
Cost	무료
Address	19 Cotton Tree Dr, Central
Tel	2521-5041

Sightseeing

플래그스태프 하우스 다기 박물관
Flagstaff House Museum Of Tea Ware 茶具文物館

원래 홍콩에 주둔했던 영국군 총사령관의 관저였던 건물을 1984년부터 다기 박물관으로 개장해 내려오고 있다. 내부는 9개의 공간으로 나뉘어 있는데 500여 점 이상의 전시품들이 기원전 11세기부터 지금에 이르기까지의 중국 다도 역사를 정리해 보여준다. 관내에는 수십여 종에 달하는 중국 차를 판매하고 있으며 찻주전자, 찻잔 등 차에 관련된 다양한 상품이 있다. 박물관을 둘러본 후 팸플릿을 들고 The K.S Lo Gallery에 방문하면 예쁜 도장을 찍을 수 있다.

Access	애드미럴티역, 홍콩 공원 내에 위치.
Open	10:00~17:00
Close	화요일
Cost	무료
Address	10 Cotton Tree Dr, Central
Tel	2869-0690

Sightseeing

리포 센터 Lippo Centre 力寶中心

마치 할리우드 SF영화에 등장할 법한 미래지향적인 디자인의 쌍둥이 빌딩이다. 1988년 미국의 건축가이자 예일대 건축학과장을 역임한 폴 마빈 루돌프 Paul Marbyn Rudolph가 설계했다. 쌍둥이 빌딩처럼 보이지만 사실은 각각 46층과 42층으로 높이가 다르게 지어진 빌딩이다. 두 건물이 서 있는 모습이 마치 코알라가 나무에 매달린 모습과 비슷하다고 해서 '코알라 빌딩'이라는 별칭을 갖고 있기도 하다. 리포 센터1 로비 벽면에는 홍콩 최고 예술가인 제라드 헨더슨 Gerard Da Henderson이 제작한 부조가 장식되어 있다.

Access	애드미럴티역, B 출구에서 바로 보임.
Address	89 Queensway, Admiralty

Food

골든 리프 Golden Leaf 金葉庭

미슐랭 1스타를 받은 걸출한 광동 레스토랑으로 홍콩에서도 손꼽히는 인기 레스토랑이다. 런치 타임에는 딤섬을 즐기는 사람이 대부분이고 저녁이면 고급 광동 요리를 본격적으로 맛볼 수 있다. 특히 시그니처 애피타이저 세 가지를 한번에 맛볼 수 있는 BBQ Meat Platter(HK$200)는 돼지고기를 세 가지 형태로 요리한 것인데 달콤하고 고소한 맛이 식욕을 돋운다. 가격이 부담스럽다면 골든 리프의 특별한 주말 아침 식사를 즐겨 보는 것은 어떨까? 주말 및 공휴일에는 무제한 주문이 가능한 딤섬 아침 식사를 즐길 수 있다. 인기 레스토랑인 만큼 예약은 반드시 필수.

Access	콘래드 홍콩 내에 위치.
Open	11:30〜15:00, 18:00〜23:00(월〜토)
	11:00〜15:00, 18:00〜23:00(일)
	딤섬 아침 식사
	09:00〜11:00(주말 및 공휴일)
Cost	1인 HK$400〜500(SC 10%)
Address	Lower Lobby, Conrad Hong Kong, Pacific Place, 88 Queensway, Admiralty
Tel	2822-8870
Web	www.conraddining.com/en/golden_leaf.html
Email	hkghc_GoldenLeaf@conradhotels.com

Food

윙스 케이터링 Wing's Catering 榮式燒雞扒

홍콩과 마카오에 7개의 지점을 가지고 있는 윙스 케이터링에서는 불 맛 제대로 느껴지는 치킨라이스를 맛볼 수 있다. 양도 푸짐하고 가격도 저렴하며 우리 입맛에 제대로 맞는 메뉴들이 주를 이루기 때문에 한 번 방문해볼 만하다. 화력이 센 불에서 조리한 치킨은 겉은 바삭바삭하고 안은 촉촉해 먹는 내내 감탄을 자아낸다. 치킨을 기본으로 다양한 구성의 메뉴들이 있는데 메뉴판에 그림과 함께 나와 있어 고르기 편하다. 커피나 밀크 티는 무료로 제공되며 다른 음료 주문 시에는 추가 요금을 내야 한다.

Access	애드미럴티역에서 하차해 스타 스트리트 방면으로 나온다. 스타 스트리트 건너편 Landale Street 안쪽으로 들어가면 우측에 있다.
Open	11:30〜20:00
Cost	HK$50〜(1인)
Address	2 Landale Steet, Wan Chai
Tel	2823-8387, 2823-8388

Food ③

예 상하이 Ye Shanghai 夜上海

예 상하이는 1930년대 화려한 시대를 구가했던 분주한 상하이의 밤을 뜻한다. 그 이름 그대로 레스토랑 안은 기분 좋은 소란스러움으로 활기가 있다. 다른 요리들도 물론 훌륭하지만 특히 Stir Fried Shrimps와 Sauteed Minced Chicken with Pine Nuts를 추천한다. Sauteed Minced Chicken with Pine Nuts는 잘게 다진 잣과 치킨을 볶은 요리가 속이 빈 빵과 함께 나온다. 테이블에 서브되는 피클, 차, XO소스에 모두 추가요금이 붙는다(피클 HK$20, 차와 XO소스 HK$16). 직접 만든 XO소스도 구입할 수 있다(1병에 HK$100).

Access	애드미럴티역 F번 출구로 나오면 퍼시픽 플레이스 쇼핑몰과 바로 연결된다. 쇼핑몰 3층에 위치.
Open	11:30~15:00, 18:00~23:00
Close	연중무휴
Cost	Healthy Drink HK$28 Stir-Fried Shrimps HK$150 Baked Stuffed Crab Shell HK$120(2pcs) Sauteed Minced Chicken with Pine Nuts HK$128(SC 10%)
Address	3/F, Pacific Place, 88 Queensway, Admiralty
Tel	2918-9833
Web	www.elite-concepts.com

Food ④

레스토랑 패트러스 Restaurant Petrus

미슐랭 2스타를 받은 프렌치 레스토랑이다. 프랑스 셰프에 의해 엄선된 메뉴는 시즌에 따라 제철에 맞게 매번 바뀌며 최고의 퀄리티를 보장한다. 가격이 높은 편이지만 품격 있는 프렌치 레스토랑에서의 파인 다이닝을 계획한다면 망설임 없이 이곳으로 향하자. 특히 프렌치 레스토랑답게 2,000여 종의 와인을 보유하고 있고 소믈리에가 메뉴에 맞는 와인을 정성스럽게 골라 준다. 드레스 코드는 스마트 캐주얼로 남성의 경우 재킷을 갖춰 입고 가야 한다.

Access	애드미럴티역 아일랜드 샹그릴라 5층에 위치.
Open	12:00~15:00, 18:30~23:00
Close	연중무휴
Cost	메인 세트 HK$520~980선 (SC 10%)
Address	56/F, Island Shangri-La Hong Kong, Phrase 2, Pacific Place, 88 Queensway, Admiralty
Tel	2820-8590
Web	www.shangri-la.com

Food ⑤

아일랜드 고멧 Island Gourmet

케이크, 마카롱, 초콜릿, 치즈, 살라미 등을 판매한다. 길모퉁이 카페를 연상시키는 소박하고 따뜻한 느낌의 아일랜드 고멧에는 언제나 차와 디저트를 즐기려는 단골손님들로 북적인다. 오후 3시에서 6시에는 3단 애프터눈 티 세트도 맛볼 수 있는데 탁 트인 뷰를 자랑하는 다른 곳의 분위기와 비교하면 아쉽지만 맛에서는 전혀 뒤지지 않는다. 특히 이곳의 마카롱과 디저트류는 둘째가라면 서러워 할 정도로 훌륭하다. 특히 최고의 맛을 자랑하는 밀푀유 Mille-Feuille 는 꼭 맛보자.

Access	애드미럴티역 아일랜드 샹그릴라 5층에 위치.
Open	07:30~19:30 (일·공휴일 08:30~19:30)
Close	연중무휴
Cost	음료 HK$55~75(SC 10%)
Address	5/F, Island Shangri-La Hong Kong, Pacific Place, 88 Queensway, Admiralty
Tel	2877-3838
Web	www.shangri-la.com

Food
⑥
록차 티숍 Lock Cha Tea Shop 樂茶軒

홍콩 공원 내에 위치한 티 하우스로 새하얀 2층 건물과 싱그러운 녹음이 어우러져 멋진 분위기를 자아낸다. 날이 저물고 조명이 들어오면 더욱더 환상적인 분위기를 자아내는데 실내 또한 고풍스러운 중국 전통 찻집의 모습을 하고 있어 외국인 여행자에게도 인기가 좋다. 이곳에서는 수십여 종의 차와 함께 딤섬을 비롯한 간단한 요리들도 맛볼 수 있다. 이곳의 딤섬과 디저트들은 유명 사찰에서 직접 공수해 온다고 하니 차와 함께 꼭 맛보자. 튀긴 두부껍질에 소스를 곁들여 낸 Fried Beancurd Skin Rolls는 현지인들이 가장 많이 찾는 메뉴. 면 요리도 간이 세지 않고 담백해서 무난하다. 일요일 오후 4시와 토요일 7시에는 전통음악 콘서트도 열리니 스케줄이 맞는다면 시간에 맞추어 방문해보자.

Access	애드미럴티역. 퍼시픽 플레이스에서 아일랜드 샹그릴라 방향으로 가다 보면 홍콩 공원으로 연결되는 에스컬레이터가 있다. 에스컬레이터로 올라가 작은 신호등을 건너면 맞은편에 있는 홍콩 공원 내부에 있다.
Open	10:00~20:00
Close	구정연휴 · 1/1 · 12/25 · 12/26 · 매월 둘째 주 화요일
Cost	Fried Beancurd Skin Rolls HK$19 Tea Charge HK$25(1인)(SC 10%)
Address	G/F, The K.S. Lo Gallery, Hong Kong Park, Admiralty
Tel	2801-7177
Web	www.lockcha.com

Food
⑦
카페 그레이 디럭스 Cafe Gray Deluxe

빅토리아 하버가 한눈에 보이는 49층에 위치해 있다. 수상 경력이 있는 그레이 쿤즈 셰프가 다양한 모던 유러피언 디시들을 선보인다. 14m에 달하는 오픈 키친이 하이라이트다.
레스토랑인 카페 그레이 디럭스 와 바 공간인 카페 그레이 바, 2개의 공간으로 나뉘어 있다. 초절정 스타일리시 호텔로 손꼽히는 어퍼 하우스 부속 레스토랑과 바답게 인테리어, 분위기, 찾는 사람들까지 감각이 살아 있다. 언제나 사람들로 분주하므로 예약은 필수. 식사가 부담스럽다면 간단히 샴페인이나 칵테일을 즐기기에도 모자람이 없다. 카페 그레이의 시그니처 칵테일인 홍콩 하이볼(HK$145)과 마가리타는 특히 이곳이 자랑하는 메뉴. 시원스러운 야경이 훤히 내려다보이는 화장실도 인상적이다.

Access	애드미럴티역 어퍼 하우스 49층에 위치.
Open	브렉퍼스트 06:30~10:30 런치 12:00~14:30 디너 18:00~22:30 애프터눈 티 15:30~17:30
Close	연중무휴
Cost	칵테일 HK$110~ 바 푸드 HK$65~195(SC 10%)
Address	49F, The Upper House, Pacific Place, 88 Queensway
Tel	3968-1106
Web	www.cafegrayhk.com

Food

JW 카페 JW Café

JW 카페에서 제공하는 뷔페는 가격 대비 최고라는 찬사를 받으며 이미 여행자들에게 사랑을 받고 있다. 올데이 다이닝 레스토랑으로 런치 뷔페와 디너 뷔페가 제공되지 않는 시간에는 알라카르테로 주문이 가능하다. 신선한 시푸드, 아시안 푸드, 웨스턴 푸드 등 다양한 섹션을 갖추고 있는데 특히 즉석에서 조리해주는 스테이크와 시푸드 코너는 순서를 기다리는 사람들로 대기를 해야 할 정도로 인기가 많다. 런치와 디너의 메뉴는 대동소이하므로 이왕이면 좀 더 여유 있는 런치 타임에 방문하는 것이 좋겠다. 언제나 사람들로 붐비는 인기 있는 레스토랑인 만큼 예약은 필수이다.

Access	JW 메리어트 홍콩 5층에 위치.
Open	**런치** 12:00~14:30(월~금)
	디너 18:00~22:00(월~일)
Close	연중무휴
Cost	런치 HK$260, 디너 HK$425
	(SC 10%)
Address	Pacific Place, 88 Queensway
Tel	2810-8366
Web	www.jwmarriotthongkong.com

Food

더 라운지 The Lounge

통유리를 통해 들어오는 햇살과 하버 뷰, 웅장한 로비가 어우러져 애프터눈 티를 즐기기에 최적의 분위기를 자아낸다. 애프터눈 티는 뷔페 형식으로 제공되는데 스콘과 샌드위치 등 기본적인 아이템을 제외하고는 매일 조금씩 메뉴가 바뀐다. 디저트뿐 아니라 딤섬, 소바 등 메뉴가 다양하여 한 끼 식사로도 부족함이 없다. 또, 이곳의 자랑인 수십여 종의 중국차는 눈여겨볼 만하다. 품질 좋은 수십여 종의 중국차들이 벽면을 장식하고 있는데 보이차처럼 다른 곳에선 제공하지 않는 귀한 품종의 차들도 있으니 새로운 맛에 도전해 보자.

Access	JW 메리어트 내에 위치.
Open	런치 12:00~14:30
	애프터눈 티 뷔페
	15:30~18:00(월~금·일)
	13:00~18:00(토·공휴일)
	선데이 샴페인 브런치 11:00~14:30
Close	연중무휴
Cost	애프터눈 티 뷔페 HK$240(평일)
	HK$310(주말·공휴일)(SC 10%)
Address	Pacific Place, 88 Queensway
Tel	2810-8366
Web	www.jwmarriotthongkong.com

Food

만호 Man Ho 萬豪

JW 메리어트의 시그니처 레스토랑으로 미슐랭 가이드가 추천하는 레스토랑으로 선정된 바 있을 정도로 많은 사랑을 받고 있다. 점심에만 주문이 가능한 딤섬은 만호의 대표 메뉴 중 하나. 크림소스에 관자와 게살을 담아 함께 구운 아보카도 딤섬 Baked Avocado Stuffed with Scallop & Crab Meat in Cream Sauce는 이곳만의 독특한 메뉴이다. 돼지고기와 함께 구운 전복 딤섬 Steamed Abalone & Pork Dumpling도 만호의 시그니처 딤섬으로 많은 이들이 찾는 메뉴. 시티 게이트 메리어트에도 만호가 있지만, 콘셉트와 메뉴 등 모든 것이 별개로 운영된다.

Access	MTR 애드미럴티역 F 출구의
	JW 메리어트 내에 위치.
Open	11:00~15:00, 18:00~23:00
Close	연중무휴
Cost	Baked Avocado Stuffed with
	Scallop & Crab Meat in Cream
	Sauce HK$140(1인), Steamed
	Abalone & Pork Dumpling
	HK$60(1pc)(SC 10%)
Address	Pacific Place, 88 Queensway
Tel	2810-8366
Web	www.jwmarriotthongkong.com

Shopping

퍼시픽 플레이스 Pacific Place 太古廣場

홍콩 최고의 쇼핑몰 중 하나로 손꼽히는 퍼시픽 플레이스는 스와이어 그룹의 야심작으로 애드미럴티의 랜드마크로 자리매김하였다. 5개 층에 걸쳐 130여 개의 숍과 부티크가 운영되고 있으며, 저가 브랜드부터 초호화 럭셔리 브랜드에 이르기까지 대부분의 브랜드를 만나볼 수 있다. 전 세계적으로 유명한 모던 패션 디자이너나 브랜드도 바로 이곳에서 찾을 수 있다. 특히 여행자들이 많이 찾는 하버 시티, 타임스 스퀘어보다는 훨씬 여유롭고 조용한 쇼핑을 즐길 수 있는 것도 최대 장점이다. 1층에는 주로 중저가 브랜드숍들이 포진해 있으며 층수가 올라갈수록 고급 브랜드들이 속속 자리하고 있다. 레인 크로포드, 세이부 등의 백화점뿐 아니라 IT숍 같은 멀티숍도 함께 입점해 있어 원스톱 쇼핑 공간으로 모자람이 없다. 특히 일본계 백화점인 세이부는 키즈 패션 아이템이 충실한 편이어서 아이를 둔 여행자들이 많이 찾는 편이다. 퍼시픽 플레이스 주변에는 JW 메리어트 홍콩, 어퍼 하우스, 아일랜드 샹그릴라, 콘래드 홍콩 등 굵직굵직한 고급 호텔이 많다. 굳이 이 호텔들에 묵지 않는다고 해도 쇼핑 후, 걸출한 호텔 레스토랑 중 하나를 선택해 식사와 연계하는 것도 좋겠다. 쇼핑몰 내부에도 예 상하이, 젠, 로카 등 퀄리티 높은 레스토랑들이 많이 있다.

중국의 색과 문양과 현대적인 감각이 어우러진 유니크한 디자인의 비비안 탐 Vivian Tam, 프라다의 하위 브랜드로 과감한 컬러와 세심한 디테일로 여성들에게 많은 지지를 받고 있는 미우미우 Miu Miu, 젊은이들이 열광하는 클로에 Chloé, 홍콩 최고의 멀티숍 I.T몰 등이 둘러볼 만하다. LG층 Lower Ground Floor에는 식품 매장인 그레이트 푸드홀 Great Food Hall이 있다.

Access	애드미럴티역 F 출구에서 연결된다.
Open	10:00~22:00(매장마다 다름)
Close	구정연휴
Address	88 Queensway, Admiralty
Tel	2844-8988
Web	www.pacificplace.com.hk

Hotel

콘래드 홍콩 Conrad Hong Kong

세계적인 체인 호텔인 힐튼의 상위 계열로 퍼시픽 플레이스를 둘러싸고 있는 럭셔리 호텔 사대천왕 중 하나이다. 46개의 스위트룸을 포함하여 총 513개의 객실을 보유하고 있다. 객실은 화려하기보다는 클래식한 분위기라 모던하고 스타일리시한 호텔을 선호한다면 성에 차지 않을 수 있다. 투숙객의 대부분이 비즈니스맨으로 다른 호텔들과는 분위기가 다르게 느껴진다.

콘래드 홍콩을 디자인한 글렌 테세이라 Glenn Texeira 는 중국의 골드 리프와 비단 등을 모티브로 하여 따뜻하고 편안한 안식처를 콘셉트로 콘래드 홍콩을 재탄생시켰다. 중국의 전통적인 분위기를 살리되 객실 내부는 LCD TV, DVD 등 현대적인 시설을 고루 갖추고 있어 호텔의 전체 콘셉트인 동서양의 조화를 잘 구현해 내고 있다. 또한, 콘래드 홍콩이 운영하고 있는 6개의 바와 레스토랑은 각종 단체에서 수상하며 호평을 받고 있다. 특히 칸토니즈 레스토랑인 골든 리프 Golden Leaf 는 미슐랭 1스타를 받을 정도로 정평이 나 있다.

Access	애드미럴티역 F 출구의 퍼시픽 플레이스와 연결되어 있다.
Cost	슈피리어 USD350~
Address	Pacific Place, 88 Queensway
Tel	2521-3838
Web	www.conradhotels.com

Hotel

아일랜드 샹그릴라 Island Shangri-La

세계적인 호텔 체인 샹그릴라 계열의 호텔로 침사추이에는 까우롱 샹그릴라가 자리하고 있다. 예산에 구애받지 않는다면 서비스, 객실, 부대시설, 스타일 모든 면에서 어디 하나 빠지지 않는 홍콩 최고의 호텔로 꼽기에 부족함이 없다.
1991년 그랜드 오픈한 이후로 매년 꾸준히 리노베이션하여 최상의 객실 컨디션을 유지하려는 노력을 게을리하지 않고 있다.
총 565개의 객실은 디럭스, 호라이즌, 이그제큐티브 스위트, 하버 뷰 스위트 크게 4가지 타입으로 나뉘어 있다.
특히, 엘리베이터를 타고 올라가다 보면 만날 수 있는 호텔 전 층에 걸쳐 걸려 있는 긴 그림은 기네스북에도 등재되었는데 그림을 그리는 시간만 6개월이 걸렸다고 한다. 8개의 레스토랑을 함께 운영하고 있는데 아일랜드 고멧, 섬머 팰리스, 로비 라운지, 카페 투, 레스토랑 패트러스 등은 미슐랭 스타를 받거나 충실한 메뉴 구성으로 특히 인기가 많은 레스토랑들이다.

Access	애드미럴티역 F번 출구로 나와 (퍼시픽 플레이스 쇼핑몰과 바로 연결) 쇼핑몰 내 홍콩 공원 출구 에스컬레이터를 타고 올라가면 왼쪽에 있다.
Cost	디럭스 피크 뷰 HK$3,100~
Address	Pacific Place, Supreme Court Road, Central
Tel	2877-3838
Web	www.shangri-la.com

Hotel

JW 메리어트 홍콩 JW Marriott Hong Kong

2007, 2008년 스마트 트래블 아시아에서 아시아 최고의 호텔로 선정된 바 있는 JW 메리어트 홍콩은 1989년 오픈한 세계적인 체인 호텔로 총 602개의 객실을 보유하고 있다. 전체적인 리노베이션을 통해 더욱 모던하고 심플한 느낌으로 탈바꿈했다. 모든 객실을 코너에 배치해 유니크한 뷰를 제공하고 효율적인 공간 활용으로 콤팩트한 느낌을 준다. 24시간 운영되는 피트니스 센터를 갖추고 있고 특히 7층에 위치한 아웃도어 수영장은 자동으로 수온이 조절되어 겨울에도 수영이 가능하며 월풀 자쿠지도 설치되어 있다. 정통 차이니즈 레스토랑 만호, 애프터눈 티로 유명한 더 라운지, JW 캘리포니아 & 스시 바, JW 카페 등 호텔의 인기를 뛰어넘는 훌륭한 레스토랑도 다수 운영하고 있다.

Access	애드미럴티역 F 출구의 퍼시픽 플레이스와 연결된다.
Cost	더블 시티 뷰 USD510~
Address	Pacific Place, 88 Queensway
Tel	2810-8366
Web	www.jwmarriotthongkong.com

Hotel

어퍼 하우스 The Upper House

홍콩, 중국, 그리고 영국의 호텔들을 경영하고 있는 스와이어 그룹의 호텔이다. 독특함, 밀착된 서비스 등을 추구하는 여행객들에게 럭셔리 경험을 선사한다. 어퍼 하우스는 홍콩 건축가 안드레 푸가 디자인한 프라이빗하고 편안하고 따뜻한 느낌의 아담한 럭셔리 호텔이다. 21개의 스위트와 2개의 펜트하우스를 포함한 어퍼 하우스의 117개의 객실은 220m² 크기에서 시작하며, 홍콩에서는 가장 큰 객실 크기를 자랑한다. 시원하게 펼쳐진 넓은 욕실과 드레싱 공간은 하버 뷰나 아일랜드 뷰를 제공한다. 남다른 시설과 여유로운 객실 크기만으로 어퍼 하우스의 매력을 논한다면 섭섭하다. 객실에서의 프라이빗한 체크인 수속, 미니 바 무료 제공, 영국의 최고급 브랜드 렌 어메니티, 객실에 비치된 다용도 백과 파우치 등 모든 것들을 마음껏 이용한 후 가져갈 수 있다. 최고의 전망을 자랑하는 카페 그레이 디럭스에서의 멋진 아침 식사 또한 이곳의 큰 장점 중 하나로 꼽을 수 있겠다.

Access	애드미럴티역 F 출구의 퍼시픽 플레이스와 연결된다. JW 메리어트 홍콩 바로 옆에 위치.
Cost	Studio-70-Island View USD380~
Address	Pacific Place, 88 Queensway, Admiralty
Tel	2918-1838
Web	www.upperhouse.com

Focus on Street

스타 스트리트
Star Street 星街

분위기 좋은 레스토랑에서 파인 다이닝을 즐기고 싶을 때, 멋진 바에서 술 한잔 즐기고 싶을 때라면 누구나 센트럴의 소호 혹은 란콰이퐁을 떠올린다. 스타 스트리트는 새롭게 떠오르는 다이닝 특구로 소호와 란콰이퐁에 도전장을 내밀었다. 주소상 완차이지만 애드미럴티역에 내려 접근하는 것이 훨씬 가깝고 편리하다.

Access 애드미럴티역 F 출구로 나오면 좌측에 스타 스트리트로 빠지는 출구가 있다. 그 출구를 통해 직진해 Three Pacific Place 건물 밖으로 나와 오른쪽으로 돌아가면 바로 스타 스트리트 입구가 보인다.

Wan Chai 완차이

Sightseeing

홍콩 컨벤션 엑시비션 센터
Hong Kong Convention & Exhibition Centre 香港會議展覽中心

우리에게는 1997년 홍콩 반환식이 거행되었던 곳으로 더욱 기억에 남는 장소이다. 연간 수백 회의 박람회, 콘서트 등이 열리는 곳으로 일본 도쿄의 빅사이트에 이어 아시아에서는 두 번째로 큰 규모이다. 1988년 완공된 구관과 1997년 완공된 신관으로 나뉘는데 총면적이 7만여 평에 달한다. 내부에는 광둥 레스토랑 골든 보히니아를 비롯해 몇 개의 레스토랑과 카페가 자리하고 있다.

Access	완차이역 A5번 출구로 나와 공중회랑을 따라 직진하면 나온다. 도보 약 10분.
Open	전시 일정에 따라 다름
Close	전시 일정에 따라 다름
Address	1 Expo Drive, Wan Chai
Tel	2582-8888
Web	www.hkcec.com.hk

Sightseeing

엑스포 프로미네이드 Expo Promenade 博覽海濱花園

홍콩 컨벤션 엑시비션 센터 앞, 해안을 따라 늘어선 산책로로 길이는 200여m 정도이다. 길지 않은 산책로이지만 침사추이의 스타의 거리와는 달리 방문객이 적어 한가롭게 산책을 하며 시간을 보낼 수 있다는 장점이 있다. 매일 밤 8시부터 열리는 심포니 오브 라이트를 조금은 다른 시각에서 감상할 수 있는 포인트.

Access	완차이역 A5번 출구, 홍콩 컨벤션 엑시비션 센터 앞.
Address	1 Expo Drive, Wan Chai

Sightseeing

골든 보히니아 광장 Golden Bauhinia Square 金紫荊廣場

1997년 홍콩의 중국 반환을 기념하여 만든 광장으로 황금빛 연꽃 조형물이 시선을 사로잡는다. 광장 뒤쪽의 기념비에는 장쩌민 전 주석의 친필이 새겨져 있다. 이 기념비는 206개의 석판으로 이루어져 있는데 이는 홍콩이 할양된 1842년부터 완전히 중국으로 통합되는 2047년까지의 206년을 의미한다고 한다. 매일 오전 7시 50분에는 국기 게양식이, 오후 6시부터는 국기 하강식이 열린다.

Access	홍콩 컨벤션 엑시비션 센터 앞. 엑스포 프로미네이드를 따라가다 보면 나온다.
Cost	무료
Address	1 Expo Drive, Wan Chai

Sightseeing
④
호프웰 센터 Hopewell Centre 合和中心

그전까지 홍콩 최고의 건물이었던 자딘 하우스를 제치고 1980년부터 중국은행 건물이 생기기 전인 1989년까지 홍콩 초고층 빌딩으로 기록되었던 건물이다. 총 66층으로 17층부터 46층 사이의 통유리 전망의 엘리베이터 덕에 인기를 이어가고 있다. 경사가 심한 지형 탓에 정문은 G/F에 있지만 후문은 17층에 있는 것도 재미있다. 62층엔 홍콩 유일의 회전 레스토랑인 R66이 있다.

Access	완차이역 A3 출구에서 정면의 횡단보도를 건너 타이윤 스트리트를 통과하면 맞은편에 보인다.
Open	상점에 따라 다름
Close	상점에 따라 다름
Address	183 Queen's Road East, Wan Chai
Tel	2862-5686
Web	www.hopewellcentre.com

Sightseeing
⑤
센트럴 플라자 Central Plaza 中環廣場

홍콩에서 높이로는 넘버3의 자리를 고수하고 있는 센트럴 플라자는 외관도 평범하고 별다른 볼거리가 없어 관광 포인트로서 매력은 떨어지는 편이다. 다만 건물 외벽에 천 개가 넘는 조명이 설치되어 있어 밤이 되면 건물 전체가 반짝여 아름다운 모습을 연출한다. 특히 꼭대기의 첨탑은 15분 단위로 조명 색이 바뀌어 이를 짐작해 시간을 추측하기도 한다고.

Access	완차이역 A5 출구로 나와 공중회랑을 따라 도보 약 5분.
Address	18 Harbour Road, Wan Chai

Sightseeing
⑥
구 완차이 우체국
Old Wan Chai Post Office 舊灣仔郵政局

1913년에 지어진 홍콩에서 가장 오래된 우체국으로 1915년부터 1992년까지 실제로 우편 업무를 보던 곳이다. 식민지 초기의 건물이다 보니 유럽풍의 분위기가 물씬 풍긴다. 현재는 환경 보호 홍보관으로 사용되고 있으며 별다른 볼거리가 없어 외관만 보고 지나쳐도 무방하다.

Access	완차이역 A3 출구에서 정면 횡단보도를 건넌 후 타이윤 스트리트를 따라 직진, 골목을 통과하면 맞은편에 있다.
Open	10:00~17:00
Close	화·공휴일
Address	221 Queen's Road, Wan Chai

Sightseeing
⑦
훙씽 사원 Hung Shing Temple 洪聖古廟

훙씽 사원은 어부들의 안전을 기원하며 어부의 신 훙씽을 모신 사원이다. 원래의 위치는 바닷가 바로 앞이었으나 대규모 간척사업으로 지금은 완차이 거리 한복판에 다소 생뚱맞은 모습으로 자리하고 있다. 중앙에 훙씽의 신상이 자리하고 있고 좌우에 향을 피우고 소원을 비는 제단이 마련되어 있다. 우리에게도 익숙한 판관 포청천의 신상도 사원에서 찾아볼 수 있다.

Access	완차이역 A3 출구로 나와 정면의 횡단보도를 건넌 후 우측으로 직진하다 Tai Wong Street East가 나오면 그 길을 따라 직진, 길 건너편에 있다.
Open	08:30~17:30
Close	연중무휴
Cost	무료
Address	129-131 Queen's Road East, Wan Chai

Food

원 하버 로드 One Harbour Road 港灣壹號

1930년대 상하이를 모티브로 한 정통 광둥 레스토랑으로 멋진 전망을 바라보며 식사를 즐길 수 있다. 실내는 복층 구조로 되어 있으며 브라운 계열의 편안한 분위기로, 프라이빗 룸(미니멈 차지)과 TV 모니터를 통해 조리과정을 볼 수 있는 셰프 룸도 갖추어져 있다.
대표 메뉴로는 달콤한 꿀에 재운 돼지고기를 바삭하게 구워낸 허니 로스트 바비큐 포크, 망고 푸딩 등이 있다. 딤섬은 런치와 디너 타임 언제나 주문이 가능하며 HK$45~120(2~3pcs)선이다. 하버 뷰를 만끽할 수 있는 창가석은 언제나 만석이므로 반드시 예약을 해야 한다.

Access	완차이역 A5번 출구. 공중회랑 이용. 그랜드 하얏트 내 7~8층에 위치.
Open	**런치** 12:00~14:30(월~토) 11:30~14:30(일) **디너** 18:30~22:30
Close	연중무휴
Cost	허니 로스트 바비큐 포크 HK$190 프라이드 프론 인 스파이스 글레이즈 위드 크랩 HK$380 망고 푸딩 HK$50 딤섬 HK$45~120(2~3pcs)(SC 10%)
Address	7&8/F, Grand Hyatt, 1 Harbour Road, Wan Chai
Tel	2584-7722
Web	www.hongkong.grand.hyatt.com

Food
②
더 포운 The Pawn

트램을 타고 완차이를 지나가다 보면 호기심을 자극하는 예스러운 건물이 눈에 띈다. 이 건물에는 더 포운과 오보로그, 완차이의 대표 레스토랑 두 곳이 자리하고 있다. 더 포운이라는 이름에서 짐작하듯 이 건물은 전당포였던 자리를 개조해 만든 곳이다. 엘리베이터며 주방과 다이닝 공간 구석구석에는 옛 흔적이 고스란히 남아 있다. 전체 레스토랑은 리빙 룸, 다이닝 룸, 루프톱 공간으로 나뉘어 있는데 리빙 룸은 가볍게 맥주 한잔 즐길 수 있는 곳으로 특히 테라스석이 멋지다. 다이닝 룸은 본격 파인 다이닝 공간으로, 루프톱은 누구에게나 개방된 휴식 공간으로 활용되고 있다.
더 포운은 정통 영국 요리를 맛볼 수 있는 레스토랑이다. 맛없기로 소문난 영국 음식이지만 더 포운의 피시 앤 칩스는 최고이다. 촉촉한 생선살과 바삭하고 고소한 튀김의 조화가 훌륭하다. 질 좋은 연어로 만든 스모크 새먼 또한 추천 메뉴. 저녁이 되면 가볍게 맥주에 피시 앤 칩스를 즐기려는 영국인들에게도 인기가 많다.

Access	완차이역 A3 출구를 나와 정면의 큰 길가(존스턴 로드)로 나간다. 길 건너 편에서 우회전해서 직진하다 보면 왼쪽에 건물이 보인다.
Open	리빙 룸 11:00~00:00 다이닝 룸 12:00~15:00 18:00~00:00
Close	연중무휴
Cost	HK$200~(1인)
Address	2-3/F, 62 Johnston Road Wan Chai
Tel	2866-3444
Web	www.thepawn.com.hk

Food
③
마담 식스티 에이트 Madam Sixty Ate

이름에서 풍기는 느낌처럼 여성적이고 고전적인 인테리어로 단장한 마담 식스티 에이트는 2011년에 오픈한 이래 제철 재료만 사용한 건강한 모던 유러피언 쿠킹을 지향하고 있다. 2주마다 업데이트되는 런치 메뉴와 일요일 오후에만 즐길 수 있는 애프터눈 티 등은 특히 여성들에게 큰 인기를 끌고 있다. 스리 무드 오브 엘리자Three Moods of Eliza는 새끼 돼지 테린(돼지고기를 다져 익힌 후 차게 식혀 썰어 놓은 것), 두툼하게 구운 돼지구이와 홈메이드 선지 푸딩이 함께 나오는 주요리로 돼지고기의 비린내가 나지 않고 저온에 천천히 조리하여 식감이 부드러우며 입안 가득 육즙이 살아 있다. 쌉쌀하고 달콤한 다크초콜릿에 상큼한 오렌지 소르베를 곁들인 디저트 스매시드 초콜릿Smashed Chocolate으로 마무리하면 금상첨화. 창의적인 이곳의 칵테일도 인기가 많은 편으로 가격대는 HK$110 안팎이다.

Access	완차이역 A3 출구를 나와 정면의 큰길(존스턴 로드)을 건너 우회전해서 직진하다 보면 왼쪽에 더 포운이 보이는데 그 바로 옆 건물이다. 옆쪽 골목으로 들어가 5m 정도 가면 왼쪽에 입구가 보인다.
Open	12:00~15:00, 18:00~00:00(월~금) 11:00~15:00, 18:00~00:00(주말)
Close	연중무휴
Cost	3 Moods of Eliza HK$300 Afternoon Tea set(2인) HK$300 Smashed Chocolate HK$90 (SC 10%)
Address	Shop 8, 1/F, The Podium, J Senses, 60 Johnston Road, Wan Chai
Tel	2527-2558
Web	www.madamsixtyate.com.hk

Food ④
티핀 Tiffin 茶園

올데이 뷔페를 선보이는 그랜드 하얏트의 간판 레스토랑 티핀. 티핀의 애프터눈 티 뷔페는 티 뷔페라 하기엔 아까울 정도로 메뉴도 풍성하고 퀄리티도 높다. 특히 수제 소시지, 망고 푸딩, 연어는 놓치지 말고 꼭 먹어봐야 할 메뉴이다. 티 타임에는 피아노 3중주가 연주되는데 통유리를 통해 눈에 들어오는 시원스러운 하버 뷰와 어우러져 로맨틱한 분위기가 연출된다.

일요일엔 무료로 샴페인 1잔(Moet Chandon Rose)이 제공되는 선데이 브런치를 즐길 수 있다. 티핀의 드레스 코드는 스마트 캐주얼로 남성의 경우 민소매 티셔츠, 슬리퍼, 샌들 등의 복장으로는 입장이 안 되므로 방문 전 신경 쓰도록 하자.

Access	완차이역 A5번 출구. 공중회랑 이용. 그랜드 하얏트 호텔 내 M층에 위치.
Open	런치 뷔페 12:00~14:30(월~토) 애프터눈 티 뷔페 15:30~17:30(월~일) 디너 & 디저트 뷔페 18:30~22:00(월~일) 선데이 브런치 11:00~14:30
Close	연중무휴
Cost	애프터눈 티 뷔페 HK$298(1인), HK$596(2인)
Address	Mezzanine Floor, Grand Hyatt Hong Kong, 1 Harbour Road, Wan Chai
Tel	2584-7722
Web	www.hongkong.grand.hyatt.com

Food ⑤
골든 보히니아 Golden Bauhinia 金紫荊粵菜廳

홍콩 컨벤션&엑시비션 센터 자체에서 운영하는 레스토랑으로 통유리를 통해 들어오는 멋진 바다 전망과 최고의 광둥요리를 맛볼 수 있는 곳이다.

수많은 정치인과 연예인들을 단골로 삼고 있는 만큼 분위기와 맛, 모든 면에서 합격점을 받고 있는 곳이다. 화려한 수상 경력만으로도 골든 보히니아의 맛은 이미 검증되었다고 하겠다. 꽃 대신 예술품이 놓여 있는 테이블은 하얀 테이블보로 깔끔하게 정돈되어 있다. 골든 보히니아에서 반드시 먹어야 하는 메뉴는 2006년 탕수 부문 최우수 금상을 받은 Sweet & Sour Crispy Rice Accompanied by a Scallop Ring. 두부껍질로 만든 수저 위에 튀긴 쌀을 얹고 그 위에 멜론으로 감싼 가리비를 얹어냈는데 눈과 입이 동시에 즐거워지는 요리이다. 게 다리살을 얇게 썬 수박과 계란 흰자로 감싼 요리 Steamed Crab Claw Wrapped with Sliced Watermelon & Egg White는 2006년 찜 부문에서 최우수 금상을 받았다. 런치 타임에는 딤섬도 즐길 수 있는데 골든 보히니아의 딤섬 또한 홍콩 미식대상에서 여러 번 수상할 정도로 훌륭한 퀄리티를 자랑한다.

Access	완차이역 A5 출구로 나가 공중회랑을 따라 직진한다. 홍콩 컨벤션&엑시비션 센터 신관 G/F에 있다.
Open	12:00~15:00(월~토) 11:00~15:00(일·공휴일) 18:30~23:00
Close	연중무휴
Cost	Steamed Crab Claw Wrapped with Sliced Watermelon & Egg White HK$85(1pc) Sweet & Sour Crispy Rice Accompanied by a Scallop Ring HK$198 Deep Fried Prawn Coated with Mashed Squid & Shredded Pastry HK$210 Deep Fried Chicken Marinated with Garlic Sauce HK$158/298(Half/Whole)(SC 10%)
Address	Expo Galleria, HKCEC, 1 Expo Drive, 1 Harbour Road, Wan Chai
Tel	2582-7728
Web	www.hkcec.com

Food
❻
22 십스 22 Ships

주소를 그대로 업소명으로 사용하는 심플한 운영자의 마인드가 고스란히 반영된 바 겸 레스토랑이다. 작은 규모에 단순한 모습이지만 이곳의 요리 총감독을 맡은 이는 바로 미슐랭 스타 셰프 제이슨 애서턴이다. 실내와 실외의 구분을 모호하게 하고 4각의 바를 중앙으로 둔 파격적인 인테리어가 인상적이다. 22 십스에서는 스페인의 타파스를 콘셉트로 한 다양한 메뉴를 맛볼 수 있는데 특히 고열에 조리한 돼지고기와 푸아그라를 미니 버거 형식으로 만든 Meat Chargrilled Iberico Pork & Foie Gras Burgers는 맛이 끝내준다.

Access	MTR 완차이역 A3 출구를 나와 정면에 보이는 존스턴 로드를 건너 우회전해서 직진하다 보면 더 포운이 보인다. 더 포운 건물을 지나 다음 블록 왼쪽에 십 스트리트가 나오는데 골목 안쪽 왼쪽에 있다.
Open	12:00~15:00, 18:00~23:00(월~토) 12:00~14:30, 18:00~22:00(일)
Cost	Eggs Spanish Breakfast, Chorizo and Potato HK$98, Meat Chargrilled Iberico Pork & Foie Gras Burgers HK$158
Address	22 Ship Street, Wan Chai
Tel	2555-0722
Web	www.22ships.hk

Food
❼
코요테 바 앤 그릴 Coyote Bar & Grill

태국에도 지점을 두고 있는 멕시칸 바 앤 그릴 레스토랑으로 복층으로 되어 있다. 이곳에서는 다양한 마가리타를 즐길 수 있으며 그중 스트로베리 마가리타(HK$67)는 여성들에게 인기 만점이다. 목, 금, 토요일에는 밤 10시부터 DJ 퍼포먼스를 즐길 수 있으며 목요일 밤 10시부터는 레이디스 나이트 프로모션으로 여성에 한해 음료를 무제한으로 제공하고 있다. 특히 여럿이 왔을 때는 나쵸, 치킨 윙, 사테 등 다양한 메뉴를 한꺼번에 맛볼 수 있는 콤보 플래터를 추천한다.

Access	완차이역 C 출구로 나와 왼쪽으로 조금 걷다 보면 좌측 길가.
Open	12:00~02:00 Close 연중무휴
Cost	Smoked Baby Back Rib HK$128/198(Half/Whole) Combo Platter HK$178, Fajita Combo HK$152(SC 10%)
Address	Gaylord Commercial Building, 114-120 Lockhart Road, Wan Chai
Tel	2861-2221
Web	www.coyotebarandgrill.com(웹에서만 접속 가능)

Food
❽
프론 누들숍 Prawn Noodle Shop 蝦麵店

푸짐한 해산물과 얼큰한 국물로 이미 한국 여행자에게도 인기가 많은 레스토랑이다. 식사 시간이면 발 디딜 틈 없이 붐비니 가능하면 식사 시간대를 피해서 방문하는 것이 좋겠다. 오징어 볼, 미트 볼, 슬라이스드 치킨이 듬뿍 들어가 있는 프론 위드 스퀴드 볼 누들은 얼큰하게 속이 확 풀어지는 맛에 어느덧 국물까지 비우고 만다. 싱가포르의 락사는 HK$42~50선이고 영어도 잘 통하는 편이다.

Access	완차이역 A3 출구를 나와 정면의 횡단보도를 건넌다. 우회전해서 300~400m 정도 직진하다 좌측에 Lan Dale Street가 나오면 골목 안쪽으로 들어가면 보인다.
Open	11:30~18:00 Close 일·구정연휴
Cost	Prawn with Squid Ball Noodle HK$37
Address	Shop 4, G/F, Rialto Building, No. 2 Lan Dale Street, Wan Chai
Tel	2520-0268

Food

영스 누들 Yeung's Noodle 楊記麵家

완탕면으로 유명한 침차케이 누들숍에서 운영하는 레스토랑으로 이 집의 메뉴인 Shrimp Roe Lao Mian이 세계적으로 권위 있는 미슐랭 가이드에 소개되면서 입소문을 타기 시작한 레스토랑이다. 우리 입맛에는 조금 맞지 않는 듯한 Shrimp Roe Lao Mian은 고추기름을 살짝 넣어 비벼 먹어야 더욱 맛있다. 직원들도 친절한 편이고 실내가 깔끔하여 여행자들이 부담 없이 들를 수 있는 식당이다.

Access	완차이역 A2 출구에서 좌회전해서 직진하다 보면 왼쪽 길가에 있다.
Open	11:00~22:00
Close	구정연휴
Cost	Shrimp Roe Lao Mian HK$24 Fresh Sliced Lao Mian HK$24 Soya Milk HK$6
Address	G/F, 219 Hennessy Road, Wan Chai
Tel	2511-1336

Food

조이힝슈립판 再興燒臘飯

달콤하고 쫄깃한 돼지고기 덮밥으로 유명한 로컬 레스토랑으로 관광객보다는 현지인들의 발길로 언제나 붐비는 곳이다. 식사 때가 되면 입구부터 입장을 하려는 사람들과 포장을 하려는 사람들로 언제나 줄이 서 있다. 돼지고기며 닭, 오리 등이 주렁주렁 걸려 있고 안쪽에선 분주하게 고기를 썰어 내는 주방장의 모습이 이 가게의 인기를 말해주는 듯하다. 영어가 잘 통하지 않아 불편하지만 대표 메뉴를 시키면 무난하다.

Access	완차이역 A2 출구에서 좌회전해서 도보 5분.
Open	10:00~22:30
Close	연중무휴
Cost	Char Siu & Roast Pork Ribs with Rice(叉燒飯) HK$22
Address	Block C, G/F, 265-267 Hennessy Road, Wan Chai
Tel	2519-6639

Food

쿤께이 완탕민 權紀雲呑麵

입구에 쓰여진 전일 HK$10이라는 문구가 눈에 확 들어온다. 파격적인 가격 때문인지 언제나 사람들로 붐벼 식사 시간대에는 줄을 설 각오를 해야 한다. 모르는 사람과의 합석은 기본이며 영어는 거의 통하지 않는다. 새우 완탕이 들어가 있는 완탕 누들이나 어묵이 들어 있는 피시 볼 누들이 일반적이다. Flat Noodle(하), Egg Noodle(민), 혹은 Rice Noodle(미) 중 선택하면 된다.

Access	완차이역 A3 출구를 나와 정면의 횡단보도를 건넌다. 오른쪽으로 조금 가면 스프링 가든 레인이 나오는데 그 골목으로 조금 들어가자마자 좌측에 위치한다.
Open	10:30~20:00
Close	구정연휴
Cost	Wonton Noodle HK$10 Fishball Noodle HK$10
Address	G/F Shop3, Wing Hing Bldg, 6-12, Spring Garden Lane, Wan Chai

Food
⑫
깜풍 레스토랑 Kam Fung Restaurant 金鳳茶餐廳

스프링 가든 레인 안쪽에는 현지인들로 붐비는 저렴하고 맛있는 식당들이 옹기종기 모여 있는데 깜풍 레스토랑은 그중에서도 인기 최고를 달리는 차찬텡 레스토랑이다. 거의 모든 메뉴가 HK$20을 넘지 않는데 파인애플 번, 치킨 파이 등은 이 집의 최고 인기 메뉴. 오랜 시간 대기하지 않으려면 식사 시간은 피해서 방문하는 것이 좋다.

Access	완차이역 A3 출구를 나와 앞쪽의 횡단보도를 건넌다. 우측으로 조금 가면 스프링 가든 레인이 나오는데 그 안쪽으로 들어가면 골목이 끝날 즈음, 우측에 있다.
Open	06:45~19:00
Close	연중무휴
Cost	전 메뉴 HK$13~20
Address	G/F, Spring Garden Mansion, 41 Spring Garden Lane, Wan Chai
Tel	2572-0526

Food
⑬
해피 케이크 숍 Happy Cake Shop 快樂餅店

특별할 것 없는 좁은 케이크 숍이지만 빵을 사러 드나드는 사람들의 발길이 쉴 새가 없다. 세련미라고는 찾아볼 수 없는 투박한 빵이지만 저렴하면서도 맛이 좋아 인기가 많다. 특히 코코넛 향이 물씬 풍기는 코코넛 타르트는 반드시 맛보자. 마요네즈와 소시지, 야채가 들어 있는 소박한 샌드위치도 옛 향수를 불러일으킨다.

Access	완차이역 A3 출구로 나와 정면의 횡단보도를 건넌 후, 우측으로 조금 걷다 보면 오른쪽 길가에 보인다.
Open	06:00~20:00
Close	구정연휴
Cost	전 제품 HK$3~
Address	G/F, No. 106 Queen's Road East, Wan Chai
Tel	2528-1391

Food
⑭
나트랑 Nha Trang Vietnamese Restaurant 芽莊越式料理

베트남식 누들 및 롤을 맛볼 수 있는 레스토랑으로 센트럴에 본점이 있다. 깔끔한 인테리어에 합리적인 가격과 맛있는 음식으로 특히 외국인들에게 큰 인기를 끌고 있다. 진한 육수에 쌀국수를 말고 양지, 안심 등 소고기 부위를 얹어내는 포 친도 맛있고 각종 야채를 볶아 라이스 페이퍼에 튀겨낸 스프링 롤도 맛나다.

Access	완차이역 A3 출구를 나와 정면의 횡단보도를 건넌 뒤 타이윤 시장 다음 골목인 스프링 가든 레인으로 직진. 끝의 QRE 플라자의 에스컬레이터를 타고 호프웰 센터 쪽으로 건너가면 왼쪽에 있다.
Open	12:00~23:00
Close	연중무휴
Cost	Tom Cuon HK$42, Photai HK$42 Pho Chin HK$39(SC 10%)
Address	Shop No2, 2/F Wu Chung House, 213 Queen's Road East, Wan Chai
Tel	2891-1177

Food
⑮
금화 차찬텡 Golden Rich 金禾茶餐廳

서민 스타일의 홍콩식 차찬텡이다. 저렴한 가격에 비해 떨어지지 않는 맛이 가장 큰 장점이다. 특히 진한 밀크 티 맛이 인상적이며 햄버거 빵에 쫄깃한 돼지 갈빗살 하나만 들어간 Pork Chop Bun은 어렸을 적 학교 앞에서 먹던 햄버거의 맛이다. 토스트 메뉴가 가장 인기가 있으며 라면, 덮밥 메뉴도 있다.

Access	완차이역 A3번 출구로 나와 횡단보도를 건넌다. 오른쪽으로 가다 보면 스프링 가든 레인 골목이 있다. 스프링 가든 레인 안쪽으로 들어가면 오른편에 있다.
Open	07:30~19:00(월~금) 07:30~18:00(토)
Close	일 · 구정연휴
Cost	티 세트 HK$20
Address	G/F, 47 Spring Garden Lane, Wan Chai
Tel	2838-9730

Food
⑯
팔방운집 八方雲集鍋貼水餃專門店

침사추이, 코즈웨이 베이, 홍함, 야우마테이 등에 여러 분점을 두고 있는 만두전문점이다. 만두와 음료, 수프, 누들 메뉴가 결합한 다양한 세트 메뉴가 있으며, 중국어 메뉴에 영어도 함께 표기되어 있어 주문이 어렵지 않다.
군만두의 맛은 조금 느끼한 편이지만, 저렴한 가격이 이 집의 가장 큰 장점이다. 테이크아웃이 가능하다.

Access	완차이역 A3번 출구로 나와 횡단보도를 건너 오른쪽으로 가다 보면 스프링 가든 레인 골목이 있다. 스프링 가든 레인 안쪽으로 들어가면 오른편에 있다.
Open	11:00~21:00
Close	구정연휴
Cost	만두 1개당 HK$2~2.2(5개 이상 주문) 고기 군만두 HK$26 김치 군만두 HK$28 누들 HK$14~35$
Address	G/F, 35 Spring Garden Lane, Wan Chai
Tel	2892-1186
Web	www.8way.asia

Food
⑰
QRE 플라자 QRE Plaza

서점, 인테리어숍 등 몇몇 쇼핑 스폿이 있긴 하지만 그보단 다이닝 공간으로 더욱 인기가 많은 건물이다. 건물 내부에는 다양한 나라의 음식을 맛볼 수 있는 수십 개의 레스토랑들이 자리하고 있다. 프렌치 레스토랑, La Cucina Italiana, 일본 스타일 라멘을 맛볼 수 있는 Hachiban Ramen, 정통 차이니즈 레스토랑, The Queen's Palace Restaurant, 캐주얼한 스테이크 하우스 W28 Steak House 등 선택의 폭이 넓다. 엘리베이터 앞에 레스토랑 리스트가 있어 확인 후 엘리베이터로 이동하면 된다.

Access	완차이역 A3 출구로 나와 횡단보도를 건넌다. 우측으로 가다 보면 스프링 가든 레인이 나오는데 그 골목 끝, 우측에 있다.
Open	숍마다 다름
Close	숍마다 다름
Address	202 Queen's Road East, Wan Chai
Tel	2862-5638
Web	www.qplaza.com.hk

Shopping ①
디자인 갤러리 Design Gallery 設計廊

홍콩 무역 진흥회에서 직접 운영하는 숍으로 홍콩의 유명한 디자이너들의 기발한 아이디어 상품들도 만나볼 수 있다. 마치 아이디어 상품 전시장 같은 이곳의 상품들은 품질도 우수하고 가격도 합리적이라 외국 바이어들의 방문도 잦은 편이다. 중국풍의 인형부터 톡톡 튀는 아이디어 생활용품 등 다양한 아이템을 판매하고 있는데 깜찍한 기념품이나 문구용품들은 선물용으로도 훌륭하다. 디자인 갤러리는 홍콩국제공항 출발층 터미널 1의 6층에서도 만나볼 수 있지만 완차이에 있는 숍보다는 아이템이 적다.

Access	완차이역 A5 출구로 나와 공중회랑을 따라간다. 홍콩 컨벤션 엑시비션 센터 구관 L1층.
Open	10:00~19:30(월~토) 11:00~19:30(일·공휴일)
Close	연중무휴
Address	G/F, Hong Kong Convention & Exhibition Centre, 1 Harbour Road, Wan Chai
Tel	2584-4146~9
Web	hkdesigngallery.hktdc.com

Shopping ②
타이윤 스트리트 마켓 Tai Yuen Street Market 太原街

일 년 내내 북적이는 현지인 대상의 재래시장이다. 골목 안쪽을 가득 채운 상점과 노점으로 언제나 활기찬 이곳은 몽콕이나 야우마테이의 야시장보다 덜 알려진 덕에 가격은 상대적으로 저렴한 편이다. 사사, 봉주르 등 화장품 전문숍도 있고 노점에는 갖가지 생활용품을 비롯해 액세서리, 기념품, 장난감 등 없는 것이 없을 정도로 다양한 아이템을 취급하고 있다. 굳이 쇼핑 목적이 아니더라도 둘러보는 것만으로 재미가 쏠쏠하다.

Access	완차이역 A3 출구로 나와 횡단보도를 건넌 후 오른편의 타이윤 스트리트 안쪽으로 들어가면 된다.
Open	10:00~20:00
Close	연중무휴
Address	Tai Yuen Street, Wan Chai

Hotel

그랜드 하얏트 Grand Hyatt Hong Kong

1989년 11월 오픈한 세계적인 체인 호텔로 총 553개의 객실을 보유하고 있다. 호텔을 통해 택시를 예약하면 호텔 게스트 누구나 무료로 이용할 수 있다. 시내의 대형 호텔의 번잡스러움이 꺼려진다면 망설임 없이 그랜드 하얏트를 선택하자. 도시에서는 보기 드물게 넓고 아름다운 수영장 또한 그랜드 하얏트의 자랑거리. 그 밖에 애프터눈 티로 유명한 티핀, 최고의 차이니즈 레스토랑 원 하버 로드, 더 그릴, 샴페인 바 등 유명 레스토랑들이 자리하고 있으니 이 호텔에 묵는다면 꼭 한 번은 방문해보자.

Access	완차이역 A5 출구로 나와 공중회랑을 따라 걷는다. 도보로 11분 소요.
Cost	그랜드룸 USD567~
Address	1 Harbour Road, Wan Chai
Tel	2588-1234
Web	www.hongkong.grand.hyatt.com

Hotel
②
더 플레밍 The Fleming

스탠더드, 슈피리어, 디럭스, 이그제큐티브 4가지 타입의 객실이 있다. 특히 도시 여성과 남성 스타일에 맞춘 Her Space, His Space룸은 세심하고 독특하다. Her Space는 아로마 초, 주얼리 박스, 실크 옷걸이, 페이스 스팀기, 마사지 인사이드 서비스, 록시땅 제품, 웰빙 차와 스낵 미니 바 등 여성들에게 필요한 제품과 서비스를 강화했으며 His Space는 남성 매거진(카, 테크놀로지 등), 플레이 스테이션3, 위, 골프 퍼팅, 맥주 50% 할인 쿠폰 등 남성에게 꼭 맞는 서비스를 제공하고 있다.

Access	완차이역 A1 출구로 나온다. 정면에 있는 횡단보도를 건넌 후, 오른쪽 록하트 로드를 따라 직진한다. 사거리에서 정면에 있는 횡단보도를 건너 왼쪽으로 꺾는다. 플레밍 로드 오른편에 있다.
Cost	슈피리어 HK$1,580~
Address	41 Fleming Road, Wan Chai
Tel	3607-2288
Web	www.thefleming.com

Hotel
③
코스모폴리탄 호텔 Cosmopolitan Hotel Hong Kong

완차이 지역의 대표적인 비즈니스호텔로 편리를 추구하면서도 스타일을 잃지 않는 기특한 호텔이다. 코즈웨이 베이, 완차이 어느 쪽과도 만만치 않은 거리를 두고 있어 걷기엔 무리가 있지만 타임스 스퀘어, 애드미럴티, 센트럴 등 다수의 지역 간 무료 셔틀 서비스를 제공함으로써 위치적인 불리함을 커버하고 있다. 총 454개의 객실이 7개의 카테고리로 구분되었는데 어린이용 토이 스위트 등 테마 스위트룸도 포함되어 있다.

Access	코즈웨이 베이역과 완차이역의 중간에 위치, 홍콩 경마 박물관 바로 맞은편에 있다. 코즈웨이 베이 F 출구에서 택시로 가면 기본요금 정도.
Cost	스탠더드 HK$1,400~
Address	387-397, Queen's Road East, Wan Chai
Tel	3552-1111
Web	www.cosmopolitanhotel.com.hk

Hotel
④
코스모 호텔 Cosmo Hotel

코스모폴리탄 호텔과 자매 호텔이지만 콘셉트는 전혀 다른 부티크 호텔이다. 모던한 분위기의 로비에서부터 코스모 호텔의 차별성이 눈에 띈다. 객실 카테고리에 따라 오렌지, 그린, 옐로 등 산뜻하고 화사한 색을 사용해서 밝고 활기찬 분위기다. 객실은 크지 않지만 가구 배치가 효율적으로 되어 있어 크게 불편하지 않다. 5층에 위치한 테라스 공간인 브리즈에서는 인터넷을 무료로 사용할 수 있고 커피도 무료로 마실 수 있다.

Access	코스모폴리탄 호텔과 건물 하나를 사이에 두고 있다.
Cost	스탠더드 HK$1,200~
Address	375-377 Queen's Road East, Wan Chai
Tel	3552-8388
Web	www.cosmohotel.com.hk

Causeway Bay 코즈웨이 베이

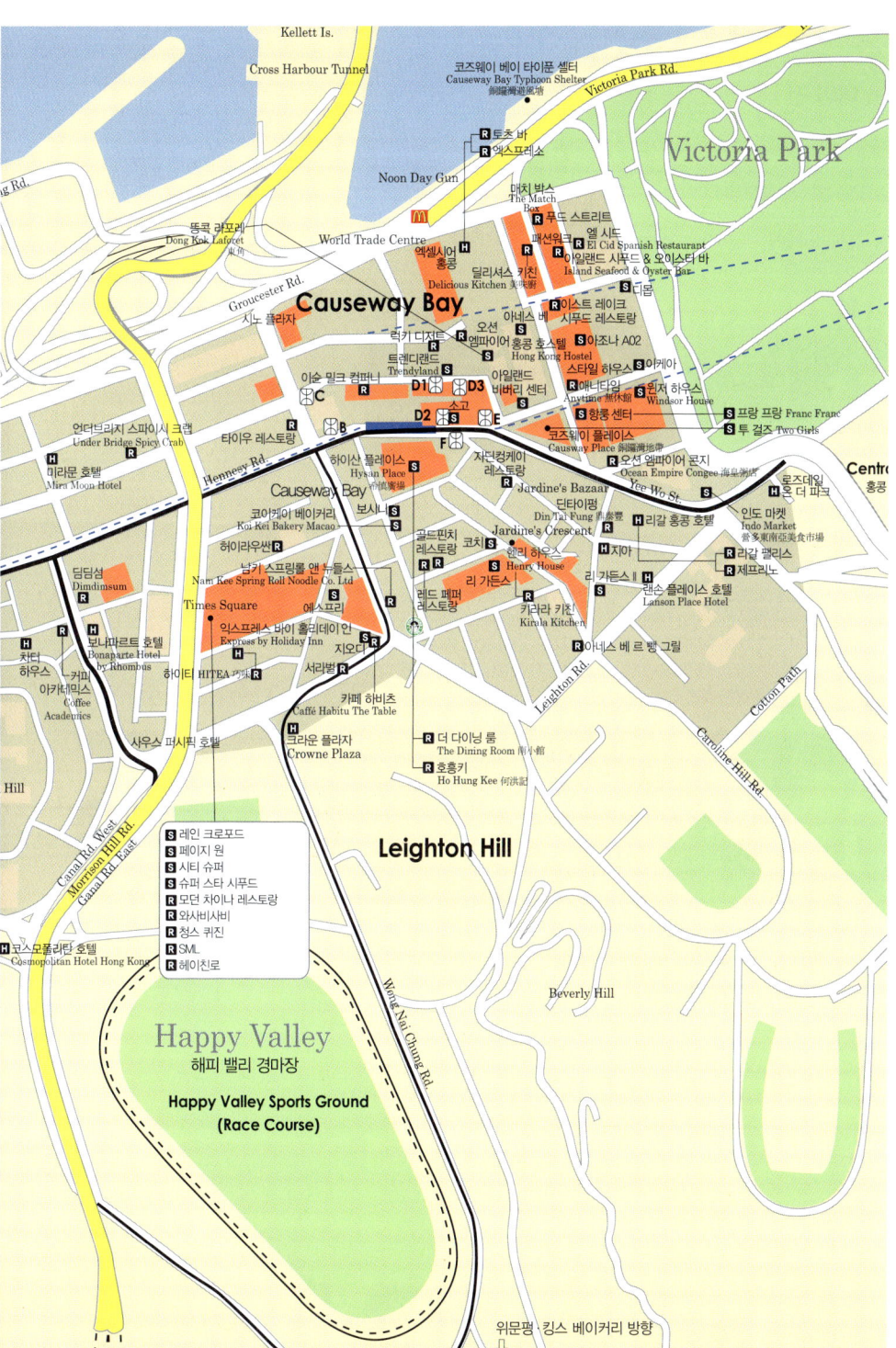

Sightseeing

눈 데이 건 Noon Day Gun 午砲

19세기 광장한 영향력을 가지고 있었던 자딘 매디슨사가 자신의 선박이 들어올 때 환영의 의미로 축포를 쏘는 것이 기원이 되었다고 한다. 지금은 이름처럼 매일 정오 12시면 시간을 알리며 대포를 쏘고 있다. 160여 년 동안 하루도 거르지 않고 대포를 쏘아 온 눈 데이 건. 처음 사용하던 대포는 유실되었고 그 이후 다른 대포를 사용하다 지금은 소음이 비교적 적은 해군용 속사포로 대치되었다고 한다. 정오부터 20분간은 포대를 개방하니 사진촬영을 하고 싶다면 이때를 놓치지 말자.

Access	코즈웨이 베이역 D1 출구에서 도보 10분. 엑셀시어 호텔 건너편 Willson Parking으로 내려가 표지판을 따라가면 된다.
Open	07:00~00:00
Close	연중무휴
Cost	무료
Address	Gloucester Road, Causeway Bay

Sightseeing

자딘스 크레센트 Jardine's Crescent 渣甸坊坊

홍콩의 옛 모습을 보는 듯한 느낌이 드는 재래시장이다. 우리나라의 남대문과 비슷하나 일부러 시간을 내 찾아가기에는 부족함이 있다. 게다가 도로도 좁고 지나는 사람이 많아 느긋하게 구경을 하기보다는 지나가는 길에 잠깐 돌아보고 길거리 음식을 즐기기에 적당하다. 의류, 한약 재료, 각종 차 등 취급하는 물품은 다양하나 건질 만한 것은 많지 않은 편.

Access	코즈웨이 베이역 F 출구를 나와 우측으로 조금만 가면 있다.
Open	12:00~22:00
Close	연중무휴
Address	Jardine's Bazaar, Causeway Bay

Sightseeing

코즈웨이 베이 타이푼 셸터
Causeway Bay Typhoon Shelter 銅鑼灣避風塘

태풍에 대비해 만들어진 선박 대피소로 약 7,000여 척의 배가 정박할 수 있을 정도로 넓은 규모이다. 화려하기 그지없는 호화 요트 클럽인 로열 홍콩 요트 클럽 Royal Hong Kong Yacht Club이 안쪽에 자리하고 있다. 같은 공간에 쓰러져 가는 낡은 수상가옥과 반짝이는 하얀 요트들의 모습이 묘한 대비를 이룬다.

Access	눈 데이 건 바로 앞.
Cost	무료
Address	Gloucester Road, Causeway Bay

Sightseeing

홍콩 중앙 도서관 Hong Kong Central Library 香港中央圖書館

홍콩 최대 규모의 도서관으로 가운데 부분이 뻥 뚫려 있는 독특한 건물 디자인만으로도 눈길을 끈다. 무려 200만 권에 달하는 장서와 만 장이 넘는 멀티미디어 자료를 소장하고 있다고 하니 어마어마한 규모가 짐작이 간다. 특히 1층의 안내데스크에는 인터넷을 무료(최대 2시간)로 이용할 수 있는 PC가 50여 대 설치되어 있는데 이용하려면 미리 예약을 해야 한다. 5층 신문 잡지 코너의 테라스석은 빅토리아 공원과 침사추이를 내려다보며 여유롭게 시간을 보내려는 시민들에게 인기 만점이다. 1층에는 문구류와 서적을 판매하는 공간이 마련되어 있다.

Access	코즈웨이 베이역 E번 출구에서 도보 10분.
Open	10:00~21:00 (수요일만 13:00~21:00) 10:00~19:00(공휴일)
Close	1/1 · 구정연휴 · 부활절 전 금요일 · 12/25 · 12/26
Cost	무료
Address	66 Causeway Road, Causeway Bay
Tel	3150-1234
Web	www.hkpl.gov.hk

Sightseeing

빅토리아 공원 Victoria Park 維多利亞公園

1957년 개장한 홍콩 최대의 공원이다. 공원의 이름은 공원 내에 자리한 빅토리아 여왕의 동상에서 유래된 것. 다양한 체육시설과 녹지가 잘 갖추어져 있지만 부지가 넓어 날씨가 더운 날에는 낮에 방문하지 않는 것이 좋다. 주말에는 아기자기한 벼룩시장이 서기도 한다.

Access	코즈웨이 베이역 E번 출구에서 도보 5분.
Open	24시간
Cost	무료
Address	1 Hing Fat Street, Causeway Bay
Tel	2890-5824
Web	www.lcsd.gov.hk/parks/vp

Sightseeing

해피 밸리 경마장 Happy Valley Racecourse 跑馬地馬場

아이러니하게 해피 밸리 지역은 원래 공동묘지가 있던 지역이라고 한다. 1846년 공동묘지였던 이 지역을 경마장으로 개발한 것. 이곳은 경마 시즌이면 사람들의 함성과 힘찬 말발굽소리로 열광의 도가니가 되곤 한다. G/F의 카운터에서 마권을 살 수 있는데 최소 베팅 금액은 HK$100이다. 홈페이지를 통해 자세한 스케줄을 확인할 수 있다.

Access	앞면에 해피 밸리라고 적힌 트램을 타고 종점에 내려 조금만 앞으로 걸어가면 경마장 입구가 보인다.
Open	홈페이지에서 경마 일정 확인
Close	홈페이지에서 경마 일정 확인
Cost	입장료 HK$10
Address	D505 Wong Nei Chung Road, Racecourse, Happy Valley
Web	www.hkjc.com

Food

딤딤섬 Dimdimsum 點點心點心專門店

저렴하고 맛있는 딤섬으로 인기 많은 팀호완에 만족하지 못했다면 딤딤섬을 선택해보자. 깔끔하고 캐주얼한 분위기로 전통적인 딤섬 메뉴는 물론 아이디어 넘치는 독특한 메뉴들의 딤섬을 두루 갖추고 있다. 특히 이곳에서만 맛볼 수 있는 파인애플 번은 실제 파인애플 소가 들어가 있어 상큼하고 달콤하다. 와사비로 느끼함을 잡은 함수이꼭 Deep Fried Dumplings with Wasabi Filling도 맛있고 푸짐한 소를 넣은 가지를 튀겨 데리야키 소스로 맛을 낸 Pan Fried Stuffed Eggplant with Teriyaki Sauce도 맛있으니 꼭 맛보자.

Access	코즈웨이 베이역 A 출구로 나와 타임스 스퀘어를 등지고 왼쪽으로 조금 가면 고가 도로 밑 신호등이 보인다. 신호등을 건너 맞은편 시장 골목 Wan Chai Road를 통과하면 나오는 큰길에서 오른쪽으로 꺾어 조금만 걸으면 우측에 바로 보인다.
Open	10:00~00:00
Cost	HK$100선(1인)
Address	G/F, 7 Tin Lok Lane, Wan Chai
Tel	2891-7677

Food

언더브리지 스파이시 크랩 Under Bridge Spicy Crab 橋底辣蟹

최근 한국인 여행자들에게도 많은 인기를 누리고 있는 시푸드 전문 레스토랑이다. 가게 이름에서 알 수 있듯 스파이시 크랩이 특히 인기가 있다. 잘게 다져 튀긴 마늘 플레이크가 잔뜩 올라간 매콤한 게는 보기만 해도 식욕을 자극한다. 매운 정도는 취향에 따라 선택이 가능하며 주문 전 게의 무게와 가격을 제시하는데 약간의 흥정도 가능하다. 가격은 좀 비싸지만 통통한 가리비를 쪄 마늘 소스를 올려 내는 Steamed Scallops with Garlic도 추천할 만하다. 차와 물티슈는 따로 돈을 받는다.

Access	코즈웨이 베이역 C 출구로 나와 왼쪽으로 약 200m 직진. 고가 도로 밑을 지나면 바로 오른쪽 골목 안쪽에 있다.
Open	18:00~06:00
Cost	HK$200~400(1인)(SC 10%)
Address	G/F-3/F, Ascot Mansion, 421-425 Lockhart Road, Wan Chai
Tel	2834-6268
Web	www.underspicycrab.com

Food

커피 아카데믹스 Coffee Academics

이미 큰 사랑을 받고 있는 카페 하비츠와 같은 매니지먼트의 커피 아카데믹스는 하이 퀄리티의 커피에 집중한 마케팅으로 커피 마니아들에게 큰 인기를 얻고 있다. 침사추이, 리펄스 베이, 코즈웨이 베이, 완차이 등 여러 지점을 가지고 있다. 커피 아카데미를 운영할 정도로 커피 맛에 자부심을 가지고 있는데 커피 마니아라면 이곳의 시그니처 메뉴인 드립 커피를 꼭 시도해볼 것. 원두와 드립 방법을 직접 선택할 수 있다. 식사 메뉴도 취급하고 있으며 디저트의 수준은 그저 그런 정도.

Access 코즈웨이 베이역 A 출구로 나와 타임스 스퀘어를 등지고 왼쪽으로 조금 가면 고가 도로 밑 신호등이 보인다. 신호등을 건너 맞은편 시장 골목을 통과하면 큰길이 나오는데 길 대각선 쪽에 보인다.
Open 09:00~21:00
Cost 식사메뉴 HK$100~150, 커피 HK$25~, 티 HK$50(1pot) (SC 10%)
Address 225 Wan Chai Road, Wan Chai
Tel 2515-0980
Web www.the-coffeeacademics.com

Food

아네스 베 르 뺑 그릴 Agnes b. Le Pain Grille

패션 브랜드로도 인기를 얻고 있는 아네스 베의 감성을 엿볼 수 있는 프렌치 레스토랑이다. 길모퉁이 카페가 가진 묘한 감성을 더해 마치 유럽 한가운데 온 듯한 분위기를 풍긴다. 가격대는 높은 편으로 식사를 원한다면 런치 타임의 가벼운 메뉴를 즐겨보는 것도 좋겠다. 쇼케이스의 알록달록한 디저트와 함께 달달한 휴식을 취하기에도 그만인데 디저트의 수준도 높은 편이다. 장미향이 가득 퍼지는 로즈라테 등의 독특한 음료도 시도해볼 만하다.

Access 리 가든스 두 건물 사이의 Yun Ping Road를 따라 한 블록 가면 우측 길모퉁이에 보인다.
Open 10:00~22:00
Cost 음료 HK$40~, 케이크 HK$45~ (SC 10%)
Address 111 Leighton Road, Causeway Bay
Tel 2577-2718
Web www.agnesb-lepaingrille.com

Food
⑤
더 다이닝 룸 The Dining Room 南小館

하이산 플레이스에서도 인기 많은 레스토랑이다. 상하이 요리를 현대적으로 접근한 메뉴들로 타깃도 철저하게 젊은 층을 겨냥했다. 중식당의 상징인 붉은색과 커다란 테이블 등의 공식을 과감하게 깨고 밝고 화사한 카페테리아 느낌으로 꾸며 놓았다. 단연 대표 메뉴로는 상하이식 딤섬. 특히 프라이드 크리스피 포크 수프 번 Signature Pan-Fried Crispy Pork Soup Bun 은 샤오롱바오의 새로운 버전으로 두툼한 피의 샤오롱바오를 팬에 바삭하게 구워 여성들이 좋아한다. 식사 후에는 취향에 따라 선택해 조합할 수 있는 최고의 상하이 디저트 TDR 스위트 플래터로 마무리해 보자.

Access	MTR 코즈웨이 베이역 F2 출구로 연결되는 하이산 플레이스 12층에 있다.
Open	11:00~23:00
Close	연중무휴
Cost	Signature Pan-Fried Crispy Pork Soup Buns HK$38(4개) TDR Sweet Platter HK$58 (SC 10%)
Address	Shop Unit 1201, Hysan Place, 500 Hennessy Road, Causeway Bay
Tel	2648-2299

Food
⑥
타이우 레스토랑 Tai Woo Restaurant 太湖海鮮城

홍콩의 여러 미식대상의 상을 휩쓸다시피한 욕심 많은 레스토랑이다. 코즈웨이 베이에서 꼭 한 군데만 식당을 이용해야 한다면 이곳을 빼놓을 수 없다. 입구에는 수족관이 설치되어 있어 펄떡펄떡 뛰는 로브스터며 새우가 그 자리에서 잡혀 쉴 새 없이 주방으로 전달되는 모습이 보인다. 입구로 들어서면 계단을 따라 다양한 수상 내역과 유명인사와의 기념사진들이 자랑스럽게 걸려 있다. 식당 내부는 특별히 세련되거나 화려한 분위기는 아니고 오히려 왁자지껄한 홍콩의 평범한 식당에 가까워 편안한 느낌을 준다.

타이우 레스토랑에 왔다면 2004년 홍콩 미식대상에서 금상을 수상한 Crispy Juicy Stewed Beef는 꼭 맛보자. 야들야들한 비프에 짭조름한 간장 소스가 환상적인 조화를 이룬다. 또, 예산이 넉넉하다면 탱글탱글한 로브스터 요리 Baked Lobster with Supreme Sauce도 맛보자. 매콤한 로브스터와 고소하게 구워진 누들이 마지막 한입까지 행복한 요리다.

Access	코즈웨이 베이역 B 출구를 나와 우측 사거리에서 길을 건너 오른쪽으로 조금만 가면 정면에 큰 간판이 있다.
Open	11:00~03:00
Close	구정연휴 첫날
Cost	Crispy Juicy Stewed Beef HK$138 Baked Lobster with Supreme Sauce HK$700~1,000 Sesame Chicken Baked in Salt HK$228/115(Whole/Half)(SC 10%)
Address	27 Percival Street, Causeway Bay
Tel	2893-0822

Food

레드 페퍼 The Red Pepper Restaurant 南北樓

마늘과 고춧가루를 듬뿍 넣어 요리하는 매콤한 쓰촨 요리 전문 레스토랑이다. 유수의 단체로부터 각종 상을 수상한 포스 있는 집이자 40년의 역사를 가진 전통 맛집이다. 특히 매콤한 요리로 한국인 여행자들에게 인기가 높은데 뜨거운 철판 위에 서브되는 매콤한 새우 요리 Fried Prawns with Chili는 항상 식탁에 빠지지 않는 메뉴라고. 남은 소스에 Silver Thread Roll(HK$25/1 Roll)을 하나 추가하여 찍어 먹으면 더욱 맛있다. 다진 돼지고기와 말린 새우로 맛을 낸 채소 요리 Dry Fried String Beans with Minced Pork는 짭짤한 돼지고기와 달콤하고 아삭한 채소의 맛의 조화가 훌륭하다. 매콤한 쓰촨식 탄탄면도 맛있고 이 집에서 가장 매운 요리라는 Boiled Spicy Sliced Beef Sichuan Style은 부드러운 쇠고기의 육질과 매콤한 소스가 어우러져 환상적인 맛을 낸다.

Access	코즈웨이 베이역 F 출구를 나와 직진하다 리 가든 로드 삼거리가 나오면 왼쪽으로 꺾어진다. 두 블록쯤 가면 왼쪽에 란풍 로드가 나오는데 그 골목으로 조금만 걷다 보면 왼편에 식당이 보인다.
Open	11:30~00:00
Close	구정 당일과 다음 날
Cost	Fried Prawns with Chili HK$340/240 Dry Fried String Beans with Minced Pork HK$110/85 Boiled Spicy Sliced Beef Sichuan Style HK$140/110(SC 10%)
Address	G/F 7, Lan Fong Road, Causeway Bay
Tel	2577-3811

Food

딘타이펑 Din Tai Fung 鼎泰豐

딘타이펑은 크고 풍요로운 솥이라는 뜻을 가지고 있다. 대만에서 노점으로 시작해 지금은 중국, 싱가포르, 호주, 미국, 말레이시아, 일본, 인도네시아, 한국 등에 지점을 두고 있는 세계적인 레스토랑이다. 홍콩에는 침사추이와 코즈웨이 베이 분점 두 곳이 있다. 딘타이펑의 간판스타는 물론 샤오롱바오. 숙련된 사람만 만들 수 있다는 딘타이펑의 샤오롱바오는 얇은 피와 18개의 미세한 주름으로 유명하다. 그 진가는 레스토랑 입구 오픈 딤섬 주방에서 확인할 수 있다. 건강을 챙기는 이라면 버섯향이 진한 검은 송로와 돼지고기 샤오롱바오를 추천한다. 대만식 탄탄면은 국물이 적어 우리의 비빔국수에 가까운데, 땅콩소스와 적절히 조화를 이뤄 고소하고 담백하다. 아몬드 순두부 푸딩은 무척 부드러워 탄탄면을 먹고 입가심하기에 좋다.

Access	코즈웨이 베이역 F번 출구로 나오면 오른쪽 대각선으로 자딘스 크레센트 (재래시장)가 보인다. 자딘스 크레센트를 빠져나와 오른쪽 사거리에서 바로 보인다. 빌딩 내부로 들어가면 레스토랑 입구가 있다.
Open	11:30~22:00
Close	연중무휴
Cost	물·차 HK$6(1인) 돼지고기 샤오롱바오 HK$48(6pcs) 검은 송로와 돼지고기 샤오롱바오 HK$138(6pcs) 대만식 탄탄면 HK$30 아몬드 순두부 푸딩 HK$28(SC 10%)
Address	G/F, 68 Yee Woo Street, Causeway Bay
Tel	3160-8998
Web	www.dintaifung.com.hk

Food ⑨

위문펑 Dim Sum 譽滿坊

옛 상하이 스타일의 고풍스러운 인테리어가 과거로 온 착각을 하게 하는 딤섬 전문 레스토랑이다. 장국영의 팬이라면 그의 단골집으로 더 기억하는 곳이다. 시내에서 접근성은 떨어지지만 이 집의 딤섬 때문에 해피 밸리를 찾는 사람들도 많다. 특히 귀족 딤섬은 대표 딤섬으로 불릴 만큼 인기. 샥스핀, 전복, 제비집 같은 고급 재료가 아낌없이 들어간다. 그중 금박으로 장식된 새우 샥스핀 딤섬은 큼직한 크기처럼 내용물도 큼직해 살강살강 씹히는 새우 맛이 일품이다. 귀족식 딤섬 이외에도 특선, 광둥식, 북경식 딤섬이 있고 디저트 메뉴도 따로 있다. 딤섬 사진이 있는 영어 메뉴와 한글 주문표가 있어 쉽게 주문할 수 있으니 꼭 요구하자. 주말은 예약을 받지 않는다.

Access	해피 밸리 트램 종점에서 하차. 왼쪽의 Sing Woo Road를 따라 올라가면 왼편에 있다. 또는 코즈웨이 베이역에서 택시 이용.
Open	11:00~16:30 18:00~22:00(월~금) 10:30~16:30, 17:30~22:30 (LO 21:45)(주말·공휴일)
Close	구정연휴
Cost	차 HK$10(1인) 새우 샥스핀 딤섬 HK$80 전복 새우 돼지고기 딤섬 HK$80 일반 딤섬 HK$25~80선(2~4pcs) (SC 10%)
Address	G/F, 63 Sing Woo Road, Happy Valley
Tel	2834-8893

Food ⑩

슈퍼스타 시푸드 레스토랑
Superstar Seafood Restaurant 鴻星海鮮酒家

광둥식 딤섬과 시푸드 전문 레스토랑인 슈퍼스타 시푸드 레스토랑은 독특하고 귀여운 딤섬으로 여행자들에게 입소문이 나 있는 곳이다. 대부분의 딤섬이 깜찍한 동물 모양을 하고 있는데 모양뿐 아니라 맛도 훌륭한 편이다. 특히 통통한 새우살이 펭귄 배를 꽉 채우고 있는 Steamed Shrimp Dumping in Penguin은 꼭 먹어보자. 칼로리가 부담스럽긴 해도 마시멜로로 만든 하얀 토끼 모양의 Marshmallow in Rabbit Shape는 여성고객에게 특히 인기가 있다. 딤섬은 오전 10시부터 오후 4시까지 주문이 가능하며 보통 한 조각에 HK$8~16으로 최소 딤섬 종류에 따라 3~4점 이상 주문해야 한다.

Access	코즈웨이 베이역 A 출구. 타임스 스퀘어 10층.
Open	10:00~23:00
Close	연중무휴
Cost	Stone Fish Dumpling HK$30(3pc) Marshmallow in Rabbit Shape HK$32(4pc) Steamed Shrimp Dumpling in Penguin HK$30(3pc)(SC 10%)
Address	Shop No1005, 10/F, Times Square, Causeway Bay
Tel	2628-0886

Food
⑪

청스 퀴진 Chung's Cuisine 鍾菜

타오헝 그룹의 레스토랑 중 하나로 현지인에게 인기가 많아 주말이면 번호표를 뽑아 들고 대기해야 할 정도로 인기가 많다. 딤섬도 무난하지만 특이하게도 청스 퀴진의 자신작은 육류 요리. 스테이크도 맛있고 버터 소스에 조리해 풍미를 돋운 Sauted Diced Beef with Butter Sauce도 훌륭하다.

Access	코즈웨이 베이역 A 출구, 타임스 스퀘어 푸드포럼 내에 위치
Open	10:00~16:30, 17:45~23:00
Close	연중무휴
Cost	스테이크 HK$138~168 메인 메뉴 HK$80~(SC 10%)
Address	Shop 1201, 12/F, Times Square, Causeway Bay
Tel	8300-8005
Web	www.taoheung.com.hk

Food
⑫

모던 차이나 레스토랑
Modern China Restaurant 金滿庭

이름처럼 정통이 지나치게 강조된 메뉴보다는 퓨전이 가미된 음식들이 많아 외국인의 입맛에도 잘 맞는 곳이다. 특히 닭고기를 매운 건고추와 함께 조리한 Diced Chicken with Chili Pepper는 한국 여행자들에게 최고의 인기 메뉴이다. 번호표를 받고 기다려야 할 정도로 손님이 많은데, 광둥어로 번호를 불러주니 영어로 불러달라고 미리 부탁하는 것이 좋다.

Access	코즈웨이 베이역 A번 출구로 나오면 타임스 스퀘어 쇼핑몰과 바로 연결된다. 쇼핑몰 내 10층에 위치
Open	11:45~15:00, 17:45~23:00 Close 연중무휴
Cost	HK$100~(1인)
Address	Shop 1301, Food Forum, Times Square, Causeway Bay
Tel	2506-2525
Web	www.modernchinarestaurant.com

Food
⑬

이통힌 Yee Tung Heen 怡東軒

엑셀시어 호텔 내에 위치한 차이니즈 레스토랑으로 뛰어난 음식 맛으로 큰 인기를 끌고 있는 곳이다. 대부분의 메뉴가 어지간히 잘한다는 다른 곳보다 비교 우위의 맛과 비주얼을 유지한다. 애피타이저로 꼬들꼬들 식감이 끝내주는 젤리피시와 달콤한 맛이 일품인 바비큐 포크도 추천할 만하다. 좀 더 알뜰하게 이곳의 음식을 즐기고자 한다면 런치의 딤섬 메뉴를 공략해 보자. 베이크트 차슈바오와 씨우마이는 놓쳐서는 안 될 딤섬 중 하나.

Access	엑셀시어 호텔 내에 위치.
Open	**런치** 12:00~14:30(월~토), 10:30~15:00(일) **디너** 18:00~23:30
Close	연중무휴
Cost	애피타이저 HK$38~, 누들 HK$148~(SC 10%)
Address	281 Gloucester Road, Causeway Bay
Tel	2837-6790
Web	www.mandarinoriental.com/excelsior/fine-dining

Food
⑭

리갈 팰리스 Regal Palace 富豪金殿

2009년, 2010년 미슐랭 스타를 받은 광둥 레스토랑이다. 리갈 팰리스에서 꼭 맛보아야 할 음식은 홍콩 관광청에서 실시한 미식대상에서 금상을 수상한 Deep Fried Prawns with Salted Egg Yolk & Sauted Fresh Milk. 새우의 씹히는 맛이 예술이다. 중국 찻잎을 곁들여 바삭하게 구워낸 Smoked Crispy Chicken with Chinese Tea Leaves도 추천 메뉴 중 하나.

Access	리갈 홍콩 호텔 3층에 위치.
Open	12:00~15:00(주말·공휴일 11:00~15:00), 18:00~23:00
Close	연중무휴
Cost	Deep-Fried Prawns with Salted Egg Yolk & Sauted Fresh Milk HK$298(5pc), Smoked Crispy Chicken with Chinese Tea Leaves HK$148/268(Half/Whole), 딤섬 HK$38~58(SC 10%)
Address	3/F, Regal Hongkong Hotel, 88 Yee Wo Street, Causeway Bay
Tel	2837-1773 Web www.regalhotel.com

Food
15

토츠 바 ToTT's Bar

ToTT(Talk of The Tang)는 엑셀시어 호텔의 루프톱 바 겸 레스토랑으로, 멋진 뷰와 분위기로 인기를 얻고 있다. 스타일리시한 입구를 따라 들어가면 내부는 안쪽의 다이닝 공간과 테라스 쪽 바 공간으로 나뉘어 있다. 주말마다 브런치 뷔페를 운영하고 있는데 특히 일요일에만 즐길 수 있는 샴페인 브런치는 예약을 하지 않으면 입장할 수 없을 정도로 인기다. 샴페인이 한 잔 제공되며 1인당 HK$348에 즐길 수 있다. 특히 밤 10시 이후에는 라이브 밴드의 공연도 즐길 수 있다.

Access	엑셀시어 호텔 34층에 위치.
Open	**런치** 12:00~14:30(월~금), **브런치** 11:30~15:00(일), **디너** 18:30~22:30(일 ~21:30)
Close	연중무휴
Cost	메인 메뉴 HK$248~388, 하우스 와인 HK$65~78(SC 10%)
Address	34/F, The Excelsior Hong Kong, 281 Gloucester Road, Causeway Bay
Tel	2837-6786
Web	www.excelsiorhongkong.com

Food
16

엑스프레소 Expresso

마카오에서 직접 공수해오는 마카오식 에그 타르트를 맛볼 수 있는 곳이다. 호텔 로비에 위치하고 있지만 마치 독립된 커피숍인 듯 밝고 자유로운 분위기이며 실내를 가득 채운 커피 향이 기분까지 즐겁게 만든다. 오전 11시부터 오후 5시 30분 사이에는 에그 타르트 2개와 커피 세트를 HK$38에 즐길 수 있다. 커피는 일리 커피를 제공하는데 특히 거품이 가득한 카페라테는 에그 타르트와 함께 가장 인기 있는 메뉴이다.

Access	엑셀시어 호텔 로비 층에 위치.
Open	07:00~19:00(월~금), 08:00~18:00(주말)
Close	연중무휴
Cost	Lord Stow's Egg Tart HK$9, 세트 메뉴 HK$38~52(SC 10%)
Address	Lobby, The Excelsior Hong Kong, 281 Gloucester Road
Tel	2837-6777
Web	www.excelsiorhongkong.com

Food
17

SML

입구의 핑크색 조형물이 눈길을 사로잡는 SML은 이탈리안 웨스턴 푸드를 다루는 캐주얼한 레스토랑이다. 내부는 롱 테이블과 심플한 조명, 오픈 키친이 활기찬 느낌을 준다. SML은 Small, Medium, Large를 의미하는데 이름처럼 모든 메뉴를 세 가지 포션으로 골라 주문할 수 있다. Small은 테이스팅 수준의 양이며 Medium은 애피타이저 정도로 즐기고 싶을 때, Large는 메인 메뉴로 주문할 때 선택하면 된다. 전반적으로 양은 적은 편이다.

Access	코즈웨이 베이역 A 출구, 타임스 스퀘어 11층에 위치.
Open	11:30~00:00(금·토 ~01:00)
Close	연중무휴
Cost	Chili Smoked Chicken HK$89(M), Tagilatelie, Prawn Jambalaya HK$112(M)(SC 10%)
Address	Shop No1105, 11/F, Times Square, Causeway Bay
Tel	2577-3444
Web	www.smlrestaurants.com

Food
18

남키 스프링롤 앤 누들스
Nam Kee Spring Roll Noodle Co. Ltd 南記粉麵

저렴하고 맛있는 면 요리 전문점으로 식사 시간에는 줄을 서지 않으면 안 될 정도로 인기가 많다. 영어가 통하지 않고 면의 종류가 많아 붐빌 때에는 주문하기 당황스러울 때도 있으니 가능하면 식사 시간을 피해서 방문하자. 그림 메뉴를 달라고 해 주문하는 것이 가장 편한 방법이지만 수교자와 춘권이 면에 곁들여 나오는 水餃河粉加春卷 혹은 만두가 듬뿍 들어가 있는 매콤한 菜肉雲吞小窩米線(첫 번째 사진)을 주문하면 무난하다.

Access	코즈웨이 베이역 A 출구, Lee Theatre Plaza를 등지고 왼쪽으로 돌아 들어가면 골목 안쪽 길 건너편에 있다.
Open	07:30~23:00
Close	구정연휴
Cost	누들 HK$17~27
Address	106 Percival Street, Causeway Bay
Tel	2576-4651

Food
⑲
매치 박스 The Match Box

홍콩에서 반드시 도전해봐야 할 음식이 있다면 차찬텡을 빼놓을 수 없다. 차찬텡은 차를 곁들인 홍콩식 가벼운 식사를 의미한다. 매치 박스는 저렴하고 푸짐한 차찬텡 메뉴들로 언제나 사람들로 북적거리니 모르는 사람과 합석쯤은 각오해 두는 것이 좋다. 일반적으로 차와 토스트, 면 요리가 포함되어 있는 세트 메뉴를 시키는 것이 좋다. 토스트와 곁들여지는 계란 요리는 스크램블과 프라이 중 선택할 수 있으며 차는 레몬티와 밀크 티 중 하나를 선택할 수 있다.

Access 코즈웨이 베이역 E번 출구에서 도보 5분, 엑셀시어 호텔 근처.
Open 09:00~00:00   Close 구정연휴
Cost 차찬텡 세트 7번 HK$33, 에그 타르트 HK$5밀크 티 HK$14
Address G/F, Highland Mansion, 8 Cleveland Street, Causeway Bay
Tel 2868-0363

Food
⑳
오션 엠파이어 콘지
Ocean Empire Congee 海皇粥店

홍콩식 죽 콘지를 부담 없이 맛볼 수 있는 곳이다. 깔끔한 실내에 직원들도 친절하다. 오션 엠파이어 콘지에 도넛을 추가해 먹으면 무난하다. 엠파이어 콘지는 닭고기와 어묵이 들어있어 담백한 맛이 일품이다. 도넛은 죽에 푹 담갔다가 말랑해지면 죽과 함께 먹는다. 부족하다면 간장 소스를 부어 먹는 Fresh Shrimp Ricesheet Roll을 추가로 주문하면 좋다.

Access 코즈웨이 베이역 E 출구를 나와 소고 앞 사거리에서 오른쪽으로 직진, 두 번째 삼거리에서 왼쪽으로 꺾으면 왼쪽에 보인다.
Open 07:00~00:00   Close 연중무휴
Cost Ocean Empire Congee HK$30, Twisted Doughnut HK$10
Fresh Shrimp Ricesheet Roll HK$26, Soy Milk HK$8
Address Shop 1-2, G/F, 15-23 Sugar Street, Causeway Bay
Tel 2894-8848   Web www.oceanempire.com.hk

Food
㉑
애니타임 Anytime 無休館

홍콩 로컬푸드부터 인터내셔널까지 다양한 메뉴를 제공하는 깔끔한 레스토랑이다. 애니타임은 홍콩의 영화배우 증지위와 유명 디자이너 알란 창이 함께 운영하는 것으로도 유명세를 떨치고 있다. 메뉴 대부분은 홍콩식에 퓨전 감각을 더한 참신한 요리들로 특히 부드러운 비프의 식감이 일품인 Seared Garlic Beef Tenderloin Cubes를 추천할 만하다.

Access 코즈웨이 베이역 E 출구에서 왼쪽으로 50m 가면 사거리가 나오는데 길을 건너 좌측의 에스컬레이터를 탄다. 한 층 올라가 조금만 앞으로 가면 있다.
Open 11:30~00:00(월~금), 11:00~00:00(주말·공휴일)
Cost Seared Garlic Beef Tenderloin Cubes HK$42
Stir Fried Hor Fun with Beef in Sweet Black Sauce HK$62(SC 10%)
Address Shop No5, 1/F, JP Plaza, 22-36 Paterson Street, Causeway Bay
Tel 2148-3388

Food
㉒
호흥키 Ho Hung Kee 何洪記

소박하고 평범해 보이지만 홍콩 미식대상 완탕면 부문에서 수상까지 한 콘지와 완탕 누들 레스토랑으로 1946년 창업해 오랜 역사를 가지고 있다. 추천 메뉴는 물론 완탕과 콘지. 콘지에는 먹기 부담스러운 다양한 재료가 들어가니 무난하게 주문하려면 Sliced Tenderloin Congee가 좋다. 짭조름하게 면을 볶아내는 Stir Fried Rice Noodle with Beef도 맛있지만 이른 시간에는 주문을 받지 않는 경우가 있다.

Access MTR 코즈웨이 베이역 F2 출구로 연결되는 하이산 플레이스 내에 위치.
Open 11:30~23:30
Close 연중무휴
Cost Stir Fried Rice Noodle with Beef HK$59
Sliced Tenderloin Congee HK$34
House Special Wonton Noodles in Soup HK$29
Address 2 Sharp Street East, Causeway Bay
Tel 2577-6558

Food
23

이슌 밀크 컴퍼니
Yee Shun Milk Company 港澳義順牛奶公司

철제 선반에 빼곡하게 쌓여 있는 우유 푸딩이 금세 동나버리는 인기 만점 우유 푸딩 전문점이다. 마카오에 있는 본점에서 2~3일에 한 번씩 재료를 공수해 온다고 한다. 부드럽고 고소한 우유 푸딩은 여행자뿐 아니라 현지인들에게도 최고의 사랑을 받는 메뉴. 그 외에도 망고, 아몬드 등 다양한 재료가 들어가 있는 우유도 맛있다. 간단한 누들과 마카로니도 저렴하지만 우리 입맛에는 심심할 수 있다.

Access	코즈웨이 베이역 D1 출구로 나와 왼쪽으로 도보 1~2분 정도 가면 왼편에 있다.
Open	12:30~02:00　　　　　　Close 구정연휴
Cost	아몬드 밀크 HK$19, 누들 HK$19~24
Address	G/F, 506 Lockhard Road, Causeway Bay
Tel	2591-1837

Food
24

골드핀치 레스토랑
Goldfinch Restaurant 金雀餐廳

영화 〈화양연화〉와 〈2046〉에 등장한 레스토랑으로 더욱 유명한 골드 핀치. 이곳에서는 영화의 이름을 딴 화양연화 세트와 2046 세트를 맛볼 수 있다. 2046 세트(HK$270, 2인)는 브레드 앤 버터, 수프, 샐러드, 셔로인 스테이크, 커피와 디저트가 포함되며 화양연화 세트(HK$360, 2인)는 여기에 구운 마늘, 홍합과 밥이 추가되고 스테이크 대신 그릴드 로브스터가 제공된다.

Access	코즈웨이 베이역 F 출구를 나와 우측으로 가면 삼거리가 나온다. 거기서 왼쪽으로 꺾어 약 100m쯤 가다 보면 Lan Fong Road가 나오는데 그 길로 조금만 가면 왼쪽에 있다.
Open	11:00~00:30
Close	구정연휴
Cost	스테이크 HK$95~120, 누들 HK$40~80(SC 10%)
Address	G/F, 13-15 Lan Fong Road, Causeway Bay
Tel	2577-7981

Food
25

럭키 디저트 Lucky Dessert 發記甜品

허니문 디저트에 가려 여행자들에게는 덜 알려졌지만 맛과 가격 어느 면에서도 뒤지지 않는다. 신선한 열대과일을 이용한 다양한 디저트 메뉴를 보고 있노라면 어떤 것을 골라야 할지 망설여질 정도다. 그림 메뉴가 있어 쉽게 선택할 수 있는데 망고를 좋아한다면 쫄깃한 쌀떡 속에 새콤달콤한 망고가 큼지막하게 들어간 망고 인 스티키 라이스롤을 추천한다. 그 밖에 달콤한 생크림에 망고를 듬뿍 넣어 크레페로 감싼 망고 팬케이크도 강추 메뉴.

Access	코즈웨이 베이역 A 출구로 나와 타임스 스퀘어와 에스프리 매장 사이 골목으로 직진하다 에스프리 매장을 왼쪽에 두고 좌회전하면 골목 안쪽, 좌측에 있다.
Open	12:30~01:00　　　　　　Close 구정연휴
Cost	Mango in Sticky Rice Roll HK$33, Mango Pancake HK$23
Address	G/F, Lee Theatre Plaza, 99 Precival Street, Causeway Bay
Tel	2808-2728

Food
26

헤이친로 Heichinrou Restaurant 聘珍樓

헤이친로의 모든 음식은 화학첨가물이나 인공색소를 일절 넣지 않아 다른 곳보다 더욱 담백한 맛을 느낄 수 있다. 특히 통통한 새우 맛이 일품인 Steamed Prawn Dumplings와 바삭한 껍질과 촉촉한 돼지고기 등심의 환상궁합, Roasted Crispy Loin of Pork도 맛있다.

Access	코즈웨이 베이역 A 출구, 타임스 스퀘어 11층에 위치.
Open	11:00~23:00(월~금), 10:30~23:00(주말·공휴일)
Close	연중무휴
Cost	Steamed Prawn Dumplings HK$32
	Steamed BBQ Pork Buns HK$23
	Roasted Crispy Loin of Pork HK$60(SC 10%)
Address	Shop No.1102, 11/F, Times Square, 1 Matheson Street, Causeway Bay
Tel	2506-2333
Web	www.heichinrou.com

Food
㉗

카페 하비츠 Caffé Habitu The Table

부티크 카페를 표방하는 카페 하비츠는 홍콩 전역에 여러 개의 분점을 가지고 있는데 지역마다 콘셉트와 이름이 조금씩 다르다. 지오디 매장 옆에 위치한 이곳은 통일성 없어 보이는 편안한 테이블과 의자. 뒤쪽에 빼곡히 자리한 사물함 등이 묘한 분위기를 풍긴다. 특히 이곳의 특이한 라테들은 꼭 맛보자. 얼그레이 라테는 그중 가장 인기가 있으며 푸짐한 포션의 에그 베네딕트도 인기 메뉴 중 하나.

Access	코즈웨이 베이역 A 출구, 지오디 매장 옆에 위치.
Open	11:00~22:00(월~금), 10:00~22:00(주말·공휴일)
Close	연중무휴
Cost	시그니처 디저트 플래터 HK$128, 파스타 HK$82~108
	에그 베네딕트 HK$78(SC 10%)
Address	Space No1, L1, 2/F, Leighton Centre, 77 Leighton Road, Causeway Bay
Tel	3579-4050
Web	www.caffehabitu.com

Food
㉘

딜리셔스 키친 Delicious Kitchen 美味廚

로컬스타일 식사를 하고 싶은데 무엇을 어찌 주문해야 할지 몰라 혹은 깔끔하지 못한 시설이 마음에 걸려 도전을 꺼렸다면 딜리셔스 키친을 방문하자. 동그란 의자와 심플한 탁자들이 놓여 있는 실내는 깔끔하고 영어 메뉴가 종류별로 구분되어 있어 주문하기 편리하다. 게다가 가격도 착하니 금상첨화. 이 집의 완탕은 보기만 해도 흐뭇할 정도로 통통하다. 속은 야채가 듬뿍 들어 있어 다른 집보다 느끼한 맛도 덜하고 깔끔하고 개운한 맛. 고소한 땅콩소스에 버무려 나오는 사이드 디시도 챙겨먹도록 하자.

Access	코즈웨이 베이역 E번 출구에서 도보 5분.
Open	11:00~23:00
Close	구정연휴
Cost	Won Ton in Soup HK$38
	Sweet & Sour Won Ton HK$40(SC 10%)
Address	Shop B, G/F, 9-11 Cleveland Street, Causeway Bay
Tel	2577-8350

Food
㉙

엘 시드 El Cid Spanish Restaurant

알록달록한 차양과 테이블이 눈에 띄는 엘 시드는 정통 스패니시 메뉴를 접할 수 있는 몇 되지 않는 레스토랑이다. 추천 메뉴는 Seafood Paella in Ink Sauce. 푸짐한 시푸드와 매콤한 파에야의 조화가 훌륭하다. 전반적으로 양은 적은 편이며 런치에는 1인 HK$158에 스패니시 타파스 뷔페를 즐길 수 있다.

Access	코즈웨이 베이역 E 출구에서 도보 5분. 엑셀시어 호텔 근처.
Open	12:00~23:30
Close	연중무휴
Cost	스패니시 타파스 뷔페 HK$158
Address	ShopC, G/F, Florida Mansion, 9-11, Cleveland Street, Causeway Bay
Tel	2576-8650
Web	www.kingparrot.com

Food
㉚

킹스 베이커리 King's Bakery 君皇麵飽

해피 밸리행 트램이 완전히 멈춰서고 종점에 닿으면 홍콩 시내에선 느낄 수 없었던 한적함을 만나게 된다. 작은 디저트 가게와 과일 가게를 지나 Sing Woo Road를 오르면 빵 냄새가 발길을 붙인다. 킹스 베이커리의 빵은 특별하지는 않지만 멋을 부리지 않은 소박한 맛을 느낄 수 있다. 파인애플 번은 텁텁하지 않고 씹을수록 맛이 난다. 잠시 빵집을 오가는 현지인들 틈에서 여행자임을 잊어보자.

Access	해피 밸리 트램 종점에서 하차. 왼쪽의 Sing Woo Road를 따라 올라가면 왼편에 있다.
Open	06:00~21:30
Close	구정연휴
Cost	미니 파인애플 번 HK$1.5, 미니 옐로 크림 번 HK$3
Address	G/F, No. 2 Min Fat Street, Happy Valley
Tel	2893-6722

Shopping
①

타임스 스퀘어 Times Square 時代廣場

타임스 스퀘어는 코즈웨이 베이 한복판에 자리한 홍콩의 대표적인 쇼핑몰이다. 유동인구가 많은 코즈웨이 베이의 중추 쇼핑 스폿으로, 이 지역의 랜드마크로서 쇼핑몰 이상의 의미를 가진다. 시계탑과 어우러진 외관은 속속 들어서는 홍콩의 으리으리한 쇼핑몰에 비해 클래식하고 중후한 느낌마저 든다. 타임스 스퀘어는 고급 브랜드보다는 실제로 지갑을 열 만한 실속 있는 브랜드, 20대 초반의 젊은 여성들을 위한 발랄한 브랜드들을 많이 접할 수 있어 코즈웨이 베이 최고의 쇼핑 몰로 사랑받고 있다. 타임스 스퀘어 안에 자리한 유명 백화점 레인 크로포드 Lane Crawford에는 특히 우리나라에 론칭하지 않은 화장품 브랜드가 많으니 화장품 쇼핑을 계획 중이라면 놓치지 말 것. 8~9층에 어린이 브랜드와 가전제품이 잘 갖추어져 있으니 관심 있는 여행자라면 둘러보는 것도 좋다.

Access	코즈웨이 베이역 A 출구에서 바로 연결.
Open	10:00~22:00
Close	연중무휴
Address	1 Matheson Street, Causeway Bay
Tel	2118-8900
Web	www.timessquare.com.hk

Shopping

하이산 플레이스 Hysan Place 希慎廣場

더 이상 비집고 들어설 자리라곤 없을 것 같았던 쇼핑 천국, 코즈웨이 베이에 새롭게 도전장을 내민 쇼핑몰이다. 패션, 뷰티, 음식, 문화를 총망라한 멀티 엔터테인먼트 몰을 표방하며 17개 층에 걸쳐 120여 개의 각종 인기 브랜드숍을 보유하고 있다. 2개 층에 걸친 티 갤러리아 $^{T\ Galleria}$, 3개 층에 걸친 서점과 4개 층에 걸친 다이닝 구역을 포함해 엄청난 위용을 자랑한다.

Access	MTR 코즈웨이 베이역 F 출구와 연결된다.
Open	10:00~22:00(일~목)
	10:00~23:00(금·주말·공휴일 전날)
Close	연중무휴
Address	500 Hennessy Road, Causeway Bay
Tel	2886-7222
Web	hp.leegardens.com.hk

Tip 놓치지 말아야 할 숍

T 갤러리아 $^{T\ Galleria}$
트래블러의 T를 강조한 만큼 타깃이 명확한 쇼핑 공간으로 외국인 여행자를 겨냥해 고급 시계와 보석, 화장품과 향수만을 전문으로 다루는 공간이다. 우리나라에서 접하기 쉽지 않았던 다양한 브랜드를 만나볼 수 있으니 화장품이나 시계, 보석 등에 관심 있는 쇼퍼들은 이곳을 놓치지 말 것.

에슬릿 $^{Esite\ 誠品}$
무려 3개 층(8~10F)에 자리 잡고 있는 대형 서점으로 타임지에서 꼽은 아시아 최고의 서점으로 선정된 바 있다. 영어나 중국어 서적이 대부분을 이루지만 각종 잡지와 귀여운 삽화가 그려진 동화책 등 선물하기에 좋은 외국 서적들도 꽤 눈에 띈다. 한쪽에는 고급스러운 문구용품을 판매하고 있으며 서점 내부에는 카페 하비츠와 티룸이 있어 지친 다리를 쉬어가기에도 좋다.
Open 10:00~23:00(일~목), 10:00~02:00(금·토·공휴일 전날)
Tel 3419-6788

제이슨 ^{Jasons}
깔끔하게 진열된 상품과 다양하게 갖추어진 아이템이 강점인 슈퍼마켓이다. 특히 이곳에는 우리나라에도 마니아층이 있을 정도로 인기인 포숑 ^{Fauchon} 티 매장이 자리하고 있다. 또 어번 케이크 $^{Urban\ Cake}$의 빵은 맛있기로 소문나 항상 사람들로 붐비는데 특히 이곳의 크루아상은 인기 만점이라 빵이 나오는 시간에 맞춰 줄을 서 있는 사람들을 심심치 않게 목격할 수 있다.
Open 08:30~00:00
Tel 2776-1090

Shopping ③

패션 워크 Fashion Walk 名店坊

말 그대로 걷는 것만으로 홍콩의 트렌드를 고스란히 느낄 수 있는 곳이다. 천편일률적인 브랜드 쇼핑이 지루하다면 패션 워크로 향하자. 100여 개의 상점들이 골목 곳곳에 숨어 있는데 유명 브랜드의 플래그십 스토어부터 개성 만점의 단독숍까지 구경만으로도 재미가 쏠쏠하다. 재미있는 것은 겉으로 보기엔 사람이 거주하는 맨션 같이 보이는 건물 2층에도 보석 같은 숍들이 숨어 있다는 것이다. 1~2층에는 주로 패션 관련 숍들이, 3층 이상에는 현지 거주자들을 대상으로 하는 뷰티, 스파 관련 숍들이 자리 잡고 있다. 쇼핑 후 잘나가는 레스토랑들이 즐비한 푸드 스트리트에서 식사를 즐기는 것도 좋겠다.

Access	코즈웨이 베이역 E 출구에서 왼쪽으로 직진하다가 사거리에서 길을 건너 다시 좌회전하여 직진한다. 골목 끝에서 오른쪽으로 꺾어 조금만 가다 보면 있다.
Open	11:00~23:00(매장마다 다름)
Close	매장마다 다름
Address	11-19 Great George Street Fashion Walk, Causeway Bay

디몹 D-mop
홍콩 제일의 셀렉트숍이라 일컬어지는 디몹은 외관으로도 독특함이 느껴진다. 이곳에선 홍콩에서만 만나볼 수 있는 홍콩 브랜드부터 미국, 일본, 유럽 등지의 유명 브랜드의 신상품을 접할 수 있다.

초모리 치사토 Tsumori Chisato
이미 마니아가 있을 정도로 큰 인기를 얻고 있는 세계적인 일본 디자이너 초모리 치사토의 아이템을 만나볼 수 있다.

i.t
개성 있는 신인 디자이너들의 브랜드를 저렴하게 접할 수 있는 인기 셀렉트숍이다. 할인율이 30~90%까지 될 때도 있으니 놓치지 말자.

 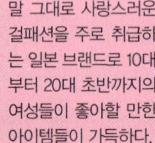 

러브 걸스 마켓 Love Girl's Market
말 그대로 사랑스러운 걸패션을 주로 취급하는 일본 브랜드로 10대부터 20대 초반까지의 여성들이 좋아할 만한 아이템들이 가득하다.

Agnes b
패션 아이템뿐 아니라 아네스 베의 감성이 고스란히 느껴지는 디저트숍 Agnes b Cafe L.P.G도 꼭 들러보자.

Shopping ④

리 가든 Lee Gardens 利園

그야말로 초호화 럭셔리 브랜드만을 취급하는 고급 쇼핑몰로 최고가 브랜드가 운집해 있는 리 가든 I 과, 그보다 약간 가격대가 저렴한 명품 브랜드가 모여 있는 리 가든 II로 구분되어 있다. 어지간한 명품 브랜드들은 다 모여 있으니 명품 쇼핑을 계획 중이라면 이곳을 추천한다. 최고급 브랜드가 모여 있고 상류층이 주로 찾다 보니 서비스도 훌륭하고 한결 여유롭게 쇼핑을 즐길 수 있다는 장점이 있다. 리 가든 I 지하 1층에는 고멧(Gourmet)이라는 슈퍼마켓이 있는데 각종 수입 식품들이 고루 갖추어져 있다.

Access	코즈웨이 베이역 F 출구에서 오른쪽으로 가다 보면 삼거리가 나온다. 삼거리에서 좌회전해서 조금만 가면 보인다.
Open	10:30~20:30(매장마다 다름)
Close	구정연휴
Address	28 Yun Ping Road, Causeway Bay
Tel	2907-5277
Web	www.leegardens.com.hk

Shopping

똥콕 라포레 Dong Kok Laforet 東角

동대문에 밀리오레, 두타가 있다면 홍콩엔 똥콕 라포레가 있다. 주로 10대부터 20대 초반을 타깃으로 한 상점들이 대부분이다. 메이드 분위기가 물씬 풍기는 레이스 가득한 원피스부터 액세서리, 구두 등 패션 소품에 관해서는 없는 것이 없다고 해도 과언이 아니다. 가격이 저렴한 만큼 대부분 하이 퀄리티를 기대할 순 없으나 개성 넘치고 아기자기한 아이템들이 많아 브랜드 마니아가 아니라면 오히려 흥미로울 수 있다.

Access	코즈웨이 베이역 E 출구에서 도보 1~2분. 엑셀시어 호텔과 연결되어 있다.
Open	11:00~20:00(매장마다 다름)
Close	연중무휴
Address	24-26 East Point Road, Causeway Bay
Tel	2504-0188
Web	www.laforet.hk(웹에서만 접속 가능)

Shopping

소고 Sogo 崇光百貨

일본계 백화점으로 일본 브랜드와 일본 식품 등 일본에 관한 아이템에선 따라올 자가 없다. 구성 또한 우리나라 백화점과 같이 구역별로 정리가 잘 되어 있어 효율적으로 쇼핑을 즐길 수가 있다. 특히 지하 2층의 고멧 애비뉴는 꼭 들러봐야 할 곳 중 하나인데 코베 후게츠도 Kobe Fugetsudou, 혼 타카사고야 Hon Takasagoya 등 고품격 일본 스위츠와 일식 전문 요리 레스토랑 등이 자리하고 있다. 고층은 11층의 서점 이외에는 고급 스파, 미용관련 숍들이 대부분으로 둘러보지 않아도 좋다.

Access	코즈웨이 베이역 D 출구와 바로 연결된다.
Open	10:00~22:00(매장마다 다름)
Close	연중무휴
Address	555 Hennessy Road, Causeway Bay
Tel	2833-8338
Web	www.sogo.com.hk

층별 구성
- **B2층** Gourmet Avenue Food Paradise, Freshmart
- **B1층** 신발, 가방, 가죽 제품
- **G층** 해외 명품 브랜드, 화장품
- **1층** 여성 패션, 향수, 액세서리, 슈즈
- **2층** 중년 여성 패션
- **3층** 영 캐주얼 패션
- **4층** 스포츠 레저
- **5층** 남성 패션
- **6층** 어린이 패션, 장난감, 생활용품

Shopping ❼

윈저 하우스 Windsor House 皇室堡

우리에게 다소 생소한 브랜드가 다수라 여행자에게 인기는 없는 편이다. 하지만 다른 쇼핑몰보다 여유롭고 쾌적한 쇼핑을 즐길 수는 있다. 주로 고급 일본 브랜드와 아동 관련 숍들이 많다. 7층에는 아동용품 백화점이라고 해도 과언이 아닐 만큼 다양한 종류의 아이템을 취급하는 토이저러스 Toys 'R' us가 있다. 토이저러스는 재미난 물건이 많으니 아이를 동반하지 않았더라도 가볍게 둘러보는 것도 좋을 듯. 하버 시티의 지점보다는 규모가 작은 편이다. 3층에 위치한 귀여운 여성 속옷 전문점 블라블라 브라 Bla Bla Bra도 둘러볼 만하다.

Access	코즈웨이 베이역 E 출구로 나와 길을 건넌 후 좌측으로 100m 정도.
Open	10:00~22:00
	토이저러스 11:00~22:00
Close	매장마다 다름
Address	311, Gloucester Road, Causeway Bay
Tel	2882-3603

Shopping ❽

지오디 GOD 住好D

홍콩에서 탄생한 로컬 브랜드로 이미 우리나라 여행자들의 필수 코스가 되어 버린 인기 숍이다. 중국의 고전적인 느낌이 물씬 풍기면서도 모던함과 실용성이 가미된 것이 지오디의 인기 요인이라고. 기발한 디자인의 잡화, 스타일리시한 가구와 식기, 귀여운 캐릭터 상품까지 둘러보다 보면 지갑이 저절로 열린다. 비교적 만만한 가격의 기념품과 과자 등도 있어 선물을 고르기에도 좋다. 매장이 'ㅁ'자 형태로 자연스럽게 한 바퀴를 돌아 볼 수 있게 되어 있다. 인기 카페 하비츠가 바로 옆에 있어 쇼핑 후 여유로운 시간을 보내기에도 좋다.

Access	코즈웨이 베이역 A 출구로 나와 타임스 스퀘어와 에스프리 매장 사이의 골목으로 들어간 후, 에스프리 매장을 왼쪽에 끼고 좌회전해서 직진, 골목 끝 우측에 있다.
Open	12:00~22:00
Close	연중무휴
Address	G/F, 9 Sharp Street, Causeway Bay
Tel	2890-5555
Web	www.god.com.hk

Shopping ❾

이케아 IKEA

스웨덴의 인테리어 소품 전문숍으로 우리나라 여행자에게도 이미 잘 알려져 있다. 놀랄 만큼 실용적인 디자인과 저렴한 가격으로 인기가 많다. 종종 전시해 둔 소파에 앉아 휴식을 취하거나 방 안쪽에 숨어 데이트를 즐기는 연인들도 목격되곤 한다. 동선상 한 번 들어가면 되돌아 나오지 않는 이상 두 개의 층을 모두 돌아보기 전에는 못 나오는 구조다. 가구 사이즈를 잴 수 있도록 배려한 연필과 줄자, 노란색 대형 쇼핑백 등은 매장 내에서는 무료로 자유롭게 사용할 수 있다. 출구에 위치한 매점은 맛있고 저렴한 음식으로 사람들에게 인기가 많다.

Access	코즈웨이 베이역 B번 출구에서 나와 왼쪽으로 도로를 따라 걷다 보면 왼쪽에 이케아 지하로 통하는 에스컬레이터가 나온다. 파크레인 호텔과 같은 건물에 있다.
Open	10:30~22:30
Close	구정연휴
Address	Basement, Park Lane Hotel, 310 Gloucester Road, Causeway Bay
Tel	3125-0888
Web	www.ikea.com.hk

Shopping

프랑 프랑 Franc Franc

일본에서 온 고급 인테리어 전문숍으로 젊은 여성들에게 큰 인기를 끌고 있다. 이케아, 지오디와 함께 인테리어숍의 3대 산맥으로 꼽을 수 있는데 고급스러움과 세련미에선 프랑 프랑이 한 수 위다. 프랑 프랑의 가장 큰 특징은 컬러. 비교적 단순하고 심플한 디자인의 제품들이지만 색상별로 다양하게 제품을 전시해 놓아 쇼핑객들의 눈길을 끈다. 컬러풀한 문양의 접시와 컵 세트, 주방장갑과 매트, 깜찍한 주전자와 찻잔 등 방심하다간 필요도 없는 물건을 잔뜩 사버리게 될지도 모른다.

Access	코즈웨이 베이역 E 출구에서 가깝다. 출구에서 왼쪽으로 50m 정도 가면 나오는 사거리에 사사가 있는 건물(항룽 센터 Hang Lung Centre) 2층에 있다.
Open	11:00~22:00(월~목) 11:00~22:30(금~일)
Close	연중무휴
Address	2/F, Hang Lung Centre, 2-20 Paterson Street, Causeway Bay
Tel	3427-3366

Shopping

코이케이 베이커리 Koi Kei Bakery 鉅記餅家

마카오에 본점을 두고 있는 코이케이 베이커리는 300여 종의 아이템을 판매하고 있으며 직접 시식해본 뒤에 구입할 수가 있다. 아몬드가 들어간 케이크, 에그롤 등 마카오식 전통과자를 판매하고 있는데 마카오에서 최고의 선물 아이템으로 꼽히기도 했다.

Access	코즈웨이 베이역 F 출구로 나와 걷다 삼거리에서 좌회전하면 좌측에 보인다.
Open	10:00~22:00
Close	구정연휴
Address	Shop A1, 1 Pak Sha Road, Causeway Bay
Tel	2808-4368
Web	www.koikei.com

Shopping

아조나 에이오투 Azona A02

2001년 론칭한 Azona A02의 플래그십 스토어로 패션, 액세서리뿐 아니라 조명, 음악까지도 신경을 쓴 플래그십 스토어의 전형이라 할 만하다. 패션 소품부터 생활 잡화, CD, 책 등 라이프 스타일의 모든 것을 보여준다. 독특한 문양의 티셔츠와 니트 등 비교적 만만한 가격대의 옷부터 커리어우먼을 겨냥한 드레시한 아이템까지 다양한 상품을 갖추고 있다. 패션은 물론, 디자인과 실용성을 갖춘 문구와 주방용품 또한 인기다.

Access	코즈웨이 베이역 E 출구에서 왼쪽으로 직진하다 사거리에서 길을 건너 다시 좌측으로 조금만 가면 오른편에 있다.
Open	12:30~22:30
Close	구정연휴
Address	G/F, 22-36 Paterson Street, Causeway Bay
Tel	2808-0606

Shopping

투 걸즈 Two Girls 廣生堂雙妹嘜

합리적인 가격, 고품질 화장품을 모토로 하는 홍콩 최초의 화장품 브랜드로 1898년에 창업했다. 기본 스킨로션이나 핸드크림은 가격 대비 만족도가 높은 편으로 시험 삼아 한 번 사용해볼 만하다. 창업 당시의 홍콩 여성을 주제로 한 다양한 기념품들도 판매하고 있는데 독특한 분위기의 문구류들은 선물로도 제격이다.

Access	코즈웨이 베이역 E 출구 앞쪽. 코즈웨이 플레이스 쇼핑몰 2층에 있다.
Open	12:00~22:00
Close	구정연휴
Address	Shop No. 283, Causeway Place, 2-10 Great George Street, Causeway Bay
Tel	2504-1811
Web	www.twogirls.hk

Shopping

아일랜드 쇼핑센터 Island Shopping Centre

아일랜드 베벌리라는 별칭으로 더 잘 알려져 있는 4층 규모의 쇼핑센터. 아담한 가게들이 좁은 통로를 사이에 두고 다닥다닥 붙어 있어 답답한 느낌이 들기도 한다. 보헤미안 필이 충만한 패션이 대부분으로 개성 넘치는 신인 디자이너들의 자유로운 감성을 엿볼 수 있다. 종종 한국에서 온 보따리 상인들이 눈에 띄기도 한다.

Access	코즈웨이 베이역 E 출구 우측 건물의 에스컬레이터를 이용해 올라간다.
Open	11:00~21:00
Close	구정연휴
Address	1 Great George Street, Causeway Bay
Tel	2890-6823

Shopping

⑮
바우하우스 Bauhaus

홍콩의 젊은이들에게 많은 사랑을 받고 있는 바우하우스는 티셔츠, 청바지 등 캐주얼한 스트리트 패션을 전문으로 다루고 있는 숍이다. 미스 식스티(Miss Sixty), 리바이스 등 유명 브랜드뿐 아니라 Salad, Eighty Twenty 80/20, Tough Jeansmith 등의 자체 브랜드도 보유하고 있다. 스트리트 패션에 어울릴 만한 가방, 벨트 등의 패션 소품도 함께 취급한다.

Access	코즈웨이 베이역 E 출구에서 나오자마자 우측에 보인다.
Open	11:00~00:00
Close	연중무휴
Address	Shop 2-3, G/F, Island Beverley, Causeway Bay
Tel	2882-3551

Shopping

⑯
트렌디랜드 Trendyland

아기자기한 캐릭터 상품을 좋아한다면 주저 말고 이곳으로 향하자. 아담한 규모의 매장 안에는 디즈니의 스테디셀러 미키마우스, 도널드 덕 등 캐릭터를 응용한 아이템들이 가득하다. 인형이나 문구류 이외에도 인테리어 소품, 문구, 주방용품까지도 고루 갖추고 있으며 특히 소녀들의 절대 지지를 받고 있는 헬로키티, 마이 멜로디 등 산리오의 캐릭터 상품도 만나볼 수 있다.

Access	코즈웨이 베이역 D1 출구를 나오면 길 건너편에 보인다.
Open	12:00~21:30(월~목), 12:00~22:00(금), 11:30~22:00(주말·공휴일)
Close	구정연휴
Address	G/F, 531 Lockhart Road, Causeway Bay
Tel	2882-1013
Web	www.trendyland.com

Shopping

⑰
인도 마켓 Indo Market 瑩多東南亞美食市場

동남아의 다양한 식재료를 구입할 수 있는 슈퍼마켓이다. 새우칩 과자, 각종 소스 등 비교적 저렴한 가격에 다양한 물건들을 구입할 수 있는데 특히 미고랭, 똠얌 라면 등 인도네시아 등지에서 판매되는 라면과 과자의 종류가 많은 편이다. 단, 일요일엔 현지 인도네시안들로 발 디딜 틈도 없으니 다른 날에 방문할 것.

Access	코즈웨이 베이역 E 출구로 나와 정면에 보이는 큰길에서 좌회전한다. 직진해 150~200m쯤 가면 원형 육교가 보일 때 즈음 왼편에 노란색 간판의 인도 마켓이 있다 (리갈 홍콩 호텔 건너편).
Open	09:00~20:30
Close	연중무휴
Address	9 Yee Woo Street, Causeway Bay

Hotel

크라운 플라자 Crowne Plaza

2009년 11월에 오픈한 크라운 플라자는 타임스 스퀘어 쇼핑몰이 도보로 2분 거리로 코즈웨이 베이의 중심에 위치해 있다. 총 263개의 객실은 슈피리어, 디럭스, 크라운 플라자 클럽, 스위트의 카테고리로 분류되어 있다. 객실은 시티 뷰와 해피 밸리 경마장 뷰를 가지고 있으며 양쪽 모두 훌륭한 편. 모든 객실은 아이팟 거치대, Full HD TV와 5.1 서라운드 사운드 시스템을 갖추고 있다. 또한 모바일 폰을 제공해 주는데 홍콩 지역에서 통화가 가능하며 발신은 유료, 수신은 무료다. 3개의 레스토랑 및 바를 운영하고 있는데 그중 오픈 키친의 올데이 다이닝 쿠도스와 핫 플레이스 클럽@28은 관심을 가질 만하다. 특히, 클럽@28은 크라운 플라자의 풀 바로 시크한 수영장 옆과 실내에 좌석이 마련되어 있다. 하지만 이곳을 방문했다면 음료를 주문하고 바로 아래층으로 이동해 보자. 바와 상관없이 투숙객을 위해 마련된 공간이지만 런웨이 콘셉트의 이곳은 바 공간보다 오히려 인기가 많다. 종종 행사 일정이 잡히기도 해 미리 예약 문의를 하는 것이 좋다.

Access 코즈웨이 베이역 A 출구로 나오면 왼쪽에 매디슨 스트리트가 있다. 타임스 스퀘어 쇼핑몰을 등지고 매디슨 스트리트 오른쪽으로 끝까지 걸어 나오면 트램 정류장이 보이고 그 뒤로 호텔이 보인다.
Cost 슈피리어 USD219~
Address 8 Leighton Road, Causeway Bay
Tel 3980-3980
Web www.cphongkong.com

Hotel

미라문 호텔 Mira Moon Hotel 問月酒店

객실 수 100개가 채 안 되는 작은 규모의 부티크 호텔이지만 5성급의 서비스와 시설을 제공하는 수준 높은 호텔이다. 호텔 한 층당 객실이 4개씩 배치돼 있을 정도로 여유로운 공간을 자랑하며 객실 전반이 붉은색을 기본으로 고급스럽고 화려하게 꾸며져 있다. 객실 내의 미니 바에서는 알코올을 제외한 음료가 무료로 제공되며 미니 아이패드, 한국으로 무료 통화를 할 수 있고 인터넷 무제한 이용이 가능한 모바일 폰 등도 사용할 수 있다. 에스프레소 캡슐도 구비돼 있다.

Access 코즈웨이 베이역 C 출구에서 도보 약 7분. Jaffe Road 선상에 있다.
Cost 더블 USD200~
Address 388 Jaffe Road, Causeway Bay
Tel 2643-8888
Web www.miramoonhotel.com

Hotel
③
지아 Jia Hong Kong

만다린어로 '집'이라는 의미를 지닌 지아는 이름처럼 럭셔리 부티크 아파트먼트를 콘셉트로 운영되고 있다. 완벽한 주방 시설과 편의시설이 갖춰져 있는 객실에서는 인터넷과 로컬 전화를 무료로 사용할 수 있으며 마치 집에 있는 것처럼 주변의 레스토랑에서 음식을 배달해 먹을 수 있다. 특히 지아에 머무는 동안 유명 레스토랑과 숍 등에서 다양한 할인과 혜택(인사이더 액세스 카드 Insider Access Card를 발급받아야 함)을 받을 수 있으니 컨시어지에 반드시 문의하자.

Access 코즈웨이 베이역 F 출구로 나오면 오른쪽 대각선으로 자딘스 크레센트(재래시장)가 보인다. 자딘스 크레센트를 빠져나와 오른쪽 사거리에서 바로 보인다. 딘타이펑 뒤편에 있다.
Cost 스튜디오 USD216~, 스위트 USD277~
Address 1-5 Irving Street, Causeway Bay
Tel 3196-9000

Hotel
④
엑셀시어 호텔 The Excelsior Hong Kong

886개의 객실을 갖춘 대형 호텔로 빅토리아 공원, 패션 워크와 가까워 위치적으로도 나쁘지 않다. 일반 객실은 스탠더드부터 그랜드 디럭스까지 사이즈의 차이가 크지 않지만 전망에 따라 가격에 차등을 두고 있다. 특히 엑셀시어 호텔에 있는 ToTT's와 칸토니즈 레스토랑 Yee Tung Heen은 외부 손님도 많이 찾는 인기 레스토랑이다. 이 밖에 Cafe on the 1st, 엑스프레소 등 걸출한 레스토랑이 많아 이 호텔에 묵는다면 한 번쯤은 시도해볼 만하다.

Access 코즈웨이 베이역 D1 출구에서 우회전하여 가다가 양 갈림길에서 왼쪽으로 꺾어 직진하다 보면 보인다.
Cost 스탠더드 USD216~
Address 281 Gloucester Road, Causeway Bay
Tel 2894-8888
Web www.excelsiorhongkong.com

Hotel
⑤
랜슨 플레이스 호텔 Lanson Place Hotel

2006년 오픈한 부티크 호텔로 194개의 객실을 보유하고 있다. 요란스러운 부티크 호텔은 부담스럽고 대형 체인 호텔은 꺼려진다면 랜슨 플레이스가 제격이다. 객실은 넓은 편이며 모든 객실에는 조리가 가능한 키치네트가 설치되어 있어 장기 여행자가 투숙하기에도 부족함이 없다. 무료 인터넷이 가능한 비즈니스 센터와 피트니스 센터는 24시간 운영하고 있다. 호텔 투숙객에 한해 주변의 일부 레스토랑과 숍에서 할인 혜택을 받을 수 있으니 컨시어지에서 확인해 보자.

Access 코즈웨이 베이역 F 출구에서 뒤쪽의 큰길(록하트 로드)로 나가 오른쪽으로 직진한다. 오른편에 딘타이펑이 보이면 그 골목으로 들어가 두 번째 블록에서 좌회전해 조금만 들어가면 입구가 보인다.
Cost 슈피리어 USD178~
Address 133 Leighton Road, Causeway Bay
Tel 3477-6888   Web www.lansonplace.com

Hotel
⑥
보나파르트 호텔 Bonaparte Hotel by Rhombus

LKF, 파노라마 호텔과 함께 롬버스가 매니지먼트하고 있는 호텔이다. 다른 두 호텔에 비해 규모나 시설에서 낮은 점수를 줄 수밖에 없지만 직원들이 친절하고 모던하면서도 세련된 감각이 돋보여 여성들이 좋아할 만하다. 특히 체크인 시 투숙 기간 동안 무료로 대여해주는 아이폰으로 메일 확인이나 로컬 통화를 무료로 이용할 수 있어 편리하다. 아침 식사는 바로 옆 카페에서 제공하는데 식사를 하며 무료로 인터넷을 사용할 수 있다.

Access 코즈웨이 베이역 A 출구로 나와 타임스 스퀘어를 오른편에 두고 Canal Road를 따라 직진하다가 좌회전해서 왼쪽에 Tin Lok Lane이 나오면 다시 좌회전한다. 걷다 보면 우측에 검은색 호텔 간판이 보인다. 완차이보다는 코즈웨이 베이에서 가까우나 초행길에는 찾기 어려우니 택시를 타는 게 좋다.
Cost 스탠더드 USD104~
Address 11 Morrison Hill Road, Wan Chai
Tel 3518-6688   Web www.hotelbonaparte.com.hk

Hotel

리갈 홍콩 호텔 Regal Hong Kong Hotel

리갈 그룹의 호텔 중 가장 고급스러운 호텔로 꼽힌다. 로비에 들어서자마자 높은 천장을 수놓은 샹들리에가 화려함을 더해 준다. 객실은 깔끔하고 쾌적한 편이다. 리갈 팰리스, 제프리노 등 걸출한 레스토랑도 보유하고 있고 특히 수영장은 리갈 홍콩 호텔의 자랑으로 규모도 크고 탁 트인 하버 뷰로 분위기도 좋다. 참고로 482개의 객실 중 단 하나밖에 없는 프레지덴셜 스위트는 모던하고 세련된 최고의 스위트룸으로 꼽힌다.

Access	코즈웨이 베이역 F 출구를 나와서 왼쪽에 보이는 큰길 헤네시 로드를 따라 쭉 직진하다 보면 길 끝 오른쪽에 위치.
Cost	슈피리어 USD139~
Address	3/F, Regal Hongkong Hotel, 88 Yee Wo Street, Causeway Bay
Tel	2890-6633
Web	www.regalhotel.com

Hotel

메트로파크 코즈웨이 베이
Metropark Causeway Bay

코즈웨이 베이역보다는 틴하우역에서 가깝다. 가장 낮은 카테고리인 스탠더드룸과 하버 뷰룸은 사이즈와 디자인은 동일하고 뷰만 차이가 있다. 가격 대비 괜찮은 브런치 뷔페를 즐길 수 있는 Cafe du Parc와 바 Vic's Pub이 있으며 시내 중심까지 무료 셔틀 서비스를 제공하고 있다. 루프 톱에는 작지만 분위기 있는 수영장도 갖추고 있으며 피트니스 센터, 비즈니스 센터 등 부대시설이 잘 갖춰진 편이다.

Access	틴하우역 B 출구 건너편
Cost	스탠더드 USD141~
Address	148 Tung Lo Wan Road, Causeway Bay
Tel	2600-1000
Web	www.metroparkhotel.com

Hotel

로즈데일 온 더 파크 Rosedale On The Park

코즈웨이 베이역에서 조금 걸어야 하지만 그렇기에 오히려 다른 곳보다 조용하고 평화롭다. 아름다운 뷰는 없지만 영리하게도 274개의 모든 객실 창틀에 공간을 두어 아름다운 도시 풍경을 만끽할 수 있도록 해 놓았다. 슈피리어, 디럭스, 이그제큐티브로 세분되는 스탠더드룸과 무료 인터넷, 무료 로컬콜 등 다양한 혜택을 받을 수 있는 스위트룸으로 카테고리가 나뉘어 있다. 객실도 깔끔하게 잘 관리되고 있고 직원들도 친절한 편이다.

Access	코즈웨이 베이역 E 출구 좌측으로 걷다가 골목 끝 이케아가 보이면 오른쪽으로 꺾어 직진. 홍콩 중앙 도서관 전 전 골목을 들여다보면 우측에 보인다.
Cost	슈피리어 USD96~
Address	Rosedale on the Park, 8 Shelter Street, Causeway Bay
Tel	2127-8888
Web	www.rosedalehotels.com

Hotel

익스프레스 바이 홀리데이 인
Express By Holiday Inn

인터컨티넨탈 호텔, 홀리데이 인과 같은 그룹의 호텔이지만 그 수준을 기대한다면 실망할 수도 있다. 고급스럽진 않지만 합리적인 가격에 깔끔하고 위치 좋은 숙소를 원한다면 추천할 만하다. 타임스 스퀘어 바로 뒤에 있어 쇼핑과 식도락을 즐기기에 더할 나위 없이 좋은 위치이다. 별다른 부대시설은 없으며 알라카르테로 제공되는 조식당을 운영하고 있다.

Access	코즈웨이 베이역 A 출구, 타임스 스퀘어 뒤편에 있다.
Cost	슈피리어 USD122~
Address	33 Sharp Street East, Causeway Bay
Tel	3558-6688
Web	www.hiexpress.com

Tip 애버딘으로 가는 법
센트럴 익스체인지 스퀘어에서 70번 버스를 타고 종점에서 내리면 되며 시간은 약 30분 정도 걸린다. 애버딘의 모든 스 폿의 접근 방법은 하차한 버스 정류장을 기준으로 작성되었다.

애버딘 Aberdeen

Special Sightseeing

오션 파크
Ocean Park 海洋公園道

오션 파크는 홍콩 섬 남부 해안가에 만들어진 테마파크다. 그 크기가 87ha에 달해 동남아시아에서 가장 큰 테마파크이기도 하다. 우리나라의 테마파크와 비교했을 때 놀이기구 면에선 좀 아쉬움을 주는 것이 사실이다. 하지만 해안선을 따라 만들어진 케이블카나 바다가 훤히 보이는 전망대는 이전의 놀이공원에서 볼 수 없었던 색다른 풍경이다.

오션 파크는 면적이 넓어 루트를 잡고 이동하는 것이 좋다. 오션 파크에는 두 개의 입구가 있는데, 더 워터프런트The Waterfront 쪽의 정문과 타이 수에 완Tai Shue Wan에 후문이 있다. 보통은 후문 쪽에 익사이팅한 놀이기구가 많아 후문에서 시작하는 방법이 소개된다. 하지만 자신의 취향에 맞게 어트랙션을 정하고 루트를 잡는 것이 체력적으로도 현명하다. 입구에서 안내 지도를 받아 어트랙션의 위치를 파악하고 루트를 잡은 뒤 이동하도록 하자.

Access	애드미럴티역 B 출구로 나가 왼편의 버스 정류장에서 629번 버스를 타고 종점에 내린다.
Open	10:30~20:00
Close	연중무휴
Cost	성인 HK$345 어린이(3~11세) HK$173
Address	Ocean Park, Aberdeen
Tel	3923-2323
Web	www.oceanpark.com.hk

오션 파크는 더 워터프런트 와 더 서미트 그리고 타이 수이 완 크게 세 개의 어트랙션 지역으로 이루어져 있다. 그리고 이 세 지역을 연결하는 케이블카, 에스컬레이터, 오션 익스프레스 가 있다. 더 워터프런트와 더 서미트 205m를 연결하는 케이블카는 해안선을 따라 이동하는데 어떤 놀이기구보다도 인상적이다(8분 소요). 그리고 더 서미트와 타이 수이 완은 에스컬레이터로 연결된다. 그 길이만 225m에 달해 홍콩에서 두 번째로 긴 아웃도어 에스컬레이터로 손꼽힌다. 2009년 새롭게 선보인 오션 익스프레스는 더 서미트와 더 워터프런트 사이를 연결한다. 심해를 모험하는 테마로 1.3km 구간을 3분 만에 오간다.

친절한 Tip

오션 파크는 평일에도 가족, 연인, 단체 관광객으로 붐벼 주말보다는 평일에 가는 것이 좋다. 오션 파크 내 각종 쇼들은 하루 1~5회인데, 보통 3회 공연이고 시즌에 따라 시간도 달라지니 입구에서 스케줄 팸플릿을 챙기자. 한글 안내 맵과 한글 홈페이지도 있으니 참고하면 편하다.

Ocean Park

더 워터프런트 The Waterfront

아이의 눈높이에 맞춘 어트랙션이 많아 아이가 있는 가족들이 시간을 보내기 좋다. 놀이기구를 즐기지 않는 성인이라도 흥미로운 장소들이 있다. 자이언트 판다 어드벤처Giant Panda Adventure에서는 1997년 홍콩 반환을 기념해 중국 정부가 기증한 판다 안안(수컷)과 지아지아(암컷)를 볼 수 있다. 그리고 2010년에 새롭게 선보인 바다 회전목마Sea Life Carousel는 오션 파크다운 발상이다. 목마 대신 해마, 금붕어, 돌고래, 상어를 타고 바닷속을 누비는 색다른 경험을 할 수 있다. 세계에서 가장 큰 금붕어 등 300여 마리의 다양한 금붕어를 볼 수 있는 골드 피시 트레저스Goldfish Treasures, 120m 상공에서 해안 경치를 구경할 수 있는 스카이 페어Sky Fair도 가볼 만한 장소다.

Ocean Park

더 서미트 The Summit

더 서미트에서는 다양한 해양동물과 신나는 놀이기구를 동시에 즐길 수 있다. 250종 1,500마리의 물고기가 가득한 애톨 리프Atoll Reef 수족관은 오션 파크의 인기 어트랙션 중의 하나. 1,000여 마리의 해파리가 신비로운 시 젤리 스펙타큘러Sea Jelly Spectacular, 머리 위로 상어가 유유히 지나가는 차이니즈 스터전 아쿠아리움Chinese Sturgeon Aquarium, 돌고래 쇼를 볼 수 있는 오션 시어터Ocean Theatre 등이 있다. 오션 파크 타워Ocean Park Tower에서는 360도 회전하는 전망대에서 일대를 한눈에 조망할 수 있으며, 20층 건물 높이에서 수직 하강하는 더 아비스 터보 드롭The Abyss Turbo Drop과 청룡열차 더 드래곤The Dragon은 스릴 만점 놀이기구다. 우리의 바이킹과 같은 크레이지 갤리언Crazy Galleon은 속도가 높아지면 절벽 너머 바다로 날아갈 듯하다. 이 밖에도 낭만이 있는 대관람차 페리스 휠Ferris Wheel, 빙글빙글 도는 플라잉 스윙Flying Swing, 하면 할수록 빠져드는 고전 아케이드 게임도 재미난다.

Ocean Park

타이 수에 완 Tai Shue Wan

타이 수에 완에서 지나치기 쉬운 더 플라밍고 폰드The Flamingo Pond는 아프리카와 중앙아메리카에서 온 핑크빛 플라밍고를 볼 수 있는 곳이다. 가녀린 다리로 우아함을 뽐내는 플라밍고도 한 번쯤 보고 가자. 마인 트레인Mine Train은 그 어떤 어트랙션보다 짜릿한데, 빠른 속도로 절벽 위에 세워진 레일 위를 아찔하게 달린다. 바다를 배경으로 펼쳐진 레일과 사람들의 비명 소리로 구경만으로도 통쾌하다. 레이징 리버Raging River는 작은 통나무 배를 타고 오르락내리락 시원한 물보라를 일으키고, 스페이스 휠Space Wheel은 온몸으로 원심력을 느낄 수 있다.

✱ 대중교통을 이용해 오션 파크에 가는 법

1 직행버스

가장 편한 방법은 애드미럴티역 버스 터미널에서 629번 오션 파크 직행버스를 타고 오션 파크 입구에서 하차하는 것이다.

◎ **직행버스 타는 방법**

애드미럴티역 B번 출구로 나오면 왼쪽에 버스 터미널이 있다. 629번 버스를 타고 오션 파크 입구(정문 또는 타이 수에 완 후문 정류장)에서 하차(09:00~16:00, 10~15분 간격 운행, 약 20분 소요, HK$10.6, 버스 터미널 오션 파크 입장권 매표소에서 버스 티켓을 구입하거나 옥토퍼스 카드 또는 현금 사용) 또는 센트럴 페리 7번 선착장 앞 버스 터미널에서 629번 버스 이용(09:35~10:55, 20분 간격 운행, 약 25분 소요, HK$10.6).

2 일반버스 + 걷기

또는 아래 버스를 타고 애버딘 터널을 지나면 바로 하차해서 오션 파크 입구까지 걸어가는 방법이 있다.

코즈웨이 베이 72, 72A, 92, 96, 592
센트럴 6A, 6X, 70, 75, 90, 97, 260, M590
침사추이 973

친절한 Tip

카페, 패스트푸드, 레스토랑 정보

1 더 워터프런트
판다 카페 Panda Cafe

2 더 서미트
베이뷰 레스토랑 Bayview Restaurant
테라스 카페 Terrace Cafe
카페 오션 Cafe Ocean
맥도날드

3 타이 수에 완
미들 킹덤 레스토랑
Middle Kingdom Restaurant

그리고 테마파크 곳곳에 스낵코너가 마련되어 있다.

Hong Kong | Aberdeen

Sightseeing
①
애버딘 프로미네이드 Aberdeen Promenade 香港仔海濱公園

스타의 거리처럼 화려한 모습을 기대하기는 어렵지만 바다를 따라 늘어선 수상가옥들과 관광객을 불러 모으는 삼판선 선원들 등 이곳을 걷다 보면 특별한 매력이 느껴질 것이다. 특히 이곳의 수상가옥은 영화 〈툼레이더 2〉의 안젤리나 졸리가 악당에게 쫓기던 장면의 배경이었다고. 특별한 볼거리는 없지만 해변을 따라 애버딘의 과거 모습이 담긴 안내판이 설치되어 있고 운이 좋으면 태극권을 하는 오리지널(?) 홍콩인의 모습을 구경할 수도 있다.

Access 애버딘 버스 터미널에 내리면 앞쪽에 지하도가 보이는데 지하도를 건너면 바로 프로미네이드와 연결된다.
Address Aberdeen Promenade, Aberdeen

Sightseeing
②
삼판선 Sampan 三板船

예전에는 수상 가옥자들의 교통수단이자 집으로 이용되었지만 이제는 수많은 여행자들의 관광 코스로 사랑을 받고 있다. 10명~15명 정도가 탑승 가능한 작은 삼판선을 타고 30분~1시간 코스로 애버딘을 돌아보는 일정이다. 삼판선의 호객꾼은 애버딘 프로미네이드를 걷다 보면 만나기 싫어도 만나질 정도로 쉽게 찾아볼 수 있다. 가격이 부담스럽다면 점보 킹덤의 무료 셔틀버스를 타고 잠깐 기분을 내는 것만으로도 충분하다.

Access 애버딘 버스 터미널 앞 지하도를 건너면 애버딘 프로미네이드가 나오는데 프로미네이드를 따라 곳곳에서 삼판선 투어의 호객꾼들을 만날 수 있다.
Cost HK$60~100(30분)

Sightseeing
③
틴하우 사원 Tin Hau Temple 天后廟

1851년에 건립된 도교 사원으로 홍콩 곳곳에서 가장 많이 찾아볼 수 있는 틴하우 여신을 모시는 사원이다. 내부에는 거대한 선향이 줄줄이 매달려 있으며 가운데 틴하우의 상이 모셔져 있다. 틴하우는 중국판 잔다르크를 떠올릴 만큼 초능력으로 많은 사람을 돕다 요절한 뒤 신으로 추앙받기 시작한 여신이다.

Access 버스 정류장에서 내려 정면에 보이는 이정표를 따라가면 된다. 왼쪽 골목으로 꺾어지면 정면으로 틴하우 사원이 보인다. 도보로 약 3분.
Cost 무료

Food
①
탑 덱 Top Deck 珍之宝

카페 데코 그룹에서 운영하는 인터내셔널 레스토랑으로 분위기도 좋지만 음식도 훌륭하다. 특히 신선한 홋카이도산 관자 카르파초(Hokkaido Fan Scallop Carpaccio)와 촉촉하고 담백한 맛이 일품인 Oven-Roasted Pacific Black Cod Fish Daren은 꼭 맛보자. 특히 매주 토요일 오전 11시부터 오후 3시(일 · 공휴일 11:00~16:30)까지 운영되는 시푸드 브런치는 주목할 만하다. 일요일과 공휴일은 더욱 풍성한 메뉴에 디저트 섹션이 추가되며 와인과 음료 포함 HK$388에 즐길 수 있다.
시원스러운 야경을 즐기며 칵테일이나 와인을 즐기기에도 좋다.

Access	애버딘 프로미네이드의 점보 수상 버스 정류장에서 무료 셔틀버스를 타고 점보 레스토랑에 내려 꼭대기 층으로 올라가면 된다.
Open	17:00~00:00(화~금) 11:00~00:30(주말 · 공휴일)
Close	월요일
Cost	HK$150~(1인)(SC 10%)
Address	Top Floor Jumbo Kingdom Shum Wan Pier Drive Wong Chuk Hang
Tel	2552-3331
Web	www.cafedecogroup.com

Food
②
점보 킹덤 Jumbo Kingdom 珍寶海鮮舫

애버딘의 마스코트가 되어 버린 대형 플로팅 레스토랑이다. 1976년부터 4년의 시간 동안 무려 45억 원이라는 엄청난 금액을 들여 꾸며진 점보 레스토랑. 무료 셔틀버스를 타고 와 기념사진을 찍는 관광코스로도 큰 인기다. 레스토랑 내부에는 황제의 옥좌도 놓여 있는데 의상을 빌리지 않는다면 무료로 기념사진을 찍을 수 있다. 정문에 있는 용의 코를 만지면 부자가 된다는 소문도 있으니 밑져야 본전. 지나가다 한 번씩 만져보도록 하자. 주로 광둥요리와 시푸드를 취급하는데 거대한 수족관에서 원하는 해산물을 고르면 직접 요리해주는 방식이다.

Access	애버딘 프로미네이드에서 무료 셔틀버스가 수시로 운행 중이다.
Open	11:00~23:30(월~토) 09:00~23:30(일 · 공휴일)
Close	연중무휴
Cost	HK$200~(1인)
Address	Shum Wan Pier Drive, Wong Chuk Hang
Tel	2553-9111
Web	www.jumbokingdom.com

Food
③
쵸이와 레스토랑 Tsui Wah Restaurant 翠華餐廳

애버딘까지 왔다면 대부분 점보 킹덤이나 탑 덱을 이용하기 위해서이지만 굳이 배를 타고 이동하기가 번거롭다면 버스 터미널에서 가까운 쵸이와 레스토랑으로 발길을 옮겨 보자. 한국인에게도 만만한 메뉴들로 쉽게 고를 수 있고 어느 것을 주문하든 실패할 확률이 적은 안전한 레스토랑이다.

Access	틴하우 사원으로 가는 도로를 따라 직진하다 정면에 큰 표지판이 보이면 오른쪽 골목으로 돌아 들어가면 바로 우측에 위치.
Open	07:00~23:00
Close	구정연휴
Cost	피시 볼 누들 HK26 밀크 티 HK$14
Address	G/F 108, Old Main Street Aberdeen
Tel	2552-6998

Shopping ①

스페이스 Space

이탈리아에 본사를 둔 프라다의 아시아 공식 아웃렛 매장이다. 의외로 입구 찾기가 어려워 헤매기 쉽지만 스페이스의 내부는 쇼핑하기 편리하도록 비교적 깔끔하게 정리되어 있다.

미우미우보다는 프라다의 비중이 높은 편이며 가방, 액세서리, 구두 등 다양한 상품을 판매하고 있다. 할인율은 유행을 많이 타는 오프 시즌 상품일수록 높은 편이며 최대 70%까지 내려간다. 단, 신상품보다는 시기를 놓친 상품이 많고 사이즈도 많이 부족해 큰 기대는 하지 않는 것이 좋다.

Access	애버딘 애버딘 프로미네이드 버스 정류장에서 95C번 버스를 타고 메이 파이 코트 Mei Fai Court 에서 하차. **홍콩 시내** 센트럴 익스체인지 스퀘어 버스 터미널에서 M590번 버스, 코즈웨이 베이 헤네시 로드에서 592번 버스를 타고 종점 사우스 호라이즌 버스 터미널에서 하차(약 30분 소요). 사우스 호라이즌 버스 터미널에서 하차하여 오른쪽으로 직진하다 보면 건너편에 있다. 또는 코즈웨이 베이에서 택시로 약 15분 소요
Open	10:00~19:00(월~토) 12:00~18:00(일 · 공휴일)
Close	구정연휴
Address	2/F, East Commercial Block, Marina Square, South Horizons, Ap Lei Chau
Tel	2814-9576

Shopping ②

호라이즌 플라자 아웃렛 Horizon Plaza Outlet

가구, 생활용품, 의류, 잡화, 장난감, 와인 등을 취급하는 대형 아웃렛 매장이다. 1층부터 28층까지 150여 개의 숍들이 모여 있다. 홍콩 현지인들뿐만 아니라, 발 빠른 외국 쇼핑객들이 찾는 알짜배기 아웃렛이다. 특히 눈여겨볼 곳은 21층의 조이스 편집매장. 질 샌더, 안나수이, 비비안 웨스트 우드, 마크 제이콥스, 장 폴 고티에 등의 브랜드가 있다. 개성 강한 의류들이 많긴 하지만 자신에게 맞는 아이템을 골라 보는 재미가 있다. 조이스는 출입문에서 벨을 누르고 들어가야 하며 입구에서 소지품을 맡겨야 하니 당황하지 말자. 그 밖에도 폴 스미스, 블루 마린, 지미 추(19층), 무아젤, 폼페이, 알마니(22층), 레인 크로포드(25층), 막스 마라, 클럽 모나코(27층) 등이 있다. 시간이 된다면 가구 매장인 데킬라 콜라(1층), 인테리어 소품 매장인 인디고 리빙(6층, 18층)을 둘러봐도 좋다. 원목 가구 매장과 카페를 겸하고 있는 트리 카페(28층)는 쉬어가기 좋은 곳이다.

호라이즌 플라자 무료 셔틀버스는 주차장에서 이용 가능하며 프라다 아웃렛 매장이 있는 사우스 호라이즌에서 하차할 수 있다.

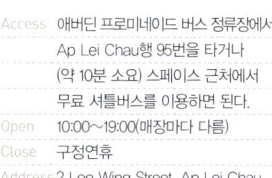

Access	애버딘 프로미네이드 버스 정류장에서 Ap Lei Chau행 95번을 타거나 (약 10분 소요) 스페이스 근처에서 무료 셔틀버스를 이용하면 된다.
Open	10:00~19:00(매장마다 다름)
Close	구정연휴
Address	2 Lee Wing Street, Ap Lei Chau

Hotel

L 호텔 아일랜드 사우스 L'hotel Island South

2010년 10월 문을 연 Chinachem Group의 새 호텔이다. 37층 건물에 총 432개의 객실을 보유하고 있는데 객실 컨디션도 좋고 모던 컨템퍼러리 스타일의 레스토랑 및 바는 여느 고급 호텔에 뒤지지 않을 만큼 스타일리시하다. 피트니스 센터, 야외 수영장, 바, 라운지, 레스토랑 등 부대시설도 충실한 편이고 객실에서 무료로 무선 인터넷을 사용할 수 있다. 특히 위치적인 불리함을 극복하려는 노력의 일환으로 오션 파크, 사이버 포트, 코즈웨이 베이, IFC의 에어포트 익스프레스 터미널까지 무료로 셔틀 서비스를 제공하고 있다. 호텔 바로 앞의 정류장에는 센트럴까지 가는 버스(약 15~20분 소요)가 있어 편리하다.
리스 카페에서는 오후 3시부터 6시 사이 애프터눈 티를 제공하는데 디저트 카운터에서 고른 5종류의 디저트와 커피 혹은 차를 포함하여 HK$68(SC 10%)로 경험해볼 만하다.

Access	애버딘 버스 정류장에서 택시를 타거나 센트럴 익스체인지에서 70번 버스를 타고 애버딘 터널을 지나 다음다음 정거장(멀리 L 호텔이 보이기 시작하면 내릴 준비를 한다)에 내린다.
Cost	슈피리어 시티 뷰 USD124~
Address	55 Wong Chuk Hang Road
Tel	3968-8888
Web	www.lhotelislandsouth.com

리펄스 베이 Repulse Bay

Tip 리펄스 베이와 스탠리로 이동하기

6, 6A, 6X, 260번 버스 센트럴 익스체인지 스퀘어에서 탑승할 수 있으며 리펄스 베이까지는 약 30분, 스탠리까지는 약 40~50분 소요된다. 요금은 HK$6.8~10.6으로 리펄스 베이에서 하차 시 옥토퍼스 카드를 단말기에 찍으면 요금 환급을 받을 수 있다. 번호에 따라 진행 노선이 다른데 해안을 따라 달리고 싶으면 6, 6A, 6X, 260번을 선택해 탑승하면 된다.

973번 버스 침사추이에서 탑승할 수 있어 까우룽 반도에 묵는다면 편리할 수 있으나 노선이 길어 리펄스 베이와 스탠리까지 1시간 이상 걸린다. 요금은 HK$13.6.

Sightseeing

리펄스 베이 쇼핑 아케이드
The Repulse Bay Shopping Arcade 淺水灣商場

20여 개의 작은 숍들과 카페, 레스토랑으로 채워진 작은 쇼핑 아케이드다. 규모는 작지만 1920년부터 1982년까지 페닌슐라 호텔과 어깨를 나란히 하던 홍콩 최고 호텔의 흔적을 고스란히 느낄 수 있다. 내부는 콜로니얼 스타일의 우아한 분위기로, 지하 주차장으로 연결되는 에스컬레이터 옆에는 그 시절 모습을 엿볼 수 있는 재미난 사진과 자료들이 전시되어 있다. 아케이드의 숍은 고급 아동복과 인테리어숍이 주를 이루며 퍼시픽 커피 컴퍼니가 있어 여유로운 시간을 보내기에 좋다. 고급 식재료와 식품을 판매하는 마켓 플레이스도 찾아볼 수 있다.

Access	6, 6X, 973번 버스를 타고 리펄스 베이 맨션 앞에서 내린다. 조금 앞으로 가서 계단을 올라가면 보인다.
Open	10:00~19:00(매장마다 다름)
Close	매장마다 다름
Address	109 Repulse Bay Road
Tel	2852-7552
Web	www.therepulsebay.com

Sightseeing

리펄스 베이 맨션
Repulse Bay Mansion 影灣園

리펄스 베이행 버스를 타고 가다 보면 가장 먼저 눈에 띄는 리펄스 베이 맨션. 뻥 뚫려 있는 건물 한가운데의 구멍이 눈에 들어온다. 건축 당시 뒷산과 바다를 오가는 용의 길을 가로막아 화를 입게 될 거라는 소문에 구멍을 뚫어 용의 길을 터놓은 것이라고. 물결 모양의 건물 외관도 재미있다. 평당 수억 원을 호가하는 이곳에서는 홍콩의 유명 연예인과 갑부들이 모여 산다고 한다.

Access	6, 6X, 973번 버스를 타고 리펄스 베이 맨션 앞에서 내린다. 조금 앞으로 가서 계단을 올라가면 보인다.
Address	109 Repulse Bay Road
Tel	2852-7552
Web	www.therepulsebay.com

Sightseeing

리펄스 베이 비치
Repulse Bay Beach 淺水灣海灘

홍콩에서 가장 인기 있는 해변 중 하나이다. 500m에 이르는 해변은 파도도 잔잔하고 모래도 고운 편이라 여름에는 수영을 즐기는 사람들로 북적거린다. 재미있는 것은 이곳의 아름다운 해변은 모두 해외에서 모래를 수입해 만들어진 인공 해변이라는 것. 해변에는 탈의실, 샤워실, 화장실, 락커 등이 완비되어 있으며 락커를 제외한 모든 시설은 무료이다.

Access	버스 정류장에서 내려 앞쪽의 횡단보도를 건너면 아래로 내려가는 계단이 있다. 계단을 따라 내려가면 해변으로 연결된다.

Food

더 베란다 The Verandah 露台餐廳

시내에서 떨어진 리펄스 베이에 자리하고 있지만 이곳에서 애프터눈 티를 즐기기 위해 일부러 리펄스 베이를 찾는 사람도 많을 정도로 인기가 많다. 정면의 계단을 오르면 가장 먼저 눈에 들어오는 작은 분수와 멋진 외관은 애프터눈 티를 맛보기 전부터 가슴을 설레게 한다. 문을 열고 들어서면 양쪽으로 대칭을 이루며 똑같은 모양으로 테이블이 배치되어 있다.

삼단 트레이에 제공되는 이곳의 애프터눈 티는 유명 호텔의 애프터눈 티 못지않은 수준 높은 맛으로 이미 정평이 나 있다. 더 베란다에서 꼭 맛보아야 할 또 하나의 메뉴는 수플레. 제대로 부푼 수플레로 눈이 즐겁고 입안에서 사르르 녹는 맛에 입 또한 즐거워진다. 더 베란다의 시그니처 디저트인 바닐라빈 크렘빌레, 수플레, 미니 베이크트 알라스카 등을 한 번에 즐길 수 있는 The Repulse Bay Signature Dessert Sampler도 인기 메뉴이다. 결혼식 피로연 등으로 영업을 하지 않는 경우도 많으니 반드시 방문 전 전화로 문의, 예약하자.

Access	센트럴 익스체인지에서 6번 혹은 6X번을 타고 리펄스 베이 맨션 앞에 내린다. 앞쪽 계단을 올라가면 바로 보인다.
Open	수~토·공휴일 런치 12:00~14:30 애프터눈 티 15:00~17:30 디너 19:00~22:30 일요일 브런치 11:00~14:30 애프터눈 티 15:30~17:30 디너 19:00~22:30
Close	월·화요일
Cost	The Classic Repulse Bay Afternoon Tea HK$248(수~금) HK$268(주말·공휴일)(1인) (SC 10%)
Address	109 Repulse Bay Road, Repulse Bay
Tel	2292-2822
Web	www.therepulsebay.com
Email	verandahtrb@peninsula.com

Food ❷
스파이시스 Spices 香辣軒

리펄스 베이 아케이드 G/F에 위치한 아시안 레스토랑으로 인도, 말레이시아, 베트남, 인도네시아, 싱가포르, 일본, 태국 등 아시아 각국의 요리들을 전부 맛볼 수 있다. 실내 좌석도 좋지만 넓은 정원에 여유롭게 배치된 야외 테이블이 인기가 많다. 울타리 너머로 한눈에 들어오는 리펄스 베이를 감상하며 식사를 즐길 수 있다. 이곳은 특히 영화배우 장국영이 자주 찾던 레스토랑으로 유명하다. 장국영의 팬이라면 스파이시스에서 장국영이 앉았던 자리에 앉아 그가 자주 먹던 메뉴를 먹는 것만으로 특별한 기억이 될 것이다. 이곳의 추천 메뉴는 Asian Appetizers. 상큼한 포멜로와 크랩, 치킨, 새우와 그린 망고, 비프 등 다양한 재료를 사용한 4가지 스타일의 샐러드를 한꺼번에 맛볼 수 있다. 인도식 요거트 소스를 발라 화덕에서 구워 낸 Tandoori Mixed Grill도 맛있고 충실한 구성의 런치 세트도 시도할 만하다.

Access	센트럴 익스체인지에서 6번 혹은 6X번을 타고 리펄스 베이 맨션 앞에 내린다. 앞쪽 계단을 올라가 오른쪽으로 돌아가면 입구가 보인다.
Open	12:00~14:30, 18:30~22:30(평일) 11:30~22:30(주말·공휴일)
Close	연중무휴
Cost	런치 HK$288~, 디너 HK$408~
Address	G/F The Arcade, 109 Repulse Bay Road, Repulse Bay
Tel	2292-2821
Web	www.therepulsebay.com
Email	spicestrb@peninsula.com

Spa ❶
센스 오브 터치 Sense Of Touch

할리우드 로드, 란콰이퐁, 란타우 섬 등 홍콩에만 5개의 지점을 가지고 있는 럭셔리 스파 체인이다. 그중 리펄스 베이 지점은 더욱 세련되고 모던한 인테리어와 차별화된 메뉴로 인기가 많다. 주로 주변의 고급 맨션 거주자들이 단골손님들인데 예산이 넉넉하다면 이곳에서 스파를 받고 여유롭게 더 베란다에서 애프터눈 티를 마시는 스케줄도 좋다. 리펄스 베이 지점의 시그니처 트리트먼트 중 하나인 Ocean's 11은 오직 이곳에서만 접할 수 있는 메뉴. 11개의 오일 중 고객이 선택한 하나의 오일을 따뜻한 백토와 섞어 아로마 마사지를 하고 샤워 후 알로에 젤로 다시 에너지를 주고 에센셜 오일로 마무리되는 코스인데 믿을 수 없을 정도로 피부가 보들보들해지는 것을 즉각 느낄 수 있다. 가격이 부담된다면 비교적 저렴한(?) 발 마사지나 헤드 앤 숄더 마사지도 훌륭하다.

Access	리펄스 베이 아케이드 1층에 위치. 더 베란다를 마주보고 왼쪽에 자리하고 있다.
Open	08:30~20:00(월~토) 09:00~19:00(일)
Close	연중무휴
Cost	발 마사지 HK$650(60분) 커플 마사지 HK$3490(120분)
Address	G211, 1/F, The Repulse Bay Arcade, 109 Repulse Bay Road
Tel	2592-9668
Web	www.senseoftouch.com.hk

스탠리 Stanley

> **Tip 리펄스 베이와 스탠리로 이동하기**
>
> **6, 6A, 6X, 260번 버스** 센트럴 익스체인지 스퀘어에서 탑승할 수 있으며 리펄스 베이까지는 약 30분, 스탠리까지는 약 40~50분 소요된다. 요금은 HK$6.8~10.6으로 리펄스 베이에서 하차 시 옥토퍼스 카드를 단말기에 찍으면 요금 환급을 받을 수 있다. 번호에 따라 진행 노선이 다른데 해안을 따라 달리고 싶으면 6, 6A, 6X, 260번을 선택해 탑승하면 된다.
>
> **973번 버스** 침사추이에서 탑승할 수 있어 까우룽 반도에 묵는다면 편리할 수 있으나 노선이 길어 리펄스 베이와 스탠리까지 1시간 이상 걸린다. 요금은 HK$13.6.

Sightseeing

스탠리 마켓 Stanley Market 赤柱市場

기념품이나 전통의상, 가방, 장난감, 골동품 등 다양한 상품이 판매되는 재래시장이지만 규모가 크지 않고 막상 구미를 확 당기는 제품은 드문 편이라 눈요기로 충분하다. 길어야 200~300m 정도의 시장이지만 그 나름의 분위기가 있어 언제나 구경을 하고 흥정을 하는 관광객들로 넘쳐난다. 좁은 시장을 따라 구경하며 걸어가다 보면 다양한 레스토랑이 자리하고 있는 시원스러운 스탠리 베이가 나오니 구경을 마친 후 식사와 연계하면 좋다.

Access	버스에서 내려 신호를 건너 언덕길 아래로 내려가면 스탠리 마켓의 입구가 보인다.
Open	10:00~20:00(업소마다 다름)
Close	구정연휴
Address	Stanley Market Road, Stanley

Sightseeing

스탠리 베이 Stanley Bay 赤柱灣

스탠리 베이는 스탠리의 여유로운 분위기를 가장 만끽할 수 있는 곳이다. 부채꼴 모양의 해안을 따라 멋진 바와 레스토랑들이 옹기종기 모여 있는데 마치 유럽에 온 듯한 느낌이 들 정도이다. 특히나 금요일 저녁(19:00~23:00)부터 주말(11:00~23:00)까지는 차량의 통행이 금지되어 더욱더 자유롭게 바에 앉아 시원한 맥주를 마시며 시간을 보내는 관광객들로 넘쳐난다.
한쪽에는 스탠리 워터프런트 마트(07:00~22:00)라는 공간이 마련되어 있는데 이곳에도 간단히 식사를 즐길 수 있는 카페와 레스토랑, 공원 등이 조성되어 있다.

Access	스탠리 마켓을 따라 오른쪽으로 꺾어져 마켓을 통과하면 보인다.
Address	Stanley Main Street, Stanley

Sightseeing

스탠리 플라자 Stanley Plaza 赤柱廣場

슈퍼마켓, 식당, 소규모 숍들이 모여 있는 곳으로 현지 거주 외국인들이 많이 찾는 탓에 가격대, 품질 모두 높은 수준이다. 그중 아기자기한 인테리어 소품과 문구용품, 아이디어 상품으로 인기가 높은 지오디는 한번 둘러볼 만하다. 야외극장에서는 가끔 공연이 열리기도 하며 4층과 5층에는 전망대가 있어 주변의 풍경을 둘러볼 수 있다.

Access	스탠리 마켓을 통과해 스탠리 베이를 걷다 보면 오른편에 스탠리 플라자로 통하는 에스컬레이터가 보인다.
Open	10:00~21:00
Close	구정연휴
Address	Stanley Plaza Street, Stanley

Sightseeing

머레이 하우스 Murray House 美利樓

160년의 역사를 가진 머레이 하우스는 홍콩에서 가장 오래된 식민지 시대 건물이다. 원래 1884년 센트럴 지역에 건립되었다가 1991년에 옮겨왔다. 옮겨질 당시 무려 40만 개 이상의 벽돌로 지어진 건물을 조각조각 분해해 옮긴 후 다시 재조립했다고 한다.
홍콩 최고의 콜로니얼풍 건물로 꼽힐 뿐만 아니라 지금은 분위기 좋은 레스토랑들이 들어서 있어 식도락을 즐기러 오는 여행자들의 발길이 끊이지 않는 곳이다.

Access	스탠리 마켓을 통과해 스탠리 베이를 따라가다 보면 나온다.
Open	10:00~23:00(업소마다 다름)
Close	업소마다 다름
Address	Stanley Main Street, Stanley

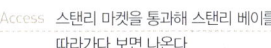

Sightseeing

블레이크 선착장 Blake Pier At Stanley 赤柱卜公碼頭

선착장이라고 하기에는 아까울 정도로 아름다운 블레이크 선착장은 머레이 하우스처럼 원래는 센트럴에 있던 것을 주변의 매립공사로 인해 이곳으로 옮긴 것이다. 실제로 스탠리와 포또이 섬 간의 배가 서는 선착장으로 이용되고 있다. 하지만 선박의 운행이 뜸해서 지금은 관광객들의 기념사진 포인트와 휴식처로 많은 사랑을 받고 있다.

Access 머레이 하우스 바로 앞.
Open 24시간
Address Stanley Main Street, Stanley

Sightseeing

틴하우 사원 Tin Hau Temple 天后廟

고풍스러운 사원을 생각했다면 조금 실망할 수도 있겠다. 홍콩에서 가장 흔하게 찾아볼 수 있는 틴하우 여신의 사원이지만 조금은 현대적인 느낌이 든다. 사원 안쪽에는 황금빛 틴하우 상과 18개의 신상이 모셔져 있다. 특히 이곳에는 실제로 1942년 스탠리 경찰서 앞에서 잡혔다는 호랑이의 가죽이 안치되어 있는데 호랑이의 가죽이 안치되어 있는 동안 두 번이나 일본군의 공격을 받았음에도 아무런 피해를 입지 않아 그때부터 '호랑이의 보호를 받는 사원'이라는 별칭을 얻기도 했다.

Access 스탠리 마켓을 통과하여 스탠리 베이를 따라 직진, 머레이 하우스 가기 전 오른쪽으로 꺾어진다.
Open 일출~일몰
Cost 무료
Address Stanley Main Street, Stanley

Sightseeing

스탠리 비치 Stanley Beach

현지인들에게도 인기가 높은 해변으로 실제로 수영과 워터 스포츠를 즐길 수도 있다. 길이는 약 400m 정도로 물도 맑은 편이다. 샤워시설, 화장실, 탈의실 등이 완비되어 있으며 모두 무료로 사용이 가능하다. 중앙에는 워터 스포츠 센터(www.lcsd.gov.hk/watersport/en)가 자리하고 있어 각종 레저를 즐길 수도 있다.

Access 버스 터미널에서 스탠리 마켓을 등지고 도보 약 2~3분, 오른편에 해변과 연결된 계단이 보인다.

Food
❶
보트하우스 The Boathouse

스탠리 베이 초입, 지중해의 작은 마을에 온 듯한 느낌을 주는 건물이 바로 보트 하우스다. 3층으로 되어 있으며 특히 전망이 뛰어난 루프톱의 좌석은 인기가 많다. 파스타부터 스테이크까지 다양한 메뉴를 보유하고 있는데 그중 최고 인기는 새우, 조개, 연어 등 다양한 해산물을 한꺼번에 맛볼 수 있는 보트하우스 시푸드 스페셜이다. 담백하고 촉촉한 생선 튀김과 웨지 감자를 맛볼 수 있는 피시 앤 칩스도 인기 메뉴라고.

Access	스탠리 마켓을 빠져나오면 바로 보인다.
Open	11:30~22:30(월~금) 11:00~22:30(주말·공휴일)
Close	연중무휴
Cost	보트하우스 시푸드 스페셜 HK$190 파스타 HK$140~(SC 10%)
Address	G/F, 86-88 Stanley Main Street, Stanley
Tel	2813-4467
Web	www.cafedecogroup.com

Food
❷
킹 루드비히 비어홀 King Ludwig Beerhall

독일식 맥주 하우스로 목재로 되어 있는 실내며 시원스러운 전망의 발코니가 마치 독일에 와 있는 듯한 기분이 들게 한다. 비어홀답게 킹 루드비히, 뢰벤브로이 등 독일 맥주를 맛볼 수 있다. 푸짐한 소시지 모둠요리 Sausage Sampler는 맥주 안주로 그만이다. 이 밖에 바삭하게 구워진 독일식 돼지 족발에 독일식 양배추 절임, 감자가 함께 나오는 Crisp Roast Porknuckle with Sauerkraut & Potatoes 도 이곳의 베스트셀러.

Access	머레이 하우스 2층에 있다.
Open	12:00~00:00(월~금), 11:00~00:00(주말·공휴일)
Close	연중무휴
Cost	맥주 HK$48~, Crisp Roast Porknuckle with Sauerkraut & Potatoes HK$125, Sausage Sampler HK$185 (SC 10%)
Address	Shop 202, Murray House Stanley Plaza
Tel	2899-0122
Web	www.kingparrot.com

Food
❸
피자 익스프레스 Pizza Express

이미 우리에게도 익숙한 세계적인 피자 체인 피자 익스프레스. 피자 맛이야 말할 것도 없지만 스탠리의 피자 익스프레스는 거기에 탁 트인 뷰까지 덤으로 따라온다. 신선한 모차렐라 치즈에 토마토를 곁들여 먹는 샐러드도 상큼하고 이곳의 명물 갈릭 브레드도 역시나 훌륭하다.

Access	스탠리 마켓을 빠져나와 스탠리 베이를 따라 걷다 보면 오른쪽 길가에 있다.
Open	11:30~22:00
Close	연중무휴
Cost	Mozzarella & Tomato Salad HK$66
	Garlic Bread HK$44
	Pizza HK$99~133(SC 10%)
Address	90 Stanley Main Street, Stanley
Tel	2813-7363
Web	www.pizzaexpress.com.hk

Food

델리 프랑스 Délifrance

스탠리만큼 델리 프랑스가 잘 어울리는 곳이 있을까? 침사추이부터 외곽 지역까지 수많은 체인을 두고 있는 패스트푸드 카페이지만 스탠리의 델리 프랑스는 특별함이 느껴진다. 피자 바게트, 버섯 피자 등 다소 리치한 메뉴들도 맛이 있고 즉석에서 만들어주는 샌드위치나 핫도그도 훌륭하다. 식사가 부담스럽다면 카푸치노 한 잔 주문한 후 스탠리 거리를 구경하며 여유로운 한때를 즐기는 것도 좋겠다.

Access	스탠리 마켓 초입 시장 진입하기 전, 왼편에 자리하고 있다.
Open	08:00~22:00
Close	연중무휴
Cost	French Hot Dog HK$26~34 (SC 10%)
Address	G/F, 17 New Street, Stanley
Tel	2813-1368
Web	www.delifrance.com.hk

Food

만익면가 Man Yik Noodles 民益麵家

이런 곳에 식당이 있을까 싶을 정도로 좁은 골목 안쪽에 자리한 만익면가. 입소문을 타고 현지인들의 사랑을 듬뿍 받고 있는 국숫집이다. 담백한 국물 맛의 피시 볼 누들도 맛있지만 이 집의 명물은 밧뽀민(Bat Bo Min · 八寶麵)이다. 8가지의 보물 같은 재료로 만들어진 국수라는 의미로 여러 부위의 고기와 소시지 등이 면과 함께 나온다. 국물은 훌륭하지만 부속물이 입에 맞지 않을 수도 있으니 비위가 약하다면 일반적인 피시 볼 누들을 주문하는 것이 안전하다.

Access	스탠리 마켓 초입, 과일 가게 옆 작은 골목 안쪽에 자리하고 있다.
Open	10:00~18:00(월~금)
	10:00~20:00(주말)
Close	구정연휴
Cost	Bat Bo Min HK$26
	Fish Ball Noodle HK$17
Address	1 Stanley Market Road, Stanley
Tel	2813-8269

Food ①

어보브 앤 비욘드 Above & Beyond 天外天

어보브 앤 비욘드는 호텔 아이콘의 클럽 라운지로도 활용되고 있는 광둥 레스토랑이다. 한쪽에는 훌륭한 파노라믹 뷰를 바라보며 칵테일을 즐길 수 있는 파노라믹 바가 자리하고 있다. 고급스럽게 테이블이 세팅된 안쪽에서 수준 높은 광둥식 파인 다이닝을 즐길 수 있는데, 점심에만 맛볼 수 있는 딤섬도 맛있지만 이왕이면 어보브 앤 비욘드의 시그니처 메뉴들을 주문해보자. 담백한 맛이 일품인 Steamed Wagyu Beef with Asparagus와 커다란 새우를 특제 소스로 요리한 Wok Fried Prawn with Champange Sauce가 추천할 만하다.

Access	호텔 아이콘 28층.
Open	11:00~14:30, 18:00~22:30
Cost	딤섬 HK$58~, Steamed Wagyu Beef with Asparagus HK$368 (SC 10%)
Address	28/F, Hotel ICON, 17 Science Museum Road, Tsim Sha Tsui East
Tel	3400-1318
Web	www.hotel-icon.com
Email	aboveandbeyond@hotel-icon.com

Food

더 마켓 The Market

뷔페 레스토랑이자 호텔 아이콘의 조식당으로도 사용되는데 조식도 상당히 괜찮은 편. 주중에는 런치와 디너로 제공되며 주말에는 브런치, 애프터눈 티도 즐길 수 있다. 가격적으로 살짝 부담이 되지만 더 마켓의 뷔페를 제대로 만끽하고 싶다면 디너 타임에 방문해보자. 일단 해산물 코너에서 정신을 잃을지도 모르겠다. 신선한 해산물뿐 아니라 다양한 방법으로 조리된 음식이 가득하다. 모양도 예쁘고 맛도 좋은 디저트 섹션도 놓쳐서는 안 될 더 마켓의 포인트. 인기가 많으므로 최소 2주 전에는 예약을 하고 가는 것이 좋다.

Access	호텔 아이콘 2층.
Open	**런치** 12:00~14:30(월~금)
	브런치 11:45~14:30(토~일)
	애프터눈 티 15:15~17:00(토~일)
	디너 18:30~22:00(월~일)
Cost	런치 HK$338/168,
	브런치 HK$488/248,
	애프터눈 티 HK$328/168,
	디너 HK$688/348(SC 10%)
Address	2/F, Hotel ICON,
	17 Science Museum Road,
	Tsim Sha Tsui East
Tel	3400-1388
Web	www.hotel-icon.com

Food

팔레트 Palette

톡톡 튀는 감성의 호텔 사브에서 운영하는 레스토랑이다. 전천후 올데이 레스토랑이라는 명칭이 걸맞을 정도로 아침부터 저녁까지 다양한 음식과 다양한 콘셉트로 식사를 즐길 수 있는 곳이다. 런치 뷔페(12:00~14:30), 디너 뷔페(18:00~22:30)는 물론이고 티 세트(15:00~17:30)와 브런치(주말 11:30~14:30)도 즐길 수 있다.

Access	호텔 사브 1층.
Open	06:30~22:30
Cost	세미 런치 뷔페 HK$65~,
	디너 뷔페 HK$498~538,
	티 세트 HK$288(2인)(SC 10%)
Address	1/F, Hotel sáv, 83 Wuhu Street, Hung Hom
Tel	2275-8778
Web	www.hotelsav.com/dining/palette
Email	Palette.hk@hotelsav.com

Food ④
윙라이유엔 Wing Lai Yuen 詠藜園四川擔擔麵

홍함의 잘나가는 식당들이 옹기종기 모여 있는 왐포아 고멧 플레이스. 그중 꼭 한 곳을 선택해야 한다면 두말할 것도 없이 윙라이유엔이다. 윙라이유엔은 쓰촨 요리 전문점으로 매콤한 맛이 특징인 쓰촨 요리는 한국인의 입맛에도 잘 맞는다. 매콤 고소한 쓰촨식 탄탄면과 마파두부는 반드시 도전해 봐야 할 이곳의 강추 메뉴. 특히 보들보들한 두부에 다진 돼지고기를 듬뿍 넣어 매콤한 소스와 함께 곁들인 마파두부(마보 토우후)는 단연 최고의 메뉴라 할 수 있다. 밥이 딸려 나오지 않으므로 마파두부를 주문할 때는 스팀 라이스를 같이 주문해 비벼먹는 것이 좋다.

Access	왐포아 가든 버스 터미널 건물 (왐포아 고멧 플레이스) 1층에 있다.
Open	11:00~15:30, 18:00~22:30
Close	구정연휴
Cost	쓰촨 스타일 탄탄면 HK$18
	마파두부 HK$43
	스팀 라이스 HK$8
	차 HK$3(SC 10%)
Address	102-105 Whampoa Gourmet Place Site8, Whampoa Garden
Tel	2320-6430
Web	www.winglaiyuen.com.hk

Food ⑤
하버 그릴 Harbour Grill

하버 그랜드 까우룽 내에 위치한 레스토랑으로 품격 있는 분위기와 수준 높은 음식으로 호평을 받고 있는 곳이다. 이름에서부터 짐작이 가듯 이곳의 대표 메뉴는 그릴을 이용한 요리들이다. 특히 입에서 살살 녹는 와규 비프 치크는 셰프가 자신 있게 추천하는 메뉴. 가격이 부담스럽다면 메인 요리와 애피타이저, 수프로 구성된 런치 세트를 노려보자. 선택하는 메인 메뉴에 따라 HK$175~220선이며 HK$25를 추가하면 디저트를 추가로 선택할 수 있다.

Access	홍함역, 하버 그랜드 까우룽 내에 위치.
Open	12:00~14:00, 12:00~14:30(주말·공휴일), 18:00~22:00
Close	연중무휴
Cost	와규 비프 치크 HK$320, 흑돼지 포크커틀릿 HK$240 (SC 10%)
Address	G/F Harbour Grand Kowloon 20 Tak Fung Street, Whampoa Garden
Tel	2996-8433
Web	www.harbourgrand.com

Food ⑥
다스 구테 Das Gute

어지간한 동네 빵집의 빵도 맛있을 만큼 높은 제빵 수준을 자랑하는 일본의 빵을 홍콩에서도 맛볼 수 있게 되었다. 주로 고베, 교토, 오사카 등 일본에서만 접할 수 있었던 다스 구테가 일본을 제외한 아시아에선 최초로 홍콩에 분점을 열었다. 웨스턴 마켓, 침사추이, 까우룽 베이 등 홍콩의 여러 지역에 지점을 두고 있지만 홍함 지점은 카페를 함께 운영하고 있어 좀 더 여유로운 느낌이다. 역시나 일본의 빵 하면 빠질 수 없는 멜론 빵이 이 집의 베스트셀러라고.

Access	홍함역, 왐포아 가든 맞은편.		
Open	08:00~22:00	Close	구정연휴
Cost	멜론 빵 HK$7.5, 프렌치 스타일 우든 밀크 브레드 HK$8.5		
Address	Shop No G6A, G/F Site2(Fashion World), Whampoa Garden		
Tel	2365-3536		

Shopping

왐포아 가든 Whampoa Garden 黃埔花園

여행자들에게 홍함은 곧 왐포아 가든이라 여겨질 만큼 엄청난 규모를 자랑하는 대형 쇼핑단지이다. 그렇다고 해서 오밀조밀 알차게 숍들이 모여 있는 형태가 아니라 10개 내외의 상가 건물이 거리를 따라 띄엄띄엄 자리하고 있어 효율적인 쇼핑을 기대하기는 어렵다. 하지만 주말이면 거리를 따라 알록달록한 장식물이며 조명이 켜지고 사람들로 북적거려 흥겨운 분위기를 만끽할 수 있다. 왐포아 가든에서 가장 눈에 띄는 곳은 뭐니 뭐니 해도 패션 월드Fashion World이다. 왐포아 가든의 엑기스라고 할 수 있을 정도여서 시간이 여의치 않다면 이곳만 둘러보아도 무방하다. 패션 월드에는 옷, 가방, 신발, 액세서리 등 중저가 패션숍들이 밀집되어 있으며 대형 에스프리 매장을 비롯해 키티를 모티브로 한 다양한 의류를 취급하는 클라라와 이주에닷컴, b+ab 등 홍콩의 인기 로컬 브랜드몰도 찾아볼 수 있다. 또, 왐포아 가든의 상징이라 할 수 있는 범선 모양의 왐포아에는 중저가 백화점 자스코 와 슈퍼마켓, 모스 버거 등이 입점해 있다.

Access	홍함역, 왐포아 가든 버스 터미널 앞.
Open	11:00~20:00(매장마다 다름)
Close	구정연휴
Address	1st Basement Home WorldSite 12 Whampoa Garden

Hotel

호텔 아이콘 Hotel Icon

호텔 학교를 함께 운영하고 있는 만큼 특히 서비스에서 훌륭한 평가를 받고 있는 호텔이다. 로비에 들어서면 높은 천장과 리셉션으로 이어지는 커다란 잔디 벽면이 시원스럽고 여유로운 분위기를 자아낸다. 객실은 깔끔하고 모던한 스타일로 시티 뷰와 하버 뷰로 구분해 운영하며 미니 바, 인터넷 무료와 해외무료 통화, 데이터 무제한 제공의 모바일 폰도 제공된다. 특히 클럽 라운지 혜택을 누릴 수 있는 클럽룸은 인기가 많은 편인데 별도의 체크인 체크아웃과 애프터눈 티, 이브닝 칵테일을 즐길 수 있다. 호텔 자체에서 침사추이 요지로 무료 셔틀을 운영하고 있어 편리하며 훌륭한 수준의 조식도 만족스럽다. 호텔 아이콘의 인기 레스토랑인 어보브 앤 비욘드와 더 마켓도 꼭 들러보자.

Access	까우룽역에서 무료 셔틀 K3번 탑승. 홍함역 D1 출구에서 도보 약 5분.
Cost	디럭스 USD250~
Address	17 Science Museum Road, Tsim Sha Tsui East
Tel	3400-1000
Web	www.hotel-icon.com

Hotel
❷
호텔 사브 Hotel sáv 逸·酒店

홍콩뿐 아니라 해외에 리조트, 레지던스 등 다양한 콘셉트의 숙소를 보유하고 있는 호텔 사브의 홍콩 버전이다. Sav는 Style, Attitude, Vision의 앞 글자를 딴 것으로 이름처럼 갤러리에 와 있는 듯한 감성과 최상의 서비스를 제공한다. 특유의 톡톡 튀는 감성으로 특히 젊은 여성들에게 인기가 많은 편. 객실 사이즈는 20sqm로 작은 편이지만 어메니티가 부족함 없이 효율적으로 갖춰져 있다.

Access	홍함역에서 도보 약 10분. B1 출구로 나와 왐포아 스트리트를 따라 직진하다 불커리 스트리트에서 우회전하면 왼쪽에 마쉬 스트리트가 나오는데 그 골목 안쪽에 위치.
Cost	더블룸 USD~100
Address	83 Wuhu Street, Hung Hom
Tel	2275-8888
Web	www.hotelsav.com

Hotel
❸
하버 그랜드 구룡 Harbour Grand Kowloon

대리석과 거대한 샹들리에, 나선형 계단 등 금방이라도 신데렐라가 계단을 따라 뛰어 내려올 듯한 분위기의 로비는 들어서자마자 시선을 압도한다. 영화 〈성월동화〉의 배경으로도 유명한 이곳은 예전 이름인 하버 플라자 홍콩을 버리고 하버 그랜드 구룡으로 개명하며 더욱 업그레이드된 하드웨어와 소프트웨어로 손님들을 만족시키고 있다. 38개의 하버 뷰 스위트를 포함해 총 554개의 객실을 보유하고 있으며 하버 그릴을 포함 총 7개의 바와 레스토랑을 갖추고 있다. 특히 최고층에 위치한 이곳의 수영장은 인피니티풀로 360도의 파노라마 뷰를 만끽할 수 있으며 옆에서 보면 수영장의 내부가 들여다보이는 재미있는 구조로 되어 있다. 역에서 조금 떨어져 있긴 하지만 홍함역, 침사추이 모디 로드, 침사추이 한코우 로드 등으로 무료 셔틀 서비스를 제공하고 있다. 같은 계열의 4성급 호텔 하버 플라자 메트로폴리스도 홍함역 바로 앞에 자리하고 있다.

Access	홍함역, 홍함 스타 페리 선착장에서 도보 2분.
Cost	슈피리어 코트야드 USD180
Address	20 Tak Fung Street, Whampoa Garden
Tel	2621-3188
Web	www.harbourgrand.com

Tsim Sha Tsui 침사추이

Sightseeing
①
스타의 거리 Avenue of Stars 星光大道

홍콩의 그 어느 곳보다 여행자들에게 우선순위가 되는 곳이 바로 스타의 거리이다. '홍콩' 하면 가장 먼저 떠오르는 이곳은 아름다운 야경을 볼 수 있는 베스트 스폿으로, 다양한 문화행사가 열리는 복합문화공간으로, 유수의 레스토랑들에 둘러싸인 식도락의 중심지로 많은 사랑을 받고 있다.

특히 홍콩 예술관에서 인터컨티넨탈 호텔까지 이어지는 구간에는 홍콩의 유명 영화 배우와 감독 83인의 핸드프린트가 새겨져 있어 좋아하는 스타의 핸드프린트를 찾거나 손을 대보고 사진촬영을 하는 사람들도 쉽게 찾아볼 수 있다. 유덕화, 성룡 등 인기 스타의 핸드프린트 앞은 대기해야 할 정도로 인기가 많다.

침사추이 이스트 선착장 쪽의 구간에는 스타벅스를 비롯한 카페와 바들이 즐비하여 야경을 즐기며 여유로운 시간을 보낼 수 있다.

매일 오후 8시부터는 환상적인 레이저 쇼, 심포니 오브 라이트Symphony of Lights가 열

Access 침사추이역 J4 출구로 나와 왼쪽으로 조금 걷다 보면 나온다.
Web www.avenueofstars.com.hk

친절한 Tip
현재 스타의 거리는 2018년 완공을 목표로 대대적인 공사 중이다. 바닥에 자리하고 있던 스타의 핸드프린트는 스타의 가든에 임시로 보관돼 있으며, 심포니 오브 라이트는 스타 페리 선착장 주변에서 즐길 수 있다.

린다. 홍콩 섬과 까우룽 반도의 33개의 대표적인 건물들을 음악과 함께 소개하는데 건물들은 자기의 이름이 호명될 때 음악에 맞추어 레이저나 조명, 네온사인으로 세리머니를 한다. 소개가 끝난 후 본격적인 협주가 시작되는데 음악에 맞추어 저마다 매력을 뽐내는 건물들이 마치 생명체처럼 느껴질 정도이다.

Sightseeing

스카이 100 Sky 100

홍콩에서 가장 높은 ICC 건물 100층에 위치한 전망대로 아름다운 홍콩 전경을 만 끽할 수 있다. 2005년 착공해 2010년 완공된 곳으로 지상으로부터 무려 393m 높이에 있으며 360도의 파노라마 전경을 즐길 수 있어 가족 단위 방문객과 연인들에게 많은 사랑을 받고 있다.

전용 더블데크 엘리베이터는 홍콩에서 가장 빠른 엘리베이터로 100층까지 단 1분 만에 도착한다. 전망대 한 층이 통유리로 되어 있어 더욱 실감나는 전경을 즐길 수 있다. 홍콩 스카이 100의 입장료는 일반적인 입장료만 포함되는 스탠더드 티켓과 30일간 2번 입장이 가능한 선&스타 요금, 야간 입장권과 비스타의 음료권이 포함된 나이트 패키지, 입장권과 사진촬영권이 포함된 스카이 포토 패키지 등으로 구분된다. 전망대 이외에 대규모 인터랙티브 멀티미디어 전시장과 종합 방문객 센터, 레스토랑과 카페, 기념품숍도 자리하고 있다.

Access	까우룽역에서 하차, 엘리먼츠 쇼핑몰로 들어가 ICC 혹은 Sky 100 표지판을 따라 이동한다.
Open	10:00∼21:00(마지막 입장 20:00)
Cost	현장구매 HK$168 온라인 구매 HK$151
Address	100/F, International Commerce Centre(ICC), Elements, 1 Austin Road West, Kowloon
Tel	2613-3888
Web	www.sky100.com.hk

Sightseeing

스타 페리 선착장 Star Ferry 天星小輪碼頭

홍콩의 야경을 가장 저렴하게 즐길 수 있는 방법이 아닐까 싶다. 홍콩 이곳저곳 바쁘게 사람들을 태워 나르는 스타 페리는 사실은 홍콩 사람들의 삶의 일부분이지만 관광객에게는 더없이 낭만적인 홍콩 관광의 필수 코스로 여겨진다. 까우롱 반도에서 홍콩 섬 방향으로 갈 때는 왼편에 앉아야 더욱 멋진 야경을 즐길 수 있으니 기억해두자. 또 터미널에 있는 홍콩 관광 안내소에서는 여행 정보는 물론 요일별로 태극권 클래스, 중국 과자 클래스, 도보 건축 투어, 정크선 라이드 등 각종 클래스와 무료 투어 정보도 얻을 수 있다.

한편 스타 페리 선착장 앞에는 유명 레스토랑이 밀집되어 있는 스타 하우스를 비롯해 여러 편의시설이 모여 있으며, 스타 페리 선착장 버스 터미널에는 홍콩 각지까지 연결되는 다양한 노선의 버스가 출발한다.

Access 침사추이역 E 출구로 나와 정면으로 쭉 가다 보면 페닌슐라 호텔을 지나 큰길(솔즈베리 로드)과 만난다. 거기서 오른쪽으로 꺾어 조금 가다 보면 바닷가 쪽에 스타 페리 선착장이 보인다.

선착장 앞 버스 주요 노선
1 까우롱 월 시티 파크, 몽콕
1A 쿤통 로드, 킴벌리 로드
2 삼수이포, 몽콕
5, 5C 홍함, 리갈 오리엔탈 호텔, 초이홍
6, 6A 프린스 에드워드역, 타이포 로드
7 까우롱 시티, 까우롱 통
8 까우롱역
8A 왐포아 가든, 홍함 로드

Sightseeing

아쿠아 루나 Aqua Luna 張保仔

홍콩의 전통 범선인 덕크링을 본떠 만든 배로 센트럴과 침사추이 두 곳에서 저녁이면 매시간 낭만 여행을 떠나는 크루즈다. 조명을 받은 빨간 돛을 달고 바다를 유영하는 아쿠아 루나의 모습은 야경과 어우러져 더없이 로맨틱한 분위기를 낸다. 특히 오후 7시 30분에 출발하는 배는 심포니 오브 라이트를 배 안에서 더욱 실감나게 즐길 수 있어서 최고로 인기가 많다. 요금에는 탄산음료, 주스, 맥주, 와인 중 한 잔이 포함되어 있으며 약 45분간 세일링을 즐길 수 있다.

Access 센트럴 스타 페리 선착장 Pier9와 침사추이 스타 페리 선착장 Pier1(홍콩 문화 센터 앞)에서 출발한다.
Open 17:30~22:30(매일)
13:30~22:30(화·수)
(1시간 간격으로 운행, 센트럴은 매시 45분마다 출항하며 15시, 16시대는 출항하지 않는다).
Close 연중무휴
Cost 어른 HK$260
어린이 HK$210
Tel 2116-8821
Web www.aqua.com.hk
(웹에서만 접속 가능)

Sightseeing

홍콩 역사박물관
Hong Kong Museum of History 香港歷史博物館

1962년 시티 박물관과 아트 갤러리로 개관한 홍콩 역사박물관은 분할과 이전 끝에 1998년 지금의 침사추이에 자리를 잡았다. 바로 앞의 홍콩 과학관과는 같은 모양의 건물로 서로 마주하고 있다.
홍콩 박물관의 상설 전시, "더 홍콩 스토리 The Hong Kong Story"는 4억 년 전 데본기를 시작으로 1997년 홍콩 반환까지 파란만장한 홍콩의 역사를 한눈에 볼 수 있다. 2개 층(G층과 M층)에 8개의 갤러리로 구성되어 있으며 사진, 유물, 모형 등으로 4천여 점이 전시되어 있다. 특히 홍콩의 전통문화 Folk Culture in Hong Kong 코너가 인상적인데 중국 남부와 홍콩의 다채로운 문화를 소개한다. 실제 크기의 어선에선 당시 사람들의 수상생활을 직접 구경할 수 있어 흥미롭다. 좀 더 안쪽으로 들어가면 출생, 결혼, 주거 문화를 살펴볼 수 있고 청짜우 빵 축제, 경극, 사자춤 등 축제 모습도 생생하게 관람할 수 있다.
규모도 크고 볼거리도 많아 여유롭게 시간을 잡는 것이 좋다. 중국어, 영어, 일본어로 된 오디오 가이드(HK$10)가 있으며, 관람을 마치고 나면 홍콩의 문화와 역사가 더 가깝게 느껴진다.

Access	침사추이역에서 도보로 11분. B2번 출구로 나와 350m 정도 걸으면 큰길 채텀 로드 사우스 Chatham Road South가 나온다. 이곳에서 왼쪽으로 100m 정도 직진하여 육교를 이용해 홍콩 역사박물관까지 간다 (홍콩 역사박물관까지 육교로 연결되어 있음).
Open	10:00~18:00(월·수~금) 10:00~19:00(주말·공휴일) 크리스마스 이브·구정 전날 17:00까지
Close	화요일·구정연휴 2일
Cost	HK$10(수요일 무료), 특별전 HK$20
Address	100 Chatham Road South, Tsim Sha Tsui
Tel	2724-9042
Web	hk.history.museum

Sightseeing

홍콩 과학관 Hong Kong Science Museum 香港科學館

1991년에 문을 연 홍콩 과학관은 생활과 과학의 밀접한 관계를 흥미롭게 소개한다. 전시물의 70% 가까이가 인터랙티브한 것이고 대부분 모든 연령층이 함께 관람할 수 있다. 어른보다는 아이들이 더욱 흥미로워하겠지만, 어른들도 아이들 틈에서 호기심을 발동시켜도 좋겠다.

G층부터 3층까지 총 4개 층에 소리, 생명과학, 수학, 교통기관, 에너지 등 17가지 테마를 다루고 있다.

G층은 빛, 거울의 세계, 생명 과학, 수학 등 7개 테마로 구성되어 있다. 몇 가지 테마는 흥미롭다. 거울의 세계(World of Mirror)는 거울의 반사 성질을 통해 재미있는 상황과 색다른 시각을 체험할 수 있다. 수학 홀(Mathematics Hall)에서는 간단한 수학 퍼즐이 마련되는데 하다 보면 금세 빠져버리고 만다. 잠깐 머리를 굴려 성취감을 맛봐도 좋다. 2층에는 맥도넬더글러스사가 제작한 캐세이퍼시픽 항공의 첫 여객기가 실물 크기로 전시되어 있다.

마지막으로 홍콩 과학관에서 자랑하는 에너지 머신(Enegry Machine)도 꼭 챙겨보자. 그 높이가 22m에 달해 세계에서 가장 큰 에너지 머신으로 불린다. 쇠구슬이 롤러코스터처럼 트랙을 돌며 퍼포먼스를 보여주는데, 그 소리와 모습을 통해 위치에너지의 힘을 몸소 경험할 수 있다.

홍콩 과학관에서는 상설 전시 외에도 정기적으로 과학 프로그램과 기획 전시를 진행하고 있다.

Access	침사추이역에서 도보로 11분. B2번 출구로 나와 직진, 350m 정도 걸으면 큰길 채텀 로드 사우스가 나온다. 이곳에서 왼쪽으로 100m 정도 직진하여 육교를 이용해 홍콩 과학관까지 간다(홍콩 과학관까지 육교로 연결되어 있음).
Open	10:00~19:00(월~수 · 금) 10:00~21:00(주말 · 공휴일) 크리스마스 이브 · 구정 전날 17:00까지
Close	목요일 · 구정연휴 2일
Cost	HK$25(수요일 무료)
Address	2 Science Museum Road, Tsim Sha Tsui
Tel	2732-3232
Web	hk.science.museum

Sightseeing

홍콩 우주 박물관 Hong Kong Space Museum 香港太空館

반구형 돔이 눈에 띄는 홍콩 우주 박물관. 1980년에 개관해 시설은 낡은 편이며 전시물도 전체적으로 노후되었다. 큰 기대 대신 교육적인 측면에서 접근해야 한다.
우주 박물관에는 2개의 전시관과 1개의 우주 극장이 있다. G/F에는 우주 과학 전시관 Hall of Space Science이, 1층에는 천문학 전시관 Hall of Astronomy과 스탠리호 우주 극장 Stanley Ho Space Theatre이 있는데 지름 23m의 반구형 돔 프로젝션, 스펙터클한 영상물을 볼 수 있어 홍콩 우주 박물관에서 가장 흥미로운 곳이다. 자연과 지구, 우주를 주제로 보통 한 시즌에 3가지 영상물이 상영된다. 상영 시간은 약 40분 정도이며 하루 7~9차례 번갈아 상영된다. 영상물들은 6개월 단위로 바뀐다.

Access	침사추이역에서 도보로 2분. 침사추이역 J번 출구로 나오면 정면으로 바로 보인다.
Open	13:00~21:00(월·수~금) 10:00~21:00(주말·공휴일) 크리스마스 이브·구정 전날 17:00까지
Close	화요일·구정연휴 2일
Cost	HK$10(수요일 무료) Sky Show·Omnimax Show (Stanley Ho Space Theatre) HK$24~32
Address	10 Salisbury Road, Tsim Sha Tsui
Tel	2721-0226
Web	hk.space.museum

Sightseeing

홍콩 예술관 Hong Kong Museum of Art 香港藝術館

상설 전시관과 기획 전시관을 포함해 1층부터 4층까지 총 7개의 전시관이 있다. 중국 회화, 서예, 고대 유물 등 15,000여 점의 예술품을 소장하고 있으며 국내외 작가의 기획 전시도 열린다.
모든 전시관을 다 보는 것보다 관심 분야 몇 곳만 둘러보는 것이 좋다. 부채, 목걸이, 귀걸이, 모자, 머리핀 등 화려한 장신구들이 전시되어 있는 1층 중국 고대 유물 전시관이 둘러볼 만하다. 4층에는 다양한 중국 미술품을 전시하는데 4층 창문에서 바라보는 홍콩 섬 전망이 멋지니 놓치지 말자.
중국어, 영어 오디오 가이드(HK$10)가 있고, 하루 2~3차례 무료 갤러리 가이드도 진행한다. 사전에 등록할 필요는 없으며 투어는 해당 갤러리 앞에서 시작한다.

Access	침사추이역에서 도보로 2분. 침사추이역 J4번 출구 이정표가 있다. J4번 출구로 나오면 왼쪽으로 보인다.
Open	10:00~18:00(월·수·금) 10:00~19:00(주말·공휴일) 크리스마스 이브·구정 전날 17:00까지
Close	목요일·구정연휴 2일
Cost	HK$10(수요일 무료)
Address	10 Salisbury Road, Tsim Sha Tsui
Tel	2721-0116
Web	hk.art.museum

친절한 Tip
홍콩 예술관은 2019년 완공을 목표로 공사 중에 있어 현재 폐관 중이다.

Sightseeing

까우룽 공원 Kowloon Park 九龍公園

침사추이 중심가에 위치한 까우룽 공원은 도심 속에 푸른 녹음을 선사하는 시민들의 휴식처이다. 과거 영국군 주둔지였던 곳이 1970년 공원으로 조성돼 개방되었다. 13.3ha 부지에 우거진 나무와 분수대, 연못들이 조성되어 있고 시민들을 위한 체육시설까지 마련되어 있다.

오스틴 로드를 끼고 있는 공원 북쪽에는 스포츠 센터, 수영장, 미니 축구장 등의 체육시설이 있으며 수영장의 야외 풀은 한 번쯤 이용해 봐도 좋다(유료). 네이던 로드의 공원 동쪽에는 야외 조각 길 Sculpture Walk과 미로 정원 Maze Garden, 중국 정원 Chinese Garden, 광장 Piazza 등이, 공원 서쪽에는 디스커버리 플레이그라운드 Discovery Playground, 조류관 Aviary, 버드 레이크 Bird Lake, 홍콩 헤리티지 디스커버리 센터 Hong Kong Heritage Discovery Centre 등이 있다. 디스커버리 그라운드에는 영국군의 대포가 전시되어 있고, 영국군 병영이었던 홍콩 헤리티지 디스커버리 센터에서 홍콩의 역사와 문화를 소개하고 있으며 정원에는 카페테리아도 있다.

Access	침사추이역 A1번 출구로 나오면 바로 왼쪽에 공원 입구가 있다 (네이던 로드 Nathan Road 입구 외에도 공원을 둘러싸고 있는 모든 길에 출입구가 있음).
Open	공원 05:00~00:00 디스커버리 플레이그라운드 06:30~21:00 조류관 06:30~18:45(3~10월) 06:30~17:45(11~2월) 수영장 06:30~12:00, 13:00~17:00 18:00~22:00 홍콩 헤리티지 디스커버리 센터 10:00~18:00(월·화·수·금·토) 10:00~19:00(일·공휴일)
Close	홍콩 헤리티지 디스커버리 센터만 목요일·구정연휴 2일
Cost	무료
Address	22 Austin Road, Tsim Sha Tsui
Tel	2724-3344
Web	www.lcsd.gov.hk/parks/kp

Sightseeing

까우룽 모스크 Kowloon Mosque 九龍淸眞寺

까우룽 마스지드 Kowloon Masjid라고도 불리는 이슬람교 사원이다. 홍콩에 있는 총 4개의 이슬람 사원 중 가장 큰 규모로, 동시에 2천여 명이 예배를 볼 수 있는 크기이다. 처음에는 인도 출신 이슬람교도 영국군들의 예배를 위한 조그만 공간이었는데 1984년 이후 점차 규모가 커져서 오늘날과 같은 모습을 갖추었다. 예배가 없을 때에는 개방하기도 하는데 별다른 볼거리는 없다.

Access	침사추이역 A1 출구로 나와 좌회전하여 약 50m 직진.
Address	Haiphong Road, Tsim Sha Tsui

Sightseeing

네이던 로드 Nathan Road 彌敦道

침사추이부터 야우마테이, 몽콕 등 까우롱 반도를 가로지르는 가장 큰 도로이자 최대의 번화가이다. 까우롱 반도 최초로 건설된 근대 도로로 총 4km에 이른다. 네이던이라는 명칭은 13대 홍콩 총독을 지낸 매튜 네이던의 이름에서 따온 것이다. 특히 침사추이부터 조던까지 이어지는 1.6km 구간이 가장 번화한데 제1차 경제부흥 당시에는 골든 마일(Golden Mile)이라고도 불렸다고 한다. 시간이 허락한다면 이층버스 앞자리에 앉아 화려한 네이던 로드를 마음껏 즐겨보자.

Access 침사추이역에 내리면 네이던 로드로 나가는 여러 출구가 있다.

Sightseeing

시계탑 Clock Tower 時計塔

지금은 덩그러니 시계탑만 남아 있지만 한때 홍콩과 중국, 몽골, 러시아까지 연결하던 대륙 횡단 열차의 출발점인 까우롱역이 있던 곳이다. 1915년 완공되었는데 1977년 까우롱역을 폭파하면서(이를 대체해 현대적인 시설의 홍함역이 완공되었다) 그 자리에 우주 박물관과 문화센터 등이 자리 잡았다. 빅토리아풍의 시계탑 주변에는 녹지와 장식물들을 설치하기도 해 기념사진을 찍는 관광객들의 모습도 쉽게 눈에 띈다.

Access 침사추이역 E 출구로 나와 앞으로 걷다 보면 페닌슐라 호텔을 지나 솔즈베리 로드와 만난다. 솔즈베리 로드에서 오른쪽으로 꺾어 직진하다 보면 길 건너편에 있다.
Address Salisbury Road, Tsim Sha Tsui

Sightseeing

청킹 맨션 Chung King Mansions 重慶大廈

영화 〈중경삼림〉의 주 무대이기도 했던 빌딩 중의 하나로 실제 전 세계 배낭 여행자의 숙소로 많이 이용되고 있는 건물이기도 하다. 건물 입구에 항상 몰려 있는 인도계와 아랍계 호객꾼들과 삐그덕대는 엘리베이터, 우중충한 빌딩의 외관 덕에 영화에서처럼 금방이라도 총성이 울릴 것만 같은 분위기지만 의외로 저렴하고 나름 깔끔한 숙소도 많이 포진되어 있다. 안쪽으로 환전소, 쇼핑센터, 식당 등도 있는데 환전소는 이 일대에서 가장 환율이 좋기로 유명하지만 그만큼 주변에 소매치기들이 출몰하니 조심하자.

Access 침사추이역 C1, G, F 출구에서 도보 2~3분.
Address 36-44 Nathan Road, Tsim Sha Tusi

Food

탕 코트 T'ang Court 唐閣

더 랭함에 위치한 미슐랭 가이드 2스타를 받은 명실상부 최고의 차이니즈 레스토랑이다. 미국 잡지 『Food and Wine』의 'Go List 2008'에 선정, 『Hotels』에서 선정한 세계 10대 호텔 레스토랑, 홍콩 관광 진흥청에 주최하는 Best of the Best Culinary Awards에서 금메달 수상 등 화려한 이력은 탕 코트의 실력을 입증해준다. 탕 코트는 중국 역사에서 찬란한 황금기를 구가했던 당나라 Tang Dynasty를 모티브로 삼았으며 정통 광둥요리와 딤섬을 전문으로 한다. 딤섬은 점심에만 즐길 수 있는데 딤섬 셀렉트는 1pcs로 주문이 가능하며, 가격은 HK$35~47(3pcs) 선이다. 특히 바삭바삭하게 튀긴 라이스롤을 매콤달콤한 소스에 버무려 낸 Pan-Fried Rice Rolls with Home Made Spicy Sauce의 맛은 탕 코트가 최고이니 반드시 도전해 보자. 월요일부터 토요일까지 제공되는 코스 메뉴(HK$248)는 딤섬, 애피타이저, 수프, 메인 요리, 밥 또는 국수, 디저트로 구성되는데 주에 3번 메뉴 구성이 바뀐다.

Access	침사추이역 C1 출구에서 도보로 5분. C1 출구로 나와 직진, 첫 번째 블록 페킹 로드 Peking Road에서 오른쪽으로 꺾는다. 200m 직진하다가 정면으로 더 랭함이 보이면 지하도를 통해 이동한다. 더 랭함 내 1층에 위치.
Open	12:00~15:00(월~금) 11:00~15:00(주말·공휴일) 18:00~23:00
Close	연중무휴
Cost	Pan-Fried Rice Rolls with Home Made Spicy Sauce HK$38 Crispy Salty Chicken(One Bird) HK$360 차 HK$18(1인) XO Sauce HK$30(1종지)(SC 10%)
Address	1/F, The Langham, 8 Peking Road, Tsim Sha Tsui
Tel	2132-7898
Web	hongkong.langhamhotels.com

Food

스프링 문 Spring Moon 嘉麟樓

홍콩 최고의 호텔인 페닌슐라의 광둥 레스토랑으로 언제나 손님들로 북적일 정도로 인기가 많다. 수준급인 음식과 서비스, 분위기까지 삼박자가 고루 갖춰진 그야말로 최고 수준의 레스토랑. 점심에는 딤섬 메뉴를 즐기는 사람들이 대부분이지만 저녁 때는 스프링 문의 시그니처 메뉴인 베이징 덕이나 거지 닭 Beggar's Chicken을 즐겨보는 것도 좋겠다(하루 전에 예약해야 한다). 특히 거지 닭은 연잎으로 감싼 닭을 진흙을 씌워 구워내는 요리로 담백하고 부드러운 맛이 일품인데 요리를 서브하는 과정도 재미있어 인기가 많다.

Access	페닌슐라 홍콩 1층.
Open	11:30~14:30, 18:00~22:30(월~토) 11:00~14:30, 18:00~22:30 (일·공휴일)
Cost	HK$300~(1인)(SC 10%)
Address	1/F, The Peninsula Hong Kong, 19-21 Salisbury Road, Tsim Sha Tsui
Tel	2696-6760
Web	hongkong.peninsula.com/en/fine-dining/spring-moon-chinese-restaurant
Email	diningphk@peninsula.com

Food

더 차이니즈 레스토랑 The Chinese Restaurant 凱悅軒

하얏트 리젠시의 부속 레스토랑으로 난다 긴다 하는 미슐랭 스타 레스토랑과 견주어도 뒤지지 않을 훌륭한 광둥 메뉴들을 즐길 수 있다. 이왕이면 점심시간에 방문해 더 차이니즈 레스토랑의 걸출한 딤섬 메뉴를 즐겨보자. 기본적인 하카우, 씨우마이는 물론이고 쫀득하고 고소한 맛이 일품인 함수이꼭은 꼭 맛보길. 달달한 소스가 입에 착착 감기는 바비큐포크는 최고로 손꼽힌다.

Access	하얏트 리젠시 3층.
Open	11:30~14:30, 18:30~22:30(월~금)
	11:00~14:30, 18:30~22:30
	(주말 · 공휴일)
Cost	딤섬 세트메뉴 HK$268(2인 이상 가능), 메인 HK$250~(SC 10%)
Address	3/F, Hyatt Regency Tsim Sha Tsui, 18 Hanoi Road, Tsim Sha Tsui
Tel	3721-7788
Web	hongkong.tsimshatsui.hyatt.com/en/hotel/dining/TheChineseRestaurant.html
Email	hongkong.tsimshatsui@hyatt.com

Food

나카무라 토키치 Nakamura Tokichi 中村藤吉

일본 교토의 우지 지역에 본점을 두고 있는 나카무리 토키치의 홍콩 첫 지점이다. 우지는 녹차 재배로 유명한 지역으로 나카무라는 1854년 녹차 재배를 시작해 다양한 디저트와 차를 개발했고 일본 현지에서 황제의 차라는 명칭을 얻을 정도로 지금까지 우수한 품질을 유지하고 있다. 나카무라 토키치 홍콩 지점에서도 고품질의 녹차, 말차와 차를 이용한 디저트 식사 등을 즐길 수 있는데 인기가 많아 주말이면 1시간 이상 대기해야 하는 경우가 부지기수다.

Access	쇼핑몰 더 원 18층.
Open	11:00~20:00(LO 19:15)
Cost	HK$100~(1인)(SC 10%)
Address	18/F, The ONE, 100 Nathan Road, Tsim Sha Tsui
Tel	2426-6111
Web	www.tokichi.jp

Food
❺
카페 103 Cafe 103

최상의 호텔로 꼽히는 리츠칼튼에서 우아하고 달콤한 휴식을 꿈꾼다면 카페 103에서 초콜릿 애프터눈 티를 즐겨보자. 초콜릿을 테마로 한 다양한 디저트를 맛볼 수 있어 특히 여성들에게 사랑받는 곳. 초콜릿은 주로 고디바를 사용하는데 시기에 따라 유명 쇼콜라티에나 초콜릿 브랜드와 컬래버레이션을 통해 다양한 특별 메뉴를 선보이기도 한다. 한 층 아래의 라운지 앤 바에서는 멋진 뷰와 애프터눈 티를 즐길 수도 있다. 런치와 디너 타임에는 뷔페를 제공한다.

Access 리츠칼튼 홍콩 103층.
Open 12:00~22:00
초콜릿 애프터눈 티 15:30~17:30
Cost 런치 HK$380, 초콜릿 애프터눈 티 HK$368(SC 10%)
Address 103/F, The Ritz-Carlton Hong Kong, International Commerce Centre, 1 Austin Road West, Tsim Sha Tsui
Tel 2263-2270
Web www.ritzcarlton.com/en/Properties/HongKong
Email restaurantreservation.hk@ritzcarlton.com

Food
❻
세레나데 Serenade 映月樓

홍콩 문화센터 내에 위치해 스타의 거리의 야경이 한눈에 들어오는 분위기 만점 광둥요리 레스토랑이다. 분위기뿐 아니라 최고의 딤섬을 맛볼 수 있는 레스토랑으로 다섯 손가락 안에 뽑힐 정도로 명성이 자자하다.
세레나데의 자랑은 역시 맛도 모양도 일품인 딤섬. 먹기 아까울 정도로 귀여운 9종의 딤섬이 3조각씩 나오는 딤섬 인 더 케이지가 가장 인기 있다. 단품으로도 주문이 가능한데 평일 오전(09:00~11:30)과 오후(14:00~16:30) 한 차례씩 딤섬이 할인된다(HK$12(S)/15(M)/19(L)).
추천 메뉴로는 달콤한 망고와 캐슈너트 드레싱을 끼얹은 새우 요리 Deep Fried Prawn with Mango Sauce Dressing과 독특하게 프라이팬에 서브되는 Pan Fried Minced Pork.

Access 침사추이역 J4 출구로 나와 정면으로 조금 걷다 보면 홍콩 문화센터가 보인다. 문화센터 2층에 위치.
Open 09:00~16:30, 17:30~23:30
Close 연중무휴
Cost 딤섬 HK$18~29
Roasted Pork Belly HK$58
Dimsum in The Cage HK$188
Deep Fried Prawn with Mango Sauce Dressing HK$38(1pc)
(SC 10%)
Address 2/F, Hong Kong Cultural Centre, Restaurant Block Tsim Sha Tsui
Tel 2722-0932
Web www.maxims.com.hk

Food

팀스 키친 Tim's Kitchen 桃花源小廚

미슐랭 1스타를 받은 레스토랑으로 유명한 팀스 키친은 상하이, 마카오, 셩완 등지에 분점을 가지고 있다. 엘리먼츠 지점은 유동인구가 많은 쇼핑몰 내에 위치해 있어 조금 어수선한 편. 좀 더 차분하고 여유로운 식사를 하고자 한다면 이곳보다는 셩완 지점이 훨씬 좋은 선택이 될 수 있다. 일반적인 광둥 레스토랑의 메뉴들과 정통 딤섬을 맛볼 수 있는데 특히 크리스피 포크 밸리는 바삭하고 고소한 맛이 일품이다.

Access	까우룽역, 엘리먼츠 쇼핑몰 1층.
Open	11:00~16:00, 17:30~23:00(월~금)
	10:00~1600, 17:30~23:00
	(주말·공휴일)
Cost	HK$200~(1인)(SC 10%)
Address	Shop 1028B, 1/F, Elements,
	1 Austin Road West, Kowloon
Tel	2178-2998
Web	www.timskitchen.com.hk
Email	elements@timskitchen.com.hk

Food

파인즈 FINDS

디럭스 매너의 감성을 고스란히 느낄 수 있는 홍콩 유일의 노르딕 레스토랑이다. 파인즈는 핀란드, 아이슬란드, 노르웨이, 덴마크, 스웨덴, 이렇게 메뉴 전반에 영향을 끼친 네 나라의 이니셜을 의미하며 런치에는 합리적인 가격에 애피타이저 세미 뷔페만도 즐길 수 있어 인기가 많다. 파인즈만 특히 질 좋은 연어 요리로 유명한데 세 가지 방식으로 조리된 연어 요리는 최고 인기 메뉴. 또한 할머니가 집에서 해준 듯한 따뜻하고 푸짐한 맛이 일품인 Grand Mother's Ida Meatball도 추천 메뉴 중 하나다.

Access	디럭스 매너 내에 위치.
Open	06:30~00:00(일~목)
	06:30~01:00(금~토)
Cost	세미 런치 뷔페 HK$188,
	Grand Mother's Ida Meatball
	HK$98(SC 10%)
Address	1/F, The Luxe Manor,
	39 Kimberly Road, Tsim Sha Tsui
Tel	2522-9318
Web	finds.com.hk

Food
⑨

타오리 Tao Li 桃里

뉴 월드 밀레니엄 호텔을 대표하는 정통 칸토니즈 레스토랑이다. 2층에 자리하고 있지만 하버 사이드 중심에 있는 다른 전망 좋은 레스토랑과는 차별화된 한적한 바다 전망을 가지고 있어 호젓하게 식사를 즐기기에 더욱 좋은 느낌이다. 30여 종의 딤섬을 무제한 주문할 수 있는 딤섬 세트 런치, 어디서도 맛보지 못하는 옛 칸토니즈 메뉴들로 구성된 세트 디너 등 다양한 프로모션을 제공하며 홈페이지에서 확인이 가능하다. 메뉴는 자주 바뀌는 편이며 창가 좌석을 원한다면 미리 예약을 해야 한다.

Access	뉴 월드 밀레니엄 호텔 2층.
Open	12:00〜15:00, 18:00〜23:00(월〜토)
	10:00〜15:00, 18:00〜23:00
	(일 · 공휴일)
Cost	HK$200〜(1인)(SC 10%)
Address	2/F, New World Millennium Hong Kong Hotel, 72 Mody Road, Tsim Sha Tsui
Tel	2313-4225
Web	newworldmillenniumhotel.com

Food
⑩

성림거 Sing Lum Khui Rice Noodle House 星林居雲南米線餐廳

푸짐한 고명과 매콤한 맛으로 한국인 여행자들에게도 큰 인기를 얻고 있는 운남식 쌀국수를 맛볼 수 있는 곳이다. 가게가 워낙 아담해 식사 시간이면 대기를 각오해야 하는데 주문 방식이 어렵지 않고 취향에 따라 다양한 맛을 즐길 수 있어 인기가 많다. 우선 H1(탕면)과 H2(비빔면)중 하나를 선택하고 취향껏 고명을 선택하면 된다. 신맛(Sour)의 정도는 보통만 돼도 상당히 새콤한 편이며 고수를 꺼린다면 No Coriander를 체크하는 것을 잊지 말자.

Access	침사추이역 A1 출구, 아이 스퀘어 건물 뒤편.
Open	11:00〜00:00(일 〜23:00)
Cost	HK$50〜(1인)
Address	23 Lock Road, Tsim Sha Tsui
Tel	2424-1686
Web	www.singlumkhui.com

Food

⓫

팍로 차오저우 레스토랑
Pak Loh Chiu Chow Restaurant 百樂潮州酒樓

차오저우^{潮州} 지방의 요리를 전문으로 하는 차이니즈 레스토랑이다. 차오저우 지방 스타일로 볶아낸 면 요리와 바삭하게 튀긴 면에 설탕과 식초를 곁들여 먹는 Fried Crispy E-Fu Noodle Served with Sugar&Vinegar 등 다양한 메뉴를 취급하고 있지만 런치 타임에 제공되는 딤섬 요리가 익숙하고 무난한 편. 기본 딤섬 외에 부추가 잔뜩 들어간 Pan Fried Rice Cake with Chinese Chive 도 맛있는 편이다.

Access	까우룽역, 엘리먼츠 쇼핑몰 1층.
Open	11:00~23:00(월~금), 09:00~23:00(주말·공휴일)
Cost	HK$100~(1인)(SC 10%)
Address	Shop 1028D, 1/F, Elements, 1 Austin Road West, Tsim Sha Tsui
Tel	3691-9168
Web	www.pakloh.com

Food

알레그레토 Allegretto

평범해 보이는 모습에 실망할 수도 있지만 알레그레토의 3D 아트 커피를 마주한다면 이야기가 달라진다. 정통 이탈리안 커피를 맛볼 수 있기도 하지만 먹기에도 아까운 귀여운 모양의 캐릭터들을 거품으로 입체적인 모양을 만들어 서브되는 3D 아트 커피는 이곳을 찾을 목적으로 충분하다. 3D 아트 커피는 오전 10시 30분부터 오후 6시 30분까지만 주문 가능하다. 샌드위치, 샐러드, 파스타 등 간단한 식사 메뉴도 판매하고 있다.

Access	차이나 홍콩 시티 타워 3층.
Open	08:00~20:00(월~금), 10:00~20:00(주말)
Cost	HK$50~(1인)(SC 10%)
Address	Shop 1A, Promenade Level of Tower 3, China Hong Kong City, 33 Canton Road, Tsim Sha Tsui
Tel	2736-0868

Food

퀴진 퀴진 Cuisine Cuisine 國金軒

더 미라 호텔 부속의 정통 광둥 레스토랑이다. 재료 본연의 맛을 살린 건강식 메뉴가 특징인데, 딤섬을 포함한 모든 음식들이 자극적이지 않고 순한 느낌이다. 제비집을 올린 에그 타르트 Baked Mini Egg Tart with Bird's Nest는 달지 않으며 제비집과의 깔끔한 조화가 색다르다. 국수로 감싸 튀긴 두부 Pan Fried Noodles with Bean Curd는 기름지지 않고 바삭함과 부드러움을 동시에 느낄 수 있는데 서로 다른 두 식감의 조화가 완벽하다.

Access	더 미라 호텔 내 3층에 위치.
Open	11:30~14:30(월~토), 10:30~15:00(일·공휴일) 18:00~22:30
Close	연중무휴
Cost	Baked Mini Egg Tart with Bird's Nest HK$36 딤섬 HK$36~48(SC 10%)
Address	3/F, The Mira, 118 Nathan Road, Tsim Sha Tsui
Tel	2315-5222
Web	www.themirahotel.com

Food

얌 Yamm

럭셔리한 샹들리에와 세련된 인테리어로 특히 젊은이들에게 인기가 많은데 더 미라 특유의 세심한 서비스가 여기에 한몫을 톡톡히 하고 있다. 특히 런치 뷔페는 가격 대비 최강의 아이템을 자랑하는데 애피타이저와 디저트는 뷔페식으로, 메인 요리는 주문을 해서 먹을 수 있다. 저녁 메뉴에는 로브스터와 게, 굴 등의 메뉴가 추가된다. 일요일과 공휴일 낮에는 선데이 브런치를, 오후 3시부터 5시까지는 애프터눈 티 뷔페를 즐길 수 있다.

Access	더 미라 호텔 로비 층에 위치.		
Open	06:00~00:00	Close	연중무휴
Cost	런치 HK$288~, 디너 HK$668~		
	선데이 브런치 HK$438(SC 10%), 애프터눈 티 뷔페 HK$238		
Address	Lobby level, The Mira, 118 Nathan Road, Tsim Sha Tsui		
Tel	2315-5111	Web	www.themirahotel.com

Food

홍콩 18 HK 18 香港18

요란스럽게 알록달록한 조명으로 꾸며져 있는 계단만 보면 노래방 입구라도 된 듯하지만 의외로 이곳은 홍콩식 차찬텡이다. 맥심이나 카페 드 코랄과 비슷한 콘셉트로 시간대별로 다양하고 저렴한 세트 메뉴를 맛볼 수 있다. 특히 바삭하게 구워내 달콤한 연유를 끼얹어 내는 크리스피 번에 소시지, 달걀 요리 등 2가지 옵션을 선택해 밀크 티와 함께 즐길 수 있는 아침 식사 세트가 무난하다.

Access	MTR 침사추이 B1 출구로 나와 네이던 로드를 따라 직진하다 왼쪽에 킴벌리 로드가 보이면 우회전해 들어간다. 약 50m 정도 들어가면 왼편에 지하로 들어가는 입구가 있다.		
Open	07:00~00:30	Close	연중무휴
Cost	HK$30~(1인)		
Address	25 Kimberly Road, Tsim Sha Tsui		
Tel	2723-4866		

Food

남 Nahm

2007년 오픈한 다이닝 콘셉트의 베트남, 타이 레스토랑이다. 모던한 분위기이며 1개의 세미 프라이빗 공간이 있고, 오픈 키친과 바로 구성되어 있다. 추천 메뉴는 포멜로 알맹이가 톡톡 씹히는 상큼한 샐러드 Pomelo and Peanuts with Crispy Shallots and Lime Dressing과 라이스 페이퍼에 튀긴 크랩, 망고, 아보카도를 감싼 Deep Fried Soft Shell Crabs Roll이다. 쇼핑몰 안에 있어 쇼핑 후 지친 다리를 쉬어가며 식사를 즐기기에 더할 나위 없이 좋다.

Access	똥총선 까우룽역 C1번 출구와 연결되는 엘리먼츠 쇼핑몰 내 1층에 위치.		
Open	11:00~23:00	Close	연중무휴
Cost	Pomelo and Peanuts with Crispy Shallots and Lime Dressing HK$78, Deep Fried Soft Shell Crabs Roll with Mango, Avocado Spinach, with Orange Caramel Dipping Sauce HK$108, 베트남 커피 HK$38(SC 10%)		
Address	Shop 1045, 1/F, Elements, 1 Austin Road West, Kowloon		
Tel	2810-7575		
Web	www.diningconcepts.com.hk		

Food
아이 바 Eye Bar

우리에게 치네치타, 1/5 누에보, 예 상하이로 잘 알려진 엘리트 콘셉트의 바다. 중국 옛 선원들은 무탈한 항해를 지켜준다는 의미에서 뱃머리에 눈을 그렸는데 여기에서 영감을 얻어 홍콩의 높은 빌딩에 아이 바를 만들었다. 아이 바의 시그니처 칵테일은 P Volcano와 Blue Lagoon을 꼽을 수 있다. P Volcano는 파파야, Blue Lagoon은 사과를 베이스로 하는데 대표 칵테일답게 맛도 훌륭하다. 바 스낵으로는 Deep Fired Crispy Squid, Roast Chicken Soft Ball을 추천한다. 레이디스 나이트가 있어 여성 고객은 매주 수요일 6시부터 50% 할인된 가격으로 아이 바의 음료들을 즐길 수 있다.

Access	침사추이역 C2 출구, 아이 스퀘어 쇼핑몰 30층의 Nanhai No.1 레스토랑 안쪽으로 들어오면 된다.		
Open	11:30~Late	Close	연중무휴
Cost	P Volcano HK$80, Blue Lagoon HK$80 Deep Fired Crispy Squid HK$58 Roast Chicken Soft Ball HK$48(SC 10%)		
Address	Level30, iSQUARE, 63 Nathan Road, Tsim Sha Tsui		
Tel	2487-3988	Web	www.elite-concepts.com

Food
상 팰리스 Shang Palace

미슐랭 가이드 2스타에 빛나는 까우룽 샹그릴라의 광둥 레스토랑이다. 점심에만 서브되는 딤섬이 인기 만점인데 보통 3조각으로 서브되는 딤섬은 HK$36~75 선으로 광둥식 차슈바오 Baked Barbecued Pork Buns는 인기 있는 딤섬이다. 또, 달콤한 플럼소스와 칠리소스를 곁들인 생선 요리 Steamed Fillet of Cod Fish with Plum and Chili Sauce는 담백한 생선살과 소스의 조화가 훌륭한데 개인별로 매운 정도를 선택하여 주문할 수 있다. 겉은 바삭하고 속은 촉촉한 Crispy Pork Belly도 맛있다. 반찬, XO소스는 따로 추가 요금이 붙지 않으며 부족하면 더 요청할 수 있다.

Access	까우룽 샹그릴라 호텔 내 1층에 위치.
Open	12:00~15:00(월~금)
	10:30~15:00(주말·공휴일)
	18:30~23:00
Close	연중무휴
Cost	프리미엄 차 HK$35(1인)
	Crispy Pork Belly HK$85
	Pan Fried Rice Flour Rolls with Bean Sprouts in XO Chili Sauce HK$36
	Baked Barbecued Pork Buns HK$36
	Steamed Fillet of Cod Fish with Plum and Chili Sauce HK$165
	(SC 10%)
Address	1/F, 64 Mody Road, Tsim Sha Tsui East
Tel	2733-8754
Web	www.shangri-la.com

Food
카페 쿨 Cafe Kool

까우룽 샹그릴라 내에 위치한 올데이 뷔페 레스토랑으로 322석의 엄청난 규모를 자랑한다. 뷔페는 시푸드, 이탈리안, 재패니즈, 차이니즈, 인디안, 말레이시안 등 크게 6개의 섹션으로 나누어져 있는데 모든 섹션이 오픈 키친 형태로 셰프가 즉석에서 조리해 주는 요리들은 인기 만점이다. 이 밖에 샐러드와 디저트 바 등 실로 방대한 종류의 아이템과 수준 높은 음식으로 관광객뿐 아니라 현지인들에게도 큰 사랑을 받고 있어 언제나 발 디딜 틈이 없다.

Access	까우룽 샹그릴라 호텔 내 M층에 위치.
Open	06:00~00:00
	아침 뷔페 06:00~10:30
	점심 뷔페 12:00~15:00
	저녁 뷔페 18:30~21:30(월~수)
	18:00~21:30(목~일·공휴일 전날)
Close	연중무휴
Cost	Breakfast HK$220
	Lunch HK$368~(월~일·공휴일)
	Dinner HK$598(월~일·공휴일 전날)(SC 10%)
Address	M/F, 64 Mody Road, Tsim Sha Tsui East
Tel	2733-8753
Web	www.shangri-la.com

Food
노마즈 Nomads

노마즈는 1999년 문을 연 몽골리안 BBQ 레스토랑으로 뷔페로 운영된다. 손님 대부분이 서양인들이며 가게 문을 열기도 전에 기다리는 사람이 있을 정도로 인기가 많다. 노마즈의 뷔페 이용법은 좀 특이하다. 테이블 위에 놓인 번호 칩을 들고 볼에 누들 또는 라이스로 베이스를 정하고 자신이 원하는 야채, 해산물, 육류 등을 골라 담는다. 마지막으로 자신의 취향에 맞게 소스와 향신료까지 골라 테이블 번호 칩과 함께 오픈 주방에 맡긴다. 소스 배합이 어렵게 느껴지면 소스 레시피 카드를 활용해도 좋다. 맡긴 재료들은 주방 철판에서 볶아지는데, 요리가 완성되면 직원들이 테이블로 서빙해 준다. 피자도 자신이 직접 토핑을 골라 만들 수 있다. 점심보다는 저녁에 좀 더 풍성한 뷔페를 즐길 수 있다.

Access	침사추이역 B1 출구로 나와 네이던 로드 오른쪽 방향으로 직진. 미라마 쇼핑센터에서 오른쪽 킴벌리 로드로 꺾은 뒤 300m 정도 걸으면 왼편에 있다.
Open	12:00~14:30(월~금)
	12:00~15:00(주말·공휴일)
	18:30~22:30
Close	연중무휴
Cost	런치 뷔페 HK$68(평일)
	HK$80(주말·공휴일)
	저녁 뷔페 HK$178(SC 10%)
Address	55 Kimberley Road, Tsim Sha Tsui
Tel	2722-0733
Web	www.igors.com

Food
㉑

마카오 레스토랑 Macau Restaurant 澳門茶餐廳

이른 아침부터 새벽까지 언제나 북적이는 이곳이 제대로 된 마카오 음식을 맛볼 수 있는 곳이다. 바삭한 표면이 특징인 마카오식 에그 타르트와 신선한 해물이 가득한 포르투갈식 해물국밥 Portuguese Mixed Seafood Rice in Soup을 추천한다. 해물국밥은 우리나라 국밥과 비슷한데 토마토 맛이 살짝 나 깊은 매운맛을 기대한다면 실망할 수도 있다.

Access	침사추이역 A1 출구로 나와 오른쪽 뒤쪽으로 조금 걸어가면 있다.
Open	06:30~02:00
Close	연중무휴
Cost	Portuguese Egg Tart HK$7 Portuguese Mixed Seafood Rice in Soup HK$89
Address	25-27 Lock Road, Tsim Sha Tsui
Tel	2366-8148

Food
㉒

크리스털 제이드 라미엔 샤오롱바오
Crystal Jade La Mian Xiao Long Bao 翡翠拉麵小籠包

모던하고 세련된 분위기지만 그에 비해 가격은 저렴한 편이다. 식당 입구에는 기다리는 손님을 위한 의자가 마련되어 있을 만큼 손님이 많다. 추천 메뉴는 쓰촨식 탄탄면 La Mian in Sichuan Style과 상하이식 샤오롱바오 Shanghai Steamed Pork Dumpling. 음식 사진과 함께 매운 정도도 표시되어 있어 주문하기 어렵지 않다.

Access	침사추이역 A1 출구에서 도보로 10분. A1 출구로 나와 바로 우회전, Haiphong Road를 따라 끝까지 걸으면 정면에 하버 시티 쇼핑몰 내 3층에 위치.
Open	11:00~23:00
Close	구정연휴 2일
Cost	차 HK$3(1인), La Mian in Sichuan Style HK$35, Shanghai Steamed Pork Dumpling HK$28(SC 10%)
Address	Shop 3328, Level3, Gateway Arcade, Harbour City, Tsim Sha Tsui
Tel	2622-2699
Web	www.crystaljade.com

Food
㉓

로비 라운지 Lobby Lounge

큰 유리창 너머로 파노라마와 같은 빅토리아 하버와 홍콩 섬 전망을 제대로 만끽할 수 있는 곳이다. 애프터눈 티는 작은 상자와 3단 트레이에 스콘, 샌드위치, 초콜릿, 케이크 등이 나오며 홈메이드 잼과 클로티드 크림이 함께 서브된다. 특히 심포니 오브 라이트가 시작되는 오후 8시는 로비 라운지가 가장 바쁜 시간. 칵테일을 마시며 심포니 오브 라이트를 즐기려는 손님들로 언제나 붐빈다. 로비 라운지는 9종의 시그니처 칵테일. 나인 드래곤이 유명한데 그중 보드카를 베이스로 블루베리와 망고가 들어간 펄 드래곤 Pearl Dragon이 추천할 만하다. 9종의 나인 드래곤 중 2종은 무알콜 칵테일로 술을 마시지 않는 여행자도 즐길 수 있다.

Access	인터컨티넨탈 홍콩 로비 층 위치.
Open	07:00~00:30 애프터눈 티 13:30~18:00 재즈 라이브 21:00~(화~일) 뉴에이지·클래식 연주 14:00~18:00(주말)
Close	연중무휴
Cost	2인 티 세트 HK$588(평일), HK$608(주말)(SC 10%)
Address	Lobby level, Intercontinental Hong Kong, 18 Salisbury Road, Tsim Sha Tsui
Tel	2721-1211
Web	www.hongkong-ic.intercontinental.com

Food
㉔

몰튼 오브 시카고 Morton's of Chicago

34년 전 미국의 시카고에서 처음 시작되어 전 세계에 수많은 체인을 두며 스테이크 하나로 입지를 굳힌 뚝심 있는 스테이크 하우스이다. 홍콩에는 13년 전 쉐라톤에 처음 문을 열고 지금까지 성업 중이다. 특히 이곳 몰튼은 심포니 최고의 전망을 자랑하며 최상 품질의 소고기와 방대한 와인 리스트를 갖추고 있다.

몰튼의 대표 메뉴는 단연 스테이크. 무엇을 먹어도 훌륭한 수준이다. 스테이크가 다소 무겁다면 스위스 치즈와 베이컨, 버섯, 양파와 훌륭한 패티를 사용한 몰튼 시그니처 버거를 맛보아도 좋겠다.

Access	MTR 침사추이역 F 출구로 나와 왼쪽(스타 페리 선착장 가는 방향)으로 직진해 약 3분. 좌측에 쉐라톤 입구로 들어가 엘리베이터를 이용한다.
Open	17:30~23:00(월~토) 17:00~22:00(일)
Close	연중무휴
Cost	HK$300~600(1인), Morton's Signature Gourmet-style Burgers HK$218(SC 10%)
Address	4F Sheraton Hong Kong, 20 Nathan Road, Kowloon
Tel	2732-2343
Web	www.mortons.com/hongkong

Food
㉕

스푼 바이 알랭 뒤카스 Spoon By Alain Ducasse

스푼은 미슐랭 스타 셰프로 유명한 알랭 뒤카스의 최고급 프렌치 레스토랑이다. 1998년 프랑스 파리를 시작으로 아프리카의 섬나라 모리셔스, 프랑스 생트로페에 이어 2003년 홍콩에 4번째 문을 열었다. 스푼 바이 알랭 뒤카스의 인테리어는 독특하다. 메인 다이닝 천장에는 유리 공방으로 유명한 이탈리아 무라노에서 제작한 스푼 550개가 장식되어 있다. 스푼 바의 의자는 뱀장어 가죽으로, 바는 가죽으로 덧씌워져 있다. 650여 종 6,000병의 빈티지 와인이 있으며 소믈리에가 따로 있다. 단품도 모두 훌륭하지만 조금 저렴하게 스푼의 요리를 즐기고 싶다면 선데이 런치를 이용하자. 애피타이저, 메인 요리, 디저트, 글라스 알랭 뒤카스 샴페인으로 구성되며 애피타이저는 뷔페로 서브되고, 메인 요리를 한 가지 선택하면 된다. 디저트는 손님이 직접 페이스트리 키친에 가서 골라 온다.

Access	침사추이역에서 도보로 2분. 침사추이역 J2번 출구에서 나오면 4시 방향으로 보이는 인터컨티넨탈 홍콩 로비 층에 위치.
Open	18:00~23:00(화~일) **선데이 런치** 12:00~14:30 **Spoon Bar** 18:00~23:30
Cost	선데이 런치 HK$558(SC 10%)
Address	Lobby level, Intercontinental Hong Kong, 18 Salisbury Road, Tsim Sha Tsui
Tel	2313-2323
Web	www.hongkong-ic.intercontinental.com

Food
㉖
노부 Nobu Intercontinental Hong Kong

노부는 세계 13개 도시에 있는 노부 마쓰히사의 레스토랑 중 17번째로 태어난 레스토랑이다. 노부 마쓰히사는 이곳에 직접 1년에 4번 정도 방문하여 신메뉴를 개발하기도 한다. Yellowtail Sashimi with Jalapemño와 New Style Sashimi(Scallop)은 입에서 살살 녹는다는 표현을 제대로 느끼게 해주는 요리이다. 일요일을 제외하고 매일 일본에서 신선한 생선을 공수해 온다는 점도 세계 최고에 걸맞은 모습이다. 노부는 8가지 사케를 선보이는데, 모두 일본 사도섬의 호쿠세쓰 사케 제품이다.

Access	인터컨티넨탈 홍콩 2층에 위치.
Open	12:00~14:30, 18:00~23:00, Nobu Bar 18:00~00:00
Close	연중무휴
Cost	Yellowtail Sashimi with Jalapeno HK$190, New Style Sashimi Scallop HK$205(SC 10%)
Address	2/F, InterContinental Hong Kong, 18 Salisbury Road, Tsim Sha Tsui
Tel	2313-2323
Web	www.hongkong-ic.intercontinental.com

Food
㉗
스위트 다이너스티 Sweet Dynasty 糖朝

전통 느낌이 물씬 풍기는 디저트 전문점으로 디저트 이외에 딤섬을 비롯해 면과 밥 종류도 판매한다. 1991년 오픈한 이래로 독특한 인테리어와 다양한 디저트 메뉴로 특히 여성들에게 큰 인기를 누려왔다. 이곳 최고의 베스트셀러는 두부 푸딩에 망고를 비롯한 여러 과일을 곁들이는 Chilled Tofu Pudding with Fresh Mango & Fruit.

Access	침사추이역 A1 출구로 나와 오른쪽 뒤쪽의 하이퐁 로드를 따라 걷는다. 좌측에 한커우 로드가 나오면 안쪽에 있다.
Open	08:00~00:00(월~목), 08:00~01:00(금) 07:30~01:00(토), 07:30~00:00(일)
Close	구정연휴
Cost	Chilled Tofu Pudding with Fresh Mango & Fruit HK$30 (SC 10%)
Address	Shop A, Hong Kong Pacific Centre, 28 Hankow Road, Tsim Sha Tsui
Tel	2199-7799
Web	sweetdynasty.com

Food
㉘
상하이 민 Shanghai Min 小南國

2009년 12월에 오픈한 레스토랑으로 가장 큰 자랑거리는 시원스러운 빅토리아 하버 뷰와 상하이 출신 요리사가 상하이에서 공수해오는 신선한 계절 재료들을 써서 만드는 요리들이다. Smoked Fish는 달고 짠맛이 메인 요리 전에 충분히 입맛을 돋게 해줘 애피타이저로 제격이다. 털게 두 마리가 통째로 요리되는 Wok Fried Whole Hairy Crab with Rice Cake는 살짝 자극적이긴 하나 부드러운 게살 때문에 자꾸만 손이 간다.

Access	까우룽역과 연결된 엘리먼츠 쇼핑몰 1층에 위치.
Open	10:00~22:00
Close	연중무휴
Cost	HK$150~(1인)(SC 10%)
Address	Shop 1028B, 1/F, Elements, 1 Austin Road West, Tsim Sha Tsui
Tel	2955-5113

Food
㉙
비스트로 온 더 마일 Bistro on the Mile

홀리데이 인 골든 마일의 올데이 뷔페 레스토랑으로 모던하고 편안한 분위기다. 브렉퍼스트, 런치, 디너 뷔페를 선보이는데 특히 조식 뷔페는 메뉴(인터내셔널)도 다양하며 맛과 가격 모두 만족스럽다. 규모는 작은 편이지만 메뉴 하나하나 꼼꼼히 신경 쓰고 공들인 느낌이다. 특히 홈메이드 소시지와 크루아상은 꼭 맛보자. 침사추이에 숙소를 정했다면 비스트로 온 더 마일에서 아침 식사를 한 번쯤 즐겨보는 것도 좋겠다.

Access	침사추이역에서 도보로 1분. G1번 출구에서 나오면 왼쪽으로 보이는 홀리데이 인 골든 마일 홍콩 1층에 위치.
Open	12:00~14:30, 18:00~22:30
Close	연중무휴
Cost	조식 뷔페 HK$180
Address	1/F, 50 Nathan Road, Tsim Sha Tsui
Tel	2315-1118
Web	www.holidayinn.com/hongkong-gldn

Food
30
더 로비 The Lobby

애프터눈 티의 정석으로 손꼽히는 페닌슐라의 라운지다. 높은 천장과 클래식한 분위기의 테이블과 의자들, 고급스러운 식기들로 마치 중세로 돌아가 귀부인이 된 듯한 느낌을 주기도 한다. 테이블 웨어는 모두 순은으로 호텔 창업 당시부터 사용해 오고 있는데 매년 영국에 보내 관리를 받는다고 한다. 예약을 받지 않아 사람이 붐빌 때에는 대기를 해야 할 때도 있다.

Access	침사추이역 E 출구로 나와 정면으로 조금 가면 보이는 페닌슐라 호텔 1층 로비.
Open	애프터눈 티 14:00~18:00 Close 연중무휴
Cost	HK$358(1인), HK$628(2인)(SC 10%)
Address	G/F, The Peninsula Hong Kong, 19-21 Salisbury Road, Tsim Sha Tsui
Tel	2696-6772 Web www.peninsula.com

Food
31
살롱 드 닝 Salon de Ning

상하이 사교계의 여왕 마담 닝Madame Ning이 운영하는 살롱이라는 콘셉트로 독특하게 내부를 꾸며 놓았다. 1930년대로 들어온 듯한 느낌이 드는데 마담 닝의 옷방, 거실 등 디테일한 부분까지 신경을 쓴 흔적이 엿보인다. 초인종을 누르고 들어가야 하는 출입문부터 실내를 가득 채운 신비스러운 인테리어 탓에 마치 비공개 VIP라도 된 것 같은 느낌이 들기도 한다.

Access	침사추이역 E 출구로 나와 정면으로 조금 가면 보이는 페닌슐라 홍콩 지하.
Open	18:00~02:00 Close 일요일
Cost	티 HK$42~80, 칵테일 HK$120~(SC 10%)
Address	B1, The Peninsula Hong Kong, 19-21 Salisbury Road, Tsim Sha Tsui
Tel	2696-6705 Web www.peninsula.com

Food
32
펠릭스 Felix

펠릭스는 페닌슐라에서 오랫동안 근무해온 호텔 종사자의 이름을 딴 페닌슐라의 바이다. 실제로 펠릭스의 다이닝 공간에는 오랜 세월 페닌슐라와 함께한 직원들의 이름 혹은 사진이 새겨진 의자도 사용되고 있다. 이런 의미를 제쳐두고라도 펠릭스는 유명 디자이너 필립 스탁이 디자인한 더없이 스타일리시한 바로 사랑받고 있다. 특히 펠릭스의 화장실은 필립 스탁의 독특한 디자인 감각을 엿볼 수 있는 공간으로 유명하다.

Access	침사추이역 E 출구로 나와 정면으로 조금 가면 페닌슐라 홍콩 28층.
Open	레스토랑 18:00~22:30, 바 17:30~01:30
Close	연중무휴 Cost 칵테일 HK$120~(SC 10%)
Address	28F, The Peninsula Hong Kong, 19-21 Salisbury Road, Tsim Sha Tsui
Tel	2696-6778 Web www.peninsula.com

Food
33
아쿠아 Aqua

최고의 야경을 감상할 수 있는 레스토랑을 꼽을 때면 항상 입에 오르내리는 아쿠아. 다이닝 공간은 29층에, 아쿠아 스피릿은 30층에 자리하고 있다. 아쿠아는 29층과 30층을 잇는 통유리를 통해 최고의 야경을 즐길 수 있는데 식사가 부담스럽다면 아쿠아 스피릿에서 칵테일을 마시며 야경을 즐겨보길 권한다. 다이닝 공간의 추천 메뉴로는 트러플을 곁들인 농어 요리 Char Grilled Chilean Seabass다.

Access	원 페킹 빌딩 29층에 위치.
Open	12:00~15:00(월~토), 12:00~16:00(일) 18:00~23:00(매일), **Aqua Spirit** 17:00~02:00
Close	구정연휴 첫날
Cost	Minimum Order HK$400(1인), Char Grilled Chilean Seabass HK$248, Tempra Platter HK$268(SC 10%)
Address	29-30F, One Peking, 1 Peking Road, Tsim Sha Tsui
Tel	3427-2288
Web	www.aqua.com.hk(웹에서만 접속 가능)

Food
34
후통 Hutong 胡同

아쿠아와 함께 홍콩에서 가장 전망 좋은 레스토랑으로 손꼽히는 후통. 앤티크 가구로 장식된 실내는 마치 옛 중국의 뒷골목에 들어와 있는 듯한 느낌을 준다. 후통은 중국의 수도인 베이징을 중심으로 산재해 있는 좁디좁은 골목을 의미한다. 이곳의 대표 메뉴는 매콤한 쓰촨식 요리들. 바삭바삭하게 튀겨낸 소프트쉘크랩을 건고추와 함께 볶은 요리는 향이 끝내주고 맛도 맛이지만 커다란 나무 용기에 담겨 나오는 모습이 특색 있다. 또, 뼈를 제거한 양갈비를 바삭하게 구워 밀전병과 파에 싸 소스에 찍어 먹는 Crispy De-Boned Lamb Ribs도 꼭 맛보자. 마지막으로 신선한 관자와 새콤달콤한 포멜로가 어우러져 입을 상쾌하게 해주는 Scallops Tossed with Pomelo Segments도 추천할 만하다. 이곳의 요리들은 맛도 훌륭하지만 마치 작품을 보는 듯한 멋진 포션으로 먹기도 전에 기대감을 높인다. 때에 따라 미니멈 오더가 필수일 때가 있으니 예약 시 확인하자.

Access	침사추이역 C1 출구로 나와 직진하면 페킹 로드와 만난다. 거기서 오른쪽으로 꺾어 약 200m 정도 걸어가면 대각선 방향으로 보이는 원 페킹 빌딩 28층에 위치.
Open	12:00~14:30, 18:00~23:00
Close	구정연휴 첫날
Cost	Minimum Order HK$400(1인) Scallops Tossed with Pomelo Segments HK$188 Mara Chili Prawns HK$228 Dan Dan Noodles HK$78 Crispy De-Boned Lamb Ribs HK$288(SC 10%)
Address	28F, One Peking, 1 Peking Road, Tsim Sha Tsui
Tel	3428-8342
Web	www.aqua.com.hk (웹에서만 접속 가능)

Food
35
비엘티 스테이크 BLT Steak

아메리칸 스타일의 스테이크 전문점이다. 모던하고 캐주얼한 분위기지만 가격대가 있어 런치 뷔페를 이용하는 것이 경제적이다. 촉촉하게 익힌 스테이크 맛은 여느 스테이크에 뒤지지 않으며 7가지 소스 중에서 하나를 선택해 주문할 수 있다. 스테이크 외에도 참치 타르타르와 어니언 링을 추천한다. 그리고 빠질 수 없는 비엘티 스테이크의 팝오버 빵은 모든 손님에게 무료로 서브되는데 겉은 바삭하고 안은 쫄깃한 것이 특징이다.

Access	하버 시티 쇼핑몰 내 G/F에 위치.
Open	런치 11:30~18:00, 디너 18:30~23:00
Close	연중무휴
Cost	Tuna Tartare HK$148, American USDA Rib Eye 14oz HK$360, Onion Rings HK$78, 런치 뷔페 HK$108(SC 10%)
Address	Shop G62, G/F, Ocean Terminal, Harbour City, Tsim Sha Tsui
Tel	2730-3508
Web	www.diningconcepts.com.hk, www.bltsteak.com

Food
36
비엘티 버거 BLT Burger

뉴욕에 처음 문을 연 비엘티 버거는 라스베이거스에 이어 홍콩에도 분점을 냈다. 다양한 맛의 10여 가지 수제 버거가 서브되는데, 수제 버거의 장점인 푸짐함과 담백함을 살린 햄버거는 블랙 앵거스 소고기를 사용한 패티로 스테이크를 씹는 느낌이다. 최고 인기 버거는 Australian Wagyu와 BLT. 치즈와 토핑을 추가해 좀 더 풍성하게 즐길 수도 있다(치즈 추가 HK$8, 토핑 추가 HK$10). 비엘티 버거의 또 다른 대표 주자 밀크 셰이크도 놓치지 말자.

Access	하버 시티 쇼핑몰 내 3층에 위치.
Open	11:00~23:00, 애프터눈 티 14:00~18:00(월~금) 해피 아워 14:00~19:00(월~금)
Close	The Classic Burger HK$78, BLT Burger HK$98 Australian Wagyu Burger HK$118 Mocha Mudslide HK$68(SC 10%)
Address	Shop 301, Level 3, Ocean Terminal, Harbour City, Tsim Sha Tsui
Tel	2730-2338
Web	www.diningconcepts.com.hk, www.bltburger.com

Food
㊲
조이어스 원 Joyous One 迎

타오 헝 그룹에서 2010년 6월에 새롭게 문을 연 레스토랑으로 더 원 쇼핑몰 맨 꼭대기 층에 위치해 빌딩숲 너머 하버 뷰를 감상할 수 있다. 넓은 홀과 하얀 원형 테이블이 살짝 연회장 느낌을 주는데 실제로 종종 웨딩 파티가 열린다고 한다. Crispy Scallop with Mustard and Vanilla Sauce는 가리비와 버섯, 튀긴 밥과 채소들이 머스터드와 바닐라 소스에 버무려 나오는데 부드러운 가리비와 바삭하게 튀긴 밥의 조화가 예술이다. 디저트로는 Red Bean Cake를 추천한다. 겹겹이 올린 시트 사이에 팥과 크림을 넣은 케이크인데, 달지 않으면서 촉촉하다. 딤섬도 맛볼 수 있는데 주말, 주중 상관없이 오후 2시에서 4시 사이에는 모든 딤섬이 30% 할인된다.

조이어스 원은 품격 있는 레스토랑은 아니지만 경제적인 가격에 하버 뷰를 보며 만족스러운 식사를 즐길 수 있는 곳이다.

Access	침사추이역에서 도보로 2분. B1 출구로 나와 네이던 로드 오른쪽으로 직진. 첫 번째 횡단보도 맞은편에 더 원 쇼핑몰이 있다. 더 원 쇼핑몰 20층에 위치.
Open	11:00~00:00(월~금) 10:00~00:00(토·공휴일) **딤섬** 11:00~16:00(월~금) 10:00~16:00(주말·공휴일)
Close	연중무휴
Cost	차 HK$15(1인) Red Bean Cake HK$21 Egg White Bags Stuffed with Diced Scallop and Assorted Vegetables HK$80 Crispy Scallop with Mustard and Vanilla Sauce HK$120(SC 10%)
Address	20/F, The ONE, 100 Nathan Road, Tsim Sha Tsui
Tel	2697-3001
Web	www.taoheung.com.hk

Food
㊳
풀 문 Full Moon 月滿坊

레이 가든과 함께 엘리먼츠 쇼핑몰 내의 차이니즈 레스토랑 중 가장 좋은 평가를 받고 있는 레스토랑이다. 레이 가든과 마찬가지로 페킹 덕은 이곳의 인기 메뉴. 명란젓을 넣어 심심하게 볶아낸 볶음밥도 양이 많아 여러 명이 나누어 먹기 좋으며 새우 살을 다져 노릇하게 튀겨낸 프라이드 프론 볼 Fried Prawn Balls은 새콤달콤한 소스에 찍어 먹으면 아주 맛있다. 찻값으로 1인 HK$6이 추가된다.

Access	까우룽역과 연결된 엘리먼츠 쇼핑몰 1층에 위치.
Open	10:00~22:00
Close	연중무휴
Cost	HK$150~(1인)(SC 10%)
Address	Shop 1028B, 1/F, Elements, 1 Austin Road West, Tsim Sha Tsui
Tel	2955-5113

Food
㊴
란퐁유엔 Lan Fong Yuen 蘭芳園

센트럴의 본점은 다소 허름한 느낌이 들지만, 침사추이 분점은 좀 더 깔끔한 느낌이다. 50년이 넘는 전통을 가진 차찬텡으로 실크 망사로 여러 번 걸러 부드러운 맛을 지닌 밀크 티가 유명하다. 돼지 갈빗살이 들어간 Pork Chop Bun과 다양한 인스턴트 면을 이용한 메뉴들도 추천할 만하다.

Access	MTR 침사추이역 E 출구로 나오면 왼쪽 길 건너편 CKE 쇼핑몰에 있다.
Open	10:00~22:00
Close	연중무휴
Cost	HK$30~(1인)
Address	Shop 26, LG, Chung King Mansion(Woodhouse), 36-44 Nathan Road, Tsim Sha Tsui
Tel	2316-2311

Food
40

제이드 가든 Jade Garden 翠園

딤섬과 광둥요리를 전문으로 하는 레스토랑으로 특히 점심에만 서브되는 딤섬이 인기다. 딤섬은 HK$18~42 정도로 오후 2시부터 4시 30분 사이에 방문하면 모든 딤섬을 HK$15에 맛볼 수 있다. 각종 요리대회에서 수상한 경력도 화려하다. 시그니처 메뉴는 우리에게도 익숙한 Fried Sweet and Sour Pork나 Prawn on Egg White Custard with "Tai Diao" Rice Liquor.

Access	침사추이역 E 출구로 나와 직진하다 솔즈베리 로드에서 오른쪽으로 꺾어 직진하면 만나는 스타 페리 선착장 건너편 스타 하우스 4층에 위치.
Open	11:00~23:30(월~토), 10:00~23:30(일)
Close	연중무휴
Cost	Fried Sweet and Sour Pork HK$78, Prawn on Egg White Custard with "Tai Diao" Rice Liquor HK$38(1인)(SC 10%)
Address	4/F, Star House, 3 Salisbury Road, Tsim Sha Tsui
Tel	2730-6888
Web	www.maxconcepts.com.hk

Food
41

페킹 가든 Peking Garden 北京樓

북경오리를 전문으로 하는 레스토랑이다. 분위기도 깔끔하고 맛도 있어 언제나 현지인과 관광객들로 붐빈다. 식사 시간이면 줄을 서서 기다려야 할 정도로 정신이 없다. 당연히 추천 요리는 바삭한 껍데기 맛이 일품인 북경오리. 밀전병에 오리고기를 올리고 파와 오이, 플럼소스를 곁들여 먹으면 된다.

Access	침사추이역 E 출구로 나와 직진하다 솔즈베리 로드에서 오른쪽으로 꺾어 직진하면 만나는 스타 페리 선착장 건너편 스타 하우스 3층에 위치.
Open	11:00~15:30, 17:00~23:30(월~토) 11:00~15:00, 17:30~23:30(일)
Close	구정 당일과 둘째 날 오전
Cost	Barbecued Peking Duck HK$400(Whole)(SC 10%)
Address	3/F, Star House, 3 Salisbury Road, Tsim Sha Tsui
Tel	2735-8211
Web	www.maxconcepts.com.hk

Food
42

쵄쥐더 로스트 덕 레스토랑
Quanjude Roast Duck Restaurant 全聚德烤鴨店

페킹 덕으로 유명한 북경의 쵄쥐더와는 별개의 레스토랑이다. 홍콩 맥도날드에 페킹 덕을 공급하고 있는 레스토랑이라는 점이 특이하다. 레스토랑 분위기는 대연회장 같은 느낌으로 중년층 고객들이 대다수다. 로스트 덕은 주문 후 음식이 나오기까지 30분 정도 소요되며 손님 앞에서 직접 오리를 잘라준다.

Access	침사추이역 P2번 출구로 나와 직진. 모디 로드를 따라 걷다 왼편으로 보이는 사우스 시즈 센터 빌딩 초입에 레스토랑 지하 출입구가 바로 보인다.
Open	10:00~16:00, 18:00~23:30
Close	연중무휴
Cost	Quanjude Roast Duck HK$150(반 마리) / HK$300(1마리) (SC 10%)
Address	Shop A, L/G, South Seas Centre, 75 Mody Road, Tsim Sha Tsui
Tel	2316-7218

Food
43

드베이유 Debailleul

드베이유는 벨기에 디저트 전문점으로 영국, 스페인, 독일, 러시아, 일본 등지에 12개 디저트숍이 있다. 홍콩은 일본에 이어 아시아 두 번째 분점이다. 벨기에 현지에서 만들어진 디저트를 직접 공수해 오는데, 벨기에산 크랜베리, 시실리산 피스타치오, 케이프타운 사과 등 세계의 최고 재료만을 사용한다고 한다. 하버 시티 쇼핑몰 내 2층 라운지에 있는데, 쇼핑객들이 지나다니는 사이에 있어 다소 산만한 게 단점이다. 초콜릿, 케이크, 마카롱, 아이스크림 등의 디저트 메뉴가 있으며 추천 디저트로는 라스베리 무스에 다크 초콜릿으로 감싼 Rubico와 라즈베리 무스로 만든 Debailleul이다.

Access	침사추이역에서 도보로 10분. A1번 출구로 나와 바로 우회전. 하이퐁 로드를 따라 끝까지 걸으면 정면에 보이는 하버 시티 쇼핑몰 2층에 위치.
Open	08:30~22:00
Close	연중무휴
Cost	Debailleul HK$48, Rubico HK$52(SC 10%)
Address	Shop K5, 2/F, Ocean Centre, Harbour City, Tsim Sha Tsui
Tel	2735-3800
Web	www.debailleul.com

Special Sightseeing

너츠포드 테라스
Knutsford Terrace

센트럴에 소호와 란콰이퐁이 있다면 침사추이에는 너츠포드 테라스가 있다. 센트럴에 비해 다소 올드한 느낌이 드는 침사추이의 색다른 매력을 발견할 수 있는 곳이다. 십여 개의 레스토랑들이 옹기종기 모여 있는 작은 규모지만 로맨틱한 분위기만큼은 소호나 란콰이퐁에 뒤처지지 않는다.

Access	침사추이역에서 도보로 6분. B1번 출구로 나와 네이던 로드 Nathan Road 오른쪽으로 직진하다가 미라마 쇼핑센터에서 우회전한 후, 100m 정도 지나면 왼편에 에스컬레이터가 보인다. 에스컬레이터를 타고 올라가면 너츠포드 테라스가 시작된다.

Knutsford Terrace

투토 베네 Tutto Bene

너츠포드 테라스에서 둘째가라면 서러워할 인기 만점 레스토랑이다. 작은 정원 분위기의 야외 테라스가 딸려 있어 더욱 분위기가 좋다. 대부분의 메뉴가 수준급이지만 특히 신선한 버팔로 모차렐라 치즈와 구운 토마토, 스위트 바질에 담백한 버진 올리브 오일 드레싱을 곁들인 인살라타 카프레제 Insalata Caprese로 식사를 시작해 보는 것도 좋겠다. 매일 밤 10시 30분부터는 라이브 재주 공연이 열리기도 한다.

Open	12:00~02:00(월~목)
	12:00~03:00(금·토)
	13:00~03:00(일)
Close	연중무휴
Cost	안티파스토 HK$98~148(SC 10%)
Address	G/F, 7 Knutsford Terrace, Tsim Sha Tsui
Tel	2316-2116

Knutsford Terrace

메르하바 Merhaba

터키 요리를 전문으로 하는 레스토랑으로 터키식 양고기 스테이크가 특히 맛있다. 레스토랑의 야외석에서 물담배를 피우는 이색적인 광경도 목격할 수 있다. 물담배 시샤는 한 번 피우는 데 25~30분 정도 소요되며 HK$150 정도이다.

Open	11:00~03:00(화~토), 11:00~01:00(일), 11:00~02:00(월)
Close	연중무휴
Cost	Deep Fried Lamb Steak with Mint Yogurt HK$190(SC 10%)
Address	G/F, Yiu Pont House, 12 Knutsford Terrace, Tsim Sha Tsui
Tel	2367-2263

Knutsford Terrace

올 나이트 롱 All Night Long

캐주얼한 분위기의 본격적인 바. 밤 10시 정도부터 라이브 공연을 즐길 수 있으며 오후 4시에서 9시까지는 해피 아워로 다양한 할인 혜택을 누릴 수 있다. 바에 편안하게 걸터앉아 흥겨운 분위기에서 홍콩의 밤을 마무리해 보는 것도 좋겠다.

Open	16:00~06:00
Close	연중무휴
Cost	칵테일 HK$98~128, 맥주 HK$62~72(SC 10%)
Address	G/F, 9 Knutsford Terrace, Tsim Sha Tsui
Tel	2367-9487

Knutsford Terrace

일 멜리오 Il Meglio

고급스러운 분위기의 이탈리안 레스토랑으로 특히 매일 오후 3시부터 5시 30분까지는 애프터눈 티 세트와 샴페인 티 세트를 즐길 수 있다. 일 멜리오의 자랑은 홈메이드 파스타 메뉴. 특히 페투치니, 스파게티니, 펜네 등 원하는 면 종류를 고르고 다양한 소스 중 먹고 싶은 것을 골라 자신만의 파스타를 주문할 수 있어 좋다.

Open	12:00~00:00(월~목), 12:00~03:00(금~일)		
Close	연중무휴	Cost	파스타 HK$148~(SC 10%)
Address	G/F, 8 Knutsford Terrace, Tsim Sha Tsui	Tel	2316-2223

Knutsford Terrace

파파라치 Paparazzi

홍콩에서 가장 맛있는 피자를 먹을 수 있는 곳으로도 손꼽히는 곳이다. 실내가 차분하고 고급스럽게 꾸며져 있으며, 서비스도 정중한 편이다.

Open	12:00~15:00, 18:00~03:00
Close	연중무휴
Cost	피자 HK$148~ 파스타 HK$138~ (SC 10%)
Address	G/F, 2 Knutsford Terrace, Tsim Sha Tsui
Tel	2312-6668

Food
44
폴 라파옛 Paul Lafayet

마카롱으로 유명한 폴 라파옛. 처음 K11에 론칭했을 당시에는 마카롱과 케이크를 사려는 현지인들로 북새통을 이루기도 했다. 왜 마카롱이 비싼지 이해를 못했던 사람이라면 폴 라파옛의 마카롱에 도전해 보자. Creme Burlee와 Apple Crumble도 이곳의 베스트셀러다. 케이크를 다 먹고 남은 예쁜 그릇은 덤!

Access	침사추이역과 연결된 K11 지하 G23에 있다.
Open	12:00~23:00　Close 연중무휴
Cost	Creme Burlee HK$40, Apple Crumble HK$40 Tiramisu HK$40
Address	Shop G23, K11, 18 Hanoi Road, Tsim Sha Tsui
Tel	3586-9621　Web www.paullafayet.com

Food
45
파이 앤 타르트 Pie & Tart

진열장 가득한 다양한 종류의 파이와 타르트는 구경하는 것만으로도 얼굴에 미소를 짓게 만든다. 집에서 엄마가 직접 만들어 준 것처럼 푸짐하고 맛있어 보이는 모습에 무엇을 골라야 할지 고민하게 된다. 에그 타르트와 코코넛 타르트는 물론이고 다양한 재료로 맛을 낸 파이도 맛있다. 특히 파이는 양이 많아 식사 대용으로 부족함이 없다.

Access	침사추이역 B 출구로 나와 오른쪽으로 꺾어 네이던 로드를 따라 걷는다. 두 블록쯤 가면 우측 골목에 미라 호텔이 나오는데 그 길을 따라 계속 직진한다. 오른쪽에 엠파이어 까우룽 호텔이 나오면 그쪽(Observatory Road)으로 꺾어 직진한다. 큰길 삼거리가 나오면 오른쪽에 바로 보인다.
Open	10:00~21:00　Close 연중무휴
Cost	파이 HK$8~12, 타르트 HK$6.5~7
Address	G/F, 77 Granville Road, Tsim Sha Tsui
Tel	2366-1236

Food
46
찰리 브라운 카페
Charlie Brown Cafe 查理布朗咖啡專門店

스누피와 찰리 브라운의 캐릭터로 가득한 귀여운 카페다. 들어가는 입구부터 천장과 의자, 테이블 화장실까지 귀여운 캐릭터로 장식되어 있어 둘러보는 것만으로도 기분이 좋아진다. 거품 위에 찰리 브라운 캐릭터를 그려주는 카푸치노가 인기. 크루아상, 머핀, 토스트, 2가지 재료로 요리한 오믈렛과 커피를 맛볼 수 있는 해피 브렉퍼스트 세트도 훌륭하다.

Access	침사추이역 B2 출구로 나와 직진하다 골목이 끝날 즈음 오른편에 있다.
Open	08:30~23:00(일~목), 08:30~00:30(금~토, 공휴일 전날)
Close	연중무휴
Cost	음료 HK$14~39, 카푸치노 HK$23 해피 브렉퍼스트 세트 HK$24~36
Address	G/F-1/F, Kok Pah Mansion, 58-60 Cameron Road, Tsim Sha Tsui
Tel	2366-6315　Web www.charliebrowncafe.com

Food
47
해피 투게더 Happy Together 甜蜜蜜

가게 외관과 음식 수준의 반전이 가장 심한 레스토랑이라 할 수 있다. 소박한 외관과는 달리 호텔 주방장 출신 주인장의 손끝에서 먹기 아까울 정도로 예쁘고 맛도 훌륭한 디저트들이 만들어진다. 특히 제대로 부푼 수플레는 고급 호텔 부럽지 않다. 디저트뿐 아니라 식사류도 양이 푸짐하고 구성도 알차서 인기가 많다.

Access	침사추이역 B2 출구로 직진하다 좌측에 세븐일레븐이 보이면 바로 앞에서 좌회전해 들어간다. 다시 갈림길이 나오면 왼쪽으로 돌아 몇 발자국 가면 좌측에 보인다.
Open	12:00~00:00(월~금), 14:00~00:00(주말·공휴일)
Close	구정 전날과 당일
Cost	수플레 HK$40, 치즈 비스킷 푸딩 HK$38
Address	Shop 2, G/F, 5-6 Hau Fook Street, Tsim Sha Tsui

Food
㊽
리틀 십 Little Sheep 小肥羊

홍콩식 핫폿 요리와 딤섬을 전문으로 하는 레스토랑이다. 규모가 꽤 크며 내부는 깔끔하고 모던한 분위기이다. 직원들이 영어를 거의 못하지만 성의 있게 응대해주고 친절한 편이다. 딤섬은 HK$10~20 사이로 단품을 주문하는 것보다는 뷔페를 이용하는 것이 경제적인데 뷔페를 이용하려면 반드시 2인 이상 방문하여야 한다. 11:00~13:45에는 HK$60, 14:00~16:00에는 HK$50에 즐길 수 있다.

Access 침사추이역 B1 출구로 나와 네이던 로드를 따라 걷다 오른쪽 골목에 미라 호텔이 보이면 우회전해 들어간다. 그 길을 따라 걷다 보면 킴벌리 호텔이 보이는데 킴벌리 호텔 바로 전 골목으로 우회전하면 바로 좌측에 보인다.
Open 11:00~00:00(월~토), 10:00~00:00(일·공휴일)
Close 연중무휴
Cost 딤섬 뷔페 HK$50~60(1인)
Address 1/F, 26 Kimberley Street, Tsim Sha Tsui
Tel 2722-7633

Food
㊾
명동 익스프레스 明洞 Express 明洞快餐

1962년부터 역사를 이어 온 홍콩의 터줏대감으로 푸드코트 스타일의 독특한 한국 식당이다. 외국에서 만나는 한국 식당이 대부분 혀를 내두를 만큼 높은 가격을 내세우는 것만 생각한다면 파격적인 콘셉트가 아닐 수 없다. 저렴한 가격에 다루는 메뉴의 종류도 많아 오히려 홍콩 현지인들에게 큰 인기를 끌고 있다. 식사 시간이면 발 디딜 틈이 없을 정도로 북적거린다.

Access 침사추이역 B1 출구로 나와 네이던 로드를 따라 걷다 오른쪽 골목에 미라 호텔이 보이면 그 길(킴벌리 로드)을 따라 걷다 보면 나온다.
Open 11:00~23:30   Close 연중무휴
Cost 떡볶이 HK$52, 갈비찜 정식 HK$75
     면류 HK$41~68, 밑반찬 HK$10
Address Shop No3, Shun Fai Building 64~66A, Kimberley Road, Tsim Sha Tsu

Food
㊿
푸드 리퍼블릭 Food Republic 大食代

실버코드 내에 위치한 대형 푸드코트다. 중식은 물론 일식과 한식, 디저트까지 20여 개의 식당들이 모여 있어 선택의 폭이 넓다. 푸드 리퍼블릭이라는 이름이 무색할 정도로 음식 맛은 기대할 만한 수준이 아니다. 특히 한식 코너는 메뉴 간의 수준차가 커서 어떤 메뉴는 먹는 사람이 부끄러워질 정도로 수준 이하다. 간단히 간식 삼아 디저트를 즐기거나 유명 체인 레스토랑을 선택해 식사를 하는 것이 무난하다.

Access 침사추이역 A1 출구로 나와 오른쪽 뒤편의 하이퐁 로드를 따라 걷는다. 길이 끝날 때 즈음 왼편에 실버코드가 보이는데 실버코드 지하에 있다.
Open 10:30~22:30(일~목), 10:30~23:00(금·토·공휴일 전날)
Close 연중무휴
Address B/F Silvercord 20 Canton Road, Tsim Sha Tsui

Food
㊶
캔톤 델리 Canton Deli 廣東茶居

말끔하고 모던한 분위기의 광둥 레스토랑. 딤섬, 누들, 콘지, 볶음 요리 등을 서브한다. 특히 평일 오후 2시 30분부터 5시 30분 사이에 즐길 수 있는 저렴한 애프터눈 티 세트가 인기다. 애프터눈 티 세트는 죽과 딤섬, 면과 음료, 파인애플 번과 음료 등의 조합으로 이루어져 있다.

Access 침사추이역에서 도보로 10분. A1 출구로 나와 바로 우회전. 하이퐁 로드를 따라 끝까지 걸으면 정면에 하버 시티 쇼핑몰이 보인다. 하버 시티 쇼핑몰 내 3층에 위치.
Open 11:00~23:00   Close 연중무휴
Cost 누들&라이스 HK$68~158, 콘지 HK$32~98(SC 10%)
Address Shop 3303, Level 3, Gateway Arcade, Harbour City, Tsim Sha Tsui
Tel 2613-9889

Food 52
운남 쌀국수 (완람 누들스)
Wan Lam Noodles 雲南桂林過橋米線

우리 입맛에 잘 맞는 매콤하고 자극적인 국수 요리를 맛볼 수 있는 곳이다. 몽콕, 코즈웨이 베이를 비롯 여러 지역에 다수의 지점을 두고 있다. 한국인들도 자주 찾아 한국어 메뉴도 준비되어 있다. 매운 정도를 선택할 수 있고 HK$4에 토핑 한 가지씩 추가할 수 있다. 비빔을 원할 때에는 '음유 쏘이아(국물 필요 없어요)'를 외치자. 고수가 많이 들어가는 편이다.

Access 침사추이역 B2 출구로 직진하다 좌측에 세븐일레븐이 보이면 바로 앞에서 좌회전해 들어간다. 다시 갈림길이 나오면 왼쪽으로 돌아 걷다 보면 우측에 위치.
Open 11:00~00:30 Close 구정연휴
Cost 국수 HK$20~28
Address Shop 1, G/F, Hau Fook Building, 8 Hau Fook Street, Tsim Sha Tsui
Tel 2369-1286

Food 53
옌치 레스토랑
Yuen Kee Restaurant 源記燒味粉麵茶餐廳

이른 새벽부터 늦은 새벽까지 영업하는 옌치 레스토랑은 깔끔한 내부에 메뉴의 종류가 방대하여 아침 식사나 야식을 즐기기에 좋다. 누들 종류가 맛이 좋고 양도 많은 편이며 샌드위치도 투박한 모양에 비해 이상하리만치 맛이 좋다.

Access 침사추이역 B1 출구로 나와 오른쪽으로 꺾어 네이던 로드를 따라 걷는다. 두 블록쯤 가면 우측 골목에 미라 호텔이 나오는데 그 길을 따라 계속 직진한다. 캠벌리 호텔 맞은편에 있다.
Open 07:30~04:00
Close 구정연휴
Cost 누들 HK$22~37
  파인애플 번 HK$8
  샌드위치 HK$12~18
Address G/F, Holly Mansion, 33-37 Kimberley Road, Tsim Sha Tsui
Tel 2191-9534, 2191-9339

Food 54
이스탄불 케밥 Istanbul Kebab

이스탄불 익스프레스에서 이스탄불 케밥으로 상호명을 바꿨다. 완차이, 침사추이에 3곳의 분점을 더 가지고 있다. 테이크아웃 프로모션이 있어 롤 메뉴를 테이크아웃하면 좀 더 저렴하게 즐길 수 있다(해당 메뉴 Chicken Doner Roll, Koffe Roll, Falafel Roll HK$38). 무료 배달 서비스도 있어 근처에 숙박할 경우 야식으로 즐길 수도 있다.

Access 침사추이역에서 도보로 2분. A1 출구로 나와 오른쪽 횡단보도를 건넌 후, 오른쪽 하이퐁 로드를 걷다가 첫 번째 블록 골목 락 로드 Lock Road로 들어간다. 락 로드 왼편에 있다.
Open 11:00~23:45(월~토)
  12:00~23:45(일)
Close 구정연휴
Cost Chicken Doner Roll HK$55
  Turkish Pizza(Lamb or Chicken) HK$50
Address G/F, 34A, Lock Road, Tsim Sha Tsui
Tel 2311-8814

Food 55
타이힝 로스트 레스토랑
Tai Hing Roast Restaurant 太興燒味餐廳

홍콩 전역에 여러 개의 지점을 가지고 있는 로스트 전문 레스토랑이다. 이곳의 대표 메뉴는 바삭바삭하게 구워 껍질은 고소하고 껍질 안쪽은 촉촉한 맛이 일품인 5 Star Roast Pork다. 덮밥 형식으로 즐기려면 5 Star Roast Pork Rice를 주문하면 된다.

Access 침사추이역 B2 출구로 나와 정면으로 직진하다 막다른 곳에 양옆으로 큰길(Chatham Road South)이 나오면 왼쪽으로 꺾어 올라간다. 라마다 까우룽 건너편 오른쪽 골목으로 들어가 홍콩 과학관 뒷길을 지나간다. 다시 삼거리가 나오면 오른쪽으로 꺾어 조금 가면 우측에 보인다.
Open 07:00~00:00
Close 연중무휴
Cost 5 Star Roast Pork HK$55
Address No. 75-79, G/F, NMP, 14 Science Museum Road, Tsim Sha Tsui
Tel 2722-0601

Spa
블리스 Bliss

1996년 뉴욕에서 태어난 세계적인 스파 체인의 첫 홍콩 지점이다. 뉴욕에서 탄생한 브랜드답게 모던하고 세련된 이미지의 블리스는 W 홍콩과 천생연분처럼 어울린다. 어둡고 차분했던 기존의 스파와는 달리 화사하고 화려한 느낌마저 들게 한다. 2개의 커플 스위트룸을 포함해서 총 9개의 트리트먼트룸을 보유하고 있는데 스위트룸을 이용하려면 별도의 요금을 추가 지불해야 한다. 스파를 받은 후 라운지에서 각종 과일, 치즈, 올리브 등과 함께 서브되는 브라우니 뷔페를 즐길 수 있는데 이것을 노리고 오는 사람들도 있을 정도로 인기가 많다고. 세계적으로 유명한 블리스의 각종 아이템도 판매하고 있다.

Access	W 홍콩 내에 위치.
Open	09:00~22:00
Close	연중무휴
Cost	Blissage75 HK$1,110(75분)
	Thai The Knot HK$900(60분)
	Reflexology HK$540(30분)(SC 10%)
Address	W Hong Kong, 1 Austin Road West Kowloon Station, Tsim Sha Tsui
Tel	862-5477
Web	www.blissworld.com

Spa
아이 스파 ISPA

인터컨티넨탈 호텔의 부속 스파로 풍수를 고려해 디자인된 스파로 유명하다. 그때그때 기운에 따라 인테리어나 가구 배치를 달리할 정도로 신경을 쓴다고 한다. 최고급 호텔답게 사우나, 스팀샤워, 자쿠지 등 최고의 시설을 갖추고 있으며 특히 야외에 마련된 스파 풀 카바나 는 빅토리아 하버가 한눈에 들어오는 시원스러운 전망을 즐기며 트리트먼트를 받을 수 있다. 오전 11시 30분부터 오후 3시 30분 사이에 Triple E(Exotic, Executive, Escape) 중 하나를 예약하면 ihealth 샌드위치와 주스가 무료로 제공된다.

Access	침사추이역에서 도보로 2분. 침사추이역 J2 출구에서 나오면 4시 방향으로 보이는 인터컨티넨탈 홍콩 안에 위치.
Open	08:00~22:00
Close	연중무휴
Cost	아로마테라피 마사지 HK$840 아로마 스톤 마사지 HK$1,200 (SC 10%)
Address	Lobby level, Intercontinental Hong Kong, 18 Salisbury Road, Tsim Sha Tsui
Tel	2721-1211
Web	www.hongkong-ic.intercontinental.com

Spa ❸
치바 하우스 Chiba House 千葉養身館

모던한 분위기의 마사지숍으로 비싼 편에 속하지만 시설이 훌륭한 편이고 직원들도 친절하다. 홀에는 발 마사지를 받을 수 있는 공간이 마련되어 있고 전신 마사지를 위한 트리트먼트룸도 8개나 갖추고 있다. 발 마사지를 받는 동안에는 진동 소파에서 등과 어깨 마사지도 함께 받을 수 있어 더욱 좋다. 또, 마사지를 받으면 족욕 10분이 무료로 제공된다. 마사지 외에도 이어 캔들, 손발 트리트먼트, 네일 아트 등의 메뉴도 있으며 한국어로 안내된 메뉴가 있어 편리하다.

Access	침사추이역에서 도보로 9분. B1번 출구로 나와 네이던 로드 오른쪽으로 직진, 미라마 쇼핑센터 앞에서 오른쪽 킴벌리 로드로 들어간다. 엠파이어 까우룽 호텔을 지나쳐 70m 정도 더 걸으면 왼편에 있다.
Open	12:00~02:00
Close	구정연휴
Cost	발 마사지 HK$198(50분) 전통 전신 마사지 HK$298(50분) 족욕 HK$50(15분)
Address	Shop A1, G/F & 1/F, 79-81 Kimberley Road, Tsim Sha Tsui
Tel	3529-2229

Spa ❹
엄마손 마사지 Blessing 足福

소박해 보이는 외관이지만 이미 훌륭한 실력으로 입소문이 난 마사지숍이다. 벽면에 걸린 연예인들의 사진만 봐도 엄마손 마사지의 인기가 짐작이 간다. 비와 조권 등 많은 연예인이 벌써 이곳을 다녀갔다고. 중국식 발 마사지를 전문으로 하는데 워낙 인기가 많아 반드시 1시간 전에는 예약을 해야 한다. 입구를 통해 들어가면 넓은 홀에 발 마사지용 의자들이 나란히 늘어서 있고 옆으로 전신 마사지를 위한 트리트먼트룸도 준비되어 있다. 미용과 관련된 다양한 메뉴가 준비되어 있어 여성에게도 인기 만점이라고. 구별을 못 할 정도로 똑같이 생긴 5마리의 고양이들은 이곳의 마스코트.

Access	침사추이역 A2 출구로 나오면 험프리스 애비뉴가 나오는데 그 길을 따라 직진하면 오른쪽에 버터플라이 온 플랫이 나온다. 그 호텔을 조금 더 지나 우측 1층에 보인다.
Open	12:00~01:00
Close	구정연휴
Cost	발 마사지 HK$250(60분) 스포츠 마사지 HK$200(45분)
Address	1/F Po Ceong Commercial Building, 29 Prat Avenue, Tsim Sha Tusi
Tel	2722-7811, 2722-1898
Email	milkbi1987@nate.com

Spa ❺
족예사 Rendezvous 足藝舍

한국인에게 잘 알려진 족예사의 캔톤 로드 분점이다. 하버 시티 쇼핑몰 맞은편에 있어 쇼핑으로 지친 몸을 잠시 풀어주기에 최적의 위치다. 세련되지는 않았지만 깔끔하고 조용해 쉬어가기 그만. 발 마사지, 전신 마사지, 아로마 마사지, 네일·발 관리 등을 제공한다. 족욕 10분과 반사요법 Foot Reflexology으로 구성된 '마사지 A'가 가장 인기가 좋으며 1시간 코스와 40분 코스 두 가지가 있다. 호텔 출장 마사지 서비스도 운영하며 가격은 HK$300~350(1시간)선이다.

Access	침사추이역에서 도보로 3분. A1번 출구로 나와 바로 우회전, 하이퐁 로드를 따라 걷다가 캔톤 로드에서 오른쪽으로 직진, 바로 왼편 임페리어 빌딩 5층에 위치.
Open	11:00~00:00
Close	구정연휴
Cost	Foot Reflexology + 족욕(10분) HK$188(1시간)/HK$99(40분) 중국 정통 전신 마사지 HK$188(50분)/HK$99(30분)
Address	5/F, Imperial Building, 54-66 Canton Road, Tsim Shai Tsui
Tel	2145-2076

Shopping

케이 일레븐 K11

그동안 홍콩 최대의 쇼핑몰의 자리를 지켜오던 하버 시티의 아성을 위협하며 야심 차게 문을 연 쇼핑몰이다. 쇼핑 공간은 6층으로 이루어진 34만㎡라는 엄청난 규모를 자랑하며 하얏트 리젠시와 고급 서비스 아파트먼트 마스터피스와 연결되어 있다. 예술, 사람, 자연을 기본 모토로 세계 최고의 아트 몰을 표방하고 있다. 그런 만큼 각 층별로 Wisdom of Nature, The Root, Gene, Meet Me in the Shade, Karma, Flying Leaves, Shadow, Sand Rippled by Tide, The Diary of Clouds, Waving in the Wind, Hands라는 제목을 가지고 각각 다른 아티스트들의 구조물, 작품 등으로 꾸며 놓았다. 매주 주말 오후 5시에는 컨시어지에 신청하면 무료로 Tour Arte K11을 즐길 수 있다.

D-mop Select Store, Y-3, Che Che New York 등의 패션 브랜드가 있는 G층과 Juicy Girl, mi-tu, Milan Shoes, Staccato의 브랜드와 Paul Lafayet 등 다양한 식품점이 있는 B2층이 볼만하다. B1층에는 인테리어숍 I Love Kitchen과 슈퍼마켓인 마켓 플레이스도 자리하고 있는데 와인 코너가 충실하게 갖추어져 있어 한국보다 저렴하게 와인을 구매할 수 있다. G층에 위치한 생활용품 전문점 emoi도 둘러볼 만하다.

Access	침사추이역 D2 출구로 나오면 골목 안쪽에 바로 보인다. 혹은 침사추이역 N4 출구 방면 지하와 연결된다.
Open	10:00~22:00
Close	연중무휴
Address	18 Hanoi Road, Tsim Sha Tsui
Tel	3118-8070
Web	www.k11concepts.com

Special Shopping

하버 시티
Harbour City 海港城

홍콩 최대 규모의 쇼핑센터로 700여 개의 매장과 레스토랑, 영화관, 호텔 등이 복합적으로 자리하고 있어 말 그대로 또 하나의 도시를 형성하고 있는 듯한 느낌이다. 규모가 큰 만큼 없는 브랜드가 없다는 점은 장점으로 꼽을 수 있겠으나 계획 없이 무작정 돌아다니다가는 원하는 물건은 사지도 못하고 시간과 체력을 낭비하기 십상이다. 반드시 쇼핑 전 지도를 챙기고 자신이 가야 할 매장을 체크해 효율적인 동선을 그리며 쇼핑하는 것이 좋겠다. L3층 Shoppers Care Centre에 무료로 짐을 맡길 수도 있다.

Access	침사추이역 A1 출구로 나와 오른쪽 뒤편에 하이퐁 로드를 따라가면 보인다. 스타 페리 선착장 바로 앞.
Open	10:00~22:00(매장마다 다름)
Close	연중무휴
Address	3-27, Canton Road, Tsim Sha Tsui
Tel	2118-8666
Web	www.harbourcity.com.hk

페이시스 Faces
우리나라에서는 접하기 어려운 다양한 화장품 브랜드들을 한꺼번에 만날 수 있는 매장이다. 가격 면에서는 그다지 매력적이지 않지만 화장품 마니아라면 레어한 아이템을 구매할 수 있는 절호의 기회가 아닐 수 없다. 하버 시티에 위치한 또 하나의 코스메틱 몰 조이스 뷰티Joyce Beauty도 꼭 들러보자.

크랩트리 앤 에블린 Crabtree & Evelyn
일체의 동물실험 없이 천연성분으로만 만든 유기농 욕실용품 전문숍이다. 이미 동남아를 중심으로 많은 지점을 둘 정도로 인기를 끌고 있다. 포장도 귀여워 선물용으로도 좋은데 특히 바르는 즉시 끈적임 없이 피부가 보들보들해지는 보디로션과 보디샴푸, 조조바 오일이 함유된 비누 등은 베스트 아이템이다.

홈리스 Homeless
코즈웨이 베이, 성완 등에도 지점을 가지고 있는 인테리어숍이다. 묵직한 가구부터 조명, 아기자기한 인테리어 소품까지 구경하는 것만으로도 재미가 쏠쏠하다. 특히, 일본의 유명 일러스트레이터 요시토모 나라의 깜찍한 일러스트가 프린트된 다양한 소품들은 자연스레 지갑을 열게 만든다.

엘씨엑스
LCX(Lifestyle Concept X)
20대 초반을 타깃으로 한 패션과 패션 소품 등을 판매하는 곳이다. 트렌디하고 스타일리시한 아이템을 다양하게 갖추고 있어 젊은 여성들이 특히 열광하는 숍이다. 천연비누로 유명한 러시Lush, 만능 연고로 우리나라에서도 인기가 높은 버츠비Burt's Bees도 찾아볼 수 있다.

시티 슈퍼 City Super
말이 필요 없는 홍콩 최대의 슈퍼마켓 체인으로 없는 것이 없을 정도로 다양한 아이템을 갖추고 있다. 각종 차부터 소스, 향신료, 시리얼과 무슬리, 맥주와 음료수 등 다양한 식품과 주방용품, 조리기구 등도 판매한다. 요리에 관심 있는 사람이라면 그 어느 곳에 뒤지지 않을 최고의 쇼핑 스폿이 될 것이다.

Shopping

엘리먼츠 Elements 圓方

시내 중심가와는 조금 떨어져 있는 탓인지 그 어느 쇼핑몰보다 한가로워 여유롭게 쇼핑을 즐길 수 있는 곳이다. 2007년 10월 개장한 엘리먼츠는 미국의 포춘지에 실릴 만큼 감각적인 인테리어를 자랑한다. 중국의 음양오행 사상에서 비롯된 만물의 기본이 되는 물, 불, 금, 땅, 나무 를 모티브로 하여 쇼핑몰을 구획별로 차별화하였다. 각 구역에는 테마별로 인테리어와 소품까지 세심하게 신경을 썼다. 프랑 프랑과 같은 계열의 일본계 인테리어숍으로 최고급 인테리어 소품과 주방용품을 취급하는 발스 도쿄, 최고의 패스트 패션 브랜드 H&M과 자라, 천연 소재 목욕용품으로 포장도 너무 귀여운 Crabtree & Evelyn, 홍콩 유일의 숍으로 소녀 취향이 물씬 풍기는 Luella, 다양한 침구와 목욕용품을 전문으로 취급하는 Bed & Bath 등은 빼놓지 말아야 할 매장이다. 또 수입 식료품부터 유기농 제품까지 다양한 식재료를 접할 수 있는 고급 슈퍼마켓 Three Sixty도 꼭 둘러보자. 또한 엘리먼츠의 옥상에는 분위기 만점의 정원이 있어 쇼핑을 하다 한가롭게 휴식을 취하기에 좋고 레스토랑도 마련되어 있어 식사를 즐길 수 있다. Nahm, 프라임 스테이크 하우스, Wang Jia Sha 등 인기 레스토랑들도 쇼핑몰 내부에 자리하고 있다. 까우룽역과 연결되어 있어 출국 전 쇼핑을 즐기기에 최적의 쇼핑몰이라 하겠다.

Access	까우룽역 C1 출구와 바로 연결된다. 혹은 침사추이 DFS 갤러리아 앞 버스 정류장에서 215X를 타고 종점에서 내리면 된다.
Open	10:00~22:00
Close	연중무휴
Address	1 Austin Road West, Tsim Sha Tsui
Tel	2735-5234
Web	www.elementshk.com

Shopping

더 원 The One

2010년 10월 오픈한 쇼핑몰이다. 이주에닷컴, 바우하우스, 2치커넥션, 빔스, 샐러드, 패션 킹덤 등 젊은 층에서 인기가 많은 중저가의 브랜드숍도 충실한 편이다. 홈 인테리어숍도 많은 편인데 Avant Garde, Casabianca, Color Rich, Homeless, Lost & Found 등 무려 10개나 되는 인테리어 관련 숍들이 모여 있으니 홈 데코와 인테리어 잡화에 관심이 많은 사람이라면 꼭 방문해 보자. 깜찍한 프린트가 돋보이는 티셔츠 천국 Design Tshirts Store Graniph와 다양한 디자인의 속옷 전문점 Bla Bla Bra도 놓치지 말자. 또 20층의 조이어스 원을 비롯해 Cocoky Bar, Kushi One, Sprout, Miyabi, Harlan's 등 다양한 레스토랑과 바들이 자리하고 있는데 전망이 훌륭해 분위기가 좋다.

Access	침사추이역 B1 출구로 나와 오른쪽으로 꺾어 네이던 로드를 따라 걷다 보면 우측에 보인다.
Open	10:00~23:00
Close	연중무휴
Address	100 Nathan Road, Tsim Sha Tsui
Tel	3106-3640
Web	www.the-one.hk

Shopping ❹

미라마 쇼핑센터 Miramar Shopping Centre

세련된 음악이 흘러나오는 널찍한 매장으로 여유로운 분위기가 물씬 풍긴다. B1층에는 귀여운 소녀풍으로 10대들로부터 많은 사랑을 받고 있는 Pink Girl이 자리하고 있으며 G/F에는 여성들의 로망 비비안 웨스트우드, Charcoal Gray 등이 입점해 있다. 1층에는 최고의 인기 편집숍 디 몹 셀렉트 스토어, I.T를 비롯해 b+ab, 5cm 등 인기 로컬 브랜드숍도 자리하고 있다. 특히 2층에는 유니클로, 3층에는 MUJI 매장이 크게 자리 잡고 있다.

Access 침사추이역 B1 출구로 나와 오른쪽으로 꺾어 네이던 로드를 따라 걷다 보면 우측에 보인다.
Open 10:00~22:00(매장마다 다름)
Close 매장마다 다름
Address 132 Nathan Road, Tsim Sha Tsui
Tel 2730-5300
Web www.miramarshoppingcentre.com

Shopping ❺

1881 헤리티지 1881 Heritage

예전 해양 경찰서가 있던 건물을 중심으로 리노베이션을 거쳐 호텔, 쇼핑몰로 재탄생된 곳이다. 까르띠에, IWC 등의 매장이 곡선 형태로 자리 잡고 있지만 일반 여행자들이 쉽게 다가갈 수 있는 브랜드는 찾아보기 어려워 쇼핑몰로서는 그다지 매력이 느껴지지 않는다. 오리엔탈 분위기가 물씬 풍기는 상하이 탕은 인테리어 소품과 액세서리 등의 아이템이 많은 편이라 선물용 쇼핑을 하기에 좋으며 티파니Tiffany & Co.는 홍콩 최대 규모의 매장이라고 하니 관심이 있다면 둘러보자.

Access 침사추이역 E 출구를 나와 직진하다 페닌슐라 홍콩 앞 솔즈베리 로드로 나간다. 거기서 오른쪽으로 꺾어 조금 가다 보면 지하도가 나오는데 지하도와 바로 연결되어 있다.
Open 10:00~22:00
Close 연중무휴
Address 2A Canton Road, Tsim Sha Tsui
Tel 2926-8000
Web www.1881heritage.com
 (웹에서만 접속 가능)

Shopping
❻
디엔에이 갤러리아 DNA Galleria

2010년 오픈, 홍콩 젊은이들의 핫한 쇼핑 플레이스이다. 3개 층에 옷, 신발, 가방, 액세서리, 홈 데코, 디자인 소품, 애견용품 등의 숍들이 모여 있다. Do not agree, Never compromise, Always say "NO"라는 슬로건으로 다양한 스타일의 숍들로 구성되어 있다. 우리나라에서 흔히 볼 수 있는 스타일도 있어 싱거울 수 있지만 구석구석 독특한 숍들도 꽤 있는 편이다. 특이한 점은 상품을 구매할 때 숍이 아니라 쇼핑몰 계산 카운터에 직접 가서 계산을 하고 다시 숍에 가서 상품을 받는 시스템이다. 2층 핸드메이드 실버숍, 실버스미스 Silversmiths 는 곤충, 해골 같은 독특한 액세서리를 비롯해 감성적인 핸드메이드 실버 제품을 판매한다. 주문 제작이 가능하며 지갑, 가방 같은 핸드메이드 가죽 제품도 함께 구매할 수 있다.

3층에는 그래픽 에어라인스 Graphic Airlines 의 디자인숍이 있다. 그래픽 에어라인스는 TAT와 Vi, 두 명으로 구성된 팀으로 자유로운 창작 활동을 하며 작품 전시도 하고 있다. 그들의 캐릭터들은 통통한 볼살이 인상적인데 일명 Fat Face로 불린다. 작품 속 인물들은 항상 뚱뚱한 몸에 무심한 표정과 행동으로 일관하는 것이 특징인데 여기에 묘한 중독성이 있다. 캐릭터가 프린트된 가방, 티셔츠, 피규어, 액세서리, 디자인 소품 등을 구매할 수 있다.

Access	침사추이역 B2번 출구에서 도보로 5분. B2번 출구로 나와 300m 직진, 캐머런 로드 Cameron Road 끝 왼편에 있다.
Open	13:00~23:00
Close	구정연휴
Address	61-65 Chatham Road South, Tsim Sha Tsui
Tel	2312-7136

Tip
트렌디 존과 비교했을 때, 점포 수가 적은 대신 숍과 숍 사이가 널찍하다. 비슷한 물건을 파는 숍들이 많았던 트렌디 존과 달리 다양한 스타일의 상품이 있다.

Shopping
❼
아이 스퀘어 i Square 國際廣場

2009년에 문을 연 쇼핑몰로 정방형의 심플한 건물 모양이 한눈에 들어온다. 망고, 라코스테 등을 제외하곤 우리에게는 조금 낯선 신선한 브랜드들을 접할 수 있다. 또 30여 개의 레스토랑도 자리하고 있어 식도락을 즐기기에도 좋다. 영화관을 비롯해 인테리어 소품숍인 로그 온 Log On 도 자리하고 있어 현지 젊은이들에게 인기가 많은 명소이다.

Access	침사추이역 R 혹은 H 출구와 연결된다.
Open	10:00~22:00(매장마다 다름)	Close	연중무휴
Address	63 Nathan Road, Tsim Sha Tsui
Tel	3665-3333	Web	www.isquare.hk

Shopping
❽
에이치 앤 엠 H&M

우리나라에도 론칭한 인기 의류숍으로 센트럴에 있는 지점이 규모는 훨씬 크다. H&M은 마돈나, 카일리 미노그, 지젤 번천, 지미 추 등 전 세계적으로 유명한 연예인들과 유명 디자이너들과의 컬래버레이션으로 끊임없이 새롭게 시도하며 트렌드를 이끌어 가는 스웨덴발 젊은 브랜드이다. G/F에는 여성의류와 아동복 등을 취급하며 1층에서는 남성의류를 찾아볼 수 있다.

Access	침사추이역 A1 출구로 나와 뒤편에 하이퐁 로드를 따라가다 보면 왼편에 보인다.
Open	10:30~23:30	Close	연중무휴
Address	Silvercord 30 Canton Road, Tsim Sha Tsui
Tel	3521-1171	Web	www.hm.com/hk

Shopping

실버코드 Silvercord

침사추이에서 빠놓지 말아야 할 쇼핑 스폿 중 하나인 실버코드. 실버코드에서는 홍콩 최대의 멀티숍인 아이티 아웃렛과 D-mop을 비롯해 소니아 바이 소니아 리키엘 Sonia By Sonia Rykiel, 이자벨 마랑 Isabelle Marant 등의 매장도 찾아볼 수 있다. 또, 2층에 위치한 Club.8에는 청바지 마니아들이 열광할 만한 아이템들이 모여 있다. 그 밖에 버켄스탁, 캠퍼 등 10~20대의 젊은이들이 좋아할 만한 중저가 스트리트 패션 브랜드의 집결지라고 할 수 있다.

Access	침사추이역 A1 출구로 나와 오른쪽 뒤편의 하이퐁 로드를 따라 직진한다. 하이퐁 로드가 끝날 때 즈음 왼편에 보인다.
Open	10:00~22:00(매장마다 다름)
Close	매장마다 다름
Address	30 Canton Road, Tsim Sha Tusi
Tel	2864-4453
Web	www.silvercord.hk

Shopping

지아이 gi

Granville Identity라는 거창한 의미를 가진 gi는 유명 홍콩 영화배우이자 감독인 주성치가 창업한 작은 쇼핑몰이다. 총 4개 층으로 되어 있는데 G/F는 뷰티 관련 상품으로 각종 브랜드의 화장품은 물론 미용용품까지 다양한 상품을 갖추고 있다. 1층은 액세서리 매장이 대부분인데 중국풍의 귀여운 아이템도 많아 구경만으로 시간 가는 줄 모른다. 2층은 의류, 3층은 라이프스타일 관련 아이템들이 갖추어져 있다. 가격도 저렴하고 톡톡 튀는 아기자기한 물건들이 많아 10대부터 20대 초반의 젊은이들이 항상 넘쳐난다. 메이드 인 코리아 제품이 많아 주의를 기울이지 않으면 한국 제품을 비싼 가격에 다시 한국으로 수입해오는 우를 범할 수도 있다.

Access	침사추이역 B1 출구로 나와 오른쪽으로 꺾어 네이던 로드를 따라 직진해 한 블록쯤 가다 오른쪽을 보면 그랜빌 로드가 나온다. 그랜빌 로드를 따라 걷다 보면 우측에 보인다.
Open	10:00~22:00(매장마다 다름)
Close	연중무휴
Address	34-36 Granville Road, Tsim Sha Tsui

Shopping
⑪
소고 Sogo 崇光百貨

일본계 백화점으로 지하 1층과 2층 단 두 개 층으로만 되어 있는 작은 규모의 백화점이다. 지하 1층은 화장품, 액세서리, 패션잡화 코너가 주를 이루며 지하 2층에는 캐주얼 의류 매장과 스포츠 브랜드 매장이 들어서 있다. 또, 푸드코트와 일본 식료품을 취급하는 슈퍼마켓도 있다.

Access	침사추이역 F 출구로 가다 보면 나오는 J4 출구와 연결된다.
Open	10:00~22:00
Close	연중무휴
Address	12 Salisbury Road, Tsim Sha Tusi
Tel	3556-1212
Web	www.sogo.com.hk

Shopping
⑫
파크래인 쇼퍼스 블러바드
Park Lane Shopper's Boulevard

네이던 로드를 따라 길게 뻗어 있는 산책로 겸 쇼핑가이다. 널따란 인도를 따라 늘어선 가로수로 더욱 운치 있게 보이는데 다른 곳보다 한결 여유롭게 쇼핑을 즐길 수 있다는 장점이 있다. 고가 상품보다는 중저가의 몰들이 자리하고 있는데 스타카토, 크로커다일, 모르간, 퓨다, 리바이스 등 캐주얼 브랜드가 주를 이룬다.

Access	침사추이역 A1 출구로 나와 왼쪽으로 조금만 걸으면 시작된다.
Open	10:30~22:00(매장마다 다름)
Close	매장마다 다름
Address	181 Nathan Road, Tsim Sha Tsui

Shopping
⑬
페닌슐라 쇼핑 아케이드 Peninsula Shopping Arcade

최고급 호텔에 위치한 최고급 쇼핑 아케이드로 70여 개의 명품 브랜드들이 빼곡하게 자리하고 있다. 까르띠에, 샤넬, 크리스찬 디올, 코치, 프라다 등 우리에게 잘 알려진 어지간한 명품 브랜드들은 다 찾아볼 수 있다. 특히 루이비통은 가방을 취급하는 일반 매장과 시계, 보석 등을 취급하는 매장을 따로 분리하여 운영하고 있다. 페닌슐라 호텔 직영숍인 페닌슐라 부티크에서는 페닌슐라 마크가 찍힌 최고급 차와 다기, 초콜릿 등 기념으로 살 만한 아이템들이 많이 있어 둘러볼 만하다.

Access	침사추이역 E 출구로 나와 정면으로 직진하다 보면 보인다.
Open	09:30~19:00
Close	매장마다 다름
Address	Salisbury Road, Tsim Sha Tsui
Web	www.peninsula.com

Shopping

에스프리 아웃렛 Esprit Outlet

아이티 아웃렛과 더불어 한국인에게도 많은 사랑을 받고 있는 가장 대중적인 아웃렛 중의 하나이다. 에스프리 자체가 원래 비싼 브랜드가 아닌 데다 아웃렛인 점, 거기다가 세일 기간까지 겹치면 가격은 점점 더 매력적으로 변해간다. 눈에 확 들어오는 예쁜 아이템을 기대할 순 없지만 기본에 충실한 티셔츠나 바지류는 살 만하다. 차이나 홍콩 시티 페리 터미널에도 지점(11:00~21:30, 2730-2073)이 있다.

Access 침사추이역 E 출구로 나와 뒤편 왼쪽을 보면 페킹 로드가 나온다. 페킹 로드를 따라 한 블록 가서 왼쪽을 보면 바로 보인다.
Open 10:00~23:00   Close 연중무휴
Address G/F, Kai Seng Commercial Centre 4-6 Hankow Road, Tsim Sha Tsui
Tel 2721-3318

Shopping

자카 프리크 Zac Ca Freeq

CKE 쇼핑몰에 위치한 자카 프리크는 매장 가득 아기자기하고 아이디어 넘치는 상품들로 가득하다. 다른 상점에서와 달리 이곳에선 쇼핑하는 사람들 표정이 사뭇 진지하다. 언뜻 용도를 알 수 없는 물건들을 이리 뒤집고 저리 뒤집어 보며 호기심에 찬 표정으로 진지하게 쇼핑에 임한다. 와인과 와인잔을 함께 수납할 수 있는 깜찍한 상품부터 각종 문구류와 개성만점 액세서리까지 다양한 상품을 취급한다.

Access 침사추이역 C1, G, F 출구에서 도보 2~3분. 청킹 맨션 바로 옆 CKE 쇼핑몰에 있다.
Open 12:00~22:30(주중), 10:00~22:30(주말)
Close 구정연휴
Address Shops 39-42, Basement, Woodhouse 36-44 Nathan Road, Tsim Sha Tsui
Tel 2369-8448

Shopping

밀란 스테이션 Milan Station 米蘭站

베이징, 마카오를 비롯해 홍콩에만도 10여 개의 지점을 가지고 있는 중고 명품숍이다. 여행자들이 지하도나 지하철로 착각할 법한 특이한 간판을 가지고 있는 밀란 스테이션의 물건들은 품질이 좋은 편이다. 철저한 품질관리로 가짜를 살 확률은 없다고 봐도 된다. 가격 흥정이 가능하며 새것과 다름없는 물건들도 많이 찾아볼 수 있다. 침사추이에만 3개의 지점이 있으니 홈페이지를 참조하자.

Access 침사추이역 A1 출구로 나와 오른쪽 뒤편의 하이퐁 로드를 따라 걷다 보면 왼편에 있다.
Open 10:00~22:00   Close 구정연휴
Address G/F 31 Haiphong Road, Tsim Sha Tsui
Tel 2366-0332
Web www.milanstation.com.hk

Shopping

킴벌리 와인 셀러
Kimberly Wine & Cigars Shop 德華洋酒

각종 와인과 다양한 중국 전통 술도 판매하고 있다. 특히 아주 작은 양의 샘플로 제작된 와인과 술을 판매해서 부담 없이 선물용으로 사기에도 좋다. 와인 관련 서적은 물론 와인 케이스, 와인 오프너, 와인 잔 등 다양한 아이템을 취급한다. 매달 세 번째 금요일에는 무료로 와인 테이스팅 이벤트를 하고 있는데(변동 가능, 방문 전 문의할 것) 인기가 많아 예약은 필수이다.

Access 침사추이역 B1 출구로 나와 오른쪽으로 꺾어 네이던 로드를 따라 걷는다. 두 블록쯤 가면 우측 골목에 미라 호텔이 나오는데 그 길을 따라 계속 직진한다. 엠파이어 까우롱 호텔 대각선에 위치한다.
Open 11:00~23:00   Close 구정연휴
Address ShopA, G/F 61 Kimberley Road, Tsim Sha Tsui
Tel 2721-5611

Hotel
①
리츠칼튼 홍콩 The Ritz-Carlton Hong Kong

2011년 3월 그랜드 오픈한 리츠칼튼 홍콩. W와 포 시즌스, 샹그릴라 등의 호텔과 함께 홍콩의 최고 럭셔리 호텔로 손꼽히고 있다. ICC의 102~118층을 호텔로 이용하고 있어 홍콩뿐 아니라 세계에서 가장 높은 호텔로 꼽힌다. 그만큼 전망은 두말할 것도 없으며 312개의 객실은 최첨단 시설을 갖추고 있다. 가장 낮은 카테고리인 디럭스룸도 $50m^2$나 되는 등 객실 사이즈도 여유로운 편이다.
차이니즈, 이탈리안, 라운지 등은 최고의 서비스와 전망, 훌륭한 음식으로 이미 홍콩의 핫스폿으로 인기를 얻고 있는데 특히 리츠칼튼의 애프터눈 티는 예약을 하지 않으면 자리를 잡기 힘들 정도로 인기가 많다.
또한 세계적인 스파 체인인 ESPA와 함께 천장에 대형 스크린이 장착되어 신비스럽고 스타일리시한 분위기가 느껴지는 수영장은 압권이다. 따뜻한 2개의 실내 자쿠지와 1개의 야외 자쿠지는 온도별, 분위기별로 마음껏 이용할 수 있다.

Access 까우롱역과 연결된다.
Address 1 Austin Road West, Kowloon
Tel 2263-2263
Web www.ritzcarlton.com

Hong Kong | Tsim Sha Tsui

Hotel

W 홍콩 W Hong Kong

홍콩에서 가장 스타일리시한 호텔을 꼽을 때 W 홍콩을 빼놓으면 섭섭하다. W의 스타일은 입구부터 드러나는데 로비로 올라가는 엘리베이터의 바닥에는 LED가 설치되어 있어 시간에 따라 바뀌며 인사를 전한다. 로비에 들어가면 리셉션 옆에 위치한 리빙룸이 눈에 띈다. 투숙객들이 자유롭게 무선 인터넷을 사용하거나 책을 읽기도 하는데 오후(14:30~18:00)에는 애프터눈 티(2인, HK$288)도 서브한다. 한쪽 벽면을 장식한 W 카드를 들고 있는 마오쩌둥의 모습도 위트 있다. 객실은 소라색과 화이트 톤으로 꾸며져 있어 더없이 모던하고 시크하다. 블리스 제품이 갖추어진 욕실과 샤워룸도 상당히 넓은 편이다.

W의 수영장은 W의 스타일이 응집된 곳이라 하겠다. 시시각각 변하는 조명과 시원스러운 전망이 일품이다. 침사추이까지 무료 셔틀 서비스를 제공한다.

Access	까우룽역과 연결된다.
Cost	원더풀룸 USD318~
Address	1 Austin Road West, Kowloon Station
Tel	3717-2222
Web	www.whotels.com/hongkong

Hotel ③

까우룽 샹그릴라 Kowloon Shangri-La

애드미럴티에 위치한 아일랜드 샹그릴라와 같은 호텔 체인으로 닮은 듯하면서도 차별화된 분위기를 풍긴다. 총 688개의 객실을 보유하고 있는데 2007년 리노베이션을 거치며 오리엔탈리즘의 극치를 보여주는 아일랜드 샹그릴라와는 달리 좀 더 모던한 분위기가 느껴진다. 객실에서는 유무선 인터넷을 무료로 사용할 수 있다.

4개의 레스토랑과 2개의 라운지 및 바를 운영하고 있는데 그중 차이니즈 레스토랑인 상 팰리스와 최고의 수준을 자랑하는 카페 쿨은 일부러라도 이용할 만하다. 이탈리안 레스토랑 안젤리니와 스페인식 타파스를 맛볼 수 있는 타파스 바 또한 투숙객뿐 아니라 외부인도 많이 찾는 인기 레스토랑 중 하나이다. 수온 조절이 되는 수영장과 24시간 운영되는 피트니스 센터 등 부대시설도 충실한 편이고 AEL 무료 셔틀이 호텔 바로 앞에 서서 편리하다.

Access 침사추이역 G 방향으로 가다 보면 P1 출구 이정표가 보인다. P1 출구에서 나와 70m 직진.
Cost 디럭스 USD350~
Address 64 Mody Road, Tsim Sha Tsui East
Tel 2721-2111
Web www.shangri-la.com

Hotel ④

더 미라 The Mira Hong Kong

전신이었던 미라마 호텔을 전면 리노베이션하여 5성급 더 미라로 재탄생하였다. 시시각각 조명을 달리하는 물결모양의 거대한 입구부터 스타일이 남다르다. 57개의 스위트룸을 포함해 총 493개의 객실을 보유하고 있는데 객실은 실버, 레드, 그린, 퍼플을 모티브로 한 4가지 형태로 구분이 된다.

감탄이 나올 정도로 아름다운 수영장은 이곳의 자랑. 천장에 아름다운 전구는 마치 하늘에서 별이 쏟아지는 듯한 착각이 들 정도다. 최첨단 설비와 감각적인 인테리어 등으로 완벽한 하드웨어를 갖춘 더 미라. 소프트웨어 또한 만만치 않다. 절도 있고 세심한 직원들의 서비스는 나무랄 데 없다. 특히 객실마다 구비된 핸드폰은 투숙 기간 동안 무료로 이용할 수 있는데 무료 통화는 물론이고 컨시어지와 연결되어 있어 홍콩 어디에 있건 위치 정보는 물론 훌륭한 레스토랑과 바 추천 등 맞춤 서비스를 제공하고 있다. 더 미라의 자랑인 퀴진 퀴진, 얌 등의 레스토랑도 한 번쯤 꼭 방문해 보자.

Access 침사추이역 B1 출구로 나와 오른쪽으로 약 200m 정도 걷다 보면 오른쪽 골목 안쪽에 있다.
Cost 시티룸 HK$1,700~
Address 118 Nathan Road, Tsim Sha Tsui
Tel 2368-1111
Web www.themirahotel.com

Hotel

인터컨티넨탈 홍콩 Intercontinental Hong Kong

홍콩이라는 지역 특성상 홍콩의 호텔들은 유달리 전망에 집착한다. 이렇게 홍콩에서 가장 중요한 덕목인 전망, 그 전망 하나만으로도 최고로 꼽히는 곳이 바로 인터컨티넨탈이다. 스타의 거리 한복판에 마치 멋진 야경을 더 자세히 보려는 듯 툭 튀어나온 형태로 자리 잡은 인터컨티넨탈은 어느새 홍콩 숙소의 로망이 되어 버렸다.
총 객실 수 495개로 객실의 2/3가 하버 뷰라는 점만 봐도 얼마나 이 호텔이 전망에 힘을 주고 있는지 알 수 있다.
특히 수영장은 이곳의 큰 자랑 중의 하나. 수온 조절이 가능한 수영장은 물속에 스피커가 장착되어 음악을 즐기면서 수영을 할 수 있고 코앞에 빅토리아 하버가 펼쳐져 로맨틱한 분위기의 절정을 이룬다. 노부, 알랭 뒤카스 등 스타 셰프들이 이끄는 레스토랑도 인터컨티넨탈의 빼놓을 수 없는 자랑거리다.

Access	침사추이역에서 도보로 2분. 침사추이역 J2 출구에서 나오면 4시 방향으로 인터컨티넨탈 홍콩 호텔 입구가 보인다.
Cost	슈피리어 USD411~
Address	InterContinental Hong Kong, 18 Salisbury Road, Tsim Sha Tsui
Tel	2721-1211
Web	www.hongkong-ic.intercontinental.com

Hotel

뉴 월드 밀레니엄 New World Millennium Hong Kong Hotel

기존의 니코 호텔을 새롭게 단장해 2014년 재오픈한 호텔이다. 기본 객실이 꽤 여유로운 사이즈를 갖추고 있으며 하버 선상에 일제히 포진해 있는 다른 고급 호텔에 비해 비교적 합리적인 가격대를 유지해 경쟁력이 있다. 또한 위치적인 단점을 보완하기 위해 이스트 침사추이역을 비롯한 침사추이 요지로 무료 셔틀을 운행한다. 평가가 좋은 차이니즈 레스토랑 타오리를 비롯해 부대시설도 충실히 갖추고 있다.

Access	까우롱역에서 무료 셔틀 K3 탑승 혹은 이스트 침사추이역 P1 출구로 나와 약 5분 정도 직진하면 우측에 있다.
Cost	디럭스 USD170~
Address	72 Mody Road, Tsim Sha Tsui East
Tel	2739-1111
Web	newworldmillenniumhotel.com

Hotel

페닌슐라 홍콩 The Peninsula Hong Kong

단순한 호텔의 개념을 뛰어넘어 홍콩을 상징하는 아이콘으로 사랑받는 페닌슐라 홍콩은 홍콩에서 가장 오래된 호텔이자 가장 럭셔리한 호텔로 꼽히기도 한다. 1928년 앞쪽의 ㄷ자 모양의 건물이 최초로 지어졌으며 그 후 뒤쪽으로 신관이 세워졌다. 실제로 신관과 본관을 연결하는 복도 바닥에서 그 흔적을 찾아볼 수 있다. 유일하게 헬리콥터 이착륙장을 갖췄으며 애프터눈 티를 즐길 수 있는 로비 라운지와 차이니즈 레스토랑 스프링 문, 필립 스탁이 디자인한 독특한 펠릭스 바를 비롯 모든 레스토랑이 최고로 손꼽혀 언제나 방문객들이 넘쳐난다.

Access	침사추이역 L3 출구로 나오면 우측에 위치. 까우롱역에서 무료 셔틀 K2번을 타면 호텔까지 이동한다.
Cost	더블룸 USD~550
Address	Salisbury Road, Tsim Sha Tsui
Tel	2920-2888
Web	hongkong.peninsula.com

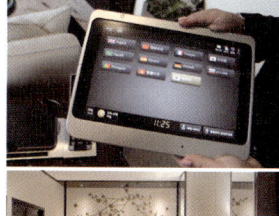

Hong Kong | **Tsim Sha Tsui**

Hotel

⑧ 더 랭함 The Langham

리노베이션을 거쳐(일부 객실 제외) 더욱 고급스럽고 화사하게 단장한 최고급 호텔이다. 로비로 들어서면 높은 천장과 화려한 샹들리에로 우아한 분위기가 느껴지는데 객실은 이와 반대로 밝은 톤의 컬러와 포인트 컬러를 사용해 사랑스러운 느낌이다.

특히 더 랭함에서는 클럽 베네핏을 눈여겨봐야 하는데 웨지우드 테이블 웨어에 서브되는 애프터눈 티와 수준 높은 이브닝 칵테일은 여타의 클럽 라운지보다 뛰어나다. 수영장이 작은 것이 아쉬운 점 중 하나지만 피트니스 센터 등이 꽤 충실하게 갖춰져 있으며 푸드 갤러리에서 제공하는 조식도 만족스러운 편이다. 침사추이의 유명 레스토랑을 비롯해 쇼핑의 메카 캔톤 로드와 요지로의 이동이 편리하여 여행자들에게도 최적의 위치적 조건을 갖추고 있다.

- **Access** 침사추이역 L5 출구로 나오면 선 아케이드 건물에 있다.
- **Cost** 디럭스 HK$300~
- **Address** 8 Peking Road, Tsim Sha Tsui
- **Tel** 2375-1133
- **Web** www.langhamhotels.com/en/the-langham/hong-kong

Hotel

디럭스 매너 The Luxe Manor

화려한 인테리어로 20~30대 여성들이 열광하는 부티크 호텔이다. 럭셔리한 유럽식 집이라는 뜻을 가진 이름처럼 유럽의 한 저택에 온 듯한 느낌을 자아내며, 화려한 양탄자와 유선형의 앤티크한 서랍장 등으로 꾸며져 있다. 특히 Nordic, Safari, Liaison's, Royale, Mirage, Chic라는 이름의 스위트룸은 디럭스 매너의 재치를 엿볼 수 있다. 예를 들어 Nordic 스위트에는 세면대, 테이블, 전등까지 모두 얼음의 형태로 되어 있다. 정문 입구부터 로비의 의자 하나하나, 객실 하나하나 서로 다른 이야기와 콘셉트를 가진 진정한 부티크 호텔이라 하겠다.

Access	침사추이역 B1 출구로 나와 오른쪽으로 꺾어 네이던 로드를 따라 걷는다. 200m쯤 가다 오른쪽에 미라 호텔이 보이면 오른쪽으로 꺾어 길을 따라 조금 걷다 보면 왼쪽에 보인다.
Cost	슈피리어 HK$1,500~
Address	39 Kimberley Road, Tsim Sha Tsui
Tel	3763-8888
Web	www.theluxemanor.com

Hotel

하얏트 리젠시 침사추이
Hyatt Regency Hong Kong Tsim Sha Tsui

하얏트답게 깔끔하고 뚝 떨어지는 시설은 물론 침사추이 한가운데 쇼핑몰 K11과 맞닿은 최강의 위치까지 단숨에 인기 호텔의 대열에 이름을 올렸다. 객실은 우드 톤의 베이직한 가구들이 주를 이루며 차분한 분위기를 낸다. 최신식 장비로 중무장한 24시간 피트니스 센터와 키즈풀을 갖춘 아웃도어 수영장도 있다. 다양한 레스토랑 또한 이곳의 자랑인데 그중 저렴한 딤섬 런치 세트가 먹을 만한 친친Chin Chin과 수준 높은 인터내셔널 뷔페 휴고Hugo도 훌륭하다.

Access	침사추이역 D2 출구로 나오면 골목 안쪽에 바로 K11이 보이는데 K11과 연결되어 있다.
Cost	스탠더드 USD290~
Address	18 Hanoi Road, Tsim Sha Tsui
Tel	2311-1234
Web	hongkong.tsimshatsui.hyatt.com

Hotel
⑪
호텔 파노라마 Hotel Panorama

2008년 오픈한 호텔 파노라마는 이름처럼 파노라믹한 뷰를 즐길 수 있는 호텔이다. 빅토리아 항구와 떨어져 있지만 40층 건물 중 7~37층까지 객실이 배치되어 있어 높은 층으로 올라갈수록 멋진 전망을 즐길 수 있다. 객실은 전반적으로 모던하고 깔끔한 편이며 욕실은 약간 작은 편이다. 단, 층수가 낮은 객실은 주변의 건물에 가로막혀 약간 을씨년스러운 느낌이 들기도 하니 가능하면 상층으로 업그레이드하는 것을 권한다. 부대시설로는 38층에 위치해 스펙터클한 전망을 자랑하는 산타 루치아 와 로비 층의 캐주얼한 레스토랑 카페 익스프레스가 있다.

Access 침사추이역 N1 출구로 나와 앞으로 조금 가면 오거리가 나오는데 바로 옆 왼쪽 골목으로 조금 들어가면 우측에 보인다.
Cost 슈페리어 실버 HK$1,100~
Address 8A Hart Avenue, Tsim Sha Tsui
Tel 3550-0388   Web www.hotelpanorama.com.hk

Hotel
⑫
YMCA 솔즈베리 The Salisbury YMCA

홍콩에서 실용적인 호텔을 선택하려면 가장 먼저 떠오르는 곳이 바로 이곳이다. 리노베이션을 거쳐 객실 컨디션도 나무랄 데 없고 무엇보다 이곳의 가장 큰 장점은 위치다. 페리 터미널, 침사추이역, 버스 터미널과 모두 가까워 모든 교통수단을 가장 편리하게 이용할 수 있다. 수영장이 있지만 일반 회원들과 함께 사용해야 하고 규모는 크지만 어수선하여 이용하기에 적합하지는 않아 보인다. 일요일에는 YMCA를 찾는 젊은이들로 다소 어수선하기도 하다.

Access 침사추이역 E 출구에서 정면으로 걷다 보면 솔즈베리 로드와 만나는 삼거리가 나온다. 거기서 오른쪽으로 걷다 보면 페닌슐라 호텔 지나 정문이 보인다.
Cost 스탠더드 HK$1,110~
Address 41 Salisbury Road, Tsim Sha Tusi
Tel 2268-7888   Web www.ymcahk.org.hk

Hotel
⑬
훌렛 하우스 Hullett House

부티크 호텔의 정석이라고 할 수 있는 훌렛 하우스는 예전 해양 경찰서가 있던 자리에 오픈한 아쿠아 그룹의 호텔이다. 아쿠아 그룹의 특징인 스타일리시함을 잃지 않으면서도 콜로니얼 스타일을 가미해 1881 헤리티지 센터와 제대로 어우러지는 느낌이다. 10개의 스위트룸은 홍콩의 각각 다른 모습을 대변하는 듯 다른 디자인, 다른 이야기를 담고 있다. 객실은 굉장히 넓은 편이며 팝아트적인 요소가 적재적소에 배치되어 흥미롭다. 인터넷, 로컬 폰이 무료일 뿐 아니라 계속 리필이 되는 미니 바도 무료이다.

Access 침사추이역 E 출구를 나와 직진하다 페닌슐라 호텔 앞 솔즈베리 로드로 나간다. 거기서 오른쪽으로 꺾어 조금 가다 보면 지하도가 나오는데 지하도로 들어가 1881 헤리티지 센터 방면 출구로 나온다. 1881 헤리티지 센터와 붙어 있다.
Cost 테라스 스위트 HK$4,400~
Address 1881 Heritage 2A Canton Road, Tsim Sha Tsui
Tel 3988-0000   Web www.hulletthouse.com

Hotel
⑭
홀리데이 인 골든 마일 홍콩
Holiday Inn Golden Mile Hong Kong

1975년 오픈한 침사추이의 터줏대감이다. 2009년 리노베이션을 시행해 객실은 한결 깔끔하고 모던해졌다. 침사추이 네이던 로드에 위치해 쇼핑, 관광, 교통 등 위치적으로 최적의 조건을 갖추고 있다. 수영장, 피트니스 센터 등 부대시설도 충실하며 총 4개의 레스랑을 운영하고 있는데 그중 비스트로 온 더 마일이 이용할 만하다. 호텔 지하의 델리카트슨 코너 는 유러피언 레스토랑으로 독일과 오스트리아 요리를 선보이는데 소시지, 치즈, 케이크, 쿠키, 초콜릿 등도 함께 판매한다.

Access 침사추이역에서 도보로 1분. G1 출구에서 나오면 왼쪽에 호텔 건물이 보인다.
Cost 디럭스 USD156~
Address 50 Nathan Road, Tsim Sha Tsui
Tel 2369-3111
Web www.holidayinn.com/hongkong-gldn

Hotel

로열 가든 호텔 Royal Garden Hotel

확 트인 전망도, 세련된 주변 환경도 기대할 순 없지만 하드웨어만은 최고급을 자랑하는 5성급 호텔이다. 417개의 객실은 깔끔하고 쾌적한 5성급 호텔 수준 그대로이다. 로열 가든 호텔의 가장 큰 미덕은 역시 각종 수상이력과 미슐랭 스타에 빛나는 8개의 걸출한 레스토랑들. 그중 로열 가든, 르 솔레일Le Soleil, 동 라이순Dong Lai Shun, 이나기쿠Inagiku 등은 외부에서도 찾아올 정도로 유명하다.

Access	이스트 침사추이역 P2 출구로 나와 직진하다 보면 좌측에 보인다. 혹은 침사추이역에 내려 F 방면으로 가다 보면 이스트 침사추이역과 연결되는데 이스트 침사추이역 표지판을 따라가다 P2 출구로 나와 직진한다.
Cost	슈피리어 HK$2,500~
Address	69 Mody Road, Tsim Sha Tsui
Tel	2721-5215
Web	www.rghk.com.hk

Hotel

로열 퍼시픽 호텔
The Royal Pacific Hotel & Towers

리노베이션을 통해 오리엔탈 느낌이 물씬 풍기면서도 모던한 분위기로 탈바꿈했다. 차이나 홍콩 시티 페리 터미널과 가까워 마카오 여행을 계획 중이라면 좋은 선택이 되겠다. 특히 로열 퍼시픽 호텔은 하위 객실에 묵어도 HK$350(2인 HK$450)을 추가로 지불하면 RP Club을 이용할 수 있다. 무료 조식과, 애프터눈 티, 칵테일, 무료 인터넷 등 다양한 서비스가 있어 호텔에서 많은 시간을 보낼 예정이라면 가격적으로 유리한 선택이 될 것이다.

Access	침사추이역 A1 출구로 나와 오른쪽 뒤쪽 길로 끝까지 걸어간다. 막다른 곳에 삼거리가 나오면 오른쪽으로 약 200m 직진.
Cost	스탠더드 HK$1,300~
Address	33 Canton Road, China Hong Kong City, Tsim Sha Tsui
Tel	2736-1188
Web	www.royalpacific.com.hk

Hotel

마르코 폴로 홍콩
The Marco Polo Hong Kong

664개의 객실을 갖춘 대형 호텔로, 마르코 폴로 게이트웨이, 프린스 호텔과 같은 계열이다. 캔톤 로드와 인접해 쇼핑에 올인하는 여행자라면 좋은 선택이 될 수 있다. 객실과 시설은 다소 낡은 편이다. 이탈리안 레스토랑인 쿠치나Cucina는 미슐랭 가이드 2010의 추천 레스토랑으로 이용해볼 만하다.

Access	침사추이역 C1 출구로 나와 첫 번째 우측 길로 걸어간다. 막다른 곳에 삼거리가 나오면 좌회전하여 약 100m 가면 호텔 입구가 보인다.
Cost	슈피리어 HK$2,800~
Address	Harbour City, Kowloon
Tel	2113-0088
Web	hongkonghotel.marcopolohotels.com

Hotel

리갈 까우룽 Regal Kowloon

홍콩에만 6개의 호텔을 가지고 있는 리갈 그룹의 호텔이다. 객실 컨디션은 좋은 편이며 가장 하위 카테고리인 스탠더드 룸도 상당히 넓은 편이다. 리갈 까우룽의 가장 큰 장점은 6개의 레스토랑. 그중 리갈 홍콩에서도 만날 수 있는 제프리노는 각종 수상대회에서 호평을 받은 이탈리안 레스토랑이다. 평일 오전에는 저렴한 가격에 세미 런치 뷔페도 제공한다. 2층에 자리 잡은 다이닝인 리갈 코트는 쓰촨식과 광둥식 메뉴를 두루 취급하는데 낮에는 딤섬을 즐기려는 사람들로 언제나 인기가 많다.

Access	이스트 침사추이역 P2 출구로 나와 직진, 로열 가든 호텔 옆에 있다. 혹은 침사추이역에 내려 F 방면으로 가다 보면 이스트 침사추이역과 연결되는데 이스트 침사추이역 표지판을 따라가다 P2 출구로 나와 직진한다.
Cost	슈피리어 HK$1,200~
Address	71 Mody Road, Tsim Sha Tsui
Tel	2722-1818
Web	www.regalhotel.com

Hotel
쉐라톤 Sheraton Hong Kong Hotel & Tower

W, 세인트 레지스, 르 메르디앙, 웨스틴 등 굵직굵직한 세계 유명 호텔 브랜드들이 속해 있는 스타우드 계열의 호텔이다. 세계적인 호텔 체인이니만큼 객실 컨디션, 부대시설, 서비스에서 나무랄 데가 없다. 특히 스타의 거리를 훤히 내다보며 운동할 수 있는 피트니스 센터와 빅토리아 항과 홍콩 섬까지 내다보이는 최상층의 스카이라운지는 쉐라톤의 자랑이다. 쉐라톤 쇼핑 아케이드에는 홍콩 최대 규모의 버버리 매장이 위치해 있다.

Access	침사추이역 E 출구로 나와 정면으로 직진하면 왼쪽 건너편.
Cost	디럭스 HK$2,300~
Address	20 Nathan Road, Tsim Sha Tsui
Tel	2369-1111
Web	www.starwoodhotels.com/sheraton

Hotel
더 보히니아 호텔 The Bauhinia Hotel

지하철에서 조금 걸어야 하지만 너츠포드 테라스가 시작되는 언덕배기에 있어 운치 있다. 전체적인 시설이 깔끔하고 후덜거리는 홍콩의 호텔 가격을 감안하면 저렴한 편에 속하는 요금도 큰 장점이다. 직원들도 친절한 편. 다만 주말 밤이면 여흥을 즐기는 사람들로 약간 소란스럽다는 단점이 있다.

Access	침사추이역 B1 출구로 나와 오른쪽으로 약 200m 가면 오른쪽에 킴벌리 로드(미라 호텔이 보인다)가 나온다. 그 길을 따라가다 보면 오른쪽에 엠파이어 까우룽 호텔이 나오고 맞은편에 언덕으로 올라가는 길이 보인다. 언덕 위로 조금 올라가다 오른쪽 골목으로 빠진다. 스탠포드 힐뷰 호텔 맞은편 작은 길 안쪽에 있다.
Cost	슈피리어 HK$770~
Address	5-9 Observatory Court, Tsim Sha Tsui
Tel	3106-3366
Web	www.thebauhinia.com.hk (웹에서만 접속 가능)

Hotel
스탠포드 힐뷰 호텔 Stanford Hillview Hotel

언덕 위에 자리 잡은 스탠포드 힐뷰 호텔은 지대가 높은 곳에 있어 특유의 평화로운 분위기가 난다. 너츠포드 테라스와 연결되어 밤늦게까지 다이닝을 즐기기에 최적의 위치를 자랑한다. 객실은 177개를 보유하고 있으며 리노베이션을 거쳐서 모던하고 쾌적하다. 특히 호텔 중간층에는 야외 공간에 테이블을 두고 꽃나무로 장식해 집 정원에서 휴식을 취하는 기분을 느낄 수 있다.

Access	침사추이역 B1 출구로 나와 오른쪽으로 약 200m 가면 오른쪽에 킴벌리 로드(미라 호텔이 보인다)가 나온다. 그 길을 따라가면 오른쪽에 엠파이어 까우룽 호텔이 나오고 맞은편에 언덕으로 올라가는 길이 보인다. 언덕 위로 조금만 올라가면 왼편에 보인다.
Cost	스탠더드 HK$775~
Address	Observatory Road on Knutsford Terrace Tsim Sha Tsui
Tel	2722-7822
Web	www.stanfordhillview.com

Hotel
킴벌리 호텔 The Kimberley Hotel

에어텔 상품으로도 많이 활용되어 한국인들이 자주 찾는 호텔 중 하나다. 침사추이 중심에 있고 주변에 편의시설이 많아 편리하긴 하다는 장점이 있다. 하지만 전체적으로 낡은 느낌을 지울 수가 없고 중국인 단체 여행객들이 많아 로비는 언제나 어수선한 분위기다.

Access	침사추이역 B1 출구로 나와 오른쪽으로 약 200m 가면 오른쪽에 미라 호텔이 보이는 킴벌리 로드가 보인다. 그 길을 따라 직진하면 오른쪽에 보인다.
Cost	스탠더드 HK$1,200~
Address	28 Kimberley Road, Tsim Sha Tsui
Tel	2723-3888
Web	www.kimberley.hk

그 밖의 한인 민박

그린 하우스 Green House
Address 5/F, Champagne Court, 44-46 Carnarvon Road, Tsim Sha Tsui
Cost 1인실 HK$350, 2인실 HK$450
Tel 2191-9398, 6309-7895, 0707-895-1270, 0707-895-1272
Web www.motelgreenhouse.com

모니카 모텔 Monica Motel
Address 1/F, 29A, Cameron Road, Tsim Sha Tsui
Cost 1인실 HK$450, 2인실 HK$550
Tel 2722-7089, 070-8018-4815
Web www.monicamotel.com

부엉이 빌리지 Owl Village
Address Flat B, 2/F, Delite Mansion, 1-3 Granville Circuit, Tsim Sha Tsui
Cost 2인실 HK$550~
Tel 2311-3887, 070-4384-7505
Web www.owlvillage.com

스카이 모텔 Sky Motel
Address Flat C, 8/F, Golden Crown Court, 66-70 Nathan Road, Tsim Sha Tsui
Cost 1~2인실 HK$500~
Tel 2802-8603
Web www.skymotelhk.com

아이비 게스트 하우스 Ivy Guest House
Address Flat 3A, 3/F, Wing Lee Building, 27-33 Kimberley Road, Tsim Sha Tsui
Cost 1인실 HK$400, 2인실 HK$500
Tel 2369-9996, 070-7098-3441

에릭 하우스 Eric House
Address Flat C D, 8/F, Lyton Building, 36-38 Mody Road, Tsim Sha Tsui
Cost 1인실 HK$450, 2인실 HK$750
Tel 2311-5581
Web www.eric-house.co.kr

유니언 하우스 Union House
Address Flat F&G, 15/F, Union Mansion, 33-35 Chatham Road South, Tsim Sha Tsui
Cost 더블베드 HK$600~
Tel 6471-0308, 070-7570-0212
Web cafe.naver.com/unionhouse

파크 모텔 Park Motel
Address Flat G, 6/F, Lyton Building, 32-34 Mody Road, Tsim Sha Tsui
Cost 1인실 HK$480, 2인실 HK$630
Tel 2722-1589, 9487-4524
Web www.parkmotel.co.kr

포 시즌 하우스 Four Season Guest House
Address Flat 1, 15/F, Haiphong Mansion, 101 Nathan Road, Tsim Sha Tsui
Cost 도미토리 HK$150~ 1인실 HK$300~, 2인실 HK$400~
Tel 2199-7540, 9475-3640, 9029-8677, 0707-895-3461
Web cafe.daum.net/hkfourseasonhouse

홍콩 빌리지 Hong Kong Village
Address Flat A, 5/F, Lyton Building, 44 Mody Road, Tsim Sha Tsui
Cost 1인실 HK$400, 2인실 HK$500
Tel 2312-6866, 6340-4429, 070-8242-0699
Web www.hongkongvillage.com

홍콩 우리집
Address Flat F2, 7/F, Mirador Mansion, 54-64 Nathan Road, Tsim Sha Tsui
Cost 1인실 HK$550~
Tel 9028-5414, 070-7122-4981
Web cafe.daum.net/HKMYHOME

80번지 하우스 No. 80 House
Address 11F/B, Majestic House, 80 Nathan Road, Tsim Sha Tsui
Cost 2인실 HK$500(1인 사용시) HK$600(2인 사용시)~
Tel 6017-5068, 2367-0355, 070-8156-5808

기타 게스트 하우스

예스 인 Yes Inn
Address Flat B, 15/F, Front Block, Continental Mansion, 294 King's Road, Fortress Hill
Cost 도미토리 HK$139~ 1인실 HK$358~548
Tel 2881-7077
Web www.yesinn.com

광둥 게스트 하우스 Guangdong Guest House
Address B2, 5/F, Block B, Chungking Mansions, 36-44 Nathan Road, Tsim Sha Tsui
Cost 1인실 HK$368~, 2인실 HK$490~
Tel 6306-0782

드래곤 인 Dragon Inn
Address Room B2, Flat B, 3/F Chungking Mansions, 36-44 Nathan Road, Tsim Sha Tsui
Cost 이코노미 싱글 HK$180~
Tel 2367-7071
Web www.dragoninn.info

리가든 게스트 하우스 Lee Garden Guest House
Address Block A, 8/F, Fook Kiu Mansion, 34-36 Cameron Road, Tsim Sha Tsui
Cost 싱글 HK$400, 더블 HK$550~
Tel 2367-2184
Web www.starguesthouse.com.hk

만힝룽 호텔 Man Hing Lung Hotel
Address Flat F2, 14/F, Mirador Mansion, 58 Nathan Road, Tsim Sha Tsui
Cost 도미토리 HK$80 1인실 HK$120~, 2인실 HK$150~
Tel 2311-8807, 2722-0678
Web www.manhinglung-hotel.com

메이플 리프 게스트 하우스 Maple Leaf Guest House
Address E4, Block E, 12/F, Chungking Mansions, 36-44 Nathan Road, Tsim Sha Tsui
Cost 1인실 HK$233~, 2인실 HK$310~
Tel 9325-6152

시랜드 하우스 Sealand House
Address Flat D, 8/F, Majestic House, 80 Nathan Road, Tsim Sha Tsui
Cost 1인실 HK$350~, 2인실 HK$450~
Tel 2368-9522
Web www.sealandhouse.com.hk

이우파이 게스트 하우스 Yiu Fai Guest House
Address Flat E, 5/F, 66-70 Nathan Road, Tsim Sha Tsui
Cost 싱글 HK$300~, 더블 HK$380~ 2인실(공동욕실) HK$300~
Tel 2302-4812
Web www.yiufaiguesthouse.com

코스믹 게스트 하우스 Cosmic Guest House
Address 12/F, Block F1(Reception), Mirador Mansion, 54-64 Nathan Road, Tsim Sha Tsui
Cost 1인실 HK$190~, 2인실 HK$240~
Tel 2369-6669
Web www.cosmicguesthouse.com

파크 게스트 하우스 Park Guest House
Address A1, 15/F, A Block, Chungking Mansions, 36-44 NATHAN Road, Tsim Sha Tsui
Cost 1인실(공동욕실) HK$223~ 2인실 HK$346~
Tel 2316-7080

홍콩 호스텔 Hong Kong Hostel
Address No A2, 3/F, Block A, 47 Paterson Street, Causeway Bay
Cost 도미토리 HK$150 1인실 HK$250~, 2인실 HK$280~
Tel 2392-6868

Focus on Street

그랜빌 로드
Granville Road

우리나라의 이대입구나 돈암동을 연상시키는 그랜빌 로드는 작은 규모의 패션숍들이 옹기종기 모여 있는 거리이다. 명품 쇼핑으로 대변되는 홍콩의 쇼핑이 먼 나라 이야기로 들리는 지갑 얇은 여행자들에게도 분명 매력적인 쇼핑 스폿이 될 것이다. 자동으로 지갑을 열게 하는 아기자기한 숍들은 구경하는 것만으로도 시간 가는 줄 모른다. 단, 한류의 영향으로 우리나라에서 직수입해 오는 물건들도 많으니 우리나라의 물건을 홍콩에서 더 비싼 가격으로 구입하는 우를 범하지 않도록 주의하자.

Access 침사추이역 B1 출구로 나와 오른쪽으로 꺾어 한 블록쯤 가면 오른편에 그랜빌 로드가 나온다.

이주에닷컴 www.izzue.com
홍콩 젊은이들의 패션 트렌드를 이끄는 홍콩 최대의 패션 브랜드이다. 홍콩은 물론 상하이를 필두로 하는 중국 본토에서도 폭발적인 인기를 끌고 있다. 젊은이들의 패션인 만큼 종종 난해한 패션도 눈에 띄지만 창조적이고 개성 넘치는 이주에닷컴의 아이템은 마니아가 있을 정도로 인기가 많다.

비 플러스 에이비 b+ab
홍콩을 여행 중이라면 누구나 한 번쯤은 지나치다 봤을 브랜드. 20대 초반의 여성을 겨냥한 귀엽고 아기자기한 디자인이 주를 이룬다. 의류 이외에 패션 소품도 충실히 갖추어져 있다.

투 퍼센트 2%
파격적이고 개성 넘치는 디자인을 추구한다면 반드시 들러야 할 편집매장. 워낙 특이한 디자인이 많아 일본인 여행자들에게도 큰 인기를 얻고 있다.

파이브 센티미터 5cm
홍콩 로컬 청바지 브랜드로 그만큼 동양인의 체형에 맞게 장점은 살리고 단점은 죽이는 효율적인 디자인을 선보인다. 쇼핑에 소외되었던 남성들이 열광할 만한 숍이다.

큐티 리틀 펀 Cutie Litte Fun
레이스와 작은 꽃무늬, 하늘하늘 원단이 주를 이루는 공주풍의 의류를 취급하는 숍이다. 여성스러움의 극치를 추구하는 패션을 좋아한다면 반드시 들러봐야 할 숍.

Focus on Street

캔톤 로드
Canton Road

홍콩 최대의 쇼핑몰 하버 시티를 끼고 길게 뻗어 있는 캔톤 로드는 럭셔리 브랜드 로드로 대변된다. 길을 따라 고가의 유명 브랜드숍과 다양한 편집숍 등이 길게 늘어서 있어 마치 여성을 위해 존재하는 거리라고 생각될 정도다. 세일기간에는 매장 앞으로 줄이 길게 늘어서기도 하는데 명품 마니아라면 놓쳐서는 안 될 중요한 쇼핑 거리이다.

Access 침사추이역 A1 출구로 나오면 오른쪽 뒤쪽으로 하이퐁 로드가 나온다. 하이퐁 로드를 따라 직진하면 길이 끝날 때 즈음 캔톤 로드와 만난다.

조이스 Joyce
하버 시티 내에 위치한 편집 매장으로 고가의 명품 브랜드숍을 한눈에 볼 수 있다. 온 페드로, I.T와 함께 홍콩의 패션 트렌드를 이끄는 멀티숍 중 하나다. 규모가 큰 편이지만 동선을 고려한 효율적인 매장으로 쇼핑하기 편리하다. 발망 Balmain, 알렉산더 맥퀸 Alexander McQueen, 오스카 렌타 Oscar de la Renta 등 우리나라에서는 찾아볼 수 없는 유명 디자이너 브랜드도 만날 수 있다.

에르메스 Hermes
희소성을 가진 브랜드라 명품으로서 더욱 가치가 있는 에르메스. 주문 즉시 제작에 들어간다는 에르메스 켈리 백, 버킨 백 등은 모든 여성의 로망이기도 하다. 화려한 색상과 프린트의 스카프, 접시, 티 포트 등의 테이블 웨어를 살 만하다.

루이비통 Louis Vuitton
우리나라에도 진짜 혹은 짝퉁 루이비통 하나쯤 갖고 있지 않은 사람이 드물 정도로 꾸준히 인기 있는 브랜드이다. 가방뿐 아니라 지갑, 신발, 의류, 액세서리 등 다양한 상품을 취급한다. 진열된 상품 외에도 원하는 카탈로그에서 상품을 찾아 요구하면 가져다준다.

살바토레 페라가모 Salvatore Ferragamo
남녀노소 누구에게나 인기 있는 이태리 브랜드로 이곳의 구두와 지갑류는 최고의 인기 아이템이다. 특히 페라가모의 신발은 무려 134단계의 공정을 거치며 일주일간 오븐에 구워 튼튼하고 착용감이 좋기로 유명하다.

구찌 GUCCI
홍콩에서 가장 큰 규모를 자랑하는 구찌 매장이다. 다루는 상품도 다양하고 세일기간에는 가장 아침 일찍부터 긴 줄이 늘어서는 최고의 인기 브랜드이다.

프라다 Prada
G/F에는 여성 의류 및 패션 잡화, 지하에는 남성을 위한 코너가 마련되어 있다. 신상품이 빨리 들어오고 상품의 회전율이 높다는 점이 특징.

미우미우 Miu Miu
프라다의 세컨드 라인 브랜드로 최근 20~30대 젊은 층을 중심으로 큰 인기를 얻고 있는 브랜드이다. 프라다가 클래식하고 차분한 느낌이라면 미우미우는 좀 더 밝고 모던한 스타일이다.

코치 Coach
다른 매장에 비해 비교적 저렴한(?) 가격의 코치. 둥글둥글한 코치 특유의 마크가 큼지막하게 박힌 기존의 가방들 이외에도 좀 더 고급화된 다양한 코치 백을 만나볼 수 있다.

샤넬 Chanel
여성의 로망인 샤넬 백을 마음껏 구경할 수 있는 곳. 우리나라에선 볼 수 없었던 핫한 신상품도 바로바로 접할 수 있다. 가방뿐 아니라 의류, 신발, 액세서리 등 다양한 아이템을 취급한다.

돌체 앤 가바나 Dolce & Gabbana
돌체 앤 가바나의 홍콩 2호점으로 신발, 가방, 의류 등 다양한 아이템을 취급한다. G/F는 여성을 위한 상품, 지하는 남성을 위한 코너로 꾸며져 있다.

펜디 Fendi
다양한 가방과 액세서리, 의류 등을 접할 수 있다. 특히 바게트 백과 크루아상 백은 펜디의 스테디셀러이자 베스트셀러.

Focus on Street | Canton Road

- 에스프리 아웃렛 Esprit Outlet
- 차이나 홍콩 센터 China Hong Kong Centre 中港中心
- 봉주르 Bonjour 卓悅
- 엠포리오 아르마니 Emporio Armani
- 조이스 Joyce
- 샤샤 Sasa 莎莎
- 보스 Boss
- 더 바디 숍 The Body Shop
- 돌체 앤 가바나 Dolce & Gabbana
- 중국 은행 Bank Of China 中國銀行
- 아르마니 익스체인지 AIX
- 라 브래서리 La Brasserie
- 더 마르코 폴로 게이트웨이 The Marco Polo Gateway
- 나이키 Nike
- 실버코드 Silvercord
- 초우상상 Chow Sang Sang 周生生
- 이브 생 로랑 Yves Sant Laurent
- 프라다 Prada
- DKNY
- H&M
- 마크 제이콥스 Marc Jacobs
- 아네스 베 Agnes B.
- 구찌 GUCCI
- 스와로브스키 Swarovski
- DFS 갤러리아 DFS Galleria
- 루이비통 Louis Vuitton
- 오메가 OMEGA
- 롤렉스 Rolex
- 샤넬 Chanel
- 살바토레 페라가모 Salvatore Ferragamo
- 디올 Dior
- 펜디 Fendi
- 미우미우 Miu Miu
- 까르띠에 Cartier
- 에르메네질도 제냐 Ermenegildo Zegna
- 에르메스 Hermes
- 더 마르코 폴로 홍콩 The Marco Polo Hong Kong
- 레인 크로포드 Lane Crawford
- 그랜드 오션 빌딩 Grand Ocean Building
- 까르띠에 Cartier
- 1881 헤리티지 1881 Heritage
- 스타 하우스 Star House
- 티파니 Tiffany & Co.
- 차이니즈 아츠 & 크래프츠 Chinese Arts & Crafts
- 롤렉스 Rolex
- 맥 카페 Mac Cafe
- 홍콩 문화 센터 Hong Kong Culture Centre

Yau Ma Tei 야우마테이

Sightseeing

템플 스트리트 나이트 마켓
Temple Street Night Market 廟街夜市

야우마테이의 대표적인 재래시장으로 날이 어두워지면 규모가 점점 커지면서 야우마테이역부터 조던역에 걸쳐 확장된다. 템플 스트리트 나이트 마켓은 흔히 남인가Men's Street 男人街라고 불리기도 하는데 몽콕의 레이디스 마켓과 비교해 상대적으로 남성을 대상으로 한 아이템들이 많은 편이다. 길 양쪽으로 남성의류는 물론 가방, 시계, DVD, 중국 기념품 등 다양한 상품을 접할 수 있다. 시장 내에 자리한 시푸드 레스토랑은 비교적 저렴한 가격에 시푸드를 맛볼 수 있어 언제나 손님들로 북적거린다.

Access 야우마테이역 C 출구로 나와 오른쪽 뒤로 돌아 직진하다 보면 좌측에 보인다.
Open   16:30~23:30
Close   연중무휴
Address Temple Street, Yau Ma Tei

Sightseeing

제이드 마켓 Jade Market 玉器市場

홍콩 최대의 옥 시장이다. 도로를 사이에 두고 2개의 구역으로 나누어져 있는데 400여 개의 상점들이 간이 천막 아래 오밀조밀하게 붙어 있다. 오픈된 공간이 아니고 천막 아래 상점들과 사람들이 모여 있다 보니 조금 답답하고 더운 느낌이 든다. 보기에도 부담스러운 화려한 장식품부터 가벼운 마음으로 구입할 만한 반지와 작은 액세서리까지 다양한 옥 상품들을 접할 수 있다. 단, 대부분의 상품들이 퀄리티가 높지 않은 모조 비취일 확률이 높으니 감안하고 신중하게 쇼핑을 하는 것이 좋겠다. 5시 정도가 되면 하나둘씩 문을 닫기 시작하니 서둘러서 방문하는 것이 좋다.

Access 야우마테이역 C 출구에서 나와 오른쪽으로 직진하다 Kansu Street로 우회전하여 약 200m 앞으로 걷다 보면 보인다.
Open   09:00~18:00
Close   연중무휴
Address Kansu Street, Yau Ma Tei

Sightseeing

리클리메이션 스트리트 마켓
Reclamation Street Market 新塡地街

예전에는 원숭이, 뱀, 들쥐, 곰 등 기괴한 요리 재료(?)들이 거래되는 독특한 시장이었다. 이후 2003년경 홍콩을 강타한 사스 발생 이후 예전의 모습은 흔적조차 없이 사라져 버리고 지금의 평범한 재래시장의 모습을 갖추었다. 채소, 과일, 고기 등 일반적인 재래시장의 모습이지만 점차 관광객의 영향으로 의류, 기념품 등이 늘며 다양하게 변화하는 모습이다.

Access	야우마테이역 C 출구로 나와 네이던 로드를 따라 조던역 방면으로 직진한다. 건너편에 이튼 스마트가 보일 때 즈음 오른쪽에 칸수 스트리트(Cansu Street)로 들어간다. 좌측 기준 네 번째 블록에서 좌회전한다.
Open	08:00~21:00(점포마다 다름)
Close	연중무휴
Address	Reclamation Street, Yau Ma Tei

Sightseeing

상하이 스트리트 마켓 Shanghai Street Market 上海街

규모도 크지 않고 주로 식당을 운영하는 사람들에게 필요할 만한 대형 솥이나 조리도구들이 많아 그냥 패스해도 무방한 곳이다. 하지만 잘만 고르면 대나무 찜기를 비롯한 중국 전통 조리 아이템을 저렴한 가격에 구입할 수 있으니 요리에 관심이 있는 사람이라면 들러볼 만하다.

Access	야우마테이역 C 출구에서 나와 우측으로 약 120m 직진.
Open	10:00~19:00(상점마다 다름)
Close	상점마다 다름
Address	Shanghai Street, Yau Ma Tei

Sightseeing

틴하우 사원 Tin Hau Temple 天后廟

어부의 신 틴하우를 모시는 사원이다. 사원 주변에 공원이 있어 나이 지긋한 홍콩의 할아버지들이 여유롭게 마작을 즐기는 모습도 구경할 수 있다. 그래서인지 다른 사원에 비해 친근한 느낌이 드는 곳이다. 작은 규모이지만 사원으로 들어가는 입구가 5개나 있는데 중앙에 설치된 입구가 틴하우가 모셔져 있는 사당으로 이어진다.

Access	야우마테이역 C 출구에서 우회전해서 약 200m 직진하면 나오는 작은 공원 안에 위치.
Open	08:00~17:00
Close	연중무휴
Cost	무료
Address	Public Square Street, Yau Ma Tei

Food

얏퉁힌 Yat Tung Heen 逸東軒

이튼 스마트의 부속 레스토랑으로 호텔의 인기를 뛰어넘는 인지도를 자랑한다. 특히 완차이 지점의 얏퉁힌은 미슐랭 가이드에서 별 하나를 받으면서 더욱 인기가 많아졌다. 총주방장의 철저한 관리 덕에 두 지점은 메뉴의 맛과 가격이 동일하다. 얏퉁힌의 인기 비결 중 으뜸을 꼽자면 물론 음식의 맛에 있겠지만 그에 못지않게 매력적인 것이 바로 가격이다. 호텔 부속 레스토랑이자 미슐랭 스타를 받은 유명 레스토랑이지만 착한(?) 가격 덕에 언제나 식사를 즐기려는 사람들로 붐빈다. 가장 인기가 많은 것은 역시나 점심시간에만 서브되는 딤섬들. 특히 달콤한 양념의 돼지고기를 푸짐하게 넣은 Steamed Pork Buns with Barbecued Pork Filling과 달콤하고 바삭한 Baked Crispy Milk Custard Bun은 가장 많이 팔리는 메뉴라고. 런치 세트 메뉴는 딤섬과 스페셜 메뉴, 누들, 디저트에 차와 밑반찬까지 제공되어 추천할 만하다. 런치 세트는 2인 이상 주문이 가능하며 바삭하고 고소한 맛이 일품인 Roasted Pork Belly는 반드시 선택해 맛보자.

Access	이튼 스마트 B2에 위치.
Open	11:00~16:00(월~토)
	10:00~16:00(일·공휴일)
	18:00~23:00
Close	연중무휴
Cost	딤섬 HK$26~46
	런치 세트 HK$98(2인 이상 주문 가능)
	(SC 10%)
Address	B2, Eaton Smart Hong Kong,
	380 Nathan Road, Jordan
Tel	2710-1093
Web	www.hongkong.eatonhotels.com

Food

호주우유공사 Australia Daily Co 澳洲牛奶公司

홍콩 현지인들에게 무한한 사랑을 받고 있는 차찬텡으로 1970년에 문을 연 터줏대감이다. 가장 인기 많은 메뉴는 마카로니 혹은 스파게티와 스크램블드 에그, 햄과 빵, 음료로 구성된 런치 세트. 의외로 양이 많아 든든한 한 끼로 부족함이 없다. 가볍게 간식으로 즐기기엔 빵, 스크램블드 에그와 음료로 구성된 세트도 훌륭하다(HK$32). 날개 돋친 듯이 팔려나가는 밀크푸딩도 놓치면 섭섭하다. 차가운 것과 뜨거운 것 중 선택할 수 있다. 부드러운 계란 요리와 고소한 우유로 인기가 많은 곳이기에 합석은 당연지사이며 영어는 거의 통하지 않지만 영어 메뉴판을 달라고 하면 가져다준다.

Access	조던역 C2 출구로 나와 40~50m
	직진하다 사거리에서 우회전해
	조금만 들어가면 좌측에 보인다.
Open	07:30~23:00
Close	목요일
Cost	HK$32~(1인)
Address	47~49 Parkes Street, Jordan
Tel	2730-1356

Food ③
미도 카페 Mido Café

오랜 역사가 한눈에 느껴지는 길모퉁이 카페이다. 2층 좌석에서는 틴하우 사원은 물론 저녁이면 템플 스트리트 야시장이 훤히 내다보인다. 천장에 돌아가는 팬이며 구식 창문 너머로 거리를 내다보고 있노라면 마치 옛날 홍콩 영화 주인공이 된 듯한 느낌까지 든다. 기름기가 부담스럽지만 식빵에 계란을 입혀 튀겨내 시럽과 버터를 곁들이는 프렌치 토스트는 미도 카페 최고 인기 아이템. 홍콩식 파인애플 번인 Bor Lor Bao도 맛있으니 밀크 티나 밀크 커피와 함께 주문해 보자.

Access	야우마테이역 C 출구를 나와 오른쪽으로 직진하다 보면 공원이 나온다. 여기서 오른쪽으로 가다 두 번째 골목 모퉁이에 있다.
Open	09:00〜21:30
Close	구정연휴・추석
Cost	French Toast HK$17, Milk Coffee HK$12
Address	G/F, 63 Temple Street, Yau Ma Tei
Tel	2384-6402

Food ④
죽가장 竹家莊

현지에서는 '쭉가정'이라고 불린다. 1988년 오픈한 해산물 전문점으로 코즈웨이 베이의 타이푼 셸터의 배 위에서 처음 장사를 시작하였다고 한다. 이미 한국인 여행자에게도 입소문이 나서 가게 안 한두 테이블 정도는 한국인 여행자로 채워진다. 한국어로도 메뉴가 준비되어 있는데 가장 인기 있는 메뉴는 간장과 칠리, 마늘을 곁들는 게 요리 Fried Gross Crabs with Black Beans and Chilli로 살아 있는 게를 손님에게 보여주고 가격과 무게에 동의하면 조리를 시작한다. 매콤한 간장 소스 조개 조림인 Fried Fresh Clams with Pepper Sauce도 인기 메뉴 중 하나. 음식들이 모두 간간한 편이어서 죽이나 밥을 추가하면 좋다. 소주, 막걸리, 복분자주 등 한국 술도 판매하며 신용카드도 사용 가능하다.

Access	조던역 A 출구로 나와 오른쪽으로 50m 정도 가면 맥 카페가 보이는 사거리에 이른다. 여기서 왼쪽 횡단보도를 건넌 후 조던 로드 오른쪽으로 직진하여 100m 조금 더 가면 템플 스트리트에 이른다. 템플 스트리트 입구 표시 길 건너편 골목으로 직진하여 300m 더 가면 오른쪽으로 게가 그려진 죽가장 네온사인이 보인다.
Open	18:00〜05:00
Close	연중무휴
Cost	Fried Gross Crabs with Black Beans and Chilli HK$400내외 (1마리), Fried Fresh Clams with Pepper Sauce HK$88
Address	265-267 Temple street, Kowloon

Food

큐브릭 Kubrick

언뜻 보아선 레스토랑이나 커피숍이라기보다는 책을 파는 서점이나 도서관 같은 분위기가 느껴진다. 미국의 유명한 영화 감독 스탠리 큐브릭Stanley Kubrick의 이름을 딴 이곳은 일종의 북 카페로 커피 향 가득한 실내에는 언제나 조용히 책을 읽는 사람들과 커피를 마시는 사람들로 가득하다. 식사 메뉴도 있지만 식사보다는 책과 깜찍한 문구용품을 구경하며 커피 한잔 즐기기에 적당한 곳이다.

Access	야우마테이역 C 출구를 나와 오른쪽으로 200m 정도 가면 공원이 나온다. 여기서 오른쪽으로 다시 150m 정도 직진하다 보면 우측에 맥도날드가 보인다. 맥도날드 건물 뒤쪽에 자리한다. 駿發花園 내에 위치.
Open	11:30~22:00
Close	구정연휴
Cost	스페셜 티 HK$38, 커피 HK$25~35, 런치 HK$45~68
Address	H2, Chun Fat Garden, 3 Public Street, Yau Ma Tei
Tel	2384-8929
Web	www.kubrick.com.hk

Food

이슌 밀크 컴퍼니 Yee Shun Milk Company 港澳義順牛奶公司

동네 분식집 같은 분위기의 우유 푸딩 전문점이다. 야우마테이 지역 이외에도 수십여 개의 지점을 가지고 있는 인기 체인으로 부드러운 맛이 일품인 우유 푸딩이 대표 메뉴이다. 망고나 파파야를 첨가한 우유도 맛있고 간단히 즐길 수 있는 토스트도 간식으로 적당하다. 면 요리는 현지인들이 자주 찾는 메뉴이지만 우리 입맛에는 잘 맞지 않는 경우가 대부분이다.

Access	야우마테이역 C 출구를 나와 좌측으로 약 50m 이동.
Open	08:00~00:00
Close	연중무휴
Cost	버터 토스트 HK$8, 프렌치 토스트 HK$18, 망고 밀크 HK$24
Address	513 Nathan Road, Yau Ma Tei
Tel	2332-2726

Food

삼양찬청 三洋餐廳

식사 시간이면 합석은 기본으로 생각해야 하는 로컬 음식점. 차찬텡 하면 연상되는 토스트와 밀크 티와는 별개로 이곳만의 간판스타가 있다. 바로 생강을 넣은 진한 육수에 치킨, 새우, 비프, 피시 볼 중 다양한 토핑을 선택해 밥과 함께 먹는 탕판화湯板華. 밥은 포함되지만 추가할 경우 HK$8. 탕판화와 함께 새우, 오징어, 북어, 멸치 등과 마늘종, 배추, 버섯, 캐슈너트를 넣어 강한 불에 볶아 훈제 향이 나는 싸오차오화小炒皇는 주메뉴보다 어쩌면 우리 입맛에 딱 맞을 듯.

Access	MTR 조던역 A 출구로 나와 오른쪽으로 쭉 직진하면 맥도날드 지나 오른쪽에 템플 스트리트 입구가 나온다. 입구 건너편 연두색 간판에 三洋餐廳이라고 쓰여 있다.
Open	06:00~03:00
Close	연중무휴
Cost	탕판화(공깃밥 포함) HK$35 싸오차오화 HK$58
Address	26E, Jordan Road Yau Ma Tei, Kowloon
Tel	2736-2128

Hotel

노보텔 네이던 로드 Novotel Nathan Road

홍콩에만 3개의 체인을 갖고 있는데 그중 네이던 로드에 있는 노보텔은 위치적인 장점 때문에 인기가 있는 편이다. 2008년 리노베이션하여 객실은 깔끔하고 모던한 편이다. 총 객실은 389개로 슈피리어, 프리미어, 스위트 3가지 타입으로 구분된다. 로비 옆에 호텔과는 별개의 B·Y라는 스파가 있는데 작지만 깔끔하고 친절하며 가격도 저렴한 편이다.

Access	조던역 B1 출구에서 도보로 4분. B1 출구로 나와 오른쪽 네이던 로드 방향으로 직진. 오른쪽에 노보텔이 있다. 사이공 스트리트를 따라 안쪽으로 들어오면 호텔 입구가 나온다.
Cost	슈피리어 USD128~
Address	348 Nathan Road, Kowloon
Tel	3965-8888
Web	www.novotel.com

Hotel

네이던 호텔 Nathan Hotel

50여 년 동안 네이던 로드를 꿋꿋하게 지켜오고 있는 터줏대감이다. 각 층은 객실의 사이즈와 혜택에 따라 나단 플로어, 이그제큐티브 플로어, 슈피리어 플로어로 구분이 되는데 가장 기본이 되는 슈피리어룸도 객실 사이즈가 큰 편이다. 발리 분위기 물씬 풍기는 발리 바를 비롯해 3개의 레스토랑과 바를 운영하고 있다.

Access	조던역 B1 출구에서 나와 네이던 로드를 따라 직진하면 우측에 보인다.
Cost	슈피리어 그랜드 USD150~
Address	378 Nathan Road, Kowloon
Tel	2388-5141
Web	www.nathanhotel.com

Hotel

이튼 스마트 Eaton Smart

이튼 스마트는 홍콩의 비즈니스 및 쇼핑 구역 중심에 있으며 조던역과도 가까이 있어 위치적인 장점이 있는 호텔이다. 게다가 꽤 오랜 역사를 가지고 있지만 꾸준한 보수로 객실 수준을 향상시켜 왔으며 특히 스마트룸의 경우 단순하고 깔끔하면서도 효율적인 공간 활용으로 젊은 층에게 크게 어필하고 있다. 총 460개의 객실은 가장 하위 카테고리인 스마트룸을 시작으로 디럭스룸, 클럽룸, 스위트룸으로 구분된다. 디럭스룸은 스마트룸과 객실 크기는 같으나 스마트룸이 젊은 여성 취향이라면 디럭스룸은 좀 더 차분하고 단아한 느낌이다. 클럽룸은 공간도 여유로운 데다 라운지 입장이 가능하다. 크지 않지만 분위기 있고 수온 조절되는 야외 수영장과 피트니스 센터를 갖추고 있으며 특히 마사지 의자를 두어 누구나 이용할 수 있도록 배려하였다. 이곳의 시그니처 중식당 얏퉁힌은 맛에서 좋은 평가를 받고 있어 이곳에 묵는다면 꼭 한번 방문해볼 만하다.

Access	조던역 B1 출구에서 나와 네이던 로드를 따라 직진한다. 네이던 호텔 바로 옆. 입구는 골목 안쪽에 있다.
Cost	스마트룸 USD143~
Address	380 Nathan Road, Kowloon
Tel	2782-1818
Web	www.hongkong.eatonhotels.com

Mong Kok 몽콕

Sightseeing

레이디스 마켓 Ladies' Market 女人街

레이디스 마켓 혹은 여인가라는 이름으로 불리며 여행자들에게는 홍콩 여행의 필수 코스로 꼽히는 명소이다. 레이디스 마켓이 처음 생겼을 때에는 여성과 관련된 상품만 판매되었던 이유로 지금과 같은 별명이 생겼다고 한다. 요즘은 여성에 관련된 상품뿐만 아니라 의류, 시계, 가방, 신발, 장난감, 생활잡화까지 없는 게 없을 정도로 다양한 아이템이 판매되고 있다. 비교적 이른 시간에 열리긴 하지만 레이디스 마켓의 분위기를 제대로 만끽하려면 해가 진 뒤에 방문하는 것이 좋겠다. 재래시장인 데다 워낙 관광객이 많이 찾는 곳이라 약간의 바가지는 감수해야 한다. 기분 좋게 흥정하는 것도 이곳에서는 필수 덕목.

Access 몽콕역 E2 출구에서 정면으로 100m 정도 직진하면 양쪽으로 펼쳐진다.
Open   12:00~23:30
Close   연중무휴
Address Tung Choi Street, Mong Kok

Sightseeing

파윤 스트리트 Fa Yuen Street 花園街

현지인이 즐겨 찾는 재래시장이 서는 거리이자 스포츠용품과 운동화, 신발을 싸게 구입할 수 있는 쇼핑 거리이다. 재래시장은 오전 11시경부터 서서히 열리기 시작하여 밤 10시경에 파장하는데 가격은 저렴한 편이지만 상품이 다양하지는 않다. 특히 이곳은 신발 쇼핑의 메카로 꼽힌다. 현지인에게 신발을 싸게 구입하려면 어디로 가야 하는지 질문하면 십중팔구 이곳을 추천할 만큼 인기가 많다.

Access 몽콕역 B3 출구와 연결된 육교로 올라가 우회전하여 좌측에 보이는 두 번째 계단으로 내려가면 나온다.
Open   11:00~23:30
Close   구정연휴
Address Fa Yuen Street, Mong Kok

Sightseeing

네이던 로드 Nathan Road 彌敦道

홍콩의 대표적인 거리라고 할 수 있는 네이던 로드는 침사추이부터 조던, 야우마테이, 몽콕을 아우르며 길게 뻗어 있는 도로이다. 단순한 도로의 의미를 넘어 이제는 홍콩을 상징하는 거리로서 대표적인 관광명소의 하나로 꼽히고 있다. 특히 젓가락처럼 좁은 홍콩의 다른 도로와는 달리 왕복 6차선의 방대한(?) 규모를 자랑한다. 제각각의 높낮이로 넓은 도로를 가득 채우는 화려한 네온사인들은 네이던 로드를 더욱 빛나게 하는 요소. 밤이 되고 네온사인에 불이 들어오면 이층버스 맨 앞자리에 앉아 네이던 로드를 달려보는 것을 추천한다.

Access   몽콕역 E2 출구로 나와 오른쪽으로
          뒤돌아 나오면 바로 보인다.

Sightseeing

윤포 스트리트 새 공원
Yuen Po Street Bird Garden 園圃街雀鳥花園

공원이라고 하기보다 상점가라는 표현이 어울리는 곳이다. 입구를 지나 안쪽으로 들어가면 빽빽하게 자리한 새장 속에 각종 희귀한 조류부터 새 모이, 새장 등 조류 관련 용품들을 판매하는 상점들이 길을 따라 자리하고 있다. 종종 애완견을 산책시키듯 자신이 키우는 새를 데리고 산책 나온 현지인들의 모습도 눈에 띈다. 중국어를 유창하게 따라 하는 앵무새의 모습도 볼 수 있다. 다만 새장 안의 모이를 빼앗아 먹으려는 외부의 새들이 많아 운이 나쁘면 머리에 새똥을 맞을 수도 있으니 조심하자.

Access   프린스 에드워드역 B1 출구를 나와
          왼쪽으로 뒤돌아 직진한다.
          도보 약 10분.
Open   07:00~20:00
Close   연중무휴
Cost   무료
Address   Yuen Po Street, Mong Kok

Sightseeing

꽃 시장 Flower Market 花墟道

홍콩에서 사용되는 대부분의 꽃이 이곳에서 유통될 정도로 홍콩에서는 최대 규모를 자랑하는 꽃 도매시장이다. 하지만 우리나라의 고속터미널 꽃 상가 같은 대규모의 꽃 도매단지를 상상한다면 실망할 수도 있겠다. 그저 꽃향기를 맡으며 가벼운 마음으로 산책한다는 생각으로 둘러보는 것이 좋다. 귀한 난초부터 흐드러지게 피어 있는 이름 모를 희귀 꽃까지 다양한 꽃들이 판매되고 있는데 특히 주말 오전 시간에는 도매상부터 일반인들까지 꽃을 구매하기 위해 사람들이 모여들어 더욱 활기찬 분위기를 느낄 수 있다.

Access 프린스 에드워드역 B1 출구를 나와 왼쪽으로 뒤돌아 직진한다. 도보 약 5분.
Open 07:00~19:00
Close 연중무휴
Address Flower Market Road, Prince Edward Road, Mong Kok

Sightseeing

금붕어 시장 Goldfish Market 金魚街

금붕어뿐 아니라 각종 희귀 열대어, 수조, 장식용품 등 물고기를 키우는 데 필요한 모든 상품을 취급하는 상점가이다. 규모도 크지 않고 물고기를 실제로 구입할 생각이 아니라면 생각보다 볼거리가 충분치는 않다. 거대 수조 안에 물고기를 풀어놓고 판매하는 상점이 대부분이며 일부 상점에서는 조그만 비닐 안에 물고기를 넣어 진열해 놓고 판매하고 있는데 비닐 안 물고기가 안쓰러워 보이기도 한다. 부귀영화를 상징하는 금붕어를 사기 위해 홍콩 사람들의 발길이 잦은 곳이지만 여행자에게는 별다른 매력은 없어 보인다.

Access 몽콕역 B3 출구와 연결된 육교로 올라가 우회전한다. 좌측에 보이는 첫 번째 계단으로 내려가 조금만 직진하면 된다.
Open 10:30~22:00
Close 연중무휴
Address 210 Tung Choi Street, Mong Kok

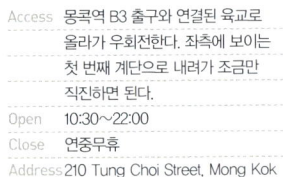

Food
❶
원딤섬 One Dim Sum 一點心

현지인에게 인기가 많은 딤섬 전문 레스토랑으로 아침부터 저녁까지 딤섬을 즐길 수 있다. 기본적인 하카우나 씨우마이도 맛있는데 현지인들에게 인기 있는 메뉴는 달콤한 돼지고기 소가 듬뿍 들어가 있는 차슈바오. 큼지막한 사진과 함께 각국의 언어로 상세한 설명이 적혀 있는 메뉴판이 따로 준비돼 있어서 주문할 때 편리하다. 원하는 메뉴를 정하고 주문지에 번호와 수량을 체크해 주문하면 된다.

Access	프린스 에드워드역 A 출구로 나와 오른쪽으로 뒤돌아 골목으로 조금 걸어 들어가면 왼편 골목 안쪽에 보인다.
Open	11:00~00:30(월~토) 10:00~00:30(일 · 공휴일)
Cost	딤섬 HK$16~
Address	Shop 1 & 2, G/F, Kenwood Mansion, 15 Playing Field Road, Prince Edward
Tel	2789-2280

Food
❷
팀호완 Tim Ho Wan 添好運

미슐랭 1스타를 받은 이력으로 이미 유명해질 대로 유명해진 팀호완의 올림픽시티점이다. IFC몰의 지점보다는 대기 시간이 짧은 편이다. 가장 인기 있는 메뉴는 달콤한 맛이 일품인 BBQ 베이크 번. 여기에 새우 딤섬인 하카우와 돼지고기와 새우가 가득 든 씨우마이를 주문한다면 일단 인기 삼총사 메뉴는 클리어. 조금 더 모험심이 생긴다면 연잎밥이나 달콤하고 부드러운 닭발 메뉴 등 다양한 메뉴에 도전해보자. 가격이 비교적 저렴하여 부담이 적은 것도 이곳의 매력 중 하나다.

Access	올림픽역 D3 출구. 올림픽시티 2 G층.
Open	10:00~22:00
Cost	딤섬 HK$16~
Address	Shop 72, G/F, Olympian City 2, 18 Hoi Ting Road, Tai Kok Tsui
Tel	2332-2896

Food
❸
리틀 킹덤 디저트 Little Kingdom Dessert 小皇國甜品

늦은 밤 입이 심심하다면 당장 이곳으로 달려가자. 새벽까지 문을 여는 디저트 전문점으로 큼지막한 사진으로 구성된 메뉴판을 보고 있으면 어느 것을 주문해야 할지 고민될 정도로 다양하고 맛있는 메뉴들이 가득하다. 망고의 진한 맛이 일품인 망고 빙수를 비롯해 형형색색의 파르페, 푸딩, 고난이도의 수플레까지 놀라울 정도로 메뉴가 다양하다. 몽콕에도 지점을 가지고 있다(G/F, 36A Shan Tung Street, Mong Kok. 3428-2282).

Access	올림픽역 C4 출구에서 도보 약 10분. 로즈데일 까우롱 길 건너편 상가 쪽에 있다.
Open	14:00~02:00(일~목) 14:00~03:00(금~토)
Cost	HK$50(1인) 안팎
Address	G/F, 56 Ivy Street, Tai Kok Tsui, 大角咀埃華街56號地舖
Tel	3105-2306

Food
❹
풀 컵 카페 Full Cup Cafe 呼吸咖啡

발 디딜 틈 없이 빼곡하게 사람들로 들어찬 몽콕 일대에서 유일하게 숨통이 트이는 곳이라 말할 수 있겠다. 골목 안쪽에 있어 아직은 여행자들에게 많이 노출되지 않은 작은 카페로 독특한 분위기에 다양하고 창조적인 메뉴들을 접할 수 있어 주로 홍콩의 젊은이들에게 인기가 많은 편이다. 공간은 크지 않지만 4층부터 6층까지를 사용하고 있는데 4, 5층은 카페로, 6층은 이자카야로 운영되며 흡연 층에는 테라스도 마련되어 있어 나름 운치가 있다. 월요일에서 수요일, 오후 9시 30분부터 11시까지는 라이브 공연도 펼쳐진다.

Access	MTR 몽콕역 E2 출구로 나오면 네이던 로드가 보인다. 네이던 로드를 따라 왼쪽으로 직진. 트렌디 존 앞의 신호등을 건너 유안상 옆 골목으로 들어간다. 왼쪽 첫 번째 골목을 꺾어 들어가면 안쪽에 아이디어 카페 라고 간판이 보이는데 그 건물 4층부터 6층까지다. 야우마테이역과 몽콕역 중간 즈음에 위치한다.
Open	15:00~03:00(월~금) 13:00~03:00(주말·공휴일)
Close	연중무휴
Cost	Coffee HK$39~, Foamed Milk HK$49~(SC 10%)
Address	36 Dundas Street, Mong Kok
Tel	2771-7775
Web	www.fullcupcafe.com.hk

Food
⑤
탄요토 Tanyoto Hotpot Restaurant 譚魚頭火鍋

쓰촨식 훠궈를 맛볼 수 있는 곳으로 매콤한 토마토 육수로 인기를 끌고 있다. 대부분 두 가지의 육수를 고르고 재료를 추가하는 식으로 주문한다. 훠궈에 들어가는 재료는 시푸드, 육류부터 디저트까지 다양한데 새우와 비프, 야채와 피시볼 등이 일반적이다. 마무리로 Sweet Potato Vermicelli(HK$28)면과 달콤한 맛이 의외로 매콤한 육수와 잘 어울리는 Cream Dumpling with Stuff(HK$38)는 꼭 시도해 보자. 밤 9시 이후에는 뷔페로 변신하는데 주중에는 HK$108, 주말에는 HK$128이면 즐길 수 있다.

Access	몽콕역 E1 출구로 나오면 좌측에 보이는 원 그랜드 타워 5층에 위치.
Open	07:30~00:00
Close	구정연휴
Cost	Soup HK$78~88
	Shrimp HK$48
	Fresh Marble Beef HK$90
	Cream Dumpling with Stuff HK$38
	티 차지 HK$9(SC 10%)
Address	5/F, One Grand Tower, 639 Nathan Road, Mong Kok
Tel	2381-2000

Food
⑥
런던대주루 London Restaurant 倫敦大酒樓

전통 스타일의 딤섬 전문점으로 1979년 아우마테이에 처음 문을 열어 1994년 몽콕으로 이전했다. 셰프가 매일 100여 가지 종류의 딤섬을 만든다고 하는데 결혼식 연회장을 떠올리게 할 정도로 규모가 크며 나이 지긋한 중년 손님이 대부분이다.
추천 딤섬은 Pan Fried Shrimp Dumplings. 새우 군만두인데 만두피가 두꺼워 바삭바삭한 맛은 없지만 촉촉하고 차지게 씹힌다. 식초 소스에 찍어 먹으면 맛이 더 좋다. Steamed Sweet Crystal Dumplings는 우리나라의 감자떡처럼 반투명한데, 쫀득거리는 질감 또한 비슷하다. 달콤한 팥과 과일 앙금이 들어 있다. 주문표에 원하는 딤섬을 체크한 후 주문해도 되고 딤섬 카트가 지나갈 때 원하는 딤섬을 골라도 좋다.

Access	몽콕역에서 도보로 2분. E2 출구로 나와 항생 은행을 지나면 런던대주루 입구가 바로 보인다. 엘리베이터를 타고 3층으로 올라간다.
Open	07:00~00:00
	딤섬 7:00~16:00
Close	구정연휴
Cost	차 HK$7(1인)
	Pan Fried Shrimp Dumplings HK$19.8
	Steamed Sweet Crystal Dumplings HK$16.8(SC 10%)
Address	3F, Good Hope Building, 612 Nathan Road, Mong Kok
Tel	2771-8018
Web	www.londonrest.com.hk

Food
⑦
챠오 인 Chao inn 潮樓

원래는 챠오 지방의 특산 음식을 간판으로 하는 곳이다. 돼지고기, 치킨, 오리, 달걀, 채소, 두부 등을 간장 양념에 푹 졸인 음식으로 비주얼은 우리나라의 장조림과 비슷하나 짠맛은 덜하고 특유의 향이 강해 한국인에게는 난해한 메뉴일 수 있다. 오히려 꼬들꼬들하고 고소한 젤리피시 요리나 우리나라의 탕수육과 비슷한 스위트 앤 사워 포크가 강력 추천 메뉴. 특히 스위트 앤 사워 포크는 파인애플과 함께 조리되어 더욱 달콤하고 양념이 재료에 잘 배 맛이 훌륭하다.

Access	MTR 몽콕역 E2 출구로 나와 뒤를 돌면 네이던 로드가 보인다. 네이던 로드를 따라 왼쪽으로 두 블록 직진하면 좌측에 할리우드 플라자 2층에 있다.
Open	07:00~00:00
Close	연중무휴
Cost	HK$50~(1인)(SC 10%)
Address	Unit A, 2/F, Hollywood Plaza, 610 Nathan Road, Mong Kok
Tel	2780-8193

Food
⑧

던다스 스트리트 Dundas Street 登打士街

다양한 길거리 음식을 접할 수 있는 골목이다. 저녁 무렵엔 취향에 맞는 가게에서 주문을 하는 사람들과 거리에 서서 먹는 사람들로 지나가기조차 버거울 정도로 붐빈다. 특히 요거트 아이스크림 전문점 요피 Yoppi Express 는 높은 가격에도 줄을 설 정도로 인기가 많다. 그 밖에 코코넛 전문점 예쯔타이왕 King Of Coconut 椰汁大王, 아일랜드식 감자튀김집 Ireland's Potato 등 다양한 거리 음식을 조금씩 맛보다 보면 한 끼 식사는 거뜬하게 해결되는 느낌이다. 초입에는 길거리 음식의 원조 홍콩 스타일의 피시 볼과 각종 꼬치를 파는 집도 있다.

Access 야우마테이역 A2 출구를 나와 왼쪽으로 유턴해 네이던 로드를 따라 직진하다 두 번째 블록에서 우회전.
Open 10:00~22:00(점포마다 다름)
Close 구정연휴(점포마다 다름)
Address Dundas Street, Mong Kok

Food
⑨

더 수프림 The Supreme 貴族旦糕

맞춤 케이크 전문 베이커리로, 전단지에 실린 특이하고 화려한 모양의 맞춤 케이크 샘플이 식욕을 자극한다. 케이크 주문이 어려운 여행자들에게는 이곳의 또 하나의 자랑거리인 쿠키와 타르트 종류가 인기가 많다. 특히 코코넛 타르트와 에그 타르트 등 다양한 타르트와 빵 종류는 가격도 저렴해 간식으로 부담 없이 즐기기에 그만이다.

Access 프린스 에드워드역 B1 출구에서 왼쪽으로 유턴해 직진한다. 꽃 시장 가기 바로 전 좌측에 위치.
Open 08:00~19:30
Close 구정연휴
Cost 쿠키 HK$31, 타르트 HK$5
Address 176A Prince Edward Road West, Prince Edward
Tel 2392-9399
Web www.thesupremecake.com

Shopping
①
랭함 플레이스 Langham Place

10~20대들이 자주 찾는 몽콕의 대표적인 쇼핑몰답게 그 어느 쇼핑몰보다 빠른 유행을 선도하는 패션의 진원지이다. 총 13층으로 되어 있는 대형 쇼핑몰로 모던하고 스타일리시한 분위기가 눈에 띈다. 특히 L4층에서 L8층까지 한 번에 연결되는 긴 에스컬레이터는 보기에도 멋지고 은근히 스릴있다. 에스컬레이터를 따라 올라가면 레스토랑과 바, 카페들이 모여 있는데 천장이 인공하늘로 되어 있어 마치 야외에 앉아 있는 듯한 착각이 든다. L1층, L2층에는 일본계 백화점인 세이부 백화점과 국내에도 입점한 H&M의 대형 매장이 자리하고 있다. 바우하우스, b+ab 등 로컬 패션 브랜드는 L5~6층에 자리하고 있으며 스타카토, 르 사운드, 조이&피스, 바닐라 스위트 등 인기 패션 잡화 브랜드는 B1층에 모여 있다. L4층에는 대형 푸드코트가 있는데 델리 프랑스, 모스 버거를 필두로 유명 프랜차이즈 레스토랑이 있어 다양한 나라의 음식을 즐길 수 있다.

Access	몽콕역 C3 출구와 연결된다.
Open	11:00~23:00 (매장마다 다름)
Close	구정연휴
Address	No.8 Argyle Street, Mong Kok
Tel	3552-3388
Web	www.langhamplace.com

Shopping
②
시노 센터 Sino Centre 信和中心

홍콩의 10~20대들이 자주 찾는 보물창고 같은 쇼핑센터다. 굳이 쇼핑을 목적으로 하지 않아도 좁디좁은 통로 사이로 다닥다닥 붙어 있는 숍들을 구경하는 재미가 쏠쏠하다. 원래는 일본의 애니메이션 관련 상품이나 피규어, 성인용품, 불법복제 CD와 DVD들이 대부분이었지만 단속이 심해지면서 요즘은 일본 만화책, 아이돌 사진과 CD 등을 취급하는 상점이 많아졌다. 근래에는 한류의 영향을 받아 한국 드라마 DVD와 한국 가수의 CD들도 눈에 많이 띈다. 특히 기발한 아이디어의 게임 아이템을 취급하는 파티 게임숍은 신기한 물건이 많으니 구경삼아 들러보자. 워낙에 통로가 좁은 데다 사람도 많아 주말에는 거의 떠밀려 다니는 수준이니 소지품에 각별히 주의하는 것이 좋다. 또한 이곳에서는 람마 섬을 비롯한 여러 지역의 저렴한 숙소에 대한 정보를 제공하고 예약 업무도 하니 섬으로의 여행을 계획하고 있다면 들러보자.

Access	몽콕역 E2 출구로 나와 뒤쪽의 네이던 로드를 따라 직진한다. 두 블록 정도 지나면 좌측에 위치.
Open	12:00~20:00(매장마다 다름)
Close	구정연휴
Address	582-592, Nathan Road, Mong Kok

Shopping
❸
트렌디 존 Trendy Zone

Femme Boutique를 콘셉트로 한 쇼핑 스폿으로 규모는 크지 않지만 여성 취향의 아기자기한 점포들이 모여 있다. 특히 반짝이는 스팽글과 비즈를 사용한 키보드, 전자계산기, 액세서리 등 저절로 지갑을 열게 만드는 귀여운 상품들도 많다. 우리나라의 동대문시장처럼 조그만 점포에 개성 있는 티셔츠와 원피스 등 의류를 파는 상점도 있고 토토로와 키티 등 애니메이션 캐릭터를 이용한 다양한 상품들도 판매하고 있다.

Access	몽콕역 E2 출구로 나와 네이던 로드를 따라 야우마테이 방면으로 직진한다. 시노 센터 바로 옆, Chow Tai Fook Centre 건물에 있다.
Open	13:00～22:00(매장마다 다름)
Close	구정연휴
Address	580A Nathan Road Chow Tai Fook Centre, Mong Kok

Shopping
❹
브라이튼 Brighten 繽紛

주변의 꽃 상점들과 연계해 꽃 포장과 장식 관련 업무를 하기도 하지만 여행자들의 눈길을 사로잡는 것은 통유리를 가득 채운 데코레이션 용품들이다. 시즌에 따라 진열되는 아이템이 조금씩 바뀌며 성탄절 즈음에는 셀 수 없이 많은 크리스마스 장식들과 꽃을 이용한 기념품 등을 판매해 쇼핑하는 재미가 있다.

Access	프린스 에드워드역 B1 출구를 나와 왼쪽으로 유턴한 후 약 250m 정도 직진한다. 꽃 시장 골목 입구에 있다.
Open	09:30～19:30
Close	구정연휴
Address	Shop No 2, 18, Flower Market Road, Prince Edward Road, Mong Kok
Tel	2787-2203

Shopping
❺
건숍 스트리트 Gun Shop Street

실제 이름은 쾽와 스트리트 Kwong Wa Street로 모형 총과 총에 관련된 액세서리, 부품 등을 취급하는 가게들이 옹기종기 모여 있다. 가격은 우리나라보다 조금 저렴한 편이지만 총기류의 국내 반입이 엄격하게 금지되어 있는 만큼 구경하는 것으로 만족하자. 총기류 마니아가 아닐 경우 팀호완을 방문하면서 살짝 둘러보는 것만으로도 충분하다.

Access	몽콕역 E2 출구에서 도보 약 12분.
Open	12:00～20:00(매장마다 다름)
Close	구정연휴
Address	Kwong Wa Street, Mong Kok

Hotel

로즈데일 까우룽 Rosedale Hotel Kowloon

호텔 숙박비가 사악하기로 유명한 홍콩에서 합리적인 가격대의 깔끔한 호텔을 찾는다면 로즈데일 까우룽을 눈여겨보자. 로즈데일 코즈웨이 베이의 성공에 힘입어 새롭게 오픈한 곳으로 객실을 비롯해 호텔 전반적인 시설이 깔끔하고 모던한 편이다. 객실 사이즈가 상당히 작은 편이지만 없는 것 없이 갖춰진 어메니티와 영리한 동선으로 편리함이 느껴진다. 몽콕역, 까우룽역 등 시내 요지로 무료 셔틀을 운행해 위치적인 불리함을 보완하고 있으며 길 건너편에 있는 재래시장 안쪽으로 꽤 괜찮은 식당들도 많은 편이다. 도보로 10분 거리에 올림픽역이 있어 팀호완을 방문하거나 쇼핑을 하기에도 나쁘지 않다. 호텔 내의 스카이존 데크 앤 라운지는 분위기 있는 시티 뷰를 바라보며 칵테일을 즐기기에 좋으니 시간이 된다면 한 번 들러보자.

Access 올림픽역 B 출구에서 도보 약 10분.
Cost 더블룸 USD75~
Address 86 Tai Kok Tsui Road, Kowloon
Tel 3919-8888
Web kowloon.rosedalehotels.com

Island

란타우 섬
Lantau Island 大嶼山

홍콩 섬의 두 배에 달하는 홍콩 최대의 섬, 란타우. 섬의 절반 이상이 국립공원으로 지정되어 있는 만큼 언제나 여행자들로 북적이는 곳이다.

란타우 섬은 주말뿐만 아니라 평일에도 관광객이 많은 편인데 주말보다 평일에 교통 요금이 저렴하기 때문에 주말보다는 평일 관광을 추천한다. 또 섬의 주요 관광지들을 둘러보려면 최소 6시간은 소요되니 대략적인 루트와 계획을 잡고 이동하는 것이 좋다. 특히 옹핑을 오가는 버스는 막차 시간이 이르니 꼭 확인하자.

> **Tip 추천 루트**
> 똥총 타운 센터 출발! … 옹핑 케이블카 … 옹핑 빌리지 … 포린사(청동 좌불상) … 위즈덤 패스 … 타이 오 … 하 청사 비치 … 무이 워 … 센트럴 페리 선착장 도착! 위와 같이 이동하면 이동 시간을 최소화할 수 있다.

> **Tip 막차 시간**
> 옹핑 … 무이 워(2번 버스)
> 18:20(월~토), 18:45(일·공휴일)
> 옹핑 … 타이 오(21번 버스)
> 16:45(매일)
> 옹핑 … 똥총 타운 센터(23번 버스)
> 18:10(매일)
>
> 무이 워 … 옹핑(2번 버스)
> 16:30(월~토), 17:55(일·공휴일)
> 타이 오 … 옹핑 (21번 버스)
> 17:15(월~토), 18:30(일·공휴일)
> 똥총 타운 센터 … 옹핑(23번 버스)
> 19:10(매일)

✚ 란타우 섬 大嶼山까지 가는 법

1 MTR 이용
똥총선 똥총역 하차.
똥총역 B번 출구에서 나와 시티 게이트 쇼핑몰 왼쪽 길로 직진, 케이블카 또는 똥총 타운 센터 버스 터미널에서 버스 이용.

2 BUS 이용
홍함에서 출발하는 1R번 버스 이용.
1R번 버스(침사추이 까우룽 모스크 앞 버스 정류장 경유)를 타고 포린 사원에서 하차.
주의!! 09:00~11:00(일·공휴일)만 30분 간격으로 운행.
1시간 35분 소요, HK$43(홍함 출발 기준임)

3 Ferry 이용
센트럴 페리 선착장 6번 부두에서 무이 워 Mui Wo · 梅窩행 페리 이용.
일반은 50분, 고속은 35분 소요.
센트럴 페리 선착장 3번 부두에서 디스커버리 베이행 이용. 25분 소요된다.

✚ 버스 패스 이용하기
란타우 섬을 여행할 때 자신의 여정에 맞게 패스를 활용하면 편리하다. 패스 혹은 옥토퍼스 카드 없이 현금으로 버스를 이용할 경우 차비에 맞춰 잔돈을 준비하자. 버스 기사가 따로 거스름돈을 주지 않는다.

◎ 란타우 패스 Lantau Pass
혜택 1Day NLB 버스 이용
하루 동안 란타우 섬을 이동하는 모든 NLB(New Lantau Bus)를 무제한 이용할 수 있다(단 N, S, 1R, B2 Route는 제외).
란타우 섬을 속속들이 둘러볼 계획이면 란타우 패스를 구매하는 것이 좋다. 하지만 버스 이동이 적은 경우에는 패스 요금과 일반 노선요금을 비교해 봐야 한다. 목적지에 따라 요금이 다르게 부과된다.
이용 방법은 티켓 구입 후 버스를 탈 때마다 기사에게 티켓을 보여주면 된다.

◎ 데이 패스 Day Pass
혜택 1Day NLB 버스 이용 + 옹핑 케이블카 편도 이용
하루 동안 란타우 섬을 이동하는 모든 NLB 버스를 무제한으로 탈 수 있으며, 더불어 옹핑 케이블카를 편도(똥총 타운 센터 … 옹핑 빌리지)로 이용할 수 있다.
티켓은 일단 케이블카 티켓으로 받고, 나중에 옹핑 빌리지 맞은편에 있는 옹핑 버스 터미널 간이 사무실에서 란타우 패스로 교환한다.

Access	똥총선 똥총역 B번 출구로 나와 시티 게이트 아웃렛 City Gate Outlet 왼쪽 길로 직진, 옹핑 케이블카로 올라가는 에스컬레이터 입구 옆, 똥총역 버스 터미널 승강장에 매표소가 있다(무이 워 사무실에서도 구매 가능).
Open	09:00~15:00
Close	연중무휴
Cost	**란타우 패스** HK$35(월~토) HK$55(일·공휴일) **데이 패스** HK$155(일반 캐빈) HK$205(크리스털 캐빈)
Tel	2984-9848
Web	www.newlantaobus.com

Sightseeing

옹핑 케이블카 Ngong Ping Cable Car 昂坪纜車

옹핑 빌리지까지 5.7km를 이동하는 장거리 케이블카로 약 25분 정도가 소요된다. 똥총 케이블카 터미널을 출발해 똥총만을 가로지르기 시작, 왼쪽으로 홍콩국제공항이 보이고, 계속해서 푸른 란타우 국립공원 위를 지난다. 종점에 가까워 오면 청동 좌불상이 서서히 보이기 시작한다. 사방이 터진 케이블카 안에서 공중에 매달린 채 란타우 섬의 숲과 바다를 감상할 수 있다.

옹핑 케이블카는 크게 2가지 종류가 있는데, 일반 캐빈 Standard Cabin 과 바닥이 훤히 보이는 크리스털 캐빈 Crystal Cabin 이 있다. 조금 특별한 경험을 하고 싶다면 발 아래까지 훤히 보이는 Crystal Cabin을 추천. 발 밑 풍경이 짜릿하다. 한글 안내 팸플릿이 있다.

Access	똥총선 똥총역 B번 출구로 나와 시티 게이트 아웃렛(City Gate Outlet) 왼쪽 길로 직진, 에스컬레이터를 타고 케이블카 타는 곳으로 간다.
Open	10:00~18:00(월~금) 09:00~18:30(주말·공휴일)
Close	연중무휴
Cost	**Standard Cabin** 성인 HK$115/HK$165(편도/왕복) 어린이 HK$60/HK$85(편도/왕복) **Crystal Cabin** 성인 HK$180/HK$255(편도/왕복) 어린이 HK$125/HK$175(편도/왕복) **Crystal Cabin + Standard Cabin** 성인 HK$230(왕복) 어린이 HK$150(왕복)
Address	Ngong Ping 360, Lantau Island
Tel	3666-0606
Web	www.np360.com.hk

Sightseeing

옹핑 빌리지 Ngong Ping Village 昂平市集

옹핑 케이블카의 종점이자 포린 사원으로 가는 길목이다. 만약 반대 방향으로 루트를 잡았다면 똥총 타운 센터로 가는 케이블카를 타는 곳이기도 하다. 레스토랑, 카페, 기념품숍, 작은 테마관 등이 있다. 부처와 함께 산책 Walking with Buddha, 원숭이 설화 극장 Monkey's Tale Theatre 2개의 어트랙션이 있지만 큰 볼거리는 아니며 원숭이 설화 극장은 아이들이 좋아할 만하다. 기념품을 구경하거나 간단한 식사를 하며 쉬어가기 알맞다. 스타벅스와 허니문 디저트가 있다.

Access	옹핑 케이블카 종점에서 하차(케이블카로 25분 소요), 똥총 타운 센터 버스 터미널에서 23번 버스 이용(버스로 50분 소요), 홍함에서 출발하는 1R번 버스(침사추이 까우룽 모스크 앞 버스 정류장 경유)를 타고 포린 사원에서 하차(1시간 35분 소요), 센트럴 페리 선착장 6번 부두에서 무이 워 행 페리를 타고, 무이 워에서 2번 버스 이용(버스로 40분 소요), 타이 오 버스 정류장에서 21번 버스 이용(20분 소요).
Open	10:00~18:00(월~토) 09:00~18:30(일·공휴일)
Close	연중무휴
Cost	무료
Address	Ngong Ping 360, Lantau Island
Web	www.np360.com.hk

Sightseeing

포린사 Po Lin Monastery 寶蓮寺

포린사는 1906년 세 명의 승려에 의해 지어졌는데, 처음엔 다 마오펭 Da Maopeng 이라는 이름의 절이었다. 1924년 포린사 Po Lin Monastery 라는 이름으로 바뀌었고, 세계 최대 청동 좌불상으로 유명해졌다.

절 입구에 들어서면 뿌연 연기가 쉴 새 없이 피어난다. 향을 피우고 두 손을 모으고 기도하는 사람들의 모습을 쉽게 볼 수 있다. 법당에는 3개의 불상이 모셔져 있다.

청동 좌불상 Tian Tan Buddha Statue 天壇大佛 은 1993년 세워진 것으로 무게 250t, 높이 34m의 세계 최대 규모다. 청동 좌불상을 눈앞에서 보려면 268개의 계단을 몸소 올라가야 한다. 연꽃 위에 앉은 부처 주위엔 청동상들이 부처를 향해 있으며, 옹핑 빌리지와 포린사 전경이 펼쳐진다. 영화 〈무간도〉와 드라마 〈홍콩 익스프레스〉의 배경이 되기도 했다. 내부에는 부처의 그림과 서적 등이 전시된 전시관이 있다. 올라가는 계단 입구에서 Vegetarian Meal 티켓(11:30~16:30)을 판매하기도 한다.

Access	옹핑 빌리지를 지나 포린 광장을 가로지르면 오른쪽에 청동 좌불상으로 올라가는 계단이 있고, 안쪽으로 더 들어가면 절이 나온다.
Open	**사원** 08:00~18:00 **청동 좌불상** 10:00~17:30
Close	연중무휴
Cost	무료
Address	Po Lin Monastery, Lantau Island
Web	www.plm.org.hk

Sightseeing
란타우 피크 Lantau Peak 鳳凰山

펑웡싼 Peng Wuing Shan 鳳凰山 정상에 위치한 전망대. 펑웡싼은 934m로 홍콩에서 두 번째로 높은 산이며 란타우 피크 일출이 유명하다.
산 입구 오른쪽엔 위즈덤 패스 Wisdom Path 心經簡林가 있다. 거대한 나무 기둥들이 ∞ 모양으로 서 있는데, 통나무를 길게 반으로 잘라 그 단면에 반야심경을 새겨 넣었다. 모두 38개의 기둥이 세워져 있는데 그중 1개의 기둥에는 아무것도 새겨져 있지 않아 그 의미를 생각해 보게 한다. 산 입구까지는 나무로 우거진 오솔길을 따라 15~20분 정도 소요된다. 란타우 피크까지 모두 오르는 것은 무리이고 산책 삼아 위즈덤 패스까지 다녀와도 좋을 것 같다.

Access	정상까지 도보로 4~5시간 소요.
Open	07:00~20:00
Close	연중무휴
Cost	무료

Sightseeing
하 청샤 비치 Lower Cheung Sha Beach 下長沙泳灘

홍콩에서 가장 긴 백사장을 가진 청샤 비치 Cheung Sha Beach 長沙泳灘는 란타우 섬 남쪽에 위치해 있다. 상 청샤 비치 Upper Cheung Sha 와 하 청샤 비치 Lower Cheung Sha 둘로 나뉘는데 대부분 사람들은 수심이 얕은 하 청샤 비치를 찾는다. 해수욕 시즌은 4~10월로 일광욕이나 수영을 하며 휴식을 즐기기 좋다. 특히 파우더처럼 곱고 넓은 모래사장은 모래찜질하기에 제격. 화장실, 탈의실, 샤워실이 마련되어 있으며 해변을 따라 레스토랑들이 줄지어 있다. 시간이 된다면 일몰 구경도 추천.

Access	타이 오 버스 정류장에서 1번, 11번 버스(30~40분 소요), 옹핑 버스 터미널에서 2번, 23번 버스를 타고 하 청샤 비치에서 하차. 길 맞은편 위쪽의 이정표를 따라 언덕을 내려가면 해변이 나온다. 또는 무이 워에서 1번, 2번, 4번, A35번 버스, 뚱총 타운 센터 버스 터미널에서 11번, 23번 버스를 타고 하 청샤 비치에서 하차. 버스 진행 방향으로 직진하면 이정표가 나온다.
Cost	무료
Address	Tai O, Lantau Island

> **친절한 Tip**
> 버스 정류장이 길가에 있는 데다가 안내 방송이 나오지 않으니 버스 기사에게 목적지를 보여주고 도착 시 알려달라고 부탁하자.

Sightseeing

타이 오 Tai O 大澳

홍콩의 베니스라 불리는 타이 오는 란타우 섬의 서민적인 어촌 마을이다. 과거에는 바쁜 어촌 마을이었으나 지금은 홍콩의 옛 모습을 보러 관광객들이 많이 찾는다. 특히 홍콩 젊은이들 사이에선 출사 장소로 각광받는 곳이다. 아직도 낡은 수상 가옥들이 많이 남아 있어 까우룽 반도나 홍콩 섬에서 볼 수 없었던 색다른 풍경을 볼 수 있다.

주요 볼거리는 마을 초입의 Wing On Street에서 다리 너머까지 이어진 짧은 시장 골목. 건어물, 생선, 야채, 기념품 등을 팔며 오징어나 쥐포 같은 군것질거리를 석쇠에 구워 판다. 또 Kat Hing Street를 따라 골목길을 걸으면 타이 오 마을의 정취를 잘 느껴볼 수 있다. 골목 사이로 수상 가옥들이 보이고, 작은 식당과 카페, 슈퍼, 빵집 등이 있어 소소한 시간을 보내기 좋다. 관광객을 상대로 하는 보트 투어도 흥미롭다. 보트를 타고 타이 오 일대를 돌며 핑크 돌고래 출몰지, 수상 가옥 촌을 두루 둘러볼 수 있다.

Access	옹핑 버스 터미널에서 21번 버스 (20분 소요), 똥총 타운 센터 버스 터미널에서 11번 버스(50분 소요), 무이 워에서 1번 버스(45분~1시간 소요) 이용.
Cost	보트 투어 HK$10~20

Special Sightseeing

디즈니랜드
Disneyland

2005년 오픈한 꿈과 동화의 나라 디즈니랜드. 머리카락이 쭈뼛 설 정도로 스릴 넘치는 놀이기구를 기대한다면 실망할 수도 있겠다. 어트랙션 마니아라면 밋밋할 수 있지만 유명 애니메이션 캐릭터들로 꾸민 아기자기한 모습이 가득해 어린이들에게는 최고의 여행지가 될 것이다.

Access	똥총선 서니 베이역에서 하차. 3번 플랫폼에서 디즈니랜드 전용 열차로 갈아탄다. 디즈니랜드 리조트역에서 하차해 도보로 이동. 현금 HK$24/옥토퍼스 카드 HK$21.2, 35분 소요(홍콩·센트럴역~디즈니랜드 리조트역)
Open	10:00~21:00
Close	연중무휴
Cost	성인 HK$499, 3~11세 HK$355 65세 이상 HK$100, 3세 미만 무료
Address	Disneyland Hong Kong, Penny's Bay, Lantau Island
Web	www.hongkongdisneyland.com

Disneyland

메인 스트리트 Main Street USA

디즈니랜드의 입구로, 1900년대 초 미국의 작은 마을을 재현하였다. 길을 따라 죽 늘어선 파스텔 톤의 건물은 모두 쇼핑몰과 레스토랑. 디즈니 캐릭터가 새겨진 가방, 문구류, 쿠키 등 다양한 디즈니 상품을 판매한다.

Disneyland

투모로우랜드 Tomorrowland

미래지향적인 분위기가 물씬 풍기는 투모로우랜드는 특히 남자 어린이들에게 인기가 많은 공간. 〈토이스토리〉의 버즈의 환영을 받으며 입장한다. Space Mountain, Orbitron 등의 놀이기구가 인기다.

Disneyland

어드벤처랜드 Adventureland

정글 속에 있는 느낌이 드는 어드벤처랜드. 특히 가이드의 설명을 들으며 크루즈를 즐기는 Jungle River Cruise와 어드벤처랜드의 공연 Festival of The Lion King은 놓치지 말자. Festival of The Lion King은 완성도가 높아 한 편의 뮤지컬을 본 듯한 느낌이 든다.

Disneyland

판타지랜드 Fantasyland

디즈니랜드의 마스코트인 잠자는 숲 속의 공주 성이 있는 곳이다. 신데렐라 회전목마, 푸우의 모험, 판타지 가든 등 주로 여자아이들이 열광할 만한 코너가 모여 있다. 판타지랜드에서는 오감을 만족시키는 3D 쇼 Mickey's Philharmagic과 디즈니 캐릭터들이 총출동하는 The Golden Mickeys at Disney's Storybook Theater가 볼만하다.

> **친절한 Tip**
> **패스트 패스** Fast Pass**를 활용하자**
> 디즈니랜드의 일부 인기 어트랙션과 공연은 미리 입장 시간을 예약해 입장하는 패스트 패스를 이용할 수 있다. 각 코너 입구에 자리한 패스트 패스 기계에 입장권을 넣으면 예약 시간이 적힌 티켓이 나오는데 이 티켓을 가지고 있다가 예약 시간에 맞춰 가면 패스트 패스 전용 라인으로 대기 시간 없이 입장할 수 있다.

Hong Kong | Lantau Island

Food ❶

만호 Man Ho 萬豪

메리어트 스카이 시티의 모던한 광둥 레스토랑으로 넓은 다이닝 공간을 따라 눈에 들어오는 시원스러운 전망이 일품이다. 은은한 조명과 차분한 브라운 톤의 테이블 등 고급스러운 분위기가 느껴진다. 거리도 가깝고 무료 셔틀 서비스를 제공하고 있어 옹핑이나 디즈니랜드를 다녀오는 길에 저녁 식사를 즐기기에 좋다. 다양한 음식을 맛볼 수 있는 디너 세트는 구성에 따라 2가지로 나뉘는데 A세트는 페킹 덕, 담백한 생선 요리, 전복과 버섯 요리, 생선 부레 수프, 간장 소스에 졸인 닭, 볶음밥, 디저트로 구성되어 있으며 B세트는 A세트에 애피타이저 콤비네이션, 와규 비프 구이 등이 추가된다. 점심에 서브되는 딤섬도 훌륭한데 특히 매콤하게 조리된 양고기 딤섬 Steamed Lamb Dumpling in Sichuan Style(HK$12)과 돼지고기 대신 오리고기를 넣어 더욱 깔끔한 맛이 일품인 Baked Minced Duck and Pineapple Burn(HK$14)은 만호의 베스트셀러.

Access 메리어트 스카이 시티 내 M층에 위치.
Open **런치** 12:00~15:00(월~토), 10:00~15:00(일·공휴일) **디너** 06:00~22:30
Close 연중무휴
Cost 차 HK$20(1인)
Dinner Menu A HK$388
Dinner Menu B HK$488
딤섬 HK$38~78(1접시)(SC 10%)
Address M/F, Hong Kong Sky City Marriott Hotel, 1 Sky City Road East, Hong Kong International Airport, Lantau
Tel 3969-2888
Web www.skycitymarriott.com

Food
❷
드래곤 인 Dragon Inn

리갈 에어포트 호텔 내에 위치한 상하이 요리 전문 레스토랑이다. 중앙에 기둥에 둘러싸인 좌석을 중심으로 둥그렇게 테이블을 배치하였는데 1930년대의 상하이 거리에 온 듯한 느낌이 든다. 상하이 요리 전문 레스토랑이니만큼 샤오롱바오와 상하이 스타일 치킨 라이스는 이 집의 간판스타. 큼지막한 새우를 칠리소스와 달걀노른자 소스, 두 가지 스타일로 낸 Sauteed Prawn with Chili Sauce & Salty Egg Yolk도 우리 입에 잘 맞는다.

Access	리갈 에어포트 호텔 G/F에 위치
Open	11:00~15:00, 18:00~23:00
Close	연중무휴
Cost	Sauteed Prawn with Chili Source & Salty Egg Yolk HK$180
	Xiao Long Bao HK$60(SC 10%)
Address	G/F 9 Cheong Tat Road, Hong Kong International Airport, Chek Lap Kok
Tel	2286-6878
Web	www.regalhotel.com/Regal-Airport-Hotel

Food

스카이 시티 비스트로 Sky City Bistro

아침, 점심, 저녁, 인터내셔널 뷔페를 즐길 수 있는 메리어트 스카이 시티의 올데이 뷔페 레스토랑이다. 게, 굴 등 각종 시푸드와 일식 코너가 충실한 편이며 디저트도 먹기 아까울 정도로 예쁘게 진열되어 있다. 아이템이 풍부하고 가격도 리즈너블해 200여 석의 테이블과 오픈 키친에서 일하는 셰프들은 항상 분주한 모습이다. 단품으로도 주문이 가능한데 파스타와 피자 등 이탈리안 메뉴의 맛도 좋은 편이다.

Access	AEL 아시아 월드 엑스포역 A번 출구에서 도보로 2분.
Open	06:30~11:00, 12:00~14:30 18:00~22:30(월~목은 22:00까지)
Close	연중무휴
Cost	런치 뷔페 HK$238(월~금) HK$300(주말, 샴페인 포함) 디너 HK$368(월~목) HK$398(금~일)
Address	1 Skycity Road East Hong Kong International Airport, Lantau
Tel	3969-2500
Web	www.skycitymarriott.com

Food

타이 오 베이커리 Tai O Bakery 大澳餅店

에그 타르트, 쿠키, 초콜릿, 케이크 등을 파는 작은 빵집이다. 1980년에 문을 열어 30년 넘게 빵 맛을 이어오고 있는데 타이 오 도넛, 땅콩 초콜릿, 중국 호두 쿠키가 유명하다. 특히 튀긴 빵에 하얀 설탕 가루가 뿌려져 있는 타이 오 도넛은 꼭 먹어보자.

Access	타이 오 버스 정류장 왼쪽. 윙 온 스트리트를 따라가다가 좌측의 다리를 건너 타이 오 마켓 스트리트에서 오른쪽 카트 힝 스트리트로 꺾는다. 카트 힝 스트리트 오른편에 있다.
Open	07:00~18:00(타이 오 도넛은 12시 이후부터 가능)
Close	주중에 하루
Cost	Tai O Donut HK$5
Address	G/F, 66 Kat Hing Street, Tai O
Tel	2985-8621

Shopping

시티게이트 아웃렛 Citygate Outlet

홍콩 여행을 마칠 즈음 어쩐지 아쉬운 마음을 달래줄 최고의 쇼핑몰을 찾는다면 망설임 없이 시티게이트 아웃렛으로 향하자. 시티게이트는 홍콩 최대 규모의 아웃렛으로 다양한 브랜드와 저렴한 가격으로 여행자들뿐 아니라 홍콩의 현지인들도 자주 찾는 아웃렛 중 하나이다. 지하 1층부터 2층까지 총 4개 층에 걸쳐 70여 개의 브랜드 매장은 물론 레스토랑, 극장 등 편의시설도 있다.

간판에 Factory Outlet이라는 부제가 달리고 뒤쪽으로 산더미처럼 물건 박스를 쌓아 놓은 풍경이 이색적으로 느껴진다.

특히 이곳에서 놓치지 말아야 할 매장은 I.T. 침사추이에 위치한 I.T 아웃렛보다 훨씬 매장이 커서 상품도 다양하고 할인율은 무려 30~90%에 이른다.

마치 마트 같이 느껴질 정도로 큰 규모를 자랑하는 에스프리 아웃렛, 스타일리시한 구두로 인기 많은 Joy & Peace 등은 놓치지 말자.

2층에는 푸드코트 Food Republic이 자리하고 있으며 지하 1층에는 대형 슈퍼마켓 Taste도 있다.

Access	똥총역 C 출구로 나오면 바로 보인다.
Open	11:00~20:00(매장마다 다름)
Close	구정연휴
Address	20 Tat Tung Road, Tung Chung, Lantau
Tel	2109-2933
Web	www.citygateoutlets.com.hk

Spa
옴 스파 Om Spa

리갈 에어포트 호텔 내에 위치한 스파로 정통 태국과 중국식 마사지를 경험할 수 있는 곳이다. 테라피스트는 5명의 태국인과 2명의 중국인으로 구성되어 있다. 19개의 트리트먼트룸은 스파 스위트, 스파 카바나룸, 스파 디럭스, 풋 살롱 공간으로 나뉘어 있으며 특히 스파 스위트룸은 타이 스타일의 객실은 물론 야외 공간에 스파 베드와 욕조 등을 두어 로맨틱한 분위기가 물씬 풍긴다. 정통 중국 마사지 Tui Na와 트래디셔널 타이 마사지가 옴 스파의 시그니처 트리트먼트이다. 트리트먼트에 쓰이는 모든 스파 제품은 타이에서 직접 공수해 온다고 한다.

Access	리갈 에어포트 호텔 3층에 위치.
Open	08:00~01:00
Close	연중무휴
Cost	Tui Na HK$610(60분) Traditional Thai Massage HK$890(90분)(SC 10%)
Address	3/F, 9 Cheong Tat Road, Hong Kong International Airport, Chek Lap Kok
Tel	2286-6266
Web	www.regalhotel.com/Regal-Airport-Hotel

Spa
콴 스파 Quan Spa

홍콩의 콴 스파 1호점으로 메리어트 스카이 시티 내에 위치하고 있다. 콴은 'Pure Water'라는 의미로 어둡고 차분한 여타의 스파숍과는 달리 밝고 경쾌한 느낌이다. 트리트먼트룸은 베이지 톤의 심플한 느낌으로 꾸며져 있으며 특히 스파 후 휴식을 취하는 공간에는 좌석마다 개인 모니터가 달려 있다. 대표 트리트먼트는 콴 비시 샤워를 이용한 Pacific Rainbow Massge(HK$420, 45분). 물줄기의 강약을 통해 혈액순환을 돕는다. 콴 스파의 모든 제품은 페보니아 보타니카 스파 제품을 사용한다.

Access	홍콩국제공항 터미널 2(Bay 29/30)에서 무료 셔틀버스 이용 (05:10~22:50, 20분 간격 운행). 또는 똥충선 똥충역 D번 출구에서 무료 셔틀버스 이용 (08:15~22:00, 평균 30분 간격 운행). AEL 아시아 월드 엑스포역 A번 출구에서 도보로 2분.
Open	10:00~22:00
Close	연중무휴
Cost	Aroma Fusion Massage HK$630(60분) Foot Reflex Massage HK$530(60분)(SC 10%)
Address	1 Sky City Road East, Hong Kong International Airport, Lantau
Tel	3969-2188
Web	www.skycitymarriott.com

Hotel

메리어트 스카이 시티 Marriott Hong Kong Skycity

2008년 12월 오픈한 메리어트 스카이 시티는 디럭스, 이그제큐티브, 스위트룸으로 구분되는 총 658개의 객실을 보유하고 있다. 객실은 깔끔하고 넓은 편이며 파란 소파와 노란 조명이 어우러져 산뜻한 느낌이 든다. 25m에 달하는 넓은 수영장, 스팀룸, 월풀 등의 시설을 갖춘 피트니스 센터를 24시간 운영하고 있다. 5개의 레스토랑을 운영하고 있는데 정통 광둥 레스토랑 만호와 뷔페 레스토랑은 이용할 만하다. 홍콩국제공항, 아시아 월드 엑스포와 가까워 비즈니스에 편하며, 옹핑 케이블카, 포린 사원, 디즈니랜드 등 관광지 접근이 용이하다. 디즈니랜드, 공항, 똥총역까지 무료 셔틀을 운행하고 있다.

Access	홍콩국제공항 터미널 2(Bay 29/30)에서 무료 셔틀버스 이용 (05:10~22:50, 20분 간격 운행). 또는 똥총선 똥총역 D번 출구에서 무료 셔틀버스 이용 (08:15~22:00, 평균 30분 간격 운행). AEL 아시아 월드 엑스포역 A번 출구에서 도보로 2분.
Cost	디럭스 USD142~
Address	1 Sky City Road East, Hong Kong International Airport, Lantau
Tel	3969-1888
Web	www.skycitymarriott.com

Hotel

리갈 에어포트 호텔 Regal Airport Hotel

2009, 2010년 최고의 공항 호텔로 선정되었다. 공항까지 걸어서 5분 거리이며 디즈니랜드, 시티 게이트, 시내 중심지까지 거리에 따라 유료 혹은 무료로 셔틀 서비스를 제공하고 있다.

특히 클럽룸의 게스트들은 셔틀버스 무료 이용, 무료 인터넷, 레이트 체크아웃, 레스토랑 30% 할인, 라운지 이용 등 혜택이 많아 오히려 가격 면에서 유리한 선택이 될 수 있으니 꼼꼼하게 따져보자.

수영장도 실내와 실외에 각각 하나씩 마련되어 있는데 특히 실외 수영장은 길이가 24m로 넉넉하여 여유롭게 수영을 즐길 수 있다.
1인 HK$200이면 4시간 동안 헬스클럽, 사우나, 샤워룸, 수영장 등 부대시설을 즐길 수 있다.

Access	똥총역에서 무료 셔틀을 이용하거나 시내의 리갈 계열 호텔에서 셔틀 서비스를 이용한다.
Cost	슈피리어 HK$1,700~
Address	9 Cheong Tat Road, Hong Kong International Airport, Chek Lap Kok
Tel	2286-8888
Web	www.regalhotel.com/Regal-Airport-Hotel

Island

람마 섬
Lamma Island 南丫島

람마 섬은 홍콩의 남서쪽에 위치, 란타우 섬과 홍콩 섬 다음으로 홍콩에서 세 번째로 큰 섬이다. 섬의 이름 람마丫는 남쪽의 나뭇가지라는 뜻으로 섬의 모양 때문에 붙여졌다. 주윤발의 고향으로도 알려져 있으며 홍콩 센트럴에서 페리로 30분 정도면 닿을 수 있다. 보통 저렴하게 해산물을 먹으러 오거나, 섬 주변을 트레킹하러 오는 주말 나들이객이 많다. 람마 섬은 적당히 사람 냄새도 나며 깨끗한 자연과 아름다운 경치를 가진 섬이다. 잠시 복잡한 홍콩 도시를 떠나오고 싶다면 람마 섬을 추천한다.

✚ 람마 섬 Lamma Island 南丫島 에 가는 방법
센트럴 페리 선착장 4번 부두에서 용수완 Yung Shue Wan 榕樹灣행 또는 소쿠완 Sok Kwu Wan 索罟灣행 페리 이용(20~40분 소요).
애버딘 페리 선착장에서 용수완행 또는 소쿠완행 페리 이용(30~40분 소요).

센트럴 ⇢ 용수완
06:30~00:30(월~토) HK$14.5/07:30~00:30(일·공휴일) HK$20(20분~1시간 간격 운행)
센트럴 ⇢ 소쿠완
07:20~23:30(매일) HK$17.7(월~토)/HK$25(일·공휴일)(1시간 15분~2시간 간격 운행)
애버딘 ⇢ 용수완(Pak Kok Tsuen 경유)
06:00~20:35(월~토)
07:20~19:40(일·공휴일) HK$17.5(매일)(1시간 20분~2시간 50분 간격 운행)
애버딘 ⇢ 소쿠완(Mo Tat Wan 경유)
06:40~22:50(매일) HK$9.2(월~토)/HK$13.8(일·공휴일)(25분~2시간 간격 운행)

용수완 ⇢ 센트럴
06:20~23:30(월~토) HK$14.5/06:40~23:30(일·공휴일) HK$20(20분~1시간 간격 운행)
용수완 ⇢ 애버딘(Pak Kok Tsuen 경유)
05:20~21:15(월~토)
08:00~20:20(일·공휴일) HK$17.5(매일)(1시간 20분~2시간 50분 간격 운행)
소쿠완 ⇢ 센트럴
06:45~22:40(매일) HK$17.7(월~토)/HK$25(일·공휴일)(1시간 15분~2시간 간격 운행)
소쿠완 ⇢ 애버딘(Mo Tat Wan 경유)
06:00~22:10(매일) HK$9.2(월~토)/HK$13.8(일·공휴일)(30분~2시간 25분 간격 운행)

> **페리 회사 연락처**
> 센트럴~용수완, 소쿠완
> 2815-6063 www.hkkf.com.hk
> 애버딘~용수완
> 2272-2022
> www.traway.com.hk
> 애버딘~소쿠완
> 2982-8225 www.ferry.com.hk

✚ 람마 섬 여행 팁
람마 섬에는 스무 개의 작은 마을들이 있는데, 북쪽의 용수완과 남쪽의 소쿠완이 중심이 된다. 이동 루트는 용수완에서 시작해 소쿠완에서 마무리하거나, 반대로 소쿠완에서 시작해 용수완에서 마무리할 수 있다. 보통은 용수완을 시작으로 소쿠완에서 일정을 끝내는 코스를 많이 선택한다. 여유롭게 섬을 둘러보고 싶다면 걷기 편한 복장으로 오후 1시까지는 섬에 도착하는 것이 좋다. 용수완과 소쿠완을 잇는 미니 트레킹 길인 람마 패밀리 트레일 Lamma Family Trail 에는 따로 조명시설이 없기 때문에 날이 어두워지면 이동이 어렵다.

Sightseeing

용수완 Yung Shue Wan 榕樹灣

람마 섬에서 가장 높은 인구 밀도를 가진 마을. 용수완 선착장에서 내리면 부두 양쪽으로 주차된 많은 자전거들이 보인다. 이 섬엔 구급차를 제외하고는 차가 한 대도 없기 때문에 자전거는 이곳 사람들의 주 이동수단이다. 용수완 마을 안쪽으로 들어오면 이국적인 풍경에 살짝 놀라게 되는데, 먼저 파파야 나무가 눈에 띄고, 주인과 함께 산책 나온 개와 파란 눈의 외국인들을 심심치 않게 보게 된다. 이 섬의 주 구성원은 고기잡이나 식당을 운영하는 주민들. 여기에 도심을 피해 섬으로 온 보헤미안들과 홍콩 통근자들까지 다양한 사람들이 모여 자연 속에서 여유로운 삶을 추구하고 있다.

용수완 선착장에서 나와 가장 먼저 발길이 닿는 용수완 메인 스트리트 Yung Shue Wan Main Street 榕樹灣大街는 람마 섬에서 가장 번화한 곳이지만 전혀 복잡하지 않다. 끝에서 끝까지 5~6분밖에 걸리지 않는데 우체국과 은행, 시푸드 레스토랑을 비롯 다양한 국적의 레스토랑과 과일가게, 옷가게, 수공예점, 정육점, 유기농 치즈 가게, 기념품 가게 등 다양한 상점들이 모여 있다. 동서양이 뒤섞여 묘한 이국적인 분위기를 준다.

Access 용수완 선착장에서 부두를 걸어 나와 오른쪽 길로 들어선다.

Sightseeing

람마 패밀리 트레일 Lamma Family Trail 南丫島家樂徑

람마 패밀리 트레일은 람마 섬을 두루 둘러볼 수 있는 등산로이다. 용수완~소쿠완, 모탓완 Mo Tat Wan ~섹파이완 Shek Pai Wan 이 두 코스가 연결되어 있는데, 용수완에서 소쿠완까지 이동하는 미니 트레킹 코스를 소개한다.

홍씽예 비치 뒷길로 바비큐장을 지나면 해안선을 따라 등산로가 나 있는데 홍씽예 비치에서 소쿠완까지 약 1시간 정도가 걸린다. 첫 번째 전망대를 지나면 확 트인 등산로가 펼쳐지고 상쾌한 기분으로 람마 섬의 해안선과 바다 경치를 감상할 수 있다. 출발 후 약 40분 정도면 두 번째 전망대에 도착하는데 소쿠완 선착장 일대가 한눈에 들어온다.

등산길은 한길로 나 있어 쉬우며, 힘들거나 험하지 않아 가볍게 1시간 코스로 걷기 좋다. 하지만 가로등이 없어 날이 어두워지면 이동하기 곤란하므로 일몰 시각과 이동 시간을 염두에 두자.

Access 용수완 선착장에서 홍씽예 비치까지 도보로 20분. 홍씽예 비치 뒷길을 따라 걸으면 소쿠완 이정표가 나온다. 이정표를 따라 소쿠완 방향으로 걸으면 된다. 홍씽예 비치에서 소쿠완까지 1시간 소요.

Sightseeing

흥씽예 비치
Hung Shing Yeh Beach 洪聖爺灣泳灘

람마 섬에서 가장 인기 있는 해변으로 주말엔 사람들로 북적인다. 푸른 숲과 나무로 둘러싸여 있으며 고운 모래사장과 맑은 물을 가지고 있다. 비치 카페와 화장실, 탈의실, 샤워실이 마련되어 있으며 모래사장 뒤로 나무 그늘이 있어 휴식도 취할 수 있다. 또 해변 왼쪽(해변 뒷길로 이동)으로 바비큐를 즐길 수 있는 공간이 있는데 바다가 한눈에 보이는 전망까지 갖추었다.

Access 용수완 선착장에서 도보로 20분.
        용수완 메인 스트리트에서 이정표를 따라 이동한다.

Sightseeing

용수완 틴하우 사원
Yung Shue Wan Tin Hau Temple 榕樹灣天后古廟

언제 처음 지어진 지는 알기 힘드나 1876년에 개보수되었으니 100년이 넘는 역사를 가진 사원이다. 특이한 점은 사원 입구를 지키는 두 사자상. 중국의 전통 사자상이 아니라 서양의 사자 모습을 하고 있다. 1960년대에 사원이 파손되면서 건물과 사자상을 보수하였는데, 중국의 문화대혁명 때 사자상 수출이 금지되면서 난항을 겪어 결국 이 지역 석수가 직접 사자상을 만들었고 그것이 지금의 사자상이 되었다. 사원이 길가 바로 앞에 있어 오며 가며 기도를 드리는 주민들의 모습을 볼 수 있다.

Access 용수완 선착장에서 도보로 7분. 용수완 메인 스트리트를 계속 따라가다 보면 축구장이 보인다. 축구장 맞은편에 있다.
Cost   무료
Address Yung Shue Wan, Lantau Island

Sightseeing

가미가제 그로토
Kamikaze Grottos

제2차 세계대전 당시 일본군이 20~30m의 동굴을 파고 안쪽에 보트를 숨겨서 연합군이 배를 대면 자폭하여 공격을 하기 위해 만들어진 인공동굴이다. 소쿠완의 해안선을 따라 군데군데 파여 있는 인공동굴의 모습을 볼 수 있다.

Access 소쿠완 선착장에서 도보로 10분.

Sightseeing

소쿠완 Sok Kwu Wan 索罟灣

람마 섬 동남쪽에 위치한 작고 조용한 마을이지만 많은 사람들이 저렴한 시푸드 레스토랑 때문에 이곳을 찾는다. 소쿠완 선착장을 따라 해산물 레스토랑들이 길게 늘어서 있는데 그 중 레인보우 시푸드 레스토랑은 식사를 한 고객들에게 무료 페리 서비스를 제공하니 페리 이용에 참고하면 좋다.
선착장 가까이에 소쿠완 틴하우 사원이 있고, 소쿠완 선착장에서 도보로 10분 거리에 일본군이 보트를 숨기기 위해 뚫어 놓은 굴, 가미가제 그로토가 있다.

Access 센트럴 페리 선착장 또는 애버딘 페리 선착장에서 소쿠완행 페리 이용. 소쿠완 선착장 바로 앞.
        용수완에서 람마 패밀리 트레일을 따라 도보로 1시간 20분.

Food
①

레인보우 시푸드 레스토랑
Rainbow Seafood Restaurant 天虹海鮮酒家

소쿠완 선착장 앞에는 시푸드 식당들이 골목을 이루고 있는데 그중 가장 인기 있는 집은 레인보우 시푸드 레스토랑이다. 여러 차례 홍콩 미식대상을 수상해 소문이 자자할 뿐 아니라 레스토랑 고객들에게 무료 셔틀 페리 서비스도 제공하고 있다. 대표 메뉴로는 Rainbow Fish(Garoupa), Steamed Lobster with Garlic Sauce, Baked Lobster with Cheese, Fried Crab with Honey Pepper 등이 있다. 음식 사진이 있는 영어 메뉴판이 있어 쉽게 주문할 수 있고 직원들도 친절한 편이다. 손님이 많은 만큼 주문한 음식이 나오기까지 시간이 걸리기도 한다.
예약을 하면 침사추이, 센트럴, 애버딘 선착장에서 무료 셔틀 페리를 이용할 수 있으며(홈페이지, 전화로 예약이 가능) 식사를 마치고 계산을 하면 페리 시간이 적힌 페리 티켓을 준다. 람마 섬에서 해산물을 먹을 계획이라면 무료 셔틀 페리를 적극 이용해 보자.

Access	레인보우 시푸드 레스토랑의 무료 셔틀 페리를 이용하려면 레스토랑 홈페이지에서 시간표를 참고하여 미리 예약해야 한다. 센트럴에서는 페리 선착장 9번 부두(40분 소요), 침사추이에서는 시계탑 앞의 공용 선착장(40분 소요), 애버딘에서는 오션 카운트 앞의 오션 카운트 선착장 Ocean Count Pier(20분 소요)에서 승선한다. 일반 페리를 이용하려면 센트럴 페리 선착장 4번 부두, 애버딘 페리 선착장에서 소쿠완행 페리에 승선한다. 소쿠완 선착장에서 내려 오른쪽으로 직진하면 무지개가 그려진 간판이 보인다. 또는 용수완 람마 패밀리 트레일을 따라 도보로 1시간 20분 소요. 소쿠완 퍼스트 스트리트 Sok Kwu Wan First Street를 따라 직진하면 바로 나온다.
Open	10:00~23:00
Close	연중무휴
Cost	Steamed Lobster with Garlic Sauce HK$140(1마리) 세트 메뉴 HK$338~398(2인) (SC 10%)
Address	23-25 Sok Kwu Wan First Street, Sok Kwu Wan, Lamma Island
Tel	2982-8100
Web	www.rainbowrest.com.hk

Food ❷

북웜 카페 Bookworm Cafe

규모는 작지만 람마 섬에서 제법 알려진 채식 카페다. 주말 오후엔 좁은 카페 안이 손님들로 꽉 찬다. 한쪽 벽면을 가득 메운 책과 빈티지한 소품이 편안한 분위기를 풍기며 한가롭게 브런치나 음료를 즐기기 좋다. 모든 메뉴는 채식으로 신선한 유기농 메뉴들을 선보인다. 버거와 샌드위치가 HK$50~70선. 샐러드 HK$45~73선이며 플레인 요구르트와 과일이 잘 어우러진 과일 라시를 추천한다.

카페의 책은 책과 책을 맞바꾸는 물물교환 방식으로 바꿔갈 수 있으며 무료로 무선 인터넷을 사용할 수 있다. 용수완~센트럴 페리 시간표가 적힌 카페 명함도 챙겨 가면 좋다.

Access	용수완 선착장에서 나와 오른쪽 용수완 메인 스트리트 Yung Shue Wan Main Street 로 직진. 용수완 메인 스트리트 오른편에 있다. 도보로 6분.
Open	10:00~21:00(월~금) 09:00~22:00(토·공휴일) 09:00~21:00(일)
Close	목요일
Cost	Banana Lassi HK$27(SC 10%)
Address	G/F, 79, Yung Shue Wan Main Street, Yung Shue Wan, Lamma Island
Tel	2982-4838

Food ❸

까이 까이 브레드숍 Kai Kai Bread Shop 佳佳麵飽店

용수완 메인 스트리트에서 지나치기 쉬운 작은 베이커리다. 하지만 놓치면 후회할 만한 에그 타르트를 팔고 있다. 무뚝뚝한 표정으로 갓 구운 에그 타르트를 꺼내주는데 맛은 일품. 바삭함이 전혀 없는 부드러운 홍콩식 에그 타르트의 정석이다. 계란 푸딩이 작은 충격에도 쏟아질 듯 흘러거려 따끈할 때 바로 먹는 것이 좋다. 파인애플 번과 피넛 캔디도 인기.

Access	용수완 선착장에서 도보로 4분. 용수완 선착장에서 나와 오른쪽 용수완 메인 스트리트 Yung Shue Wan Main Street 로 직진. 용수완 메인 스트리트 오른편에 있다.
Open	10:00~18:00
Close	구정연휴
Cost	Egg Tart HK$4.5
Address	G/F, Yung Shue Wan 45 Main Street, Yung Shue Wan, Lamma Island
Tel	2982-2843

Food
❹
미스터 케밥 Mr. Kebab

용수완 메인 스트리트 초입에는 시푸드 레스토랑들이 몰려 있는데, 그 시푸드 레스토랑 터널을 빠져나오면 파란색 건물의 미스터 케밥이 보인다. 본격적인 트레킹에 앞서 살짝 배를 채우고 싶다면 잠시 들러보자. Lamb Doner Roll은 담백하고 깔끔하며, 터키식 커피포트 제즈베에 끓여주는 터키 커피도 쓰지 않으면서 진하다. 기회가 되면 케밥집에서 일하는 파란 눈의 외국인과 대화를 나눠 봐도 좋다. 케밥도 먹고, 람마 섬 정보도 얻어간다면 일석이조.

Access	용수완 선착장에서 나와 오른쪽 용수완 메인 스트리트로 직진, 용수완 메인 스트리트 왼편에 있다. 도보로 3분.
Open	11:00~23:00
Close	연중무휴
Cost	Lamb Doner Roll HK$45 Turkish Coffee HK$15
Address	G/F, 23 Yung Shue Wan Main Street, Yung Shue Wan, Lamma Island
Tel	2982-1099

Food
❺
낀힝 두부 디저트 Kin Hing Tofu Dessert 建興亞婆豆腐花

홍씽예 비치로 가는 길, 천막만 두른 허름한 가게를 보고는 정체가 궁금해진다. 정확한 주소도 전화도 없지만 순두부 푸딩 도우푸파 하나로 맛집 리스트에 오르는 유명한 집이다. 도우푸파는 순두부 위에 소스를 얹어 먹는 중국식 두부 디저트인데, 홍콩에선 보통 달콤한 생강 시럽이 올라간다. 두부 특유의 콩단백질 풍미가 적어 두부를 좋아하지 않는 사람도 도전해볼 만하다. 입구에서 할머니가 손수 도우푸파를 떠 주시는데 따뜻한 것과 차가운 것 두 종류가 있다. HK$1를 더 내면 포장도 가능. 홍씽예 비치에서 바다를 보며 즐겨도 좋다.

Access	용수완 선착장에서 나와 이정표를 따라 홍씽예 비치 방향으로 걷는다. 홍씽예 비치에 다다르기 전 오른편에 있다. 도보로 20분.
Open	10:00~18:00
Close	연중무휴
Cost	Dou Fu Fa(Dou Fu Flower) HK$8, HK$9(포장)
Address	Yung Shue Wan Back Street, Yung Shue Wan, Lamma Island

The Other Part of Hong Kong 기타 지역

삼수이포 Sham Shui Po 深水埗

Sightseeing

드래곤 센터 Dragon Center 西九龍中心

10층 높이의 복합 쇼핑센터로 홍콩 건축가협회 디자인상을 받았을 정도로 밤에는 특히 아름다운 모습을 뽐낸다. 보시니와 지오다노를 제외하고는 우리에게 알려지지 않은 로컬 브랜드들이 대부분 들어서 있고 레스토랑도 아지센, 요시노야, 피자헛 등 프랜차이즈, 패스트푸드점이 대부분이다. 8층에는 실내 스케이트장을 비롯해 푸드코트도 찾아볼 수 있다.

Access	삼수이포역 C2 출구로 나와 오른쪽으로 약 150m
Open	10:00~22:00 (매장에 따라 다름)
Close	구정연휴 · 1/1
Address	37K Yen Chow Street, Sham Shui Po
Web	www.dragoncentre.com.hk

Sightseeing

문구 밀집 거리

푹윙 스트리트 Fuk Wing Street를 따라 문구와 소품을 파는 가게들이 몇몇 모여 있다. 아기자기하고 귀여운 분위기는 아니고 가게마다 캐릭터 인형이나 장식품 등 소박한 분위기의 상점들이 대부분이다. 주변에 먹을 만한 레스토랑들이 다수 모여 있어 식사를 즐기기에도 좋다.

Access	삼수이포역 B2 출구로 나와 직진, 두 번째 블록에서 오른쪽으로 가다 보면 나온다.
Open	10:00~21:00 (상점마다 다름)
Close	구정연휴 · 1/1 (상점마다 다름)
Address	Fuk Wing Street, Sham Shui Po

Sightseeing

압리우 스트리트 Apliu Street 鴨寮街

우리나라의 용산 전자상가와 황학동 벼룩시장의 분위기를 짬뽕해 놓은 듯한 느낌의 거리이다. 주변에 전자상가가 많이 자리하고 있지만 압리우 스트리트를 따라서는 전문적인 전자제품보다는 자질구레한 전자 소모품과 액세서리 등이 대부분이다. 여행자들에게 필요한 멀티 콘센트 등의 용품도 찾아볼 수 있다.

Access	삼수이포역 C2 혹은 A2 출구로 연결된다.
Open	10:00~22:00 (상점마다 다름)
Close	구정연휴 · 1/1 (상점마다 다름)
Address	Apliu Street, Sham Shui Po

Food

팀호완 Tim Ho Wan 添好運

포 시즌스 주방장 출신 딤섬집으로 유명한 몽콕의 팀호완이 낸 분점이다. 몽콕 본점보다 훨씬 매장도 크고 깨끗하지만 맛은 몽콕 본점이 월등히 나은 편. 몽콕의 긴 대기시간이 불만이거나 삼수이포에 온 김에 들러볼 예정이라면 모를까 이왕이면 몽콕의 본점을 방문하는 것이 훨씬 낫다.

Access	삼수이포역 B2로 나와 앞으로 두 블록쯤 가면 푹윙 스트리트 Fuk Wing Street가 나온다. 오른쪽으로 꺾어 푹윙 스트리트를 따라 약 10분 정도 걷다 보면 멀리 정면에 'ㄱ'자 모양의 대형 팀호완 간판이 보인다.
Open	08:00~22:00
Close	구정연휴
Cost	딤섬 HK$10~18 티 차지 HK$2
Address	G/F, 9-11 Fuk Wing Street, Sham Shui Po
Tel	2788-1226

샤틴 Sha Tin 沙田

Food

샤틴 18 Sha Tin 18 沙田18

정통 차이니즈 레스토랑 샤틴 18은 칸토니즈와 중국 북쪽 지방의 요리를 전문으로 취급한다. 야외 테라스를 갖춘 실내는 기존의 고루한 중식당과는 달리 모던하고 활기찬 느낌이다. 이런 활기찬 느낌은 4개의 분리된 오픈 키친에서 만들어진다. 눈코 뜰 새 없이 바쁜 수타면 코너, 바비큐, 딤섬, 디저트 섹션의 셰프의 모습은 자못 진지하다. 이곳은 특히 제대로 된 페킹 덕을 맛볼 수 있는 곳으로 유명한데 북경에서 건너온 셰프가 정성스레 3가지 형태로 페킹 덕을 눈앞에서 서브해준다. 이곳의 자랑 에그 타르트와 독특한 재료로 맛을 낸 디저트 메뉴는 꼭 맛볼 것.

Access	하얏트 리젠시 샤틴 4층에 위치.
Open	**런치** 11:30~15:00(월~금)
	10:30~15:00(주말·공휴일)
	애프터눈 티 15:00~16:30
	(주말·공휴일)
	디너 17:30~22:30
Close	연중무휴
Cost	Whole Peking Duck HK$498
	(3 Dishes)(SC 10%)
Address	4/F Hyatt Regency Hong Kong
	Sha Tin 18 Chak Cheung Street,
	Sha Tin, New Territoiries
Tel	3723-1234
Web	www.hongkong.shatin.hyatt.com

Spa

멜로 스파 Melo Spa

뉴 테러토리에 세계적인 브랜드로는 처음 상륙한 멜로 스파. 멜로 스파라는 이름은 포멜로에서 만들어졌는데 실제로 이곳에서는 신선한 샤틴의 포멜로를 사용한 다양한 보디 트리트먼트와 페이셜 트리트먼트를 받을 수 있다. 내부는 대나무, 조개, 나무 등을 사용한 친자연적인 느낌의 인테리어로 꾸며져 있다. 심지어 이곳에서 사용되는 리넨 역시 대나무 실크로 만들어졌다고. 멜로 스파에서는 42단계에 걸친 페이셜 트리트먼트가 유명한데 홍콩 현지의 호텔리어들도 추천해 마지 않을 정도로 평이 좋다.

Access	하얏트 리젠시 샤틴 4층에 위치.
Open	09:00~23:30
Close	연중무휴
Cost	Melo Signature C Facial
	HK$800(60분)
	Melo Signature Massage
	HK$850(60분)
Address	4/F Hyatt Regency Hong Kong
	Sha Tin 18 Chak Cheung Street,
	Sha Tin, New Territoiries
Tel	3723-7684
Web	www.hongkong.shatin.hyatt.com

Shopping ❶
뉴 타운 플라자 New Town Plaza 新城市廣場

400여 개의 브랜드들이 입점해 있는 뉴 테러토리 최대의 쇼핑몰로 홍콩에서 3번째 큰 규모를 자랑한다. Phase-1, Phase-3, Home Square로 구분되어 있으며 Phase-2에는 상업지구와 파크 호텔 등이 자리하고 있다.
ZARA, 막스 앤 스펜서, D-Mop, I.T 등 다양한 패스트 패션 매장과 편집숍 등 없는 브랜드가 없을 정도로 방대한 규모를 자랑한다.
세계 최대의 하이 퀄리티 애완용품 체인 Q-Pets는 애견가들이라면 놓치지 말아야 할 매장이다. Burberry Black & Blue Label도 들어서 있어 버버리 마니아들에게 추천할 만하다.

Access	샤틴역 A1 출구와 연결된다.
Open	10:00~22:00
Close	구정연휴
Address	Sha Tin Centre Street, Sha Tin, New Territories
Tel	2684-9175
Web	www.newtownplaza.com.hk

Shopping ❷
스누피 월드 Snoopy World

일부러 찾을 정도로 볼거리가 풍성하진 않지만 뉴 타운 플라자에 방문했다면 한 번쯤 둘러볼 만하다. 찰리 브라운과 스누피 등 귀여운 캐릭터들로 아기자기하게 꾸며져 있다. 뉴 타운 플라자에서 쇼핑한 영수증을 제시하면 이곳에 설치된 2인승 미니 카누도 탈 수 있다(단, 주말에는 HK$100 이상의 영수증만 해당).

Access	뉴 타운 플라자 Phase-1, L3층에 있다.
Open	10:00~20:00 Close 구정연휴
Cost	무료
Address	L3/F, New Town Plaza, Sha Tin Centre Street, Sha Tin, New Territories

Shopping ❸
이케아 IKEA

홍콩에 상륙한 3개의 이케아 매장 중 하나이다. 코즈웨이 베이 지점과 분위기나 아이템이 별다르지 않다. 각종 생활용품과 가구, 잡화 등을 저렴한 가격에 구입할 수 있다. 이케아 매장에는 간단히 식사를 해결할 수 있는 레스토랑도 있는데 가격 대비 만족도가 높은 곳으로 유명하다(평일 08:00~22:00, 주말 09:30~22:00).

Access	샤틴역 B 출구로 나와 왼쪽으로 꺾어 내려가는 길을 따라 앞으로 쭉 직진하다 보면 길 건너편에 홈 스퀘어가 나오는데 홈 스퀘어 L6층에 있다.
Open	10:30~22:30
Close	구정연휴
Address	L6, Home Square, 138 Sha Tin Rural Committee Road, Sha Tin New Territories
Tel	3125-0888
Web	www.ikea.com/hk

Hotel
❶
하얏트 리젠시 샤틴 Hyatt Regency Sha Tin

2009년 2월에 오픈한 호텔로 567개의 객실을 갖추고 있다. 객실은 스탠더드룸을 제외하곤 모두 키친이 딸린 스위트룸으로 구성되어 있다. 객실이 많기로 홍콩에서 손꼽히면서도 여유 있는 느낌이 들 정도로 객실 사이즈가 상당히 큰 편이며 컨디션도 최상으로 관리되고 있다. 야외에 자리한 25m의 시원스러운 수영장, 세계적으로 유명한 멜로 스파. 다양한 레스토랑들은 위치적인 불리함을 커버하고도 남을 만큼 매력적이다. 샤틴역과 침사추이까지 무료로 셔틀 서비스를 제공하고 있다. 또, 이곳의 애플파이는 설탕을 전혀 사용하지 않고 유기농으로 만들어 일부러 찾는 사람들이 많을 정도로 인기가 있다고 한다.
스파와 숙박을 결합한 다양한 패키지를 제공하는데 가격 면에서도 매력이 있어 신혼여행객이라면 이용해볼 만하다.

Access	유니버시티역에서 나오면 바로 보인다.
Cost	Mountain View King HK$1,000~
Address	18 Chak Cheung Street, Sha Tin, New Territories
Tel	3723-1234
Web	www.hongkong.shatin.hyatt.com

Hong Kong | Sha Tin

사이쿵 Sai Kung 西貢

Sightseeing

해산물 레스토랑가

소박한 어촌 마을을 주말이면 방문객들로 활기 넘치게 만들어주는 일등 공신 중 하나가 해산물 식당가이다. 흥정이 가능해 도심보다 저렴한 가격에 해산물을 즐길 수 있어 현지인들에게는 인기가 있지만 여행자에게는 그림의 떡. 메뉴 속 사이드 메뉴들은 살짝 비싼 느낌까지 든다. 어촌 느낌 물씬 나는 해변에서 엄청나게 크고 신선한 해산물을 맛보는 것에 만족하자.

Access 쿤통선 초이훙Choi-Hung역 C2 출구 정면으로 조금 앞으로 가면 버스 정류장이 있다. 92번 버스를 타고 종점에 하차한다(약 30분 정도 소요). 정류장에서 바로 보이는 해변 산책로를 따라 오른쪽으로 조금 걷다 보면 있다.
Open 11:00~23:00(업소마다 다름)
Close 구정연휴(업소마다 다름)
Address Sai Kung Water Promenade, Sai Kung

Sightseeing

해변 산책로

침사추이 근처의 다른 해변 산책로와는 사뭇 다른 느낌의 소박한 산책로이다. 한 가로이 산책을 즐기는 사람들과 바로 옆 사이쿵 선착장의 활기찬 모습이 대조적이다. 배가 들어올 때면 신선한 해산물을 거래하는 사람들의 모습이 인상적인데 현지인에게는 저렴하게 해산물을 구입할 수 있는 절호의 찬스이지만 소통이 불가한 여행자에게는 무리이다.

Access 쿤통선 초이훙Choi-Hung역 C2 출구 정면으로 조금 앞으로 가면 버스 정류장이 있다. 92번 버스를 타고 종점에 하차한다(약 30분 정도 소요). 정류장에서 바로 보인다.
Address Sai Kung Water Promenade, Sai Kung

Sightseeing

올드타운

낡고 다닥다닥하게 붙은 옛집들이 오묘한 분위기를 내뿜는 곳이다. 별다리 할 거리나 볼거리가 있는 곳은 아니지만 산책 삼아 둘러보는 것도 좋겠다. 중간 중간 알록달록하게 꾸며진 카페나 식당들이 있어 숨은그림찾기 하는 느낌도 든다.

Access 해변 산책로를 따라 왼쪽으로 걷다가 보면 해산물 식당가를 지나 나온다.

섹오 Shek O 石澳

Sightseeing

❶ 섹오 Shek O 石澳

홍콩 섬 남동쪽의 작은 바닷가 마을 섹오는 아름답고 조용한 해변과 매력적인 트레킹 코스로 많은 이들의 사랑을 받고 있는 지역이다.
드래곤스 백 트레킹Dragon's Back Trekking(9번 버스, 케이프 콜린슨Cape Collinson역 하차)은 더 타임스가 뽑은 아시아 최고의 트레킹 코스로 선정된 바 있으며 일반 여행자들도 자주 찾는 인기 넘버원 코스다. 해발 284m의 섹오 피크Shek O Peak 주변을 걸으며 산 아래로 아름다운 해안을 훤히 내려다볼 수 있어 더욱 인기다. 총 길이는 4.5km로 2~3시간이면 돌아볼 수 있어 부담 없다.
섹오 빌리지Shek O Village(9번 버스, 종점 하차)는 2000여 명이 거주하는 작은 마을로 한적한 느낌이 물씬 풍기는 아담한 마을이다. 중세풍 가옥과 틴하우 사원, 곳곳에서 찾아볼 수 있는 컬러풀하고 귀여운 카페와 몇몇 레스토랑이 전부다.
섹오 비치Shek O Beach(9번 버스, 종점 하차)는 섹오 마을에서 3분이면 닿는 길이 약 400m 정도의 작은 해변이다. 해양 스포츠, 해수욕, 바비큐를 즐기려는 현지인들로 주말이면 항상 북적거린다. 수질도 상당히 훌륭한 편이고 아늑한 분위기가 느껴진다. 해변에 해양스포츠용품 대여, 샤워실, 화장실이 구비되어 있으며 양쪽으로 유·무료 바비큐 시설도 설치되어 있다.

Access 샤우케이완Shau Kei Wan역 A3 출구로 나오면 보이는 버스 정류장에서 9번 버스를 탄다. 드래곤스 백 트레킹은 케이프 콜린슨역에, 섹오 빌리지와 섹오 비치를 갈 경우 종점에 내리면 된다.

쿤통 Kwun Tong 觀塘

Shopping

에이피엠 apm

쿤통 에이피엠은 복합문화쇼핑몰이다. 2005년 4월에 오픈했으며, 10개 층에 100여 개의 쇼핑 숍과 50여 개의 레스토랑이 입점해 있고 시네플렉스, 가라오케, 펍 등 엔터테인먼트 요소까지 두루 갖추고 있다.

am과 pm을 합성한 apm이라는 이름처럼 낮부터 밤늦게까지 운영되는데, 쇼핑 숍은 밤 12시, 레스토랑은 새벽 2시, 노래방과 펍은 새벽 5시까지 운영된다.

대형 스크린과 곳곳에 설치된 140여 개의 TV에서는 뉴스, 영화, 음악 등이 쉴 새 없이 나와 활기찬 분위기가 연출된다. 1층과 3층, 3층과 5층을 연결하는 익스프레스 에스컬레이터가 인상적이다. 또, L1층에는 복합 라이프스타일몰 LOG ON도 자리하고 있으며 LG층에는 일본계 슈퍼마켓 JUSCO도 입점해 있다.

Access	쿤통역 A2번 출구와 연결.
Open	12:00~00:00
Close	구정연휴
Address	Millennium City 5, 418 Kwun Tong Road, Kowloon
Tel	2267-0500
Web	www.apm-millenniumcity.com

포트리스 힐 Fortress Hill 炮台山

Food

유에 Yue 粵

인지도가 떨어지는 시티 가든 내에 위치하고 있지만 홍콩에서 손꼽히는 칸토니즈 요리를 맛볼 수 있는 곳이다. 유에에서 가장 우선적으로 주문해야 할 것은 홍콩 관광청이 주최하는 Gold with Distinction Award에서 생선, 새우, 게 부문 금상을 받은 Seared Garoupa Fillet Stuffed with Fish Maw in Truffle Sauce and Layered Egg Whites. 달걀 흰자와 채소로 색을 낸 하얀색, 주황색, 연두색 소스를 가루파 필레 아래 레이어드 했는데 입에서 살살 녹는 부드러운 맛도 일품이지만 비주얼도 훌륭하여 마치 예술작품을 보는 듯한 느낌이 든다. 평범해 보이지만 새콤달콤한 맛이 훌륭한 Holland Tomato in Pomelo Vinegar도 시도해볼 만하다. 유에의 모든 딤섬 메뉴들은 스타일이 살아 있다. 단적인 예로 평범할 수 있는 짱편도 유에에서는 채소로 색을 내어 핑크빛이 돈다. 홍콩에서 손꼽히는 크리에이티브한 딤섬을 맛보고 싶다면 유에는 훌륭한 선택이 될 것이다.

Access	시티 가든 호텔 1층에 위치.
Open	11:30~15:00(월~금)
	10:30~15:00(주말·공휴일)
	18:00~23:00
Close	연중무휴
Cost	Seared Garoupa Fillet Stuffed with Fish Maw in Truffle Sauce and Layered Egg Whites HK$75 Holland Tomato in Pomelo Vinegar HK$48(SC 10%)
Address	1/F, City Garden Hotel, 9 City Garden Road, North Point
Tel	2806-4918
Web	www.sino-hotels.com/City_Garden_Hotel

Food

콴척힌 Kwan Cheuk Heen 君綽軒

하버 그랜드 홍콩의 부속 레스토랑으로 정통 광동요리를 취급하는 레스토랑이다. 도심과 다소 떨어져 있어 한적한 기분으로 여유롭게 식사를 즐기고 싶을 때 추천한다. 메뉴는 계절에 따라 제철 음식으로 그때그때 바뀌는데 특히 늦가을 털게 시즌에는 Sauteed Hairy Crab Roe with Salted Egg Yolk Served with Crisp Rice Cracker를 반드시 맛보자. 바삭바삭한 크래커 위에 올려진 고소한 게살의 조화가 환상이다. 큼지막한 전복이 통째로 올려진 아발론 퍼프 또한 이 집의 잘 나가는 메뉴. 식사도 식사지만 콴척힌의 유명한 디저트 메뉴를 빼놓으면 섭섭하다. 신선한 통 구아바 안에 차게 식힌 사고 크림과 구아바 과육, 포멜로를 채워 서브하는 Chilled Sago Cream with Fresh Guava And Pomelo를 한입 맛보면 입 안에서 말할 수 없이 상큼한 느낌이 든다.

Access	포트리스 힐역 A 출구로 나오면 오일 스트리트가 보인다. 오일 스트리트를 따라 안쪽으로 쭉 들어가면 길 끝에 하버 그랜드 홍콩이 보인다. 하버 그랜드 홍콩 5층에 있다.
Open	12:00~14:30(평일)
	11:00~15:00(주말·공휴일)
	18:30~22:30
Close	연중무휴
Cost	Sauteed Hairy Crab Roe with Salted Egg Yolk Served with Crisp Rice Cracker HK$128 Abalone Puff HK$78(1pc) Chilled Sago Cream with Fresh Guava And PomeloHK$38 (SC 10%)
Address	5/F, Harbour Grand Hong Kong, 23 Oil Street, North Point
Tel	2121-2691
Web	www.harbourgrand.com

Hotel

시티 가든 호텔 City Garden Hotel

613개의 객실을 보유하고 있는 대형 호텔로 고급스럽거나 화려하진 않지만 평범하고 깔끔한 객실과 합리적인 가격으로 도심만을 고집하지 않는다면 좋은 선택이 될 수 있겠다. 작지만 수영장도 갖추고 있으며 사테 인, 유에 등 걸출한 레스토랑도 운영하고 있다. 코즈웨이 베이, 완차이까지 무료로 셔틀 서비스를 제공한다.

Access 포트리스 힐역 B 출구에서 도보 약 4분.
Cost 디럭스 HK$1,030~
Address 9 City Garden Road, North Point
Tel 2887-2888
Web www.sino-hotels.com/City_Garden_Hotel

Hotel

예스 인 Yes Inn

2인이 쓸 수 있는 트윈룸부터 8인 도미토리룸까지 다양한 객실을 갖추고 있다. 각 룸에 샤워실과 화장실, 에어컨 등이 갖추어져 있으며 무료로 인터넷 이용이 가능하다. 단 타월은 HK$2를 주고 대여해야 하는데 상태가 별로 좋지 않으므로 미리 준비해 가는 것이 좋다. 주변에 레스토랑, 편의점 등 편의시설이 충분하고 지하철역과도 가까워 도심만을 고집하지 않는다면 추천할 만하다.

Access 포트리스 힐역 B 출구로 나와 오른쪽으로 꺾어 직진한다. 왓슨스 앞 횡단보도를 건너 계속 직진하다 오른편에 세븐일레븐이 보이면 바로 옆이 컨티넨탈 맨션이다.
Cost 도미토리 HK$109~, 1인실 HK$268~, 2인실 HK$318~
Address Flat B, 15/F, Front Block, Continental Mansion, 294 King's Road, Fortress Hill
Tel 2881-7077
Web www.yesinn.com

Hotel

하버 그랜드 홍콩 Harbour Grand Hong Kong

수백 개의 스와로브스키 크리스털이 촘촘히 박혀 있는 샹들리에가 로비를 한층 우아하게 느끼게 한다. 더구나 저녁 7시에서 9시까지 이 우아한 로비에 라이브 하프 연주까지 더해져 동화 속 무도회장에 있는 듯한 느낌이 들 정도다. 아르누보 스타일의 가구와 심플한 베이지색이 어우러져 차분한 느낌이 든다. 수영장은 27m로 규모도 크고 자동 온도 조절이 되어 사계절 내내 수영하기에 무리가 없으며 피트니스 센터도 24시간 이용이 가능하다. 5개의 레스토랑을 보유하고 있으며 그중 하버 그랜드 카페에서는 올데이 뷔페를 제공하는데 런치에도 게와 신선한 회까지 서브돼 가격 대비 최강이다. 저녁에는 페킹 덕까지 선보인다고 한다. Le 188도는 모던 유러피언 푸드와 세미 뷔페를 제공하는데 레스토랑 가운데 피아노가 놓여 있고 둥글게 테이블이 배치되어 이름처럼 188도의 환상적인 뷰를 감상할 수 있다. 날씨가 좋은 날엔 홍콩 전역을 볼 수 있을 정도라고.

Access 포트리스 힐역 A 출구로 나오면 오일 스트리트가 보인다. 오일 스트리트를 따라 안쪽으로 쭉 들어가면 길 끝에 보인다.
Cost 디럭스 HK$1,480~
Address 23 Oil Street, North Point
Tel 2121-2688
Web www.harbourgrand.com

타이쿠 Tai Koo 太古

Food

웨스트 빌라 West Villa 西苑

평일, 주말을 막론하고 식사를 즐기려는 가족단위 손님들로 언제나 만석이 되는 레스토랑이다. 성완에도 또 하나의 지점을 가지고 있지만 제대로 맛이 있는 차슈를 맛보려면 이곳 타이쿠역 지점을 방문하자. 달콤한 꿀 소스에 재워 보드랍게 익힌 차슈 Sliced BBQ Pork는 웨스트 빌라에서 반드시 시도해 보아야 할 메뉴. 윤기가 자르르 흐르는 달콤한 돼지고기가 입에서 살살 녹는다. 겉을 바삭바삭하게 구운 Baked BBQ Pork Buns와 담백하고 고소한 Pan-Fried Turnip Pudding with XO Sauce도 맛있다. 꽈배기에 밀가루를 돌돌 말아 낸 Steamed Floury Roll with BBQ Pork는 간장에 살짝 찍어 땅콩소스와 스위트 소스를 골고루 섞어 찍어 먹으면 더욱 맛있다. 딤섬은 점심에만 서브되는데 가격은 HK$19~32선으로 평일 낮 12시 30분 이전, 일요일 및 공휴일은 12시 이전에 방문하면 모든 딤섬을 HK$19에 맛볼 수 있다.

Access	타이쿠역 E1 출구와 연결된 시티플라자 2층에 있다.
Open	11:00~15:00(월~토) 10:00~16:00, 18:00~22:30 (일·공휴일)
Close	구정연휴
Cost	Sliced BBQ Pork(大哥叉燒) HK$68 Baked BBQ Pork Buns HK$28 Pan-Fried Turnip Pudding with XO Sauce HK$42(SC 10%)
Address	Unit 208, Cityplaza, 18 Tai Koo Shing Road, Island East
Tel	2885-4478
Web	www.westvillahk.com (웹에서만 접속 가능)

Food

스시 도코로 히카리 Sushi Dokoro Hikari 鮨処 光

2011년 오픈한 스시 도코로 히카리는 26석을 갖춘 작은 규모의 레스토랑으로 여행자보다는 현지인 단골손님이 많은 곳이다. 이곳의 요리를 책임지는 셰프는 홍콩 출신의 젊은 셰프로 11세부터 지금까지 20여 년 간 일식집에서 일해 왔을 정도로 열정이 넘치며 늘 창의력 넘치는 요리들을 선보인다. 그중 귀한 생선인 킨키피시를 회와 그릴의 2가지 방법으로 조리한 요리는 생선 내장을 이용해 만든 회 소스부터 시작해 스타일링까지 세심함이 돋보인다. 가격에서 메리트가 있는 스시 세트를 맛보거나 일본 전역에서 수입하는 사케 한 잔에 애피타이저 플래터(안주 모듬)를 주문해 느긋하게 맛보는 것도 좋겠다.

Access	MTR 틴하우역 A1 출구로 나와 왼쪽으로 보이는 첫 번째 골목에 Ngan Mok Street가 나온다. 그 길을 따라 직진하다 오른쪽으로 버터플라이 온 빅토리아 호텔이 보이면 왼쪽으로 꺾어져 5m 정도 가면 좌측에 보인다.
Open	12:00~15:00, 18:00~23:00(월~토) 12:00~15:30, 18:00~22:00 (일·공휴일)
Close	연중무휴
Cost	킨키피시 HK$730(시간에 따라 변동 가능. 1일 전 예약 필수), 스시 HK$20~180(SC 10%)
Address	G/F, 4 Lau Li Street, Hong Kong
Tel	2566-3801

Food
❸
슈가 Sugar

슈가는 이름처럼 주로 현지 거주 외국인들과 직장인들이 퇴근 후 달콤한 휴식 시간을 보내는 숨겨진 핫 플레이스이다. 메인 지역에서 다소 떨어져 있는 탓에 아직까진 여행자들의 모습은 찾아보기 어렵다. 바(라운지) 공간과 데크(테라스) 공간으로 나뉘어 있는데 바는 모던하고 스타일리시하게, 데크는 여유롭고 편안하게 꾸며져 있다. 특히 데크는 다른 곳과는 또 다른 느낌인 이스트 하버의 평화롭고 아름다운 전경이 한눈에 들어온다. 매일 디제잉 타임도 있어 흥겨운 분위기가 연출되기도 한다.

Access	MTR 타이쿠역 D1 출구에서 바로 보이는 이스트 호텔 32층.
Open	17:00~01:00(월~목), 17:00~01:30(금~토 · 공휴일 전날), 12:00~00:00(일)
Close	연중무휴
Cost	칵테일 HK$50~, 맥주 HK$35, 하우스 와인 HK$50(SC 10%)
Address	32/F, EAST 29 Taikoo Shing Road, Island East
Tel	3968-3738
Web	www.sugar-hongkong.com

Food
❹
피스트 Feast

본질을 살린 음식과 서비스라는 모토를 가진 피스트. 그에 걸맞게 과하지 않은 음식 종류이지만 하나하나 심혈을 기울였다는 느낌을 받을 정도로 만족도가 높다. 이곳은 뷔페와 단품 메뉴가 혼합된 시스템으로 정해진 메인 메뉴 중 하나를 고를 경우 샐러드 바를 무한 제공하는 형태이다. 정해진 메인 메뉴 이외의 메뉴를 주문하고 싶은 경우 샐러드 바는 HK$340의 추가 요금이 있으니 가능하면 정해진 메뉴를 선택하는 것이 훨씬 이득이다. 디너에는 특히 오이스터 뷔페 코너를 운영하며 런치에는 메인 선택의 폭이 줄며 오이스터를 이용할 수 없다. 수요일에는 테마 뷔페가 다양하게 준비되어 가격의 변동이 있으니 방문 전 문의하자.

Access	MTR 타이쿠역 D1 출구로 나오면 앞에 바로 보이는 이스트 호텔 1층 (우리나라 개념으로 2층).
Open	06:30~23:00
Close	연중무휴
Cost	런치 뷔페 HK$235 디너 뷔페 HK$395, 주스 HK$40~ (SC 10%)
Address	1/F, EAST 29 Taikoo Shing Road, Island East
Tel	3968-3777
Web	www.youdbemuchbetterhere.com

Shopping
①

시티플라자 Cityplaza 太古城中心

시티플라자는 스와이어 그룹이 오픈한 대형 쇼핑몰로, 여행자보다는 현지인이 주로 찾는다. 시내에서 조금 떨어진 타이쿠역에 자리하고 있지만 이주에닷컴, Bread & Butter, b+ab, 5cm, 조이 & 피스, 스타카토 등 없는 브랜드가 없을 정도로 다양한 브랜드와 공원, 분수, 아이스링크, 영화관 등 현지인을 위한 편의시설도 잘 갖추어져 있어 항상 많은 사람들로 붐빈다. 특히 시티플라자에 위치한 유니클로, H & M, 막스 앤 스펜서, 무지 등의 매장은 상당히 규모가 큰 편이고 상품도 다양하게 갖추어져 있다. 쇼핑몰 내부에 윙온 백화점이 입점되어 있다. 비교적 다양하게 상품이 갖추어져 있는 로컬 브랜드숍 위주로 둘러보는 것이 좋으며 디자인이 아기자기하고 품질도 좋은 Crabtree & Evelyn도 꼭 둘러보자.

Access	타이쿠역 E1, D2 출구와 연결된다.
Open	07:00~00:00
Close	구정연휴
Address	18 Taikoo Shing Road, Tai Koo Shing, Island East
Tel	2568-8665
Web	www.cityplaza.com

Hotel
①

이스트 호텔 East Hong Kong

어퍼 하우스, 퍼시픽 플레이스 등 수많은 호텔과 쇼핑몰을 가지고 있는 홍콩 굴지의 스와이어 그룹의 야심작이다. 애드미럴티 최고의 부티크 호텔 어퍼 하우스만 봐도 짐작이 가듯 이스트 호텔 또한 콘셉트가 확실한 비즈니스호텔이다.
이스트 호텔의 스타일은 로비에 들어서자마자 확실히 느껴진다. 유난히 높은 천장에 심플한 조형물과 여유로운 공간이 세련된 느낌이다. 또, 여느 호텔과 달리 캐주얼한 복장의 직원들은 모니터 화면을 통해 체크인 수속을 하고 손님들 또한 아이패드에 확인을 하고 사인을 한다. 객실 내부 또한 모던하기 그지없다. 베이지 톤의 차분한 객실 내부에 최소한의 가구 배치가 오히려 고급스러운 모습을 더한다. 피스트가 위치한 1층에서 시티 플라자와 바로 연결이 되어 레스토랑, 슈퍼마켓 이용과 쇼핑 등을 즐기기에 편리하다.

Access	타이쿠역 D1 역에서 나오면 바로 보인다.
Cost	Urban View USD165~
Address	29 Tai Koo Shing Road, Tai Koo Shing, Island East
Tel	3968-3968
Web	www.east-hongkong.com

외곽 지역

Food

① 사테 인 Satay Inn 沙嗲軒

정통 싱가포르, 말레이시아 요리를 전문으로 하는 레스토랑으로 로열 퍼시픽 호텔에서도 만나볼 수 있다. 내부는 벽을 따라 길게 늘어서 있는 연두색 소파석을 중심으로 심플하게 꾸며져 있다.
6개가 제공되는 사테도 맛나고 이름과는 달리 당근하고 전혀 상관없는 Fried Carrot Cake나 Hainanese Chicken Rice 등도 우리 입맛에 잘 맞는다. 식사 후에는 우리나라 팥빙수와 비슷한 아이스 까창을 주문해 보자. 잘게 간 얼음 위에 색소가 얹어 나오는데 달콤하고 시원한 맛이 그만이다.

Access	홍콩 골드 코스트 호텔 내 G/F에 위치.
Open	**런치** 11:30~15:00(월~금)
	디너 18:00~23:00(월~금)
	11:00~23:00(주말·공휴일)
Close	연중무휴
Cost	Homemade Barley Water HK$38
	Hainanese Chicken Rice HK$150(Half)
	Fried Carrot Cake HK$75
	Satay HK$75(6pcs)
	Hokkien Pohpia HK$48
	Ice Kachang HK$55(SC 10%)
Address	G/F, Hong Kong Gold Coast Hotel, 1 Castle Peak Road, Tuen Mun
Tel	2452-8822
Web	www.goldcoast.com.hk

Shopping

① 골드 코스트 광장 Gold Coast Piazza 黃金海岸商場

골드 코스트 광장은 골드 코스트 호텔에서 도보로 3~4분 정도 떨어진 Castle Peak 해안가에 위치해 있다. 슈퍼마켓, 레스토랑, 마사지숍 등이 모여 있으며 레스토랑이 주를 이루고 있다.
이태리, 중동, 태국, 프랑스, 이탈리아, 일본, 중동 등 다양한 레스토랑이 자리하고 있는데 보통 오전 11시~12시부터 영업을 시작한다.
ATM(24시간), 왓슨스(11:00~20:30), Market Place(08:00~22:00), 세븐일레븐(24시간)이 있어 광장 안에서 간단한 쇼핑과 장보기가 가능하다. 뷰티·스파·마사지숍(보통 11:00~21:00), 세탁소(월~토 08:00~19:00, 일 09:00~18:00), 포토 센터(10:00~19:00)도 마련되어 있다.
광장에선 매주 일요일 오후 문화공연이 열리며, 해안가를 따라 기념품과 공예품을 파는 파라솔이 줄지어 서 있다.

Access	홍콩 골드 코스트 호텔에서 이정표를 따라 도보로 4분. 홍콩 시내 코즈웨이 베이(코즈웨이 베이역 D2번 출구)에서 962번 버스, 애드미럴티(애드미럴티역 B번 출구)에서 962B번 버스를 타고 Hong Kong Gold Coast, Castle Peak Road에서 하차, 또는 침사추이 로열 퍼시픽 호텔 & 타워 지하에서 셔틀버스 이용 (08:00~23:00 1시간 간격 운행).
Open	매장마다 다름
Close	구정연휴(매장마다 다름)
Address	Hong Kong Gold Coast Piazza, 1 Castle Peak Road, Tuen Mun
Tel	2452-6566
Web	www.goldcoast.com.hk

Hotel

홍콩 골드 코스트 호텔 Hong Kong Gold Coast Hotel

홍콩이 자동차와 사람, 쇼핑몰로만 가득 찬 답답한 도시라고 생각되었다면 하루쯤 시간 내어 홍콩 골드 코스트 호텔에 묵어보는 것은 어떨까? 푸르른 잔디밭과 해안을 따라 난 산책길, 커다란 수영장 등 마치 홍콩이 아닌 다른 휴양지에 온 듯한 착각이 들 정도다. 이곳에 묵을 예정이라면 이왕이면 테라스가 있는 발코니 시 뷰 객실을 추천한다. 또 4개의 레스토랑을 운영하고 있는데 이중 사테 인과 유에   는 이곳에 묵는다면 꼭 방문해 보자. 침사추이까지 무료로 셔틀을 운행하고 있는데 이용자가 많아 반드시 예약을 해야 한다.

Access 침사추이에 위치한 로열 퍼시픽 호텔에서 한 시간에 한 번 무료 셔틀을 운행한다.
Cost 슈피리어 HK$640~
Address 1 Castle Peak Road, Gold Coast
Tel 2452-8888
Web www.sino-hotels.com

Hotel

르 메르디앙 사이버포트 Le Merdien Cyberport

세계적인 호텔 브랜드 스타우드 계열의 르 메르디앙 사이버포트는 사이버 포인트 컴플레스에 자리 잡은 특급 호텔이다. 푸른빛이 감도는 로비와 객실은 모던하고 시크하다. 173개의 객실을 보유하고 있는데 객실마다 최신식 시설을 갖추었으며 인터넷을 무료로 사용할 수 있다. 6개의 레스토랑과 수영장도 갖추고 있다. 가장 큰 단점은 시내 중심과 떨어져 있다는 점인데 홍콩역까지 셔틀(편도 HK$29)을 운행하고 있으며 대신 애버딘으로 가는 버스 노선이 많아 애버딘을 관광하기에는 편리하다.

Access 홍콩역에서 택시 이용 시 15~20분 소요(요금 HK$60~80).
Cost 스마트룸 HK$1,410~
Address 100 Cyberport Road
Tel 2980-7788
Web www.starwoodhotels.com/lemerdien

Discover Hong Kong 01
Hong Kong University

평범함 속 특별함을 경험하다
홍콩 대학 구내식당 체험하기

어렵게 낸 휴가로 꿀맛 같은 휴식을 취하기 위해 홍콩을 찾은 이들은 대개 야경이나 쇼핑을 즐기는 데 주력한다. 하지만 일정을 넉넉하게 잡은 여행객이라면 야경과 쇼핑만 찾기보다 조금쯤 새로운 시도를 해 보는 건 어떨까?

1 홍콩대학교 Hong Kong University 香港大學校

홍콩대학에는 3개의 학생식당이 있는데, 그중 학생들이 가장 많이 찾는 곳은 Maxim's Food2이다. 규모가 가장 크고 푸드코트 메뉴도 다양하기 때문이다. 누들, 차이니즈 BBQ, 차이니즈 퀴진, 딤섬, 덮밥, 카레, 파스타, 샌드위치 등이 있다. 특별한 메뉴가 있는 것은 아니지만 학생식당답게 저렴한 가격에 이용할 수 있다. 이용 방법은 일반 푸드코트와 같이 입구에서 주문과 동시에 계산을 하고, 해당 푸드코트에 가서 주문서를 내고 음식을 받으면 된다. 12시 이후에는 학생들로 상당히 붐비니 12시 전에 이용하는 것이 좋다.
메인 요리와 음료를 포함한 세트메뉴 가격이 보통 HK$22이며 HK$34를 넘지 않는다. 메뉴는 중국어와 영어로 표기되어 있다.

Access	성완역에서 버스 이용. 성완역 E4번 출구 바로 왼쪽의 빅우드 플라자 Nowood Plaza에 연결된 공중회랑을 통해 건너편 버스 정류장으로 이동. B3번 버스를 타고 HKU East Gate 또는 HKU West Gate에서 하차 (센트럴 자딘 하우스, 시티 홀 경유). 홍콩대학 CYA Chong Yuet Ming Amenities Centre 건물 4층에 있다.
Open	07:30~21:30(푸드코트별로 다름)
Close	구정연휴
Cost	Steamed Chicken and Tea Tree Mushroom with Rice(음료 포함) HK$22
Address	4/F, Chong Yuet Ming Amenities Centre, The University of Hong Kong, Pokfulam
Tel	2547-9601
Web	www.cedars.hku.hk

2 중문대학교
The Chinese University of Hong Kong 香港中文大學校

홍콩대학과 함께 홍콩 최고의 대학으로 꼽히는 중문대학교는 규모가 워낙 커서 걸어서 구경하려는 생각은 하지 않는 것이 좋다. 학교 내에 셔틀이 다니지만 항상 통학하는 학생들로 만원이므로 줄을 서야 한다. 벤자민 프랭클린 센터 스태프 칸틴 Benjamin Franklin Centre Staff Canteen은 중문대학교 내에 위치한 직원식당으로 추천할 만하다. 물론 일반인도 이용이 가능하지만 언제나 인기가 많아 직원들도 전화로 예약하는 경우가 대부분이다. 이곳은 딤섬을 전문으로 하는데 가격도 저렴하고 맛도 있어 언제나 사람들로 붐빈다. 가장 기본적인 하카우와 씨우마이 등은 물론 닭발, 카레를 곁들인 오징어, 스패어 립 등 독특한 딤섬도 찾아볼 수 있다. 중문대학교 내에는 학생들을 위한 다른 식당과 카페테리아도 자리하고 있는데 대부분 푸드코트 형태를 취하고 있다.

Access	유니버시티역에 내려 학교 내부까지 셔틀을 이용한다.
Open	11:00~15:00, 17:00~21:00
Close	토요일
Cost	딤섬 HK$10.5~22
Address	G/F Benjamin Franklin Centre, Central Campus
Tel	2994-3698
Web	www.cuhk.edu.hk

Discover Hong Kong 02
Hong Kong Taste

가이드북에 없는 그들만의 맛집
홍콩의 블로거들 '맛'을 논하다

우리나라 명동 골목골목에 외국인들이 가이드북을 들고 맛집을 찾아다니는 모습은 이제 더 이상 낯선 풍경이 아니다. 그런데 가끔 그들이 들어서는 식당을 보며 '저 사람이 내 친구였으면 좀 더 싸고 맛있는 곳을 소개해줄 텐데'라는 안타까운 마음이 들 때가 있다. 그만큼 여행자들이 선택할 수 있는 레스토랑이란 기껏해야 가이드북에 실려 있거나 잡지나 TV에 노출된 적이 있는 유명 레스토랑에 제한될 수밖에 없다. 그런데 식도락에 올인하는 여행자라면, 좀 더 괜찮은 식당을 찾기 위해서 얼마간의 수고쯤은 아무렇지 않을 여행자라면 이 사이트를 주목할 필요가 있겠다.

1 오픈라이스 www.openrice.com

우리나라에 파워 블로거의 블로그가 있다면 홍콩엔 오픈라이스가 있다. 아니, 어쩌면 한 사람에 의해 평가되는 블로그보다 더 정확하고 객관적일 수 있겠다. 홍콩 대부분의 레스토랑 정보를 찾아볼 수 있는 오픈라이스는 업체에 대한 정확한 정보와 솔직한 평가로 많은 홍콩인들이 이용하는 강력 맛집 정보 사이트. 본 책에 실린 레스토랑 정보 또한 대부분 오픈라이스에서 찾아볼 수 있다. 하나 더, 지역 구분상 애매해 싣지 않았던 오픈라이스 추천 맛집 하나를 소개해본다.

2 홍스 델리카시스 Hung's Delicacies 阿鴻小吃

언제나 길게 줄을 서야 하는 최강 인기 맛집이다. 아담한 내부에 나무 테이블이 몇 개 놓여 있고 유리 너머로 쉴 새 없이 오리와 닭을 손질하는 유니폼 입은 셰프의 모습에서 카리스마가 철철 넘친다. 이곳에서 가장 인기 있는 메뉴는 Marinated Goose Slices. 사이즈에 따라 부위와 요리법을 2~3개 선택해 조합할 수 있다. 면과 갈릭 치킨 등 대부분의 메뉴가 훌륭하다. 메뉴판에는 자세한 설명이 영어로 되어 있어 주문하는 데 어렵지 않다.

Access	노스포인트역 A1 출구로 나와 왼쪽으로 꺾어 자바 로드를 따라 직진, 고가 도로가 보이는 사거리가 나오면 오른쪽으로 꺾는다. Tong Shui Road를 따라 직진하다 왼편에 Wharf Road가 나오면 좌회전한다. Wharf Road를 따라 조금 걷다보면 우측에 보인다.
Open	12:30~15:00, 16:30~22:00
Close	월·화요일
Cost	Marinated Goose Slices HK$110~ Garlic Chicken HK$110~(SC 10%)
Address	Shop 4, G/F, Ngan Fai Building, 84-94 Wharf Road, North Point
Tel	2570-1108

Discover Hong Kong 03
Hong Kong Tram

Travel in Travel
트램으로 즐기는 하루

홍콩 섬을 여행하는 또 하나의 방법, 트램. 트램은 HK$2~3로 요금이 저렴하고 버스와 달리 노선도 단순해서 트램 초보자도 목적지까지 큰 어려움 없이 갈 수 있다. 특히 트램 2층에서 내려다보는 홍콩의 모습은 색다르다.

➕ 트램으로 즐기는 하루 1 쇼핑 편
명품부터 중저가 브랜드까지, 트램을 타고 종횡무진 쇼핑 여행을 떠나자.

10:00 센트럴 랜드마크, 막스 앤 스펜서, 상하이 탕
랜드마크에는 루이비통, 구찌, 막스 마라 등 명품숍들이 대거 입점해 있어 명품 쇼핑을 즐기는 데 용이하다. 반대로 맞은편 막스 앤 스펜서는 영국계 백화점으로 실용적인 제품들을 구매하기 좋다. 중국 전통의상과 액세서리에 관심이 있다면 상하이 탕도 둘러보자. 점심은 프린스 빌딩 내에 있는 캔-틴을 추천한다. 저렴한 가격에 만족스러운 식사를 할 수 있으며 쇼핑을 하다가 들르기도 편하다.

13:30 애드미럴티 퍼시픽 플레이스
중저가 브랜드부터 명품숍까지 쇼핑 스펙트럼이 넓다. 게다가 홍콩 공원과 가까워 쇼핑 중에 잠시 산책하기 좋다.

🚋 Causeway Bay, Happy Valley, North Point, Shau Kei Wan행 트램

16:00 코즈웨이 베이 투 걸즈, GOD, 패션 워크, 사사
코즈웨이 베이에서는 로컬적이면서 감각적인 쇼핑을 해보자. 투 걸즈는 홍콩 최초의 코스메틱 브랜드로 쌍둥이 자매가 그려진 제품은 기념품 삼아 구매하기 좋은 아이템. 홍콩 로컬 인테리어숍인 지오디에는 실용성과 톡톡 튀는 아이디어가 엿보이는 디자인 잡화, 식기, 가구 등이 많아 둘러보는 것만으로도 흥미롭다. 다양한 의류 브랜드가 모여 있는 패션 워크에서는 홍콩의 트렌드를 살펴볼 수 있다. 사사에 잠시 들러 화장품을 구매해도 좋다. 저녁 식사는 홍콩 영화에 등장했던 레드 페퍼 레스토랑이나 골드핀치 레스토랑에서 즐겨보는 건 어떨까.

✚ 트램으로 즐기는 하루 2 관광 편

홍콩의 옛 모습을 볼 수 있는 셩완, 이국적인 분위기의 소호, 삶의 활기를 느낄 수 있는 완차이와 해피 밸리까지 트램을 타고 총천연색 홍콩을 즐겨보자.

09:00 Shek Tong Tsui행 트램을 타고 종점까지 가보기
트램 관광의 워밍업, 내릴 고민도 없이 맘 놓고 종점까지 가보자. 웨스턴 마켓을 지나면 건물들 상점들이 나오고 비릿한 냄새가 나기 시작한다.

🚋 Shek Tong Tsui행 트램

10:00 셩완 웨스턴 마켓, 할리우드 로드, 만모우 사원
육교에서 바라보는 웨스턴 마켓은 멋지다. 마켓 앞으로 트램이 지나갈 때면 붉은 벽돌의 웨스턴 마켓은 한층 더 이국적인 느낌이다. 웨스턴 마켓 구경을 마치면 모리슨 스트리트Morrison Street를 따라 할리우드 로드로 가서 골동품을 흥정해보자.

🚋 Causeway Bay, North Point행 트램

12:00 소호 점심 식사
소호의 낮은 밤보다 한산하지만 점심시간이 되면 서서히 분주해지기 시작한다. 만족스러운 식사를 하고 싶다면 피자 익스프레스나 소호 스파이스를, 간단한 분식을 원한다면 란퐁유엔을 추천한다. 미드 레벨 에스컬레이터도 꼭 타보고, 갤러리나 작은 숍들도 둘러보면 좋다.

🚋 할리우드 로드를 따라 소호까지 걸어서 이동

14:00 쇼핑 혹은 산책
소화도 시킬 겸 잠깐 애드미럴티에 내려 쇼핑을 즐긴다. 쇼핑이 싫다면 홍콩 공원에서 산책해도 좋다.

🚋 Causeway Bay, Happy Valley, North Point, Shau Kei Wan행 트램

15:30 완차이 타이윤 시장 구경
나른한 오후, 완차이의 타이윤 시장으로 가보자. 재래시장의 활기찬 분위기를 느낄 수 있으며 타이윤 시장이 끝나는 길 건너편에는 구 완차이 우체국이 있다. 살짝 입이 궁금하다면 스프링 가든 레인Spring Garden Lane 길에 있는 차찬텡에 들러 쉬어간다.

🚋 Causeway Bay, Happy Valley, North Point, Shau Kei Wan행 트램

17:30 홍콩 중앙 도서관
중앙 도서관은 빅토리아 공원과 침사추이 전망을 볼 수 있을 뿐만 아니라 열람실 이용도 자유롭다. 도서관에서 휴식을 취하고 난 뒤 저녁 식사로 치아 엘리트나 딘타이펑에서 딤섬은 어떨까.

🚋 North Point, Shau Kei Wan행 트램

21:00 완차이 엑스포 프로미네이드 야경
시원한 강바람을 맞으며 센트럴과 침사추이 야경을 볼 수 있는 곳이다.

🚋 Kennedy Town, Shek Tong Tsui행 트램

22:00 해피 밸리 경마장
수요일엔 초록빛 잔디 위에서 짜릿한 야간 레이스가 펼쳐진다(HK$10, 보통은 수요일 19:15~23:00에 야간 경마 일정이 있지만 바뀔 수 있으니 꼭 해피 밸리 경마장 홈페이지에서 경마 일정을 참고할 것).

🚋 Happy Valley행 트램

✚ 트램으로 즐기는 하루 3 식도락 편

미식가의 도시 홍콩에는 손으로 꼽을 수 없을 만큼 많은 맛집들이 있어 하루가 모자란다. 딩딩딩 트램을 타고 최고의 맛집들만 찾아 떠나는 식도락 여행을 계획해 보자.

09:30 에그 타르트는 소호 타이청 베이커리에서
에그 타르트 하면 빼놓을 수 없는 집. 홍콩의 마지막 총독 크리스 패튼의 단골집으로 더 유명해졌다. 두말할 것 없이 에그 타르트를 사서 근처 커피숍에서 커피와 함께 즐겨보자. 좀 더 색다른 분위기에서 먹고 싶다면 홍콩의 옛 다방 콘셉트로 꾸며진 스타벅스까지 가보자. 점심까지 시간이 남는다면 센트럴에서 쇼핑을 즐겨도 좋다.

12:00 점심 식사는 애드미럴티 예 상하이에서
담백한 음식 맛도 일품이지만 편안한 분위기에서 기분 좋은 오후를 시작하기에 안성맞춤. 식사를 마치면 소화도 시킬 겸 피크 트램(시티 트램과는 별개)을 타고 피크 타워 전망대로 올라간다. 하버 전망과는 또 다른 피크 전망을 감상하고 마담 투소 밀랍인형 박물관도 구경하자.

🚋 Causeway Bay, Happy Valley, North Point, Shau Kei Wan행 트램

16:30 애프터눈 티는 완차이 티핀에서
그랜드 하얏트 호텔의 티핀은 파노라마 하버 뷰와 함께 푸짐한 애프터눈 티 뷔페로 황홀감을 선사한다. 서서히 해가 지기 시작하면 골든 보히니아 광장으로 나와 바람을 쐬자. 엑스포 프로미네이드에서 짙어지는 야경까지 구경해본다.

🚋 Causeway Bay, Happy Valley, North Point, Shau Kei Wan행 트램

19:30 저녁 식사는 해피 밸리 위문펑에서
트램을 가장 잘 활용한 맛집 탐방으로 해피 밸리행 트램을 타면 택시를 타지 않고도 쉽게 찾아갈 수 있다. 위문펑은 장국영의 단골집으로도 알려진 딤섬 레스토랑인데 고급 재료가 들어간 귀족 딤섬으로 유명하다. 고풍스러운 상하이 스타일의 인테리어 또한 멋지다. 만약 야간 경마가 있는 수요일이라면 해피 밸리 경마장에도 가보자.

🚋 Happy Valley행 트램

21:30 소호 피크 바에서 칵테일 한잔
미드 레벨 에스컬레이터 바로 옆에 있어 소호의 풍경을 감상할 수 있는 곳이다. 칵테일과 디저트 메뉴를 즐겨보자.

🚋 Kennedy Town, Shek Tong Tsui행 트램

Discover Hong Kong 04
Kowloon Walled City

로컬의 진수를 맛보다
까우룽 시티 대탐험

까우룽 월 시티라고도 불리는 까우룽 시티는 옛 카이 탁 국제공항이 있던 곳으로 지금은 현지인의 삶의 터전으로서 가장 로컬스러운 모습을 간직한 거리다. 까우룽 시티까지 찾아가기가 만만치 않아 여행자에게는 외면받았던 지역이지만 숨은 맛집과 볼거리들이 풍성해 시간적으로 넉넉하다면 한 번쯤 방문해볼 만하다. 특히 타이 말레이시아 식당이나 타이 마사지숍이 많이 운집해 있다.

1 파티세리 토니 윙 Patisserie Tony Wong

보기에도 황홀할 만큼 화려한 꽃잎 케이크로 유명세를 타고 있는 곳이다. 진열장을 가득 채운 형형색색의 대형 꽃 케이크는 아쉽게도 대부분 예약이 되어 있다. 꽃 케이크 외에도 다양한 조각 케이크를 맛볼 수가 있는데 까우룽 시티 한편에 이런 멋진 파티세리가 있다는 것이 믿기지 않을 정도로 맛으로나 모양으로나 특급 호텔 수준에 전혀 밀리지 않는다. 상큼한 망고와 달콤한 크림, 바삭한 질감이 어우러진 망고 나폴레옹은 한입 가득 흐뭇해지는 느낌이다.

Access	푹로춘 로드 사거리에서 좌측(KCP 방면)으로 100m 정도 가면 오른쪽에 있다.
Open	11:00~21:00
Close	구정연휴
Cost	HK$35~100
Address	74 Fuk Lo Tsun Road, Kowloon City
Tel	2382-6639
Web	www.patisserietonywong.com

2 탁청 레스토랑 Tak Cheong Restaurant 德昌魚蛋粉

쫄깃하면서도 고소한 수제 피시 볼 하나로 까우룽 시티를 제패한 식당이다. 항상 식사 시간이면 줄이 늘어서 지나가던 행인들도 기웃거리게 만든다. 고민할 것도 없이 이곳에서 가장 인기 있는 피시 볼 누들을 시키면 무난하다. 라이스 누들과 옐로 누들 중 선택하면 되고 테이블에 있는 칠리소스를 넣어 먹으면 더욱 맛나다. 다른 메뉴에 도전하고 싶다면 밀크 티, 토스트와 치킨이 세트로 나오는 Nutritional Meal(HK$24)을 주문해 보자. 만두, 피시 볼, 누들 등 이 집의 4가지 간판 메뉴가 총집합한 4 Treasures Noodle(HK$26)도 맛있다.

Access	푹로춘 로드 사거리에서 좌회전해 직진. 골목 끝에 있다.
Open	07:00~23:00
Close	구정연휴 · 1/1
Cost	Fish Ball Noodles HK$20
Address	88 Fuk Lo Tsun Road, Kowloon City
Tel	2718-3838

3 케레즈 블랑제리 Ceres Boulangerie at Patisserie

파티세리 토니 웡과 함께 까우룽의 최고 인기 베이커리로 손꼽히는 곳이다. 뉴욕 치즈 케이크 등 클래식한 케이크도 맛있지만 75% 다크 초콜릿으로 만드는 탄자니아의 인기도 만만치 않다. 또, 매장 내에는 가볍게 맛볼 수 있는 빵 종류도 많은데 부드러운 마들렌은 꼭 한번 맛보자.

Access	푹로춘 로드 사거리에서 우측으로 약 100m 지나 왓슨스 건너편.
Open	08:30~21:30
Close	구정연휴
Cost	케이크 HK$32~
Address	Shop No. 19, Fuk Lo Tsun Road, Kowloon City
Tel	2716-3383

4 쿠키 콰르테 Cookies Quartet

어떠한 첨가물도 넣지 않은 유기농 수제 쿠키로 유명한 곳이다. 다양한 재료를 이용한 쿠키들은 작은 포장부터 큰 선물세트까지 다양하게 준비되어 있어 선물로도 제격이다. 특히 구매하기 전 시식이 가능해 선택에 도움이 된다. 코즈웨이 베이, 해피 밸리에도 지점을 가지고 있다.

Access	탁청 레스토랑과 인접해 있다.
Open	11:00~21:00
Close	구정연휴
Address	G/F 58 Fuk Lo Tsun Road, Kowloon City
Tel	2382-2817
Web	www.cookiesquartet.com

5 까우룽 월 시티 공원
Kowloon Walled City Park 九龍寨城公園

원래 영국군의 거주지이자 요새였던 이곳은 1994년부터 이루어진 재개발에 의해 아름다운 녹지로 거듭났다. 규모도 어마어마하지만 분위기 만점의 정자를 비롯해 연못, 입구에 세워진 12간지의 조각물들과 곳곳에 설치된 전시물까지 다양한 볼거리로 가득하다. 특히 연못을 따라 나 있는 처마 밑 길은 짧지만 마치 이화원에 온 듯한 착각이 들 정도다.

Access	KCP 내부에 공원과 통하는 길이 있다.
Open	06:30~20:00
Close	구정연휴
Cost	무료

Step to Hong Kong

홍콩 일반 정보

✚ 언어
광둥어를 주로 사용하며 호텔 등 주요시설에서는 영어도 통용된다.

✚ 지형
서울의 두 배가량의 넓이로 여행자들이 주로 찾는 홍콩 섬과 까우룽 반도 외 230여 개의 지역으로 이루어져 있다.

✚ 인구
인구의 90% 이상이 중국인으로 홍콩 섬과 까우룽 반도에 밀집되어 있다.

✚ 기후
홍콩의 여름인 6월부터 9월까지는 습도와 온도가 높아 여행하기에 적합지 않다. 10월부터 2월까지가 가을과 겨울에 해당하며 온도와 습도가 낮아 여행하기에 좋다.

✚ 시차
한국보다 1시간 느리다.

✚ 통화
HK$(홍콩달러)를 사용하며 HK$1은 현재(2016년 5월 기준) 150원 정도이다.

✚ 전기, 전압
220V이지만 3핀 타입을 사용하므로 멀티 콘센트를 준비하여야 한다.
일부 호텔에서는 멀티 콘센트를 빌려주기도 한다.

✚ 전화
한국으로 전화를 걸 때는 PCCW의 전화 카드를 편의점에서 구입하여야 한다. 001(국제전화 회사)-82(국가 번호)-2(지역 번호에서 0을 제외한다)-12345678(해당 번호) 순서로 눌러 준다. 공중전화의 종류에 따라 '#(우물 정자)'을 마지막에 눌러야 되는 경우도 있다. 시내 통화는 HK$1(5분 기준)이며 옥토퍼스 카드도 사용이 가능하다.

Calendar of Hong Kong

월	월평균 기온	공휴일	축제와 이벤트	월	월평균 기온	공휴일	축제와 이벤트
				7월	29(우기)	1일 홍콩 반환 기념일	6~7월 홍콩 국제 용선 축제
1월	17	1일 신년일 1~3일(음력) 설날					7~8월 여름 정기 세일
2월	17		홍콩 예술제				
3월	19		홍콩 꽃축제 홍콩 국제영화제	8월	29(우기)	15일(음력) 중추절	7~8월 여름 정기 세일
4월	23	4일 성묘의 날 5일(음력) 청명절 8일(음력) 석가탄신일 중순 부활절(매년 변동)	천후절 홍콩 국제영화제	9월 10월	28(우기) 25	9일(음력) 중양절 1일 중화인민공화국 건국기념일 31일 할로윈데이	
5월	27(우기)	1일 노동절 5일(음력) 단오절	청차우 섬 축제	11월 12월	22 18	25~26일 크리스마스	12월~설 연휴 겨울 정기 세일
6월	29(우기)		6~7월 홍콩 국제 용선 축제				

1 인천공항에서 출국하기

하루가 멀다 하고 해외를 드나드는 비즈니스맨이나 여행자가 아니라면 넓디넓은 공항에 도착하는 순간부터 막막해지는 것이 당연한 일이다. 홍콩으로 출발하기 전 반드시 거쳐야 하는 인천공항의 출국 수속 과정을 정리해 보았다.

항공사 카운터 확인 – 탑승 수속 – 보안 검색 – 출국 수속 – 탑승

A 항공사 카운터 확인
각 항공사의 탑승 수속 카운터는 알파벳으로 구분되며 A~M까지 있다. 예를 들어 대한항공은 A·B·C, 아시아나항공은 L·M, 캐세이퍼시픽은 H 카운터를 사용한다. 상황에 따라 카운터 변동 가능성이 있으니 공항 안내 모니터에서 찾거나 안내센터에 먼저 문의하는 것도 좋다.

B 탑승 수속
항공사 탑승 수속은 보통 출발 2시간 30분 전에 시작된다. 해당 카운터에 전자 항공권(E-Ticket)과 여권을 제시하고 수하물을 부치면 된다. 짐을 부치고 수하물 보관표(배기지 클레임 태그 (Baggage Claim Tag))를 받게 되는데 현지에서 짐이 없어진 경우 유일한 단서가 될 수 있으니 짐을 찾을 때까지 잘 보관하자.

C 보안 검색
항공사 탑승 수속을 마치면 여권과 항공권을 제시하고 출국장 안쪽으로 들어간다. 출국장 안 보안 검색대를 통과할 때는 직원의 안내에 따라 비치된 바구니에 신발을 벗어 넣고 주머니의 동전, 휴대폰 등 모든 물건을 바구니에 넣어 엑스레이로 투시하며 통과한다. 규정 이외의 물품은 압수당할 수도 있으니 미리 수하물에 부치는 것이 좋다.

D 출국 수속
출국 심사는 출입국 심사대에서 받는다. 여권과 탑승권을 제시하고 출국 심사를 받은 후 통과하면 된다.

E 탑승
탑승구(Gate)에는 늦어도 출발 시각 30분 전까지는 도착해야 한다. 공항이 넓고 외국 항공사를 이용할 경우 모노레일을 이용해 별도의 청사로 이동해야 하기 때문에 시간에 늦지 않도록 주의하여야 한다. 모노레일은 5분 간격으로 있다. 별도의 청사에서도 면세점 이용이 가능한데 오히려 이용객이 적어 여유 있는 편이다.

Tip 1
마일리지 카드 만들기
마일리지 서비스는 각 항공사에서 탑승 거리만큼 마일리지를 적립해 주고 적립된 마일리지로 실제 항공권을 구입할 수 있도록 하는 서비스이다.
마일리지 카드는 항공권 예약과 상관없이 신청만 하면 만들 수 있는데 카드를 받기까지 약 2주의 시간이 걸린다. 반드시 출발 전에 만들어야 적립이 가능하니 여행 전 미리 만들어 두는 것이 좋다.

Tip 2
면세점 쇼핑

면세 쇼핑은 평소에 살 엄두가 나지 않던 물건들을 저렴하게 구입할 수 있는 기회다. 출국 심사 후 공항 내 면세점에서 쇼핑할 수 있는데, 인천공항 면세점은 세계적으로도 큰 규모를 자랑한다. 인터넷 면세점과 시내 면세점에서도 면세 쇼핑을 할 수 있고 혜택이 더 다양하지만 공항 면세점에서는 구입한 물건을 바로 수령할 수 있다는 장점이 있다. 보통 6월 중순부터 7월까지, 11월부터 12월까지 비정기적으로 시즌오프 세일을 한다. 단, 면세점이라고 다 저렴한 것은 아니니 가격을 꼼꼼히 비교해 보며 구입하자. 시내 면세점에서 산 물건이나 인터넷 면세점에서 주문한 것이 있다면 면세점 인도장에서 여권과 항공권, 영수증을 제시하면 찾을 수 있다.

2 홍콩으로 입국하기

검역 – 입국 심사 – 수하물 검사 – 세관

❶ 검역 Quarantine
자연스럽게 체온 감지대를 통과하기만 하면 된다. 미열이 있는 경우 인터뷰를 당하게 되기도 하지만 대부분 무사통과로 형식적인 절차이다.

❷ 입국 심사 Immigration
도착 후 입국 심사대에 여권, 입국 카드, 왕복 항공권을 제시한다.

❸ 수하물 찾기 Baggage Claim
전광판에서 자신이 타고 온 항공편이 표시된 레일로 가서 짐을 찾으면 된다.

❹ 세관 Customs
신고할 물품이 없으면 녹색 표시등 쪽으로 통과하면 되고 신고할 물품이 있으면 빨간 표시등 쪽으로 가서 신고하면 된다.

Tip 3 출입국 신고서 작성하기

IMMIGRATION DEPARTMENT HONG KONG
香港入境事務處
ARRIVAL CARD 旅客抵港申報表
ID 93 (1/2006)
IMMIGRATION ORDINANCE (Cap. 115)
入境條例 (第 115 章)

- Family name (in capitals) 姓 (請用正楷填寫): Kim(성)
- Sex 性別: Female/Male
- Given names (in capitals) 名 (請用正楷填寫): Ju Won(이름)
- Travel document No. 旅行證件號碼: HJ0784736(여권번호)
- Place and date of issue 簽發地點及日期: Seoul, 2nd of Jan, 2011 (여권 발급처와 생성일)
- Nationality 國籍: Korea(국적)
- Date of birth 出生日期: 20/ 4/ 1980 (생년월일/일/월/년 순으로)
- Place of birth 出生地點: Seoul(태어난 곳)
- Address in Hong Kong 香港地址: Harbour Plaza Hong Kong (홍콩에서의 주소, 호텔이름)
- Home address 住址: 288-4, Hwagokdong, Gangseogu, Seoul(집 주소)
- Flight No./Ship's name 航班編號/船名: CX415(항공사 편명)
- From 來自: Seoul(출발지)
- Signature of traveller 旅客簽名: 김주원(사인)

Please write clearly
請用楷字體填寫
Do not fold

✈ 항공사별 스케줄

항공사	노선	편명	시간	운항요일	편명	시간	운항요일
대한항공	ICN → HKG	KE603	08:25 → 11:20	매일	KE613	11:00 → 14:05	매일
		KE601	13:45 → 16:50	매일	KE607	20:00 → 22:55	매일
	HKG → ICN	KE608	00:55 → 05:20	매일	KE604	12:35 → 17:00	매일
		KE614	15:25 → 19:55	매일	KE602	18:00 → 22:30	매일
아시아나항공	ICN → HKG	OZ721	09:00 → 11:50	매일	OZ723	10:00 → 12:50	매일
		OZ745	19:40 → 22:30	매일	OZ749	20:10 → 23:00	매일
		OZ7458	21:00 → 23:50	목	OZ7458	22:05 → 00:55	일
	HKG → ICN	OZ746	00:30 → 04:50	매일	OZ750	01:10 → 05:30	매일
		OZ7468	02:00 → 06:20	월	OZ722	13:15 → 17:35	매일
		OZ724	14:20 → 18:40	매일			
캐세이퍼시픽항공	ICN → HKG	CX437	01:55 → 05:00	매일	CX415	08:50 → 11:45	매일
		CX417	10:20 → 13:15	매일	CX439	13:30 → 16:20	매일
		CX411	15:15 → 18:10	매일	CX419	19:50 → 22:45	매일
	HKG → ICN	CX412	00:55 → 05:20	매일	CX434	07:55 → 12:20	월,수,금,토
		CX410	09:40 → 14:05	매일	CX418	14:05 → 18:30	매일
		CX416	16:40 → 21:10	매일	CX430	18:35 → 23:05	매일
제주항공	ICN → HKG	7C2101	09:55 → 12:55	매일	7C2107	21:25 → 00:25	매일
	HKG → ICN	7C2102	13:55 → 18:25	매일	7C2108	01:25 → 05:55	매일
진에어	ICN → HKG	LJ113	09:35 → 12:20	매일	LJ127	22:45 → 01:35	월
		LJ127	22:10 → 01:00	수,목,금,일			
	HKG → ICN	LJ126	02:20 → 06:45	월,목,금,토	LJ114	13:30 → 18:05	매일
		LJ126	02:55 → 07:20	화			
	ICN → 마카오	LJ121	10:05 → 13:05	매일			
	마카오 → ICN	LJ122	14:00 → 18:25	매일			
이스타항공	ICN → HKG	ZE931	08:40 → 12:10	매일			
	HKG → ICN	ZE932	13:10 → 18:05	매일			

※ 출·도착 시각은 현지 시간을 기준으로 하였으며 항공사 사정에 따라 스케줄이 변경될 수 있다.

3 홍콩 여행의 수호천사, 옥토퍼스 카드

홍콩 여행의 필수품이라고 해도 과언이 아닌 옥토퍼스 카드. 이름처럼 각종 교통시설부터 레스토랑, 편의점, 박물관 등 다양하게 사용되는 옥토퍼스 카드에 대해 정리해 보았다. 똑똑한 여행자라면 공항에 도착하자마자 옥토퍼스 카드를 구입하는 것을 잊지 말자.

어디서 얼마에 구입할까?
홍콩국제공항의 AEL 유인 매표소와 시내의 MTR역에서 구입할 수 있다.
가격은 기본 HK$150(보증금 HK$50 + 충전요금 HK$100)로 보증금은 사용·환불받을 수 있다.

어떤 종류의 옥토퍼스 카드를 사야 하나?
에어포트 익스프레스 트래블 패스 Airport Express Travel Pass (AEL 1회/2회 무료, 3일간 일부 구간을 제외한 MTR 무제한 탑승. HK$220/300), 투어리스트 데이 패스 Tourist Day Pass (일부 구간을 제외한 MTR 24시간 무제한 탑승) 등 여행자용 옥토퍼스 카드가 있지만 버스나 페리 등 다른 교통수단을 이용할 시에는 추가 충전 (HK$50)을 해야 하므로 별로 실속은 없는 편이다. 일반 옥토퍼스 카드를 구입해서 그때그때 충전하여 사용하는 것이 편리하다.

어디에서 사용하나?
옥토퍼스 카드는 만능 카드라고 해도 과언이 아니다. 우리나라의 교통카드처럼 MTR, 페리, 버스, 트램 등 각종 교통수단을 모두 이용할 수 있다. 일부 프랜차이즈 레스토랑, 왓슨스, 패스트푸드점, 편의점 등 각종 상점과 일부 박물관에서까지 이용이 가능하다.

어디서 어떻게 충전하나?
옥토퍼스 카드의 충전된 요금을 다 사용하면 MTR역의 충전소에서 충전을 해야 한다. 소비자 서비스 센터 Customer Service Center 에 카드와 돈을 직접 내고 충전하거나 무인 충전소(옆의 과정 참조)를 이용하면 된다.

어떻게 환불받나?
다 쓴 옥토퍼스 카드를 MTR, AEL, KCR의 소비자 서비스 센터에 반납하면 수수료(HK$7)를 뗀 나머지 잔여 금액과 보증금을 돌려받을 수 있다.
옥토퍼스 카드는 최후 충전일로부터 3년까지 사용이 가능하므로 홍콩을 다시 찾을 계획이 있다면 굳이 환불받지 않아도 된다.

Tip 4
옥토퍼스 카드 충전하기
1 카드를 넣는다.
2 카드의 잔액을 확인한다.
3 충전할 만큼의 돈을 투입구에 넣는다.
4 충전이 끝나면 버튼을 눌러 카드를 받는다.

4 공항에서 홍콩 시내로 이동

공항에서 시내로 이동하는 방법은 크게 3가지이다. AEL, 공항버스, 리무진, 택시의 장단점을 잘 살펴보고 목적지와 예산에 맞게 잘 선택하여 시내로 이동하자.

✚ 공항철도(AEL Airport Express Line)로 이동하기

공항에서 시내까지 가장 쉽게 가는 방법이다. 가격이 다소 비싸지만 쾌적하고 빠르게 시내까지 접근할 수 있다. 주요 호텔까지는 무료로 셔틀버스를 운행한다는 점, 1시간 이내 MTR로 환승할 경우 무료(단, 옥토퍼스 카드 이용자에 한함)로 이용할 수 있다는 점도 큰 장점이다. 티켓은 티켓 판매기나 고객 서비스 센터에서 직접 구입할 수 있다.

운행 시간	05:45 ~ 익일 00:48(12분 간격 운행)
요금(편도/왕복)	까우룽 반도 HK$90/160 홍콩 섬 HK$100/180 (편도 요금이며 어린이는 반값이고 3세 이하 유아는 무료이다)
소요 시간	까우룽 반도 약 22분 소요 홍콩 섬 약 24분 소요
셔틀 서비스	홍콩역과 까우룽역에서 출발하는 무료 셔틀이 있으며 오전 6시 20분경부터 밤 11시경까지 운행한다. **홍콩역 출발** H1(24분 간격) 아일랜드 샹그릴라 – 콘래드 홍콩 – 퍼시픽 플레이스 – JW 메리어트 – 엠파이어 호텔 완차이 – 르네상스 하버 뷰 – 홍콩 컨벤션 센터 H2(24분 간격) 완니 광동 호텔 – 노보텔 센추리 – 리갈 홍콩 호텔 – 로즈데일 온 더 파크 – 파크레인 호텔 – 엑셀시어 홍콩 – 룩궉 호텔 **까우룽역 출발** K1(12분 간격) 조던역 – 홍함역 – 하버그랜드 까우룽 – 왐포아 가든 – 하버플라자 메트로폴리스 – 이튼 호텔 – 오스틴역 K2(12분 간격) 프린스 호텔 – 마르코 폴로 게이트웨이 – 마르코 폴로 홍콩 – 더 페닌슐라 – 쉐라톤 홍콩 – 이스트 침사추이역 – 르네상스 까우룽 – 더 랭함 – 로열 퍼시픽 호텔 – 차이나 페리 터미널 K3(12분 간격) 까우룽 호텔(더 페닌슐라) – 홀리데이 인 골든 마일 홍콩 – 민덴 호텔 – 호텔 파노라마 – 광동 호텔 – 파크 호텔 K4(24분 간격) 르네상스 까우룽 – 리갈 까우룽 – 호텔 닛코 홍콩 – 인터컨티넨탈 그랜드 스탠포드 – 까우룽 샹그릴라 K5(24분 간격) 더 미라 홍콩 – 디럭스 매너 – 엠파이어 호텔 까우룽 침사추이 – BP인터내셔널 하우스 K6(24분 간격) YMCA 인터내셔널 하우스 – 메트로파크 호텔 까우룽 – 로열 플라자 호텔

공항버스 Airbus 로 이동하기

도로 사정에 따라 시간이 오래 걸릴 수도 있다는 점이 아쉽지만 가격도 저렴하고 무엇보다 홍콩의 전망을 맘껏 즐기며 이동할 수 있다는 장점이 있다.

번호	요금	운행 시간	주요 노선
A10	HK$48	06:50~00:20	아일랜드 퍼시픽, 노보텔 센추리, 압레이차우
A11	HK$40	06:10~00:30	만다린 오리엔탈 홍콩, 콘라드 홍콩, 노스포인트 페리 터미널
A12	HK$45	06:00~00:10	아일랜드 퍼시픽, 그랜드 하얏트, 샤우케이완
A21	HK$33	06:00~00:00	뉴튼 호텔, 로열 플라자 호텔, 홍함
A22	HK$39	06:00~00:10	BP 인터내셔널, 조던, 람틴
N11	HK$31	00:50~04:50	코즈웨이 베이 지역
N21	HK$23	00:20~04:40	침사추이 지역(스타 페리 선착장)

리무진 Hotel Coach 으로 이동하기

초행길이 심하게 부담되는 여행자들이라면 리무진을 이용해 보자.
보통 30분 간격으로 운행하며 입국 홀의 모든 여행사에서 티켓을 구입할 수 있다. 정확한 호텔 이름과 지역만 말하면 알아서 티켓을 끊어주고 직원이 정류장까지 데려다주므로 걱정하지 말자. 행선지 구분을 위해 승객의 옷에 스티커를 붙여주기도 하지만 보통 호텔 이름이나 승객 이름을 크게 외치니 그때 탑승하면 된다.

목적지	운행 시간	요금
공항 – 까우룽 반도	06:15~00:15	HK$130
공항 – 홍콩 섬	06:30~00:30	HK$140~150

택시로 이동하기

목적지에 따라 택시의 색깔이 다르다. 까우룽 반도와 홍콩 섬으로 이동하려면 빨간색 택시를, 까우룽 북부 방면으로 이동하려면 초록색 택시를, 란타우 섬 쪽으로 가려면 파란색 택시를 이용하자.
요금은 센트럴까지 약 HK$350(40분 소요) 정도이며 침사추이는 HK$300(20분 소요) 정도이다. 요금에는 각종 터널, 칭마대교 통행료 등이 모두 포함되어 있으며 큰 짐이 있는 경우 1개당 HK$5의 요금을 추가로 지불해야 한다.

5 홍콩 시내에서 이동하기

홍콩은 다양한 교통수단이 발달되어 있어 여행자들이 다니기에 편리하다. 특히 페리, 트램은 교통수단의 의미를 넘어 관광 포인트로서도 사랑받고 있다.

지하철 MTR Mass Transit Railway

여행자들이 가장 자주 이용하는 홍콩의 대표적인 교통수단이다. 총 11개의 노선이 운행 중이다. 그중 붉은색의 췬완 라인 Tsuen Wan Line (몽콕 - 침사추이 - 센트럴 등 경유), 파란색의 아일랜드 라인 Island Line (셩완, 센트럴, 완차이, 코즈웨이 베이 경유)은 여행자들이 가장 많이 이용하는 라인이다(www.mtr.com.hk).

요금
이동 거리에 따라 다르며 HK$4~26선이지만 옥토퍼스 카드를 사용할 경우 HK$4~23.1 정도로 할인받을 수 있다.

운행 시간
노선에 따라 차이가 있지만 매일 새벽 6시경부터 새벽 1시까지 운행된다. 우리나라와 마찬가지로 출퇴근 시간은 상당히 붐비므로 이 시간은 가능하면 피하도록 하자.

티켓 구입하기
옥토퍼스 카드 소지자가 아닌 경우 이동할 때마다 티켓 자동 발매기에서 티켓을 구입하여야 한다.

스타 페리 Star Ferry

이보다 낭만적인 교통수단이 있을까? 교통수단으로의 의미를 넘어 관광 포인트로도 많은 사랑을 받고 있는 스타 페리. 까우룽 반도와 홍콩 섬을 연결하는 스타 페리는 홍콩을 대표하는 이미지로 자리매김하고 있다.

요금과 운행 시간

	어른(현금/옥토퍼스 카드)	어린이(11세 이하)	운행 시간
센트럴 - 침사추이	1층 HK$2/3 2층 HK$2.5/3	1층 HK$1.4/1.7 2층 HK$1.5/1.8	06:30~23:30
센트럴 - 홍함	HK$6.3	HK$3.2	07:00~20:00
침사추이 - 완차이	HK$2.5/3	HK$1.5/1.8	06:30~23:30
완차이 - 홍함	HK$6.3	HK$3.2	07:00~20:00

스타 페리 www.starferry.com.hk

탑승 방법
스타 페리의 개찰구는 옥토퍼스 카드 소지자, 토큰 전용 라인으로 구분되어 있다. 옥토퍼스 카드가 없을 때에는 개찰구 옆 자판기에서 토큰을 구입한 후 토큰 전용 개찰구로 들어가면 된다.

홍콩 지하철(MTR) 노선도
MTR System map

터미널 입구의 표지판을 확인한 후 원하는 곳의 개찰구로 이동한다. 침사추이와 센트럴 구간은 1층과 2층으로 나뉘어 있으며 선택해 탑승할 수 있다. 1층과 2층의 이용 요금이 다르니 유의하자(p.308 표 참조). 참고로 침사추이에서 센트럴로 향하는 경우 진행 방향의 좌측, 완차이행은 우측 자리에 앉으면 홍콩의 아름다운 경치를 제대로 즐길 수 있다.

페리 Ferry
주로 센트럴 페리 터미널에서 이용할 수 있는데 란타우, 람마, 청짜우, 펑짜우 등의 섬을 오가는 노선이 대부분이다.
운항 시간 및 요금은 운항일이나 노선에 따라 유동적이며 주말에는 평일보다 2배 정도 비싼 요금이 적용되기도 한다.

시내버스 Bus
홍콩 전역을 구석구석 누비는 버스. 노선 파악이 어려운 여행자에게는 쉽지 않은 교통수단일 수 있다. 하지만 MTR이 연결되지 않는 리펄스 베이, 스탠리, 오션 파크 등의 지역으로 이동할 때에는 버스가 가장 유용한 수단이다. 더구나 홍콩의 마스코트 이층버스를 타고 시내 곳곳을 누비는 것만으로도 그 가치는 충분해 보인다.

요금
운행 구간에 따라 HK$3~20 정도이다. 옥토퍼스 할인은 별도로 없으며 현금 이용 시 거스름돈을 받을 수 없으니 잔돈을 미리 준비하도록 하자. 노선별 요금은 정류장에서 확인할 수 있다.

운행 시간
06:00~00:00(노선에 따라 다름)

시내버스 타기
대부분 앞문으로 타고 뒷문으로 내린다. 요금은 단말기에 옥토퍼스 카드를 찍거나 현금을 내면 된다. 내릴 때는 우리나라의 버스와 마찬가지로 미리 벨을 누르면 된다.

미니 버스 Mini Bus
미니 버스는 봉고차 정도의 작은 차로 운행되는 우리나라의 마을버스와 같은 교통수단이다. 일반 버스보다 노선을 파악하기가 더욱 어려워 실제로 여행자가 이용할 기회는 적다. 미니 버스는 초록색 지붕과 빨간색 지붕의 버스, 두 종류가 운행되고 있는데 빨간색 지붕의 버스는 노선이나 정류장이 일정치 않아 시내에서는 주로 초록색 지붕의 버스를 이용하게 된다.

요금
운행 구간에 따라 HK$3~20 정도이다. 옥토퍼스 카드 할인은 없으며 탈 때 요금을 내면 된다. 하지만 빨간색 지붕의 버스는 반드시 내릴 때 현금으로만 지불해야 하며 거스름돈은 받을 수 없다.

운행 시간
06:00~00:00(노선에 따라 다름)

미니 버스 타기
미니 버스의 앞머리에는 행선지가 표시되어 있다. 반드시 행선지를 확인한 후 손을 들어 차를 세운다. 별달리 안내 방송이 나오지 않으므로 운전사나 승객에게 미리 내릴 정확한 정류장명을 알려주어 도움을 요청하는 것이 좋다.

🚋 트램 Tram

1904년부터 운행을 시작한 트램은 홍콩 섬 북쪽의 케네디 타운과 샤우케이완 사이를 일직선으로 왕복하는 또 하나의 홍콩 명물이다. 화려한 광고판을 붙이고 시내 곳곳을 누비는 트램은 보는 것만으로도 묘한 향수를 느끼게 한다. 정류장은 200~300m 사이마다 있으며 느리게 달리고 정류장마다 정차하므로 여행자도 안심하고 이용할 수 있다.

요금
HK$2~3(전 구간 동일)

운행 시간
05:10~23:50

트램 타기
트램 앞머리의 행선지를 확인하고 뒷문으로 타는데 문 앞에 설치된 바를 밀고 안으로 들어가면 된다. 요금은 내릴 때 앞문에서 내면 된다. 전망을 즐기려면 2층 맨 앞자리가 좋지만 오르내리기 불편하므로 금방 내려야 할 경우는 1층이 좋다. 안내방송이 나오지 않으므로 미리 운전사나 승객에게 도움을 청해 두는 것이 좋다.

🚕 택시

예산에 구애받지 않는다면 택시처럼 편한 교통수단은 없다. 홍콩의 택시는 Taxi Stand에서 쉽게 잡을 수 있다. 단 'Out of Service'라는 표시가 있으면 운행하지 않는 택시이니 유의하자.

요금
우리나라와 비슷하거나 조금 저렴한 수준이다. 단, 일방통행인 길이 많아 많이 돌아가기도 하고 짐이 많은 경우 추가 요금을 내야 하므로 비싸게 느껴진다.
기본요금은 2km까지 HK$18이며 200m당 HK$1.5, 1분당 HK$1.5, 짐 한 개당 HK$5의 추가 요금을 지불하여야 한다. 또, 전화로 예약할 시에는 HK$5을 추가로 내야 한다.

택시 타기
영어가 통하지 않는 경우가 있으니 목적지명과 주소를 한자로 적어 두면 편리하다. 홍콩 섬에서 까우롱 반도로 넘어갈 경우 유료 해저 터널을 통과하게 되는데 이때 터널 통과료가 추가로 부가된다.

6 홍콩에서 출국하기

공항에서 여유로운 출국 수속을 하려면 비행기 출발 시각 3시간 전에는 도착하는 것이 좋다. 반면, 도심공항터미널을 이용하는 경우에는 공항에서 버리는 시간을 절약할 수 있어 편리하다.

✚ 홍콩국제공항에서 출국하기
홍콩 시내에서 공항으로 갈 때도 AEL, 리무진, 택시 등을 이용할 수 있다.

1) AEL
시내에서 까우룽역, 홍콩역으로 갈 때는 무료 셔틀버스를 이용한다. 홍콩 혹은 까우룽역에서 AEL에 승차하여 홍콩국제공항에 내리면 된다. 공항에 도착하면 양쪽 문이 다 열리는데 왼쪽은 터미널1, 오른쪽은 터미널2의 출국장으로 연결된다.

2) MTR
시내에서 MTR을 타고 똥총역에서 하차한다. 역 앞의 터미널에서 S1 버스를 타면 홍콩국제공항 터미널 1, 3층에 내리게 된다. 7층에 있는 출국장까지는 엘리베이터를 타고 이동하면 된다. 터미널2를 이용하려면 표지판을 따라 이동하여야 한다.

3) 리무진
보통 호텔 프런트에서 예약을 하고 티켓을 구입한다. 호텔 바로 앞에서 승차할 수 있어 편리하지만 도중에 여러 호텔을 지나고 교통 체증으로 시간이 많이 지체될 수 있어 비행기 출발 시각이 빠듯한 경우엔 다른 교통수단을 이용하는 것이 좋다. 보통 시내에서 공항까지는 1시간 이상 소요되며 내릴 때에는 운전사에게 미리 터미널 번호나 항공사 이름을 말하면 출국장 앞에 세워 준다.

4) 공항버스
리무진과 마찬가지로 러시아워에는 소요 시간을 짐작기 어려우므로 시간적인 여유가 없는 여행자들은 다른 교통수단을 이용하는 것이 좋겠다. A10, A11, A12, A21, A22 버스는 터미널1, 터미널2의 출국장 바로 앞에 내려 주지만 N11, N22는 터미널1의 출국장에만 정차한다.

✚ 도심공항터미널 이용하기

도심공항터미널은 AEL 탑승자만 이용할 수 있는데 시간이 절약될 뿐 아니라 짐도 미리 공항으로 보낼 수 있어 편리하다. 새벽 5시 30분 정도에 오픈하며 비행기 출발 90분 전까지 탑승 수속을 할 수 있다. 캐세이퍼시픽 등 일부 항공사는 하루 전부터 탑승 수속이 가능하며 항공사에 따라서 이용이 불가한 경우도 있으니 반드시 확인이 필요하다.

홍콩역 도심공항터미널 2523-3627(05:30~00:30)
까우룽역 도심공항터미널 2740-5422(05:30~00:30)

1) 도심공항터미널 위치
도심공항터미널은 AEL 홍콩역과 AEL 까우룽역에 있다. 시내에서 무료 셔틀버스를 이용하거나 MTR 센트럴역, 까우룽역에 내려 '도심공항터미널 In-Town Check In' 표지판을 따라 찾아가면 된다.

2) 항공편 이용 가능 여부 확인하기
입구에 설치된 전광판에서 자신의 비행기 편명을 반드시 확인해야 한다. 자신의 비행기 편명 옆에 'Closed'라고 적혀 있으면 이미 탑승 수속이 마감되었다는 뜻이니 서둘러 공항으로 가야 한다.

3) 탑승 수속
먼저 AEL 티켓을 구입하자. 옥토퍼스 카드 소지자는 개찰구에 카드를 찍고 통과하기만 하면 된다. 해당 항공사 카운터에서 여권과 항공권을 제시하고 탑승 수속을 밟으면 된다.

4) 공항으로 출발
탑승 수속을 마쳤으면 AEL에 탑승하여 공항으로 가면 된다. 홍콩국제공항까지는 20~25분 정도 소요된다.

5) 공항 도착
탑승 수속을 이미 마쳤으므로 터미널 1, 2 어디로 가든 상관이 없다. 출국 심사를 받고 비행기에 오르기만 하면 된다.

마카오 Macau

Step to Macau 1
마카오 일반 정보

➕ 역사
마카오는 원래 중국 광둥성의 한 어촌이었다. 하지만 1553년 당시 세계 최고의 해양 대국이었던 포르투갈인이 처음 마카오에 발을 디딘 후, 경제적으로는 명나라와 교류를 활발히 하고 문화적으로는 기독교 문화 전파에 전심을 기울였다. 그러나 영국이 홍콩을 식민지화하면서 마카오의 무역항은 활기를 잃어 갔는데, 이는 본국 포르투갈의 국력이 쇠해 가던 상황과도 무관하지 않았다.

그러던 중 중국 본토에 공산당 정권이 들어서고 이들과의 갈등이 심화되는 가운데 마카오 주민에 의한 자치까지 시작돼 포르투갈은 마카오에 대한 식민정책에 관심을 잃게 되었다. 결국 1986년 두 정부는 마카오를 중국에 반환하는 협상을 시작하고, 1999년 12월 20일, 마침내 마카오는 중국의 특별 행정구로 편입된다.

현재 마카오는 '동양의 라스베이거스'라 불리며 관광객의 주목을 끌고 있다. '마카오' 하면 '카지노'라 할 만큼 마카오의 도박 산업은 전 세계적으로 유명하지만, 카지노가 갖는 부정적 이미지를 떨쳐 버리기 위해 대형 호텔들을 중심으로 테마파크형 리조트를 건설하여 가족 단위 관광객을 끌어들이고 있다. 또한, 마카오는 포르투갈 문화가 짙게 남아 있는 역사 유적 30여 곳이 유네스코 세계문화유산에 등재되어 있어 동서양의 문화가 공존하는 독특하고 아름다운 관광의 도시로 더욱 주목받고 있다.

➕ 언어
광둥어와 함께 포르투갈어를 공용어로 사용하여 공공 게시물이나 도로 표지판, 관광지 안내판에 두 언어가 병기돼 있다. 관광지를 제외하면 영어는 잘 통용되지 않는다.

➕ 지형
마카오 반도와 두 개의 섬(타이파, 콜로안)으로 이루어져 있다. 하지만 몇 년 전에 이 두 섬 사이를 매립하여 하나의 큰 섬으로 만들었다. 홍콩으로부터는 약 60km 떨어져 있으며(페리로 50~75분 소요), 중국 주하이시와 국경을 마주하고 있다.

➕ 인구
총인구 약 60만 명에 95% 이상이 중국인이며 그 외 포르투갈인과 기타 외국인으로 구성돼 있다.

➕ 기후
열대해양성 기후로 연평균 23도를 유지한다. 1~3월은 겨울에 해당하며, 평균기온 16도이지만 습도가 높아 실제 기온보다 더 쌀쌀하게 느껴진다. 4월부터 기온이 상승하기 시작하여 9월 말까지 덥고 습한 날씨가 이어진다. 기온은 최고 33도, 습도 90%까지 올라가고 비가 많이 내리므로 우산은 필수. 10~12월은 마카오 여행의 최적기이다. 기온과 습도가 동시에 떨어져 쾌적하고 맑은 날씨가 이어진다. 평균 기온 23도, 습도 72%로 반팔 옷에 가볍게 걸칠 겉옷이면 된다.

➕ 시차
한국보다 1시간 늦다.

➕ 통화
파타카와 아보스를 쓰며, 1파타카는 1000아보스이다. MOP1는 우리나라 돈으로 145원 정도이다. 홍콩달러와의 비율은 대략 1:1로서, 관광지에서는 홍콩달러도 받기 때문에 굳이 이를 다시 파타카로 환전할 필요는 없다.

➕ 전기, 전압
우리나라와 마찬가지로 220V이지만 3핀 콘센트를 사용하므로 이에 해당하는 어댑터를 준비해야 한다. 몇몇 호텔에서는 멀티 어댑터를 빌려주기도 한다.

➕ 전화
일반 전화나 공중전화 이용 시
0082(한국 국가 번호)-0을 뺀 지역 번호 내지 휴대전화 앞자리 두 개-전화번호 7~8자리 순서로 누른다.
예) 서울인 경우 0082-2-1234 5678
휴대전화인 경우 0082-10-1234 5678

선불제 국제전화 카드 이용 시(카드 종류에 따라 사용 방법은 조금씩 다를 수 있음)
가장 저렴하게 국제전화를 이용하는 방법이다. 인터넷을 통해 국제전화 카드를 구입하면 문자나 이메일로 카드 번호가 부여된다. 사용법은 다음과 같다.
① 해당 국가 접속 번호를 누른다.
② 지정된 서비스 번호를 선택한다.
③ 구매한 카드 번호와 #(우물 정자)를 누른다.
④ 국가 번호와 지역 번호 내지 휴대전화 앞자리 두세 개(경우에 따라서는 앞의 0을 빼기도 한다)-상대방 전화번호 7~8자리-# 순서로 누른다.
예) 서울인 경우 82-(0)2-1234 5678-#
휴대전화인 경우 82-(0)10-1234 5678-#

스마트폰 USIM 칩 사용 시
공항, 페리 터미널 및 호텔 등에는 USIM 칩을 판매하는 자판기가 있다. 음성 전화용은 MOP50, 24시간 무제한 데이터용은 MOP100이다. 스마트폰은 반드시 컨트리 록이 해제돼 있어야 한다.

✚ 마카오 주요 축제

3월
파소스 성채의 행렬 Procession of the Passion of Our Lord, the God Jesus
사순절 첫 번째 일요일, 성 아우구스틴 성당에 모셔진 십자가 진 예수상을 대성당으로 옮기는 행진이다. 이 예수상은 언젠가 한 번 대성당으로 옮겨진 적이 있었는데 그 후 다시 제자리로 돌아오는 기적을 보였다고 한다.

4월
마카오 예술 축제 Macau Arts Festival
세계 각국에서 초대된 수준 높은 단체들이 다양한 공연, 전시 및 이벤트를 선보인다. 그뿐만 아니라 거리 및 야외 공연장, 군소 갤러리 등에서도 수많은 공연과 전시가 펼쳐져 도시는 온통 문화의 꽃을 피운다.

5월
술 취한 용의 축제 Feast of the Drunken Dragon
이른 아침 삼카이뷰쿤 사원 앞에 남자들이 모여 제사를 지낸 뒤 용 조각품들을 나눠 메고 내항까지 행진하며 술을 마신다. 이는 옛날 한 남자가 술의 힘을 빌려 용을 물리쳤다는 전설에서 기인한 것이다.

파티마의 성모 행진 Procession of Our Lady of Fatima
포르투갈의 마을 파티마에서 세 목동 앞에 나타난 성모를 기리기 위한 종교적 행사로 성 도미니크 성당에서 펜하 성당까지 성모상을 옮기며 행진을 한다. 이 행렬에 끝까지 참석한 사람은 소원이 이루어진다는 설이 전해진다.

6월
마카오 국제 용선 경주 & 축제 Macau International Dragon Boat Races
음력 5월 5일 단오제를 기해 부정한 기운을 씻어 내려는 목적으로 물의 신으로 추앙 받는 용을 형상화해 벌이는 축제. 용선 경주는 참가자들의 협동심을 도모하기 때문에 국내외 많은 단체가 참여하고 있다.

9월
마카오 국제 불꽃놀이 대회 Macau International Fireworks Display Contest
마카오 관광청이 주관하고 세계 10여 개국에서 참여해 더욱 눈길을 끄는 대회. 이때가 되면 마카오 타워 앞바다와 남반 호수에서는 독특한 주제와 표현력으로 무장한 아름다운 불꽃놀이가 장관을 이룬다.

10월
마카오 국제 음악 축제 Macau International Music Festival
전 세계 유명 음악가와 오케스트라, 가수, 합창단 등 다양한 장르의 음악인들이 참여해 각종 공연장과 성당, 거리에 이르기까지 마카오는 온통 음악의 향연에 빠져든다.

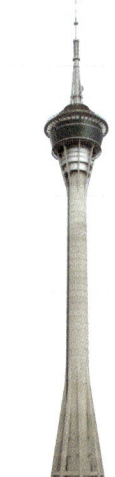

11월

마카오 그랑프리 Grande Prêmio de Macau
마카오 시내 일반 도로에서 펼쳐지는 자동차와 모터사이클 경주. 세계에서 가장 어렵다는 코스로 자동차 마니아들의 폭발적인 관심을 얻고 있다.

마카오 음식 축제 Macau Food Festival
매년 가을, 마카오와 중국은 물론 아시아 전역과 유럽에 이르기까지 다양한 요리가 한자리에 모인다. 각종 이벤트도 마련되어 말 그대로 축제의 장을 이룬다.

12월

마카오 국제 마라톤 대회 Macau International Marathon
1981년부터 시작된 국제 마라톤 경기로, 매년 새로운 코스를 채택해 마카오의 아름다운 경치를 즐길 수 있다는 점에서 큰 인기를 끌고 있다.

✚ Calendar of Macau

월	월평균 최저/최고기온	공휴일	축제와 이벤트
1월	13/18	1일 신년일, 1~3일(음력) 설날	
2월	13/18		
3월	16/21		파소스 성채의 행렬
4월	20/24	5일 청명절 8일(음력) 석가탄신일 중순 부활절(매년 변동)	마카오 예술 축제
5월	24/28(우기)	1일 노동절 5일(음력) 단오절	술 취한 용의 축제 파티마의 성모 행진
6월	26/31(우기)		마카오 국제 용선 경주 & 축제
7월	27/32(우기)		
8월	27/32(우기)	15일(음력) 중추절	
9월	26/30(우기)		마카오 국제 불꽃놀이 대회
10월	23/28	1일 중화인민공화국 건국기념일	마카오 국제 음악 축제
11월	18/24	2일 모든 영혼의 날	마카오 그랑프리 마카오 음식 축제
12월	14/19	20일 마카오 특별행정구역 설립일 24~25일 크리스마스	마카오 국제 마라톤 대회

1 마카오로 입국하기

➕ 비행기 편

서울(인천) ⋯➔ 마카오 직항편(3시간 40~45분 소요)

항공사	출발 요일	항공 일정
진에어	월, 화, 목, 금, 일	21:45~00:30
에어마카오	매일	07:50~10:35 15:05~18:05

마카오 ⋯➔ 서울(인천) 직항편(3시간 25~30분 소요)

항공사	출발 요일	항공 일정
진에어	월, 화, 목, 금, 일	01:30~06:05
에어마카오	매일	01:50~06:25 09:25~14:05

◎ **마카오국제공항 입국하기**
비행기로 마카오에 입국할 경우, 거쳐야 할 과정은 홍콩의 경우와 같다(p.304 참조).

◎ **마카오국제공항에서 시내로 이동하기**

공항버스
마카오국제공항을 운행하는 버스 노선은 26, 36, AP1, MT1, MT2, N2번이다. 26, 36, MT1, MT2번은 코타이 지역 대부분을 커버하고, 그중에서도 26번은 콜로안 빌리지까지 운행한다. 마카오 반도에서는 선택의 폭이 매우 좁다. MT1, MT2번이 그랜드 리스보아 앞까지 연결된다. 노선에 따라 일반 버스는 06:30~23:30 사이 운행하지만 더 일찍 끊기는 경우도 있으므로 유의하자. 야간 버스 N2는 00:50~05:10 사이 20분마다 운행한다. 운임은 MOP2.8~5까지 노선마다 다르다.

호텔·카지노 셔틀버스
공항을 연결하는 호텔·카지노 무료 셔틀버스는 100% 코타이 지역에 한정돼 있다. 결국, 마카오 반도로 이동해야 할 경우에는 택시나 버스를 이용해야 하고, 불편을 감수하더라도 아래 셔틀버스를 이용하여 갈아타는 것도 비용을 절약하는 한 방법이다.

① **시티 오브 드림즈** City of Dreams
 09:00~22:30(5~25분 간격), 22:30~00:00(50분 간격)
 환승 시 MGM 마카오, 신트라 호텔(세나도 광장 부근)로 이동 가능.

② 코타이 센트럴 커넥션Cotai Central Connection(쉐라톤 마카오, 콘래드, 홀리데이 인 마카오)
　　10:00~22:30(15~20분 간격, 메인 로비에서 승차)
　　환승 시 샌즈 마카오(피셔맨즈 와프 근처)로 이동 가능.

③ 갤럭시 마카오Galaxy Macau
　　10:00~23:00(15~20분 간격)
　　환승 시 세나도 광장, 타이파 빌리지, 스타월드 호텔(MGM 마카오, 그랜드 리스보아
　　근처)로 이동 가능.

④ 더 베네시안The Venetian
　　10:00~22:30(15~20분 간격)

택시
어디든 가장 쉽고 편안하게 가는 방법이다. 미터기를 사용하며, 기본요금 MOP15에서 출발해 거리와 시간에 비례하여 요금이 산정된다. 마카오국제공항에서 출발할 경우 MOP5의 할증이 붙는다. 트렁크에 싣는 짐은 개당 MOP30이다. 마카오 택시 기사들에게는 영어가 통하지 않으므로 목적지를 한자로 써서 보여 주는 것이 좋다.

페리 편

◎ 마카오행 페리 타기
홍콩에서 마카오로 갈 때는 페리를 타는 것이 가장 좋다. 페리는 24시간 운항하며 홍콩에서 마카오까지는 50~75분가량 소요된다. 페리는 성완, 침사추이, 홍콩국제공항 세 곳의 페리 터미널에서 탑승하고, 마카오 페리 터미널이나 타이파 페리 터미널에서 하차한다. 주말에는 이용객이 많아 인터넷으로 미리 예매해 놓는 것이 좋다.
터보젯 영문 홈페이지 www.turbojet.com.hk/en
코타이 워터 젯 영문 홈페이지 www.cotaiwaterjet.com

페리 터미널 가는 법

① **홍콩 마카오 페리 터미널**Hong Kong Macau Ferry Terminal
　　Access　성완역 D 출구로 연결된 에스컬레이터를 타고 3층으로 이동.
　　Address　3/F Shun Tak Centre, 200 Connaught Road Central, Sheung Wan

② **홍콩 차이나 페리 터미널**Hong Kong China Ferry Terminal
　　Access　침사추이역 A1 출구로 나와 하이퐁 로드를 따라 걸으면 캔톤 로드와
　　　　　　만난다. 캔톤 로드가 나오면 길을 건너 오른쪽으로 조금 가 로열 퍼시픽
　　　　　　호텔 바로 옆 건물 1층으로 가면 된다.
　　Address　33 Canton Road, Tsim Sha Tsui, Kowloon

터보젯 운행 시간 및 요금 (1등석 Super Class, 2등석 Economy Class)

① 홍콩 마카오 페리 터미널 – 마카오 페리 터미널

홍콩 → 마카오	마카오 → 홍콩
00:30, 01:00, 01:30, 02:30 04:00, 04:45, 06:00 07:00~23:59(15분 간격)	00:30, 01:00, 01:30, 02:30 03:00, 04:00, 06:00, 06:30 07:00~23:59(15분 간격)
평일 1등석 HK$326, 2등석 HK$164	**평일** 1등석 HK$315, 2등석 HK$153
주말 및 공휴일 낮 1등석 HK$348, 2등석 HK$177	**주말 및 공휴일 낮** 1등석 HK$337, 2등석 HK$166
주말 및 공휴일 야간 1등석 HK$369, 2등석 HK$200	**주말 및 공휴일 야간** 1등석 HK$358, 2등석 HK$189

② 홍콩 마카오 페리 터미널 – 타이파 페리 터미널

홍콩 → 마카오	마카오 → 홍콩
07:10, 08:25, 14:05	12:00, 14:15, 17:00
평일 1등석 HK$326, 2등석 HK$164	**평일** 1등석 HK$315, 2등석 HK$153
주말 및 공휴일 낮 1등석 HK$348, 2등석 HK$177	**주말 및 공휴일 낮** 1등석 HK$337, 2등석 HK$166
주말 및 공휴일 야간 1등석 HK$369, 2등석 HK$200	**주말 및 공휴일 야간** 1등석 HK$358, 2등석 HK$189

③ 홍콩 차이나 페리 터미널 – 마카오 페리 터미널

홍콩 → 마카오	마카오 → 홍콩
07:00~22:30(30분 간격) (※12:30, 20:00편 없음 13:30, 14:30, 15:30, 16:30, 19:30편은 불규칙적 운행)	07:00~22:30(30분 간격) (※08:00, 11:30편 없음 14:00, 15:00, 16:00, 18:30, 21:00편은 불규칙적 운행)
평일 1등석 HK$326, 2등석 HK$164	**평일** 1등석 HK$315, 2등석 HK$153
주말 및 공휴일 낮 1등석 HK$348, 2등석 HK$177	**주말 및 공휴일 낮** 1등석 HK$337, 2등석 HK$166
주말 및 공휴일 야간 1등석 HK$369, 2등석 HK$200	**주말 및 공휴일 야간** 1등석 HK$358, 2등석 HK$189

※ 상황에 따라 스케줄 및 요금의 변동이 있을 수 있으니
출발 전 홈페이지에서 다시 한 번 체크하는 것이 좋다(www.turbojet.com.hk/en).

코타이 워터 젯 운행 시간 및 요금 (1등석 Cotai First, 2등석 Cotai Class)

① 홍콩 마카오 페리 터미널 – 타이파 페리 터미널

홍콩 → 마카오	마카오 → 홍콩
06:30~20:00(30분 간격) (※ 17:30편은 없음) 21:00, 22:00, 23:00, 23:59	07:00, 08:00 09:00~23:59(30분 간격) (※ 16:00편은 없음) 01:00, 03:00
평일 1등석 HK$225, 2등석 HK$165	**평일** 1등석 MOP214, 2등석 MOP154
주말 및 공휴일 1등석 HK$239, 2등석 HK$177	**주말 및 공휴일** 1등석 MOP228, 2등석 MOP167
야간 1등석 HK$264, 2등석 HK$201	**야간** 1등석 MOP252, 2등석 MOP190

② 홍콩 차이나 페리 터미널 – 타이파 페리 터미널

홍콩 → 마카오	마카오 → 홍콩
08:00, 09:00, 11:00, 12:00, 13:30	10:15, 17:45
평일 1등석 HK$225, 2등석 HK$165	**평일** 1등석 MOP214, 2등석 MOP154
주말 및 공휴일 1등석 HK$239, 2등석 HK$177	**주말 및 공휴일** 1등석 MOP228, 2등석 MOP167
야간 1등석 HK$264, 2등석 HK$201	**야간** 1등석 MOP252, 2등석 MOP190

③ 홍콩국제공항 SkyPier – 타이파 페리 터미널

홍콩 → 마카오	마카오 → 홍콩
11:45, 13:15, 16:15	07:15, 10:30, 11:55, 13:55, 15:55, 17:55
성인 1등석 HK$318, 2등석 HK$254	**성인** 1등석 MOP319, 2등석 MOP256
2세 이상 12세 이하 1등석 HK$256, 2등석 HK$196	**2세 이상 12세 이하** 1등석 MOP257, 2등석 MOP197
2세 이하 1등석 HK$197, 2등석 HK$140	**2세 이하** 1등석 MOP199, 2등석 MOP141

※ 상황에 따라 스케줄 및 요금의 변동이 있을 수 있으니
출발 전 홈페이지에서 다시 한 번 체크하는 것이 좋다(www.cotaiwaterjet.com).

◎ **홍콩 출국과 마카오 입국하기**
홍콩에서 마카오로 출국하는 절차는 매우 간단하다. 탑승 게이트를 통과하여 출국 심사만 거치면 된다. 별도의 비자는 필요 없으며(90일간 무비자 체류 가능) 여권에 출국 도장을 찍어주는 것으로 OK. 페리에 탑승한 후에는 입국 수속을 위해 마카오 입국 카드를 작성해 두는 것이 좋다. 승무원들이 나누어 주므로 잘 받아 두었다가 미리 작성해 두면 편리하다. 입국 시에는 작성해 놓은 입국 카드와 여권을 출입국 관리소에 제시하고 입국 도장을 받으면 된다.

2 마카오에서 출국하기

✚ 비행기 편

◎ **공항 도착하기**
코타이 지역 내 호텔에서 출발할 경우 시티 오브 드림즈(00:00 막차), 코타이 센트럴 커넥션(쉐라톤 마카오, 콘래드, 홀리데이 인 마카오, 22:30 막차), 갤럭시 마카오(23:00 막차), 더 베네시안(22:30 막차) 셔틀버스를 이용해 공항으로 이동하고, 그 외에는 버스나 택시를 타도록 한다. 호텔 셔틀버스의 경우 예고 없이 시간이 변동되기도 하므로 24시간 전에 반드시 정확한 시간을 확인해 두어야 한다.

◎ **공항 내 시설 이용**
마카오국제공항은 빈약한 시설로 악평이 높다. 특히 한국행 비행기는 자정 이후 출발하기 때문에 그나마 있는 면세점이나 레스토랑도 이용하기 불편하다. 따라서 음료나 간단한 야식거리는 미리 챙겨 두는 것이 좋다. 다행히 이곳에도 PP카드로 무료 이용 가능한 라운지가 있으니 참고할 것.

◎ **마카오국제공항 출국하기**
비행기로 마카오를 출국할 경우 거쳐야 할 과정은 홍콩의 경우와 같다(p.312 참조).

✚ 페리 편

◎ **페리 표 구하기**
주말이나 마카오, 홍콩의 국경일의 경우 페리 이용객이 급속도로 많아지므로 미리 표를 구매해 놓는 것이 좋다. 호텔에 따라서는 특별한 수수료 없이 티켓 판매 대행 서비스를 시행하기도 하므로 데스크에 문의해 보도록 하자. 또한, 자신이 구입한 티켓의 출발지가 마카오 페리 터미널인지, 타이파 페리 터미널인지 반드시 확인해 두어야 한다. 참고로 코타이 지역 호텔에서 일정을 마무리할 경우에는 타이파 페리 터미널을 이용하는 것이 좋다. 터미널까지의 접근성도 좋지만, 상대적으로 이용객 수가 적어 쾌적한 편이다.

◎ **탑승 수속 및 출국 심사**
출국 카드를 작성한 뒤 여권과 함께 제출하여 출국 심사를 받는다. 수화물을 부치거나 소지품 검색을 하는 과정은 따로 없다.

3 마카오 내에서 이동하기

✚ 버스

대부분의 관광지는 버스로 이동할 수 있다. 아침 6시부터 자정까지 운행하며, 마카오 시내는 최소 MOP3.2, 타이파 섬은 MOP3.6~4.2, 콜로안 섬은 MOP6.4이다. 하지만 버스 회사와 노선에 따라 운행 시간과 요금이 다르므로 유의해야 한다.

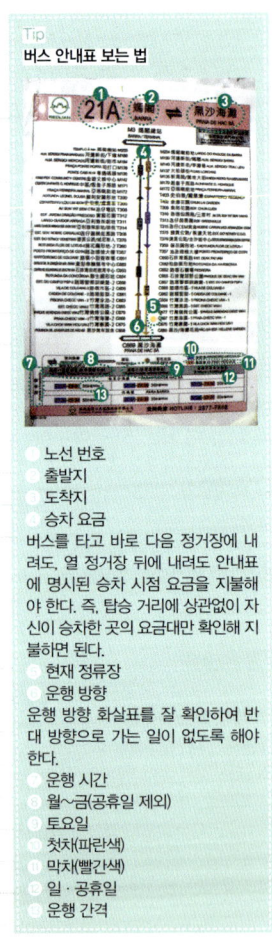

Tip
버스 안내표 보는 법

① 노선 번호
② 출발지
③ 도착지
④ 승차 요금

버스를 타고 바로 다음 정거장에 내려도, 열 정거장 뒤에 내려도 안내표에 명시된 승차 시점 요금을 지불해야 한다. 즉, 탑승 거리에 상관없이 자신이 승차한 곳의 요금대만 확인해 지불하면 된다.

⑤ 현재 정류장
⑥ 운행 방향

운행 방향 화살표를 잘 확인하여 반대 방향으로 가는 일이 없도록 해야 한다.

⑦ 운행 시간
⑧ 월~금(공휴일 제외)
⑨ 토요일
⑩ 첫차(파란색)
⑪ 막차(빨간색)
⑫ 일·공휴일
⑬ 운행 간격

버스를 탈 때는 버스 정류장에 있는 노선표를 보고 노선 번호와 경유지, 요금 등을 확인해야 한다. 특히 자신이 가고자 하는 목적지의 진행 방향에 주의하여 거꾸로 가는 일은 없도록 하나.
버스가 오면 앞문으로 탑승한다. 요금은 탈 때 지불하며 요금함 앞 스크린에 지불해야 할 요금이 적혀 있다. 거스름돈은 따로 돌려주지 않으므로 미리 정확한 요금을 준비해 두는 게 좋다. 영어 안내 방송과 전광판이 다음 정차할 곳을 안내해 준다. 내릴 때는 벨을 누르고 뒷문으로 하차한다.

※ 마카오 교통 카드
며칠을 머무르며 마카오 구석구석을 돌아볼 여행자들에게 꼭 필요한 아이템, 마카오 패스MACAUpass는 충전용으로 카드 보증금 MOP30에 최소 충전 요금은 MOP1000이다. 시내 곳곳에 위치한 세븐일레븐이나 K마트에서 쉽게 구입 및 충전할 수 있다. 버스 요금이 30~40% 정도 할인되는 데다 거스름돈 걱정도 없으니 일거양득이다. 카드 소지자가 버스에 오르면 자동으로 카드가 인식된다. 45분 내 무료 환승도 된다. 다 쓴 카드는 마카오 패스 고객 서비스 센터MACAUpass Customer Service Centre(마카오 예술 박물관 근처, 월드 트레이드 센터 내)에서 반납하고 보증금을 돌려받는다.
마카오 패스 고객 서비스 센터 주소 Avenida da Amizade No. 918, World Trade Centre, 13 andar A-B, Macau

➕ 호텔·카지노 셔틀버스
공항이나 페리 터미널, 중국 국경과 각 호텔을 연결해 주는 호텔·카지노 무료 셔틀버스는 마카오 내에서의 이동을 더욱 편리하게 해 준다. 일단 마카오에 입국한 후, 최초 관광지와 가장 가까운 호텔의 셔틀버스를 타고 목적지로 이동하는 것이 편리하고 경제적인 마카오 여행의 첫걸음이 될 것이다. 참고로 카지노가 아닌 호텔에서 운영하는 셔틀버스의 경우 매우 드물지만 바우처나 예약을 요구하기도 한다. 셔틀버스에 대한 자세한 정보는 '마카오 셔틀버스 완전 정복'(p.328) 참조.

➕ 택시
대부분이 미터기를 부착하고 있다. 기본요금은 1,600m에 MOP15이고 이후에 250m 혹은 1분 정차마다 MOP1.5가 추가된다. 트렁크에 싣는 짐은 개당 MOP30이다. 타이파에서 콜로안으로 넘어갈 경우 MOP2가, 마카오 반도에서 콜로안 섬으로 갈 경우 MOP5가 추가된다. 영어가 잘 통하지 않으므로 한자로 목적지를 적어 기사에게 보여 주는 것이 좋다.

대략적인 요금(경로 및 교통 체증에 따라 변동이 크므로 참고만 할 것)
마카오 반도 내 최대 MOP60~70
타이파 섬 내 MOP35 내외
타이파 섬 ⋯› 콜로안 섬 MOP50 내외
마카오 반도 ⋯› 타이파 섬 MOP60 내외
마카오 반도 ⋯› 콜로안 섬 MOP80 내외

Step to Macau 2

마카오 셔틀버스 완전 정복

마카오 관광이 그 어느 도시보다 수월하다고 할 수 있는 것은 호텔이나 카지노가 운영하는 셔틀버스 때문이다. 유명 관광지 바로 앞에 버스가 서는 것은 아니지만, 셔틀버스 노선이 웬만한 관광지를 커버하기 때문에 약간의 걷는 수고만 감안한다면 아주 편리하고 돈 한 푼 들지 않는 경제적인 교통수단이 된다.

마카오에서 운행되는 호텔 셔틀버스 종류는 30여 개가 훌쩍 넘지만, 시티 오브 드림즈(그랜드 하얏트 마카오, 크라운 타워즈, 하드록 호텔), 더 베네시안, 갤럭시 마카오, 코타이 센트럴 커넥션(쉐라톤 마카오, 콘래드, 홀리데이 인 마카오), 그랜드 리스보아, MGM 마카오, 윈 마카오, 스타월드 호텔, 신트라 호텔이 운행하는 10개의 셔틀버스 노선만 잘 이용해도 이동에는 전혀 불편함이 없다.

운행지	셔틀버스 운행 호텔	시티 오브 드림즈	더 베네시안	갤럭시 마카오	코타이 센트럴 커넥션	그랜드 리스보아	MGM 마카오	윈 마카오	스타월드 호텔	신트라 호텔
마카오 반도	마카오 페리 터미널	V	V	V	V	V	V	V	V	V
	샌즈 마카오 (피셔맨즈 와프 근처)				V					
	관음상 근처 (MGM 마카오, 스타월드 호텔)	V		V			V		V	
	세나도 광장 근처 (신트라 호텔, 그랜드 리스보아)	V				V				V
	마카오 타워	V								
타이파	타이파 페리 터미널	V	V	V	V	V	V	V	V	
	마카오국제공항	V					V		V	
	타이파 빌리지			V						
	시티 오브 드림즈	V	V	V						
	더 베네시안	V	V	V						
	갤럭시 마카오	V	V	V						
	코타이 센트럴 커넥션	V	V	V						

옆의 표는 대표적인 셔틀버스 운행 호텔과 운행지를 나타낸 것이다. 호텔들이 위치한 곳은 크게 마카오 반도와 코타이(타이파) 지역 둘로 나뉜다. 마카오 반도는 세나도 광장을 비롯해 세계문화유산이 자리 잡고 있는 말 그대로 문화 관광지이다. 하지만 마카오의 호텔들이 카지노에 집중되는 부정적 이미지를 털고 복합 문화 공간을 내세우며 엔터테인먼트 리조트로서 급부상하고 있고, 이런 움직임을 보이는 대부분의 호텔은 코타이(타이파) 지역에 몰려 있다. 우리가 잘 아는 더 베네시안이나 갤럭시 마카오, 시티 오브 드림즈와 같은 호텔이 바로 그 대표적인 예라 할 수 있다. 안타깝게도 이 지역은 마카오-타이파 대교로만 연결되기 때문에, 이 지역과 연결해 주는 셔틀버스 노선은 특히 유용하다.

사실 마카오를 찾는 대부분의 관광객이 홍콩을 거쳐 들어오고, 이들 중 대다수가 마카오 페리 터미널을 이용하기 때문에 셔틀버스의 운행 편이 가장 많은 곳도 마카오 페리 터미널이다. 셔틀버스 승차장은 터미널 출국장을 나와 현관 바로 앞에 있는 지하도를 건너면 바로 연결된다. 다음 그림은 마카오 페리 터미널 셔틀버스 승차장 배치도이다.

Tip
마카오 오픈 톱 버스 Open Top Bus Macau Sightseeing Tour

1일 자유 버스 투어 개념으로 하루 동안 마카오의 관광 명소 10곳에서 자유롭게 타고 내릴 수 있는 오픈 톱 관광버스로 명소를 다니는 동안 한국어 포함 10여 개의 언어로 된 오디오 가이드를 제공하여 더욱 유익하다.

버스 승차장
- 마카오 과학 센터
- 관음상
- 마카오 타워
- 아마 사원
- 소피텔 폰테 16
 (구시가지-관광 및 먹자 거리)
- 레드 마켓
- 중국 국경
- 카니드롬(개 경주장)
- 관음당
- 갤럭시 마카오

※ 11:00과 11:45 버스는 갤럭시 마카오를 경유하지 않음.
※ 11월에는 갤럭시 마카오를 경유하지 않음.

가격
성인 HK$150, 어린이 HK$100

마카오 페리 터미널 카운터 Counter 1026

티켓 판매처
마카오 페리 터미널 도착 홀 비지터 인포메이션 센터 Visitor Information Centre 앞

운행 시간
09:30, 10:15, 11:00, 11:45, 12:30 13:15, 14:00, 14:45, 15:30, 16:15

2832-1368

매일 09:30~16:15(45분 간격) (마카오 그랑프리, 마카오 국제 마라톤 대회 시에는 운행 시간 변동 있으니 카운터에서 체크할 것)

마카오 페리 터미널

지하도

| 시티 오브 드림즈 | 더 베네시안 | 샌즈 마카오 | 갤럭시 마카오 | 스타월드 호텔 | 그랜드 리스보아 | 리스보아 | MGM 마카오 | 원 마카오 | 그랜드 엠퍼러 | 골든 드래곤 | 소피텔 폰테 16 | 그랜드 왈도 | 카사리얼 | 코타이 센트럴 커넥션 |

마카오 도착 전 미리 호텔을 예약한 경우에는 해당 셔틀버스로 이동하면 된다. 그리고 해당 호텔을 기준으로 연결되는 셔틀버스 노선을 적절히 이용한다. 예를 들어 소피텔 폰테 16에 머무를 경우 마카오 페리 터미널에서 소피텔 폰테 16 셔틀버스를 이용, 호텔 체크인을 하고 호텔에서 가까운 세나도 광장 지역부터 둘러본다. 이후 세나도 광장 근방으로 셔틀버스를 운행하는 갤럭시 마카오, 시티 오브 드림즈의 셔틀버스를 이용, 코타이 지역 호텔로 이동한다. 한국인들이 많이 찾는 더 베네시안은 갤럭시 마카오, 시티 오브 드림즈와 셔틀버스로 연결되지만 걸어도 10분 이내 도달할 수 있는 거리이므로 불편함은 전혀 없다. 소피텔 폰테 16으로 다시 돌아올 때에는 세나도 광장 근방까지 셔틀버스를 타고 정류장에서 소피텔 폰테 16까지는 도보로 돌아오는 방법과, 코타이 지역 호텔에서 마카오 페리 터미널로 가서 거기서 다시 소피텔 폰테 16 셔틀버스로 환승하는 방법이 있다.

◎ 환승 없이 도보로 호텔에 돌아올 경우

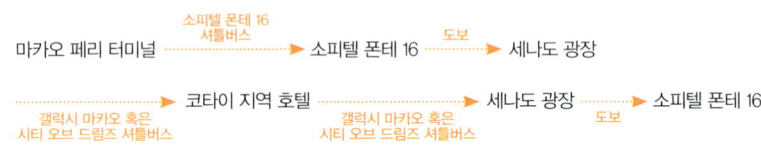

Tip. 세나도 광장 근처의 셔틀버스 승차장은 신트라 호텔과 메트로폴 호텔이다.

◎ 환승하여 호텔로 돌아올 경우

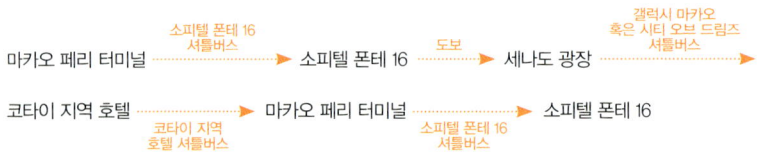

아쉽게도 콜로안 지역으로 연결되는 셔틀버스는 그랜드 콜로안 리조트 ⋯▶ 더 베네시안 노선 하나뿐이다. 게다가 그랜드 콜로안 리조트는 콜로안 빌리지에서 꽤 떨어져 있기 때문에 실제 콜로안 지역을 관광할 목적이라면 대중교통을 이용하는 수밖에 없다.

마지막으로 돈 한 푼 들이지 않고 셔틀버스로만 이동하는 알짜배기 1일 마카오 여행 코스를 소개한다.

◎ 느긋한 여행자를 위한 셔틀버스 추천 1일 핵심 코스

◎ 욕심 많은 여행자를 위한 셔틀버스 추천 1일 구석구석 코스

◎ **셔틀버스 시간표**
모든 셔틀버스의 시간표는 예고 없이 변경되므로 아래 표는 참고만 하고,
실제 탑승 시에는 운행 시간을 미리 확인해 두자.

셔틀버스	운행지	운행 시간
시티 오브 드림즈	마카오 페리 터미널	09:00~00:00(8~15분 간격) 00:00~01:15(30분 간격)
	타이파 페리 터미널 & 마카오국제공항	09:00~22:30(5~25분 간격) 22:30~00:00(50분 간격)
	신트라 호텔(세나도 광장 근처)	11:00~23:00(6~16분 간격) 23:00~00:00(30분 간격)
	마카오 타워	12:00~21:00(30분 간격)
	타이파 빌리지 (타이파 빌리지 입구 맥도날드 뒤)	12:00~21:00(12분 간격)
	갤럭시 마카오	11:00~23:00(5~15분 간격)
	더 베네시안	10:00~23:00(6~12분 간격)
	MGM 마카오	11:00~22:00(17분 간격)
코타이 센트럴 커넥션 (쉐라톤 마카오, 콘래드, 홀리데이 인 마카오)	마카오 페리 터미널	09:00~00:00(10분 간격) ※ 코타이 센트럴 남쪽 로비에서 승차
	타이파 페리 터미널	07:30~23:35(15~20분 간격) ※ 메인 로비에서 승차, 심야 시간대는 현장에서 체크
	마카오국제공항	10:00~22:30(15~20분 간격) ※ 메인 로비에서 승차
	샌즈 마카오 (피셔맨즈 와프 근처)	10:00~00:00(10~20분 간격) ※ 동쪽 로비에서 승차
	더 베네시안	10:00~00:00(10~15분 간격) ※ 동쪽 로비에서 승차
	갤럭시 마카오	10:00~23:00(10~20분 간격) ※ 남쪽 로비에서 승차
더 베네시안	마카오 페리 터미널	09:30~00:00(5~15분 간격)
	타이파 페리 터미널	08:15~23:55(5~15분 간격)
	마카오국제공항	10:00~22:30(15~20분 간격)
	시티 오브 드림즈	10:00~23:00(10~15분 간격)
	갤럭시 마카오	10:00~23:00(5~10분 간격)
	코타이 센트럴 커넥션	10:00~00:00(12분 간격)

셔틀버스	운행지	운행 시간
갤럭시 마카오	마카오 페리 터미널	09:00~23:45(5~10분 간격)
	타이파 페리 터미널	08:00~23:30(10~15분 간격)
	마카오국제공항	10:00~23:00(15~20분 간격)
	메트로폴 호텔(세나도 광장 근처)	10:00~21:45(10~15분 간격)
	타이파 빌리지 (쿤하 거리 근처)	11:00~21:00
	시티 오브 드림즈	11:00~23:00(10~15분 간격)
	더 베네시안	10:00~23:00(10~15분 간격)
	코타이 센트럴 커넥션	10:00~23:00(10~15분 간격)
	스타월드 호텔	10:00~23:45(7~10분 간격)
그랜드 리스보아	마카오 페리 터미널	09:00~23:59(5~30분 간격)
	타이파 페리 터미널	10:30~17:30(1시간 간격)
MGM 마카오	마카오 페리 터미널	09:00~23:50(7분 간격)
	타이파 페리 터미널	10:00~20:00(15분 간격)
윈 마카오	마카오 페리 터미널	09:00~23:45
	타이파 페리 터미널	09:00~22:45
스타월드 호텔	마카오 페리 터미널	09:00~23:30(7~10분 간격)
	타이파 페리 터미널	09:15~20:45(대략 30분 간격) ※ 지정 시간은 현장에서 체크
신트라 호텔	마카오 페리 터미널	08:35~21:50(15분 간격)

Step to Macau 3

단 하루면 충분하다!
취향대로 즐기는 마카오 베스트 코스 4

마카오 반도는 16세기 초 포르투갈인들이 정착한 이래 정치, 경제, 문화 모든 면에서 중심지가 되어온 곳으로 그만큼 볼거리, 즐길 거리, 먹을거리가 무궁무진하다. 사실 코타이 지역에 엔터테인먼트 리조트식 호텔 단지가 들어서면서 많은 관광객이 코타이 지역으로 이동해 갔지만, 그 누구도 마카오 반도를 외면하지 못하는 게 현실.

마카오 반도의 관광 1번지는 포르투갈 식민지 시대의 건축물들이 남아 있는 세나도 광장 일대이다. 이곳의 30여 개 건축물은 세계문화유산에 등재돼 있을 만큼 문화적 가치가 높은 것들로 동양 속의 유럽 분위기를 물씬 느낄 수 있다는 점에서 매력 만점이라 하겠다. 또한, 서구식 건물 사이사이 남아 있는 중국식 건축물에서는 진정한 마카오의 역사와 전통을 엿볼 수 있다.

마카오에는 흥미진진한 박물관이 10여 개도 훌쩍 넘는다. 특히 마카오 박물관이나 마카오 과학 센터, 해사 박물관, 그랑프리 박물관 등 일일이 다 언급하기 힘들 만큼 수준 높은 박물관들이 마카오 반도에 포진해 있다. 짧은 여행 일정이라도 한두 곳쯤은 꼭 방문해 볼 것을 추천한다.

그 외 마카오 최고의 전망을 즐길 수 있는 곳 역시 마카오 반도 곳곳에 자리하고 있는데, 그중에서도 펜하 성당과 기아 요새는 무료로 최고의 경관을 즐길 수 있다는 점 외에도 그 자체로 건축학적 아름다움을 지니고 있다는 큰 매력이 있다.

마카오 반도 베스트 코스

✚ '나는 세계문화유산에 관심이 많다' 형

아마 사원 ⋯➡ 무어리시 배럭 ⋯➡ 릴라우 광장 ⋯➡ 만다린 하우스 ⋯➡ 성 로렌스 성당 ⋯➡ 성 요셉 성당 ⋯➡ 돔 페드로 5세 극장 ⋯➡ 성 아우구스틴 성당 & 광장 ⋯➡ 로버트 호 퉁 경의 도서관 ⋯➡ 릴 세나도 빌딩 ⋯➡ 삼카이뷰쿤 사원 ⋯➡ 세나도 광장 ⋯➡ 자비의 성채 ⋯➡ 로우카우 맨션 ⋯➡ 대성당 & 광장 ⋯➡ 성 도미니크 성당 ⋯➡ 예수회 기념 광장 ⋯➡ 세인트 폴 성당 유적 ⋯➡ 몬테 요새 & 마카오 박물관 ⋯➡ 나차 사원 & 구시가지 성벽 ⋯➡ 성 안토니오 성당 ⋯➡ 까사 가든 ⋯➡ 신교도 묘지 ⋯➡ 까몽이스 공원 ⋯➡ 기아 요새

이 일정은 마카오의 대표적인 세계문화유산을 빠짐없이 돌아보는 코스이다. 상당히 많은 곳이지만 기아 요새를 빼고 전부 고만고만한 거리에 몰려 있어 세계문화유산에 관심 많은 여행자에겐 하루를 몽땅 투자해도 아깝지 않을 정도이다. '마카오의 관광은 세나도에서'라는 무의식이 작용할지 모르겠지만, 동선이 겹치지 않도록 아마 사원을 기점으로 북쪽으로 훑어 올라가도록 했다. 오전

부터 시작하여 점심경에는 세나도 광장에 다다를 수 있기 때문에 세나도 광장의 유명한 레스토랑, 군것질거리를 실컷 맛볼 수 있을 것이다. 오후에는 세나도 광장 북쪽을 따라 올라가 까몽이스 공원에까지 이른다. 마지막 종착지인 기아 요새는 까몽이스 공원 앞 정류장에서 버스를 타고 이동해야 하는데, 시간과 경비 투자로 망설이는 여행객이 있다면 단호하게 "Go!"를 외치고 싶다. 지중해 어느 섬에나 나올 듯한 하얀 등대와 확 트인 오션 뷰의 아름다움이 하루의 피로를 싹 날려 줄 것이다.

+ '유명 호텔, 카지노가 궁금해요~' 형

그랜드 리스보아 ⋯ 소피텔 폰테 16 ⋯ 세나도 광장 ⋯ 로우카우 맨션 ⋯ 대성당 ⋯ 세인트 폴 성당 유적 ⋯ 몬테 요새 & 마카오 박물관 ⋯ 성 아우구스틴 성당 & 광장 ⋯ MGM 마카오 ⋯ 윈 마카오 ⋯ 피셔맨즈 와프

이 루트는 여행객들 사이에서 화려한 볼거리로 유명한 마카오 반도의 4대 호텔과 세나도 광장 주위의 대표적인 관광지를 추가한 것이다. 세계 최대의 다이아몬드 및 화려한 예술품들이 전시된 그랜드 리스보아, 마이클 잭슨의 유품 및 기념품을 보유한 소피텔 폰테 16을 둘러보고 세나도 광장으로 이동해 맛있기로 유명한 간식과 요리를 즐긴다. 오후에는 세나도 광장을 중심으로 포르투갈 양식의 종교적 건축물과 마카오의 역사와 전통이 남아 있는 로우카우 맨션, 마카오 박물관 등을 돌아본다. 어둑어둑해질 때쯤이면 MGM 마카오, 윈 마카오를 방문하여 분수 쇼 등을 즐긴다(레이저 쇼 특성상 낮보다는 밤에 방문하는 것이 좋다). 이 루트의 마지막은 야경이 아름답기로 소문난 피셔맨즈 와프이다. 이곳에서 즐기는 맥주 한잔은 그 어느 곳에서도 경험해 보지 못한 상쾌함을 전해줄 것이다.

+ '번잡함은 딱 질색! 숨겨진 아름다움을 찾아서~' 형

펜하 성당 ⋯ 릴라우 광장 ⋯ 만다린 하우스 ⋯ 성 요셉 성당 ⋯ 성 아우구스틴 성당 & 광장 ⋯ 릴 세나도 빌딩 ⋯ 대성당 ⋯ 세인트 폴 성당 유적 ⋯ 신교도 묘지 ⋯ 기아 요새

조금은 덜 알려졌다 해도 그래서 더욱 한적하고 그곳의 정취와 진가를 맘껏 느

낄 수 있는 나만의 여행지를 찾는 여행객에게 꼭 추천하고 싶은 루트. 느림의 미학을 즐기는 것이 이 코스의 또 하나의 콘셉트이다. 펜하 성당은 화보 촬영으로도 유명한 곳. 언덕길이 부담돼서인지 찾는 사람은 많지 않지만 그래서 더 조용히 시티 뷰와 오션 뷰, 항구 뷰까지 고루 감상할 수 있다. 릴라우 광장은 가장 포르투갈다운 곳이다. 마치 유럽의 어느 작은 광장에 와 있는 착각이 들 정도. 만다린 하우스는 중국 전통 가옥의 아름다움이 물씬 풍기고, 성 요셉 성당은 내부가 매우 아름다운 곳이다. 성 아우구스틴 광장 역시 '유럽다움'을 즐길 수 있는 곳. 릴 세나도 빌딩은 시내 중심가에 있어 오가는 사람은 많지만, 정작 정원과 도서관까지 둘러보는 사람은 적다. 잘 가꿔진 정원과 탐이 날 만큼 고풍스러운 도서관은 놓치지 말자. 대성당의 광장은 세나도 광장의 번잡함과 대조될 만큼 조용하고 평화롭다. 아무리 한적함을 최우선에 둔다 해도 마카오의 상징인 세인트 폴 성당 유적쯤은 봐 주는 게 예의! 신교도 묘지는 우리네 묘지와는 달리 잘 꾸며진 한적한 공원 정도로 느껴진다. 입구에 있는 예쁜 예배당도 관람 포인트. 신교도 묘지 앞에서 버스를 타고 기아 요새를 찾아간다. 요새 안의 등대와 예배당도 예쁘지만, 요새까지 올라가는 동안 이어지는 정원 역시 아름답고 한적하기 그지없다.

➕ 박물관을 사랑하는 '박물관, 어디가 제일 좋아?' 형

마카오 박물관 ⋯› 마카오 과학 센터 ⋯› 그랑프리 박물관 ⋯› 마카오 반환 기념박물관 ⋯› 해사 박물관 ⋯› 와인 박물관 ⋯› 쑨얏센 기념관 ⋯› 전당포 박물관 ⋯› 마카오 예술 박물관

박물관은 개인의 관심 분야에 따라 호불호가 갈라질 수 있기 때문에 일률적으로 순위를 매기는 것이 무의미할 수 있다. 하지만 정보 차원에서 소개해 보면 위와 같다. 마카오 박물관은 내용 면에서나 구성, 관리 면에서 모두 훌륭하고 실제 모형들을 사용해 관람자의 흥미를 끈다. 어느 누가 방문해도 실망하지 않을 것이다. 마카오에서 그 가치에 비해 잘 알려지지 않은 곳이 바로 마카오 과학 센터가 아닐까 싶다. 물론 과학이라는 주제가 그리 당기지 않을 수 있지만, 귀여운 캐릭터들을 도입하고, 모든 것을 손으로 만져 보고 직접 시도해 볼 수 있게 하여 친근감을 높였다. 아이들을 동반한 가족 여행자들에겐 '머스트 비지트'로 추천하고 싶다. 그랑프리 박물관은 눈이 휘둥그레질 만큼 멋진 자동차와 오토바이, 시뮬레이션 레이싱 게임 등 흥미로운 것들로 가득하다. 마카오 반환 기념박물관은 단층에 전시물도 많지 않지만, 그 하나하나가 헉 소리 나올 만큼 멋지고 대단하다. 마카오 예술 박물관의 경우 특별전이 무엇이냐에 따라 만족도는 크게 달라질 수 있으니, 미리 전시 일정을 체크해 볼 것. 그 외 박물관들도 자신의 흥미 여부에 따라 방문해 볼 가치가 충분하다.

Step to Shen Zhen

심천 여행하기

★

심천 Shen Zhen 深圳

1) 국경행 열차 타기
홍콩에서 심천까지는 홍함역에서 출발하는 MTR 이스트 레일 라인을 이용해 편리하게 이동할 수 있다. 홍함에서 출발하는 열차는 로우(Lo Wu·羅湖)행과 록마차우(Lok Ma Chau·落馬洲)행이 있는데 상대적으로 출입국 절차가 간소한 로우행을 이용하는 것이 좋다.

MTR 이스트 레일 라인 스케줄과 요금

출발지	라인 스케줄	요금
홍함역	05:30~23:06(3~8분 간격 운행)	HK$31.3~62.6
까우룽통역	05:36~23:13(3~8분 간격 운행)	HK$31.3~62.6

※ 요금은 옥토퍼스 카드 이용 시

2) 홍콩 출국
로우역에 도착해 핑크색의 'Visitors' 표시를 따라가다 보면 출국 심사대가 나온다. 출국 심사를 위해 여권과 홍콩 입국 시 작성한 출입국 카드를 제시한다.

3) 입국 비자 받기
심천에 입국하기 위해서는 비자가 필요하다. 비자를 미리 준비해 두지 못했다면 현장에서 국경 비자를 받을 수도 있는데 면세점을 지나 입국 심사대로 가기 직전 왼편의 에스컬레이터를 타고 올라가면 보이는 국경 비자 사무실(09:00~22:30)에서 받는다.

국경 비자	심천만 여행 가능하며 당일 발급받을 수 있다(국경 비자 사무실에서 발급, 10분~2시간 소요). 4박 5일의 유효기간을 가지며 귀국 시 반드시 발급받은 국경을 통해 귀국해야 함.
일반 비자	전 지역 여행 가능하며 발급까지 약 4일 정도 걸린다.

4) 심천 입국하기
외국인 전용 입국 심사대에서 여권과 비자, 출입국 카드를 제시한 후 입국 심사를 거쳐 입국하면 된다. 입국 심사 후 간단한 세관 검사를 받고 밖으로 나가면 심천 입성 성공.

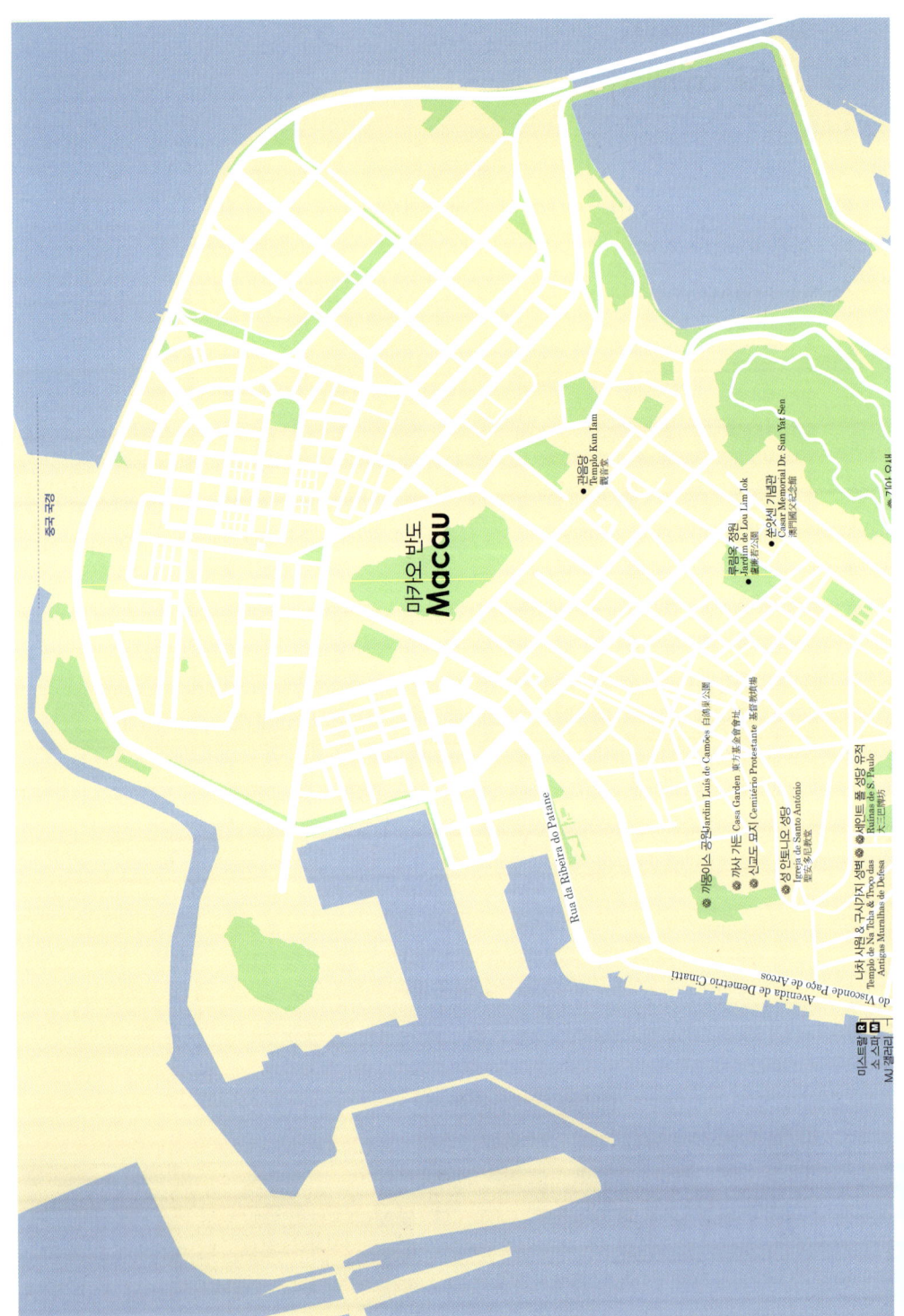

Sightseeing
①
세인트 폴 성당 유적 Ruínas de S. Paulo 大三巴牌坊

마카오 관광의 1번지라 할 수 있는 대표적 장소. 1580년에 완공된 세인트 폴(성 바울) 성당은 동양의 바티칸이라고 불릴 만큼 거대한 규모와 교회사적 의미를 갖고 있다. 사실 이 성당은 1594년 서양 선교사들의 중국어 교육을 목적으로 설립한 성 바울 대학의 일부로, 이는 극동 지역에 설립된 최초의 서구식 대학이며 해를 거듭 할수록 중국과 유럽 간의 종교 및 문화 교류에도 큰 역할을 하게 되었다. 세인트 폴 성당이 지금의 모습을 갖게 된 것은 1853년 화재 때문이다. 하지만 성당의 터는 그대로 보존되고 있으며, 성당 벽 뒤편 지하에는 천주교 예술 박물관 및 묘실 Museu de Arte Sacra e Cripta이 자리 잡고 있어 이곳에서 발굴된 16~19세기의 유물들을 살펴볼 수 있다. 성당 계단 아래쪽에 자리 잡은 예수회 기념 광장 Largo da Companhia de Jesus은 특히 1920~1930년에 세워진 건물들에 둘러싸여 있어 유럽의 어느 광장 같은 착각이 든다. 이곳 한편에 서 있는 청동상은 포르투갈 남성과 마카오 여성이 서로 마주 보는 형상으로 조화와 번영을 상징한다.

Access 세나도 광장에서 성 도미니크 성당을 지나 왼쪽 길로 접어들어 150m 직진 후 오른쪽 일명 육포 거리 Rua de S. Paulo를 따라 끝까지 올라간다.
Open 24시간
천주교 예술 박물관 및 묘실 09:00~18:00
Close 연중무휴
Address Rua de B. Carneiro, Macau

✚ 세인트 폴 성당의 정면 형상

25.5m 높이에 23m 폭, 다섯 단으로 나뉘어 있다. 바로크 양식이 주조를 이루지만, 중국과 일본에서 흔히 볼 수 있는 국화나 모란 꽃 패턴을 곳곳에 사용하는 등 동양적 요소도 가미했다.

1층
① 세인트 폴 성당의 옛 라틴 이름. 성모Mother of God를 뜻한다.
② 예수회의 엠블럼Emblem

2층
③ 산 프란시스코 보르하San Francisco de Borja (1510~1572)
④ 산 이그나시오 데 로욜라San Ignacio de Loyola (1491~1556)
⑤ 산 프란치스코 하비에르San Francisco Xavier (1506~1552)
⑥ 종려나무(야자나무)
⑦ 산 루이즈 곤자가San Luis Gonzaga (1568~1591)

3층
⑧ 성찬 빵 위로 내려오는 성령
⑨ 영생으로 들어가는 문
⑩ 유혹으로부터의 승리
⑪ 포르투갈의 무장상선 형태의 한 배

⑫ 여섯 천사
⑬ 성모
⑭ 신의 세계로 들어가는 통로 – 신의 천사, 예수회 엠블럼
⑮ 생명의 나무
⑯ 사탄의 힘을 이겨낸 미덕의 승리
⑰ 죄와 죽음으로부터의 승리

4층
⑱ ⑲ 베드로와 사도 바울을 상징하는 기둥
⑳ ㉑ 예수의 죽음과 부활의 미스터리
㉒ 교회의 미스터리를 수호하는 천사
㉓ ㉔ 예수 수난의 미스터리
㉕ 예수 그리스도, 신의 아들
㉖ 성전의 규율을 수호하는 천사

5층
㉗ 성령의 비둘기

Sightseeing
❷
기아 요새 Fortaleza da Guia 東望洋炮台

1622~1638년 사이에 지어진 요새. 마카오 페리 터미널에서 시내로 들어오다 보면 언덕 위로 하얀색에 노란 테를 두른 등대가 보이는데 그곳이 바로 기아 요새이다. '기아Guia'는 포르투갈어로 '지도, 인도Guidance'를 뜻하며, 1662년에 네덜란드가 마카오를 침략했을 때 방어 시설로서 중요한 역할을 했다. 기아 요새에는 작은 예배당이 있는데, 1996년 이곳에서 우연히 프레스코화가 발견되었다. 서양과 중국의 이미지를 동시에 표현한 이 벽화는 다양한 문화의 조화를 특징으로 하는 마카오 문화의 특색을 잘 보여 준다. 예배당 옆에 위치한 등대는 중국 최초의 근대식 등대로 지금까지 그 기능을 수행하고 있다. 멀리에서 보기에도 아름답고 이국정인 정취를 물씬 풍기는 기아 요새는 관광지와 떨어져 있어 찾는 이가 많지 않지만, 그래서 더욱 매력적인 곳이다. 이곳에서 바라보는 피셔맨즈 와프와 바다 전경은 놀랄 만큼 아름답다. 또한, 기아 요새에 오르기 위해 거쳐야 하는 플로라 정원도 아름다운 꽃과 나무, 다양한 조류 우리, 어린이 놀이터 등으로 예쁘게 꾸며 놓아 새소리를 들으며 한적하게 산책할 수 있는 숨겨진 보석 같은 곳이다.

Access 2, 2A, 6, 9, 9A, 12, 17, 18, 18A, 19, 22, 23, 28C, 32번 버스를 타고 플로라 정원Jardim da Flora 二龍喉公園에서 하차 후 버스 진행 방향으로 20m쯤 직진하면 왼쪽에 케이블카 승차장이 보인다.
도보로는 15분 소요.
Open 요새 09:00~17:30
케이블카 08:00~18:00(화~일)
Close 연중무휴
Cost 요새 무료
케이블카 편도 MOP2, 왕복 MOP3
Address Rampa da Guia, São Lazaro, Macau

Sightseeing
③
나차 사원 & 구시가지 성벽 大三巴哪吒廟 & 舊城牆遺址
Templo de Na Tcha & Troço das Antigas Muralhas de Defesa

1888년 당시 마카오에는 전염병이 창궐하고 있었는데, 이를 퇴치하기 위해 생김새는 아이 같지만 신비한 힘을 가졌다고 알려진 나차 신에게 이 사원을 바쳤다고 한다. 세인트 폴 성당 바로 옆에 사원이 들어선 것은 동서양의 문화가 공존하는 마카오의 특성을 제대로 보여 주는 것. 나차 사원 옆에 1567년 포르투갈인들이 쌓은 구시가지 성벽이 일부 남아 있는데, 흙과 모래, 굴 껍데기 등을 한데 섞어 쓰는 전통 방식이 그대로 드러나 있다.

Access	세인트 폴 성당 유적을 정면에서 바라보고 왼쪽에 위치.
Open	08:00~17:00
Close	연중무휴

Sightseeing
④
로우카우 맨션 Casa de Lou Kau 盧家大屋

1885년 건축된 이 저택은 마카오의 유명한 상인 로우 카우(1848~1907)가 실제 거주하던 곳으로, 후기 청 왕조의 건축양식에 따라 회색 벽돌을 사용하고 안뜰을 갖춘 2층 건물로 지어졌다. 하지만 포르투갈 스타일의 창과 화려한 스테인드글라스 등 서양의 인테리어 요소를 도입해 동서양의 문화를 적절하게 혼합하여 '예술적 가치를 지닌 훌륭한 건축물'로 마카오 정부의 특별 보호를 받고 있다.

Access	세나도 광장에서 성 도미니크 성당을 지나 오른쪽에 있는 일명 어묵 거리 Travessa da Sé 내 위치.
Open	09:00~19:00
Close	월요일
Cost	무료
Address	No 7 Travessa da Sé, Macau

Sightseeing
⑤
몬테 요새 Fortaleza do Monte 大炮台

1617년부터 1626년까지 장장 10년에 걸쳐 마카오의 도시 방어 시설로 건축된 요새이다. 22문의 대포와 막사, 탄약 및 각종 군수품이 들어 있는 무기고 등이 갖춰져 있었고, 한때는 마카오 총독의 관저와 감옥, 기상관측소 등으로도 쓰였다. 마카오 반도에서 가장 높은 곳에 위치한 몬테 요새는 360도로 조망이 가능해 훌륭한 전경을 제공하는 무료 전망대로서의 역할도 톡톡히 담당하고 있다.

Access	세인트 폴 성당 유적에서 오른쪽으로 난 언덕을 오르거나 마카오 박물관을 통해 직접 접근.
Open	07:00~19:00
Close	연중무휴
Address	Fortaleza do Monte, Macau

Macau

Sightseeing ⑥
성 도미니크 성당 Igreja de S. Domingos 玫瑰堂

1857년 처음 이 성당을 세운 건 스페인 도미니크회 수도사들이었지만 몇 년 후 포르투갈 교회의 소유가 되었고, 17세기 재건축을 거치며 목조 건물에서 현재와 같은 바로크풍의 아름다운 석조 건물로 탈바꿈했다. 아시아에서는 최초로 이 성당에서 파티마의 성모를 모시며 예배를 드렸고, 이러한 믿음은 싱가포르와 말레이시아 등지로까지 퍼져 나갔다. 마카오의 커다란 행사 중 하나인 파티마의 성모 행진에서 펜하 성당으로 옮겨지는 성모상 역시 이곳 대제단에 모셔진 것으로, 마카오에서 성 도미니크 성당의 중요성을 가늠할 수 있다. 성당 위층에는 17세기부터 300여 년에 걸쳐 내려온 각종 종교 유물들(목재상, 석고상, 상아상, 유화, 종교복, 기도서, 각종 인쇄물 등)이 전시돼 있는데, 어느 정도 수준을 갖춘 컬렉션이므로 놓치지 말고 찾아가 볼 것.

Access 세나도 광장 분수대를 뒤로하고 앞쪽으로 도보 2분.
Open 10:00~18:00
Close 연중무휴
Address 1 Travessa do Soriano, Macau

Sightseeing ⑦
세나도 광장 Largo do Senado 議事亭前地

마카오 관광의 출발점이라 할 만큼 상징적인 곳. '세나도'란 포르투갈어로 '상원'을 말하는데, 이는 곧 의회를 중심으로 도시의 모든 기능이 집중되었던 것처럼 이 광장 역시 마카오의 중심이 된다는 것을 뜻한다. 실제 세나도 광장은 파스텔 톤의 아름다운 네오클래식 건물들이 둘러싸고 있으며, 이들은 당시 정치, 경제, 문화적으로 중요한 역할을 담당했다. 광장 한복판 분수대에는 '교황자오선'이라고 표시된 큰 지구본이 있는데, 이는 포르투갈과 스페인 간의 식민지 쟁탈전이 최고조에 달하자 교황 알렉산더 6세가 이 기준선을 중심으로 영토의 주인을 정했다고 한다. 오늘날에도 세나도 광장은 문화와 경제의 중심지로서, 몰려드는 관광객과 마카오인으로 발 디딜 틈이 없을 정도이다.

Access 마카오 페리 터미널에서 그랜드 리스보아 셔틀버스를 타고 호텔에서 하차. 그랜드 리스보아를 오른쪽에 두고 Av. Infante D. Henrique를 따라 1km쯤 직진한다. 일반 버스로 갈 때에는 2, 4, 6, 8A, 18A, 19, 26A, 33번을 타고 신마로에서 하차한다.
Address Largo do Senado, Macau

> **Tip**
> 세나도 광장을 찾아갈 때 마카오 사람들에게 '세나도'라고 말하면 잘 못 알아듣는다. 이때는 광동어로 '신마로 新馬路'라고 묻는 것이 좋다.

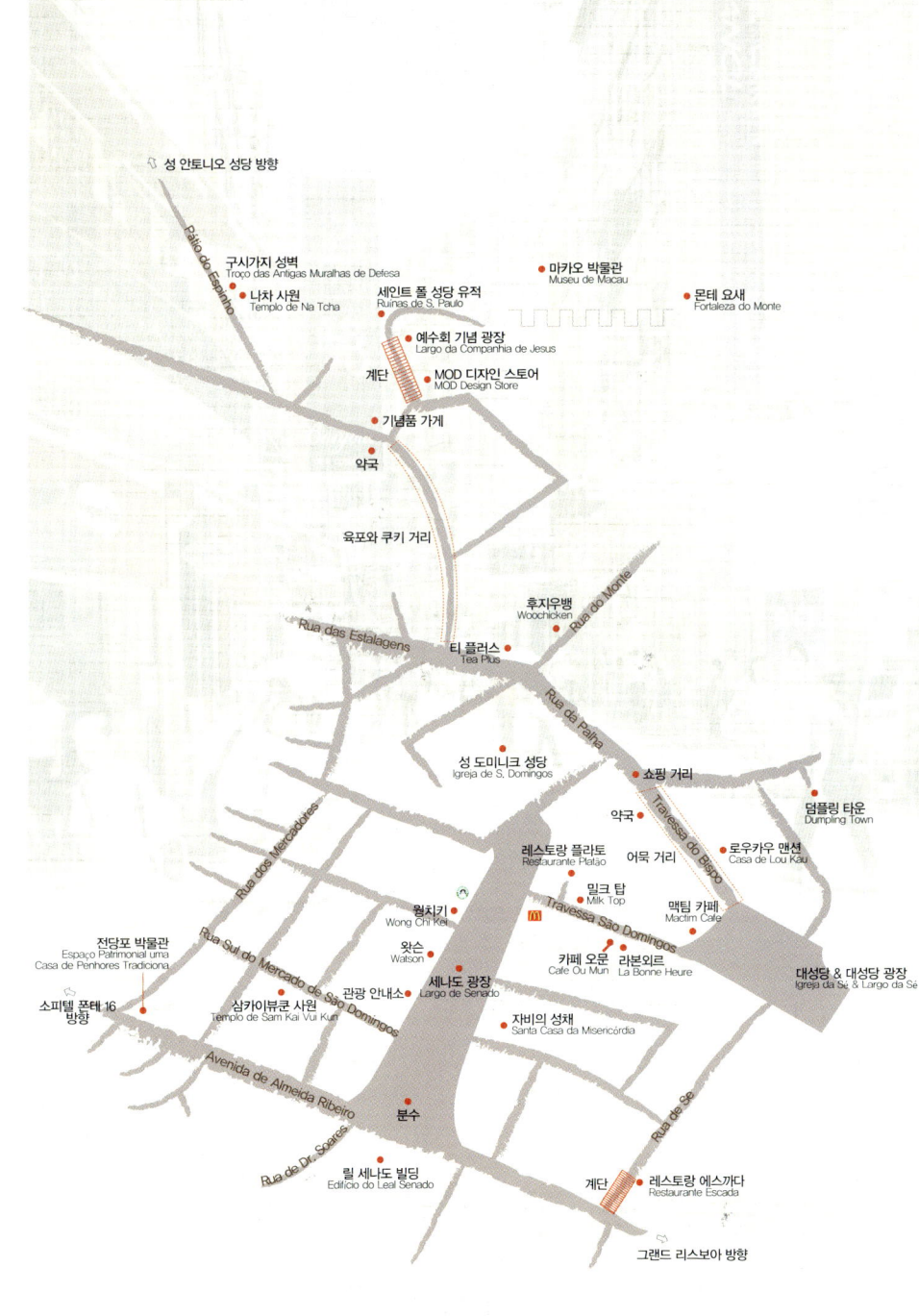

Sightseeing

대성당 & 대성당 광장
Lgreja da Sé & Largo da Sé 聖母聖誕主教座堂 & 大堂前地

정확한 기록은 남아 있지 않지만 1567년 이전에 완공돼, 1575년 로마 가톨릭에서 주교가 파송된 이후 마카오 기독교의 중심 역할을 담당해 왔다. 대성당인 만큼 특별한 장식 없이 정확하게 대칭되는 구조에 회색 벽돌을 견고하게 쌓아 올린 외관은 웅장함을 넘어 보는 이를 압도해 버릴 만큼 위엄이 있다. 성당 내부에 있는 동정녀 마리아의 탄생, 12사도 이미지 스테인드글라스는 놓치지 말 것. 또한, 제단 밑에 16~17세기 주교의 유품이 안치되어 있다. 성당을 바라보고 왼쪽으로는 1835년에 지어진 주교관이 있는데, 1992년 재건축을 거쳐 지금은 마카오 주교의 공식 오피스로 쓰인다. 오른쪽에 보이는 성당 광장은 포르투갈 양식의 바다 장식과 분수로 아름답게 꾸며져 평화롭기 그지없다. 세나도에서 지친 몸과 마음을 추스르는 데 이곳만 한 곳이 없다.

Access	세나도 광장에서 성 도미니크 성당을 지나 오른쪽에 있는 일명 어둑 거리를 따라 끝까지 가면 왼쪽에 성당, 오른쪽에 광장이 보인다.
Open	07:30~18:30
Close	연중무휴
Address	No.1 Largo de Sé, Macau

Sightseeing

자비의 성채 Santa Casa da Misericórdia 仁慈堂大樓

포르투갈에 있는 가장 오래된 자선 기구를 모델로 1569년 마카오의 첫 번째 주교인 돈 벨키오 까네이로 Dum Belchior Carneiro가 설립한 단체이다. 이 단체는 마카오에 최초의 서양식 병원 및 사회복지 기관을 건립하기 위해 기금 조성에 주력했다. 하얀 외벽에 네오클래식 양식의 깔끔하고 단아한 이 건물에는 이 단체의 역사를 말해 주는 자료와 각종 성화 및 종교 관련 예술품이 전시된 박물관이 들어서 있다. 또한, 이 건물을 바라보고 왼쪽에 면해 있는 골목은 마카오에서도 가장 아름다운 길로 유명해 사진을 찍는 관광객들로 장사진을 이루기도 한다. 골목 끝에는 돈 벨키오 까네이로의 동상이 세워져 있다.

Access	세나도 광장을 바라보고 섰을 때 오른쪽의 흰색 건물.
Open	10:00~13:00, **박물관** 14:30~17:30
Close	월·공휴일
Cost	MOP5
Address	No 2 Travessa da Misericordia, Macau
Tel	2833-7503

Sightseeing

까몽이스 공원 Jardim Luís de Camões 白鴿巢公園

셰익스피어나 호머, 단테에 비견될 만큼 포르투갈어권에서는 유명한 시인이자 탐험가인 까몽이스가 마카오에 거주했던 것을 기념하여 조성된 공원. 하지만 그의 흔적보다 번잡한 도심 한가운데 잘 가꿔진 꽃과 우거진 녹음, 작은 인공 폭포, 도서관 등이 현지인들의 절대적 사랑을 받는 휴식 문화 공간으로 의미가 있다. 특히 한국 천주교 주교회에서 세운 김대건 신부의 동상이 공원 깊숙이 자리 잡고 있는데, 찾기가 쉽지 않으니 Cascata e Estátua de Sto. Kim이라고 쓰인 표지판을 따라갈 것. 공원 바로 앞에는 까몽이스 광장이 있다.

Access	세인트 폴 성당 유적 앞 광장에서 왼쪽 길(Rua de S. Paulo과 Rua de Santo António)을 따라 5분쯤 가면 성 안토니오 성당이 나오고 그 건너편 광장 안쪽 위치. 버스 이용 시 8A, 17, 18, 18A, 19, 26번을 타고 까몽이스 광장에서 하차.
Open	06:00~22:00
Close	연중무휴
Cost	무료
Address	Praça Luís de Camões, Macau

Sightseeing

까사 가든 Casa Garden 東方基金會會址

1770년 포르투갈의 귀족이자 부유한 상인이었던 마뉴엘 페레이라Manuel Pereira의 저택으로 지어졌으나, 이후 동인도회사에 대여되어 중국 경영인들과 고위 기업 실무자, 영국 고위 관료들의 거처로 이용되었다. 하지만 1885년 그 소유권이 마카오 정부에 돌아가면서 1960년대에는 루이스 까몽이스 박물관으로 사용되기도 했다. 지금은 다시 포르투갈의 동양기금회 마카오 지점으로 사용되고 있으며 정원은 일반인들에게 개방하고 있다.

Access	까몽이스 공원 입구를 정면에서 바라보고 섰을 때 오른쪽에 위치.
Open	정원 09:30~18:00
Close	주말·공휴일
Cost	무료
Address	Praça Luís de Camões, Macau

Sightseeing

신교도 묘지 Cemitério Protestante 基督教墳場

1821년 당시 개신교인은 가톨릭 땅에 묻힐 수 없다는 법이 통용되고 있었는데, 개신교 선교사이자 동인도회사의 직원이었던 로버트 모리슨Robert Morrison이 자신의 아내가 죽자 마카오 정부에 요청하여 현 위치에 아내를 묻고 마카오의 첫 개신교 묘지로 사용하게 되었다. 현재 이곳에는 160여 명의 선교사와 예술가가 잠들어 있으며, 입구에는 최초로 중국어 성경을 발행하고 중국어로 설교도 했던 로버트 모리슨의 업적을 기념하여 모리슨 예배당Morrison Chapel이 들어서 있다.

Access	까몽이스 공원 입구를 정면에서 바라보고 섰을 때 오른쪽 까사 가든 옆에 위치.
Open	09:30~17:30
Close	연중무휴
Address	Praça Luís de Camões, Macau

Sightseeing
⓭
성 안토니오 성당 Igreja de Santo António 聖安多尼教堂

1558~1560년에 건립된 이 성당은 마카오에서 가장 오래된 성당 중 하나로 결혼을 관장하는 성 안토니오를 수호성인으로 모시고 있다. 이곳에서 볼 수 있는 꽃들은 모두 결혼 예식에 사용하는 것이며, 이 때문에 '꽃의 성당'이라는 별명이 붙기도 했다. 이곳이 우리에게 더욱 의미 있는 건 김대건 신부가 이곳에서 신학을 공부한 것은 물론 그의 발등 뼛조각이 성당 제단 아래 안치되어 있기 때문이다. 성당 오른쪽 별실에서는 김대건 신부의 목상도 찾아볼 수 있다. 현재 한국인 신부님이 상주해 매주 토요일 오후 4시에 한국어 미사도 열리고 있다.

Access	세인트 폴 성당 유적 앞 광장에서 왼쪽 길 Rua de Santo António를 따라 직진 5분.
Open	07:30~17:30
Close	연중무휴
Address	Santo António, Praça Luís de Camões, Macau

Sightseeing
⓮
성 아우구스틴 성당 & 광장 聖奧斯定教堂 & 崗頂前地
Igreja de Santo Agostinho & Largo de Santo Agostinho

1586년 스페인의 성 아우구스틴 사제단이 처음 이 성당을 세웠지만 3년 후엔 포르투갈 성당이 되었다. 마카오에서 가장 오래된 교회 중 하나로, 처음 영어 미사가 열린 곳으로도 유명하다. 이 성당에서 가장 주목을 끄는 것은 대리석으로 만든 대제단과 십자가를 짊어진 고난의 예수상이다. 16세기 마카오에 정식으로 가톨릭 교구가 들어선 이후, 매년 사순절 첫 번째 일요일에 이 예수상이 성 아우구스틴 성당에서 대성당으로 옮겨지는 파소스 성체의 행렬이 전통적으로 계속되고 있다. 한편 성당 옆 성 아우구스틴 광장은 전형적인 포르투갈풍의 물결무늬 바닥에 아름다운 유럽풍 건물로 둘러싸여 있어 마치 유럽의 어느 거리와 같은 착각을 불러일으킨다.

Access	릴 세나도 빌딩을 마주 보고 오른쪽 Rua de Dr. Soares 길로 도보 3분.
Open	**정원** 10:00~19:00 **도서관** 13:00~19:00(월~토)
Close	연중무휴
Address	Largo de Santo Agostinho, Macau
Tel	2833-3000

Sightseeing

삼카이뷰쿤 사원 Templo de Sam Kai Vui Kun 三街會館

이곳은 그 옛날 가장 활기를 띠던 도미닉스 마켓(Dominic's Market) 중심지에 세워진 상인들의 회의소로서, 1912년 마카오 중국인 상업 회의소가 설립되기 전까지 중요한 역할을 담당해 왔다. 하지만 이 근방의 시장경제가 쇠퇴하면서 『삼국지』의 무장 관우를 모시는 사원으로 탈바꿈했다. 중국인에게 관우는 재물을 관장하는 신으로 숭배되고 있는데, 그 때문인지 기원문을 태우고 향을 피우는 현지인들의 발길이 끊이지 않고 있다.

Access	세나도 광장 입구에서 분수대를 바라보고 왼쪽 첫 번째 골목 Rua Sul do Mercado de São Domingos로 들어서서 도보 1분, 거리 왼쪽에 위치.
Open	08:00~18:00
Close	연중무휴
Address	9 Rua Sul do Mercado de São Domingos, Macau

Sightseeing

릴 세나도 빌딩 Edifício do Leal Senado 民政總署大樓

1784년 네오클래식 양식으로 건축된 이 건물은 지금에 이르기까지 마카오 행정 및 의회 청사로 그 기능을 유지해 오고 있다. '릴 세나도'란 '충성스러운 의회'를 뜻하는 말로, 일찍이 포르투갈 왕국의 존 4세가 "마카오라는 이름의 이 도시에 이보다 더 충성스러운 것은 없다"며 찬사를 보냈던 것에서 기인한 이름이다. 까몽이스 동상과 작은 분수, 포르투갈 양식의 타일로 장식된 아름다운 정원과 고서들로 채워진 고풍스러운 도서관(1층)이 대중에게 공개되고 있으니 꼭 한번 방문해 보자.

Access	세나도 광장 길 건너편에 위치. 버스로는 3, 4, 6, 8A, 18A, 19, 26A, 33번을 타고 신마로 (Estrada ~~~~~)에서 하차. 버스 진행 방향 반대편으로 50m.
Open	전시관·정원 09:00~21:00 도서관 13:00~19:00
Close	공휴일 전시관 화·공휴일
Address	163 Avenida de Almeida Ribeiro, Macau

Sightseeing

로버트 호 퉁 경의 도서관
Biblioteca Sir Robert Ho Tung 何東圖書館

유러피언 스타일의 아름다운 외관과 작고 조용한 정원이 눈길을 끄는 이곳은 1894년 개인 저택으로 건축되었다. 이후 홍콩 최대 사업가이자 독지가인 로버트 호 퉁 경이 이를 사들였고 1955년 그가 세상을 뜨면서 유언에 따라 현재는 공공 도서관으로 이용되고 있다. 정원을 지나 내부로 들어가면 현대적인 건축미가 눈길을 끌고 야외 테라스를 차지한 젊은이들로 도서관이라기보다 카페 같은 느낌을 받는다. 1층의 어린이 도서실은 파란색을 주조로 캐릭터룸처럼 꾸며져 있어 둘러볼 만하다.

Access	릴 세나도 빌딩 오른쪽 길을 따라 올라와 성 아우구스틴 광장에 들어서서 오른쪽으로 보이는 노란 건물.
Open	10:00~19:00(월~토) 11:00~19:00(일)
Close	공휴일
Address	3 Largo de Sto. Agostinho, Macau
Tel	2837-7117

Sightseeing
⑱
돔 페드로 5세 극장 Teatro Dom Pedro V 伯多祿五世劇院

1860년 포르투갈의 왕 페드로 5세를 기리기 위해 지어진 중국 최초의 서양식 극장. 기둥과 회랑, 상인방을 갖춘 전형적인 신고전주의 양식의 외관은 1873년 추가 건축으로 탄생한 것이다. 내부에는 극장뿐 아니라 화려한 상들리에, 연회장 및 독서실 등도 갖춰 놓고 있는데, 아쉽지만 특정 공연 및 전시 등의 목적이 아니면 일반인들에게 공개하지 않는다.

Access	성 아우구스틴 성당 맞은편 그린 톤 건물.
Open	정원 10:00~23:00
Close	연중무휴
Address	Largo de Santo Agostinho, São Lourenco, Macau
Tel	2893-9646

Sightseeing
⑲
만다린 하우스 Casa do Mandarin 鄭家大屋

중국의 학자이자 개혁가이며 무역상이었던 정관응(Cheng Guanying 鄭觀應)(1842~1921)의 고택으로, 4천여 평의 대지 위에 바라 거리 쪽의 담벼락이 120m에 달할 만큼 큰 규모를 자랑한다. 총 12채에 60여 개의 객실이 있고, 후원과 테라스가 마련돼 낭만적이기까지 하다. 1869년 중국 전통 건축 방식으로 지어졌으나 회색 벽돌 외장, 창문, 벽의 섬세한 장식 등은 서양식을 적용해 동서양의 조화를 꾀하였다.

Access	릴라우 광장 맞은편.
Open	10:00~18:00
Close	수요일
Address	10 Travessa de António da Silva, Macau
Tel	2896-8820
Web	www.wh.mo/mandarinhouse/en

Sightseeing
⑳
무어리시 배럭 Quartel dos Mouros 港務局大樓

1874년 이탈리아 건축가 카슈토(Cassuto)의 감독하에 지어진 것으로, 네오클래식 양식에 무굴제국의 영향을 받은 독특한 건축양식이 결합돼 더욱 눈길을 끈다. 본래는 마카오의 군사력을 강화하기 위해 인도 고아(Goa)에서 파견된 용병들을 위한 숙소로 사용되었으나 현재는 마카오 해상청 본부가 들어와 있어 아쉽게도 테라스를 제외한 내부 관람이 불가능하다.

Access	아마 사원 바로 왼쪽 길 Calçada da Barra를 따라 도보 5분.
Open	테라스 09:00~18:00
Close	주말
Address	Rua de S. Tiago da barra, Macau

Sightseeing
㉑

성 로렌스 성당 Igreja de S. Lourenço 聖老楞佐堂

1569년 예수회가 세운 성당으로 당시에는 목조 건물이었지만 여러 차례 재건을 통해 현재의 석조 건물로 바뀌었다. 신고전주의 양식을 바탕으로 바로크 양식을 더해 미적감각을 더했며, 내부의 화려한 스테인드글라스와 샹들리에가 시선을 끈다. 정확히 대칭되는 건물 양측의 시계탑은 한때 수도원 감옥으로도 사용됐다. 성 로렌스는 바다의 수호성인으로 뱃사람들을 보호하고 바람의 방향을 알려 주었다고 하는데, 이는 중국 동남부 해안가에 사는 사람들이 믿었던 해양의 신 마조와 대동소이하다. 이곳의 대제단에는 오른손에 성경을, 왼손에는 지팡이를 짚고 있는 성 로렌스상이 모셔져 있다. 이 성당이 더욱 사랑스러운 건 각종 꽃과 야자나무가 심어져 있는 이국풍의 정원 때문이다. 유리 팔각정 안에 성모상을 모시고 예수의 생애를 표현한 사진들로 그 주위를 감싼 야외 기도처 역시 조용하고 평화로운 분위기를 배가시킨다.

Access	돔 페드로 5세 극장을 끼고 도는 Calçada do Teatro 길을 따라 도보 2분.
Open	08:30~17:00
Close	연중무휴
Address	6J Rua de São Lourenço, São Lourenço, Macau
Tel	2831-5566

Sightseeing
㉒

성 요셉 신학교 & 성당
Seminário e Igreja de S. José 聖若瑟修院及聖堂

1758년 마카오를 비롯해 중국, 동남아 등지에 선교사를 파견할 목적으로 예수회에서 세운 신학교와 성당이다. 현재 신학교는 일반인에게 공개되지 않고 있으며 성당은 성 아우구스틴 광장 쪽이 아닌 성 로렌스 성당 후문 쪽에서 접근 가능하다. 바로크 양식의 웅장함과 화려함을 동시에 갖춘 이 성당은 세인트 폴 성당과 비슷한 시기에 지어져 "작은 세인트 폴 성당"이라는 별명을 갖고 있는데, 실제 외관도 비슷해 보인다. 나선형의 기둥과 돔형의 지붕 같은 내부 인테리어는 물론, 말구유에 누운 아기 예수 부조와 사도상들로 만들어진 강단, 〈최후의 만찬〉 부조 등 성물 하나하나가 수준 높은 예술품에 비견될 만하다. 특히 뒷면 출입구 위에 놓인 거대한 파이프 오르간은 다른 마카오의 성당에서 찾아보기 힘든 것으로 이 성당의 위상을 말해 준다.

Access	성 로렌스 성당 후문으로 나와 바로 앞길로 직진 100m.
Open	10:00~17:00
Close	연중무휴
Address	2 Rua da Prata, São Lourenço, Macau
Tel	2833-3000

Sightseeing
㉓

릴라우 광장 Largo do Lilau 亞婆井前地

펜하 언덕 북쪽에 자리 잡은 릴라우 광장은 포르투갈 초기 이민자들의 거주지 중 하나로, 포르투갈 분위기가 물씬 풍기는 아름답고 평화로운 곳이다. '릴라우'는 포르투갈어로 '산에서 솟는 자연수'라는 뜻으로, 광장 한쪽에 위치한 작은 용수대에서는 아직까지 끊임없이 물이 흘러나온다. '릴라우에서 솟는 물을 마신 사람은 결코 마카오를 잊지 못한다'는 말이 있을 만큼 사랑스러운 이곳은 마카오의 숨겨진 보석 중 하나. 마카오 안에서 유럽 어느 마을의 작은 광장이 주는 소박하고 평온한 여유를 느끼고 싶다면 반드시 방문해 볼 가치가 있다.

Access 아마 사원을 바라보고 바로 왼쪽에 난 길 Calçada da Barra를 따라 직진 10분. 반대로 성 로렌스 성당에서 갈 경우 성당 계단 끝에서 오른쪽 길 Rua do padre António를 따라 도보 10분.
Address Calcad a da Barra, Macau

Sightseeing
㉔

아마 사원 & 바라 광장
Templo de A-Má & Largo da Barra 媽閣廟 & 媽閣廟前地

뱃사람들의 무사 안녕을 관장하는 여신 '아마'를 모시는 사원으로 마카오에서 가장 오래된 건축물이다. 바위산을 따라 총 4개의 사당이 자리 잡고 있는데 각각의 사당은 그것이 지어진 시대에 따라 유교, 도교, 불교 및 민간신앙을 반영하여 마카오의 다문화를 보여 주는 전형적 예라 할 수 있다. 사당과 사당을 이어주는 길목 바위에는 마카오의 역사와 문화를 엿볼 수 있는 시구들이 새겨져 있고, 사당마다 향을 피우는 현지인들로 인산인해를 이룬다. 16세기 처음 포르투갈인들이 이곳에 와 자신들이 도착한 지역의 이름을 물었더니 현지인들은 사원 이름을 묻는 줄 알고 '아마 가우'라고 대답해 그 후 포르투갈인들은 이 나라를 '마카오'라 불렀다고 한다. 사원 앞에는 물결 모양의 모자이크로 꾸민 포르투갈풍의 바라 광장이 자리하고 있다.

Access 1, 2, 5, 6, 7, 10, 10A, 11, 18, 21A, 26, 28B번 버스를 타고 아마 사원에서 하차.
Open 사원 07:00~18:00
Close 연중무휴
Address 5 Beco Do Marinheiro, São Lourenco, Macau

Sightseeing

관음당 Templo Kun Iam 觀音堂

마카오에서 가장 오래된 불교 사원 중 하나. 종에 1632라고 새겨진 것으로 보아 그맘때쯤 지어진 것으로 추정되지만 지금의 외관은 1818~1858년 재건축된 모습이다. 미국과 중국 사이의 불평등 무역협정인 '몽하조약'이 바로 이곳에서 체결되었고, 제2차 세계대전 동안에는 중국의 유명 화가 고검부가 이곳에서 제자들을 길러내기도 했다. 입구를 들어서면 대웅보전이 보이는데, 행운의 숫자 8에 맞춰 이곳에 오르는 계단도 8개이다. 또한, 계단 양쪽의 사자상은 행운을 가져다 준다는 소문과 함께 방문객들의 손을 타 만지지 말라는 경고문이 나붙을 정도. 정면 안쪽 사당 양쪽에는 18개의 승려상이 놓여 있는데, 그중 왼쪽 첫 번째 상은 마치 서양인 같아『동방견문록』의 저자 마르코 폴로라는 설도 있다.

Access	12, 17, 18, 23, 28번 버스를 타고 관음당에서 하차 후 버스 진행 방향으로 20m 이동.
Open	08:00~17:00
Close	연중무휴
Cost	무료
Address	Avenida do Coronel Mesquita, Macau
Tel	2831-5566

Sightseeing

관음상 Estátua de Kun Iam 觀音像

16개의 꽃잎을 지닌 돔 형태의 연꽃 위에 20m의 높이를 자랑하는 50t의 거대하고도 아름다운 청동상은 모든 불교신들 가운데 가장 인기 있는 자비의 신 관음을 나타낸 것이다. 관음은 아이들을 보호하고 번영을 가져다주는 것으로 알려져 있다. 돔 아래 공간은 초교파적 중국 종교 센터로 사용되고 있다.

Access 마카오 과학 센터를 바라보고 오른쪽, MGM 마카오 입구를 나와서는 왼쪽에 위치한다. 양측에서 각각 도보 3~5분. 버스로는 3A, 8, 10A, 12번을 타고 쑨얏센 대마로에서 하차.
Address Avenida Dr. Sun Yat Sen, Macau

Sightseeing

황금 연꽃 광장
A Praça Flor de Lodão 金蓮花廣場

광장의 황금 연꽃은 1999년 마카오 반환을 축하하며 중국 정부가 선물한 것. 높이 6m에 6.5t의 무게를 자랑하며 줄기, 잎, 암술로 이루어져 있다. 이는 각각 마카오 반도, 타이파 섬, 콜로안 섬을 의미한다. 활짝 핀 꽃은 마카오의 번영을 뜻한다.

Access 1A, 3, 10, 10B, 10X, 28A, 28B, 28BX, 32번 버스를 타고 투어리즘 액티비티 센터에서 하차.
Address Avenida de Marciano Baptista, Se, Macau

Sightseeing

마카오 피셔맨즈 와프
Macau Fisherman's Wharf 澳門漁人碼頭

마카오의 관문인 마카오 페리 터미널 근처에 위치한 테마파크. 13만㎡의 부지 위에 볼거리, 먹거리, 쇼핑, 호텔, 카지노 등이 한데 몰려 있어 이곳을 찾는 관광객들의 발길이 끊이지 않고 있다. 로마 원형 경기장과 티베트 라싸궁 등 세계적인 명소는 물론 중국 역사상 최대의 번성을 누린 당 왕조의 성채를 미니어처로 재현해 놓아 사진을 찍기에는 최고의 장소. 특히 원형 경기장은 현지인들의 웨딩 촬영 장소로도 인기를 끌 만큼 실제와 비슷하다. 알라딘 포트와 인공 화산에는 간단하게 즐길 만한 비디오 게임 및 오락기기가 마련돼 있는데, 우리나라의 테마파크 수준을 기대하고 간다면 실망하기 십상이다. 피셔맨즈 와프에서 가장 생기 넘치고 볼거리 많은 곳은 포르투갈이나 네덜란드 등 항구를 끼고 있는 나라의 거리 풍경을 재현해 놓은 구역이다. 마치 유럽 현지에 와 있는 듯 이국풍의 아름다움을 자랑하는 건물에는 레스토랑과 기념품숍 등이 들어서 있다. 이 거리 끝 쪽에는 바빌론 궁전풍의 화려한 외관을 자랑하는 카지노와 빅토리안 스타일의 부티크 호텔 록스가 자리를 잡고 있다. 모든 객실이 베란다를 갖춘 록스 호텔은 로맨틱한 분위기와 애프터눈 티로 많은 여성의 사랑을 받고 있다.

Access	마카오 페리 터미널을 뒤로하고 왼쪽으로 도보 10분.
Open	10:00〜22:00
Close	연중무휴
Cost	무료
Address	Avenida da Amizade e Avenida Dr. Sun Yat Sen, Macau
Tel	8299-3300
Web	www.fishermanswharf.com.mo

Special Food
피셔맨즈 와프에서 놓치기 아까운 맛집
Special Restaurant of Macau Fisherman's Wharf

거대한 규모와 거창해 보이는 입구와 달리 이국적인 거리와 조형물들 앞에서 사진 찍는 것 이외에 별달리 할 일이 없어 보이는 피셔맨즈 와프에서 또 다른 즐거움을 찾아보자. 피셔맨즈 와프 내에는 카지노, 쇼핑몰 등과 함께 다양한 레스토랑과 바가 자리하고 있다. 바깥세상(?)에서 즐기는 식도락과는 분위기부터 다르니 마카오 속 또 다른 작은 여행을 즐기는 기분으로 식사를 즐겨도 좋겠다.

❶
탈레 타이 레스토랑 Talay Thai Restaurant

똠얌꿍, 카레 크랩 등 어지간한 태국 음식을 모두 맛볼 수 있는 태국 음식 전문점이다. 맛도 맛이지만 바다를 코앞에 둔 야외석은 운치가 있어 저녁이면 태국 맥주라도 한잔 곁들여 풍성한 식사를 오랜 시간 즐기기에 좋다. 기본적인 밥, 면 요리도 무난하지만 매콤하고 시큼한 맛이 독특한 똠얌꿍과 풍부한 카레 소스를 얹은 싱싱한 게 요리는 최고 인기 메뉴.

Access	원형 경기장 오른쪽에 위치한 항구의 거리로 들어가 직진을 하다 네덜란드 건물이 보이는 첫 번째 왼쪽 골목으로 진입한다.
Open	12:00~04:00
Close	설 연휴
Cost	똠얌꿍 MOP72~115 그린 카레 MOP78~138 카레 크랩 MOP268, 맥주 MOP25 (SC 10%)
Tel	2872-7207
Web	www.fishermanswharf.com.mo

❷
빅스 Vic's

한적한 유럽의 가정집에 와 있는 듯한 느낌을 주는 록스 호텔 내 레스토랑으로 바다를 앞에 두고 있어 분위기가 좋아 인기가 많다. 저렴한 가격에 즐길 수 있는 애프터눈 티는 구성도 알차서 일부러 애프터눈 티를 즐기러 오는 사람들이 많다. 샌드위치, 케이크, 타르트 등의 구성이며 커피나 티 중 선택이 가능하다.

Access	원형 경기장 오른쪽에 위치한 항구의 거리를 따라 끝까지 가면 록스 호텔이 나오고, 이 건물 1층에 위치.
Open	07:00~01:00 **애프터눈 티** 15:00~18:00
Close	연중무휴
Cost	애프터눈 티 MOP68(1인) (SC 10%)
Tel	8295-6583
Web	www.fishermanswharf.com.mo

Sightseeing
㉙
펜하 성당 Capela de Na. Sra. da Penha 西望洋聖堂

1622년에 세워져 바다와 뱃사람들의 수호성인 노트르담 드 프랑스에게 바쳐진 이 성당은 1837년 재건되고 1935년 오른쪽 종탑이 들어서 현재의 모습을 갖게 되었다. 앞쪽에는 마카오 타워와 마카오의 대표적인 호텔, 마카오 반도와 타이파 지역을 연결하는 다리가 있고, 뒤쪽(성당 입구 광장 쪽)으로는 활기찬 항구 지역이 시원하게 내다보여 마카오 최고의 전망을 자랑한다. 성당 자체의 외국적인 건축미 또한 뛰어나 화보 및 웨딩 사진 촬영의 적격지로 현지인들의 사랑을 받고 있다.

Access 아마 사원을 왼쪽에 두고 관광객들과 관광버스가 늘어선 길을 따라 200m쯤 들어가 왼쪽으로 언덕길을 올라간다(중간쯤 삼거리에서 다시 왼쪽 방향으로 올라갈 것). 도보 15분.
Open 09:00~17:30
Close 연중무휴
Address Calçada da Penha, Macau

Sightseeing
㉚
펠리시다데 거리 Rua da Felicidade 福隆新街

'행복의 거리'라는 뜻의 이곳은 아이러니하게도 옛날 유명했던 홍등가이다. 지금은 중국색이 짙은 관광지가 되어 버렸지만, 아직도 그 분위기를 여실히 느낄 수 있을 만큼 집집마다 온통 붉은색이다. 저렴하고 맛있기로 유명해 항상 긴 줄이 늘어서 있는 샥스핀 전문점도 있으니 꼭 한번 방문해 볼 것.

Access 세나도 광장 앞에서 횡단보도를 건너 릴 세나도 빌딩 오른쪽 두 번째 골목 Calçada do Tronco Velho로 진입 후 오른쪽 길에 위치.
Address Rua da Felicidade, Macau

Sightseeing
㉛
루림옥 정원 Jardim de Lou Lim Iok 盧廉若公園

마카오에 유일한 중국식 정통 정원으로, 중국 내 정원들 가운데 가장 아름답기로 소문난 강소성 소주의 사자림을 모델로 했다. 예스러운 원형 문을 지나면 우거진 초목과 그늘진 산책로, 그로테스크한 바위와 대나무 숲, 높이 솟은 바나나무와 중국풍의 정자, 그리고 연꽃이 핀 연못 등 지금까지 마카오에서 보지 못한 정통 중국풍의 정원을 감상할 수 있다. 정원 한쪽은 중국차와 다기 등을 소개한 노란색 건물의 차 박물관이 연결돼 있어 부담 없이 둘러봐도 좋다.

Access 버스 2, 2A, 5, 9, 9A, 12, 16, 22, 25, 25X, 28C번을 타고 루림옥 정원에서 하차, 혹은 쑨얏센 기념관에서 세 블록 더 직진해 오른쪽으로 Estrada de Adolfo Loureiro 도로를 따라 직진, 한 번 길을 건너 30m쯤 가면 오른쪽에 입구가 보인다.
Open 06:00~21:00
Close 연중무휴
Cost 무료
Address Estrada de Adolfo Loureiro, Macau

Sightseeing
③
마카오 박물관 Museu de Macau 澳門博物館

1998년 문을 연 마카오 박물관은 총 3개 층에 3천 6백여 점의 방대한 역사 문화적 유산들을 전시해 놓은 마카오 최대의 박물관이다. 1층에는 포르투갈과 중국 간의 경제·문화·종교적 교류와 그로부터 파생된 마카오의 역사를 다루고 있다. 1층이 거시적 측면에서 접근하고 있다면, 2층은 과거와 현재 마카오의 생활 문화에 보다 초점을 맞춰 관람객들의 흥미를 자아내고 있다. 2층에서는 마카오의 전통 예술과 종교, 축제 및 매캐니즈 문화의 단면을 소개하는데, 특히 옛 모습을 그대로 재현한 미니어처들이 보는 재미를 더해 준다. 3층은 현재 마카오의 도시 생활을 엿볼 수 있는 다양한 자료를 통해 카지노로 점철되는 마카오의 부정적 이미지를 씻고 미래지향적인 모습을 전달하는 데 주력했다. 박물관 3층은 몬테 요새로 이어지므로 함께 둘러보는 것이 좋다.

Access	세인트 폴 성당 유적에서 오른쪽으로 난 언덕을 약간 오르면 박물관 입구로 이어지는 에스컬레이터가 보인다.
Open	10:00~18:00
Close	월요일
Cost	성인 MOP15 학생·어린이·60세 이상 MOP8 매달 15일 무료
Address	112 Praceta do Museu de Macau(Mount Fortress), Macau
Tel	2835-7911
Web	www.macaumuseum.gov.mo

Tip 박물관 패스 Museum Pass
5일간 마카오의 대표 박물관 6곳(마카오 박물관, 그랑프리 박물관, 와인 박물관, 해사 박물관, 린제수 박물관, 마카오 예술 박물관)을 이용할 수 있는 통합 입장권.
요금 성인 MOP25
18세 이하·60세 이상 MOP12
구입처 해당 박물관 매표소
Web www.macautourism.gov.mo

Sightseeing

마카오 과학 센터 Centro de Ciência de Macau 澳門科學館

2만 평의 부지 위에 전시장과 플라네타륨, 컨벤션 센터로 구성돼 있는 마카오 과학 센터는 어른 아이 할 것 없이 모두가 즐길 수 있는 과학 문화 단지이다. 전시장은 우주탐사와 로봇과 같은 첨단 기술 과학, 날씨와 지구 등의 문제를 다룬 환경 과학, 운동과 음식, 건강 등의 생활 과학, 그리고 어린이들의 눈높이에 맞춰 과학 문제를 다룬 어린이를 위한 과학 등 네 개의 주제로 나누어져 있다. 관람자들이 직접 손으로 만지고 체험할 수 있도록 전시물을 구성하고, 캐릭터를 이용해 친근하게 과학을 느끼게 만든 것이 포인트. 아이를 동반한 가족 여행자들에겐 더욱 매력적일 수 있다. 한편 2D와 3D 영화관에서는 우주와 자연 등을 소재로 실감 나는 영화를 상영한다. 하지만 중국어와 영어, 포르투갈어만 지원된다는 아쉬움이 있다.

Access	3A, 8, 10A, 12번 버스를 타고 마카오 과학 센터에서 하차.
Open	10:00~18:00
Close	목요일
Cost	전시관 MOP25
	2D 플라네타륨 MOP60
	3D 플라네타륨 MOP80
Address	Macau Science Center, Avenida Dr. Sun Yat Sen, Macau
Tel	2888-0822
Web	www.msc.org.mo

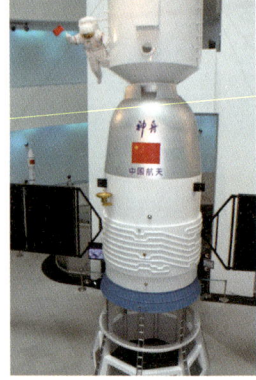

Sightseeing
㉞
와인 박물관 Museu do Vinho 葡萄酒博物館

1995년 문을 연 이래, 와인 애호가들은 물론 일반객들의 방문이 끊이지 않는 곳. 박물관의 특성답게 입구를 들어서면 와인 향이 코끝을 가득 채운다. 와인의 역사를 시작으로 포도 재배와 와인의 제조 과정이 소개되고 포도 압착기나 증류기, 오크통 등 각종 도구들이 전시돼 있다. 한쪽에는 오래된 포르투갈 와인들도 보관돼 있는데, 그중에서도 가장 오래된 포르투 1815를 눈여겨보자. 포르투갈의 각 지역과 그곳에서 생산되는 와인을 소개하는 섹션에서는 시음도 가능하니 놓치지 말 것.

Access	1A, 3, 10, 10B, 10X, 28A, 28B, 28BX, 32번 버스를 타고 투어리즘 액티비티 센터 Centro De Actividades Turisticas 旅遊活動中心 에서 하차한다. 정류장 맞은편 투어리즘 액티비티 센터 건물 지하에 위치. 그랑프리 박물관과 마주하고 있다.
Open	10:00~20:00
Close	화요일
Cost	입장료 무료 **시음** MOP10(1잔)/MOP15(3잔)
Address	431 Rua Luis Gonzaga Gomes, Macau
Tel	8798-4188

Sightseeing
㉟
그랑프리 박물관 Museu do Grande Prêmio 大賽車博物館

매년 11월에 개최되는 마카오 그랑프리 대회 40주년을 기념하여 1993년 오픈한 박물관. F3의 역사를 알려 주는 사진과 오디오 자료, 경주 장비와 우승 트로피 등은 물론, 실제 경기에 참여한 자동차와 오토바이들이 전시장을 가득 채우고 있어 보는 눈이 휘둥그레질 정도. 특히 관람객들의 흥미를 끄는 것은 가상 운전 체험이다. 실제 경주와 똑같은 스릴을 즐길 수는 없지만 꽤 색다른 경험이 될 테니 놓치지 말자. 하루 이용객 수를 제한하므로 입구 카운터에서 무료 이용 티켓을 받아야 한다.

Access	1A, 3, 10, 10B, 10X, 28A, 28B, 28BX, 32번 버스를 타고 투어리즘 액티비티 센터 Centro De Actividades Turisticas 旅遊活動中心 에서 하차한다. 정류장 맞은편 투어리즘 액티비티 센터 건물 지하에 위치. 와인 박물관과 마주하고 있다.
Open	10:00~20:00
Close	화요일
Cost	무료
Address	431 Rua Luis Gonzaga Gomes, Macau
Tel	8798-4108

Sightseeing
㊱
쑨얏센 기념관 Casar Memorial Dr. Sun Yat Sen 澳門國父紀念館

1911년 쇠약해진 중국의 청 왕조를 무너뜨린 민주주의 혁명의 지도자이자 중화민국 임시 대통령을 지내며 중국의 '국부'로 추앙받는 쑨원의 추모 기념관. 이슬람과 기독교 문화가 결합된 터키 양식의 외관은 절대 그냥 지나칠 수 없을 만큼 독특한 매력을 발산한다. 실제 쑨원이 거주했던 이 건물에는 당시의 생활 모습을 그대로 간직한 가구와 생활용품 및 쑨원의 활발한 정치적 활동을 보여 주는 각종 자료가 전시돼 있다.

Access	2, 2A, 4, 9, 9A, 12, 18, 18A, 19, 22, 25, 25X번 버스를 타고 빅토리아 정원 Jardim De Vitoria 華士古達嘉馬花園 에서 하차. 기아 요새에서 갈 때는 플로라 정원을 나와 큰길에서 좌회전해 고가 도로 밑을 지나 10m.
Open	10:00~17:00
Close	화요일
Cost	무료
Address	Av. Sidónio Pais, Macau
Tel	2857-4064

Sightseeing ㊲
해사 박물관 Museu Marítimo 海事博物館

언뜻 보면 배처럼 생긴 외관에서도 알 수 있듯 마카오와 포르투갈, 중국의 해양사를 한눈에 볼 수 있는 곳이다. 1층에는 마카오와 남중국해 어부들의 전통과 의상, 고기잡이 도구 및 어선을, 2층에는 15~17세기 중국과 포르투갈의 어선 모형을 전시해 놓았다. 이곳에서 특히 주목을 끄는 것은 침몰되었던 어선의 잔해들. 1993년 마카오국제공항 건축 시 발견된 것으로 17세기 유럽 배의 일부로 예측된다. 3층에서는 다양한 해양 기술 관련 자료와 도구들도 만나볼 수 있다.

Access	1, 2, 5, 6, 7, 10, 10A, 11, 18, 21A, 26, 28B번 버스를 타고 아마 사원 Templo de A-Ma 媽閣廟 에서 하차. 사원 바로 건너편에 있다.
Open	10:00~18:00
Close	화요일
Cost	성인 MOP10(일요일 MOP5) 어린이 MOP5(일요일 MOP3) 10세 이하 65세 이상 무료
Address	1 Largo do Pagode da Barra, Macau
Tel	2859~5481
Web	www.museumaritimo.gov.mo

Sightseeing ㊳
마카오 예술 박물관 Museu de Arte de Macau 澳門藝術博物館

중국의 전통 회화 및 도자기, 서예는 물론 서양 예술가의 영향을 받은 근대 작품들에 이르기까지 폭넓은 소장품을 보유하고 있다. 하지만 실제 미술 애호가들의 관심을 끄는 것은 연중 내내 이어지는 다양한 주제의 특별전이다. 미술에 관심이 많다면 홈페이지를 체크해 볼 것. 한편 같은 건물에는 우리나라의 예술의 전당과 같은 역할을 하는 마카오 문화 센터 Centro Cultural de Macau 澳門文化中心 가 있어 각종 공연 및 전시회를 즐길 수 있다.

Access	3A, 8, 10A, 12번 버스를 타고 마카오 문화 센터 Centro Cultural de Macau 澳門文化中心 에서 하차.
Open	10:00~19:00
Close	월·공휴일
Cost	성인 MOP5, 학생 및 그룹(10명 이상) MOP2, 12세 이하 65세 이상 무료, 일요일 무료
Address	Av. Xian Xing Hai, S/N, NAPE, Macau
Tel	8791~9814
Web	마카오 예술 박물관 www.mam.gov.mo 마카오 문화 센터 www.ccm.gov.mo

Sightseeing ㊴
마카오 반환 기념박물관 澳門回歸賀禮陳列館
Museu das Ofertas sobre a Transferência de Soberania de Macau

1999년 마카오가 중국에 반환된 것을 기념하여 중국 각 지역에서 보내온 예술품을 전시해 놓았다. 이들은 모두 해당 지역의 독특한 예술 양식을 보여 주는 수작들로 중국 본토의 문화적 우수성을 잘 나타낸다. 이 중에서도 특히 장쩌민 전 중국 국가주석이 직접 쓴 글씨는 중국 반환 이후 새로운 세기를 맞는 마카오의 번영과 발전을 기원하고 있다. 작품의 수가 많지는 않지만, 입이 딱 벌어질 만큼 거대한 크기와 화려함에 둘러볼 가치는 충분하다.

Access	3A, 8, 10A, 12번 버스를 타고 마카오 문화 센터 Centro Cultural de Macau 澳門文化中心 에서 하차. 마카오 예술 박물관 바로 옆 건물.
Open	10:00~19:00
Close	월요일
Cost	무료
Address	Av. Xian Xing Hai, S/N, NAPE, Macau
Tel	8504~1800
Web	handovermuseum.iacm.gov.mo

 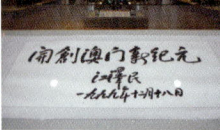 

Sightseeing ㊵

마카오 타워 Macau Tower 澳門旅遊塔

2001년 개관한 마카오 타워는 높이 338m로 마카오의 랜드마크로 손꼽힌다. 마카오 타워의 매력은 360도 막힘없이 탁 트인 최고의 전망을 제공한다는 것도 있지만, 특히 젊은 층이 이곳을 선호하는 이유는 익스트림 스포츠 때문. 233m의 아찔한 높이에서 뛰어내리는 번지점프 와 스카이점프 , 223m 높이의 전망대 바깥 난간을 걸어 다니는 스카이 워크 X , 그리고 338m 타워 꼭대기로 올라가는 타워 클라임 은 그저 지켜보기만 해도 짜릿한 흥분을 느끼게 한다. 이 외에도 마카오 타워는 낭만적인 다이닝 장소로도 소문나 있다. 360도로 회전하는 레스토랑을 비롯해 어느 곳을 선택해도 훌륭한 뷰를 제공하는 바와 카페들이 마카오 타워의 방문을 더욱 즐겁게 한다.

Access	9A, 18, 23, 26, 32, MT4번 버스를 타고 마카오 타워에서 하차.
Open	10:00~21:00(월~금) 09:00~21:00(주말·공휴일)
Close	연중무휴
Cost	MOP135, 번지점프 MOP3,088 스카이점프 MOP2,088 스카이워크 X MOP788 타워 클라임 MOP1,888
Address	Largo da Torre de Macau, Macau
Tel	2893-3339
Web	www.macautower.com.mo

Sightseeing ㊶

전당포 박물관 Espaço Patrimonial uma Casa de Penhores Tradiciona

1917년 마카오의 대상인 고호닝이 자체적으로 '덕성안'이라는 전당포를 운영하고 있었는데, 이후 정부가 이를 인수해 2003년 박물관으로 공개하였다. 당시의 전당포 내부를 그대로 보여 주는 것은 물론 실제 사용하던 전표와 주판 등도 전시하고 있다. 특히 전당포 도장이 찍힌 영수증 모양의 입장권은 기념품으로 손색이 없다.

Access	세나도 광장과 릴 세나도 빌딩 사이의 대로를 따라 그랜드 리스보아 반대 방향으로 3분쯤 가면 버스 정류장이 있고 그 앞에 위치.
Open	10:30~19:00
Close	매달 첫 번째 월요일
Cost	MOP5
Address	No. 396 Av. Almeida Ribeiro, Macau
Tel	2892-1811
Web	www.culturalclub.net

Sightseeing ㊷

MJ 갤러리 MJ Gallery

마이클 잭슨이 실제 사용했던 물품과 의상, 친필 사인, 뮤직비디오, 음반 등 그와 관련된 모든 것을 볼 수 있는 작지만 알찬 갤러리. 마이클 잭슨이 모타운 25주년 기념 공연에서 「빌리진」, 문워크를 처음 선보이면서 착용했던 큐빅 장갑을 비롯, 「We Are The World」의 악보와 함께 노래 부른 가수의 사인 등은 특히 주목할 만하다.

Access	마카오 페리 터미널에서 소피텔 폰테 16 셔틀버스를 이용. 세나도 광장과 릴 세나도 빌딩 사이의 대로를 따라 그랜드 리스보아 반대 방향으로 5분쯤 가면 정면에 소피텔 폰테 16 이 보인다. 호텔 2층에 위치.
Open	11:00~21:00 Close 연중무휴
Cost	무료
Address	Rua do Visconde Paco de Arcos, Macau
Tel	8861-6565

Special Food

세나도 광장의 먹을거리
Special Food of Senado Square

마카오를 찾는 여행자들이 가장 먼저 찾는 곳이 바로 세나도 광장. 세계문화유산으로 지정된 역사적인 건물과 유적지도 많지만 꼭 맛보아야 할 맛있는 먹을거리도 가득하다. 달달한 밀크 티며 세인트 폴 성당 앞 다양한 과일 주스와 어묵, 타이파에서도 성업 중인 주빠빠오 등. 이곳저곳 골목골목을 누비며 틈틈이 군것질하는 재미도 쏠쏠하다.

Special Food ❶

대만식 후추 빵 **후지우뱅** Woochicken 胡椒餅

우리나라의 고기만두와 비슷한 개념의 빵으로 하얀 빵 안에 고기와 채소를 후추 맛 강하게 양념한 소가 들어 있다. 독특한 화덕에서 구워 나오는데 뜨거울 때 먹으면 맛이 끝내준다.

Access	성 도미니크 성당에서 세인트 폴 성당으로 가는 길목. 티 플러스가 보이면 바로 전 오른쪽 골목으로 조금 올라가 좌측에 보인다.
Open	11:00~20:00
Close	연중무휴
Cost	후추 빵 MOP15
Tel	2836-2363

Special Food ❷

종합 선물 세트 **티 플러스** Tea Plus

마카오에서 뜨고 있는 간식이라면 뭐든 이곳에서 맛볼 수 있다고 해도 과언이 아니다. 눈에 띄는 간판에 귀여운 원숭이 얼굴이 그려져 있어 쉽게 찾을 수 있다. 주빠빠오, 에그 타르트까지 다양한 간식이 있지만 대만식 버블 티 쩐주나이차 한 잔이면 족하다.

Access	성 도미니크 성당에서 세인트 폴 성당으로 가는 길목 오른쪽에 보인다.
Open	10:00~22:00
Close	연중무휴
Cost	쩐주나이차 MOP15

Special Food ❸

차원이 다른 달콤함과 고소함 **밀크 톱** Milk Top

홋카이도 우유로 만든 아이스크림, 푸딩, 치즈 케이크 등을 맛볼 수 있는 곳이다. 포장도 귀엽고 깔끔하게 되어 있어 여자들이 특히 좋아한다. 밀크 맛 아이스크림과 푸딩도 맛있지만 낱개로 포장되어 있는 치즈 케이크는 아이스크림처럼 시원하면서도 진하고 맛있다.

Access	세나도 광장의 맥도날드 옆 골목으로 조금 올라가다 보면 왼쪽에 있다.
Open	12:00~22:00
Close	연중무휴
Cost	미니 치즈 케이크 MOP23~
Tel	2838-9396

Food
❶
라본외르 La Bonne Heure 良辰

라본외르는 불어로 좋은 시간이라는 의미를 가진다. 마카오에서 포르투갈 레스토랑도 아니고 프렌치 레스토랑은 좀 뜬금없지만 어떠랴. 라본외르의 음식은 정말 훌륭한 것을. 2004년 오픈해 꽤 오랜 시간 영업해 왔는데 내부는 아담하고 별다른 인테리어도 없다. 특이하게도 셰프는 젊은 일본인으로 프렌치의 매력에 빠져 프랑스에서 다년간 공부해 온 것을 바탕으로 이곳에서 손님들의 입맛을 사로잡는 데 성공했다. 라본외르의 손님 대부분은 마카오 거주 외국인들. 그런 덕에 평일에 제공되는 런치 세트(구성은 매일 바뀜)는 놀랄 만큼 저렴하며 맛도 좋다. 추천 메뉴로는 베이컨과 각종 야채를 구운 고트 치즈와 함께 곁들인 Crispy Baked Goat Cheese Salad with Bacon and Ratatouille와 레드 와인 소스를 곁들인 안심 스테이크 Australian Black Angus Beef Tenderloin Steak with Red Wine Sauce가 있다.

Access	세나도 광장 맥도날드 옆 골목으로 쭉 올라가다 보면 오른편에 있다.
Open	12:00~15:00, 18:00~22:00 (금·토는 23시까지)
Close	일요일
Cost	Crispy Baked Goat Cheese Salad MOP152, Australian Black Angus Beef Tenderloin Steak with Red Wine Sauce MOP368(MOP50 추가하면 팬에 구운 푸아그라 추가) 런치 세트(월~금) MOP88(SC 10%)
Address	Travessa de São Domingos, No. 12 AB, Macau
Tel	2833-1209
Web	www.facebook.com/LaBonneHeure

Food
❷
카페 오문 Cafe Ou Mun 澳門咖啡

오문은 마카오의 한자식 발음으로 마카오에 정착한 안토니오 가족의 정통 포르투갈 디저트를 모두 맛볼 수 있는 곳이 바로 이곳이다. 카페 오문에서 판매되는 모든 것들은 안토니오가 어릴 적부터 포르투갈에서 먹어 왔던 아이템이 주를 이루는데 모든 식자재를 포르투갈에서 공수해 온다고 한다. 코코넛을 넣은 플레인 번에 햄과 치즈를 넣어 먹는 담백한 코코넛 번. 포르투갈 스타일의 스펀지 케이크나 아몬드 케이크에 포르투갈 커피 갈랑이나 포르투갈 청량음료 스몰을 곁들여 먹어 보자. 초기엔 디저트 카페로 시작하였으나 현재는 인기에 힘입어 포르투갈 요리 메뉴들도 갖추어 놓고 있다.

Access	세나도 광장 맥도날드 옆 골목으로 올라가다 보면 오른쪽에 있다.
Open	08:00~23:00
Close	월요일
Cost	코코넛 번 MOP15, 갈랑 MOP28 아몬드 케이크 MOP19 스펀지 케이크 MOP25
Address	Travessa de São Domingos, No 12 R/C, Macau
Tel	2837-2207
Email	cateoumun@gmail.com

Food
③

맥팀 카페 Mactim Cafe 麥恬咖啡

세나도 광장의 인파에 지쳐 잠시 여유롭게 쉬어 가고 싶다면 맥팀 카페에 들러 보자. 2층 건물로 되어 있는 맥팀 카페는 광장에서 그리 멀지 않음에도 비교적 조용하고 평화로운 분위기까지 느껴진다. 아기자기한 카페 내부와 깔끔한 화장실, 빵빵 터지는 인터넷이 매력적이지만 진짜 맥팀 카페의 매력은 커피 맛. 홈메이드 케이크와 함께 다양한 세트도 판매한다.

Access	세나도 광장 맥도날드 옆 골목으로 끝까지 올라와 미니 분수가 보이는 골목 끝 왼쪽에 있다.
Open	11:30~22:30
Close	수요일
Cost	티 세트 MOP35~ 커피 MOP28~(SC 10%)
Address	Shop D, Hoi Seng Building, 1A Travessa Do Meio, Largo da Se, Avenida de Almelda Ribeiro, Macau
Tel	2832-2033

Food
④

알로차 A Lorcha

선실을 콘셉트로 한 독특한 내부 인테리어와 합리적인 가격, 맛있는 음식이라는 뻔한 공식으로 여행자뿐 아니라 로컬들에게도 인기 만점인 곳이다. 예약을 하지 않으면 발길을 돌리기가 일쑤라 반드시 예약해야 하는 곳 중 하나이다. 정통 포르투갈 메뉴를 취급하고 있는데 피리피리 소스를 얹은 아프리카 치킨이나 시푸드 라이스는 꾸준히 많이 찾는 스테디셀러이며 특히 이곳의 시푸드 라이스는 마카오 최고라고 손꼽히기도 한다. 아마 사원과 가까워 연계해 들르기에 좋다.

Access	아마 사원행 버스 정류장 바로 앞.
Open	12:30~15:00, 18:30~23:00
Close	화요일
Cost	1인 MOP150~(SC 10%)
Address	289 Rua Do Almirante Segrio Lourenco, Macau
Tel	2831-3193

Food
❺
레스토랑 에스까다 Restaurante Escada

세나도 광장 뒷골목의 한적한 계단 위에 운치 있는 모습으로 자리하고 있는 에스까다는 한국인 여행자들에게도 큰 사랑을 받고 있는 곳이다. 파스텔 톤의 2층 집과 분위기 있는 테라스석, 클래식한 내부 인테리어로 포근한 분위기가 느껴진다. 마늘을 잔뜩 얹어 버터에 구워 낸 타이거 프론 요리와 푸짐한 양이 돋보이는 시푸드 라이스 등이 인기 메뉴이다. 분위기에 비해 맛이나 가격 면에서의 만족도는 다소 떨어지는 편이다.

Access	세나도 광장에서 그랜드 리스보아 방향으로 걷다 우체국 옆으로 좌회전해 계단을 오르다 보면 우측에 보인다.
Open	12:00~15:00, 18:00~22:00
Close	연중무휴
Cost	1인 MOP200~(SC 10%)
Address	8 Rua de Se, Avenida de Almeida Ribeiro, Macau
Tel	2896-6900

Food
❻
웡치키 Wong Chi Kei 黃技記

완탕면 하나로 홍콩과 마카오에서 많은 여행자들의 발길을 붙잡는 곳이다. 실내는 옛 중국 스타일로 꾸며져 있다. 이곳에서 가장 유명한 것은 단연 완탕면Wuntun with Noodle in Soup. 탱글탱글한 완탕도 쫄깃한 면발도 끝내준다. 국물은 조금 짠 편. 푸짐한 양의 볶음밥과 큼직한 새우가 들어간 국수도 맛있다. 차는 별도의 요금 없이 마실 수 있다.

Access	세나도 광장을 마주 보고 왼쪽 앞으로 조금 가면 있다.
Open	08:00~23:00
Close	연중무휴
Cost	MOP25~(1인)
Address	17 Largo do Senado, Macau
Tel	2833-1313

Food
❼
덤플링 타운 Dumpling Town 餃餃鎮

카오카오 찬Gao Kao Chan이라고도 불린다. 보통 딤섬은 점심시간에만 주문할 수 있는데 이곳에선 낮이나 저녁이나 딤섬을 맛볼 수 있다. 사진 메뉴가 있어 주문하기 그리 어렵지 않다. 이 집에서만 볼 수 있는 탄탄면 같은 느낌의 매운 딤섬 홍야우 쥐싸우紅油水餃는 유독 한국인에게 인기가 많은 편이다. 담백한 국물의 완탕면 또한 최고의 인기 메뉴. 이것저것 시켜도 착한 가격에 더욱 흐뭇해지는 맛집이다.

Access	성 도미니크 성당을 마주 보고 오른쪽으로 꺾어져 계속 걷다 우측에 르 사운드 구두 매장 바로 옆 작은 골목 안쪽에 있다.
Open	12:00~22:00
Close	연중무휴
Cost	MOP25~(1인)
Address	G/F, 5A Beco da Arruda R/C, Avenida de Almeida Ribeiro, Macau
Tel	2835-6633

Food ⑧

토우 토우 코이 Tou Tou Koi 陶陶居海鮮火鍋酒家

현지인들의 전폭적인 지지를 얻고 있는 곳으로 이른 아침부터 점심 나절까지는 끝내주는 딤섬, 저녁에는 싱싱한 해산물 요리를 맛볼 수 있는 곳이다. 입구에 설치된 커다란 수족관에는 물 좋은 해산물들이 가득한데 저녁 시간이면 손님들이 직접 해산물을 선택해 요리를 주문한다. 해산물 이외에 부드러운 소고기 맛이 일품인 Minced Beef with Black Pepper & Slice Garlic과 새콤달콤 탕수육 Deep-fried Pork with Pineapple, 바삭하고 고소한 Korean Crispy Shrimp Balls with Special Sauce는 누구나 부담 없이 즐길 수 있는 맛이다. 요리를 주문할 경우(딤섬 제외) 식후 신선한 과일도 서비스로 제공한다.

Access	세나도 광장을 등지고 신호등을 건너 오른쪽으로 직진하다 보면 좌측에 Leica 카메라숍이 보인다. 그 옆 골목 안쪽 좌측에 있다.
Open	09:00~15:00, 17:00~23:30
Close	연중무휴
Cost	Minced Beef with Black Pepper & Slice Garlic MOP148, Deep-fried Pork with Pineapple MOP60 (SC 10%)
Address	G/F, 6~8 Travessa do Mastro, Avenida de Almeida Ribeiro, Macau
Tel	2857-2629

Food ⑨

마가렛스 카페 에 나타 Margaret's Cafe e Nata 瑪嘉烈蛋撻店

콜로안의 로드 스토우즈 베이커리와 함께 마카오를 대표하는 에그 타르트집으로 큰 인기를 누리고 있다. 맛으로 치자면 막상막하. 이 카페 주인인 마가렛 여사는 재미있게도 로드 스토우즈 베이커리의 설립자 앤드류스의 전 부인이라고 한다. 에그 타르트를 비롯해 다양한 샌드위치, 커피 등도 즐길 수 있다. 머무는 호텔의 조식이 불포함이라면 이곳에서 이른 아침 식사를 즐기는 것도 좋겠다.

Access	그랜드 리스보아에서 세나도 광장 쪽으로 큰길 따라 걷다 Luk Fook Jewelly가 정면에 보이는 사거리 신호등에서 길을 건너자마자 오른쪽으로 꺾어 가면 작은 골목이 보이는데 골목 안쪽으로 쭉 들어가다 우측에 보인다.
Open	06:30~20:00(월~토) 09:00~19:00(일)
Close	수요일
Cost	MOP10~(1인)
Address	17B Gum Loi Building, Rua Do Comandante Mata e Oliveria, Avenida de Almeida Ribeiro, Macau
Tel	2871-0032

Food ⑩
남 Naam Thai Restaurant

남은 태국어로 물을 의미하는데 남 레스토랑은 이름처럼 아름답게 꾸며진 수영장 주변으로 자리하고 있어 번쩍거리는 마카오 시내에서는 드물게 여유롭고 조용하게 식사를 즐길 수 있다. 태국 주방장이 직접 조리하는 이곳의 메뉴는 한국인에게 익숙한 팟타이나 카오팟뿐 아니라 매콤하고 새콤한 시푸드 당면 샐러드인 얌운센과 얼큰한 똠얌꿍까지 다양하게 갖추어져 있다. 그중 한국인이 많이 찾는 메뉴는 Thick Red Curry with Tiger Prawns. 얇게 피를 입혀 튀긴 왕새우(4개)에 진한 레드 카레가 얹어 나와 밥과 함께 먹기에도 좋다. 새우 이외에 면, 치킨, 비프 등 재료를 선택할 수 있다. 아이들과 함께라면 달콤한 꼬치 요리 Mixed Satay를 추천한다. 태국 요리를 좋아한다면 각종 야채와 새우, 당면 등이 똠얌 소스 혹은 매운 두부 소스(선택 가능)에 볶아 나오는 Wok Fried Glass Noddles Mixed Vegetables & Prawns를 추천. 식사 후 달콤한 찹쌀밥에 망고와 연유를 곁들여 먹는 태국식 디저트 Mango & Sweet Sticky Rice로 깔끔하게 마무리하자.

Access	그랜드 라파 마카오 시설 단지 쪽, 수영장 주변에 있다.
Open	**런치** 12:00~14:30, **디너** 18:30~22:30
Close	월요일
Cost	Thick Red Curry with Tiger Prawns MOP125, Mixed Satay MOP100 Wok Fried Glass Noddles Mixed Vegetables & Prawns MOP135 (SC 10%)
Address	956-1110 Avenida da Amizade, Macau
Tel	8793-4818
Web	www.grandlapa.com

Food ⑪
비다 리카 레스토랑 Vida Rica Restaurant

만다린 오리엔탈 마카오의 유일한 레스토랑이다. 최고의 서비스와 동양적이면서 고급스러운 인테리어, 다양한 고객의 입맛을 사로잡는 엄선된 중식 메뉴와 양식 메뉴 등 최상의 다이닝을 즐길 수 있는 곳이다. 역시나 이곳의 진수를 제대로 맛보려면 코스 요리가 제격이다. 언뜻 언밸런스해 보이는 중식과 프렌치 퓨전 요리가 기가 막히게 교차되며 하나하나의 맛 또한 일품이다. 코스 구성은 자주 바뀌는 편이니 예약 시 확인하자. 레스토랑에서 자연스럽게 연결되는 비다 리카 바는 칵테일 바, 샴페인과 타파스 바, 커피 바의 공간으로 구분된다. 2층 높이의 격조 있는 인테리어와 시원스러운 전망을 즐길 수 있어 식전 혹은 밤늦을 때에 호젓한 시간을 보내기에도 좋다.

Access	만다린 오리엔탈 마카오 2층.
Open	06:30~22:30
Cost	**메인** MOP238~580 **딤섬** MOP45~(SC 10%)
Address	2F, Avenida Dr. Sun Yat Sen, NAPE, Macau
Tel	8805-8918
Web	www.mandarinoriental.com/macau

Food
⑫
캄 라이 힌 Kam Lai Heen 金麗軒

딤섬과 광둥요리를 전문으로 하는 레스토랑으로 가족 단위 손님들에게 인기가 많다. 특히 광둥 스타일 프라이드 치킨은 치킨을 반쯤 익혀 두었다가 뜨거운 기름을 부어 가며 재빨리 조리한다. 독특한 스타일을 경험하고 싶다면 도전해 보자. 마늘 칠리소스 새우튀김 Sauteed Prawns with Garlic and Chili Sauce는 우리 입맛에 무난한 메뉴. 저녁보다는 점심에 방문해 딤섬과 가벼운 메뉴를 즐겨 보길 추천한다.

Access	그랜드 라파 마카오 2층에 위치.
Open	**런치** 11:00~15:00,
	디너 18:00~22:00
Close	화요일
Cost	Deep-fried Crispy Chicken MOP156(반 마리), 딤섬(런치에만 제공) MOP48~90(SC 10%)
Address	956-1110 Avenida da Amizade, Macau
Tel	8793-3821
Web	www.grandlapa.com

Food
⑬
카페 벨라 비스타 Cafe Bela Vista

콜로니얼 스타일의 아름답고 여유로운 베란다. 이국적인 느낌의 바닥재와 높은 천장 등 분위기만으로도 좋다. 애프터눈 티의 경우 가격 대비 구성이 좋고 맛도 좋은 편. 주중에는 런치 세미 뷔페를 진행하는데 메인 한 가지를 선택하고 샐러드 바, 누들 바를 무제한 이용할 수 있다.

Access	그랜드 라파 마카오 2층.
Open	06:30~15:00(월~목)
	18:00~22:00(월~목)
	06:30~22:00(금~일)
	애프터눈 티 15:00~18:00(금·주말)
	시푸드 뷔페 19:00~21:00(금·주말)
Close	연중무휴
Cost	애프터눈 티 MOP188(2인) 런치 세미 뷔페 MOP220 주말 디너 시푸드 뷔페 MOP298 (SC 10%)
Address	956-1110 Avenida da Amizade, Macau
Tel	8793-3871
Web	www.mandarinoriental.com/grandlapa

Food
⑭
로렐 Laurel 丹桂軒

스타월드 호텔 부속 레스토랑으로 이국적인 이름과는 달리 정통 광둥, 쓰촨, 후난 요리를 전문으로 한다. 현지에서는 딴꽈이힌이라는 이름으로 익숙하다. 전 세계에서 귀하고 신선한 재료만을 엄선해 요리를 만든다. 낮에만 맛볼 수 있는 딤섬도 인기이지만, 이곳의 명물 Drunken Prawns Flambe를 맛보자. 탕수 소스 새우 구슬 튀김도 인기.

Access	스타월드 호텔 2층(갤럭시 호텔 내에도 같은 레스토랑이 있다).
Open	11:00~23:00(월~금)
	딤섬 11:00~15:00(월~금)
	10:00~23:00(주말)
	딤섬 10:00~16:00(주말)
Close	연중무휴
Cost	Drunken Prawns Flambe MOP188, 볶음밥류 MOP78~88, 딤섬 MOP15~58(SC 10%)
Address	2/F, Avenida da Amizade, Macau
Tel	8290-8628
Web	www.starworldmacau.com

Food
⓯
임페리얼 코트 Imperial Court

최고의 재료만을 써서 요리하는 광둥요리 전문점이다. 가장 인기 있는 메뉴는 점심에만 맛볼 수 있는 임페리얼 코트의 딤섬. 일본산 와규를 적당히 익혀 페이스트리 퍼트 안에 채워 넣은 Deep-fried Wagyu Beef with Parsnip Puff Pastries 와 죽순, 새우, 제비집 등을 소로 넣은 Steamed Bird's Nest, Bamboo Pith and Prawn Dumpling은 명물 딤섬.

Access	MGM 마카오 G층에 위치. 마카오국제공항, 페리 터미널 등에서 MGM 마카오행 무료 셔틀버스 이용.
Open	11:00~15:00, 18:00~23:00(월~금) 10:00~15:00, 18:00~23:00 (주말·공휴일)
Close	연중무휴
Cost	Dim Sum MOP15~50 Crispy-roasted Pork Belly MOP128(SC 10%)
Address	Avenida Dr. Sun Yat Sen, NAPE, Macau
Tel	8802-2361
Web	mgmmacau.com

Food
⓰
미스트랄 Mistral

미스트랄은 프랑스 남부 지방에 부는 바람의 이름으로 레스토랑 내부에는 마치 프랑스에 온 듯 니스의 풍경을 담은 사진들이 곳곳에 걸려 있다. 단품 메뉴도 주문이 가능하지만 효율적으로 미스트랄을 즐기는 방법은 단연 뷔페이다. 특히 런치 뷔페가 가격 대비 괜찮은 편이어서 인기가 많은데 인터내셔널, 차이니즈 등 충실히 갖춰진 라인과 강조된 디저트 섹션이 눈에 띈다. 디너 뷔페의 경우 크랩(월~목)과 로브스터(금~일)가 포함이 되어 있어 가격이 많이 올라간다. 일요일에는 프렌치 선데이 브런치를 제공한다.

Access	소피텔 폰테 16 6층에 위치.
Open	07:00~22:30
Close	연중무휴
Cost	런치 MOP168, 디너 MOP268 (월~목)/MOP308(금~일) (SC 10%)
Address	6F, Sofitel Macau, Rua do Visconde Paco de Arco, Macau
Tel	8861-7210
Web	www.sofitel.com/6480

Food
⓱
캐스카타 바 Cascata Bar 酒吧

제대로 헤리티지 부티크 호텔인 포사다 드 상티아고 내에 위치한 바로 호텔만큼이나 분위기가 좋다. 하이 티의 명소로 이미 입소문을 탄 이곳에서는 성벽 위에 자리한 야외석에 앉으면 더더욱 분위기가 좋아 고즈넉한 분위기에서 여유로운 티타임을 즐길 수 있다. 삼단 트레이에 예쁘게 차려 나오는 애프터눈 티 세트는 하나하나 맛의 수준도 높은 편. 트레이 안에는 홈메이드 케이크, 에그 타르트, 홈메이드 치킨 파이와 미니 치즈 케이크, 카나페와 페이스트리 등이 차려져 나오며 커피나 차 중 한 가지가 포함된다. 2명이 방문한다면 티 세트 하나에 커피나 차를 한 잔 추가하면 딱 좋다.

Access	아마 사원 근처. 포사다 드 상티아고 호텔 내에 위치.
Open	13:00~23:00
	애프터눈 티 15:00~17:00
Close	연중무휴
Cost	애프터눈 티 세트 MOP124(1인)/MOP240(2인) (SC 10%)
Address	1/F, Pousada de Sao Tiago Avenida de Republica, Fortaleza de Sao Tiago da Barra, Macau
Tel	2837-8111
Web	www.saotiago.com.mo

Food
⑱
레스토랑 리토랄 Restaurante Litoral

현지인보다는 외국인 여행자들의 지지를 얻고 있는 레스토랑으로 2층의 대저택 같은 모습이다. 타이파에도 분점을 가지고 있는데 타이파보다는 이곳이 더 손님이 많다. 모든 포르투갈 레스토랑이 그렇듯 시푸드 라이스와 아프리칸 치킨이 인기 메뉴다. 특히 이곳의 포르투갈식 오리밥 Baked Duck Rice는 대표 메뉴로 꼽히는데 오리고기의 간이 센 편이고 사람에 따라 입맛에 맞지 않는 경우도 있다. 양은 푸짐해 2~3명이 먹기에도 넉넉한 편이다.

Access	아마 사원을 등지고 오른쪽으로 직진하다 보면 우측에 있다. 대로변에 있어 눈에 잘 띈다.
Open	12:00~15:00, 17:30~22:30
Close	연중무휴
Cost	Baked Duck Rice MOP150 African Chicken MOP188(반 마리) (SC 10%)
Address	Rua do Almirante Sergio 251-A, R/C, Macau
Tel	2896-7878
Web	www.restaurante-litoral.com (웹에서만 접속 가능)

Food
⑲
오 포르토 인테리어 O Porto Interior 內港餐廳

레스토랑 리토랄, 알로차와 함께 일대의 인기 포르투갈 레스토랑 삼총사로 꼽히는 곳이다. 안쪽으로 들어서면 독특하게 반 층 안채 쪽에 꾸며진 실내석이 한눈에 들어온다. 해산물 요리보다는 육류 메인 요리가 더 낫다는 평이다. 특히 카레 치킨, 그릴드 치킨, 아프리칸 치킨 등 다양한 닭고기 요리는 시도해 볼 만하다. 카레 맛이 강한 포르투기즈 치킨은 밥과 함께 먹기에도 좋다.

Access	레스토랑 리토랄과 나란히 있다.
Open	12:00~23:30
Close	연중무휴
Cost	치킨 요리 MOP118~ 로스트 덕 라이스 MOP128 (SC 10%)
Address	259B Rua do Aimirante Sergio, Sao Lourenco, Macau
Tel	2896-7770

Food
⑳
모우이 Mou I 武二廣潮福粉麵食館

일명 굴 국수로 유명한 곳으로 한국 사람들의 방문도 잦은 편이다. 아주 작은 사이즈의 굴을 잔뜩 넣은 국수에 파, 숙주 등이 곁들여져 있는데 주변이 리틀 란콰이퐁으로 불리는 나름 나이트 라이프 집결지인 덕에 해장을 하러 찾는 사람들도 더러 있다. 면은 노란빛을 띠는 에그 누들과 쌀국수 중 선택할 수 있으며 칼칼한 맛을 즐기려면 고추씨를 첨가하고 매운 고추 피클을 곁들여 먹으면 좋다. 리틀 란콰이퐁, 마카오 예술 박물관, 마카오 과학 센터, 관음상 등과 연계해 가볍게 식사를 즐기기에 적합하다.

Access	MGM 마카오 근처, 관음상 맞은편에 있다.
Open	11:30~22:30
Close	연중무휴
Cost	굴 국수 MOP22 면 추가 MOP6, 야채 추가 MOP6 비프 볼·피시 볼 등 추가 MOP7
Address	E-D Tai Keng Un, Alameda Dr. Carlos Assumpcao R/C Porto Exterior, Macau
Tel	6274-8221

Spa
❶
더 스파 The Spa

이미 명성이 높은 만다린 오리엔탈의 더 스파를 그랜드 라파 마카오에서도 즐길 수 있다. 경험이 많은 테라피스트의 숙련된 기술과 세심한 서비스로 이미 정평이 나 있는 곳이다. 유일한 단점이라면 호텔 공용 라커룸에서 옷을 갈아입고 스팀룸과 자쿠지 또한 공유하는 시스템이라 프라이빗한 느낌은 다소 떨어진다는 것. 시그니처 트리트먼트로 이곳에서만 받을 수 있는 매캐니즈 상그리아 리추얼은 총 3단계로 이루어지는데 먼저 포도씨와 각종 오일, 포도를 곱게 갈아 스크럽을 하고 프라이빗 스파 가든에서 와인과 포도씨 추출물로 준비된 상그리아에 입욕해 피부에 수분을 공급하고 혈액순환을 도와준다. 마지막은 80분간 포도씨 오일 마사지로 마무리한다.

Access	그랜드 라파 마카오 리조트 동 G층.
Open	10:00~22:00
Close	연중무휴
Cost	아로마 에센스 마사지 MOP860(50분) 매캐니즈 상그리아 리추얼 시그니처 MOP1,720(2시간 20분)(SC 10%)
Address	956-1110 Avenida da Amizade
Tel	8793-4824
Web	www.mandarinoriental.com/grandlapa/luxury-spa
Email	glmfm-spa@mohg.com

Spa
❷
소 스파 So Spa

소피텔 폰테 16의 톡톡 튀는 감각만큼이나 유니크하고 스타일리시한 인테리어로 무장한 소 스파. 소 스파는 사봉 느와르와 록시땅 제품을 트리트먼트 시 사용한다. 화이트와 베이지 톤의 트리트먼트룸에는 샤워실, 화장실 등 편의 시설이 잘 갖추어져 있으며 특히 릴렉싱룸은 인체공학적 설계에 의해 가장 편한 자세로 누울 수 있는 베드에서 신비스러운 조명과 물소리를 들으며 스파 후 휴식을 취할 수 있다. 자쿠지와 스팀룸 등 다양한 시설도 이용할 수 있다. 시그니처 트리트먼트로는 So Rejuvenating과 So Exhilarating이 있다.

Access	소피텔 폰테 16 내에 위치.
Open	10:00~22:00
Close	연중무휴
Cost	So Rejuvenating MOP750(60분) So Exhilarating MOP750(60분) (SC 10%)
Address	Rua do Visconde Paco de Arcos, Macau
Tel	8861-7801
Web	www.sofitelmacau.com/en/so-spa.html

Spa
③
더 스파 The Spa at Mandarin Oriental

만다린 오리엔탈의 시그니처 스파인 더 스파는 원래부터 명성이 자자한 곳이다. 게다가 이곳에선 더 스파의 시그니처 프로그램에 지역적인 전통 방식을 결합한 프로그램으로 독특한 트리트먼트를 받을 수 있다. 타이 마사지룸, 커플룸, 싱글룸, 마카오 최초의 온열 스크럽 테이블을 갖춘 VIP룸을 포함해 8개의 스파룸이 갖추어져 있다. 매캐니즈 드래곤 Macanese Dragon 은 림프샘을 따라 진행되는 전신 스크럽 프로그램으로 오직 만다린 오리엔탈 마카오의 더 스파에서만 경험할 수 있다. 같은 메뉴라도 평일에 비해 주말에 가격이 살짝 높다.

Access	만다린 오리엔탈 내.
Open	11:00~23:00
Cost	시그니처 트리트먼트 1시간 50분 MOP1,700/MOP1,850(평일/주말)
Address	Avenida Dr. Sun Yat Sen, NAPE, Macau
Tel	8805-8588
Web	www.mandarinoriental.com/macau
Email	momac-spa@mohg.com

Shopping
①
MOD 디자인 스토어 MOD Design Store 設計店

마카오에 여행을 왔으니 기념품과 선물을 사고는 싶은데 남들 다 하는 아몬드 쿠키는 하기 싫고 여기저기 살펴봐도 어쩐지 촌스럽게 느껴진다면 주저 없이 MOD 디자인 스토어로 향할 것. 보고만 있어도 흥미로운 다양한 아이디어 상품과 마카오를 상징하는 다양한 스탬프를 이용해 만든 문구용품, 꽤 괜찮은 디자인의 티셔츠, 선물하기 좋은 비누 등등 다양한 아이템을 건질 수 있다. 단, 이곳에는 한국에서 건너온 귀여운 팬시용품들도 많아 자칫 우리나라 상품을 마카오에서 더 비싸게 구입하는 실수를 범할 수도 있으니 주의할 것.

Access	세인트 폴 성당 앞 계단 옆에 있다. 성당을 마주 보고 오른쪽에 위치.
Open	10:00~20:00
Close	연중무휴
Address	1F andar do Centro de Actividades Turísticas e Culturais, Ruinas de São Paulo, Macau
Tel	2835-7821
Web	www.facebook.com/moddesignstore

Hotel

만다린 오리엔탈 마카오 Mandarin Oriental Macau

만다린 오리엔탈 호텔 그룹은 이름만으로도 신뢰감을 주는 세계적인 수준의 고급 호텔 체인으로 2010년 오픈하였다. 카지노와 함께 어마어마한 숫자의 객실을 자랑하는 마카오의 다른 호텔들과는 확연하게 차별화되며 그 타깃 또한 분명하다. 26개의 스위트룸과 1개의 프레지덴셜 스위트룸을 포함, 총 객실 213개의 아담한 규모를 갖추었으며 그만큼 밀착되고 세련된 서비스를 기대해도 좋다.

객실 내부는 한국어 지원 인터넷 TV, 네스프레소 커피 머신, 최고급 편의 물품과 시설을 갖추었다. 수영장은 작지만 온도가 조절되어 사계절 내내 수영을 즐길 수 있으며 피트니스 센터, 실외 월풀, 사우나, 스팀룸 등을 충실하게 갖고 있다. 걸출한 비다 리카 레스토랑과 바, 최고의 디저트 섹션으로 정평이 나 있는 만다린 케이크 숍 등이 있으며 럭셔리 쇼핑몰, 원 센트럴과 연결되어 편리하다.

Access	페리 터미널에서 MGM 셔틀을 이용한다. MGM과 쇼핑몰을 사이에 두고 연결되어 있다.
Cost	디럭스 USD340~
Address	Avenida Dr. Sun Yat Sen, NAPE, Macau
Tel	8805-8888
Web	www.mandarinoriental.com/macau

Hotel
소피텔 폰테 16
Sofitel Macau At Ponte 16 澳門十六浦索菲特大酒店

세계적인 체인 호텔로 총 408개의 객실을 갖추고 있다. 호텔 내부는 프렌치 스타일의 럭셔리한 콘셉트인 반면 주변은 마카오의 진정한 올드 시티로 둘러싸여 있어 다른 호텔이 갖지 못하는 독특한 매력이 있다. 객실은 크게 맨션과 일반 호텔 객실로 구분할 수 있는데 맨션의 경우 에르메스를 어메니티로 사용하고 맨션 투숙객만이 이용할 수 있는 수영장도 갖추고 있다. 또한, 다양한 테마를 가진 화려한 객실로 꾸며져 있다. 일반 호텔 객실은 하버 뷰와 시티 뷰의 차이와 클럽 라운지 혜택 등에 의해 다양한 카테고리로 구분되어 있다.

Access	마카오 페리 터미널에서 09:00~23:00 사이 15분마다 한 대씩 셔틀버스가 운행된다.
Cost	슈피리어 MOP1,098~
Address	Rua do Visconde Paco de Arcos, Macau
Tel	8861-0016
Web	www.sofitel.com/6480

Hotel
포사다 드 상티아고
Pousada de São Tiago 澳門聖地牙哥古堡酒店

'포사다 Pousada'는 '포르투갈 숙소'라는 의미로 '포사다 드 상티아고'는 '옛 성곽 Fortaleza de São Tiago에 지어진 호텔'이라는 뜻이다. 이름처럼 17세기 포르투갈 스타일의 성곽을 그대로 살린 이곳은 소박한 외관과는 달리 차원이 다른 맞춤 서비스와 최고급의 시설을 갖춘 하이클래스 호텔이다. 비교적 높은 지대에 위치한 덕에 호텔의 식당이나 테라스에서는 주강 델타Pearl River Delta(홍콩, 마카오, 광저우를 연결하는 삼각지대)나 마카오 내항이 내려다보인다. 객실은 스위트룸으로 모든 룸에는 테라스가 딸려 있으며 개인 스팀룸이 설치되어 있다.

Access	아마 사원을 왼쪽에 두고 앞에 보이는 길 Rua S. Tiago da Barra를 따라 5분(낮에는 관광버스들이 많이 주차되어 있음).
Cost	하버 뷰 MOP3,200~
Address	Avenida da República, Fortaleza de São Tiago da Barra, Macau
Tel	2837-8111
Web	www.saotiago.com.mo

Hotel
그랜드 라파 마카오 Grand Lapa Macau 澳門金麗華酒店

1984년 만다린 오리엔탈 마카오로 시작해 2009년 지금의 이름으로 변경했다. 오랜 세월 탓에 낡은 느낌을 지울 순 없지만 만다린 오리엔탈 그룹의 호텔답게 차별화된 서비스와 수준 높은 다이닝, 스파, 호텔 시설 등으로 충분한 보상이 된다. 이곳의 가장 큰 매력은 호텔 내 부대시설인데 리조트 동 내에 설치된 여유로운 수영장과 따뜻한 월풀이 나오는 미니 폭포 공간, 테니스 코트, 피트니스 센터, 사우나, 스팀룸, 자쿠지를 갖춘 스파 등이 훌륭한 편이다. 최고의 평가를 받고 있는 캄 라이 힌Kam Lai Heen 차이니즈 레스토랑과 남Naam 타이 레스토랑, 카페 벨라 비스타Cafe Bela Vista는 이곳에 묵지 않아도 시도해볼 만한 훌륭한 수준을 자랑한다.

Access	마카오 페리 터미널을 등지고 오른쪽으로 도보 15분 거리. 마카오 페리 터미널과 마카오국제공항 등지에서 미니 셔틀버스 운행.
Cost	슈피리어 시티 뷰 MOP1,088~
Address	956-1110 Avenida da Amizade, Macau
Tel	2856-7888
Web	www.grandlapa.com

Hotel ⑤

MGM 마카오 MGM Macau 澳門美高梅酒店

468개의 그랜드룸, 99개의 스위트룸, 15개의 빌라로 구성된 고급 호텔이다. 건물 외관상으로 뚜렷하게 구분되어 있는 금, 은, 동의 색깔은 이 세 가지 카테고리의 객실의 위치를 의미한다. 특히 스위트룸과 빌라의 투숙객들은 별도의 VIP 건물을 사용하며 벽면에는 실제 금 성분이 들어가 있어 럭셔리한 분위기이다. MGM의 상징인 거대한 금색 사자상을 필두로 살바도르 달리의 작품이 장식되어 있는 로비와 리스본의 기차역을 착안해 만들었다는 광장, 그랜드 프라사 는 이곳에 투숙하지 않아도 많은 이들이 찾고 기념사진도 찍는 포인트이다.

Access	마카오 페리 터미널에서 MGM 마카오 셔틀버스 이용.
Cost	그랜드룸 MOP1,788~
Address	Avenida Dr. Sun Yat Sen, NAPE, Macau
Tel	8802-8888
Web	www.mgmmacau.com

Hotel ⑥

스타월드 호텔 StarWorld Hotel 星際酒店

갤럭시 엔터테인먼트 그룹의 플래그십 호텔로 2006년 오픈했다. 39층의 건물은 두 개의 층으로 겹쳐진 유리 벽과 슈퍼사이즈의 외부 LED TV 벽으로 이루어진 독특한 형태로 눈길을 사로잡는다. 507개의 객실은 사이즈와 뷰에 따라 4개의 카테고리로 구분되며 가장 하위 카테고리인 디럭스룸도 사이즈가 넉넉하고 객실 상태도 좋은 편이다. 객실도 객실이지만 스타월드 호텔의 최고의 자랑거리는 7개의 F&B이다. 이나기쿠, 제이드 가든, 로렐 등은 미슐랭 가이드에서 별을 받았거나 추천을 받은 레스토랑으로 이곳에 묵는다면 꼭 방문해 보자.

Access	마카오 페리 터미널에서 셔틀버스 탑승. 세나도 광장에서 도보 약 10분.
Cost	디럭스룸 MOP1,580~ 이그제큐티브룸 MOP1,780~
Address	Avenida da Amizade, Macau
Tel	2838-3838
Web	www.starworldmacau.com

Hotel ❼
그랜드 리스보아 Grand Lisboa 澳門新葡京酒店

마카오 시내에서 가장 눈에 띄는 호텔, 랜드마크가 되는 호텔이라고 해도 과언이 아니다. 총 400여 개의 객실은 울트라 럭셔리룸과 스위트룸으로 카테고리가 구분 되는데 객실 사이즈도 여유롭고 외관만큼이나 화려하게 꾸며져 있다. 그랜드 리스보아의 또 하나의 매력은 F&B이다. 더 에이트 The Eight, 로부숑 오 돔 Robuchon au Dome 등 미슐랭 스타를 받은 레스토랑을 2개나 보유하고 있다. 이들을 포함해 총 9개의 레스토랑이 모두 호평을 받고 있을 정도로 음식에 강한 면모를 보이고 있다.

Access 마카오 페리 터미널에서 셔틀버스 이용, 세나도 광장에서 도보로 5~10분.
Cost 디럭스룸 MOP2,030~
Address Avenida de Lisboa, Macau
Tel 2828-3838
Web www.grandlisboahotel.com

Hotel ❽
윈 마카오 Wynn Macau 永利澳門酒店

매년 다양한 단체에서 선정하는 럭셔리 호텔 리스트에 이름을 올리고 있는 윈 마카오는 라스베이거스의 본점과 같이 화려한 축제 같은 분위기의 숙소이다. 2006년 윈 타워를 오픈하고 2010년 앙코르 타워를 오픈하면서 두 개의 건물로 현재의 윈이 정착하였다. 두 개의 타워에 총 1,000개가 넘는 객실을 운영하고 있는데 윈 타워에는 디럭스룸과 스위트룸이, 앙코르 타워에는 스위트룸과 그랜드 살롱 스위트룸이 자리하고 있다.

Access 마카오 페리 터미널에서 셔틀버스 이용. 혹은 그랜드 리스보아를 등지고 리스보아 호텔을 지나 왼쪽 방향으로 꺾어진다.
Cost 디럭스룸 시티 뷰 MOP1,888~
Address Rua Cidade de Sintra, NAPE, Macau
Tel 2888-9966
Web www.wynnmacau.com

Cotai & Taipa
코타이 & 타이파

Special Entertainment Resort

시티 오브 드림즈
City of Dreams

마카오를 대표하는 복합 엔터테인먼트 리조트 중 하나로 꼽힌다. 그랜드 하얏트 마카오, 하드록 호텔, 크라운 타워즈 등 고급 호텔들을 중심으로 20여 개의 레스토랑과 바가 자리하고 있다. 특히 젊은이들에게 인기 만점인 하드록 카페와 마카오에서 가장 핫한 클럽 큐빅도 이곳에 자리하고 있다. 수많은 관객을 동원한 '더 하우스 오브 댄싱 워터'와 '드래곤 트레저'를 관람할 수 있으며 400여 개의 게임 테이블과 1,300여 개의 머신을 갖춘 카지노도 갖추고 있다. 인기 있는 고급 브랜드의 집힙체인 디 블리바드에서는 하이엔드 쇼핑을 즐길 수 있다.

Access 마카오국제공항에서 셔틀버스로 10분 소요
Address Estrada do Istmo, Cotai, Macau
Tel 8868-6688
Web www.cityofdreamsmacau.com/ko

Activity in City of Dreams

더 하우스 오브 댄싱 워터 The House of Dancing Water

2012년 말 1천 회 공연 돌파, 하루 2회 공연으로 2천 석의 티켓이 90% 이상 팔려 나가는 그야말로 핫한 공연이 '더 하우스 오브 댄싱 워터'이다. 제목에서도 짐작 가능하듯 물을 기반으로 하는 대형 수중 쇼이기 때문에, 극장 설계 단계부터 8m 깊이의 올림픽 공식 수영장보다 5배 많은 양의 물을 담을 수 있는 세계 최대의 풀로 마련되었다. 또한 최대 17m까지 물을 뿜어내며 화려하고 웅대한 분수 쇼를 선보일 수 있도록 239개의 워터제트가 독립적으로 작동되고, 1분 만에 49m의 무대가 육상 신에서 수상 신으로, 혹은 그 반대로 전환될 수 있도록 11개의 10t 급 리프트가 사용되었다. 65.5m 높이에서 다이빙하는 배우들. 하지만 그들이 보여 주는 것이 수중 묘기가 다가 아니다. 애크러배틱, 러시안 그네, 모터바이크 등 다른 어느 서커스에서도 보지 못한 고난도의 화려한 공연이 보는 이들의 탄성을 자아내며 쉴 새 없이 펼쳐진다. 이러한 공연을 가능케 한 것은 바로 시간과 노력이다. 쇼 개발에 5년, 5대륙 7000여 명을 대상으로 2년간 오디션을 실시해 최종 80여 명이 캐스팅됐고, 전문 다이버를 포함한 조명, 음향, 연출 등 전문 스태프만 130명이 넘는다. 제작 투자비만 미화 2억 5천만 달러 이상이 들어간 이 대단한 쇼는 세계 어느 곳을 가도 만나기 힘든 대작임에 틀림없다.

'더 하우스 오브 댄싱 워터'는 춤과 음악, 애크러배틱, 하이다이빙 등 화려한 쇼의 구성 요소를 갖추고 있지만, 본질적으로는 이야기가 있는 한 편의 환상극이다. 〈알레그리아〉, 〈퀴담 Quidam〉, 〈살팀방코 Saltimbunco〉 등 전 세계적으로 성공한 작품들을 선보인 프랑코 드라곤 예술 감독은 시공간을 넘나드는 스펙터클한 러브 스토리에 풍부한 동양적 감성을 전달하고자 애썼다.

Access	공연장 시티 오브 드림즈 내 1층 댄싱 워터 극장 Dancing Water Theater
Open	공연일 목~월
	공연 시간 17:00, 20:00 2회 공연
	소요 시간 85분
Close	화 · 수요일
Cost	좌석 가격 VIP석 HK$1,480 A석 HK$980, B석 HK$780 C석 HK$580(성인 기준, 학생 및 60세 이상 노인은 10% 할인)
Address	Level 1, City of Dreams, Estrada do Istmo, Cotai, Macau
Tel	8868-6688
Web	thehouseofdancingwater.com/kr

공연 줄거리

콜로안 해안가에 사는 한 어부가 자신의 배를 타고 항해를 시작한다. 그러다 갑자기 거대한 소용돌이가 일더니 어부를 휘감아 돌연 전설의 시대로 데려간다. 어부는 자신에게 무슨 일이 일어난 것인지 짐작조차 못하고 있다. 그때 폭풍우에 의한 난파선에서 살아남은 한 남자가 그 앞에 모습을 나타낸다. 그런데 이 젊고 용감한 사내는 나쁜 계모인 다크 퀸Dark Queen이 우리에 가두어 둔 아름다운 공주를 만나 사랑에 빠지고 만다. 어부는 이 사내를 도와 다크 퀸과 싸우고 그녀로부터 공주를 구해 내기로 결심한다. 어부의 도움으로 사내는 다크 퀸을 물리치고 공주를 구하게 되며, 어부는 예상치 못한 상을 받게 된다.

스테이지 맵

① 270도 전망 극장으로 티켓 가격에 상관없이 시야 장애는 없다.

② 시티 오브 드림즈에 속해 있는 호텔(그랜드 하얏트 마카오, 하드록 호텔, 크라운 타워즈) 숙박과 패키지로 묶어 구매할 수 있다. 프로모션 내용은 매번 바뀌므로 홈페이지 참조할 것.

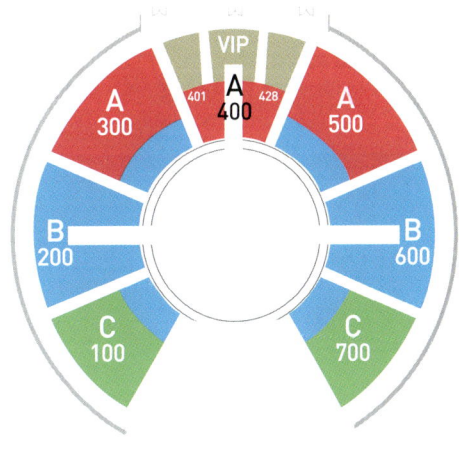

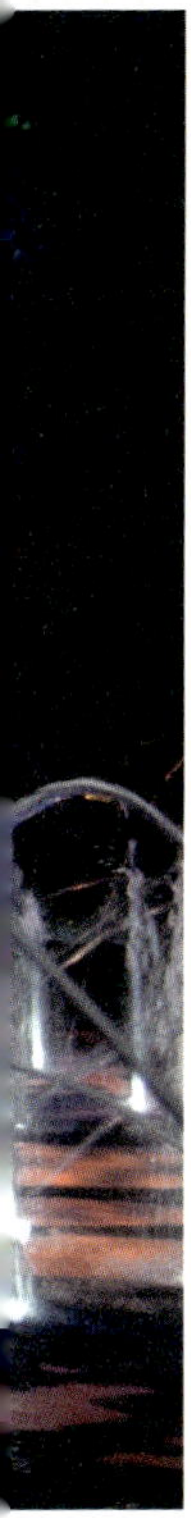

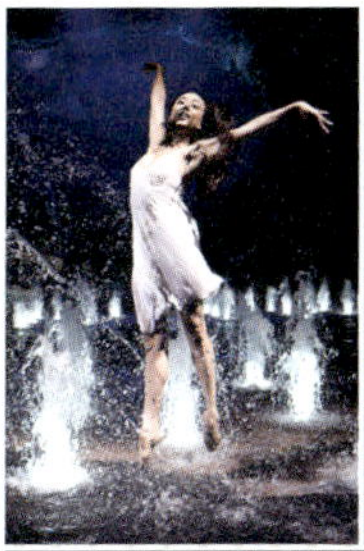

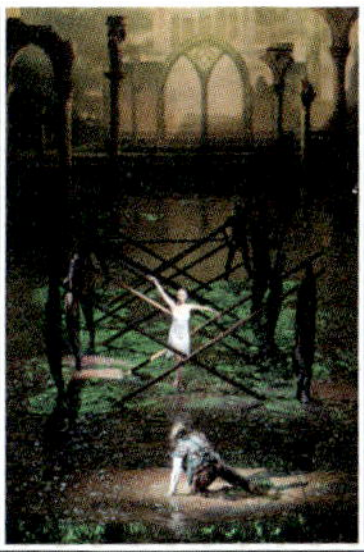

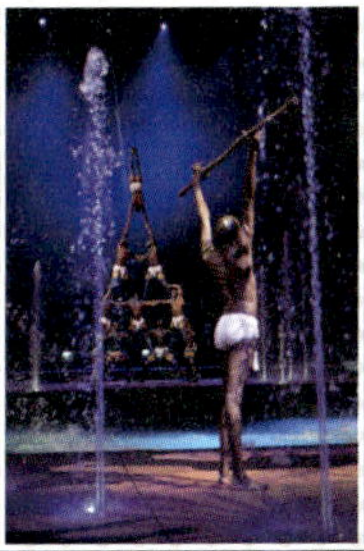

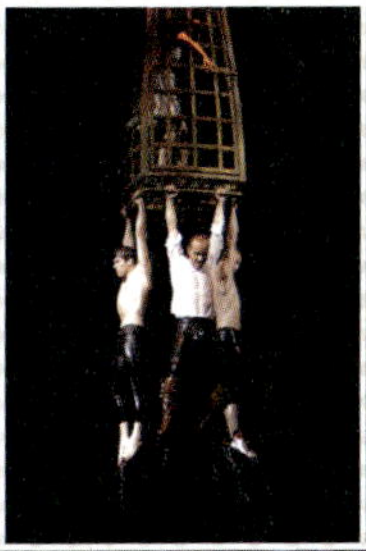

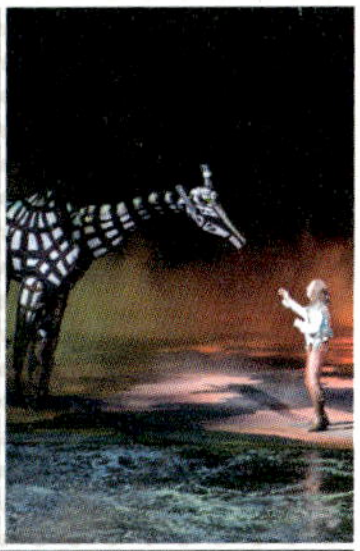

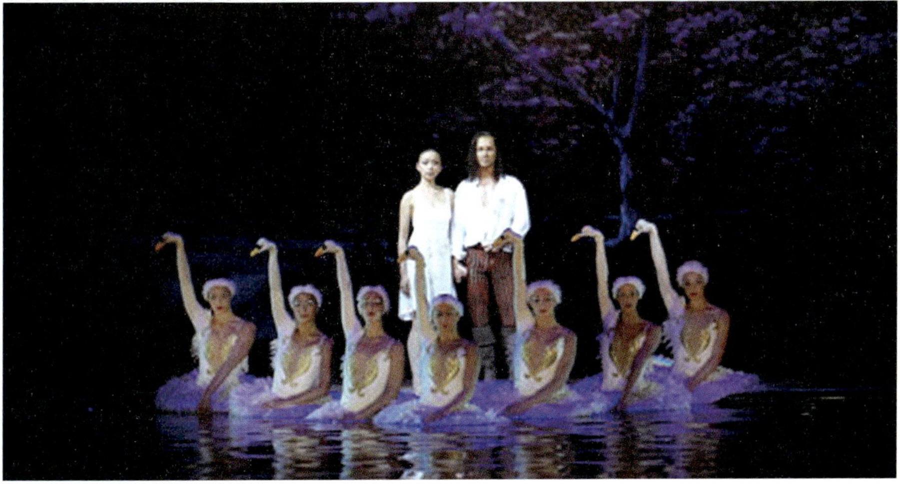

Activity in City of Dreams

드래곤 트레저 Dragon's Treasure

흡사 아이맥스 영화처럼 사방을 둘러싼 대형화면 위에서 4마리의 드래곤이 펼치는 모험 이야기이다. 딱히 스토리가 있는 것은 아니지만 드래곤들이 360도로 스크린을 누비며 날아오르는 모습은 스탠딩으로 관람하는 관객의 고개를 이리저리 움직이게 만들 정도로 꽤 실감 난다. 그랜드 하얏트 마카오, 하드록 호텔, 크라운 타워즈에 묵는 투숙객들은 객실 키를 지참하면 무료로 입장이 가능하니 놓치지 말자 (프로그램은 현지 사정에 의해 변경될 수 있다).

Access	더 블러바드 1층 더 버블 The Blubble.
Open	**쇼 타임** 낮 12시부터 30분 간격으로 시작된다(마지막 쇼 타임 20:00). **매표소 오픈 시간** 11:00~20:00
Cost	어른 MOP50, 어린이(3~12) MOP25, 노인(60세 이상) MOP30
Tel	8868-6688

Activity in City of Dreams

카지노 Casino

너무 많은 시간과 돈을 투자하는 것은 좋지 않지만, 마카오까지 왔으니 한 번쯤 카지노를 방문해 재미 삼아 체험해 보는 것도 좋겠다. 카지노는 다른 곳과 마찬가지로 흡연 구역과 금연 구역으로 구분되어 있으며 슬롯머신 등 비교적 난이도가 낮은 것부터 시작해 다양한 게임들이 마련되어 있다.

Access	시티 오브 드림즈 내 1층.
Address	Level 1, City of Dreams, Estrada do Istmo, Cotai, Macau

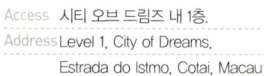

Activity in City of Dreams

더 블러바드 The Boulevard

이름처럼 호텔, 엔터테인먼트, 다이닝 구역을 자연스럽게 연결해 주는 통로로 이동하면서 부담 없이 쇼핑을 즐길 수 있도록 디자인되었다. 길을 따라 전신 거울이 설치되어 있는 독특한 장면도 보인다. 16,258m²의 더 블러바드는 전 세계적으로 큰 인기를 끌고 있는 고급 브랜드를 엄선해 놓았다. 1층엔 고급 패션 브랜드 숍과 프리미엄 뷰티 브랜드, 액세서리숍들이 자리하고 있으며 2층에서는 주얼리, 시계 등을 쇼핑할 수 있다.

Activity in City of Dreams

브이쿠아리움 Vquarium

비디오와 아쿠아리움의 합성어로 넓이 19m, 높이 7m의 대형 비디오 패널 4개를 장착해 마치 해양 생물과 인어들이 실제로 수족관 안에서 춤을 추며 수영을 하는 것처럼 보이게 해 놓았다. 이 인어 쇼는 시티 오브 드림즈의 인기 쇼 중 하나인 드래곤 트레저를 제작한 미국 팔콘사에서 제공한 콘텐츠를 이용해 제작되었다. 해양 생물과 인어의 아름다운 쇼는 24시간 계속되며 시티 오브 드림즈의 카지노 입구에서 만나볼 수 있다.

Access	시티 오브 드림즈 내 1층 카지노 입구.
Open	24시간
Close	연중무휴
Cost	무료
Address	Level 1, City of Dreams Estrada do Istmo, Cotai, Macau

Dine in City of Dreams

하드록 카페 마카오 Hardrock Cafe Macau

마카오의 신나는 밤을 책임지는 하드록 카페는 큐브와는 또 다른 매력으로 젊은 이들의 많은 사랑을 받고 있다. 큐브가 세련되고 시크한 매력이 있다면 하드록 카페는 편안하면서도 흥겨운 분위기이다. 밤 9시부터는 라이브가 시작되는데 가볍게 언플러그드 뮤직으로 시작해 시간이 늦어질수록 열광적인 일렉트로닉 뮤직으로 흥을 돋운다.

Access	시티 오브 드림즈 내 하드록 호텔 쪽. 더 블러바드 2층.
Open	카페 07:00~02:00 Rock Shop 10:00~midnight (라이브 밴드는 21:00부터)
Close	연중무휴
Cost	칵테일 MOP62~(SC 10%)
Address	Level 2, The Boulevard, City of Dreams, Estrada do Istmo, Cotai, Macau
Tel	2822-4662
Web	www.hardrock.com

Dine in City of Dreams

베이징 키친 Beijing Kitchen 滿堂彩

베이징을 테마로 한 그랜드 하얏트 마카오의 핫한 레스토랑으로 인테리어는 물론이요 메뉴까지 베이징 요리가 주를 이룬다. 내부는 역시 오픈 키친으로 되어 있어 활기차고 흥겨운 느낌이다. 주방 내부에서는 베이징 출신 셰프가 열심히 오리를 굽고 요리를 지휘하는 모습을 엿볼 수 있다. 역시나 최고 인기는 페킹 덕. 껍질, 살코기, 적당히 섞인 부분, 이렇게 세 종류로 나뉘어 테이블에 제공된다. 껍질은 설탕에 찍어 먹고 나머지 부위는 밀전병에 싸서 파와 소스를 얹어 먹는다. Crispy Mandarin Fish, Sweet and Sour Sauce는 생선 탕수 요리로 우리 입맛에 딱 맞는다. 또, 제철 요리로만 만들어 내는 베이징 키친의 사이드 디시 메뉴들을 꼭 맛보자. 가을이나 겨울에 맛볼 수 있는 Deep Fried Crispy River Eel은 달콤하고 고소해서 맥주와 먹으면 무한정 먹게 된다. Jelly Fish Grated Garlic, Aged Malt Vinegar는 상큼한 해파리 요리로 오도독 씹히는 식감이 아주 좋다.

Access	시티 오브 드림즈 내 그랜드 하얏트 마카오 로비 층에 위치.
Open	11:30~00:00
Close	연중무휴
Cost	페킹 덕 MOP268/MOP468 (half/whole), Crispy Mandarin Fish, Sweet and Sour Sauce MOP338 사이드 디시 MOP100 내외 (SC 10%)
Address	GF, Grand Hyatt Macau, City of Dreams, Estrada do Istmo, Cotai, Macau
Tel	8868-1930
Web	macau.grand.hyatt.com

Dine in City of Dreams

제이드 드래곤 Jade Dragon 譽瓏軒

맛있고 건강한 광둥 퓨전 요리를 맛볼 수 있는 곳이다. 수석 요리사 탐쿽퐁Tam Kwok Fung은 30년 경력의 베테랑 셰프로 자신이 몸담는 레스토랑마다 미슐랭 스타 레스토랑으로 선정되는 등 능력 있는 셰프로 정평이 나 있다. 딤섬 중에는 와규 비프 딤섬 Baked Australian M5 Wagyu Beef Puff가 맛있으며 달콤한 소스와의 조화가 일품인 스페인 이베리코산 돼지 바비큐 Jade Dragon Prime-Cut Iberico Barbecue Pork는 필수 추천 메뉴이다. 튀긴 쌀을 넣어 먹는 해물 누룽지탕 Lobster with Rice in Superior Broth도 한국인들이 좋아할 만하다. 요리뿐 아니라 아몬드 크림 뷔렐레, 두리안 마카롱 등 이곳의 디저트 수준도 깜짝 놀랄 만큼 훌륭하다.

Access	더 블러바드 2층에 위치.
Open	11:00~15:00, 18:00~23:00
Close	연중무휴
Address	Level 2, The Boulevard, City of Dreams, Estrada do Istmo, Cotai, Macau
Tel	8868-2822
Web	www.cityofdreamsmacau.com

Dine in City of Dreams

메자 나인 마카오 Mezza 9 Macau

그랜드 하얏트 마카오의 부속 레스토랑으로 단순히 먹고 마시는 공간이 아닌 먹고, 보고, 듣고, 냄새를 맡고, 만져서 느낄 수 있는 오감 만족 오픈 키친 콘셉트이다. 스시와 사시미, 중국식 웍 요리, 그릴, 와인 바, 매캐니즈, 스팀 바스켓 등의 섹션으로 나뉘어 있는데 쉴 새 없이 요리가 나오고 직원들이 요리를 나르는 모습만 봐도 활기차고 즐거움이 느껴진다. 이곳의 추천 메뉴로는 단연 스테이크. 마블 그레이드 Marble Grade를 표시하고 손님이 선택할 수 있게끔 하는 시스템으로 고기 본연의 맛을 살린 이곳의 스테이크는 최고로 꼽힌다. 식후에는 3~4명이 먹어도 충분한 디저트 플래터나 마카오 통틀어 최고라 해도 좋을 만한 이곳의 세라두라를 꼭 맛보자.

Access	그랜드 하얏트 마카오 3층에 위치.
Open	아침 06:00~10:30
	디너 17:30~23:00
	선데이 런치 뷔페 12:00~15:00(일)
Close	연중무휴
Cost	스테이크 MOP360~, 디저트 플래터 MOP190, 굴 MOP40~60(1pcs) (SC 10%)
Address	3F, Grand Hyatt Macau, City of Dreams, Estrada do Istmo, Cotai, Macau
Tel	8868-1920
Web	macau.grand.hyatt.com

Dine in City of Dreams

큐빅 Cubic

마카오에서 가장 핫한 힙 플레이스로 손꼽히는 곳으로 특히 주말이면 젊은이들의 열기로 가득하다. 럭셔리한 장식과 세련된 전자 조명을 갖춘 완벽한 시설로 세계적으로 명성을 얻고 있는 인기 DJ들의 신나는 DJ 쇼를 즐길 수 있다. 큐빅은 2,787㎡의 어마어마한 규모로 2층 구조로 되어 있으며 중앙에 댄스 플로어도 마련되어 있다. 블랙베리와 라즈베리가 함유되어 상큼한 맛이 나는 프라페티니 Frappetini는 큐빅의 시그니처 칵테일로 특히 여성들에게 인기 만점이다. 수, 금, 토요일에는 댄싱 DJ가 1시경부터 신나는 쇼를 시작한다. 가장 핫한 분위기를 느끼고 싶다면 금, 토 새벽 2시경에 방문하는 것이 좋다. 매주 수요일에는 레이디스 나이트, 목요일에는 모델들의 밤 등 다양한 테마로 프로모션을 진행한다.

Access	시티 오브 드림즈 내 하드록 호텔 쪽, 더 블러바드 2층.
Open	22:00~06:00
Close	일요일
Cost	입장료 MOP200(음료 두 잔 포함)
Address	Level 2, The Boulevard, City of Dreams, Estrada do Istmo, Cotai, Macau
Tel	6638-4999
Web	www.cubic-cod.com

   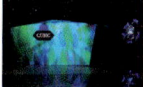

Dine in City of Dreams

소호 Soho

시티 오브 드림즈의 핫스폿으로 인공 하늘과 뉴욕 뒷골목의 모습을 완벽하게 재연해 마치 야외에 나와 있는 듯한 여유로움을 가져다준다. 공간을 따라 한식을 포함한 세계 여러 나라 음식을 즐길 수 있는 레스토랑과 커피숍이 포진해 있으며, 거리 중간 중간 포토존을 비롯한 재미있는 장치가 마련돼 있다.

Access	시티 오브 드림즈 내 브이쿠아리움 맞은편 에스컬레이터를 타고 한 층 올라가면 바로 나온다.
Open	10:00~22:00(업소마다 다름)
Cost	무료
Address	Level 2, City of Dreams, Estrada do Istmo, Cotai, Macau
Tel	8868-6688
Web	www.cityofdreamsmacau.com/ko

Special Entertainment Resort

더 베네시안
The Venetian

더 베네시안은 2007년 개장한 이래 마카오를 상징하는 랜드마크이자 마스코트로 수많은 방문객이 명소처럼 방문하는 곳이다. 세계적인 초호화 브랜드 호텔인 포 시즌스 마카오와 전 객실 스위트룸으로 운영되는 베네시안 마카오 리조트 호텔이 들어서 있으며 쇼핑, 카지노, 레저, 다이닝 등이 가능한 복합적인 문화 예술 공간이라 하겠다. 더 베네시안은 미국의 라스베이거스 더 베네시안 카지노를 동양의 마카오에 재현해 놓은 것이지만 규모 면에서는 라스베이거스의 두 배에 달하며 다양한 즐길 거리를 제공하고 있다. 그랜드 캐널 쇼핑몰, 국제적인 수준의 레스토랑, 15,000석 코타이 아레나 실내 공연장, 최대 규모의 카지노 등을 갖추고 있으며, 아시아 최대 규모의 컨벤션, 미팅, 전시회 시설까지 다양한 가능성을 제공한다. 또한, 이탈리아 베네치아 실제 유명 건축물을 마카오 더 베네시안에 그대로 재현해 놓았으니 한번 만나 보자.

Access 마카오국제공항에서 셔틀버스로 5분 소요.
Address Estrada da Baía de N. Senhora da Esperança, s/n, Taipa, Macau
Tel 2882-8888
Web ko.venetianmacao.com

■ 그랜드 캐널 쇼핑몰 내부도(3층)

Venezia in the Venetian

두칼레 궁전 Palazzo Ducale

도제의 궁전이라고도 불리는 베네치아 고딕 양식의 대표 건물. 흰색과 분홍빛의 대리석으로 장식된 이 건물은 베네치아 공화국을 다스렸던 지도자 120여 명의 거처로 사용되었다. 베네시안 마카오의 그레이트 홀(Great Hall) 천장에는 두칼레 궁전 내부의 천장 프레스코화를 그대로 재현해 놓았다.

Venezia in the Venetian

탄식의 다리 Ponte dei Sospiri

두칼레 궁전의 재판소와 감옥을 연결하는 다리. 재판소에서 판결을 받은 죄수들이 감옥으로 넘어가며 다리의 창밖으로 탄식을 내질렀다는 데서 유래한 이름이다.

Venezia in the Venetian

리알토 다리 Ponte di Rialto

'베네치아에 가면 리알토 다리를 보라'라는 말이 있을 만큼 베네치아를 대표하는 건축물. 베네치아 최초의 다리로, 원래는 목조였던 것을 16세기 말 지금의 모습으로 재건했다.

Venezia in the Venetian

카도로 Ca' d'Oro

이슬람 건축양식의 영향을 받아 화려한 파사드로 많은 관광객의 시선을 끌고 있다. 현재는 정면이 하얗지만 건설 당시에는 황금으로 덮여 있어 일명 황금의 집이라고도 불렸다.

Venezia in the Venetian

산 마르코 광장 Piazza San Marco

나폴레옹이 '유럽에서 가장 아름다운 응접실'이라고 극찬한 베네치아의 중심 광장. 마카오 더 베네시안에서도 산 마르코 광장은 모든 일정의 출발점이자 미팅 포인트로 많은 사람이 찾고 있다.

Venezia in the Venetian

시계탑 Torre dell'Orologio

산 마르코 광장에 있는 시계탑. 맨 꼭대기의 2명의 무어인은 매시간마다 종을 치며 시간을 알려 준다. 그 밑으로 날개 달린 사자상이 보이고, 그 아래 시계는 성모상을 중심으로 왼쪽은 로마숫자로 시간을, 오른쪽은 아라비아숫자로 분을 나타낸다. 그 밑에는 황금으로 황도십이궁이 그려져 있는 천문시계가 있다.

Venezia in the Venetian

산 마르코 광장 대종탑 Campanile di Marco

10세기에 처음 축조되었다가 1902년 무너져 내려 1912년 옛 모습 그대로 재건해 놓은 것. 베네치아의 가장 높은 건축물로 아름다운 전망을 자랑하는데, 마카오 더 베네시안에서는 정문을 지키며 우뚝 서 있다.

Activity in the Venetian

그랜드 캐널 쇼핑몰 Grand Canal Shoppes

캐널을 중심으로 거리가 형성된 베니스를 그대로 재현하였다. 곤돌라를 젓는 곤돌리에의 세레나데를 즐길 수 있고, 캐널을 따라 들어선 330여 개의 세계 유명 브랜드 매장 및 뉴욕, 파리, 런던, 밀라노 등지의 최고급 부티크숍까지 쇼핑의 폭이 넓다. 또한 거리 곳곳에서 저글러, 움직이는 동상, 음악가의 공연이 펼쳐져 즐거움을 더한다.

✚ 곤돌라 타기

그랜드 캐널, 산 루카 캐널, 마르코 폴로 세 곳(150m 길이)에서 세레나데를 부르는 곤돌리에의 곤돌라를 타고 로맨틱한 베니스의 운하를 즐겨 보자.

1 입장권 판매처
부티크 디 곤돌라 Boutique di Gondola (2301호 매장)
엠포리오 디 곤돌라 Emporio di Gondola (2660호 매장)

2 가격
성인 MOP128, 어린이 MOP88, 개인 곤돌라 MOP512

3 운행 시간
그랜드 캐널 11:00~22:00(마지막 승선 21:30)
마르코 폴로 11:00~19:00, **산 루카 캐널** 11:00~19:00
※ 운행 시간은 변동 가능하므로 티켓 구입 시 확인할 것.

부티크 디 곤돌라와 엠포리오 디 곤돌라에서는 곤돌라 승선권은 물론 베네시안 리조트 호텔 기념품(티셔츠, 인형, 열쇠고리 등)과 가면 카니발로 유명한 베네치아의 상징적인 기념품이라 할 수 있는 카니발 가면도 직수입해 판매하고 있어 보는 것만으로도 진짜 베네치아에 온 듯한 즐거움이 있다.

Tip 1
맨체스터 유나이티드 익스피리언스 Manchester United Experience

축구팬들을 위한 희소식. 우리나라 박지성 선수가 한때 몸담았던 영국 최고의 명문 축구팀 맨체스터 유나이티드 매장이다. 아시아의 단 하나밖에 없는 매장이라는 점에서 더욱 시선이 간다. 축구 선수용 티셔츠는 물론 각종 기념품 구매와 맨체스터 유나이티드 올드 트래퍼드 구장의 가상 투어도 가능하여 색다른 경험이 된다.
Access 그랜드 캐널 쇼핑몰 3층 2215호
Open 10:00~23:00(일~목)
10:00~00:00(금·토)

Tip 2
코타이 데이 패스 Cotai Day Pass
HK$268(최고 40% 절약 효과)

① 쇼핑, 식사, 스파, 엔터테인먼트 이용 시 MOP100 리워드 Rewards.
② 베네시안의 뱀부 Bambu 혹은 더 골든 피콕 The Golden Peacock 에서 런치 뷔페 혹은 샌즈 코타이 센트럴의 라이스 엠파이어 Rice Empire 에서 세트 메뉴 제공.
③ 곤돌라 1인 탑승, 큐브 키즈 플레이 존 입장권, 지정 전시회 입장권 중 선택 1 가능.
④ 부티크 디 곤돌라(2301호), 엠포리오 디 곤돌라, 부티크 V Boutique V(1036호), 맨체스터 유나이티드 익스피리언스(2215호), 코타이 센트럴에 있는 기프트숍 The Gift Shop(1023호)에서 구매 시 15% 할인.

Activity in the Venetian
❷
더 숍스 앳 포 시즌스 The Shoppes at Four Seasons

마카오 최고급 럭셔리 쇼핑몰로 오데마피게Audemars Piguet, 보테가 베네타Bottega Veneta, 까르띠에Cartier, 구찌Gucci, 그리고 루이비통Louis Vuitton 등을 포함 160여 개 럭셔리 디자이너 브랜드가 입점되어 있다. 최고급을 지향하는 쇼핑몰답게 널찍널찍한 매장 규모가 눈에 띈다. DFS Beauty World에서는 국제적 화장품 브랜드 45여 개를 만나 볼 수 있다.

Activity in the Venetian
❸
그라도 미니 골프 Grado Mini Golf(미니 골프장)

연령대나 실력을 불문하고 누구나 즐길 수 있는 골프 게임. 그렇다고 엉성한 게임 공간을 생각하면 오산. 사이즈는 작지만 18홀의 제대로 된 미니 골프장이 시원하게 펼쳐진다. 성인용은 물론 어린이용 퍼터와 골프공, 점수표가 마련돼 있어 가족 간 게임으로도 부담 없이 즐길 수 있다.

Open 10:00~18:00 Cost 시간당 MOP50

Activity in the Venetian
❹
큐브 Qube

836㎡의 1~17세 어린이를 대상으로 한 놀이터로 독서 공간, 비디오 게임 공간, 정글짐, 미끄럼틀, 그물 등 활동적인 아이들을 위한 구조물을 설치해 두었으며 생일 파티 공간 등도 마련되어 있다.

Access 5층 호텔 남쪽 객실Hotel South Suites의 엘리베이터로 접근.
Open 09:30~21:30
Cost 평일 2시간 MOP90, 주말・공휴일 2시간 MOP100
(투숙객이 아니어도 이용 가능)

Activity in the Venetian
❺
코타이 아레나 Cotai Arena

1,500석의 실내 공연장으로 라이브 뮤직 공연 전문 잡지 『Pollstar』가 선정한 세계 100대 공연장 중 하나이다. 이곳에서는 비, 레이디 가가, 비욘세 등이 이미 콘서트를 가졌을 뿐만 아니라 농구, 테니스, 권투 등의 세계적인 스포츠 경기도 개최 가능할 정도로 규모와 시설이 훌륭하다.

Activity in the Venetian
❻
베네시안 극장 Venetian Theatre

1,800석의 대규모 극장. 중국 전역에서 온 최고의 공연은 물론 전 세계 공연물들도 소개하고 있다. 각 공연은 더 베네시안 홈페이지 엔터테인먼트 파트에서 확인할 수 있다.

Dine in the Venetian

몰튼 스테이크 하우스 Morton's The Steakhouse

1978년 시카고에서 첫 문을 연 스테이크 전문점으로 마카오에는 2007년 오픈했는데 미국의 콘셉트를 그대로 가져왔다. 입구에 들어서면 가장 먼저 눈에 들어오는 바 공간은 다소 캐주얼한 분위기로 편안하게 맥주나 와인을 즐길 수 있고, 본격 다이닝 공간은 좀 더 클래식하고 우아한 분위기로 꾸며져 있다. 추천 요리로는 단연 스테이크. 그중에서도 최고로 분류되는 쇠고기를 사용해 고기가 부드럽고 육즙이 살아 있는 립아이 스테이크를 추천한다. 크기만 해도 어마어마하고 두께도 2cm 이상으로 두툼하다. 식전에는 기본에 충실해 깔끔하고 신선한 맛이 일품인 시저 샐러드를, 식후에는 진한 초콜릿과 달콤한 아이스크림의 조화가 환상인 핫 초콜릿 케이크를 즐겨 보자. 식전에 무료로 제공되는 양파 빵은 자꾸만 손이 갈 정도로 맛과 향이 일품이다. 생일이나 특정 기념일에 미리 예약을 하면 깜짝 이벤트도 있다.

Access	베네시안 마카오 메인 로비 쪽, 카지노 근처.
Open	키친 17:00~23:00(월~일)
	바 15:00~00:00(월~토)
	15:00~23:00(일)
Close	연중무휴
Cost	Caesar Salad MOP110
	Ribeye Steak MOP658(SC 10%)
Address	The Venetian Macao–Resort –Hotel, Taipa, Macau
Tel	8117–5000
Web	www.mortons.com/macau

Dine in the Venetian

카페 데코 마카오 Cafe Deco Macau

홍콩 빅토리아 피크에 위치해 멋진 전망으로 사랑받았던 카페 데코를 마카오에서도 만날 수 있다. 홍콩의 멋들어진 전망은 찾아볼 수 없지만 맛있고 푸짐한 메뉴는 그대로이다. 카지노 바로 옆에 오픈된 형태로 자리하고 있는데 좌석 수도 수천 석이 넘는 어마어마한 규모이며 오픈 키친 형태로 활기찬 분위기가 느껴진다. 짭조름한 소스에 야채와 고기를 강한 불에 볶아낸 몽골리안 시즐링과 통통한 로브스터가 통째로 들어간 로브스터 에인절 헤어 파스타도 맛있다.

Access	더 베네시안 카지노 옆, 그랜드 캐널 쇼핑몰 1036호.
Open	24시간
Close	연중무휴
Address	Shop 1036, Shoppes at Venetian at The Venetian Macao–Resort–Hotel, Cotai, Macau
Tel	2882–3326
Web	www.cafedecogroup.com

Dine in the Venetian

그 밖의 먹을거리

비싸고 화려한 레스토랑이 아니더라도 더 베네시안에는 먹을거리가 넘쳐난다. 특히 저렴한 가격에 다양한 음식을 경험하는 데는 푸드코트만 한 것이 없다. 푸드코트에서는 타이파에서 많은 인기를 끌고 있는 마카오식 돼지고기 빵 주빠빠오 대표집 타이레이로이케이크를 맛볼 수 있다. 또 그랜드 캐널 쇼핑몰 내부에서는 콜로안의 명물 로드 스토우즈 베이커리의 분점도 만나볼 수 있다.

Special Entertainment Resort

샌즈 코타이 센트럴
Sands Cotai Central

시티 오브 드림즈, 더 베네시안과 함께 복합 엔터테인먼트형 리조트 단지로서, 후발 주자이지만 고급에서 중급 가격대까지 다양한 옵션의 호텔, 국제적 수준의 공연 오락, 럭셔리 면세 쇼핑, 아시아의 주도적인 모임과 컨벤션, 게임 시설, 세계 최고 수준의 식당 등이 한곳에 모인 복합 도시 느낌으로 많은 사랑을 받고 있다. 쇼핑, 공연, 오락, 식도락, 미팅 및 컨벤션 시설을 포함하는 111,000㎡ 면적으로 구성되어 있으며 92개의 브랜드숍과 20여 개의 레스토랑이 들어서 있다.

Access	마카오국제공항에서 셔틀버스로 5분 소요
Address	Estrada da Baía de N. Senhora da Esperança, s/n, Taipa, Macau
Tel	2886-6888
Web	www.sandscotaicentral.com

Dine in Sands Cotai Central

베네 Bene

이탈리안 홈메이드 퀴진을 표방하는 베네는 300석의 다이닝 공간을 갖춘 쉐라톤 마카오 부속 레스토랑이다. 이탈리안 셰프가 직접 파스타 면을 뽑고 재료를 선택해 요리하여 본토의 맛을 최대로 살린 메뉴들을 갖추고 있다. 로브스터와 버섯을 재료로 한 Guitar Spaghetti with Lobster and Porcini Mushroom은 파스타 중 최고 인기 메뉴. 고르곤졸라, 배, 토마토, 호두에 허니 머스터드 소스를 넣은 고르곤졸라 샐러드는 상큼하고 달콤해 여자 고객들이 열광하는 메뉴이다.

Access	샌즈 코타이 센트럴 내 G층에 위치.
Open	11:30~15:00, 18:00~23:00
Close	연중무휴
Cost	Guitar Spaghetti with Lobster and Porcini Mushroom MOP248 Gorgonzola Salad MOP88 (SC 10%)
Address	Cotai central, Coati Strip, Taipa, Macau
Tel	8113-1200
Web	www.sheraton.com/macao

Dine in Sands Cotai Central

신 Xin 鮮

신선하다는 의미를 가진 식당 이름처럼 신선한 시푸드를 비롯해 육류, 야채 등 샤브샤브를 뷔페식으로 마음껏 즐길 수 있는 레스토랑이다. 수프의 베이스는 선택할 수 있는데 독특한 맛을 원한다면 코코넛이 들어가 고소하면서도 매콤한 맛을 동시에 즐길 수 있는 뇨냐 락사 수프(Nyona Laksa Soup)를 선택하자. 샤브샤브 재료는 뷔페 테이블에서 마음껏 가져다 먹는데 디너의 경우 보스턴 로브스터, 전복, 게, 마스터 고베 와규 비프 등 런치보다 재료의 퀄리티가 한 단계 업그레이드된다. 재료는 새우, 홍합, 소라 등 시푸드와 육류, 야채 등 다양하며 샤브샤브 재료 이외에 쇠고기, 돼지고기, 닭고기의 일품 요리들과 샐러드, 디저트까지 뷔페로 갖추어 놓고 있다.

Access	샌즈 코타이 센트럴 내 G층에 위치.
Open	11:30~15:00, 18:00~23:00
Close	연중무휴
Cost	런치 MOP198, 디너 MOP358 (SC 10%)
Address	Cotai central, Coati Strip, Taipa, Macau
Tel	8113-1200
Web	www.sheraton.com/macao

Sightseeing
① 타이파 빌리지 Taipa Village 冰仔市區

포르투갈식 성당과 매캐니즈 양식의 주택들이 유럽풍의 운치를 더하는 작은 마을. 곳곳에서 웨딩 촬영 모습을 볼 수 있을 만큼 낭만적인 곳이다. 타이파는 원래 마카오 반도와 떨어져 있던 섬 마을로 작은 어촌 특유의 소박함과 정서가 남아 있어 아름다운 새소리를 들으며 평화로이 좁은 골목을 산책하거나 자전거 하이킹을 즐기기에 안성맞춤이다. 국내에서는 드라마 〈꽃보다 남자〉의 촬영지로 유명하며, 이곳에 위치한 타이파 주택 박물관은 마카오의 수많은 박물관 중에서도 꼭 방문해야 할 곳 1, 2위를 다툴 만큼 정평이 나 있다. 타이파는 볼거리뿐 아니라 먹을거리 면에서도 매력적이다. 특히 쿤하 거리는 현지인에게도 맛집 골목으로 유명하다.

Access 11, 15, 22, 28A, 30, 33, 34번 버스를 타고 타이파 빌리지 쿤하 거리 에서 하차. 길을 건너면 쿤하 거리이다. 마카오 페리 터미널에서는 셔틀버스를 타고 더 베네시안에서 내려 카지노 서쪽 입구로 접근. 도보 15분.

Sightseeing
② 쿤하 거리 Rua do Cunha 官也街

금강산도 식후경이라는 말처럼 아름다운 타이파 빌리지를 더욱 사랑스럽게 만드는 것이 바로 맛집 집합소, 쿤하 거리이다. 이곳의 첫 관문은 봄베이로스 광장 이다. 여기서는 매주 일요일 오전 11시부터 오후 8시까지 벼룩시장이 열리는데 작고 귀여운 액세서리들이 주를 이룬다. 쿤하 거리 왼쪽 첫 번째 건물은 노란 바탕에 온통 캐릭터들로 뒤덮여 있어 시선을 끈다. 초이헝윤 크리에이션즈 라는 이름의 이 건물은 아몬드 쿠키로 유명한 파스텔라리아 초이헝윤의 플래그십 스토어로 매 층마다 앙증맞은 캐릭터, 디자인 소품으로 가득 차 있다. 2~3m 정도 되는 쿤하 거리는 100년 전통의 베이커리부터 마카오 현지 매스컴에서도 주목하는 레스토랑, 아이스크림 및 각종 디저트까지 어느 것 하나라도 놓치기 아까운 먹을거리로 가득하다.

Access 11, 15, 22, 28A, 30, 33, 34번 버스를 타고 타이파 빌리지 쿤하 거리 에서 하차. 길을 건너면 쿤하 거리이다.

Sightseeing

타이파 주택 박물관
Casas-Museu da Taipa 龍環葡韻住宅式博物館

마카오의 역사와 문화를 잘 대변해 주는 머스트 비지트 박물관. 1921년 지어진 그린색 파스텔 톤 저택 다섯 채는 당시 포르투갈 고위 관리가 살던 개인 주택으로 80년대 마카오 정부가 이것을 사들여 리노베이션을 거친 후 박물관으로 대중에게 오픈했다. 총 다섯 개의 섹션으로 구분돼 있는데, 그중 가장 주목을 끄는 것은 '매캐니즈 하우스'이다. 이곳은 포르투갈 식민 시절의 일반 가정집을 그대로 재현해 당시의 가정 생활용품 및 주택 구조, 인테리어 디자인 등을 생생하게 보여 준다. 또한 '하우스 오브 더 아일랜드'는 사진과 비디오, 마네킹 등을 이용해 매캐니즈 지역의 전통과 풍습, 생활 모습 등을 소개하고, '하우스 오브 더 포르투갈 리전'에서는 포르투갈 지역의 서로 다른 문화와 풍습을 마네킹으로 흥미롭게 재현해 놓았다. 그 외 다양한 테마로 꾸며지는 전시 공간과 공식 문화 행사에만 사용되는 리셉션이 있다.

Access	쿤하 거리 끝에서 계단을 지나 왼쪽 언덕을 오르면 카르멜 성모 성당이 보이고 광장 오른쪽 계단 아래에 위치한다.
Open	10:00~18:00 (마지막 입장 17:30까지)
Close	월요일
Cost	어른 MOP5, 학생 및 그룹(10명 이상) MOP2, 12세 이하 65세 이상 무료, 일요일 무료
Address	Avenida da Praia, Taipa, Macau
Tel	2882-7103
Web	housesmuseum.iacm.gov.mo

Sightseeing

카르멜 성모 성당 Igreja de Nossa Senhora do Carmo 嘉模聖母堂

언덕 위에 세워진 노란색의 단아한 이 성당은 1885년 타이파 섬에 거주하는 포르투갈인들을 위해 지어졌다. 성당 앞 작은 광장은 포르투갈식 모자이크로 꾸며져 유럽 분위기를 물씬 풍기며, 한쪽 구석에는 가로수와 벤치가 놓여 있어 아름다운 새소리와 함께 한낮의 여유를 즐기기에 부족함이 없다. 성당 맞은편 노란 건물(호적 등기소) 뒤쪽에는 까몽이스 동상이 서 있는 깜찍한 소공원이 있고, 오른쪽 계단 아래로는 타이파 주택 박물관과 연결돼 있다.

Access	쿤하 거리 끝에서 계단을 지나 왼쪽 언덕으로 3분쯤 오르면 오른쪽에 성당이 보인다.
Address	Avenida da Praia, Taipa, Macau

Food
❶ 안토니오 Antonio

2009년 오픈한 정통 포르투갈 레스토랑으로 수년간 미슐랭 추천 레스토랑에 선정되었다. 자신의 이름을 식당 이름으로 내걸고, 주요 식재료의 75%를 포르투갈에서 직접 공수할 정도로 자부심이 대단하다. 1~2명이 방문했다면 포르투갈 음식의 대표 주자인 시푸드 라이스나 마늘 소스를 얹은 새우 요리 Prawns with Garlic Sauce를 추천한다. 3~4명이 방문했다면 입이 떡 벌어질 만큼 큰 솥에 왕새우 1마리와 중간 새우 여러 마리, 조개, 홍합, 감자, 양파, 피망 등을 듬뿍 넣고 매콤한 포르투갈식 특제 소스를 사용해 끓여 낸 안토니오 스타일의 해물탕 Assorted Safood Stew를 강력 추천한다. 연인끼리 방문했다면 특별한 추억을 위해 크레페 수제트 Crepes Suzette를 주문해도 좋겠다. 오렌지 향이 물씬 풍기는 부드러운 크레이프인데 눈앞에서 화려한 불 쇼를 감상할 수 있다(2인 이상 주문). 포르투갈의 대표 맥주인 Super Bock, Sagres 등을 맛볼 수 있는 것도 이곳의 장점 중 하나. 이미 여러 차례 미디어에 노출이 되고 한국의 인기 드라마에 방영된 적이 있어 인기가 만만치 않으니 방문 전 예약하는 것이 좋다.

Access	까몽이스 공원에 들어서 왼쪽으로 보이는 오픈바 타번Tavern 옆 작은 골목으로 조금 들어가 보면, 길 끝나기 전 왼쪽에 위치.
Open	12:00~00:00(L.O. 22:30)
Close	연중무휴
Cost	Prawns with Garlic Sauce MOP140 Assorted Seafood Stew "Antonio Style" MOP560(2~3인) Crepes Suzette MOP220(2인) (SC 10%)
Address	Rua dos Clerigos No. 7, Old Taipa Village, Taipa, Macau
Tel	2899-9998
Web	www.antoniomacau.com

Food
❷ 올데이 다이닝 레스토랑 All Day Dining Restaurant

오쿠라 호텔의 조식당으로도 사용되는 올데이 다이닝 레스토랑은 수준 높은 단품 메뉴가 유명하다. 특히 뉴질랜드에서 공수해 온 높은 품질의 홍합 요리는 올데이 다이닝 레스토랑의 머스트 트라이 메뉴. 두 가지의 사이드 메뉴와 신선한 바게트가 함께 제공되는 홍합 요리는 푸짐하고 맛있다. 로브스터, 홍합, 가리비, 생선 등 다양하고 신선한 해산물을 즐길 수 있는 시푸드 플래터는 강력 추천 메뉴.

Access	호텔 오쿠라 마카오 6층.
Open	07:00~23:00
Cost	HK$250~(1인)(SC 10%)
Address	6/F, Hotel Okura Macau, Galaxy Macau™, Cotai
Tel	03-8883-5126
Web	www.hotelokuramacau.com

Special Food

타이파 빌리지의 군것질거리
Special Food of Taipa Village

세나도 광장의 복잡하고 정신없는 분위기에서 잠시 벗어나고 싶다면 주저 없이 타이파 빌리지를 찾아 느긋하게 산책을 즐겨 보자. 주말이면 타이파 빌리지도 꽤 많은 사람으로 붐비지만 평일에는 한가로운 편이다. 타이파 빌리지에는 맛있기로 소문난 레스토랑과 간식으로 맛볼 만한 아이템이 즐비하다.

Access 11, 15, 22, 28A, 30, 33, 34번 버스를 타고 타이파 빌리지 쿤하 거리 Taipa Village Rua do Cunha 관광안내소에서 하차.

Special Food

세라두라 (MOP15)

바닐라 크림과 비스킷 가루를 번갈아 깔아 만든 포르투갈식 디저트이다. 이곳에선 오리지널, 블루베리, 딸기, 두리안, 망고, 너트 등 다양한 맛을 즐길 수 있고 세라두라 아이스크림과 세라두라 케이크 모두 맛볼 수 있다.

세라두라 Serradura
Access 타이파 빌리지 맥도날드를 바라보고 오른쪽 길 네 번째 집.
Address Shop AA, G/F, Block 6, Phrase 1, Chun Fuk Sun Chun, Rua do Regedor, Vila de Taipa, Macau
Tel 2883-8688

Special Food

두리안 아이스크림 (MOP22)

과일의 왕이라고 불리지만 냄새 때문에 멀리하는 사람도 많은 두리안. 생과일이 부담스럽다면 두리안 아이스크림에 도전해 보자. 생각보다 거부감이 심하게 들지 않는다. 두리안 이외에 전분으로 만든 사고가 들어간 코코넛 사고도 달콤하니 맛나다.

젤라티나 목이케이 Gelatina Mok Yi Kei 莫義記
Access 쿤하 거리 끝 부분, 스타벅스 맞은편.
Open 07:00~23:00   Tel 6669-5194
Address 9A Rua do Cunha Vila de Taipa, Macau

Special Food

에그 타르트 (MOP8)

마카오 하면 빠질 수 없는 에그 타르트. 콜로안에 로드 스토우즈 베이커리가 있다면 타이파에는 산호우레이가 있다. 에그 타르트도 맛나지만 코코넛이 잔뜩 들어가 씹히는 맛도 훌륭한 코코넛 타르트도 강력 추천.

산호우레이 San Hou Lei 新好利咖啡饼店
Access 세라두라에서 쿤하 거리 방향으로 30m쯤 직진 후 맞은편.
Open 07:00~18:00
Address 14 Rua do Regedor, Vila de Taipa, Macau
Tel 2882-7313

Special Food

주빠빠오 (MOP30)

타이파에 와서 주빠빠오를 안 먹으면 섭섭하다. 우리나라 LA 갈비 같은 돼지고기를 빵 사이에 넣은 단순한 음식이다. 단맛과 고기의 짠맛이 어우러져 궁합이 좋다. 1968년부터 이어온 타이레이로이케이는 주빠빠오 하나로 이 일대를 평정했으며 세인트 폴 성당 앞에도 분점을 냈을 정도이다.

타이레이로이케이 Cafe Tai Lei Loi Kei 大利来記咖啡室
Access 타이파 & 콜로안 역사박물관 옆.
Address Rua dos Mercadores, No. 1~3, Taipa, Macau
Tel 2882-7150

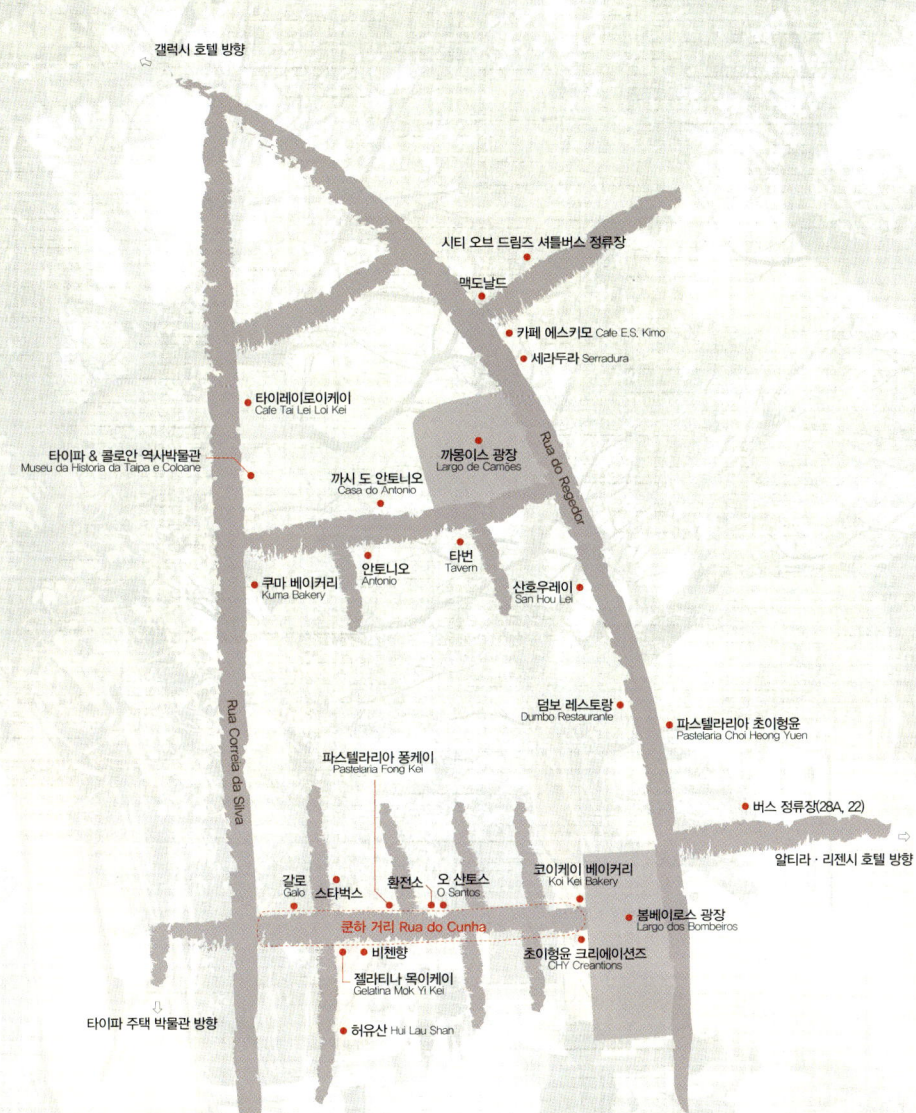

Food
③
벨론 Belon

반얀트리 마카오의 부속 레스토랑으로 입구에서 계단을 내려서는 순간 마치 바닷속에 들어온 듯한 환상적인 분위기가 느껴진다. 높은 천장, 신비스러운 조명과 조형물, 테이블 좌석 간 여유로운 공간 등은 프라이빗한 식사를 즐기기에 그만이다. 로맨틱한 분위기 덕에 특히 연인들의 데이트 장소로 인기가 많다. 오이스터 바가 운영되고 있어 식전주를 즐기며 가볍게 시간을 보내기에도 좋다. 매주 일요일 오전 11시 30분부터 오후 3시까지는 수준 높은 선데이 브런치를 제공한다.

Access	반얀트리 마카오 내에 위치.
Open	18:00~23:00
	벨론 오이스터 바 15:00~00:00
Cost	HK$300~(1인)(SC 10%)
Address	Avenida Marginal Flor De Lotus Cotai
Web	www.banyantree.com/ko/cn-china-macau

Food
④
사프론 Saffron

태국발 호텔 브랜드인 반얀트리의 마카오 지점 부속 태국 레스토랑이다. 붉은색과 우드 톤의 고급스러운 분위기로 꾸며져 있으며 최상의 서비스를 제공한다. 애피타이저, 스프와 세 가지의 메인 요리, 디저트가 제공되는 2인용 세트 메뉴(HK$988)가 준비돼 있으며 세트 메뉴가 싫다면 단품 요리를 주문할 수도 있다. 매콤새콤한 파파야 샐러드 쏨땀은 어느 음식에 곁들여도 좋은 애피타이저인데 두툼하고 달콤하게 구워낸 돼지고기 구이 커무양과 함께 먹으면 맛이 그만이다.

Access	반얀트리 마카오 내에 위치.
Open	12:00~22:30
Cost	HK$300~(1인)(SC 10%)
Address	Avenida Marginal Flor De Lotus Cotai
Tel	03-8883-6090
Web	www.banyantree.com/ko/cn-china-macau

Food
❺

덤보 레스토랑 Dumbo Restaurante 小飛象葡國餐

1995년 오픈한 덤보 레스토랑은 포르투갈과 매캐니즈 요리를 전문으로 하는 레스토랑으로 양도 푸짐하고 맛있기로 소문난 집이다. 한 번에 몇 백 명은 족히 수용할 만한 넓은 공간도 식사 시간이면 어김없이 손님들로 붐빈다. 게를 튀긴 후 야채와 카레 소스를 곁들인 카레 크랩은 이곳의 대표 메뉴. 우리나라 LA갈비 같은 비주얼의 Grilled Spare Ribs도 인기 메뉴이다. 1층에는 베이커리, 쿠키, 세라두라 등 각종 디저트와 포르투갈에서 수입해 온 음식 재료도 판매하고 있으니 식사 후 둘러봐도 좋겠다.

Access	타이파 맥도날드에서 쿤하 거리 방향으로 200m쯤 가면 오른쪽 2층. 귀여운 코끼리 캐릭터가 보인다.
Open	11:30~23:00
Close	연중무휴
Cost	Curry Crab MOP250~(시가) Grilled Spare Ribs MOP108 (SC 10%)
Address	Rua do Regedor Loja a R/CM Hei Loi Tang Kong Cheong, Taipa, Macau
Tel	2882-7888
Web	www.macaudumbo.com

Food

오로라 Aurora 奧羅拉

알티라 부속 레스토랑으로 최고의 제철 재료를 이용해 남부 이탈리안 요리를 기본으로 한 퓨전 요리를 선보인다. 내부는 우아하고 고급스러운 다이닝 공간으로 꾸며져 있는 반면 야외석은 바다를 조망하며 편안하게 시간을 보낼 수 있도록 되어 있어 저녁이면 피자 하나에 맥주나 와인을 가볍게 즐기기에도 좋다. 런치에는 알찬 메뉴 구성이 돋보이는 세트 메뉴를 추천한다. 단품 요리로는 가리비와 유기농 아스파라거스를 곁들인 사프론 리소토 Saffron Carnaroli Risotto 가 맛이 좋다.

Access	알티라 호텔 10층(세나도 광장 쪽에서 33, 26A번 버스 이용).
Open	조식 07:00~11:00(매일), 런치 12:00~14:30(월~토) 디너 18:00~00:00(매일), 브런치 11:30~15:30(일)
Close	연중무휴
Cost	런치 세트 2코스 MOP198, 3코스 MOP238, 4코스 MOP268 디너 세트 MOP750~, 피자 MOP138~160(SC 10%)
Address	10F, Avendia De Kwong Tung Taipa, Macau
Tel	2886-8868
Web	www.altiramacau.com

Food

오 산토스 O Santos

쿤하 거리 한복판에 자리한 정통 포르투갈 레스토랑으로 음식, 분위기 모두 본토의 분위기에 충실하다. 튼실한 새우와 조개, 게 등 해산물이 듬뿍 들어가 있는 시푸드 라이스는 오 산토스에서 꼭 맛보아야 할 메뉴. 새끼 돼지 통구이 요리인 Suckling Pig도 맛있다. 겉은 바삭하고 속은 부드러우며 훈제 향이 나서 질리지 않게 먹을 수 있다. 곁들여 나오는 감자 튀김은 보기에는 평범하지만 기름기가 거의 없고 식어도 맛이 살아 있어 메인 요리만큼이나 존재감이 있다.

Access	봄베이로스 광장에서 쿤하 거리로 들어가 두 번째 골목 지나 오른쪽에 위치.
Open	12:00~15:00, 18:30~22:00
Close	연중무휴
Cost	Seafood Rice MOP138, Suckling Pig MOP148(SC 10%)
Address	Rua do Cunha No.20 Taipa, Macau
Tel	2882-5594
Web	www.osantoscomidaportuguesa.com

Food
⑧
갈로 Galo 公鷄葡國餐廳

안토니오, 오 산토스와 함께 타이파를 주름잡는 인기 포르투갈 레스토랑이다. 특히 갈로는 다른 포르투갈 레스토랑에 비해 저렴하기도 해서 더더욱 사람들의 발길이 끊이지 않는 최고 인기 맛집이다. 시푸드 라이스를 기본으로 카레 소스를 얹은 크랩 등이 인기 메뉴. 이곳의 텐더로인(미디엄으로 주문하길 추천)은 고기도 부드럽지만 마늘 향 가득한 소스도 맛있어서 우리 입맛에 잘 맞는다.

Access	쿤하 거리 끝 부분(타이파 주택 박물관 가는 방향으로 볼 때) 젤라티나 목이케이 지나 오른쪽에 위치.
Open	런치 12:00~15:00, 디너 18:00~22:30
Close	설 연휴
Cost	Tenderloin in Portuguese Sauce MOP100, Crab with Curry Sauce MOP100, Fried Clams in Portuguese Style MOP85(SC 10%)
Address	Rua do Cunha No.45 R/C Taipa, Macau
Tel	2882-7423

Food
⑨
쿠마 베이커리 Kuma Bakery 熊曲奇

곰을 캐릭터로 한 쿠키 전문점이다. 홍콩의 제니 베이커리에 비견할 만큼의 인기는 아니지만 맛있는 편이고 한 번에 먹을 만큼 작은 양을 봉투에 담아 판매하고 있어 부담 없이 한 두 개 정도는 사서 맛볼 만하다. 종류도 다양한데 오리지널부터 쿠키부터 시작해서 그린 티, 너츠, 헤이즐넛 초콜릿, 어니언 치즈, 로즈, 라벤더, 국화, 레몬 등 재료만 들어도 호기심이 동하는 다양한 제품들을 판매하고 있다. 숍 한쪽에서는 곰 캐릭터로 만든 엽서 등도 판매한다.

Access	쿤하 거리 출구(스타벅스 쪽)를 등지고 찻길을 따라 오른쪽으로 조금 걷다 보면 우측에 있다.
Open	12:30~20:00
Close	연중무휴
Cost	쿠키(작은 봉지) MOP26, 곰 캐릭터 엽서 MOP5
Address	Shop A, 69 Rua Correia da Silva, Vila de Taipa, Macau
Tel	2835-6685
Web	www.kumamacau.com

Food
⑩
파스텔라리아 퐁케이
Pastelaria Fong Kei 晃记饼家

1906년 시작해 100년을 훌쩍 넘는 역사를 자랑하는 베이커리이다. 다른 어느 곳보다 긴 줄로 문전성시를 이루어 간판을 보지 않아도 찾을 수 있다. 아몬드 쿠키를 비롯해 다양한 중국 전통 베이커리를 맛볼 수 있는데 다른 곳에 비해 살짝 저렴한 편이다. 쿠키는 다양한 사이즈로 준비되어 있으며 코이케이 베이커리를 비롯해 다른 곳에 비해 단맛이 강한 편이라 어르신들이 좋아한다.

Access	쿤하 거리 먹자골목 내.
Open	08:30~21:00
Close	연중무휴
Address	Rua Cunha 14 R/C, Taipa, Macau
Tel	2882-7142
Web	www.yp.mo/fongkei

Food
⑪
카페 에스키모 Cafe E.S. Kimo

타피오카가 들어간 대만식 밀크 티 쩐주나이차로 유명한 집이다. 이 외에도 코코넛 과육이 씹히는 코코넛 프레시 밀크티나 각종 차 종류도 MOP20 전후로 즐길 수 있다. 중식, 서양식, 샌드위치 등 다양한 종류의 식사 메뉴도 MOP30대의 저렴한 가격에 즐길 수 있어서 현지 젊은이들의 방문도 잦은 편이다. 식사류를 시키면 맥주나 탄산음료를 제외한 드링크 메뉴를 50% 할인받을 수 있다.

Access	타이파 빌리지 초입에 있는 맥도날드를 바라보고 오른쪽 길 건너편 첫 번째 집.
Open	11:30~21:00
Close	연중무휴
Cost	쩐주나이차 MOP22, 식사류 MOP30 전후(SC 10%)
Address	Shop AC, G/F, Edf. Kinglihght, 28 R. de Chiu Chau, Vila de Taipa, Macau
Tel	2882-5305

Spa

❶ 반얀트리 스파 Banyantree Spa

리조트만큼이나 세계적인 명성을 얻고 있는 반얀트리 스파의 마카오 버전이다. 2014년 1월 포브스 트래블 가이드 어워드에서 5성급 스파로 선정되는 등 엄청난 수상 경력을 자랑한다. 복잡한 마카오에서 여유롭고 평화로운 힐링을 만끽할 수 있는 곳으로 부족함이 없다. 반얀트리 스파는 태국에서 시작된 스파 브랜드로 모든 테라피스트들을 인도네시아 빈탄에 위치한 반얀트리 아카데미에서 엄격한 교육을 통해 관리하고 있다. 시그니처 트리트먼트로는 세서미 오일에 담근 허브 파우치를 활용한 로열 반얀 테라피로 근육의 긴장을 완화시키고 혈액순환을 돕는 데 탁월한 효과가 있다.

Access 반얀트리 마카오 내에 위치.
Address Avenida Marginal Flor de Lotus Cotai
Tel 03-8883-6633
Web www.banyantreespa.com
Email spa-macau@banyantree.com

Shopping

❶ 초이헝윤 크리에이션즈 CHY Creations

아몬드 쿠키로 유명한 파스텔라리아 초이헝윤의 플래그십 스토어로 매 층마다 앙증맞은 캐릭터, 디자인 소품으로 가득 차 있다. 1층에는 본연의 모습 그대로 아몬드 쿠키를 비롯한 파스텔라리아 초이헝윤의 대표작들을 만날 수 있다. 2층부터 특히 젊은 여성들이 열광할 만한 아이템들로 가득하다. 문구류부터 티셔츠와 가구까지 다양한 종류의 아이템들이 많아 둘러보는 재미가 꽤 쏠쏠하다. 매장 한쪽에는 다양한 프린트의 스탬프를 준비해 놓았는데 실제로 엽서를 구매해 내용을 작성하고 스탬프로 예쁘게 꾸며 바로 옆 우체통에 넣으면 배달해 준다.

Access 타이파 빌리지 쿤하 거리 입구에 있다.

Hotel

반얀트리 마카오 Banyan Tree Macau

세계적인 럭셔리 브랜드 반얀트리답게 전 객실 스위트룸으로 운영되고 있는 곳이다. 객실은 크게 스위트와 빌라 형태로 운영되며, 빌라는 객실에 프라이빗 풀이 딸려 있는 마카오의 유일한 풀빌라로 특히 커플에게 인기가 많다. 일반 스위트룸 또한 럭셔리의 극치를 보여주는데, 가장 기본인 그랜드 코타이 스위트룸 객실 크기가 100sqm에 달하며 침실과 거실을 가로지르는 릴랙세이션 풀이 설치돼 있어 독특한 분위기를 자아낸다. 여유로운 사이즈의 욕실 내에는 2개의 세면대와 앤틱한 나무 욕조가 설치돼 있다.

24시간 운영되는 피트니스 센터와 실내 수영장, 실외 수영장을 갖추고 있으며 스카이톱 웨이브풀 등 갤럭시 단지 내에 있는 시설을 자유롭게 이용할 수 있다.

Access	페리 터미널에서 갤럭시행 셔틀 이용.
Cost	그랜드 코타이 스위트 USD400~
Address	Avenida Marginal Flor de Lotus
Tel	03-8883-8833
Web	www.banyantree.com/ko/cn-china-macau

Hotel ❷
호텔 오쿠라 마카오 Hotel Okura Macau

최상의 서비스로 호평을 받고 있는 일본 오쿠라 브랜드의 마카오 버전 호텔이다. 디럭스, 슈피리어, 스위트의 형태로 객실 카테고리가 구분돼 있으며 기본 객실인 디럭스룸의 사이즈가 46sqm로 상당히 여유로운 편이다. 오쿠라 스타일답게 차분하면서도 모던한 분위기로 군더더기 없이 심플한 디자인은 편안한 기분이 들게 한다.

실내와 실외에 오쿠라 자체 수영장이 마련돼 있으며 그랜드 리조트 데크와 스카이 톱 웨이브 풀 등 갤럭시 단지 내에 있는 시설을 자유롭게 이용할 수 있다. 수영장 주변에 에어컨과 샤워 시설이 설치된 살라는 예약 후 이용할 수 있다.

Access	페리 터미널에서 갤럭시행 셔틀 이용.
Cost	디럭스 USD250~
Address	Galaxy Macau™, Cotai
Tel	03-8883-8883
Web	www.hotelokuramacau.com

Hotel
③
알티라 Altira Macau 新濠鋒

'알티라'라는 이름은 'High'를 뜻하는 라틴어 'Altus'에서 유래된 것으로 이름의 어원처럼 차원 높은 서비스와 시설을 자랑한다. 객실은 188개의 디럭스룸, 24개의 스위트룸, 4개의 빌라로 구성되어 있으며 가장 하위 객실인 디럭스룸조차 88㎡의 넓은 공간에 소파와 테이블이 세팅된 라운지, 유선형의 돌로 만들어진 욕조 등으로 고급스럽고 모던하게 꾸며져 있다. 스위트룸은 128㎡에 거실, 키친, 서재 등이 갖추어져 있으며 빌라의 경우 개인 스팀룸도 갖추고 있다. 시설이 훌륭한 것은 물론이지만 알티라의 진가는 수준 높은 개인 맞춤형 서비스에서 나온다.

Access	세나도 광장 앞길이나 그랜드 리스보아 정류장에서 33, 26A번 버스를 타고 다리를 건너 바로 내리면 된다.
Cost	워터프런트 뷰 킹 MOP1,888~
Address	Avenida de Kwong Tung, Taipa, Macau
Tel	2886-6688
Web	www.altiramacau.com

Hotel
④
그랜드 하얏트 마카오 Grand Hyatt Macau 澳門君悅酒店

시티 오브 드림즈 내에 위치한 최고급 호텔로 세계적인 체인 호텔답게 최고의 시설과 고품격 서비스로 많은 여행자들의 사랑을 받고 있다. 객실은 총 791개로 크게 그랜드 타워와 그랜드 클럽 타워로 구성되어 있는데 클럽룸의 투숙객에게는 무료로 조식, 애프터눈 티, 이브닝 칵테일 등이 제공되는 클럽 라운지의 혜택이 주어진다. 길이 50m에 육박하는 그랜드 하얏트의 아름다운 수영장은 겨울에도 수영이 가능하도록 수온을 따뜻하게 유지하고 있다. 베이징 키친, 메자 나인 마카오 등의 걸출한 레스토랑을 접할 수 있다는 점도 크나큰 장점 중의 하나이다.

Access	페리 터미널이나 마카오국제공항 앞에서 시티 오브 드림즈의 무료 셔틀버스 이용.
Cost	그랜드 스위트 킹 MOP1,510~
Address	City of Dreams, Estrada do Istmo, Cotai, Macau
Tel	8868-1234
Web	macau.grand.hyatt.com

Hotel
⑤
쉐라톤 마카오
Sheraton Macao Hotel, Cotai Central 澳門喜來登金沙城中心酒店

샌즈 코타이 센트럴을 구성하는 3개 호텔 중 하나로 2012년 9월에 오픈했다. 마카오에서 가장 큰 규모를 자랑하며 전 세계 쉐라톤 체인 중에서도 가장 큰 규모를 자랑한다. 스카이 타워Sky Tower와 어스 타워Earth Tower의 2개 건물을 사용하며 객실 수가 무려 3,896개에 이른다. 카지노로 대변되는 마카오 중심에 자리하고 있지만, 건전한 레저 중심의 가족 여행객과 비즈니스 고객까지도 배려한 다양한 객실 카테고리와 부대시설을 갖추고 있다. 디럭스룸, 클럽룸, 이그제큐티브 스위트룸, 디럭스 스위트룸, 패밀리 스위트룸 등의 카테고리로 나뉘어 있다.

Access	페리 터미널이나 마카오국제공항에서 샌즈 코타이 센트럴이라고 쓰여 있는 셔틀버스를 이용한다. 시티 오브 드림즈 바로 옆, 샌즈 코타이 센트럴 단지 내에 위치.
Cost	디럭스룸 MOP1,938~
Address	Estrada do Istmo, S/N Cotai, Macau
Tel	2880-2000
Web	www.sheraton.com/macao

Hotel

콘래드 Conrad Macao, Cotai Central

콘래드는 힐튼의 상위 브랜드로 모던한 스타일과 편리성으로 이미 많은 팬을 보유하고 있는 호텔이다. 2012년 오픈한 콘래드 마카오는 스위트룸 206개를 포함, 총 636개의 객실을 운영하고 있다. 스팀룸과 자쿠지를 갖춘 완벽한 피트니스 센터와 스파, 겨울에도 수영을 즐길 수 있는 따뜻한 온도의 수영장 등 부대시설도 완벽하게 갖추어져 있다. 무엇보다 그랜드 오르빗에서 제공되는 아침 식사는 일반 런치 뷔페에 버금갈 만큼 음식의 수도 다양하고 맛도 훌륭하니 가능하다면 조식을 포함한 패키지를 추천한다.

Access	페리 터미널이나 마카오국제공항에서 코타이 센트럴이라고 쓰여 있는 셔틀버스를 이용한다. 시티 오브 드림즈 바로 옆, 샌즈 코타이 센트럴 단지 내에 위치.
Cost	킹 디럭스 MOP1,698~
Address	Estrada do Istmo, S/N Cotai, Macau
Tel	2882-9000
Web	www.conradmacao.com

Hotel

홀리데이 인 마카오 코타이 센트럴
Holiday Inn Macao Cotai Central 澳門金沙城中心假日酒店

한 번이라도 다른 곳에서 홀리데이 인을 경험해 본 여행자라면 홀리데이 인 마카오 코타이 센트럴의 남다름에 크게 놀랄지도 모른다. 샌즈 코타이 센트럴의 한쪽을 당당히 차지하고 있는 홀리데이 인 마카오 코타이 센트럴은 재미있게도 콘래드와 같은 건물을 공유하고 있다. 그러다 보니 부대시설의 스타일 또한 유사한 점이 많다. 1,159개의 객실 또한 홍콩이나 다른 지역의 홀리데이 인에 비해 상당히 여유롭고 스타일 있는 편이다. 무엇보다 이 일대의 다른 호텔보다 합리적인 가격대에 쇼핑, 식도락, 엔터테인먼트를 빠짐없이 즐길 수 있는 시설을 편리하게 이용할 수 있다는 점이 이곳의 가장 큰 매력이라 하겠다.

Access	페리 터미널이나 마카오국제공항에서 코타이 센트럴이라고 쓰여 있는 셔틀버스를 이용한다. 시티 오브 드림즈 바로 옆, 샌즈 코타이 센트럴 단지 내에 위치.
Cost	슈피리어 MOP849~
Address	Estrada do Istmo, S/N Cotai, Macau
Tel	2828-2288
Web	www.holidayinn.com/macao

Hotel

하드록 호텔 Hard Rock Hotel Macau

'마음속에 젊음을'이라는 하드록의 슬로건처럼 호텔의 분위기는 무척이나 밝다. 스탠더드룸, 코너 스위트룸, 록스타 스위트룸으로 객실이 구분되어 있는데 재미있는 건 모든 룸에 스스로 칵테일을 제조해 먹을 수 있도록 셰이커와 레시피가 준비되어 있다. 콤팩트한 느낌의 스탠더드룸과는 달리 코너 스위트룸은 객실 사이즈가 상당히 여유로운 편이다.
야외 풀은 겨울에도 수영이 가능하도록 28도로 수온을 유지하고 있으며 하드록 호텔의 모든 투숙객들에게는 체크인 시 하드록 숍에서 사용할 수 있는 할인 쿠폰이 제공된다.

Access	페리 터미널(마카오, 타이파), 마카오국제공항, 국경, 신트라 호텔 등에서 무료 셔틀버스 탑승. 시티 오브 드림즈 내에 있다.
Cost	스탠더드 킹 MOP1,288~
Address	Estrada do Istmo, Cotai, Macau
Tel	8868-3333
Web	www.hardrockhotelmacau.com

Hotel

베네시안 마카오
The Venetian Macao Resort Hotel 澳門威尼斯人度假村酒店

이탈리아 베네치아를 본떠 운하와 베네치아 건축물을 재현해 놓은 복합 리조트 호텔이다. 2007년 오픈한 이래 마카오 하면 가장 먼저 떠오를 정도로 상징적인 의미를 지닌다. 3,000여 개의 어마어마한 수의 객실이 모두 스위트룸으로 운영되며 70m²에 복층형 거실, 화려한 욕실과 클래식한 인테리어 등 마치 성 속의 공주가 된 듯한 느낌을 준다. 인기 드라마 〈궁〉의 촬영장으로도 이용된 적이 있는 수영장은 총 3개로 어덜트 풀과 온수 풀, 일반 풀 등으로 나뉜다. 베네시안 내부는 볼거리, 먹을거리, 즐길 거리가 모두 갖춰진, 그야말로 원하는 건 모두 해결되는 복합 엔터테인먼트 공간이라 하겠다.

Access	페리 터미널이나 마카오국제공항 등에서 무료 셔틀버스 탑승. 코타이 스트립에 위치. 타이파 빌리지에서 도보 15〜20분.
Cost	로열 스위트 MOP1,698〜
Address	Estrada da Baía de N. Senhora da Esperança, S/N, Taipa, Macau
Tel	2882-8888
Web	www.venetianmacao.com

Hotel

포 시즌스 마카오 Four Seasons Hotel Macau

이름만으로 퀄리티를 인정받는 세계적인 럭셔리 호텔 브랜드 포 시즌스의 마카오 지점. 객실은 슈피리어, 디럭스, 프리미어 등의 일반 객실과 주니어 스위트, 이그제큐티브 스위트의 스위트룸으로 구분된다. 가장 하위 객실인 슈피리어도 46m²의 여유로운 크기이며, 최고급 침구와 록시땅 어메니티 등으로 고급스럽게 단장되어 있다. 3개의 레스토랑과 2개의 라운지를 운영하는데 그중 지앙난 은 미슐랭이 인정한 맛집으로 이곳에 묵는다면 필수적으로 시도해 보자.

Access	베네시안 마카오와 나란히 있다. 페리 터미널이나 마카오국제공항 등에서 더 베네시안 셔틀버스를 이용한다.
Cost	슈피리어 MOP2,600〜
Address	Estrada da Baía de N. Senhora da Esperança, S/N, Taipa, Macau
Tel	2881-8888
Web	www.fourseasons.com/macau

Hotel

갤럭시 호텔 Galaxy Hotel

아시아의 중심, 월드클래스급 호텔이라는 슬로건을 걸고 2011년 야심 차게 오픈한 갤럭시 호텔. 1,500여 개의 객실은 갤럭시룸, 갤럭시 스위트, 로열 스위트, 프리미어 스위트, 팰리스 스위트로 구분된다. 특히 그랜드 리조트 데크(08:00〜22:00)에는 전 세계에서 가장 큰 스카이 톱 웨이브 풀과 150m의 화이트 샌드 비치를 조성해 놓아 트로피컬한 휴식을 맛볼 수 있다. 갤럭시 호텔, 반얀트리, 오쿠라 투숙객은 무료로 입장이 가능하다. 한식당 명가를 포함한 7개의 레스토랑도 운영하고 있다.

Access	페리 터미널, 마카오국제공항, 세나도 광장 근처 메트로폴 호텔 앞에서 셔틀버스 탑승. 더 베네시안과 이웃하고 있다.
Cost	갤럭시룸 MOP1,388〜
Address	Galaxy Hotel™, Galaxy Macau™, Cotai, Macau
Tel	2888-0888
Web	www.galaxymacau.com

Coloane 콜로안

Guide

콜로안 빌리지
Coloane Village 路環市區

마카오의 섬 남서쪽 끄트머리에 자리 잡은 작은 어촌이 관광객에게 알려지기 시작한 것은 '에그 타르트' 때문. 켜켜이 겹쳐져 바사삭 부서지는 페이스트리와 달콤하고 부드러운 커스터드의 환상적인 부조화(?)가 한번 맛본 사람에게는 언제 어디를 가든 에그 타르트만 보면 '콜로안'이라는 이름과 그곳의 분위기를 떠올리게 하고, 자석에 끌리듯 콜로안을 방문하게 만든다. 그저 마카오가 '카지노의 천국'으로만 인식되던 2006년 즈음, 인기 드라마 〈궁〉이 이곳을 배경으로 제작되었다. 만화를 원작으로 한 로맨틱 드라마답게 콜로안의 아기자기한 이국풍 건물과 성당, 해안가를 따라 길게 늘어선 가로수길이 한 폭의 그림을 연상시키며 한국 시청자들의 눈길을 사로잡았다. 콜로안에 거창하거나 화려한 것은 없다. 볼거리가 무궁무진한 것도 아니다. 하지만 제 빛깔과 향을 내는 작고 소박한 것들의 여유, 그리고 아름다움이 잊지 못할 추억을 선사할 것이다.

✚ **콜로안 빌리지에 가는 방법**
마카오 반도의 세나도 광장이나 아마 사원에서 21A, 26A번, 마카오 타워에서 26번을 이용하거나(30분 소요), 코타이 지역의 베네시안 호텔 및 쉐라톤 호텔 앞에서 15, 21A, 25, 26, 26A번을 타고(15분 소요), 콜로안 빌리지-1(Vila de Coloane-1 · 路環市區-1)에서 하차한다.

✚ **콜로안 구석구석 낭만의 1일 코스**

로드 스토우즈 베이커리 ⋯ 성 프란시스코 자비에르 성당 ⋯ 콜로안 도서관 ⋯ 탐쿵 사원 ⋯ 학사 비치 or 체옥반 비치 ⋯ 판다 파빌리온

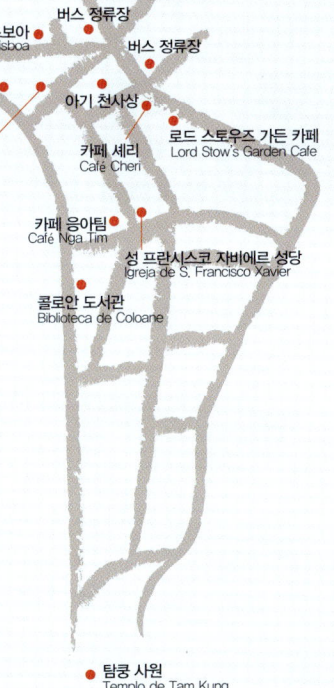

콜로안 빌리지-1 버스 정류장에서 하차하여 가장 먼저 들를 곳은 로드 스토우즈 베이커리이다. 콜로안을 머스트 비지트 스폿으로 만든 마카오 최고의 에그 타르트가 바로 이곳에서 만들어지기 때문. 그 다음 찾아갈 곳은 성 프란시스코 자비에르 성당이다. 규모는 작지만 그 아름다움에 오래도록 머무르고 싶은 곳이다. 배가 출출하다면 성당을 나와 오른쪽에 위치한 카페 응아팀으로 갈 것을 추천한다. 다시 성당 앞 광장을 나와 왼쪽으로 10m만 가면 콜로안 도서관이 보인다. 이곳 벤치에 앉아 시간이 멈춘 듯한 어촌의 느긋함을 즐겨 보자. 다시 왼쪽 진행 방향으로 가로수길을 따라 산책을 하다 보면 이 길 끝에 탐쿵 사원이 나온다.
오던 길을 되돌아 나와 하차했던 버스 정류장에서 학사 비치행 버스를 탄다. 걷기에는 거리가 좀 있는 편. 학사 비치에서는 길거리에 늘어선 꼬치구이를 맛보고 비치를 걸어 보자. 보다 한적한 것을 선호한다면, 체옥반 비치를 추천한다. 마카오 반도나 코타이 지역으로 돌아올 때는 식 파이 반 공원(마카오 자이언트 판다 파빌리온)에 들러 세계적으로 보호받는 희귀 동물 자이언트 판다의 재롱을 구경하는 것도 잊지 말자.

소요 시간 최소 2시간에서 최대 4시간(식 파이 반 공원 제외)

Sightseeing

성 프란시스코 자비에르 성당
Igreja de S. Francisco Xavier 路環聖方濟各聖堂

드라마 〈궁〉의 촬영지로 잘 알려진 이 성당은 1928년 바로크 양식으로 지어졌다. 노란색과 흰색의 아기자기한 외관뿐 아니라 50여 명을 수용할 만한 작은 공간에 하늘색과 하얀색이 조화를 이루는 제단부가 끝없는 감탄을 자아낸다. 성 프란시스 자비에르는 마카오와 일본 선교 활동에 기념비적인 인물로, 오른쪽 별실에는 김대건 신부의 초상화를 비롯, 아시아에서 선교 활동을 한 선교사들의 사진 자료가 전시돼 있다. 교회 앞 광장에는 1910년 해적 소탕을 기념하는 기념비가 세워져 있다.

Access 콜로안 빌리지-1 Vila de Coloane-1 路環市政. 정류장에서 버스 진행 반대 방향(바닷가 방향)으로 내려가 왼쪽 골목으로 100m 직진.
Address Largo Eduardo Marques, São Francisco Xavier, Macau

Sightseeing

콜로안 도서관 Biblioteca de Coloane 路環圖書館

그리스 신전 같은 네오클래식 양식의 기둥이 고풍스러운 분위기를 한껏 자아내는 노란 건물은 콜로안 주민들을 위한 국립도서관이다. 작은 마을에 걸맞게 20여 명을 수용할 수 있는 좌석과 도서관 한쪽을 차지하는 서가가 전부이지만, 그만큼 정감 가고 아기자기한 곳이다. 하지만 이곳의 하이라이트는 뭐니 뭐니 해도 도서관 앞 벤치. 이 자리에서 바라보는 가로수길과 바다 풍경은 시간이 멈춘 듯한 착각과 백일몽의 달콤함을 선사해 준다.

Access 성 프란시스코 자비에르 성당을 지나 도보 2분.
Open 13:00~19:00
Close 일·공휴일
Address Rua de 5 de Outubro, Coloane, Macau
Tel 2888-2254

Sightseeing

탐쿵 사원 Templo de Tam Kung 譚公廟

그 옛날 작은 어촌이었던 콜로안에서 바다는 말 그대로 삶의 터전이었다. 삶과 종교가 밀착돼 있던 이 마을에서 콜로안 사람들은 뱃사람의 안전과 만선을 기원하며 도교 신에게 기도를 올렸다. 급속도로 현대화되어 가는 오늘날에도 이러한 전통은 살아 있어 가족의 안녕을 기원하는 현지인들이 사원 앞에 초를 꽂고 기도하는 모습을 볼 수 있다. 대동소이한 외관과 목적의 틴하우 사원 Templo de Tin Hou 天后廟은 마을 안쪽 레푸블리카 거리에 위치해 있다.

Access 성 프란시스코 자비에르 성당을 마주 보고 오른쪽으로 도보 5분.
Address Rua de Cinco de Outubro, Coloane, Macau

Sightseeing ④
학사 비치 Praia de Hac Sá 黑沙海灘

사면이 바다로 둘러싸인 마카오에서도 비치를 찾기란 쉽지 않은 법. 그런 마카오에서 사막의 우물과도 같은 곳이 바로 학사 비치이다. 누런 모래사장이 물에만 젖으면 검은색으로 변해 '검은 해변'이라는 이름이 붙었다고. 여름이면 물놀이를 즐기는 현지인들로 인산인해를 이루지만, 겨울철에도 한적한 바닷가의 낭만을 즐기려는 관광객들을 심심찮게 볼 수 있다. 특히 해변으로 들어서기 전 줄줄이 늘어선 꼬치구이 집은 그 자리에서 숯불에 구워 주는 오징어, 닭고기, 옥수수 등의 구수한 냄새로 방문자의 발길을 사로잡고 있다. 가격도 저렴하니 꼭 한 번 맛보도록 하자. 해변을 들어서 오른쪽으로는 해안 드라이브길이 시원하게 뻗어 있다. 해변에서 리조트까지 걸어가기에는 조금 거리가 있으므로, 15번 버스를 이용하는 방법도 있다.

Access 세나도 광장에서 버스 21A, 26A번 이용하여 30분 소요. 콜로안 빌리지에서 갈 때는 버스 15, 21A, 25, 26A번 이용, 학사 비치·헬레네 가든 ( ) 하차. 5분 소요.

Sightseeing ⑤
체옥반 비치 Praia de Cheoc Van 竹灣海灘

마카오를 대표하는 비치로 학사 비치가 있지만, 여름철에는 너무 번잡하고 겨울철에는 황량하게 느껴질 수 있다. 체옥반 비치는 관광객들에겐 잘 알려져 있지 않지만, 아담한 크기에 풍경이 수려하고 해안 관리도 잘 되어 있어 느긋하게 새소리와 파도 소리를 즐기며 휴식을 취하기에 더없이 좋다. 콜로안 빌리지에서 학사 비치 가기 전에 위치해 있어 도보로도 충분히 커버 가능하다.

Access 콜로안 빌리지에서 갈 때는 버스 15, 21A, 25, 26A번 이용, 체옥반 비치에서 하차. 3분 소요. 도보로 갈 때에는 콜로안 빌리지 버스 정류장에서 북쪽으로 나 있는 Estrade de Cheoc Van 길을 따라 이동. 도보 15분.

Sightseeing

식 파이 반 공원 Parque de Seac Pai Van 石排灣郊野公園

식 파이 반 공원은 농장이 들어서 있던 20ha의 드넓은 대지를 공원으로 개발하고 아름다운 경치와 교육적, 과학적 가치를 높이 사 그린벨트 지역으로 지정, 철저하게 보호하고 있는 야외 국립공원이다. 이곳에는 다양한 종류의 꽃과 나무는 물론 약초 및 희귀 식물을 보유한 식물원과 농업 박물관, 마카오 자이언트 판다 파빌리온, 동물원이 자리해 있고, 가족 단위 소풍객들을 위한 피크닉 및 바비큐 장소도 마련돼 있다. 희소가치가 높은 판다 두 마리가 이곳에 터를 잡은 후 공원 곳곳은 판다 모양의 장식들로 더욱 아기자기해졌다. 콜로안 빌리지에서 두 정거장 거리에 있으므로 귀여운 판다 보기는 놓치지 말 것.

Access	15, 21, 21A, 25, 26, 26A번 버스를 타고 식 파이 반 공원에서 하차.
Open	08:00~18:00
Close	연중무휴
Cost	무료
Address	Avenida de Seac Pai Van, Coloane, Macau

Sightseeing

마카오 자이언트 판다 파빌리온
Pavilhão do Panda Gigante de Macau 澳門大熊貓館

마카오에서 반드시 가볼 가치가 충분하지만 특히 한국 관광객들이 잘 가지 않는 곳 중 하나가 마카오 자이언트 판다 파빌리온이다. 멸종 위기에 처한 동물 중 하나로 보호 대상에 선정된 자이언트 판다는 중국에서도 쓰촨성과 산시성 등 몇몇 곳에서만 서식하고 있어 그 희소성이 상당하다. 하지만 굳이 이런 이유를 대지 않더라도 중국에서 보내 온 두 마리의 판다, 카이카이와 씽씽이 보여 주는 귀여운 모습은 마카오의 그 어떤 볼거리에도 뒤지지 않는다. 판다를 보호하는 차원에서 매시간 관람 인원수를 제한하기 때문에 티켓에 정해진 시간 내에만 입장이 가능하다.

Access	식 파이 반 공원 내 위치.
Open	10:00~13:00, 14:00~17:00
Close	월요일(공휴일일 경우 다음 날)
Cost	MOP10
Address	Avenida de Seac Pai Van, Coloane, Macau
Tel	2833-7676
Web	www.macaupanda.org.mo

Food ①

로드 스토우즈 베이커리 Lord Stow's Bakery

1989년 문을 연 마카오 최고의 에그 타르트집으로 콜로안을 방문하는 여행자들이 백이면 백 이곳에 들러 에그 타르트를 맛본다고 해도 과언이 아니다. 높아진 인기 덕에 더 베네시안 내에 분점을 냈을 정도이다. 바삭한 페이스트리와 부드러운 크림이 환상적인 조화를 이루며 구입 후 6시간 내에 먹는 것이 가장 맛있다. 에그 타르트는 냉장고에서 3일간 보관이 가능하다고 한다. 에그 타르트 이외에 크루아상, 치즈 케이크 등도 판매한다. 근처에 카페를 2군데나 더 오픈했는데 샌드위치를 비롯한 간단한 식사도 판매한다.

Access 콜로안 빌리지-1 버스 정류장 근처, 작은 정원 근처에 있다.
Open 07:00~22:00
Close 연중무휴   Cost 에그 타르트 MOP8
Address 1 Rua do Tassara Coloane, Macau
Tel 2888-2534
Web www.lordstow.com

Food ②

카페 셰리 Café Cheri 常喜

2012년 오픈한 카페 셰리는 콜로안행 버스에서 내리는 순간 가장 먼저 눈에 들어오는 파란 유럽식 건물에 자리하고 있다. 식사 시간이면 언제나 붐비는데 다양한 구성이 돋보이는 세트 메뉴와 저렴한 가격대가 그 이유다. 단품 요리도 좋지만 티나 커피가 세트로 포함되어 있는 티 세트(15:00~18:00)나 밥이나 스파게티, 수프, 커피가 포함되어 있는 이그제큐티브 런치 세트(11:30~15:00)를 주문하자. 메인은 선택이 가능한데 메뉴에 따라 가격대가 다르다. 파스타부터 스테이크까지 선택의 폭이 넓고 양도 푸짐한 편이다.

Access 콜로안 빌리지-1 버스 정류장 바로 앞에 보이는 파란색 카페.
Open 11:30~22:30   Close 연중무휴
Cost 면 MOP19~, 티 세트 MOP38~
이그제큐티브 런치 세트 MOP58~
Address 119 Rua da cordoaria, Sao Francisco Xavier, Coloane, Macau
Tel 2888-2778   Web www.cafe-cheri.com

Food ③

에스파소 리스보아 Restaurante Espaço Lisboa

드라마 〈궁〉에 방영되어 유명한 포르투갈 레스토랑이다. 2층으로 된 레스토랑은 작지만 화초들로 꾸며진 베란다도 마련되어 있어 햇살을 받으며 느긋하게 식사를 즐길 수 있다. 한국인들이 대부분 주문하는 시푸드 라이스와 카레 크랩은 우리 입맛에도 잘 맞는다. 하지만 튀긴 대구 요리인 Fried Codfish Cake 등 생선 요리도 훌륭한 편이다.

Access 콜로안 빌리지-1 버스 정류장에서 로드 스토우즈 베이커리 가기 바로 전 골목으로 들어가 오른쪽에 위치.
Open 12:00~22:30   Close 연중무휴
Cost Seafood Rice "Espaço Lisboa" Style MOP320(2인)
Curry Crab Served with Plain Rice MOP345(2인)
Fried Codfish Cake MOP77
Prawns with Garlic Sauce MOP99(SC 10%)
Address Rua das Gaivotas No. 8 R/C Coloane, Macau
Tel 2888-2226
Email espacolisboa@macau.ctm.net

Food ④

카페 응아팀 Café Nga Tim 路環雅憩花園餐廳

콜로안에서 가장 손님이 많은 식당이라고 해도 과언이 아니다. 성당을 둘러 꽤 많은 공간을 차지하고 있는 이곳은 다양한 메뉴와 저렴한 가격, 맛있는 음식으로 현지인뿐 아니라 여행자들의 마음까지 빼앗은 인기 레스토랑이다. 영어가 잘 통하지 않는 편이지만 그림 메뉴가 있어 도움이 된다. 카페 옆에 수족관이 있어 신선한 해산물을 그 자리에서 손질해 요리해 나오는 시스템. 해산물 이외에도 다양한 메뉴가 준비되어 있다.

Access 성 프란시스코 자비에르 성당 나와서 오른쪽에 위치.
Open 12:00~01:00
Close 연중무휴
Cost 고기류 MOP68~128, 새우 카레 MOP53
파스타류 MOP50~(SC 10%)
Address 8 Rua Caetano Coloane, Macau
Tel 2888-2086

Travel Note

여행 준비

여행을 위한 D-60

홍콩·마카오 여행을 계획 중이나 도대체 언제쯤 항공권을 예약해야 하는지, 호텔은 언제쯤 예약해야 하는지, 그다음에는 어떤 준비를 해야 하는지 막막한 경우가 많다. 모든 것이 생소하기만 한 생초보 여행자들을 위해 여행 준비 과정을 정리해 보았다.

D-60 여행 그리기
홍콩에만 집중하며 홍콩의 구석구석을 누비고 다닐 것인지 마카오나 심천 같은 지역과 연계하여 좀 더 풍성한 일정을 보낼 것인지 잘 생각하여 결정하자.

D-50 여권과 비자 만들기
여권 만료 기간이 6개월 미만일 경우 반드시 여권을 새로 발급받아야 한다.
심천 같은 중국 본토를 방문할 계획이라면 미리 비자를 발급받는 것이 좋다.

D-40 항공권 예약하기
입출국 날짜가 확실하다면 항공권 예약을 서두르자. 스케줄과 가격 조건이 좋은 항공권은 빨리 동나기도 한다.

D-30 호텔 예약하기
특히 각종 국제행사가 많은 홍콩에는 호텔도 많지만 호텔을 이용하려는 여행자들도 넘쳐난다. 가격 대비 실속 있는 호텔의 경우 빨리 만실이 되니 목적과 예산에 맞게 호텔을 발 빠르게 예약하자.

D-20 여행 정보 모으기
항공권과 호텔 예약이 완료되었다면 큰 틀이 완성된 셈이다. 이제 그 틀을 채워줄 계획을 세울 차례이다. 홍콩·마카오에 가면 꼭 들러야 할 레스토랑, 명소, 꼭 사야 할 아이템, 해봐야 할 것 등 다양한 여행 정보를 모아 보자. 각종 웹 사이트와 개인 블로그 등의 후기나 리뷰를 보는 것도 좋은 방법이다.

D-7 면세점 쇼핑하기
해외여행의 즐거움 중 하나로 빼놓을 수 없는 것이 바로 면세점 쇼핑이다. 공항 면세점보다는 시중의 면세점이, 시중의 면세점보다는 인터넷 면세점이 가격 면에서 유리하니 참고하자.

D-5 환전하기
출발일이 얼마 남지 않은 이제 현지에서 사용할 비용을 환전하자. 너무 많은 돈을 한꺼번에 환전하지는 말자. 현지에 있는 ATM을 이용해 얼마든지 홍콩달러를 뽑을 수 있으므로 꼭 필요한 만큼만 환전해 가는 것도 방법이다. 또한, 마카오 대부분 지역에서 홍콩달러를 쓸 수 있다.

D-2 짐 꾸리기
모든 준비가 끝나고 이제 짐을 싸는 일만 남았다. 우선 필요한 물건의 리스트를 먼저 작성해 보자. 리스트에 하나씩 체크해 가며 짐을 꾸리는 것이 좋다.

D-Day 출발하기
드디어 기다리고 기다리던 출발일! 마지막으로 빼놓은 것이 없나 확인하자. 여권, 항공권, 바우처, 신용카드, 면세품 인도를 위한 영수증 등은 잊지 않도록 하자.

1 여행 그리기

홍콩은 그 자체만으로도 충분히 매력적인 여행지이지만 시간과 노력을 조금만 더 들이면 마카오, 심천 등과 함께 연계하는 여행을 생각해 볼 수 있다. 단, 짧은 일정을 가진 여행자가 욕심을 부려 이곳저곳을 무리해서 다니다 보면 이도 저도 즐기지 못하고 몸만 피곤한 여행이 되기 십상이다. 보통 2~4일의 일정이라면 홍콩에만 집중하는 코스를, 5일 이상의 일정이라면 마카오나 심천 등을 포함한 루트를 짜볼 수 있겠다.

> **Tip 1**
> **슈퍼시티 Super City 와**
> **비지트 홍콩 Visit Hong Kong**
> 캐세이퍼시픽에서 운영하는 프로그램으로 항공권과 호텔을 묶어 판매하는 에어텔 형태라 생각하면 되겠다. 이 상품들은 선택하는 호텔의 등급에 따라 가격에 차등을 두며 일박을 연장하고 싶을 때는 추가 요금을 지불하면 된다.
> 항공권과 호텔 요금만을 포함한 비지트 홍콩과는 달리 슈퍼시티는 공항과 호텔 간의 왕복 교통비, 호텔 조식 등이 포함된 상품이다.
> 문의 www.bluetour.co.kr(블루 투어)

2 여권과 비자 만들기

➕ 비자

홍콩·마카오만을 방문할 예정이라면 90일간 무비자로 체류할 수 있다. 단, 심천 등 중국 본토를 방문할 예정이라면 비자를 받아야 한다. 비자는 홍콩 현지에서도 받을 수 있지만 한국에서 미리 받아 가는 것이 좋다.

홍콩	90일간 무비자 체류 가능
마카오	90일간 무비자 체류 가능
심천	**국경 비자** 심천만 여행 가능하며 당일 발급받을 수 있다.
	(국경 비자 사무실에서 발급, 10분~2시간 소요)
	4박 5일의 유효기간을 가지며 귀국 시 반드시 발급받은 국경을 통해 귀국해야 함.
	일반 비자 전 지역 여행 가능하며 발급까지 약 4일 정도 걸린다.

주홍콩 중국 대사관 3413-2424, 3413-2300, www.fmcoprc.gov.hk

➕ 여권

여권은 여행 시기를 기준으로 6개월 이상의 유효기간이 남아 있어야 하며 여권발급은 서울은 각 구청에서, 지방은 시청이나 도청에서 발급받을 수 있다 (www.0404.go.kr 참조). 여권을 새로 만들어야 할 경우 필요한 서류를 구비하여 지정된 발급기관에 접수하여 교부받거나 외교부의 인터넷 여권 예약 시스템 페이지에 예약 후 이용한다.

여권 발급 시 필요한 서류
1) **여권 발급 신청서** 외교부 홈페이지에서 내려받거나 구청에 비치된 신청서를 이용한다(www.0404.go.kr에서도 다운 가능).
2) **여권용 사진 2매** 최근 6개월 이내 찍은 컬러 사진으로 귀가 노출되어야 하며 흰색 배경이어야 한다.
3) **주민등록증 또는 운전면허증 원본**
4) **병역 관련 서류**(병역 의무자에 한함), **여권 발급 동의서**(미성년자의 경우) 등

여권 발급 절차
① 여권 신청 서류(여권발급신청서 및 사진 등) 준비 및 작성
② 여권 신청 서류 접수
③ 자동 시스템상 경찰청 신원 조사 등 여권 서류 심사
④ 심사를 마친 후 여권 제작, 교부
여권 발급에 소요되는 기간은 신규 발급 및 재발급은 10일 정도이다.

여권을 분실했을 경우
여행 중 여권을 분실했을 경우만큼 당황스러울 때가 없다. 여권을 분실하면 현지의 한국 대사관 혹은 영사관에 가서 여행용 임시 증명서를 발급받아야 한다. 여행용 임시 증명서를 발급받기 위해서는 여권 번호와 여권용 사진 2매가 필요하다. 따라서 여행을 떠나기 전 여권 분실을 대비하여 여권 복사본과 사진 2매를 미리 준비하는 것이 좋다.

3 항공권 예약

인천에서 홍콩으로 가는 직항 노선은 대표적으로 캐세이퍼시픽, 아시아나항공, 대한항공을 들 수 있으며 캐세이퍼시픽 일부 노선은 인천에서 대만을 거쳐 다시 홍콩으로 들어가는 편도 있으므로 예약 시 유의하자. 인천에서 마카오로 가는 직항 노선은 진에어와 마카오항공이 있다. 항공권은 직접 항공사의 홈페이지나 전화를 이용하여 구매하거나 여행사 혹은 구매대행 사이트를 이용해 구매하는 방법이 있다. 여행사나 대행사를 이용해 예매하는 경우 해당 항공사에서 구매하는 것보다 좀 더 저렴하게 구할 수는 있으나 여유 좌석 확보가 어려워 대기해야 하는 경우가 빈번하다. 그리고 일정 변경이 불가능하거나 마일리지 적립이 되지 않는 등의 불리한 조건들이 붙는 경우가 많으니 반드시 꼼꼼하게 확인해야 한다. 자세한 스케줄은 각 항공사 홈페이지를 참조할 것.

항공권 예약 사이트
투어 캐빈 www.tourcabin.com
항공권 가격 비교를 한눈에 할 수 있어 편리하다.
블루 투어 www.bluetour.co.kr
온라인 투어 www.onlinetour.co.kr
투어 익스프레스 www.tourexpress.com
톱항공 www.toptravel.co.kr

Tip 2
똑똑한 여행자의 필수품, 마일리지 적립 카드
항공사에서는 승객이 이용한 탑승 거리에 따라 마일리지를 적립해 주는데 항공권 구입 이외에도 신용카드 사용, 호텔 숙박 등 다양한 방법으로 마일리지를 적립할 수 있다. 이렇게 적립한 마일리지는 무료 항공권, 무료 숙박 등 다양한 방법으로 사용할 수 있다. 마일리지 카드는 해당 항공사 홈페이지에 회원 가입 후 신청하면 된다. 단, 마일리지 카드를 만들기 전에 탑승한 항공권은 마일리지가 적립되지 않으므로 반드시 예약 전에 가입해야 한다.

대표적인 마일리지 카드
1 아시아 마일즈 00798-8521-2743 www.asiamiles.com

대표적으로 캐세이퍼시픽, 일본항공, 중국국제항공, 드래곤에어 등의 항공사를 이용할 경우 마일리지를 적립할 수 있다.

2 아시아나 보너스 클럽 1588-8180 flyasianaclub.com

아시아나항공뿐 아니라 타이항공, 싱가포르항공, 아나항공 등 이용률이 높은 스타 얼라이언스 소속 항공사들의 마일리지도 적립이 가능해 유용하다. 그뿐만 아니라 각종 신용카드와도 연계해 신용카드 사용액에 따라 적립을 해주기도 하여 비교적 쉽게 마일리지를 모을 수 있다. 적립된 마일리지는 5년간 유효하다.

3 스카이 패스 1588-2001 kr.koreanair.com

대한항공과 스카이팀 항공사를 이용할 경우 마일리지 적립이 가능하다. 누적된 마일리지에 따라 다양한 등급으로 나누어 서비스에 차등을 주기도 한다. 마찬가지로 적립된 마일리지는 5년간 유효하다.

4 호텔 예약하기

홍콩과 마카오는 다른 여행지에 비해 호텔 가격이 만만치가 않다. 하지만 특히 홍콩의 경우 특급 호텔부터 호스텔과 한국인이 운영하는 민박까지 다양한 숙소들이 존재해 선택의 폭이 큰 곳이기도 하다. 민박이나 일부 부티크 호텔의 경우 자체 홈페이지를 통해서만 예약이 되는 경우가 있지만 대부분은 예약 대행 사이트를 통해 예약하는 것이 가격적으로 유리하다.

호텔 예약 사이트
아고다 www.agoda.co.kr
전 세계 할인 호텔 예약 사이트. 부가세 등이 포함되지 않은 가격이 제시되므로 반드시 결제 전 꼼꼼하게 확인하자.
호텔패스 www.hotelpass.com
한국인 직원이 예약 진행을 도와 영어 사이트가 불편한 사람들에게 편리하다.
아시아 룸스 www.asiarooms.com
호텔닷컴 www.hotel.com.hk
아시아 트래블 www.asiatravel.com
호텔인홍콩 www.hotelinhongkong.net

5 여행 정보 수집

온라인에는 가이드북에 없는 여행자의 따끈따끈한 현지 정보가 있다. 호텔과 투어 예약 정보 등 지역 전문 카페에도 많은 정보가 있다.

홍콩 관광청 www.discoverhongkong.com/kor
다양한 홍콩의 축제 이벤트 정보와 딤섬을 즐기는 법, 차를 즐기는 법 등의 식사 예절과 문화에 관한 정보까지 얻을 수 있다.

마카오 정부 관광청 kr.macautourism.gov.mo
마카오의 기본 상식부터 교통, 문화에 걸친 다양한 정보를 얻을 수 있다. 또, 홈페이지에서 현지에서 유용하게 쓸 수 있는 유용한 관광 자료와 책자를 무료로 신청할 수 있다.

포에버 홍콩 cafe.naver.com/foreverhk
네이버의 대표적인 홍콩 여행 커뮤니티로 생생한 회원들의 후기며 리뷰가 가장 발 빠르게 업데이트되는 곳이다.

홍콩의 레스토랑과 바 www.restaurantandbarhk.com
메뉴별, 지역별로 홍콩 레스토랑과 바에 관한 정보가 빼곡히 정리되어 있다.

트립 어드바이저 www.tripadvisor.com
전 세계 여행자들이 가장 많이 이용하는 리뷰 사이트. 인기 있는 호텔들을 살펴보고 싶을 때 도움이 된다. 우리와 다른 시각이 많은 점에 유의하자.

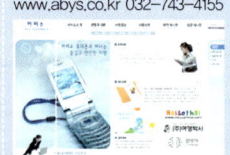

Tip 3
현지 휴대전화 렌털
문의 어비스
www.abys.co.kr 032-743-4155

현지 여행 시 인기 있는 레스토랑이나 스파 등을 예약하거나 위치를 문의하는 등 전화가 필요한 경우가 많다. 이때, 로밍보다는 현지 휴대전화를 빌려 가는 편이 이용하기에도 편리하고 가격도 저렴하다. 어비스는 인천국제공항에서 홍콩 현지에서 사용 가능한 휴대전화를 대여해 준다. 휴대전화를 빌린 후, 현지의 편의점에서 충전용 카드를 사서 이용하면 된다. 어비스 직원이 사용법과 유의 사항을 가르쳐 주기도 하지만 잘 모르겠으면 편의점 직원에게 휴대전화를 보여 주고 도움을 청하면 된다.

6 면세점 쇼핑하기

여행을 앞두고 또 하나의 큰 즐거움이 될 수 있는 것이 바로 면세점 쇼핑이다. 면세점 쇼핑은 평소에는 좀처럼 살 엄두를 내지 못했던 고급 화장품을 비롯한 상품들을 저렴한 가격에 구입할 수 있는 기회다. 이왕이면 여러 할인 혜택을 잘 챙겨 똑똑한 면세 쇼핑에 도전해 보자.

면세점 사이트
동화 면세점
www.dutyfree24.com 1688-6680
신라 면세점
www.dfsshilla.com 1688-1110
롯데 면세점
www.lottedfs.com 1688-3000
워커힐 면세점
www.skdutyfree.com 1599-1110

➕ 면세품 쇼핑하기

면세점 직접 방문하기
서울 시내에는 면세품을 구입할 수 있는 면세점이 곳곳에 있다. 면세점을 방문해 구입하는 경우 직접 모든 물건들을 돌아보고 살 수 있는 즐거움이 있는 반면 가격적인 혜택은 적은 편이다.

면세점 홈페이지 이용하기
면세점 홈페이지를 이용하여 손쉽게 면세품을 구입할 수 있다. 시간적 여유가 없는 여행자에게 가장 편리한 방법이나 일일이 항공시간과 편명을 기입해야 하고 물건을 직접 보고 구매할 수 없어 선택의 폭이 작다는 점이 단점. 하지만 할인의 폭은 큰 편이다(면세점 웹사이트 옆의 정보 참조).

기내에서 구입하기
비행기 탑승 후에도 면세품을 구입할 수 있다. 보통 기내식 서비스가 이루어진 후 면세품 판매를 시작한다. 좌석 앞주머니에 주문할 수 있는 면세품들의 가격과 사진이 실려 있는 정보지를 둘러본 후 정보지 뒷장에 첨부된 주문서를 작성해 승무원에게 제출하면 된다. 현금과 신용카드 모두 사용 가능하다.

ⓒ 이혜민

> **Tip 4**
> 면세품 구매 시 무턱대고 마음 내키는 대로 쇼핑을 하다 보면 큰 낭패를 당할 수 있다. 우리나라의 경우 구입할 수 있는 면세의 한도는 미화 기준 USD3,000이며 구입 후 다시 한국으로 반입할 수 있는 면세 한도는 USD600이다. 한도를 초과할 경우 반드시 세관에 신고해야 하며 신고 없이 적발되는 경우 면세품을 압수당할 수 있다.

7 환전하기

현지에서도 환전은 가능하지만 환율이 낮아 국내에서 홍콩달러(HK$)로 직접 환전해가는 것이 유리하다.

➕ 국제 현금카드 만들기
신용카드와 달리 물건을 직접 구입할 수는 없다. 하지만 많은 현금을 지니고 있지 않아도 되고 원할 때마다 바로바로 현지화로 뽑아 쓸 수 있어서 편리하다.

➕ 환전 우대 쿠폰 챙기기
환전을 할 때마다 발생하는 환전 수수료를 할인받을 수 있는 우대 쿠폰을 꼭 챙기자. 국내 은행의 홈페이지 혹은 여행사의 홈페이지 등에서 쉽게 다운받아 프린트할 수 있다.

➕ 인터넷 환전
직장인일 경우 은행 업무 시간에 맞추어 은행을 방문하는 것은 또 하나의 부담이 될 수 있다. 인터넷 환전은 은행에 방문하는 번거로움 없이 편리하게 환전을 신청할 수 있다. 거래 은행의 인터넷뱅킹으로 환전할 수 있는데 반드시 통장에 잔고가 있어야 한다. 인터넷 환전은 시간도 절약될 뿐만 아니라 환전 우대를 받을 수 있다. 환전한 금액은 원하는 지점이나 해당 은행의 공항점에서 수령이 가능하다.

➕ 현지에서 ATM 기기 이용하기
국제 현금카드도 만들어 왔지만 막상 외국에 나가 낯선 언어가 적힌 기계 앞에 서면 당황하기 쉽다. 아래 현지 ATM을 이용해 현금을 인출하는 방법을 간단히 정리해 보았다.

 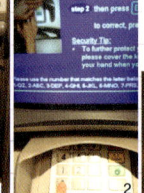  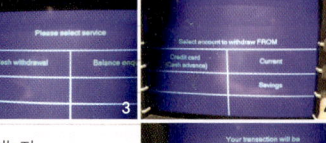

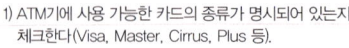 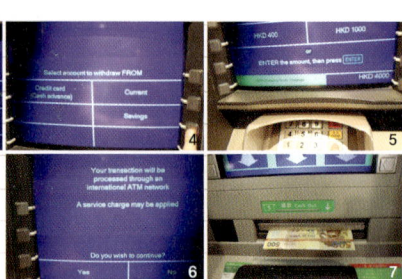

1) ATM기에 사용 가능한 카드의 종류가 명시되어 있는지 체크한다.(Visa, Master, Cirrus, Plus 등).
2) 신용카드를 화살표 방향으로 밀어 넣는다.
 〈Please, insert your card〉
3) 언어를 선택한다(영어).〈Please, select language〉
4) 비밀번호를 입력한다.〈Enter your pin number〉
5) 현금 인출 버튼(Withdrawal Cash) 선택
6) 원하는 금액만큼 숫자를 입력한다.
7) 현금을 수령한 후, 영수증과 카드를 챙긴다.

8 짐 꾸리기

이제 출국 전 마지막 단계인 짐 꾸리기 순서다. 각자 자신의 여행에 맞는 짐을 꾸리면 된다. 아래 목록을 보고 빠진 것이 없는지 다시 한 번 확인하자.

준비물 체크 리스트

종류	세부 항목	확인	비고
여권과 여행 경비	여권		※ 여권 분실에 대비해 여권 사본과 여권 사진 2매를 반드시 준비해 가자.
	여권 사본과 여권 사진		
	항공권(E-ticket)		
	여행 경비		
	신용카드		
	현금카드		
	마일리지 적립카드		
	여행자 보험		
의류	취침 시 입을 옷		
	반소매 옷		
	반바지		
	카디건		※ 일교차와 과도한 냉방에 대비해 카디건 하나쯤 준비하자.
	긴바지 혹은 원피스		※ 홍콩에는 드레스 코드가 까다로운 레스토랑이 생각보다 많다. 남성은 칼라가 있는 셔츠와 구두, 여성은 원피스와 끈 달린 샌들 정도를 준비해 가는 것이 좋다.
	속옷		
	수영복		
	모자		
	선글라스		
	슬리퍼		
세면도구와 화장품	치약 & 칫솔		※ 대부분의 호텔에 세면도구는 비치되어 있지만 저가 숙소에 묵거나 자신에게 맞는 브랜드가 따로 있다면 준비하자.
	비누 & 샤워 타월		
	샴푸 & 린스		
	면도기		
	빗		
	화장품(선크림)		
의약용품	지사제		※ 음식이나 물로 인한 배탈에 대비해 지사제를 꼭 준비하자.
	소화제		
	감기약		
	반창고		
카메라와 노트북	카메라		※ 메모리와 충전기 등도 반드시 체크하자.
	노트북		
기타	필기구		
	가이드북		※ 가이드북과 읽을 책도 챙기자.
	책		
	MP3		
	보조 가방		
	비닐 팩(지퍼락 등)		※ 젖은 빨래 등을 보관할 수 있는 지퍼락 등의 비닐 팩도 유용한 아이템.

홍콩·마카오 여행의 필수, 서바이벌 영어

✚ 공항 & 기내

케세이퍼시픽 항공 체크인 터미널이 어디입니까?
What is the terminal number to check-in at Cathey Pacific Airlines?
여기서 수속하나요? Can I check in here?
창가 쪽/통로 쪽 좌석으로 주세요. Window/Aisle seat, please.
보딩 시간이 언제인가요? What is the boarding time?
자리를 바꿔도 되나요? Can I change my seat?
(화장실) 비었나요? Is it vacant?
무슨 음료가 있나요? What do you have?
멀미약 있나요? I feel airsickness. Do you have any medicine?

✚ 환전소

환전소가 어디에 있나요? Where can I change money?
달러를 홍콩달러로 교환해 주시겠어요?
Can you exchange dollar for HongKong dollar, please?
환율은 어떻게 되나요? What's the exchange rate?
잔돈으로 바꾸어 주시겠어요? Would you break this, please?
10달러짜리 5장과 20달러짜리 10장 그리고 나머지는 동전으로 부탁합니다.
Five tens, ten twenties and the rest in coins, please.

✚ 호텔

김은하 이름으로 2일 예약했습니다.
I have a reservation for two nights under the name of Kim Eunha.
흡연룸으로 주세요. Smoking room please.
테라스가 있는 방으로 주세요. I'd like a room with terrace.
조식은 포함입니까? Does it include breakfast?
체크아웃 시간은 몇 시입니까? When is checkout time?
신용카드로 지불해도 되나요? Do you accept credit card?
제 짐을 2시까지 맡아 주시겠습니까? Could you keep my baggage until 2 o'clock?
맡긴 짐을 찾고 싶어요. May I have my baggage back?
택시를 불러 주시겠습니까? Could you call a taxi for me?
TV가 안 나와요. The TV set doesn't work.
뜨거운 물이 안 나와요. There's no hot water.
수영장은 몇 시까지 쓸 수 있어요? What time do you close swimming pool?
내일 아침 6시에 모닝콜 부탁합니다. Wake-up call, tomorrow morning at 6 o'clock.
방을 청소해 주시겠어요? Could you clean my room?
룸 키를 잃어버렸습니다. I lost my room key.

➕ 레스토랑

7시에 4명 예약하고 싶습니다. I'd like to book a table for four at seven.
무엇이 좋은지 추천해 주세요. What would you recommend?
이 레스토랑의 추천 메뉴는 무엇입니까? What are the signature dishes of this restaurant?
이것으로 할게요. I'll have this.
고수는 빼 주세요. Please hold the coriander.
이것 좀 더 주세요. Can I get some more of this?
계산서 주세요. Bill, Please.
남은 것 좀 싸 주시겠어요? Can I get a doggy bag?

➕ 쇼핑

쇼핑몰까지 어떻게 가나요? Where can I get the shooping mall?
얼마나 걸리나요? How long will it take?
그냥 구경하고 있어요. I'm just looking around.
저것 좀 보여 주세요. Could you show me that one?
좀 더 작은/큰 것은 없나요? Do you have a smaller/bigger one?
입어 봐도 되나요? May I try these on?
얼마예요? How much is it?
너무 비싸요. It's too expensive.
더 싼 것 있나요? Do you have a cheaper one?
깎아 주시겠어요? Can you give me a discount?
죄송하지만, 좀 더 둘러볼게요. Sorry, but I think I'll look around some more.
신용카드 받나요? Do you accept credit card?
영수증 부탁합니다. A receipt, please.
따로따로 포장해 주세요. Can I get them separately wrapped, please?
환불받을 수 있나요? Can I get a refund on this?

➕ 스파

내일 10시로 2명 예약하고 싶어요. I'd like to book the spa for two at ten o'clock.
픽업 서비스 되나요? Can you pick me up to your spa?
여자/남자 마사지사한테 받고 싶어요.
I'd like get the massage by female/male massage therapist.
마사지는 몇 분 동안 받나요? How long does it take to get the massage?
지금 생리 중이예요. I'm on my period.
머리/얼굴/엉덩이/가슴은 만지지 마세요. Please do not touch my head/face/hips/chest.
좀 더 세게 해 주세요. Please more stronger.
약하게 해 주세요. Please massage that part lightly.
헤어 드라이어/빗 좀 주시겠어요? Can I use hair dryer/comb?

Index - 가나다순 -

- 숫자 & 영어 -

1881 헤리티지 1881 Heritage	220
208 두에첸토 오토 208 Duecento Otto	90
22 십스 22 Ships	123
80미터 버스 모델숍 80m Bus Model Shop 80m 巴士專門店	93
IFC International Finance Centre 國際金融中心商場	57
IFC몰 IFC Mall 國際金融中心商場	73
JW 메리어트 홍콩 JW Marriott Hong Kong	114
JW 카페 JW Cafe	110
L 호텔 아일랜드 사우스 L'hotel Island South	164
LKF 호텔 LKF by Rhombus	76
MGM 마카오 MGM Macau 澳門美高梅酒店	375
MJ 갤러리 MJ Gallery	361
MOD 디자인 스토어 MOD Design Store 設計店	372
PMQ 元創方	84
QRE 플라자 QRE Plaza	126
SML	140
W 홍콩 W Hong Kong	226
YMCA 솔즈베리 The Salisbury YMCA	233

- ㄱ -

가미가제 그로토 Kamikaze Grottos	275
갈로 Galo 公雞葡國餐廳	400
갤럭시 호텔 Galaxy Hotel	406
건숍 스트리트 Gun Shop Street	258
고프 스트리트 Gough Street 歌賦街	93
골드 코스트 광장 Gold Coast Piazza 黃金海岸商場	292
골드핀치 레스토랑 Goldfinch Restaurant 金雀餐廳	142
골든 리프 Golden Leaf 金葉庭	107
골든 보히니아 Golden Bauhinia 金紫荊粵菜廳	122
골든 보히니아 광장 Golden Bauhinia Square 金紫荊廣場	118
관람차 The Hong Kong Observation Wheel	54
관음당 Templo Kun Iam 觀音堂	353
관음상 Estatua de Kun Iam 觀音像	353
구 완차이 우체국 Old Wan Chai Post Office 舊灣仔郵政局	119
그랑프리 박물관 Museu do Grande Premio 大賽車博物館	359
그랜드 라파 마카오 Grand Lapa Macau 澳門金麗華酒店	374
그랜드 리스보아 Grand Lisboa 澳門新葡京酒店	376
그랜드 하얏트 Grand Hyatt Hong Kong	128
그랜드 하얏트 마카오 Grand Hyatt Macau 澳門君悅酒店	404
그랜빌 로드 Granville Road	237
금붕어 시장 Goldfish Market 金魚街	252
금화 차찬텡 Golden Rich 金禾茶餐廳	126
기아 요새 Fortaleza da Guia 東望洋炮台	342
까몽이스 공원 Jardim Luis de Camoes 白鴿巢公園	347
까사 가든 Casa Garden 東方基金會會址	347
까우께이 레스토랑 Kau Kee Restaurant 九記牛腩	89
까우룽 공원 Kowloon Park 九龍公園	193
까우룽 모스크 Kowloon Mosque 九龍清眞寺	193
까우룽 샹그릴라 Kowloon Shangri-La	227
까이 까이 브레드숍 Kai Kai Bread Shop 佳佳麵飽店	277
깜풍 레스토랑 Kam Fung Restaurant 金鳳茶餐廳	125
꽃 시장 Flower Market 花墟道	252
낀힝 두부 디저트 Kin Hing Tofu Dessert 建興亞婆豆腐花	278

- ㄴ -

나차 사원 & 구시가지 성벽 大三巴哪吒廟 & 舊城牆遺址	343
Templo de Na Tcha & Troco das Antigas Muralhas de Defesa	
나카무라 토키치 Nakamura Tokichi 中村藤吉	196
나트랑 Nha Trang Vietnamese Restaurant 芽莊越式料理	125
남 Naam Thai Restaurant	367
남 Nahm	201
남키 스프링롤 앤 누들스	140
Nam Kee Spring Roll Noodle Co. Ltd 南記粉麵	
너츠포드 테라스 Knutsford Terrace	210
네이던 로드 Nathan Road 彌敦道	194, 251
네이던 호텔 Nathan Hotel	247
노마즈 Nomads	202
노보텔 네이던 로드 Novotel Nathan Road	247
노부 Nobu Intercontinental Hong Kong	205
눈 데이 건 Noon Day Gun 午炮	132
뉴 월드 밀레니엄 New World Millennium Hong Kong Hotel	228
뉴 타운 플라자 New Town Plaza 新城市廣場	282

- ㄷ -

다스 구테 Das Gute	92, 178
대성당 & 대성당 광장	346
Lgreja da Se & Largo da Se 聖母聖誕主教座堂 & 大堂前地	
더 다이닝 룸 The Dining Room 南小館	136
더 라운지 The Lounge	110
더 랭함 The Langham	230
더 로비 The Lobby	206
더 마켓 The Market	177
더 미라 The Mira Hong Kong	227
더 베네시안 The Venetian	386
더 베란다 The Verandah 露台餐廳	167
더 보히니아 호텔 The Bauhinia Hotel	235
더 수프림 The Supreme 貴族旦糕	256
더 스파 The Spa	72, 371
더 스파 The Spa at Mandarin Oriental	372
더 원 The One	219
더 차이니즈 레스토랑 The Chinese Restaurant 凱悅軒	196
더 포온 The Pawn	121
더 플레밍 The Fleming	129
던다스 스트리트 Dundas Street 登打士街	256
덤보 레스토랑 Dumbo Restaurante 小飛象葡國餐	399
덤플링 타운 Dumpling Town 餃餃鎭	365
델리 프랑스 Delifrance	174
돔 페드로 5세 극장 Teatro Dom Pedro V 伯多祿五世劇院	350
드래곤 센터 Dragon Center 西九龍中心	280
드래곤 인 Dragon Inn	269
드베이유 Debailleul	209

디럭스 매너 The Luxe Manor	231
디엔에이 갤러리아 DNA Galleria	221
디자인 갤러리 Design Gallery 設計廊	127
디즈니랜드 Disneyland	266
딘타이펑 Din Tai Fung 鼎泰豐	137
딜리셔스 키친 Delicious Kitchen 美味廚	143
딤딤섬 Dimdimsum 點心點心專門店	134
딤섬 스퀘어 Dim Sum Square 聚點坊點心專門店	91
똥콕 라포레 Dong Kok Laforet 東角	147

- ㄹ -

라본외르 La Bonne Heure 良辰	363
라이프 올가닉 헬스 카페 Life Organic Health Cafe	67
라틀리에 드 조엘 로뷔송 L'Atelier de Joel Robuchon	65
라푸께이 누들숍 Law Fu Kee Noodle Shop 羅富記粥麵專家	91
란콰이퐁 Lan Kwai Fong 蘭桂芳	80
란콰이퐁 호텔 Lan Kwai Fong Hotel	77
란타우 섬 Lantau Island 大嶼山	260
란타우 피크 Lantau Peak 鳳凰山	264
란퐁유엔 Lan Fong Yuen 蘭芳園	71, 208
람마 섬 Lamma Island 南丫島	273
람마 패밀리 트레일 Lamma Family Trail 南丫島家樂徑	274
랜드마크 The Landmark 置地廣場	74
랜드마크 만다린 오리엔탈 The Landmark Mandarin Oriental Hong Kong	77
랜손 플레이스 호텔 Lanson Place Hotel	153
랭함 플레이스 Langham Place	257
럭키 디저트 Lucky Dessert 發記甜品	142
런던대주루 London Restaurant 倫敦大酒樓	255
레드 페퍼 The Red Pepper Restaurant 南北樓	137
레스토랑 리토랄 Restaurante Litoral	370
레스토랑 에스까다 Restaurante Escada	365
레스토랑 패트러스 Restaurant Petrus	108
레이디스 마켓 Ladies' Market 女人街	250
레인보우 시푸드 레스토랑 Rainbow Seafood Restaurant 天虹海鮮酒家	276
로드 스토우즈 베이커리 Lord Stow's Bakery	413
로렐 Laurel 丹桂軒	368
로버트 호 퉁 경의 도서관 Biblioteca Sir Robert Ho Tung 何東圖書館	349
로비 라운지 Lobby Lounge	203
로열 가든 호텔 Royal Garden Hotel	234
로열 퍼시픽 호텔 The Royal Pacific Hotel & Towers	234
로우카우 맨션 Casa de Lou Kau 盧家大屋	343
로즈데일 까우롱 Rosedale Hotel Kowloon	259
로즈데일 온 더 파크 Rosedale On The Park	154
록유 티 하우스 Luk Yu Tea House 陸羽茶室	67
록차 티숍 Lock Cha Tea Shop 樂茶軒	109
루림옥 정원 Jardim de Lou Lim Iok 盧廉若公園	356
룽킹힌 Lung King Heen 龍景軒	65
르 메르디앙 사이버포트 Le Merdien Cyberport	293
리 가든스 Lee Gardens 利園	146
리갈 까우롱 Regal Kowloon	234
리갈 에어포트 호텔 Regal Airport Hotel	272
리갈 팰리스 Regal Palace 富豪金殿	139
리갈 홍콩 호텔 Regal Hong Kong Hotel	154
리츠칼튼 홍콩 The Ritz-Carlton Hong Kong	225
리클리메이션 스트리트 마켓 Reclamation Street Market 新塡地街	243
리틀 쉽 Little Sheep 小肥羊	213
리틀 킹덤 디저트 Little Kingdom Dessert 小皇國甜品	254
리펄스 베이 맨션 Repulse Bay Mansion 影灣園	166
리펄스 베이 비치 Repulse Bay Beach 淺水灣海灘	166
리펄스 베이 쇼핑 아케이드 The Repulse Bay Shopping Arcade 淺水灣商場	166
리포 센터 Lippo Centre 力寶中心	106
린헝 티 하우스 Lin Heung Tea House 蓮香樓	88
릴 세나도 빌딩 Edificio do Leal Senado 民政總署大樓	349
릴라우 광장 Largo do Lilau 亞婆井前地	352

- ㅁ -

마가렛츠 카페 에 나타 Margaret's Cafe e Nata 瑪嘉烈蛋撻店	366
마담 식스티 에이트 Madam Sixty Ate	121
마담 투소 홍콩 Madame Tussauds Hong Kong 香港杜沙夫人蠟像館	99
마르코 폴로 홍콩 The Marco Polo Hong Kong	234
마카오 과학 센터 Centro de Ciencia de Macau 澳門科學館	358
마카오 레스토랑 Macau Restaurant 澳門茶餐廳	203
마카오 박물관 Museu de Macau 澳門博物館	357
마카오 반환 기념박물관 Museu das Ofertas sobre a transferência de Soberania de Macau 澳門回歸賀禮陳列館	360
마카오 예술 박물관 Museu de Arte de Macau 澳門藝術博物館	360
마카오 자이언트 판다 파빌리온 Pavilhao do Panda Gigante de Macau 澳門大熊貓館	412
마카오 타워 Macau Tower 澳門旅遊塔	361
마카오 피셔맨즈 와프 Macau Fisherman's Wharf 澳門漁人碼頭	354
막스 누들 Mak's Noodle 麦奀雲呑面世家	101
막스 앤 스펜서 Marks & Spencer 馬莎	75
만다린 오리엔탈 Mandarin Oriental Hong Kong	76
만다린 오리엔탈 마카오 Mandarin Oriental Macau	373
만다린 케이크 숍 The Mandarin Cake Shop 文華餅店	64
만다린 하우스 Casa do Mandarin 鄭家大屋	350
만모우 사원 Man Mo Temple 文武廟	87
만와 도장 골목 Man Wa Lane 文華里	87
만익면가 Man Yik Noodles 民益麵家	174
만호 Man Ho 萬豪	110, 268
매치 박스 The Match Box	141
맥심즈 팰리스 City Hall Maxim's Palace 大會堂美心皇宮	61
맥팀 카페 Mactim Cafe 麥悟咖啡	364
머레이 하우스 Murray House 美利樓	171
메리어트 스카이 시티 Marriott Hong Kong Skycity	272
메트로파크 코즈웨이 베이 Metropark Causeway Bay	154
멜로 스파 Melo Spa	281
명동 익스프레스 Express 明洞快餐	213
모던 차이나 레스토랑 Modern China Restaurant 金滿庭	139
모우이 Mou I 武二廣潮福粉麵食館	370

몬테 요새 Fortaleza do Monte 大炮台	343
몰튼 오브 시카고 Morton's of Chicago	204
무어리시 배럭 Quartel dos Mouros 港務局大樓	350
문구 밀집 거리	280
미도 카페 Mido Cafe	245
미드 레벨 에스컬레이터 Mid Level Escalator 行人電動樓梯	55
미라마 쇼핑센터 Miramar Shopping Centre	220
미라문 호텔 Mira Moon Hotel 問月酒店	152
미스터 케밥 Mr. Kebab	278
미스트랄 Mistral	369
밀란 스테이션 Milan Station 米蘭站	224

- ㅂ -

바우하우스 Bauhaus	151
반얀트리 마카오 Banyan Tree Macau	402
반얀트리 스파 Banyantree Spa	401
베네시안 마카오	406
The Venetian Macao Resort Hotel 澳門威尼斯人度假村酒店	
벨론 Belon	398
보나파르트 호텔 Bonaparte Hotel by Rhombus	153
보트하우스 The Boathouse	173
본햄 스트랜드 Bonham Strand 文咸街	87
봄베이 드림스 Bombay Dreams	61
부바 검프 슈림프 Bubba Gump Shrimp	101
북웜 카페 Bookworm Cafe	277
브라이튼 Brighten 繽紛	258
블레이크 선착장 Blake Pier At Stanley 赤柱卜公碼頭	172
블리스 Bliss	215
비다 리카 레스토랑 Vida Rica Restaurant	367
비스테카 Bistecca	69
비스트로 온 더 마일 Bistro on the Mile	205
비엘티 버거 BLT Burger	207
비엘티 스테이크 BLT Steak	207
빅토리아 공원 Victoria Park 維多利亞公園	133
빅토리아 피크 Victoria Peak 太平山頂	96

- ㅅ -

사테 인 Satay Inn 沙嗲軒	292
사프론 Saffron	398
살롱 드 닝 Salon de Ning	206
삼양찬청 三洋餐廳	246
삼카이뷰쿤 사원 Templo de Sam Kai Vui Kun 三街會館	349
삼판선 Sampan 三板船	161
상 팰리스 Shang Palace	202
상께이 누들 하우스 Sang Kee Noodle House 生記清湯牛腩麵	91
상하이 민 Shanghai Min 小南國	205
상하이 스트리트 마켓 Shanghai Street Market 上海街	243
샌즈 코타이 센트럴 Sands Cotai Central	391
샤틴 18 Sha Tin 18 沙田18	281
성 도미니쿠 성당 Igreja de S. Domingos 玫瑰堂	344
성 로렌스 성당 Igreja de S. Lourenco 聖老楞佐堂	351
성 아우구스틴 성당 & 광장 聖奧斯定教堂 & 崗頂前地	348
Igreja de Santo Agostinho & Largo de Santo Agostinho	
성 안토니오 성당 Igreja de Santo Antonio 聖安多尼教堂	348

성 요셉 신학교 & 성당	351
Seminario e Igreja de S. Jose 聖若瑟修院及聖堂	
성 프란시스코 자비에르 성당	410
Igreja de S. Francisco Xavier 路環聖方濟各聖堂	
성림거	199
Sing Lum Khui Rice Noodle House 星林居雲南米線餐廳	
세나도 광장 Largo do Senado 議事亭前地	344
세레나데 Serenade 映月樓	197
세바 Sevva	62
세인트 폴 성당 유적 Ruinas de S. Paulo 大三巴牌坊	340
섹오 Shek O 石澳	285
센스 오브 터치 Sense Of Touch	168
센트럴 파크 호텔 Central Park Hotel	77
센트럴 플라자 Central Plaza 中環廣場	119
소 스파 So Spa	371
소고 Sogo 崇光百貨	147, 223
소쿠완 Sok Kwu Wan 索罟灣	275
소피텔 폰테 16	374
Sofitel Macau At Ponte 16 澳門十六浦索菲爾大酒店	
소호 Soho	78
쇼어 Shore	60
쉐라톤 Sheraton Hong Kong Hotel & Tower	235
쉐라톤 마카오 Sheraton Macao Hotel, Cotai Central	404
澳門喜來登金沙城中心酒店	
슈가 Sugar	290
슈퍼스타 시푸드 레스토랑	138
Superstar Seafood Restaurant 鴻星海鮮酒家	
스누피 월드 Snoopy World	282
스시 도코로 히카리 Sushi Dokoro Hikari 鮨処 光	289
스위트 다이너스티 Sweet Dynasty 糖朝	205
스카이 100 Sky 100	188
스카이 시티 비스트로 Sky City Bistro	269
스타 스트리트 Star Street 星街	115
스타 페리 선착장 Star Ferry 天星小輪碼頭	189
스타벅스 Starbucks 星巴克咖啡	66
스타월드 호텔 StarWorld Hotel 星際酒店	375
스타의 거리 Avenue of Stars 星光大道	186
스탠리 마켓 Stanley Market 赤柱市場	170
스탠리 베이 Stanley Bay 赤柱灣	170
스탠리 비치 Stanley Beach	172
스탠리 플라자 Stanley Plaza 赤柱廣場	171
스탠포드 힐뷰 호텔 Stanford Hillview Hotel	235
스톤튼스 와인 바 Staunton's Wine Bar + Cafe	68
스파이시스 Spices 香辣軒	168
스페이스 Space	163
스푼 바이 알랭 뒤카스 Spoon By Alain Ducasse	204
스프링 문 Spring Moon 嘉麟樓	195
시계탑 Clock Tower 時計塔	194
시노 센터 Sino Centre 信和中心	257
시로코 Scirocco	68
시티 가든 호텔 City Garden Hotel	288
시티 오브 드림즈 City of Dreams	379
시티 홀 City Hall 大會堂	55
시티게이트 아웃렛 Citygate Outlet	270

시티플라자 Cityplaza 太古城中心	291
식 파이 반 공원 Parque de Seac Pai Van 石排灣郊野公園	412
신교도 묘지 Cemiterio Protestante 基督教墳場	347
신메이티 Sinmei Tea 川善茶居	92
실버코드 Silvercord	222
심플리 라이프 브레드 & 와인 Simply Life Bread & Wine	70
쑨얏센 기념관 Casar Memorial Dr. Sun Yat Sen 澳門國父紀念館	359
쑨얏센 박물관 Dr. Sun Yat-Sen Museum 孫中山記念館	56
씽홍유엔 Sing Heung Yuen 勝香園	89

- ㅇ -

아네스 베 르 뺑 그릴 Agnes b. Le Pain Grille	135
아마 사원 & 바라 광장 Templo de A-Ma & Largo da Barra 媽閣廟 & 媽閣廟前地	352
아유타야 Ayuthaiya	69
아이 바 Eye Bar	201
아이 스퀘어 i Square 國際廣場	221
아이 스파 ISPA	215
아이 카람바 I Caramba	60
아일랜드 고멧 Island Gourmet	108
아일랜드 샹그릴라 Island Shangri-La	113
아일랜드 쇼핑센터 Island Shopping Centre	150
아일랜드 퍼시픽 Island Pacific Hotel	94
아조나 에이오투 Azona A02	150
아쿠아 Aqua	206
아쿠아 루나 Aqua Luna 張保仔	189
안토니오 Antonio	395
알레그레토 Allegretto	200
알로차 A Lorcha	364
알티라 Altira Macau 新濠鋒	404
압리우 스트리트 Apliu Street 鴨寮街	280
애니타임 Anytime 無休館	141
애버딘 스트리트 소셜 Aberdeen Street Social	88
애버딘 프로미네이드 Aberdeen Promenade 香港仔海濱公園	161
앰버 Amber	64
얌 Yamm	201
얏퉁힌 Yat Tung Heen 逸東軒	244
어보브 앤 비욘드 Above & Beyond 天外天	176
어퍼 하우스 The Upper House	114
언더브리지 스파이시 크랩 Under Bridge Spicy Crab 橋底辣蟹	134
엄마손 마사지 Blessing 足福	216
에스파소 리스보아 Restaurante Espaco Lisboa	413
에스프리 아웃렛 Esprit Outlet	224
에이치 앤 엠 H&M	221
에이피엠 apm	286
엑셀시어 호텔 The Excelsior Hong Kong	153
엑스포 프로미네이드 Expo Promenade 博覽海濱花園	118
엑스프레소 Expresso	140
엘 시드 El Cid Spanish Restaurant	143
엘 타코 로코 El Taco Loco	69
엘리먼츠 Elements 圓方	219

영스 누들 Yeung's Noodle 楊記麵家	124
예 상하이 Ye Shanghai 夜上海	108
예스 인 Yes Inn	288
옌치 레스토랑 Yuen Kee Restaurant 源記燒鵝粉麵茶餐廳	214
오 산토스 O Santos	399
오 포르투 인테리어 O Porto Interior 內港餐廳	370
오로라 Aurora 奧羅拉	399
오리엔탈 스파 The Oriental Spa	72
오션 엠파이어 콘지 Ocean Empire Congee 海皇粥店	141
오션 파크 Ocean Park 海洋公園道	156
올데이 다이닝 레스토랑 All Day Dining Restaurant	395
올드타운	284
옴 스파 Om Spa	271
옹핑 빌리지 Ngong Ping Village 昂平市集	262
옹핑 케이블카 Ngong Ping Cable Car 昂坪纜車	262
와인 박물관 Museu do Vinho 葡萄酒博物館	359
왐포아 가든 Whampoa Garden 黃埔花園	179
요크셔 푸딩 Yorkshire Pudding	67
용수완 Yung Shue Wan 榕樹灣	274
용수완 틴하우 사원 Yung Shue Wan Tin Hau Temple 榕樹灣天后古廟	275
운남 쌀국수(완람 누들스) Wan Lam Noodles 雲南桂林過橋米線	214
원 하버 로드 One Harbour Road 港灣壹號	120
원딤섬 One Dim Sum 一點心	253
웡치케이 Wong Chi Kee 黃枝記	58
웡치키 Wong Chi Kei 黃枝記	365
웨스턴 마켓 Western Market 西港城	85
웨스트 빌라 West Villa 西苑	91, 289
위문펑 Dim Sum 譽滿坊	138
윈 마카오 Wynn Macau 永利澳門酒店	376
윈저 하우스 Windsor House 皇室堡	148
윙라이유엔 Wing Lai Yuen 詠藜園四川擔擔麵	178
윙스 케이터링 Wing's Catering 榮式燒雞扒	107
윙온 백화점 Wing On 永安百貨	93
유에 Yue 粵	287
윤포 스트리트 새 공원 Yuen Po Street Bird Garden 園圃街雀鳥花園	251
융케이 레스토랑 Yung Kee Restaurant 鏞記酒家	59
이슌 밀크 컴퍼니 Yee Shun Milk Company 港澳義順牛奶公司	142, 246
이스탄불 케밥 Istanbul Kebab	214
이스트 호텔 East Hong Kong	291
이케아 IKEA	148, 282
이퉁힌 Yee Tung Heen 怡東軒	139
이튼 스마트 Eaton Smart	247
익체인지 스퀘어 Exchange Square 交易廣場	57
익스프레스 바이 홀리데이 인 Express By Holiday Inn	154
인도 마켓 Indo Market 營多東南亞美食市場	151
인터컨티넨탈 홍콩 Intercontinental Hong Kong	228
임페리얼 코트 Imperial Court	369

- ㅈ -

자딘 하우스 Jardine House 怡和大廈	56

자딘스 크레센트 Jadine's Crescent 渣甸坊坊	132
자비의 성채 Santa Casa da Misericordia 仁慈堂大樓	346
자카 프리크 Zac Ca Freeq	224
전당포 박물관 Espaco Patrimonial uma Casa de Penhores Tradiciona	361
점보 킹덤 Jumbo Kingdom 珍寶海鮮舫	162
제이드 가든 Jade Garden 翠園	209
제이드 마켓 Jade Market 玉器市場	242
젱타오 Tasty Congee & Noodle Wantun Shop 正斗粥麵專家	70
조이어스 원 Joyous One 迎	208
조이힝슈립판 再興燒腊飯	124
족예사 Rendezvous 足藝舍	216
주마 Zuma	62
죽가장 竹家莊	245
중궈송 Zhong Guo Song 中國㮔	61
지아 Jia Hong Kong	153
지아이 gi	222
지오디 GOD 住好D	148

- ㅊ -

찬깐께이 치우초우 레스토랑 Chan Kan Kee Chiu Chow Restaurant 陳勤記鹵鵝飯店	90
찰리 브라운 카페 Charlie Brown Cafe 查理布朗咖啡專門店	212
채터 하우스 Chater House 遮打大廈	75
챠오 인 Chao inn 潮樓	255
청스 퀴진 Chung's Cuisine 鍾菜	139
청킹 맨션 Chung King Mansions 重慶大廈	194
체옥반 비치 Praia de Cheoc Van 竹灣海灘	411
초이헝윤 크리에이션즈 CHY Creations	401
초이와 레스토랑 Tsui Wah Restaurant 翠華餐廳	58, 162
췐쥐더 로스트 덕 레스토랑 Quanjude Roast Duck Restaurant 全聚德烤鴨店	209
치바 하우스 Chiba House 千葉養身館	216
침차케이 레스토랑 Tsim Chai Kee Noodle 沾仔記	71

- ㅋ -

카르멜 성모 성당 Igreja de Nossa Senhora do Carmo 嘉模聖母堂	394
카페 103 Cafe 103	197
카페 그레이 디럭스 Cafe Gray Deluxe	109
카페 데코 Cafe Deco	100
카페 벨라 비스타 Cafe Bela Vista	368
카페 세리 Cafe Cheri 常喜	413
카페 에스키모 Cafe E.S. Kimo	400
카페 오문 Cafe Ou Mun 澳門咖啡	363
카페 응아팀 Cafe Nga Tim 路環雅憩花園餐廳	413
카페 쿨 Cafe Kool	202
카페 하비츠 Caffe Habitu The Table	143
캄 라이 힌 Kam Lai Heen 金麗軒	368
캐스카타 바 Cascata Bar 酒吧	369
캔톤 델리 Canton Deli 廣東茶居	213
캔톤 로드 Canton Road	238
캔-틴 Can-teen	70
캣 스트리트 Cat Street 摩羅上街	86

커피 아카데믹스 Coffee Academics	135
케이 일레븐 K11	217
코스모 호텔 Cosmo Hotel	129
코스모폴리탄 호텔 Cosmopolitan Hotel Hong Kong	129
코요테 바 앤 그릴 Coyote Bar & Grill	123
코이케이 베이커리 Koi Kei Bakery 鉅記餅家	149
코즈웨이 베이 타이푼 셀터 Causeway Bay Typhoon Shelter 銅鑼灣避風塘	132
콘래드 마카오 Conrad Macao, Cotai Central	405
콘래드 홍콩 Conrad Hong Kong	112
콜로안 도서관 Biblioteca de Coloane 路環圖書館	410
콜로안 빌리지 Coloane Village 路環市區	409
콴 스파 Quan Spa	271
관척힌 Kwan Cheuk Heen 君綽軒	287
쿠마 베이커리 Kuma Bakery 熊曲奇	400
쿤께이 완탕민 權紀雲吞麵	124
쿤하 거리 Rua do Cunha 官也街	393
쿵리 Kung Lee 公利	90
퀴진 퀴진 Cuisine Cuisine 國金軒	200
큐브릭 Kubrick	246
크라운 플라자 Crowne Plaza	152
크래프트스테이크 Craftsteak	70
크리스털 제이드 라미엔 샤오롱바오 Crystal Jade La Mian Xiao Long Bao 翡翠拉麵小籠包	203
클리퍼 라운지 Clipper Lounge 快船廊	63
키와 베이커리 Kee Wah Bakery 奇華餅家	75
킴벌리 와인 셀러 Kimberly Wine & Cigars Shop 德華洋酒	224
킴벌리 호텔 The Kimberley Hotel	235
킹 루드비히 비어홀 King Ludwig Beerhall	173
킹스 베이커리 King's Bakery 君皇麵飽	143

- ㅌ -

타오리 Tao Li 桃里	199
타운 하우스 Town House	59
타이 오 Tai O 大澳	265
타이 오 베이커리 Tai O Bakery 大澳餅店	269
타이우 레스토랑 Tai Woo Restaurant 太湖海鮮城	136
타이운 스트리트 마켓 Tai Yuen Street Market 太原街	127
타이청 베이커리 Tai Cheong Bakery 泰昌餅家	68
타이파 빌리지 Taipa Village 氹仔市區	393
타이파 주택 박물관 Casas-Museu da Taipa 龍環葡韻住宅博物館	394
타이힝 로스트 레스토랑 Tai Hing Roast Restaurant 太興燒味餐廳	214
타임스 스퀘어 Times Square 時代廣場	144
탄요토 Tanyoto Hotpot Restaurant 譚魚頭火鍋	255
탐쿵 사원 Templo de Tam Kung 譚公廟	410
탑 덱 Top Deck 珍之寶	162
탕 코트 T'ang Court 唐閣	195
템플 스트리트 나이트 마켓 Temple Street Night Market 廟街夜市	242
토우 토우 코이 Tou Tou Koi 陶陶海鮮火鍋酒家	366
토츠 바 ToTT's Bar	140
투 걸즈 Two Girls 廣生堂雙妹嚜	150

나 혼자 준비하는
두근두근 해외여행

셀프트래블
홍콩·마카오 맵북

Hong Kong·Macau Mapbook

홍콩 전도 | 센트럴 | 셩완 | 완차이
침사추이 | 야우마테이 | 홍콩 지하철 노선도
마카오 전도 | 마카오 반도 | 코타이 & 타이파

상상출판

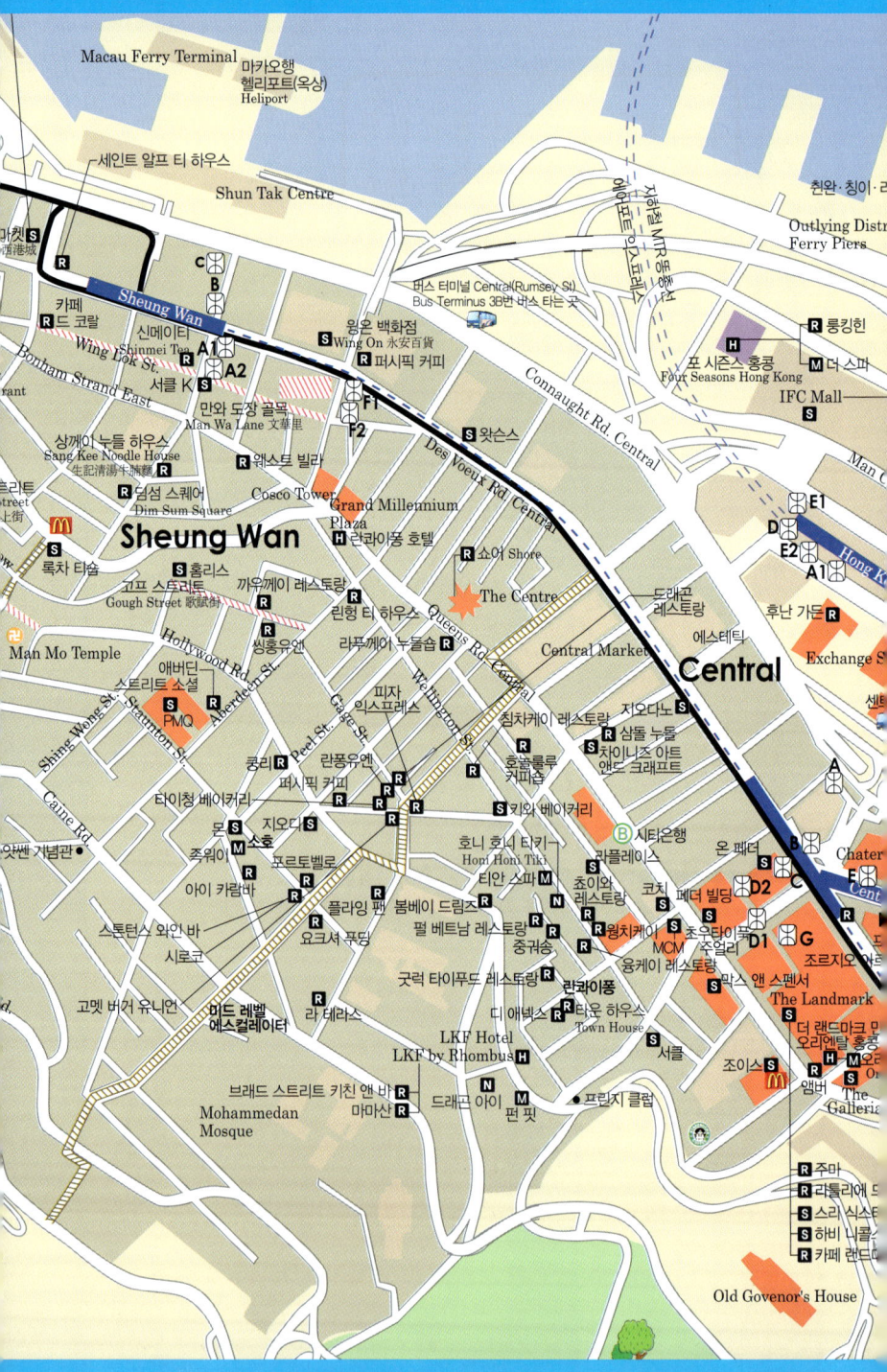

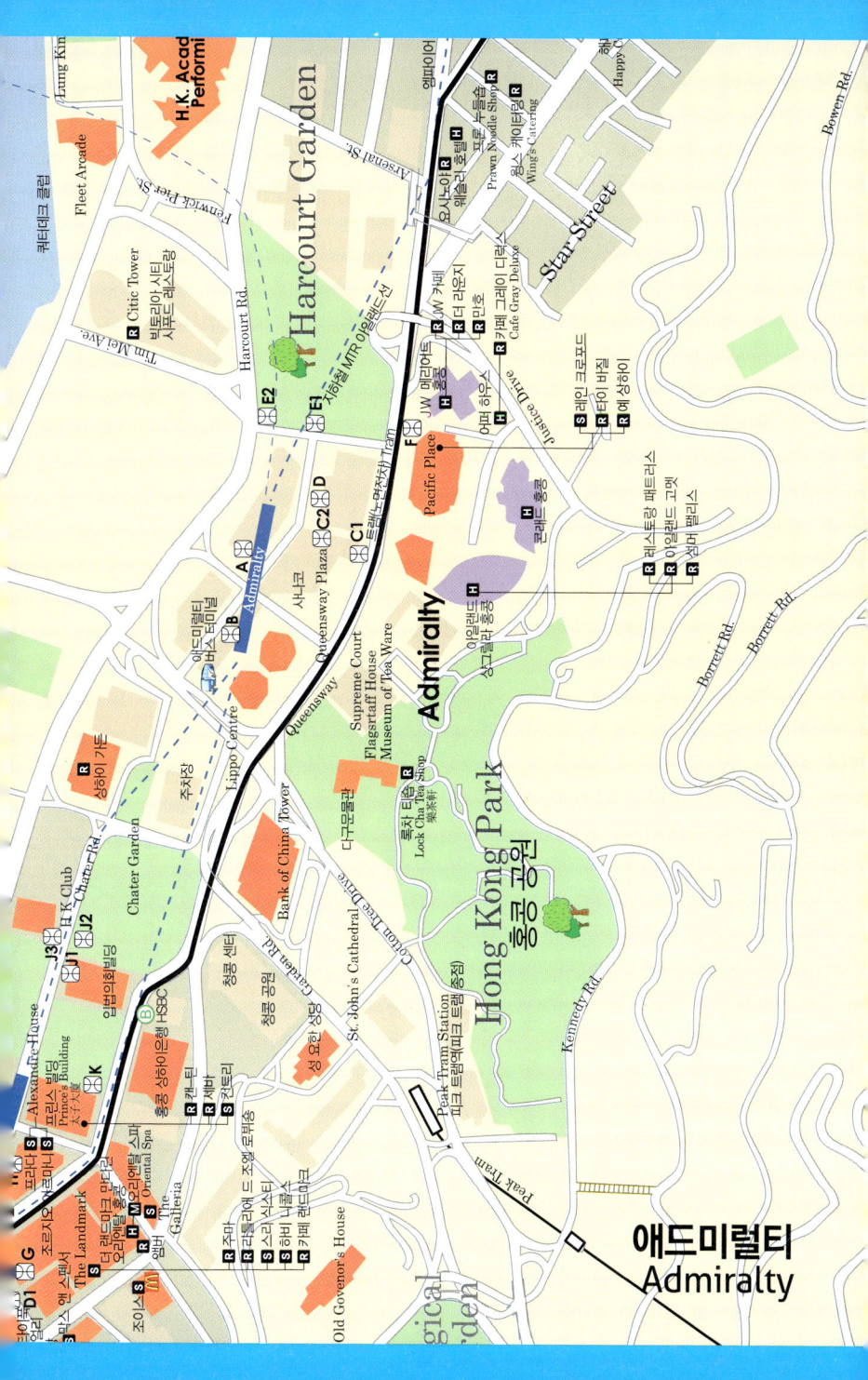

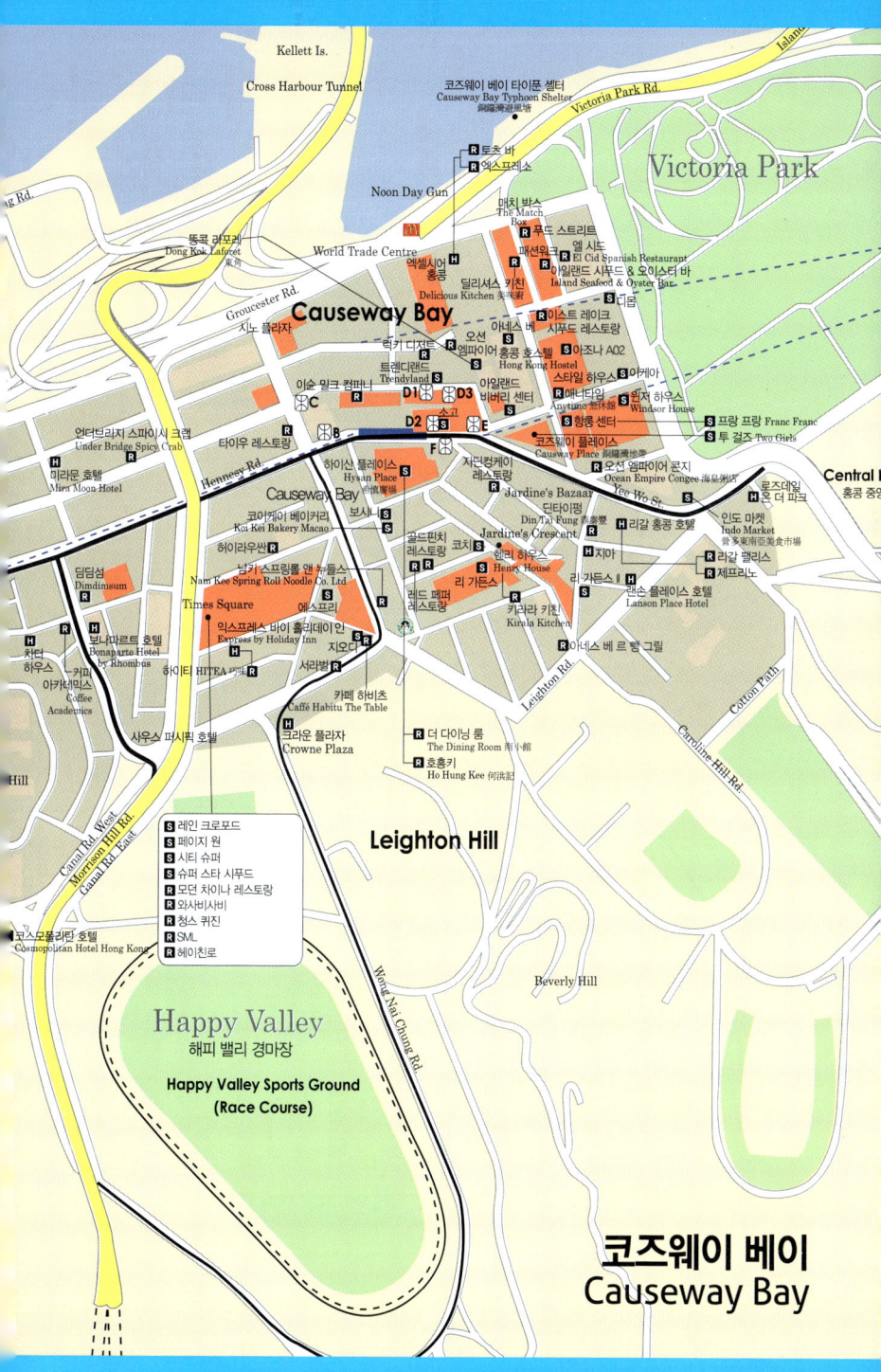

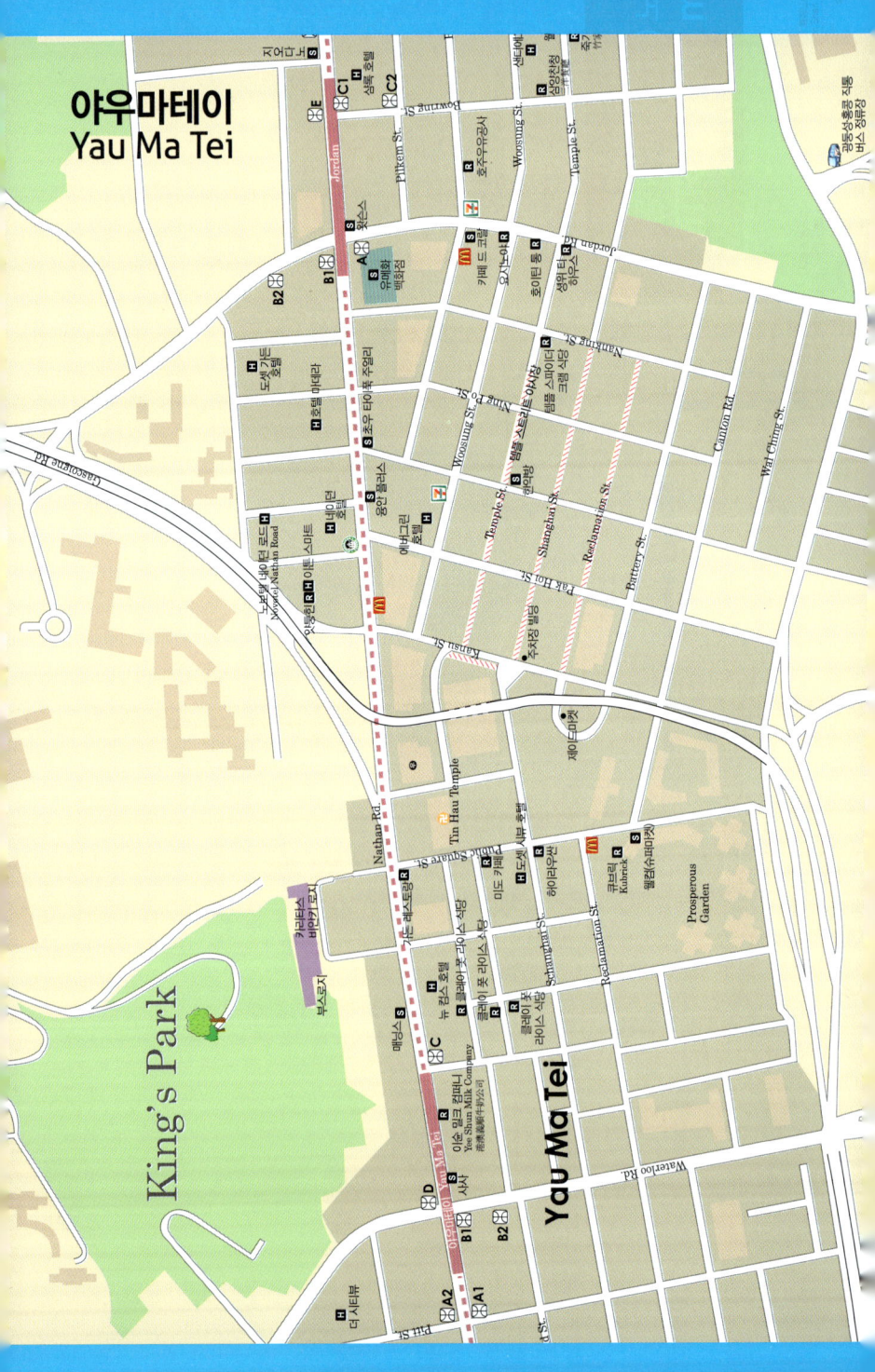

마카오 반도
Macau

Macau 마카오

중국 국경

관음당 Templo Kun Iam
루림욱 정원 Jardim de Lou Lim Iok
쑨원기념관 Casa Memorial Dr. Sun Yat Sen 孫文紀念館

까몽이스 공원 Jardim Luís de Camões 白鸽巢公園
까사 가든 Casa Garden 東方基金會會址
신교도 묘지 Cemitério Protestante 基督教墳場
성 안토니오 성당 Igreja de Santo António 聖安多尼教堂

Rua da Ribeira do Patane

Avenida de Demétrio Cinatti
nde Paço de Arcos

SELF TRAVEL 세계여행 가이드북 시리즈

한국인이 쓴 한국인을 위한 셀프트래블은 실속 있고 감성적인 여행정보를 담은 프리미엄 가이드북입니다.

SELF TRAVEL 의 장점!

① **휴대용 미니 맵북**은 물론 지역별 상세지도, 손지도 수록

② **한국인이 직접 쓴 맞춤 셀프트래블**이 가능한, 프리미엄 가이드북

③ 나라별 특성에 맞춰 **테마별, 동선별 가이드와 핵심 코스를 구성**하여 제시

www.esangsang.co.kr

상상출판

트렌디 존 Trendy Zone 258
트렌디랜드 Trendyland 151
티안 스파 Ti'an Spa 72
티핀 Tiffin 茶園 122
틴하우 사원 Tin Hau Temple 天后廟 161, 172, 243
팀스 키친 Tim's Kitchen 桃花源小廚 198
팀호완 Tim Ho Wan 添好運 253, 280

- ㅍ -

파스텔라리아 퐁케이 Pastelaria Fong Kei 晃记饼家 400
파윤 스트리트 Fa Yuen Street 花園街 250
파이 앤 타르트 Pie & Tart 212
파인즈 FINDS 198
파크래인 쇼퍼스 블러바드 Park Lane Shopper's Boulevard 223
팍로 차오저우 레스토랑 200
Pak Loh Chiu Chow Restaurant 百樂潮州酒樓
팔레트 Palette 177
팔방운집 八方雲集鍋貼水餃專門店 126
패션 워크 Fashion Walk 名店坊 146
퍼시픽 플레이스 Pacific Place 太古廣場 111
펄 베트남 레스토랑 71
Pearl Vietnamese Restaurant 明珠越南餐廳
페닌슐라 쇼핑 아케이드 Peninsula Shopping Arcade 223
페닌슐라 홍콩 The Peninsula Hong Kong 229
페킹 가든 Peking Garden 北京樓 209
펜하 성당 Capela de Na. Sra. da Penha 西望洋聖堂 356
펠리시다데 거리 Rua da Felicidade 福隆新街 356
펠릭스 Felix 206
포 시즌스 Four Seasons Hong Kong 76
포 시즌스 마카오 Four Seasons Hotel Macau 406
포르토벨로 Portobello 68
포린사 Po Lin Monastery 寶蓮寺 263
포사다 드 상티아고 374
Pousada de Sao Tiago 澳門聖地牙哥古堡酒店
폴 라파옛 Paul Lafayet 212
푸드 리퍼블릭 Food Republic 大食代 213
풀 문 Full Moon 月滿坊 208
풀 컵 카페 Full Cup Cafe 呼吸咖啡 254
프랑 프랑 Franc Franc 149
프론 누들숍 Prawn Noodle Shop 蝦麵店 123
프린스 빌딩 Prince's Building 太子大廈 75
플래그스태프 하우스 다기 박물관 106
Flagstaff House Museum Of Tea Ware 茶具文物館
피스트 Feast 290
피에르 Pierre 64
피자 익스프레스 Pizza Express 63, 174
피크 갤러리아 The Peak Galleria 山頂廣場 99
피크 룩아웃 The Peak Lookout 太平山餐廳 101
피크 바 Peak Bar 山吧酒 66
피크 타워 The Peak Tower 山頂凌霄閣 98

- ㅎ -

하 청사 비치 Lower Cheung Sha Beach 下長沙泳灘 264
하드록 호텔 Hard Rock Hotel Macau 405
하버 그랜드 구룡 Harbour Grand Kowloon 181
하버 그랜드 홍콩 Harbour Grand Hong Kong 288
하버 그릴 Harbour Grill 178
하버 시티 Harbour City 海港城 218
하얏트 리젠시 샤틴 Hyatt Regency Sha Tin 283
하얏트 리젠시 침사추이 232
Hyatt Regency Hong Kong Tsim Sha Tsui
하이산 플레이스 Hysan Place 希慎廣場 145
학사 비치 Praia de Hac Sa 黑沙海灘 411
할리우드 로드 Hollywood Road 荷李活道 86
해변 산책로 284
해사 박물관 Museu Maritimo 海事博物館 360
해산물 레스토랑가 284
해피 밸리 경마장 Happy Valley Racecourse 跑馬地馬場 133
해피 케이크 숍 Happy Cake Shop 快樂餅店 125
해피 투게더 Happy Together 甜蜜蜜 212
허니문 디저트 Honeymoon Dessert 滿記甜品 92
헤이친로 Heichinrou Restaurant 聘珍樓 142
호놀룰루 커피숍 Honolulu Coffee Shop 檀島咖啡餅店 71
호니 호니 티키 Honi Honi Tiki 60
호라이즌 플라자 아웃렛 Horizon Plaza Outlet 163
호주우유공사 Australia Daily Co 澳洲牛奶公司 244
호텔 사브 Hotel sav 逸·酒店 181
호텔 아이콘 Hotel Icon 180
호텔 오쿠라 마카오 Hotel Okura Macau 403
호텔 젠 Hotel Jen Hong Kong 94
호텔 파노라마 Hotel Panorama 233
호프웰 센터 Hopewell Centre 合和中心 119
호홍키 Ho Hung Kee 何洪記 141
홀리데이 인 골든 마일 홍콩 233
Holiday Inn Golden Mile Hong Kong
홀리데이 인 마카오 코타이 센트럴 405
Holiday Inn Macao Cotai Central 澳門金沙城中心假日酒店
홍싱 사원 Hung Shing Temple 洪聖古廟 119
홍콩 18 HK 18 香港18 201
홍콩 골드 코스트 호텔 Hong Kong Gold Coast Hotel 293
홍콩 공원 Hong Kong Park 香港公園 105
홍콩 과학관 Hong Kong Science Museum 香港科學館 191
홍콩 대학 Hong Kong University 香港大學 85
홍콩 역사박물관 190
Hong Kong Museum of History 香港歷史博物館
홍콩 예술관 Hong Kong Museum of Art 香港藝術館 192
홍콩 우주 박물관 Hong Kong Space Museum 香港太空館 192
홍콩 중앙 도서관 133
Hong Kong Central Library 香港中央圖書館
홍콩 컨벤션 엑시비션 센터 118
Hong Kong Convention & Exhibition Centre 香港會議展覽中心
황금 연꽃 광장 A Praca Flor de Lodao 金蓮花廣場 353
황후상 광장 Statue Square 皇后像廣場 57
후퉁 Hutong 胡同 207
훌렛 하우스 Hullett House 233
훙씽예 비치 Hung Shing Yeh Beach 洪聖爺灣泳灘 275

강료족(康療足)

침사추이(尖沙咀)에 위치한 강료족(康療足)은 한의와 안마를 결합하여 현재까지 20년 넘게 시술해온 곳으로, 현지민들과 관광객들로부터 많은 호평을 받아 왔습니다. 강료족을 운영하는 서 대표는 공인 한의사이면서 혈위 안마사, 침술사와 한의사 자격증까지 보유하고 있습니다. 홍콩 현지의 신문, 잡지에서 인터뷰가 쇄도하며 또한 서 대표는 유창한 일본어 실력을 갖추어 일본 방송국의 인터뷰도 받은 적이 있습니다. 단골손님이 많은 저희 안마 시술소에서는 합리적인 가격으로 고객 여러분께 최고의 서비스를 제공해 드리겠습니다.

A코스 HKD88
족혈위 안마 30분
+
한방 족욕 8분

B코스 HKD130
족혈위 안마 45분
+
한방 족욕 10분

C코스 HKD180
족혈위 안마 30분
+
한방 족욕 8분
+
전신 안마 30분

D코스 HKD250
족혈위 안마 50분
+
한방 족욕 10분
+
전신 안마 45분

E코스 HKD130
전신 안마 45분

※ 월~수 HKD20 할인
(한국 휴일·휴일 전날 제외)

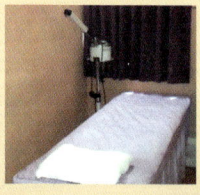

접수시간 오전 8시 30분~익일 새벽 1시(24시간 방문(호텔)안마 서비스 예약)
영업시간 오전 11시 30분~오후 11시 30분, 연중 무휴
비용접수 방식 WON과 HKD CASH / AE / VISA / MasterCard
Website www.hkdiko.com | Email deiwei98@gmail.com

※ 저희 안마 시술소에서는 tip이나 기타 부가 비용을 받지 않습니다.
※ 손님께 차를 무료로 제공하며 한국방송도 시청 가능합니다.

주소 九龍尖沙咀廣東道54號帝國大廈9樓A室
9A, 9/F Imperial Building, 54-66 Canton Road,
Tsim Sha Tsui, Hong Kong

예약전화 9323 4186 | **전화(일본어)** 5114 0086

Duty-Free Shopping Magazine

Smart Travel

출국 전에 잊지 말고 챙기세요!

Smart Travel 은 인천국제공항을 통해 출국하는 여행객에게 매달 무료로 제공되는 면세 쇼핑 가이드북입니다.

부록 쿠폰 북
- 인천공항 식음료 매장 할인 쿠폰
- 환전 우대권 • 면세점 금액 할인권

배포 제휴처

인천국제공항 3층(출국층) 동편과 서편 만남의 광장에서도 만나실 수 있습니다

서울시 종로구 청운동 115-1 **T.** 02)322-3361 **F.** 02)3143-0516 **E-mail** smart @ smarttravel.c o.kr